Günter Bischof/Josef Leidenfrost
Die bevormundete Nation

Herrn Professor Dr. Harry
            Slapnicka

in kollegialer Verbundenheit
mit besten Wünschen zum
        70. Geburtstag

            Josef Leidenfrost

Wien, 20. November 1988

Innsbrucker Forschungen zur Zeitgeschichte

herausgegeben von Rolf Steininger
Institut für Zeitgeschichte der Universität Innsbruck

Band 4

Günter Bischof
Josef Leidenfrost

Die bevormundete Nation

Österreich und die Alliierten
1945–1949

Die Drucklegung dieses Werkes haben gefördert:

Amt der Steiermärkischen Landesregierung, Graz
Amt der Vorarlberger Landesregierung, Bregenz
Bundesministerium für Wissenschaft und Forschung, Wien
Creditanstalt-Bankverein, Wien
Kulturamt der Stadt Wien
Österreichisches Credit-Institut AG, Wien
Österreichische Forschungsgemeinschaft, Wien
Österreichische Kontrollbank Aktiengesellschaft, Wien
Österreichische Länderbank AG, Wien

CIP-Kurztitelaufnahme der Deutschen Bibliothek

Die bevormundete Nation: Österreich u. d. Alliierten 1945–1949 /
Günter Bischof, Josef Leidenfrost. – Innsbruck: Haymon-Verl., 1988.
(Innsbrucker Forschungen zur Zeitgeschichte; Bd. 4)

ISBN 3-85218-040-6

NE: Bischof, Günter; Leidenfrost, Josef (Hrsg.); GT

© Haymon-Verlag, Innsbruck 1988
Alle Rechte vorbehalten/Printed in Austria
Umschlaggestaltung: Helmut Benko, Innsbruck,
nach einem Entwurf von Gerald A. Mayerhofer, Wien
Gesamtherstellung: Wiener Verlag, Himberg bei Wien

Inhalt

Danksagungen

Für die Durchführung des diesem Buch zugrundeliegenden Symposiums im Juni 1987 in Wien möchten wir unseren besonderen Dank aussprechen: Univ.-Prof. Dr. Gerald Stourzh (Wien), Univ.Prof. Dr. Fritz Fellner (Salzburg), Univ.-Dozent Dr. Manfried Rauchensteiner (Wien), Univ.-Prof. Dr. Rolf Steininger (Innsbruck), Prof. Georges Castellan (Paris) und Robert Wolfe (Washington, D. C.). Mit ihren Kommentaren und ihrer Kritik trugen sie entscheidend zum Gelingen der Konferenz und zur Verbesserung der gedruckten Versionen der dort gehaltenen Referate bei. – Unser Dank für organisatorische Unterstützung ergeht an Sektionsleiter Dr. Bernhard Stillfried (Bundesministerium für auswärtige Angelegenheiten), Bürgermeister HR Mag. Viktor Wallner (Stadtgemeinde Baden) und Landtagspräsident Univ.-Prof. Dr. Manfried Welan (Stadt Wien). – Dr. Hugo Portisch hielt die Eröffnungsrede zum Symposium und hat auch das Buch ideell unterstützt, wofür ihm an dieser Stelle sehr herzlich gedankt sei. – Univ.-Ass. Dr. Thomas Albrich und Univ.-Ass. Mag. Klaus Eisterer (beide Innsbruck) sowie DDr. Oliver Rathkolb (Wien) standen uns mit ihrem wissenschaftlichen Rat stets zur Seite. Burkhard Bischof (Wien) unterzog sich mit uns den Mühen des Korrekturlesens. – Rolf Steininger und Gerald Stourzh haben die Realisierung dieses Sammelbandes ermöglicht. – Das notwendige Durchhaltevermögen in der Endphase seiner Fertigstellung schließlich verdanken wir Melanie Boulet und Ulrike Stolba.

Der frühzeitige Tod Wilfried Mährs, er hatte an der Konferenz teilgenommen und seinen Beitrag noch für die Veröffentlichung vorbereitet, berührte uns tief. Durch sein Ableben ist der österreichischen Zeitgeschichtsforschung ein hoffnungsvolles Talent und uns ein guter Freund verlorengegangen. Ihm ist dieses Buch gewidmet.

Wien/Cambridge, Massachusetts

G. B., J. L.   20. August 1988

Vorwort

Die vorliegende Sammlung von Studien zur Frühgeschichte der
Zweiten Republik – Ergebnis einer im Juni 1987 in Wien veranstalteten Tagung – ist aus drei Gründen besonders zu begrüßen.

Erstens handelt es sich ganz überwiegend um Beiträge einer jüngeren Historikergeneration; Offenheit und Originalität von Fragestellungen, Quellennähe und Vertrautheit auch mit der neuesten internationalen Forschungsliteratur zeigen, daß die ständig weitergeführte Erforschung der Frühgeschichte der Zweiten Republik in kompetenten Händen der jüngeren Generation liegt; im vorliegenden Band zeigt sich aber auch, daß es kein einzelnes generationsspezifisches Interpretationsmuster zur Geschichte Österreichs nach 1945 gibt, sondern daß es vielmehr innerhalb einer altersmäßig relativ homogenen Historikergruppe durchaus verschiedenartige Anschauungen und Interpretationen gibt – etwa zur These der »Bevormundung« selbst –, über die sachlich gesprochen werden kann.

Zweitens soll die erfreuliche Tatsache hervorgehoben werden, daß in dem vorliegenden Band Historiker aus mehreren österreichischen Bundesländern, an verschiedenen österreichischen Universitäten ausgebildet oder tätig, zu Worte kommen. Die politische Geschichte mehr als die Sozialgeschichte vieler Staaten läuft immer wieder Gefahr, einseitig »zentralisierend« gesehen und geschrieben zu werden. Durch ihre Herkunft, durch ihre Themenstellung, durch ihre ausdrücklichen Hinweise auf die Bedeutung der Regionalgeschichte, der »Zonengeschichte« und auch einer »vergleichenden Zonengeschichte« zeigen Herausgeber wie Autoren des Bandes, daß sie sich der Gefahr »zentralisierender« Tendenzen der Geschichtsschreibung bewußt sind, und daß sie in der Lage sind, alternative Perspektiven zu öffnen.

Drittens soll nachdrücklich auf die Verbundenheit der österreichischen Historiker mit Kollegen aus dem Ausland hingewiesen werden, wie sie im Autorenverzeichnis dieses Buches zum Ausdruck kommt. Daß Autoren aus der Bundesrepublik Deutschland, aus

Frankreich, aus Großbritannien und den USA sehr wichtige Beiträge zu diesem Sammelband geleistet haben, soll dankbar vermerkt werden. Dazu kommt, daß auch eine Vielzahl, ja wohl die Mehrzahl der österreichischen Autoren, ihre Studien auf gründliche und ausgedehnte Forschungen in ausländischen Archiven, zumal in Frankreich, Großbritannien und den USA, stützen kann, und daß darüber hinaus enge persönliche Verbindungen zwischen österreichischen Herausgebern und Autoren und der internationalen Forschung bestehen. Die Kritik einer provinziellen Enge, die in der Vergangenheit bisweilen an der österreichischen Zeitgeschichte geübt worden ist, sie könnte wohl kaum für den vorliegenden Band zutreffen.

In Trauer gedenke ich des allzu früh verstorbenen Autors eines der folgenden Beiträge, meines Schülers Dr. Wilfried Mähr, der einunddreißigjährig im Februar 1988 einem schweren Herzleiden erlag. Sorgfältige Quellenauswertung, differenzierte Interpretation vereint mit Klarheit des Ausdrucks waren die prägenden Eigenschaften von Mährs wissenschaftlichem Werk.

Abschließend sei mit Dank vermerkt, daß sich die Herausgeber des Bandes mit ganz besonderem Nachdruck der schwierigen Archivsituation zugewendet haben, der sich zumindest in den letzten Jahren Zeithistoriker in Österreich gegenübersahen. Erleichterungen und Besserungen, die sich in allerletzter Zeit abzeichnen, mögen wohl auch im Zusammenhang mit dem Nachdruck zu sehen sein, mit dem im Vorjahr mehrfach, und besonders auch auf der Tagung, die diesem Band zugrunde liegt, Vergleiche mit dem westlichen Ausland angestellt wurden und nach Abhilfe gerufen wurde.

Gerald Stourzh

Günter Bischof – Josef Leidenfrost

Österreich nach dem April 1945:
Die bevormundete Nation

Über dieses Buch

I.

Am 29. März 1945, gegen 11.00 Uhr vormittags, überschritten Soldaten der Roten Armee bei der kleinen südburgenländischen Ortschaft Klostermarienberg die österreichische, zu diesem Zeitpunkt die Grenze des »Großdeutschen Reiches«.[1] Damit hatte der bereits fünfeinhalb Jahre dauernde Zweite Weltkrieg österreichischen Boden erreicht. In den folgenden Wochen und Monaten strömten hunderttausende Soldaten der alliierten Armeen auf österreichisches Gebiet ein, gefolgt von eigens für ein längeres Verweilen vorbereiteten und trainierten Politkommissaren, Besatzungsoffizieren und Militärregierungsteams. Im Befehl des sowjetischen Oberkommandos vom 2. April 1945 an die 2. und 3. Ukrainische Front hieß es, daß die Rote Armee gegen die deutschen Okkupanten und nicht gegen die Bevölkerung Österreichs kämpfe, daß sie nicht mit dem Ziel der Eroberung österreichischen Territoriums das Gebiet Österreichs betreten haben und daß sie auf dem Standpunkt der Moskauer Deklaration der Alliierten über die Unabhängigkeit Österreichs stehe. Weiters wurde verfügt:

»Den Truppen, die auf österreichischem Territorium agieren, ist Anordnung zu geben, die Bevölkerung Österreichs nicht zu beleidigen, sich korrekt zu benehmen und die Österreicher nicht mit den deutschen Okkupanten zu verwechseln.«[2]

Mit dem Überschreiten der österreichischen Grenzen durch Soldaten der Roten Armee begann die zehn Jahre dauernde Besatzungszeit in Österreich, in der vier Mächte, die UdSSR, die Vereinigten Staaten, Großbritannien und Frankreich, die Geschicke dieses Landes entscheidend mitbestimmen sollten.

Der zitierte Befehl des sowjetischen Oberkommandos und andere, die mittels Flugblättern der Bevölkerung durch die sowjetische Armee kundgemacht wurden, waren die ersten dezidierten, in Österreich bekanntgewordenen alliierten Willensäußerungen zur Wiederherstellung jenes Landes, das 1938 im »Anschluß« an das sogenannte »Großdeutschen Reich« aufgegangen war und damit als eigener Staat zu existieren aufgehört hatte.[3] In der erwähnten »Moskauer Deklaration« vom 1. November 1943 hatten die Außenminister Großbritanniens, der USA und der Sowjetunion die Wiederherstellung eines freien und unabhängigen Österreich als eines ihrer Ziele erklärt, eine Erklärung, der Frankreich später beigetreten ist.[4]

Wie kompliziert die Situation Österreichs zu diesem Zeitpunkt gewesen ist, das mehr als sieben Jahre zu Deutschland gehört hatte, wie unterschiedlich seine Zukunft gesehen wurde, geht aus der Ersten Proklamation der Alliierten Expeditionsstreitkräfte, also der Ende April/Anfang Mai 1945 vom Westen und Süden her die österreichischen Grenzen überschreitenden angloamerikanischen Truppen, an das österreichische Volk hervor. Darin hieß es, anders akzentuiert als in den Verkündigungen der Roten Armee:

»... 1. Die Alliierten Streitkräfte rücken in Österreich als Sieger ein; denn Österreich hat als wesentlicher Bestandteil des Deutschen Reiches gegen die Vereinten Nationen Krieg geführt.
2. Gleichwohl haben die Regierungen des Vereinigten Königreiches von Großbritannien und Nordirland, der Vereinigten Staaten von Amerika und der Union der Sozialistischen Sowjetrepubliken in der Moskau-Erklärung [...] den [...] Entschluß verkündet, Österreich von der deutschen Herrschaft zu befreien und gemeinsam den Wunsch geäußert, das Land Österreich in Freiheit und Unabhängigkeit wiederhergestellt zu sehen. Diese Erklärung enthält jedoch auch die Mahnung an Österreich, daß es wegen seiner Teilnahme am Krieg eine Verantwortung auf sich geladen hat, der es sich nicht entziehen kann, und daß bei der endgültigen Regelung der Beitrag Österreichs zu seiner Befreiung unvermeidlicherweise in Rechnung gezogen werden wird«.[5]

Einerseits keine Eroberung, andererseits ein Einrücken als Sieger: In den sich bald häufenden Erlässen und Verordnungen der Besatzungsarmeen sowie in der einsetzenden Propaganda der alliierten Mächte ist die Ambivalenz der Stellung Österreichs zu Kriegsende 1945 bald klar ersichtlich geworden. Den Verbündeten des Zweiten Weltkriegs gegen Hitlerdeutschland schien eine zumindest vorläufige Besetzung und Kontrolle Österreichs notwendig zu sein, um nach der Zugehörigkeit zu NS-Deutschland die Neuordnung des Staatswesens sowie die Rückführung zu demokratischen Verhältnissen zu gewährleisten.[6]

Die alliierte Nachkriegsplanung für Österreich der Jahre 1942 bis Anfang 1945, vor allem die amerikanische und britische, weist darauf ausdrücklich hin.[7] Manche der für die zukünftige Politik gegenüber Österreich Verantwortlichen bei den westalliierten Mächten hatten dabei eine eher geringschätzige Meinung von jenem Land, das ihre Truppen besetzen sollten, wie ein Aktenvermerk von J. M. Troutbeck zeigt, der im Londoner Foreign Office für die Deutschland- und Österreich-Planung mit zuständig war:

»Were it not for the strategic importance of keeping Austria separate from Germany, we could let this flabby country stew. It is clear that Austria is doing next to nothing for herself and we shall have the greatest difficulty infusing life into her after the war. There are no political leaders inside or outside the country who command any following. Austria will fall into the first arms which are opened to her.«[8]

Während des Krieges schien man bei den Alliierten mancherorts offensichtlich am Selbstbehauptungswillen eines befreiten Österreich zu zweifeln.

Die alliierte Interpretation des Anschlusses von 1938 spielte eine wichtige Rolle in der Festlegung des internationalen Status des wiedererstehenden Staates sowie beim Auftreten der Besatzungsmächte gegenüber den Österreichern. Die Ausweglosigkeit der österreichischen Situation in der Zwischenkriegszeit – geprägt von der wirtschaftlichen Misere im Gefolge der Weltwirtschaftskrise und vom Bürgerkriegsjahr 1934 – fand im März 1938 im Anschluß an das Großdeutsche Reich eine »Lösung«. Der Anschluß ist somit zentrales und umstrittenes Epochenereignis der österreichischen Zeitgeschichte zugleich. Aus britischer Sicht stellte sich der Anschluß folgendermaßen dar:

»We may argue about the percentages in Austria that wanted or did not want the ›Anschluss‹ with a Nazi Germany or pre-Nazi, but we are always left with a more or less considerable residue that did want it.«[9]

War Österreich nun 1945 durch die bittere Enttäuschung des Zweiten Weltkrieges geläutert? Was hatten die – anfänglich – große Begeisterung, das Mitläufertum für Hitler, das böse Erwachen im Krieg, die gehorsame Pflichterfüllung als »Überlebensstrategie« oder aber der Widerstand gegen das verhaßte deutsche Regime bewirkt?[10] Würden die Österreicher den unter dem Nationalsozialismus neugewonnenen Selbstbehauptungswillen nach Kriegsende demonstrieren können – und hatten sie einen solchen überhaupt? Noch 1949 – vier Jahre nach Kriegsende und nach vier Jahren Besetzung – charakterisierte der französische Hochkommissar Emile Béthouart die Österreicher wie folgt:

»Sie [die Österreicher] sind [...] eine verweichlichte, weibische Rasse, drauf und dran, daß ihnen Gewalt angetan wird. Das letzte Mal waren es die Deutschen. Nächstes Mal sind es vielleicht die Russen. Sie sind nicht nur verweichlicht ... sondern sind in vielerlei Hinsicht orientalisch in ihrer Schicksalsergebenheit und Bereitschaft zu akzeptieren, was sie als unwiderstehliche Kraft spüren.«[!][11]

Es überrascht bei einer Grundeinstellung wie der Franzose Béthouart oder der Brite J. M. Troutbeck sie vertraten, nicht, daß die für die Planung des Besatzungsregimes in Österreich Verantwortlichen besonders strenge Kontrollmaßnahmen für die Österreicher – zumindest für den Beginn der Besatzungszeit – vorbereiteten und auch anwendeten. Dem sollte – anders als nach 1918 – die Entschlossenheit der Österreicher gegenüberstehen, ihre volle staatliche Selbständigkeit und Unabhängigkeit zu erlangen.

II.

1945 wurde Österreich »befreit«, die Truppen der Siegermächte kamen als Besatzer. Warum dem so war, warum die Alliierten ihr in der Moskauer Deklaration abgegebenes Versprechen nicht einlösten und wie sie Österreich behandelten, wie das Verhältnis Besatzungsmächte–Österreicher in den Jahren 1945 bis 1949 aussah, diese Fragen standen im Mittelpunkt einer Konferenz, die im Juni 1987 in Wien stattgefunden hat. In den Vorträgen und Diskussionen stand die These von der »Bevormundung« im Mittelpunkt, daß also Österreich und seine Bevölkerung unmittelbar nach dem April 1945 vielfach kontrolliert, sowohl innen- und außenpolitisch als auch auf

wirtschaftlichem Gebiet auf vielfältige Weise gegängelt wurden und
die Besatzungsmächte sich sehr stark in das Tagesgeschehen, ja sogar
in das Alltagsleben der Österreicher einmischten, ein Zustand, der
sich nur langsam zum Positiven für die Österreicher wandelte.

Stand hinter dem Thema der Konferenz, »Österreich 1945–1949:
Die bevormundete Nation?« noch ein Fragezeichen, so lassen die
Herausgeber dieses Bandes als Fazit des Symposiums dieses Fragezeichen weg. »Bevormundung« – Thema dieses Buches – wird als Zu-
standsbeschreibung für die Frühphase der Zweiten Republik postu-
liert. Dies ist sicherlich ein verknappendes Schlagwort – ähnlich
jenem der »Nichtlebensfähigkeit« für die Erste Republik –, und bewußt provokant gewählt, erscheint aber nach den Erkenntnissen aus
den vorliegenden Fallstudien gerechtfertigt.[12]

Der Zeitraum der Darstellungen (1945–1949) ist willkürlich, »Bevormundung« mit der Fortdauer der Besetzung ein immer häufiger
wiederkehrender Begriff in der Tages-Rhetorik österreichischer Politiker der frühen Nachkriegsjahre. Das volle Ausmaß der Abhängig-
keiten, das während des zehnjährigen Besatzungsregimes in Österreich bestanden hat, kann wohl nicht rekonstruiert werden. Für
Österreich nach dem April 1945 gilt aber sicherlich auch, was der
amerikanische Historiker Richard E. Welch einst über die amerikanische Besatzung auf den Philippinen Ende des 19. Jahrhunderts
feststellte: »Tutelage can have a crippling effect, and apprenticeship
too long continued can promote a sense of psychological as well as
economic dependence«.[13]

Es war sehr bald das Ziel der Österreicher, sich gegen die zunehmend als solche empfundene Bevormundung durch die Alliierten
mittels der »Opferthese«, Österreich sei das erste Opfer der Hitlerschen Aggression gewesen, zu wehren bzw. zu versuchen, die Bevormundung abzustreifen – eine durchaus verständliche, wenn auch
nicht unbedingt zu billigende Haltung.[14]

Zieht man nämlich Österreichs Rolle im Zweiten Weltkrieg in Betracht, – Österreicher in deutscher Wehrmachtsuniform hatten an
vielen Fronten gegen die Alliierten gekämpft, auch in Österreich
hatte es Konzentrationslager gegeben –,[15] war die anfänglich rigorose
Behandlung der Österreicher durch die Alliierten nicht unverständ-
lich, wenn sich die Besatzer dadurch zunächst auch nicht an ihre eigene Moskauer Deklaration hielten.

Die Feststellung, daß Bevormundung in Österreich nach dem
April 1945 eine adäquate Bezeichnung eines Zustandes der Beein-

flussung von außen war, soll nicht heißen, daß die Besatzungsmächte zum Sündenbock für österreichische Probleme der frühen Nachkriegszeit gestempelt werden sollen. Die »Mitverantwortung« zahlreicher Österreicher an den Verbrechen Hitlers und am deutschen Aggressionskrieg, die ja die Besetzung verursacht hat, soll nicht verniedlicht oder verdrängt werden.[16] Österreichs Verstrickung in die Verbrechen des Nationalsozialismus, im besonderen in den Massenmord an den Juden, muß Ausgangspunkt aller historischer Betrachtungen sein, die mit dem Jahr 1945 beginnen.[17] Um die Bevormundung durch die Besatzungsmächte loszuwerden und die volle Souveränität zu erlangen, wurde allerdings von den Gründervätern der Zweiten Republik über viele Aspekte dieser Verstrickung hinweggesehen.

Wie hat die Bevormundung der Österreicher durch die Alliierten ausgesehen? Die fast acht Monate der Provisorischen Staatsregierung Renner von April bis Dezember 1945 stellten sich als Phase der militärischen Besetzung dar, wie sie die Alliierten auch Ländern wie Deutschland oder Japan zukommen ließen. Österreich wurde in der Frühphase seiner Nachkriegsgeschichte von den Besatzungsmächten einer radikalen politischen Säuberung unterzogen – ähnlich den beiden genannten Ländern; ein Prozeß, den der amerikanische Politikwissenschaftler John D. Montgomery für Deutschland und Japan mit den Rousseau'schen Diktum des »forced to be free« charakterisiert hat.[18]

In einer solchen Behandlung zeigt sich die Problematik des Status des frühen Nachkriegsösterreich. Bei den Westmächten gab es nicht wenige, die meinten, nach der Begeisterung vieler Österreicher für Hitler hätte Österreich diese Behandlung verdient.[19] Noch 1951 hieß es in einem von der britischen Botschaft in Wien zusammengestellten Bericht über »die Österreicher« – mit einer der englischen Diplomatie eigenen Pointiertheit:

»There are many varitions of this theme i. e. [Problem des österreichischen Selbstverständnisses]. Austrians, for example, never participated in Hitler's war. Some say they fought only under duress – surprisingly well in the circumstances; others that they only did their patriotic duty in defending the Fatherland. They committed no war cirmes. And since they ceased to exist as an independent state after the Anschluss they could not be treated as an ex-enemy. If need be the opposite thesis may be argued with equal plausibility. [The Austrians] contend that the continuity of Austria's existence as a state was never really broken. She was merely deprived temporarily of her freedom of action. The Germans in either case were responsible for every-thing. Small wonder that conviction of being ›Austrian‹ came in 1945 with the force of revelation. No longer was there any need to kick against the pricks of Allied policy. Everyone discovered that they had always hated and despised the Germans. Only a few exiles like Friedrich Adler writing in Brussels, had the courage to ask whether this volteface reflected principle or expediency. And indeed it will be some time before the final answer is known.«[20]

Die Antwort auf die alliierte Behandlung, die Ausbildung einer eigenständigen Nation, scheint – zumindest aus britischer Sicht – ein gerütteltes Maß an österreichischer Berechnung gewesen zu sein. Übersehen wird, daß die Erfahrungen des Zweiten Weltkrieges wesentlich zu diesem Prozeß – in welchem Ausmaß er letztlich auch immer stattgefunden hat – beitrugen.[21]

III.

Österreich wurde nach der Besetzung durch die Alliierten in vier Zonen aufgeteilt, bis Oktober 1945, bis zur de facto-Anerkennung der Provisorischen Regierung Renner auch durch die westlichen Besatzungsmächte, war dies aber tatsächlich weit mehr als nur eine Aufteilung in vier verschiedene Herrschaftsbereiche vier fremder Armeen. Die Zonen waren voneinander völlig abgeschottet, politisch auf sich allein gestellt und wirtschaftlich zur Autarkie gezwungen. Zwischen den Bundesländern und zwischen diesen und der Bundeshauptstadt waren kaum politische Kontakte oder ein Nachrichtenaustausch möglich. Der primitive wirtschaftliche Verkehr zwischen den Zonen und mit dem angrenzenden Ausland mutet aus heutiger Sicht mittelalterlich an. Ein gutes Beispiel sind die im Herbst 1945 bitter notwendig gewesenen und Westösterreich versprochenen Kartoffeln aus Bayern, die wegen des Kompetenzchaos nie in der französischen Zone in Österreich eingelangt sind.[22]

Die strikte Zonentrennungspolitik ging hauptsächlich auf die Überlegungen der westlichen Mächte, vor allem der Briten, zurück, die unter Mitwirken der sowjetischen Besatzungsmacht in Wien zustandegekommene und amtierende Renner-Regierung sei eine Marionette Moskaus nach osteuropäischem Muster,[23] wie überhaupt die politischen Vorgänge in Wien bei den Westalliierten große Skepsis hervorriefen. In dieser Phase – von Mai bis September 1945 – bekamen die Österreicher die Bevormundung durch die Alliierten besonders zu spüren. Die fremden Truppen, die ins Land gekommen waren, gerierten sich vor allem als Sieger. Sie setzten lokale und regionale Verwaltungen ein – dies unter Mißachtung bereits vorhandener politischer Aktivitäten –, sie requirierten Gebäude, sie demontierten Industrieeinrichtungen, sie vergatterten zum Aufräumdienst. Vor allem in der sowjetischen Zone (aber auch in den anderen Zonen!) kam es in den Wochen unmittelbar nach der Besetzung zu Plünderungen und schweren Mißhandlungen von Zivilisten durch Besatzungssoldaten, oft auch mit tödlichem Ausgang, wobei das Verhalten deutscher Soldaten in der Sowjetunion und die dort angerichteten Zerstörungen einen wesentlichen Einfluß auf jenes der Soldaten der Roten Armee in Österreich gehabt hat. Auf politischem Gebiet nahmen die Sowjets hingegen eher als die Westmächte Rücksicht auf eigenständige österreichische Entwicklungen.

Wie in Deutschland verfolgten vor allem die Amerikaner und Briten bis in den Sommer 1945 hinein in ihren Zonen eine strikte Politik der »Nichtfraternisierung«.[24] Im Zweifelsfall war jeder Österreicher ein Nazi. Deshalb wurde vor allem in der US-, aber auch in der britischen Zone eine radikale politische Säuberung, »Entnazifizierung«, durchgeführt, die jedoch bald aus organisatorischen Gründen ins Stocken geriet.[25] Wie in Deutschland glaubte man auch in Österreich, daß der Nazismus tot war, trotz einer nicht geringen Zahl »unverbesserlicher« Nazis; die Bevölkerung war nach sieben Jahren Nazi-Besetzung und sechs Jahren Krieg politisch lethargisch geworden.[26] Letztendlich sollte eine effiziente politische Säuberung wie die Westalliierten sie vorgehabt hatten durch den Kalten Krieg unmöglich gemacht werden. Die Sowjets wiederum überantworteten die Entnazifizierung rasch den Österreichern.

Das forsche Auftreten vieler Besatzungsoffiziere der westlichen Armeen – auch hochrangiger – gegenüber spezifisch österreichischen Verhältnissen war wohl im mangelnden Informationsstand der Truppen zum Zeitpunkt des Einmarsches begründet. Selbst der amerikanische General und Oberbefehlshaber der US-Truppen in Österreich, Mark Clark, schrieb noch Anfang Mai 1945, nach seiner Ernennung zum Militärkommissar für Österreich, an General Eisenhower: »I have been so preoccupied with other duties that I must admit I don't know much about the Austrian problem«.[27] Aufgrund des rascheren militärischen Vormarsches vom Westen her besetzte außerdem zunächst die »falsche Armee« das Land, wodurch anfangs in Westösterreich sehr strenge Regelungen, die ausschließlich für Deutschland vorgesehen waren, in Österreich zur Anwendung kamen.[28]

Die strenge Kontrolle auf Landesebene, also in den einzelnen Zonen und durch die lokalen Militärregierungen (im Westen stärker als im Osten), wurde nach der Etablierung des Alliierten Rates und dessen erster Sitzung am 11. September 1945 in Wien um eine Dimension erweitert, nämlich die direkte Kontrolle der gesamtösterreichischen Provisorischen Staatsregierung durch den Rat der vier Militärkommissare. Von Gerald Stourzh wurde für diesen mit September 1945 beginnenden und etwa bis zum Zweiten Kontrollabkommen vom 28. Juni 1946 dauernden Zeitabschnitt der Begriff »Periode der totalen Kontrolle« geprägt.[29] Das Problem der Approbation der vom Kabinett Renner bis dahin und auch danach beschlossenen Gesetze durch die Alliierten sowie der Konflikt um die von den vier Mächten sich selbst vorbehaltenen Regierungsfunktionen sind besonders anschauliche Fälle von Bevormundung.[30]

Erstmal mit kritischem Unterton öffentlich angesprochen wurde der Zustand der Abhängigkeit der Österreicher von den Besatzungsmächten und der Zustand der eingeschränkten staatlichen Souveränität schon von Staatskanzler Renner in seinem »Rechenschaftsbericht der Provisorischen Staatsregierung« vor dem Parlament in Wien am 19. Dezember 1945; Renner sagte dort unter anderem:

»Die Würfel sind gefallen, daß unser Land von vier Großmächten zugleich besetzt und unser Volk in die Einflußsphäre der vier siegreichen großen Nationen geraten ist [...]. Daraus ist uns das in der Geschichte wohl beispiellose Problem gestellt: eine einheitliche Zivilregierung und Zivilverwaltung neben vier Militärregierungen einzurichten mit der doch unbestreitbar gegebenen Aussicht, einmal, in der Fülle der Zeit, nach vollzogenem Friedensschluß diese vierfache Verwaltung ganz abzulösen und dann erst in Wahrheit frei zu sein.«[31]

Niemand Geringerer als der Ehrenvorsitzende der SPÖ, Karl Seitz, der frühere Bürgermeister von Wien, erhob ebenfalls im Parlament gegen die direkte Einflußnahme der Alliierten auf die Tätigkeit der österreichischen Regierung und des österreichischen Parlaments im Frühjahr 1946 öffentlich Protest. Am 20. März 1946 nahm er in der Debatte um das sogenannte »Lebensmittelforderungs-Gesetz« gegen den von den Alliierten auch in diesem Gesetz vorgeschriebenen Passus: »... tritt nicht früher in Kraft, als [es] nicht die Genehmigung des Alliierten Rates erhalten hat« Stellung. Nach einer Schilderung des jahrzehntelangen Kampfes um Wahlrecht und demokratische Grundrechte in Österreich sagte Seitz:

»Wozu das alles, wenn am Schluß ein Ausländer kommt und uns sagt: Wir werden euch schon zeigen, was Gesetzgebung heißt! Ihr werdet uns von nun an eure Gesetze vorlegen und wir werden sie prüfen, ob wir sie genehmigen. Wenn wir sie nicht genehmigen, werden diese Gesetze nicht in Kraft treten. Ist das noch ein Parlament?«[32]

Und etwas später in derselben Rede:

»[...] wenn ich hier ein Parlament von 165 Personen aus allen Ständen der Bevölkerung und auf der anderen Seite zehn oder zwanzig Generäle aus einem fremden Lande habe, dann kann ich die Entscheidung darüber, wer das letzte Wort sprechen soll, ruhig jedermann überlassen. [...] Ich glaube [...], daß ich mich der Zustimmung des Hauses erfreue, wenn ich einen Appell an die Alliierten richte, uns unsere demokratische Freiheit, Gesetze zu beschließen, zu belassen, so wie dieses Recht jedes Parlament hat (Lebhafter Beifall).«[33]

Gegen verzögernde alliierte Eingriffe bei der Verabschiedung eines anderen Gesetzes, des Paßgesetzes vom November 1945, verwahrte sich Außenminister Karl Gruber, nicht minder eindringlich, in einem Schreiben an den amerikanischen Militärkommissar General Mark Clark. Es hätte den Reiseverkehr mit dem unmittelbar benachbarten Ausland zwecks Intensivierung der Wirtschaftsbeziehungen dorthin erleichtern sollen, drohte aber durch die Einwände der Besatzungsmächte im Gegenteil dazu restriktiver auszufallen. Am 9. April 1946 schrieb Gruber an Clark:

»Die ganze Art und Weise, wie diese Frage [i. e. neues Paßgesetz] gehandhabt wurde, hat auf die österreichischen Behörden sehr entmutigend gewirkt. Wenn bei einer so verhältnismäßig einfachen Angelegenheit derartige Schwierigkeiten überwunden werden müssen und einfach in der Zwischenzeit der Verkehr ins Ausland praktisch eingestellt wird, sodaß sich die Österreicher förmlich als Gefangene betrachten müssen [!], darf es nicht Wunder nehmen, wenn sich eine immer stärkere Kritik an der bestehenden Lage breitmacht. [...] Wenn in einer solchen uns völlig unverständlichen Weise Schwierigkeiten auf Schwierigkeiten vor den Verwaltungsorganen aufgetürmt werden, kann die Folge nur die sein, daß der Wille des österreichischen Volkes, sich selbst zu helfen, immer mehr erlahmt.«[34]

Renners Rechenschaftsbericht im Dezember 1945, Seitz' Rede im Parlament im März 1946 und Grubers Brief an Clark im April 1946 – drei Beispiele, wie unzufrieden die Österreicher mit ihrer Lage als vierfach besetztes Land waren. Vizekanzler Schärf, der Österreich ein Jahr nach der Besetzung als »mit sechs Regierungen gestraft« bezeichnete, nämlich den vier Zonenverwaltungen, dem Alliierten Rat und der eigenen nationalen Regierung, ging sogar soweit zu sagen, daß diese Bundesregierung in ihrem eigenen Land nur eine Schattenrolle spiele.[35]

Ab dem Frühsommer 1946 machte sich eine Änderung der alliierten Grundeinstellung den Österreichern gegenüber bemerkbar, die in der Unterzeichnung des Zweiten Kontrollabkommens am 28. Juni 1946 kulminierte und den Spielraum der Landesregierungen sowie der österreichischen Bundesregierung wesentlich erweiterte,[36] die Alliierten blieben aber doch im Land. Österreich war bereits zum Streitobjekt der Alliierten geworden, zum Faustpfand im beginnenden Kalten Krieg.

Mit den wirtschaftlichen Maßnahmen gegen österreichische Betriebe und Ländereien ab dem Frühjahr 1946 durch die Sowjets, sie gipfelten im Befehl Nr. 17, und den amerikanischen Gegenmaßnahmen, die zur Integration Österreichs in das Marshallplan-Programm führten, wuchs parallel zur Lockerung der alliierten Dominanz im *politischen* Leben die *wirtschaftliche* Abhängigkeit des Landes von den Besatzungsmächten. Die im Jänner 1947 anlaufenden Verhandlungen über einen Vertrag mit Österreich zeigten bald, daß die Standpunkte der vier Mächte darin allzuweit voneinander entfernt waren, als daß eine rasche Lösung möglich gewesen wäre; ein längerer Verbleib der Besatzungsmächte im Lande begann sich abzuzeichnen. Die Anwesenheit der alliierten Mächte wurde damit zu einem heftigst diskutierten Dauerthema in Österreich.

Nicht nur in Politikerreden kam eine offensichtliche Frustration über die Besetzung und die dadurch eingeschränkte Souveränität an den Tag, so meinte etwa Bundeskanzler Figl anläßlich des zehnten Jahrestages des Anschlusses am 11. März 1948, aufgrund des andauernden Zustandes der Unfreiheit »dürfen sich [unsere alliierten Freunde] nicht wundern, wenn die Begeisterung für sie nachgelassen hat«, die ÖVP brachte auch ein symbolgewaltiges Plakat zum Thema heraus, das sich wohl knapp an der Grenze einer für die Alliierten erträglichen Kritik bewegte. Das Plakat zeigte ein Gefängnisgitter, durch welches Licht auf Österreich fällt, die Jahreszahlen 1938 und 1948 [!], sowie die Schatten der Gitterstäbe in den Farben der Fahnen der vier Besatzungsmächte. Und in einem anderen (Wort-)Plakat der ÖVP hieß es, nicht viel weniger kritisch:

»Gesprengte Ketten sind das Symbol der vor drei Jahren wiedererstandenen Republik. Noch aber fehlt uns die volle Bewegungsfreiheit. Die Kettenglieder werden noch immer nachgeschleppt. Die Befreier haben die Kette wohl zerrissen, dem österreichischen Volke aber nicht abgenommen. Ist es nicht traurig, daß Österreich, das erste Land, das der nazistischen Aggression zum Opfer fiel, noch immer nicht das vertragliche Recht auf sein staatliches Eigenleben hat, während andere, kriegsführende Staaten, die an der Seite Deutschlands kämpften, schon lange ihren Friedensvertrag haben ...«[37]

Dieser im wahrsten Sinne des Wortes »plakativen« Kritik drei Jahre nach Kriegsende standen in den Beziehungen der Großmächte untereinander Entwicklungen mit weitreichenden Folgen gegenüber. Im Februar 1948 war es in der Tschechoslowakei bereits zur Machtübernahme durch die Kommunisten gekommen, im März endete die Zusammenarbeit im Alliierten Kontrollrat für Deutschland, im April setzten Schwierigkeiten um den ungehinderten Zugang der Westmächte zu ihren Sektoren in Berlin (so wie auch in Wien!) ein. War zu Beginn des Jahres 1948 ein Vertragsabschluß aus politischer und wirtschaftlicher Sicht noch wünschenswert erschienen, so ergaben die Ereignisse dieses Jahres bei den Westmächten immer mehr strategische Bedenken dagegen. Die Erkenntnis von der notwendigen Fähigkeit zur Aufrechterhaltung der inneren Ordnung ließ auch die Österreicher das westalliierte Konzept einer bewaffneten Streitmacht für die Zeit nach einem Abzug der Besatzungsmächte annehmen.[38]

Durch fortlaufend auftretende Komplikationen im Detail bei den Vierergesprächen über einen Vertrag mit Österreich verschob sich ein möglicher Abzug der Alliierten, den die Österreicher dennoch weiterhin, wenn auch nach außen hin resignativer, herbeisehnten: Karl Renner, am Gedenktag zur Ausrufung der Republik 1918 am 12. November 1948 in einem »Appell an die Welt«:

»Die vier Großen haben nun wahrlich lange genug Gericht über uns gehalten. Sie haben erkannt, daß eine lebendig begrabene Republik nicht schuldig werden konnte. Sie haben sich überzeugt, daß wir alle die unglückseligen Einzelpersonen, die an dem geschehenen Verbrechen mitschuldig geworden, selbst gerichtet haben und richten.

Keine Macht der Welt kann bestreiten, daß wir die Kraft und das Geschick haben, uns selbst zu regieren. Kein Einsichtiger wird es für weise halten, einem längst Genesenen vier Krankenwärter, vier Großmächte noch dazu, jahrelang ins enge Haus zu setzen.

Im gewöhnlichen Lauf der Dinge müssen die Eltern mit den Kindern, die Großen mit den Kleinen Geduld haben. Nun ist es einmal anders: Der friedfertige Kleine muß mit den hadernden Großen Geduld haben; es bleibt ihm ja auch nichts anderes übrig.«[39]

1949, im Jahr des endgültigen Zerfalls Deutschlands in zwei Staaten und in dem die erste sowjetische Atombombe gezündet wurde, stand im Juni ein Durchbruch bei der Pariser Runde der Staatsvertragsverhandlungen unmittelbar bevor. In einem Gespräch mit dem amerikanischen Delegierten Samuel Reber meinte Außenminister Gruber:

».. In the electoral campaign now beginning in Austria, it might be nesessary from time to time to make statements against occupation, but these were directed primarily against the Soviets rather than the Western Powers«.[40]

– implizierend, daß man über die weitere Anwesenheit zumindest der Westmächte doch ganz froh sei, eine Aussage, die gleichzeitig demonstriert, wie unsicher die Österreicher 1949 über ihre nahe Zukunft gewesen sind. Noch im selben Jahr mußten die Österreicher erkennen, daß die Wiedererlangung der vollständigen staatlichen Souveränität nicht vom tagespolitischen Geschehen oder von der Manipulation der Beziehungen mit den einzelnen Besatzungsmächten beeinflußbar war. Es dauerte noch fast sechs Jahre, bis es so weit war und alle Alliierten ihre Truppen aus Österreich zurückzogen.

Die in diesem Buch vorgelegten Analysen, Dokumente und Fotos sollen zeigen, unter welchen internen und weltpolitischen Bedingungen von 1945 bis 1949 sich Österreich im Umgang mit den Vertretern der alliierten Mächte in diesem Land entwickelt hat, zu den Höchstrangigen genauso wie zu den »einfachen Soldaten«, und zu welchen Fehlentwicklungen es dabei gekommen ist. – Sie sollen Beiträge sein zur Erforschung der Geschichte der politischen Mentalität der frühen Zweiten Republik.

IV.

Im ersten Teil dieses Buches wird die schwierige internationale Stellung Österreichs nach 1945 behandelt, die dadurch beschleunigte nationale Selbstfindung angedeutet. *Robert Knight* geht in seinem Beitrag der komplizierten Frage nach, wie es der österreichischen Regierung nach 1945 gelungen ist, auf der Grundlage der Moskauer Deklaration den moralischen Anspruch zu erheben, ein Opfer Hitler-Deutschlands gewesen zu sein. Der übertriebene Mythos eines erfolgreichen einheimischen Widerstandes sei demnach als eine verständliche österreichische juristische Konstruktion in die Welt gesetzt worden, historisch gesehen aber nicht haltbar. Bis 1955 sei es der österreichischen Regierung gelungen, so Knight, auch die Besatzungsmächte und damit die internationale Gemeinschaft von der österreichischen Lesart des Anschlusses zu überzeugen. Aus dieser Sicht sei der Anschluß »ein gewaltsamer Okkupationsakt gewesen, [...] dem das Gros der österreichischen Bevölkerung Widerstand leistete.«[41]

Mit der Ausbildung des »österreichischen Nationsbegriffes« am Beginn der Zweiten Republik befaßt sich *Emil Brix.* Die Selbstfindung der spezifisch »österreichischen Nation« entwickelte sich im Gegensatz zur Zeit nach 1918 aus verschiedenen Gründen weitaus erfolgreicher. Basierend auf den Erfahrungen mit dem deutschen »Brudervolk« während der Kriegszeit erkannten die Österreicher spätestens nach der bedingungslosen Kapitulation Deutschlands den Sinn und die Vorteile einer eigenständigen Nation vis-à-vis Deutschland.[42]

Viele Probleme des frühen Nachkriegsösterreichs hatten ihren Ursprung in der Zugehörigkeit zum Deutschen Reich. Auch das Dauerproblem bei den Staatsvertragsverhandlungen – die Frage des »Deutschen Eigentums« – hatte seinen Ausgang nach der Okkupation und im Weltkrieg genommen. Wieviel hat Nazi-Deutschland zum Auf- und Ausbau der österreichischen Wirtschaft und Schwerindustrie tatsächlich beigetragen?[43]

Die Siegermächte hielten sich aufgrund der in Österreich bekanntlich besonders schwer zu lösenden Fragen nach früheren Besitzverhältnissen und deren Veränderungen während der NS-Zeit zunächst einmal in ihren Besatzungszonen schadlos (die Sowjets und die Franzosen mehr als die Amerikaner und Briten). *Reinhard Bollmus'* Beitrag im zweiten Teil des Buches untersucht die komplizierten Verhandlungen über die Frage des »Deutschen Eigentums« auf der Potsdamer Konferenz im Sommer 1945 und kommt zu dem Ergebnis: es war einfach schlechte Politik der Westmächte. Auf der Basis des Potsdamer Grundsatzentscheids, daß die Besatzungsmächte deutsches Auslandsvermögen für Reparationen heranziehen durften, sollte es den Sowjets gelingen, zehn Jahre hindurch mit einer großzügigen Interpretation dieses deutschen Auslandsvermögens von der Wirtschaft und Industrie in ihrer Zone in Österreich in großem Ausmaß zu profitieren.[44] Potsdam war Ausgangspunkt für eine ganz besondere Art der Bevormundung auf wirtschaftlichem Gebiet und dies gleich zu Beginn der Besatzungszeit.

Der Eingriff der Alliierten in die Geschicke des neuen Staates war im innenpolitischen Leben der frühen Zweiten Republik, in seiner zukünftigen ideologischen Ausrichtung, besonders zu spüren. Ähnlich wie in ihrer Zone in Deutschland kamen vor allem die Amerikaner – die Engländer und die Franzosen gingen weit pragmatischer vor – mit einem brennenden Missionierungseifer in Sachen Demokratie nach Österreich. Besonders die Amerikaner riefen den Österreichern noch 1945 mahnend in Erinnerung, daß es vor dem Anschluß auch noch den »Austrofaschismus« gegeben hatte, der mit seinen Parteiverboten, Anhaltelagern, Todesstrafen und Hinrichtungen starke totalitäre Aspekte gehabt hatte.[45]

Die Besatzungsmächte hatten demnach gute Gründe, sich zunächst in alle Bereiche des öffentlichen Lebens einzumischen, um es von den verbliebenen Einflüssen sowohl des »schwarzen« als auch des »braunen« Faschismus zu reinigen. Sie gingen dabei mit großem Eifer – aber ohne funktionierendes Konzept – an die Neugestaltung des öffentlich-politischen Lebens. Ob nun die Direktoren in den Linzer Stahlwerken oder im obersteirischen Industrierevier überprüft oder im Kulturbetrieb die Sympathisanten und Kollaborateure des NS-Regimes ausgeschaltet wurden, ob in Zeitungsredaktionen und bei Rundfunksendern nur ausgesuchte Leute tätig sein konnten oder Gerichte, Ämter, Schulen und Universitäten gesäubert wurden – in jedem gesellschaftlichen Bereich waren die Alliierten in irgendeiner Art reglementierend tätig.

In seinem Vergleich der beiden Wahlgänge von 1945 und 1949 zeigt *Josef Leidenfrost,* daß in der Parteipolitik die Übergabe der politischen Verantwortung an die Österreicher 1945 nicht auf allen Ebenen gleich schnell erfolgte. Die Zulassung einer Vierten Partei 1949 durch die Besatzungsmächte wiederum stellte einen klassischen Fall der Eingriffnahme in das innenpolitische Leben dar. Das Ende des Konsenses unter den Besatzungsmächten in dieser Frage genauso wie inneramerikanische Querelen sollten letztlich die alliierte »Front« gegen die Zulassung neuer Parteien und die damit verbundene Reintegration ehemaliger Nationalsozialisten in die Innenpolitik sprengen. Die österreichische Regierung trat mit zunehmendem Selbstbewußtsein den Besatzungsmächten gegenüber auf, sie wurde damit immer mehr zum agierenden Subjekt.[46]

Siegfried Beer gibt in seiner Fallstudie über die Steiermark einen

Einblick in die britische Besatzungspolitik beim Neubeginn des
schulischen und universitären Lebens in diesem Bundesland. Auch
in der britischen Zone war 1945 vor allem die Entnazifizierung einer
der Hauptreibungspunkte zwischen Besatzern und Österreichern gewesen. Beer zeigt, daß die Briten sich im Herbst 1945 nur mehr bei
den Personalentscheidungen im universitären Bereich in die steirische Bildungspolitik einmischten und schon 1946 dieses Kapitel im
wesentlichen für abgeschlossen betrachteten.[47]

Die innerfranzösischen Auseinandersetzungen um die Anwendung
des Zweiten Kontrollabkommens vom 28. Juni 1946 in der französischen Zone, die Tirol und Vorarlberg umfaßte, rekonstruiert *Klaus
Eisterer*. Das Zweite Kontrollabkommen, das den Besatzungsalltag
für Österreicher in allen politischen und gesellschaftlichen Bereichen
erleichterte, damit also auch zum Abbau der alliierten Einmischung
beitrug, wäre von französischen Administratoren in ihrer Zone – im
Gegensatz dazu – gerne angewendet worden, ihre Rechte und Gewal-
ten *auszubauen*. Vetorechte hätten den Generalgouverneur der französischen Besatzungszone, Pierre Voizard, nach seinen eigenen Vorstellungen in der Zonenverwaltung zu einer Art »Mini-Napoleon«
machen sollen. Die Pariser Zentrale aber wollte keine solche anhaltende »tutelle« (frz. wörtlich für »Bevormundung«) der österreichischen Bevölkerung und setzte eine liberalere Version der Anwendung des Zweiten Kontrollabkommens durch.[48]

Der immense Flüchtlingsstrom von Betroffenen der Kriegsereig-
nisse, seien es Juden, sogenannte »Ostarbeiter«, Volksdeutsche aus
Südosteuropa, Ukrainer, Angehörige von mit dem Deutschen Reich
verbündeten Armeen oder befreite KZ-Häftlinge, gehörte zum all-
gemeinen Erscheinungsbild in Europa zu Kriegsende, so auch in
Österreich. Die Erforschung des Problembereiches der sogenannten
»Displaced Persons (= Versetzte Personen)« steht dabei noch im An-
fangstadium, betraf die Frage doch Innen- und Außenpolitik dieses
Landes nach 1945, als Stichworte seien hier nur die öffentliche
Sicherheit oder die Staatsvertragsverhandlungen genannt. *Thomas
Albrich* leistete mit seiner Studie über jüdische DPs in Österreich
schon Pionierarbeit.[49] In seinem Beitrag in diesem Buch weist er
nach, daß die Österreicher im Bereich des Flüchtlingswesens wenig
mitzureden hatten, gleichwohl sie für einen Gutteil der Ausgaben
dafür aus dem Bundesbudget aufzukommen hatten (übrigens nicht
so sehr für die jüdischen DPs, die von ihren eigenen ausländischen
Hilfsorganisationen vielfältig unterstützt wurden).

Albrich erinnert unter anderem daran, daß es keine »Stunde Null« des Antisemitismus in Österreich gegeben hat. Den Juden wurde sehr rasch die Schuld an allen möglichen Mißständen zugewiesen, sie wurden für viele Unzulänglichkeiten des Alltages, die unweigerlich aus den Problemen mit über eineinhalb Millionen Flüchtlingen entstehen mußten, verantwortlich gemacht.[50]

Auch in der Wirtschaftspolitik hatten die Besatzungsmächte – vor allem die USA – ihre Hände im Spiel. *Wilfried Mähr* legt dar, wie sehr Österreich von der amerikanischen Wirtschaftshilfe abhängig war.[51] Mit den US-Hilfsgeldern kamen auch Auflagen. Die besonderen Bestimmungen des Marshallplanes erlaubten es den Amerikanern – sowohl im makro- als auch im mikroökonomischen Bereich – ins wirtschaftliche Leben Österreichs einzugreifen. Insbesondere im Investitionsbereich »tanzte« Österreich »nach einer ausländischen Pfeife«, so Mähr. Als ein hoher amerikanischer Beamter sogar versuchte, eine Budgetsanierung durch massive Arbeitsentlassungen von oben verordnen zu lassen, prallten die unterschiedlichen Meinungen hart aufeinander. Die österreichische Bundesregierung legte sich mit Erfolg quer. Im Falle der Semperit-Werke weist Mähr besonders drastisch nach, wie die Besatzer in österreichische Belange eingriffen. Hatte dieses Reifenwerk südlich von Wien in den ersten Wochen nach der Besetzung unter sowjetischen Demontagen zu leiden gehabt, so waren es 1946 die Amerikaner, die der Werksleitung vorschreiben wollten, welche Produkte sie erzeugen durfte.

Die Kultur- und Informationspolitik der Besatzungsmächte gegenüber Österreich wird in diesem Buch nicht ausführlich berücksichtigt, da es seinen Rahmen gesprengt hätte. Man denke nur an den umfangreichen Bereich der alliierten Zensur bei den Massenmedien, aber auch im Brief- und Telephonverkehr.[52] Die Bevormundung im kulturellen Bereich kann nur kurz angedeutet werden. Der für die US-Informationspolitik zuständige »Informations Services Branch« (ISB) war dabei geradezu ein klassisches Instrument für die Einmischung einer Besatzungsmacht in den Kultur-Alltag. In der ersten Phase der Besetzung übte der ISB nicht nur die absolute Kontrolle über Theater, Kinos, Oper, Konzerte, Zeitung, Zeitschriften, Bücher, Flugschriften, Nachrichtenagenturen, Werbung und Radio aus, sondern auch über Zirkusvorstellungen, Ballveranstaltungen, Prozessionen, Puppentheater und sogar Straßenmärkte! Diese totale Kontrolle des kulturellen Lebens durch die US-Behörden involvierte nicht nur das Paradoxon, demokratische Strukturen mit möglicherweise undemokratioschen Mitteln durchzusetzen. Diese Kontrolle, seit 1947 fast ausschließlich im Zeichen des Antikommunismus, ging auch in fast allen Phasen der Besetzung über die manchmal liberalen, immer aber äußerst ungeschickten Zensurbemühungen der sowjetischen Besatzungsmacht hinaus.[53] Wie weit die amerikanische Einmischung bei der Herstellung von Nachrichten und politischen Programmen ging, ist aus einem internen Memorandum zu ersehen, in dem es hieß: »One of the more delicate functions of American personnel in Austria is not to encourage people to say what they feel ... but rather try, as well as we can, to suggest to them the right thing to think.«[54]

Im dritten Teil dieses Bandes werden die politischen Konstellationen in Europa am Beginn des Kalten Krieges und ihre Auswirkungen auf Österreich behandelt.[55] Aus den Beiträgen dieses Abschnittes geht hervor, wie stark Österreich von der internationalen »Großwetterlage« abhängig war, besonders vor dem Hintergrund eines sich verhärtenden Ost-West-Gegenatzes.

Am wenigsten erforscht – jedoch am interessantesten – ist dabei die Haltung und die Position der Sowjetunion, durchlief doch gerade die sowjetische Besatzungsmacht in den Jahren der militärischen und politischen Präsenz in Österreich wohl den größten Wandel. Nachdem die Sowjetarmee als erste österreichischen Boden betreten hatte, zog sie auch als erste in Wien ein, am 13. April 1945, und begann gezielt, die politische Zukunft des Landes gleich zu Beginn entscheidend mitzugestalten – anders als die Westmächte übrigens nicht mit aufwendigen Militärregierungsteams, sondern lediglich mit Ortskommandanten und Politkommissaren. Die Sowjets hatten einen maßgeblichen Anteil an der Bildung der Provisorischen Staatsregierung unter Karl Renner – ihrem Selbstverständnis nach eine Regierung für ganz Österreich – und auch einer provisorische Landesregierung für Niederösterreich. Erstmals diesen Tatsachen nachgegangen ist *Wilfried Aichinger* in seiner Arbeit über die Sowjetunion und Österreich 1943–1945,[56] der nunmehr im vorliegenden Buch den Zeitraum bis 1949 resümiert. Aichinger sieht das Verhalten der Sowjetunion in den ersten fünf Jahren u. a. gekennzeichnet durch die Fehleinschätzung Moskaus, daß sich die USA nach Kriegsende nicht als »europäische Macht« engagieren würden. Eine Teilung Österreichs, wie sie in zeitgenössischer Sicht immer wieder befürchtet wurde, war seiner Meinung nach nie wirklich gegeben. Österreich sollte nach sowjetischem Dafürhalten zur Schwächung

Deutschlands als Einheit erhalten bleiben, die Besetzung wurde aus Gründen der eigenen Absicherung in Ostmitteleuropa aufrechterhalten.

Georges Castellan widmet sich in seinem Kommentar der französischen Österreichpolitik für die Zeit nach einer Befreiung dem Stellenwert, den Österreich in den Innenpolitik Frankreichs innehatte, er war sehr marginal, und jenem, den Österreich in der französischen Mitteleuropapolitik einnahm, Österreich wurde zusehends als Vorposten und verläßlicher Partner gegen die Sowjetunion gesehen.

Neben der Wiedererlangung der Souveränität des Landes, stellte für die österreichische Außenpolitik 1945/46 die Rückgewinnung Südtirols eines der wichtigsten Ziele dar, das Thema sei hier am Rande gestreift. Die langsam mahlenden Mühlen der Großmachtpolitik ließen aber diesen »österreichischen Herzenswunsch« (Figl) nicht Wirklichkeit werden. Italien lag – ähnlich wie Österreich in Mitteleuropa – in einer kritischen geostrategischen Position im Mittelmeerraum und wurde in seinem »nationalen« Interesse durch den Verlust der Kolonien und durch die Gebietsverluste gegenüber Jugoslawien geschwächt. Wie schon 1919 wollte man deshalb in den westlichen Hauptstädten die Italiener durch die Zuschlagung Südtirols schadlos halten. Der Verbleib Südtirols bei Italien stellt einen Paradefall der Großmachtinteressenpolitik dar, in dem das Selbstbestimmungsrecht der betroffenen Bevölkerung und die Ansprüche der österreichischen Republik den Interessen der Westmächte im Mittelmeerraum zum Opfer fielen.[57]

Margit Sandner geht in ihrem Beitrag zur Österreichpolitik des Quai d'Orsay eingangs auf die Südtirolfrage ein. Sandner bringt auch zur Sprache, daß die Franzosen bei den Staatsvertragsverhandlungen ursprünglich Vertreter einer harten Linie waren, in der Absicht, die Wiederbewaffnung und das allfällige militärisch-industrielle Potential Österreichs unter eine starke ausländische Kontrolle zu stellen. Schon 1947 dachte man auf französischer Seite daran, den Österreichern die Neutralität aufzuoktroyieren, um den Anschlußgedanken ein für allemal zu eliminieren. Wenn die Franzosen auch manche ihrer Einwände später wieder aufgaben, beinhaltete ihr erster Vertragsentwurf doch einige »bestrafende« Elemente.[58]

Die Entwicklung der Verhandlungen um einen österreichischen Staatsvertrag ist als ganzes ein Lehrstück alliierter Bevormundung, beginnend mit den Fragen, ob der zwischen den Besatzungsmächten

und Österreich abzuschließende Vertrag nur ein »Friedens-« oder
aber ein »Staatsvertrag« sein sollte, wann und wo die Verhandlungen
der Alliierten über den Inhalt eines solchen Vertrages einsetzen würden bis hin zu den einzelnen, bisweilen zwischen allen vier Mächten
divergierenden Ansichten zu inhaltlichen Bestimmungen dieses Ver-
tragwerkes.[59]

In den Jahren 1948 und 1949 drohte aus dem Kalten Krieg ein
heißer zu werden. Die Krisen um Prag und Berlin erhöhten auch in
Wien die Spannungen. *Günter Bischof* und *Audrey Kurth-Cronin*[60]
schildern in ihren Beiträgen das wiederholte Scheitern der seit Jänner 1947 laufenden Staatsvertragsverhandlungen in der schnellen
Krisenabfolge dieser beiden Jahre. Besonders das amerikanische Verteidigungsministerium beharrte auf der militärischen Aufrüstung
Österreichs, bevor sich die Westmächte aus Österreich zurückziehen
würden. Man wollte keine Vertragsunterzeichnung und einen daraus
resultierenden baldigen Abzug der Besatzungstruppen, da Österreich
einem Putschversuch im Inneren oder möglichen Erpressungsversu-
chen von außen – wie es sie zur Zeit der Berlin-Krise tatsächlich
gegeben hat – auf sich allein gestellt kaum gewachsen gewesen wäre.
Und fertige Putschpläne für Wien schien die KPÖ tatsächlich in der
Schublade gehabt zu haben, wie Bischof nachzuweisen versucht. Als
auf den starken Druck der Briten hin die Amerikaner im Herbst
1949 endlich nachgaben und einer Vertragsunterzeichnung zustimmten – wie Audrey Kurth-Cronin ausführlich schildert –, weigerten sich nunmehr die Sowjets zu unterzeichnen. Österreich sollte
sechs weitere Jahre besetzt bleiben. Es lag durchaus im Interesse der
meisten führenden österreichischen Politiker, die westlichen Besatzungstruppen im Land zu halten, solange man eine kommunistische
Machtübernahme befürchtete. Nach dem Prager Umsturz waren solche Befürchtungen offensichtlich angebracht.[61]

1948/49 wurde der österreichischen Frage von den westlichen Regierungen jedenfalls hohe Priorität zugemessen. Wenn auch im Kalten Krieg Österreich nie jener kritische Stellenwert zukam, den
Deutschland stets innehatte, so ist die Beurteilung von Josef Foschepoth, daß sich eine Geschichte des Kalten Krieges ohne Berücksichtigung der Deutschen Frage ebensowenig schreiben ließe wie eine
Geschichte der Deutschen Frage ohne Berücksichtigung ihres internationalen Bedingungszusammenhanges, mithin des Kalten Krieges,[62] sicherlich auch für Österreich gültig: Österreich war einer der
Dauerstreitpunkte in den Auseinandersetzungen zwischen Ost und

West. Solange die Spannungen zwischen den Blöcken nicht nach-
ließen, solange die deutsche Frage nach Ansicht der Sowjets nicht
gelöst war, konnte in den Staatsvertragsverhandlungen kaum ein
Durchbruch erwartet werden.

Oliver Rathkolbs Aufsatz schließlich zeigt, wie Österreichs geostrategische Lage die Entscheidungsfindung des amerikanischen Nationalen Sicherheitsrates (National Security Council, NSC) bis in die
Sechzigerjahre hinein beeinflußte. Im NSC fielen die meisten wichtigen Entscheidungen für die Außenpolitik Washingtons. Die amerikanischen Militärs betrachteten Österreich als wichtiges Element in
einem westlichen Verteidigungssystem und dachten zeitweise sogar
an eine »Einbindung« der Alpenrepublik in die NATO. Nach 1955
wollte man die Brückenfunktion des neutralen Österreich zwischen
Ost und West herabmindern. Die Vereinigten Staaten, so meint
Rathkolb, »verordneten« Österreich seine außenpolitische Stellung.
Die Direktiven Washingtons zur wirtschaftspolitischen Ausrichtung
des Landes seien noch strikter gewesen. Die Österreicher wurden er-
mahnt, sich an die Einhaltung der amerikanischen Exportkontrollen
nach Osteuropa zu halten, Auflagen, die allerdings für alle westeuropäischen Partner und Verbündeten der Amerikaner galten. Nach
Meinung Rathkolbs wurden 1955, mit dem Abschluß des Staatsvertrages, die Restriktionen der Besatzung zwar aufgehoben, doch durch
andere Mittel, durch politischen und wirtschaftlichen Einfluß auf
Österreich, ersetzt.

V.

Die Freigabe von Aktenmaterial aus *österreichischen Archiven* für
die zeitgeschichtliche Forschung wurde bisher sehr restriktiv gehandhabt. Deshalb sind in den vorliegenden Aufsätzen nur sehr wenige
Hinweise auf österreichische Primärquellen zu finden. Das leidige
Problem des Archivzuganges als Forscherschicksal hat in Österreich
eine lange Tradition. Schon 1960, bei der sogenannten »Reichenauer
Tagung« über österreichische Zeitgeschichte im Geschichtsunterricht, meinte der damalige Unterrichtsminister Heinrich Drimmel,
daß Österreich bei einem Festhalten an der restriktiven Verwahrung
seiner Archivbestände in die Hinterhand geraten und überhaupt
nicht mehr imstande sein würde, eine Dokumentation der wichtigsten Epochen seiner nationalen Geschichte zu dokumentieren.

Drimmel meinte damals: »Ein Staat, der sich nicht entschließen kann, für die Erforschung seiner historischen Umstände alle zur Verfügung stehenden Materialien zur Verfügung zu stellen, begibt sich in eine Situation, die ich gar nicht klassifizieren will.«[63]

Wie schaut eine solche Klassifizierung der Situation nunmehr, 28 Jahre danach aus? Bisher wurde die Geschichte der Besatzungszeit in Österreich, der Anfänge der Zweiten Republik, beinahe ausschließlich unter Heranziehung von Quellen aus ausländischen Archiven geschrieben, mußte so geschrieben werden – und ist daher noch immer lückenhaft. In seinem Beitrag über die Benützungsbestimmungen des Österreichischen Staatsarchivs legt *Kurt Peball*, selbst Generaldirektor dieser Institution, die vom Bundeskanzleramt/Verfassungsdienst rein formalistisch festgelegten Kriterien zu einer Einsichtnahme in österreichische Quellen zur Zeitgeschichte dar. Die zum Zeitpunkt des Symposiums im Juni 1987 noch gänzlich unbefriedigende und dort auch in einer Abschlußdiskussion heftig kritisierte Situation des Archivzuganges wurde im September 1987 von der Österreichischen Gesellschaft für Zeitgeschichte abermals aufgegriffen und mittels einer Resolution der Bundesregierung und den neun Landesregierungen zur Kenntnis gebracht.[64] Seit März 1988 gibt es nunmehr eine teilweise Liberalisierung der Archivbenützungsbestimmungen, durch die für »außergewöhnlich, qualifizierte Benützungsbewerber« die bisher gültige 40-Jahre-Sperrfrist auf 20 Jahre herabgesetzt werden kann[65] – ein ermutigender Schritt, dem allerdings noch die Praxis fehlt.

Wie vielfältig die Möglichkeiten, österreichische Zeitgeschichte nach 1945 in ausländischen Archiven zu erforschen sein können, kommt in den Berichten von *Robert Wolfe* über die amerikanischen Archivbestände zu Österreich, von *Robert Knight* über die britischen und von *Klaus Eisterer* über die französischen zur Sprache. Da die Besatzungsmächte jeden Bereich des österreichischen Lebens beobachteten, beeinflußten und ihren Regierungen darüber berichteten, können die genannten Archive ein ganz eigenes Bild von Österreich in der frühen Nachkriegszeit vermitteln. Hier bieten sich reiche Möglichkeiten für die wissenschaftliche Forschung auch in der Zukunft an.

»Mut zur Lücke« werden vermutlich noch einige Zeit jene Forscher beweisen müssen, die sich für die Geschichte der sowjetischen Besatzungsmacht in Österreich interessieren. Es gibt erste Ansätze. Eine Bearbeitung dieser Thematik in breitem Umfang, die auch quellenkritisch abgesichert ist, steht allerdings noch aus.[66] Solange die Archive in der UdSSR Historikern, selbst sowjetischen, nicht zugänglich sind, wird sich daran wohl nichts ändern. Auf der »19. Gesamtsowjetischen Konferenz der KPdSU zu Fragen der Außenpolitik und Diplomatie«, die Mitte Juli 1988 in Moskau abgehalten wurde, zeichneten sich allerdings auch erste Auswirkungen von »Glasnost« in diesem Bereich ab. Etliche Teilnehmer an der erwähnten Konferenz sprachen von der Notwendigkeit der Beseitigung von »weißen Flecken« in der sowjetischen Geschichtsschreibung, viele erhoben dort mit aller Schärfe die Forderung, daß den Wissenschaftlern in einem größeren Ausmaß die Archive des Außenministeriums der UdSSR zugänglich gemacht werden müßten.[67] Im Zuge einer allfälligen Aufweichung bisher gültiger offizieller Sprachregelung könnte so nicht nur die sowjetische Perspektive der Vereinigten Staaten als alleinigem Ausgangspunkt des Kalten Krieges einer kritischen Durchleuchtung unterzogen werden.

Dieses Buch soll auch zeigen, daß die Regionalgeschichtsschreibung zur Nachkriegszeit, welche die Besonderheiten der einzelnen Besatzungszonen herauszuarbeiten hätte, noch am Anfang steht.[68] So ist zum Beispiel die Rigidität, mit der die Amerikaner und Briten in ihren Zonen auftraten, für die französische Zone bei weitem nicht in einem solchen Ausmaß gegeben gewesen.[69] Erst wenn auch das »Innenleben« der Zonen ausgeleuchtet sein wird, kann das Bild der Besatzungszeit in Österreich komplettiert und eine Gesamtgeschichte Österreichs nach 1945 geschrieben werden. Hier wird vor allem auf jene vielfältigen Interdependenzen Rücksicht zu nehmen sein, die der amerikanische Zeitgeschichtler Akira Iriye »the human contact between occupier and occupied, victor and vanquished« genannt hat.[70]

Die vergleichende Zonengeschichtsschreibung ist eine andere dringlich anstehende Aufgabe der Zukunft, wobei von Studien über angrenzende, vergleichbare Länder – so etwa Lutz Niethammers Arbeit über die Entnazifizierung in Bayern – manche Rückschlüsse auf die Verhältnisse in Österreich gezogen werden können.[71] Agnes Blänsdorf hat mit ihrem Artikel zur »Konfrontation mit der Vergangenheit in der Bundesrepublik, der DDR und Österreich« gezeigt, wie ergiebig ein nicht allein auf Österreich begrenzter Forschungshorizont ist.[72] Zudem können aus einem Vergleich der beiden Nachkriegsepochen nach 1918 und nach 1945 wertvolle Erkenntnisse gewonnen werden, wie Charles S. Maier gezeigt hat.[73] Die Herausgeber hoffen, daß die Beiträge dieses Sammelbandes Anstöße für weitere Forschungen in diese Richtung geben, und sei es nur dadurch, daß hier manche Themenkreise unbehandelt bleiben mußten.

Ein neuer – alter – Ansatz zur weiteren Erforschung der Frühphase der Zweiten Republik ist sicherlich jener der »Geschichte von unten«, also die Berücksichtigung anderer als offizieller Quellen sowie die Heranziehung des persönlichen Gesprächs mit Zeugen der Zeit (»Oral History«).[74]

Hugo Portisch, Autor der TV-Dokumentationsserien »Österreich II« und »Österreich I«, hat unter diesem Ansatz und unter extensiver Verwendung der Medien historischer Film und historisches Foto in bislang einzigartiger Fülle und breitenwirksamer Darstellung sowohl die Anfangsjahre der Zweiten Republik als auch das Ende der Monarchie, die Zwischenkriegszeit und Österreich unter dem NS-Regime rekonstruiert.[75] In seinem Beitrag »Zeitgeschichte und öffentliche Meinung«, der in diesem Buch als erster abgedruckt ist, beschreibt Portisch das nicht immer konfliktfreie Verhältnis zwischen Journalisten und Historikern bei der Vermittlung historischer Inhalte im Massenmedium Fernsehen. Er stellt aber auch fest, daß es die bisherige wissenschaftliche Erforschung der österreichischen Zeitgeschichte ist, auf deren Erkenntnisse er bei der Erstellung der erwähnten Filme in so großem Ausmaß zurückgreifen konnte. Sein Leitsatz ist, die Geschichte dieses Landes für den Zuschauer/Leser erlebbar zu machen, sie mit Hilfe der Wissenschaft und unter Anlegung strenger Kriterien bezüglich Wahrheit und Objektivität im Medium Film journalistisch zu erfassen.[76] Er hat damit dieses Genre zum prägenden Element des öffentlichen Geschichtsbewußtseins in diesem Lande gemacht und zugleich gezeigt, wie wichtig der Film und die TV-Dokumentation als neue Instrumente der Geschichtsschreibung sein können.[77]

Anmerkungen

[1] Manfried Rauchensteiner, Der Krieg in Österreich 1945 (Schriften des Heeresgeschichtlichen Museums in Wien Band 5) Wien 1984, S. 126.

[2] Hier zitiert nach: Rauchensteiner, Krieg in Österreich, S. 491.

[3] Sowjetische Flugblätter dazu in Faksimile abgedruckt in: Wilfried Aichinger, Sowjetische Österreichpolitik 1943–1945 (Materialien zur Zeitgeschichte Band 1), Wien 1977, S. 411–419. Grundlegend zur Moskauer

Deklaration Gerald Stourzh, Geschichte des Staatsvertrages 1945–1955. Österreichs Weg zur Neutralität. Studienausgabe, Graz–Wien–Köln ³1985, S. 1–5; siehe auch Michael Gehler und Wolfgang Chwatal, Die Moskauer Deklaration über Österreich 1943. In: *Geschichte und Gegenwart* 6/3 (1987), S. 212–37; sowie Robert Keyserlingk, Austria in World War II. An Anglo-American Dilemma, Montreal–Kingston 1988.

⁴ Dazu grundlegend: Fritz Fellner, Die außenpolitische und völkerrechtliche Situation Österreichs 1938. Österreichs Wiederherstellung als Kriegsziel der Alliierten. In: Erika Weinzierl – Kurt Skalnik (Hrsg.), Österreich – die Zweite Republik, Band 1, Graz–Wien–Köln 1972, S. 53–90.

⁵ Hier zitiert nach: Gabriele Hindinger, Das Kriegsende und der Wiederaufbau demokratischer Verhältnisse in Oberösterreich im Jahre 1945 (Publikationen des Österreichischen Instituts für Zeitgeschichte und des Instituts für Zeitgeschichte der Universität Wien, Band 6) Wien 1968, S. 38.

⁶ Eva-Marie Csáky, Der Weg zur Freiheit und Neutralität, Dokumentation zur österreichischen Außenpolitik 1945–1955 (Schriftenreihe der österreichischen Gesellschaft für Außenpolitik und internationale Beziehungen Band 10), Wien 1980, S. 1.

⁷ Zu den USA: Donald R. Whitnah-Edgar Erickson, The American Occupation of Austria: Planning and Early Years. Westport/Conn. 1985. Zu Großbitannien: Robert Graham Knight, British Policy towards Occupied Austria 1945–1950, ph. D. Thesis, London 1986, S. 16–33.

⁸ Aktenvermerk J. M. Troutbeck vom 4. Juli 1944, Public Record Office (PRO) London, FO 371/38839/C 6260.

⁹ Aktenvermerk von Sir Alexander Cadogan, Permanent Under Secretary of State, vom März 1938, zitiert in: Guy Stanley, Great Britain and the Austrian Question 1938–1945, ph. D. Thesis, London 1973, S. 22. Zum Anschlußproblem siehe: Gerhard Botz, Das Anschlußproblem (1918–1945) aus österreichischer Sicht, in: Robert A. Kann und Friedrich E. Prinz (Hrsg.), Deutschland und Österreich, Wien 1980, S. 179–98, sowie die Aufsätze von Rolf Steininger, Gerhard Botz und Michael Gehler in: *Aus Politik und Zeitgeschichte,* 26. Februar 1988.

¹⁰ Der Salzburger Historiker Gerhard Botz hat in den letzten Jahren grundlegende Beiträge zu Österreichs »Mitverantwortung« im Dritten Reich geliefert: Gerhard Botz, Eine deutsche Geschichte 1938 bis 1945? Österreichische Geschichte zwischen Exil, Widerstand und Verstrickung. In: *Zeitgeschichte* 14/1 (1986), S. 19–38; weiters ders., Stufen der Ausgliederung der Juden aus der Gesellschaft. *Zeitgeschichte* 14/9–10 (1987), S. 359–78. Eine paradigmatische Abhandlung über die »Pflichterfüllung« ist: Robert Edwin Herzstein, Waldheim. The Missing Years, New York 1988. Grundsätzliche Gedanken zu den »Brüchen und Wandlungen des Österreichbewußtseins« zwischen 1938 und 1945 wurden angestellt von

Gerald Stourzh, Vom Reich zur Republik. In: *Wiener Journal,* März 1987, S. 19–21, und April 1987, S. 17–19. Das Standardwerk ist Radomir Luža, Österreich und die großdeutsche Idee in der NS-Zeit, Wien 1977. Neuerdings umfassend: Emmerich Tálos – Ernst Hanisch – Wolfgang Neugebauer (Hrsg.), NS-Herrschaft in Österreich 1938–1945 (Österreichische Texte zur Gesellschaftskritik Band 36), Wien 1988.

[11] So hatte der britische Gesandte in Wien, Sir Harold Caccia, über sein Gespräch mit General Béthouart berichtet. Im englischen Originaltext lautet diese Stelle:»They are ... a female race and they are ready to be violated. Last time it was the Germans. The next time it may be the Russians. They are not only female ... but in many ways oriental in their fatalism and readiness to accept what they feel is an irresistable force.« Bericht No. 39 Caccia (Wien) an Kirkpatrick (London), 19. Dezember 1949, PRO, FO 371/76458/C 9969.

[12] Indirekt gegen das Schlagwort »Bevormundung« hat Robert Knight, selbst Teilnehmer an der Konferenz und Autor in diesem Buch, Bedenken geäußert: Robert Knight, Ein Artikel und seine Folgen. In: *Jüdisches Echo* 1987, S. 166–167. Neuerdings auch: Robert Knight (Hrsg.), »Ich bin dafür, die Sache in die Länge zu ziehen.« Die Wortprotokolle der österreichischen Bundesregierung von 1945 bis 1952 über die Entschädigung der Juden, Frankfurt am Main 1988, S. 9.

[13] Richard E. Welch Jr., Response to Imperialism. The United States and the Philippine-American War, 1899–1902, Chapel Hill, N. C. 1979, S. 155.

[14] Kritisch dazu: Lonnie R. Johnson, Die österreichische Nation, die Moskauer Deklaration und die völkerrechtliche Argumentation. Bemerkungen zur Problematik der Interpretation der NS-Zeit in Österreich. In: Dokumentationsarchiv des österreichischen Widerstandes – Jahrbuch 1988, Wien 1988, S. 40–51, hier S. 43 f.

[15] Zu Österreichern als deutsche Soldaten: Walter Manoschek – Hans Safrian, Österreicher in der Wehrmacht, in: Talos–Hanisch–Neugebauer (Hrsg.), NS-Herrschaft, S. 331–360. Zu Konzentrationslagern: Gisela Rabitsch, Konzentrationslager in Österreich (1938–1945). Überblick und Geschehen, phil. Diss., Wien 1967 sowie Oliver Rathkolb (Hrsg.), Gesellschaft und Politik am Beginn der Zweiten Republik. Vertrauliche Berichte der US-Militäradministration aus Österreich 1945 in englischer Originalfassung, Wien–Köln–Graz 1985, S. 23–44.

[16] Robert Knight hat festgestellt, daß die Tendenz »die Besatzungsmacht zum deus ex machina oder zum Sündenbock für alle Mängel zu machen ... bereits im Sommer 1945 spürbar war und in der Historiographie noch fortbesteht«. Vgl. Kalter Krieg, Entnazifizierung und Österreich, in: Sebastian Meissl – Klaus-Dieter Mulley – Oliver Rathkolb (Hrsg.), Verdrängte Schuld – Verfehlte Sühne. Entnazifizierung in Österreich 1945–1955, Wien 1986, S. 43.

[17] Vgl. dazu die Arbeiten von Gerhard Botz (wie Anmerkung 10).

[18] John D. Montgomery, Forced to Be Free, The Artificial Revolution in Germany and Japan, Chicago, 1957. Zur Besetzung Japans vgl. Michael Schaller, The American Occupation of Japan. The Origins of the Cold War in Asia, New York 1985; zu den Anfängen der Besatzung in Deutschland siehe Earl F. Ziemke, The U. S. Army in the Occupation of Germany, 1944–1946, Washington, DC, 1975; vergleichende Studien dazu: Robert Wolfe (Hrsg.), Americans as Proconsuls. United States Military Government in Germany and Japan, 1944–1952, Carbondale 1984; Hans A. Schmitt (Hrsg.), U. S. Occupation in Europe After World War II, Lawrence 1978.

[19] Siehe dazu die Korrespondenz und die Zeitungsausschnitte der österreichischen »politischen Vertretung« in Washington ab 1946. Es scheint, daß der österreichische Gesandte Ludwig Kleinwächter und der für die Öffentlichkeitsarbeit zuständige Attaché Hans Thalberg wiederholt in amerikanischen Zeitungen veröffentlichte Vorwürfe – die Österreicher seien die »schlimmeren Nazis« gewesen – zurückzuweisen hatten, vgl. etwa den Artikel aus »*The Washington Post*« vom 6. September 1946, HHStA (Wien), BKA-AA, 112. 321-pol/46, 112.911-pol/46, sowie die gesamte Mappe »Amerika 6«, Karton 1, Sekt. II pol, 1946. Allgemein dazu: Hans Thalberg, Von der Kunst, Österreicher zu sein. Erinnerungen und Tagebuchnotizen, Wien 1984, S. 164–212, bes. 200 f.

[20] Zitat aus Depesche No. 181 »The Austrian People« (»Can they rightly be called a separate nation with distinct characteristics?«), zusammengestellt von der britischen Gesandtschaft in Wien, Caccia an Eden, 16. November 1951, PRO, FO 371/93597/CA 10113/28. Der kanadische Historiker Robert Keyserlingk hat die sogenannte »Okkupationstheorie« der österreichischen Völkerrechtler einer eingehenden historischen Kritik unterzogen; siehe oben, Fußnote 3.

[21] Zum Problem der österreichischen Nationswerdung nach 1945: Fritz Fellner, Das Problem der österreichischen Nation nach 1945, in: Otto Büsch – James Sheehan (Hrsg.), Die Rolle der Nation in der deutschen Geschichte und Gegenwart (Historische Kommission zu Berlin, Bd. 50), Berlin 1986, S. 193–220; sowie Karl R. Stadler, Austria, London 1971, S. 181–200; weiters: Hans Mommsen, Österreichs Weg vom habsburgischen Nachfolgestaat zur demokratischen Nation. In: Arbeiterbewegung–Faschismus–Nationalbewußtsein. Festschrift zum 20-jährigen Bestand des Dokumentationsarchivs des österreichischen Widerstandes und zum 60. Geburtstag von Herbert Steiner, hrsg. v. Helmut Konrad und Wolfgang Neugebauer, Wien–München–Zürich 1983, S. 381–390.

[22] Dazu: Klaus Eisterer, Hunger und Ernährungsprobleme in Tirol aus der Sicht der französischen Besatzungsmacht, in: Anton Pelinka – Rolf Steininger (Hrsg.), Österreich und die Sieger, Wien 1986, S. 192–95.

[23] Reinhold Wagnleitner, Großbritannien und die Wiedererrichtung der

Republik Österreich, phil. Diss., Salzburg 1975, S. 100–157; Manfried Rauchensteiner, Der Sonderfall. Die Besatzungszeit in Österreich 1945 bis 1955, Graz 1979, S. 71–74; Knight, British Policy towards Occupied Austria 1945–1950, S. 34–94.

[24] Siehe dazu vor allem: Josef Leidenfrost, Die amerikanische Besatzungsmacht und der Wiederbeginn des politischen Lebens in Österreich 1944 bis 1947, phil. Diss., Wien 1986; Alfons Schilcher, Die Politik der Provisorischen Regierung und der Alliierten Großmächte bei der Wiedererrichtung der Republik Österreich, phil. Diss., Wien 1986, (Bd. 2: Dokumente) sowie Rathkolb (Hrsg.), Gesellschaft und Politik am Beginn der Zweiten Republik, S. 165 f.

[25] Grundlegend dazu Meissl/Mulley/Rathkolb (Hrsg.), Verdrängte Schuld – Verfehlte Sühne; Rathkolb (Hrsg.), Gesellschaft und Politik; Dieter Stiefel, Entnazifizierung in Österreich, Wien 1981 sowie Oliver Rathkolb, »... Für die Kunst gelebt«, in: Anton Pelinka – Erika Weinzierl (Hrsg.), Das große Tabu. Österreichs Umgang mit seiner Vergangenheit, Wien 1987, S. 60–84.

[26] So etwa: Earl F. Ziemke, Improvising Stability and Change in Postwar Germany, in: Robert Wolfe (Hrsg.), Americans as Proconsuls, S. 58 f.

[27] Hier zitiert nach: Günter Bischof, Mark W. Clark und die Aprilkrise 1946. In: *Zeitgeschichte* 13/7 (1986), S. 231.

[28] Rauchensteiner, Der Sonderfall, S. 96 f.; Whitnah – Erickson, The American Occupation of Austria, S. 13–45 sowie Leidenfrost, Amerikanische Besatzungsmacht, S. 252–79, der eine genauere Darstellung anhand des Fallbeispiels Bundesland Salzburg gibt.

[29] Gerald Stourzh, Die Regierung Renner, die Anfänge der Regierung Figl und die Alliierte Kommission für Österreich September 1945 bis April 1946. Sonderdruck aus dem Archiv für österreichische Geschichte, Band 125, Bausteine zur Geschichte Österreichs, Wien 1966, S. 328 f.

[30] Stourzh, Regierung Renner, S. 329 f. und Johann Luger, Parlament und alliierte Besatzung 1945–1955, phil. Diss., Wien 1976.

[31] Karl Renner in der 1. (Eröffnungs-)Sitzung des Nationalrates der Republik Österreich, V. Gesetzgebungsperiode, 19. Dezember 1945, Sten. Prot. des Nationalrates, S. 7.

[32] Wortmeldung Seitz abgedruckt in Sten. Prot. des Nationalrates, V. Gesetzgebungsperiode, Sitzung am 20. März 1946, S. 128.

[33] Ebd., S. 129; auch Rauchensteiner, Der Sonderfall, S. 165 geht auf die »Bevormundung« durch den Alliierten Rat ein.

[34] Brief Karl Grubers an Mark Clark, 9. April 1945; HHStA, BKA-AA, pol-46, Z. 284-K/46.

[35] Zitiert bei Henry C. Fleisher-Dyno Lowenstein, Austria: Liberated Problem-Child. In: *Harper's Magazine,* August 1946, S. 136–143, hier S. 142. Siehe auch: Adolf Schärf, Österreichs Erneuerung 1945–1955. Das erste Jahrzehnt der Zweiten Republik, Wien 1955, S. 131.

[36] Rauchensteiner, Der Sonderfall, S. 167 f. und neuerdings Manfried Rauchensteiner, Die Zwei. Die Große Koalition in Österreich 1945–1966, Wien 1987, S. 67.

[37] Figls Rede abgedruckt in *Das Kleine Volksblatt,* 12. März 1948, S. 2; das Plakat mit dem Gefängnisgitter abgedruckt im Fototeil, Foto Nr. 95. Zitat des ÖVP-Wortplakats nach: Wandzeitung der ÖVP Ottakring. Österreichische Nationalbibliothek Wien, Flugschriftensammlung, Schuber 47.

[38] Siehe dazu: Stourzh, Staatsvertrag, S. 51 und Rauchensteiner, Der Sonderfall, S. 229 f.

[39] Hier zitiert nach: *Arbeiterzeitung,* 14. November 1948, S. 1.

[40] Memorandum of Conversation Reber – Gruber, Paris, 8. Juni 1949, NA-RG 84-Box 2357-File 320.1-Treaty.

[41] Robert Knight, The Waldheim Context: »Austria and Nazism«, *Times Literary Supplement,* 3. Oktober 1986 und seine post-scripta: Austrian Notes, *Times Literary Supplement,* 24. September 1987 und: Einige Vergleichende Betrachtungen zur »Vergangenheitsbewältigung« in Österreich und Großbritannien. In *Zeitgeschichte* 15/2 (1987), 63–71.

[42] Neben den Hinweisen in Anm. 10 vgl. Ernst Bruckmüller, Nation Österreich. Sozialhistorische Aspekte ihrer Entwicklung, Wien 1984; William T. Bluhm, Building an Austrian Nation. The Political Integration of a Western State, New Haven 1973; Georg Wagner (Hrsg.), Österreich. Von der Staatsidee zum Nationalbewußtsein, Wien 1982; Alfred Ableitinger, Österreichisch-Deutsche Nachkriegsbeziehungen seit 1945, in: Kann/Prinz (Hrsg.), S. 199–219.

[43] Dazu Norbert Schausberger, Rüstung in Österreich 1938–1945, Wien 1970; Felix Butschek, Die österreichische Wirtschaft 1938–1945, Stuttgart 1978; Hermann Freudenberger – Radomir Luža, National Socialist Germany and the Austrian Industry, 1939–1945, in: William E. Wright (Hrsg.), Austria since 1945, Center for Austrian Studies, University of Minnesota 1982; Günter Bischof, Foreign Aid and Austria's Economic Recovery After World War II, in: Werner J. Feld (Hrsg.), New Directions in Economic and Security Policy, Boulder 1985, S. 78–91.

[44] Waltraud Brunner, Das »Deutsche Eigentum« und das Ringen um den österreichischen Staatsvertrag 1945–1955, phil. Diss., Wien 1976; Otto Klambauer, Die Frage des Deutschen Eigentums in Österreich. Jahrbuch für Zeitgeschichte 1978, S. 127–200 und Knight, British Policy Towards Occupied Austria 1945–1950, S. 42–71.

[45] Über die Amerikaner und den Austrofaschismus zahlreiche Hinweise in den R & A-Berichten des OSS bei: Rathkolb (Hrsg.) Gesellschaft und Politik; Leidenfrost, Amerikanische Besatzungsmacht, S. 405–453.

[46] Zu den 1949er Wahlen Oliver Rathkolb, NS-Problem und politische Restauration: Vorgeschichte und Etablierung des VdU, in: Meissl/Mulley/Rathkolb (Hrsg.), Verdrängte Schuld – Verfehlte Sühne, S. 72–99;

zahlreiche Hinweise zum Thema in: Reinhold Wagnleitner (Hrsg.), Diplomatie zwischen Parteiproporz und Weltkonflikt. Briefe, Dokumente und Memoranden aus dem Nachlaß Walter Wodaks (Quellen zur Geschichte des 19. und 20. Jahrhunderts, Bd. 3), Salzburg 1980.

[47] Für die Entnazifizierung im universitären Bereich allgemein die Beiträge von Willi Weinert, Reinhold Knoll und Sebastian Meissl, in: Meissl/Mulley/Rathkolb (Hrsg.), S. 254–301.

[48] Neben der in Anm. 22 genannten Arbeit Eisterers und Margit Sandner, Die französisch-österreichischen Beziehungen während der Besatzungszeit von 1947 bis 1955 (Dissertationen der Universität Wien, Bd. 162), Wien 1983, steckt die Erforschung der Geschichte der französischen Besatzungsmacht noch in den Anfängen; vielfältige Anregungen für diese Thematik sind zu finden in: Klaus Scharf – Hans Jürgen Schröder (Hrsg.), Die Deutschlandpolitik Frankreichs und die französische Zone 1945–1949, Wiesbaden 1983.

[49] Ausführlicher dazu: Thomas Albrich, Exodus durch Österreich. Die jüdischen Flüchtlinge 1945–1948 (Innsbrucker Forschungen zur Zeitgeschichte, Bd. 1), Innsbruck 1987; vergleichend dazu: Wolfgang Jacobmeyer, Vom Zwangsarbeiter zum heimatlosen Ausländer. Die Displaced Persons in Westdeutschland 1945–1951, Göttingen 1985.

[50] Siehe dazu nunmehr Knight (Hrsg.), Wortprotokolle, S. 162 f.

[51] Wilfried Mähr hat zu diesem Thema eine umfangreiche Dissertation vorgelegt: Von der UNRRA zum Marshallplan. Die amerikanische Finanz- und Wirtschaftshilfe an Österreich in den Jahren 1945–1950, phil. Diss., Wien 1985; siehe auch ders., Der Marshall-Plan in Österreich: Wirtschaftspolitischer Nachhilfeunterricht? *Zeitgeschichte* 15/3 (1987), S. 91 bis 111. Ein wichtiger Sammelband zur Bedeutung des Marshall-Planes in Deutschland, der auch für Österreich vielseitige Anregungen gibt, wird 1989 erscheinen: Charles S. Maier (Hrsg.), Deutschland und der Marshall-Plan; vgl. auch Charles P. Kindleberger, Marshall-Plan Days, Boston 1987; sehr interessant für die amerikanische Wirtschaftspolitik in Österreich auch die Briefe aus Wien von Charles P. Kindlberger, die im Herbst 1988 veröffentlicht werden: Letters from Germany, Austria and Moscow, 1945–1947 (mit einer Einführung von Günter Bischof).

[52] Siehe dazu die Arbeit von Elfriede Sieder, Die Zensurmaßnahmen der Alliierten 1945–1953, phil. Diss., Wien 1984.

[53] Reinhold Wagnleitner, Die kulturelle Reorientierung Österreichs nach dem Zweiten Weltkrieg: Prolegomena zum Phänomen der symbolischen Penetration. *Zeitgeschichte* 11 (1984), S. 326–44; zur französischen Kulturpolitik Sandner, Französisch-österreichische Beziehungen, S. 306–52.

[54] Hier zitiert nach: Wagnleitner, Kulturelle Reorientierung, S. 328.

[55] Dazu sind bereits drei ausgezeichnete Akteneditionen erschienen: Csáky, Der Weg zur Freiheit und Neutralität; Reinhold Wagnleitner (Hrsg.), Understanding Austria. The Political Reports and Analyses of Martin

F. Herz, Political Officer of the US-Legation in Vienna 1945–1948 (Quellen zur Geschichte des 19. und 20. Jahrhunderts, Bd. 4), Salzburg 1984 sowie Alfons Schilcher (Hrsg.), Österreich und die Großmächte. Dokumente zur österreichischen Außenpolitik 1945–1955 (Materialien zur Zeitgeschichte, Bd. 2), Wien 1980.

[56] Wilfried Aichinger, Sowjetische Österreichpolitik 1943–1945 (Materialien zur Zeitgeschichte Band 1), Wien 1977.

[57] Vgl. dazu Rolf Steininger, Los von Rom? Die Südtirolfrage 1945/46 und das Gruber–DeGasperi-Abkommen (Innsbrucker Forschungen zur Zeitgeschichte, Bd. 2), Innsbruck 1987.

[58] Ausführlich dazu Sandner, Französisch-österreichische Beziehungen 1947–1955; Lydia Lettner, Die französische Österreichpolitik von 1943 bis 1946, phil. Diss., Salzburg 1980.

[59] Österreichische »revisionistische« Historiker sehen in amerikanischen Wirtschaftsinteressen und der von den USA erzwungenen Westausrichtung Österreichs den Grund für das Scheitern der Staatsvertragsverhandlungen – nicht etwa in der unnachgiebigen sowjetischen Politik; vgl. dazu: Egon Matzner, Der Kalte Krieg in Österreich, in: Wolf Frühauf (Hrsg.), Wissenschaft und Weltbild. Festschrift für Herta Firnberg, Wien 1975, S. 194–209; Rudolf Ardelt und Hanns Haas, Die Westintegration Österreichs nach 1945. *Österreichische Zeitschrift für Politikwissenschaft* 3 (1975), S. 279–309; eine Analyse zur Historiographie des Kalten Krieges ist John Lewis Gaddis, The Emerging Post-Revisionist Synthesis on the Origins of the Cold War. In: *Diplomatic History* 7 (1983), S. 171–90.

[60] Cronins Forschungsergebnisse sind in Buchform erschienen: Audrey Kurth-Cronin, Great Power Politics and the Struggle over Austria, 1945 bis 1955, Ithaca–London 1986.

[61] Zum Prager Putsch siehe: Karel Kaplan. Der kurze Marsch. Kommunistische Machtübernahme in der Tschechoslowakei 1945–1948 (Veröffentl. des Collegium Carolinum Bd. 33), München–Wien 1981.

[62] Josef Foschepoth, Einleitung, in: Josef Foschepoth (Hrsg.), Kalter Krieg und Deutsche Frage, Göttingen 1985, S. 11.

[63] Österreichische Zeitgeschichte im Geschichtsunterricht. Bericht über die Expertentagung vom 14. bis 16. Dezember 1960 in Reichenau, Wien 1961, S. 115 f.

[64] Die Hauptforderungen dieser Resolution waren:

»1. Jeder Staatsbürger soll grundsätzlich das Recht auf Einsicht in Akten der öffentlichen Verwaltung haben. Die generelle Archivsperre für Akten der öffentlichen Verwaltung des Bundes, der Länder und Gemeinden soll dem internationalen Standard des EG-Raumes entsprechend auf maximal 30 Jahre herabgesetzt werden.

2. Keine Behinderung der wissenschaftlichen Forschung unter dem Vorwand der möglichen Verletzung des Datenschutzgesetzes oder anderer Persönlichkeitsschutzbestimmungen, daher:

3. Erstellung verbindlicher Grundlagen für die Herausgabe von Benützungsbestimmungen für Bundes-, Landes- und Gemeindearchive, in
denen den Benützern Parteienstellung und effektive Rekursmöglich-
keiten gegen unberechtigte Einsichtverweigerung eingeräumt werden.
4. Beiziehung von Vertretern der betroffenen Benützergruppen, insbe-
sonders von Zeithistorikern und anderen betroffenen Wissenschaftlern zu den Verhandlungen über die Neuordnung der Benützungs-
modalitäten und der Novellierung des Datenschutzgesetzes.«

65 Siehe *Wiener Zeitung* vom 16. März 1988, S. 5.

66 Die wichtigste Arbeit bisher: Aichinger, Sowjetische Österreichpolitik;
siehe weiters die Aufsätze von Anton Staudinger, Abdul Achtamsjan und
Hanns Haas in: Historikersektion der Österreichisch-Sowjetischen Gesellschaft (Hrsg.), Österreich und die Sowjetunion 1918–1955. Beiträge
zur Geschichte der österreichisch-sowjetischen Beziehungen, Wien 1984;
und Ministerium für Auswärtige Angelegenheiten der UdSSR (Hrsg.),
UdSSR–Österreich 1938–1979. Dokumente und Materialien, Moskau
1980.

67 »Die Diplomatie des neuen Denkens«. In: PRAWDA (deutsche Ausgabe), 28. Juli 1988, S. 5. Nach ihrem Besuch in der Sowjetunion im Juni
1987 war eine amerikanische Historikerdelegation noch zu folgendem
Schluß gekommen: »Despite striking manifestations of *glasnost* in other
areas of contemporary Soviet life, we detected no discernible tendency on
the part of Soviet scholars, at least in writing, to criticize any aspect of
their country's diplomacy during the period in question: the Cold War
remains, for them, very much a one-sided affair, with principal responsibility for it resting almost entirely with the United States«. Dazu komme,
daß »Soviet scholars still lack access to, or (for those who have access)
the authority to cite or quote from, their own Foreign Ministry and other
state archives in question«, William Tauman – John Lewis Gaddis, Conference on Soviet-American Relations, 1945–1950. *SHAFR Newsletter,*
18/4 (1987), S. 35–38.

68 Erste wichtige Arbeiten auf Zonenbasis sind: Hindinger, Das Kriegsende
und der Wiederaufbau demokratischer Verhältnisse in Oberösterreich;
Dietlinde Löffler-Bolka, Vorarlberg 1945. Das Kriegsende und der Aufbau demokratischer Verhältnisse in Vorarlberg im Jahre 1945, Bregenz
1975; Stefan Karner (Hrsg.), Das Burgenland im Jahre 1945. Beiträge zur
Landessonderausstellung 1985, Eisenstadt 1985; Wilhelm Wadl, Das
Jahr 1945 in Kärnten. Ein Überblick, Klagenfurt 1985.

69 Löffler-Bolka, Vorarlberg 1945, S. 15 f.

70 Akira Iriye, The United States as an Occupier.In: *Reviews in American
History* 16 (1988), S. 65–72.

71 Lutz Niethammer, Die Mitläuferfabrik. Die Entnazifizierung am Beispiel
Bayerns, Berlin 1982; ders., Problematik der Entnazifizierung in der

BRD, in: Meissl/Mulley/Rathkolb (Hrsg.), Verdrängte Schuld – Verfehlte Sühne, S. 15–27.

[72] Agnes Blänsdorf, Zur Konfrontation mit der NS-Vergangenheit in der Bundesrepublik, der DDR und in Österreich. In: *Aus Politik und Zeitgeschichte,* 19. April 1987, S. 3–18.

[73] Charles S. Maier, The Two Postwar Eras and the Condition for Stability in Twentieth-Century Europe. In: *American Historical Review* 86 (1981), S. 327–67, neuabgedruckt in: Charles S. Maier, In Search of Stability. Explorations in Historical Political Economy, Cambridge 1987, S. 153–84.

[74] Vgl. dazu Hubert Ch. Ehalt (Hrsg.), Geschichte von unten. Fragenstellungen, Methoden und Projekte einer Geschichte des Alltags (Kulturstudien Band 1), Wien 1984.

[75] »Österreich II«, 24 Folgen, ausgestrahlt 1982–1986 und »Österreich I«, 12 Folgen, Ausstrahlung 1987–1989. Daraus resultierend Hugo Poritsch – Sepp Riff, Die Wiedergeburt unseres Staates, Wien 1985 und Portisch – Riff, Der lange Weg zur Freiheit, Wien, 1986.

[76] Hugo Portisch – Sepp Riff, Die Wiedergeburt unseres Staates, Wien 1985, S. 16.

[77] Siehe dazu: Oliver Rathkolb, Zu den »Quellen« historischer Kommunikationswissenschaft. Einige Gedanken aus der Sicht der Zeitgeschichtsforschung. In: Österreichisches Jahrbuch für Kommunikationswissenschaft 1986/87. Hrsg. von der Österreichischen Gesellschaft für Publizistik- und Kommunikationswissenschaft, Wien 1987, S. 99–113, hier S. 108.

Hugo Portisch

Zeitgeschichte und öffentliche Meinung*

Wenn wir auf die letzten zwölf Monate in diesem Lande zurück-
blicken, dann sehen wir, daß Zeitgeschichte und öffentliche Meinung
in dieser Zeit in Österreich fast synonym geworden sind. So synonym, wie sie es zuvor nie waren. Die Debatte, die seither geführt
worden ist, war ausgelöst worden durch den Wahlkampf zur Bundes-
präsidentenwahl im Frühjahr 1986, ausgelöst auch durch das, was
uns das Ausland als unseren Umgang mit der Geschichte vorhielt.
Vorwürfe wurden erhoben, mit denen wir uns auseinanderzusetzen
hatten, um herauszufinden, ob sie zu recht oder zu unrecht erhoben
werden.
  In dieser Zeit waren alle aufgerufen: die Journalisten und die Historiker. Beide Berufsgruppen haben in der Diskussion um die jüngste Geschichte unseres Landes Positionen bezogen. Wenn man sich
das Muster dieser Auseinandersetzung anschaut, dann findet man einen roten Faden. Auf der einen Seite haben wir, und lassen Sie mich
hier mit den Historikern beginnen, Historiker, die recht energisch
feststellen, es sei viel versäumt worden, die auch vorwurfsvoll argumentieren, vieles in diesem Land sei unter den Teppich gekehrt und
versteckt worden. Man hat als Beobachter dabei auch ein bißchen
das Gefühl, diese Historiker wären beleidigt, daß sie so lange nicht
gehört worden sind, daß sie nicht aufgerufen waren, an dem mitzu-

---

* Dieser Beitrag ist die überarbeitete Fassung eines Referates mit gleichem
  Titel, das Herr Dr. Hugo Portisch am 9. Juni 1987 anläßlich der Eröffnung des Symposiums »Österreich 1945–1949: Die bevormundete Nation?« gehalten hat.

wirken, was man nun allgemein »Bewältigung der Vergangenheit«
nennt.

Bei den Journalisten auf der anderen Seite zeigt sich ein sehr ähnliches Phänomen. Viele schrieben große Leitartikel von der »Lebens-
lüge«, vom Unter-den-Tisch-kehren, dies alles unter dem Motto
»Jetzt muß einmal Schluß sein mit dem Verschweigen«. Eine wirkliche Auseinandersetzung in der Öffentlichkeit über Inhalte, eine ausreichende Analyse der Ursachen für bestimmte historische Ereignisse ist meiner Meinung nach nicht ausreichend geschehen. Weder
haben die Historiker gesagt, warum in der bisherigen Diskussion
über die Geschichte unseres Landes zuwenig geschehen ist, noch warum unter den Tisch gekehrt worden ist und wen die Verantwortung
für diesen Umstand trifft. Die Journalisten wiederum neigen dazu,
zu generalisieren, zu sagen, so und so ist es gewesen seit 1945 und
wir hätten nichts dazugelernt.

In der 1982 bis 1986 vom österreichischen Fernsehen ausgestrahl-
ten Fernsehserie »Österreich II« haben wir uns intensiv mit der
jüngsten Geschichte, mit der Geschichte der Zweiten Republik beschäftigt, damit, was in diesem Land vor sich gegangen ist. Und wir
kamen zu der Erkenntnis, daß nach 1945 bis in die späten 50er Jahre
sehr wohl eine intensive Auseinandersetzung mit dem Nationalsozialismus erfolgt ist, mit den Verbrechen dieses Regimes, mit dessen
mörderischem Charakter, auch mit dem österreichischen Anteil daran. Es hat 130 000 Untersuchungsverfahren gegen Leute gegeben, die
vor das Volksgericht sollten und 23 000 Verfahren, die auch in der
Tat eingeleitet worden sind, über die größeren davon wurde in den
damaligen Zeitungen ausführlich berichtet. Da ist doch eine sehr
starke Auseinandersetzung mit der Vergangenheit im Gang gewesen.
Keine Woche ohne ein, zwei Leitartikel pro Zeitung, die sich mit
dieser Frage beschäftigt haben. Daß man das so ohne weiteres unter
dem Titel »Nie etwas geschehen« subsumiert, zeigt, daß die Journalisten nicht nachschauen, bevor sie schreiben, daß die Historiker sich
offenbar auch nicht zeitgerecht melden, um darauf hinzuweisen.

Es muß natürlich gesagt werden, daß diese Auseinandersetzung ab
einem bestimmten Zeitpunkt nicht mehr erfolgte oder nicht mehr im
selben Ausmaß wie früher, weil da drei Ursachen zusammenkamen:

– Das Umschwenken der Amerikaner im Kalten Krieg, daher ihr
   Nachgeben bei der strengen Verfolgung der im Dritten Reich be-
   gangenen Untaten.

– Das veränderte Verhalten der österreichischen Parteien, denen eine neue Partei als innenpolitischer Gegner erwachsen ist, nämlich der VdU.

– Der Umstand, daß seit vier Jahrzehnten, nach dem Blutverlust 1918, nach der Emigration und Vertreibung nach 1933/34, nach der Ermordung und Vernichtung vor allem ab 1938, nach den auf den Schlachtfeldern zurückgebliebenen 250000 Toten des Zweiten Weltkrieges und nach den nach 1945/46 registrierten 550000 Nazis, nach all diesem Verlust an Talent und an Intellekt dieses Land nur schwer regierbar geworden war.

Es ist einzusehen, daß wenn es aus den soeben erwähnten Gründen in vielen Berufen personelle Engpässe gibt, Amnestien erlassen werden. Dort liegt, glaube ich, aber der Fehler. Man hat nicht amnestiert mit der Auflage, ihr habt einen Lernprozeß hinter euch gebracht, ihr wißt, daß ungeheure Verbrechen begangen worden sind, ihr wißt über unseren Anteil daran, ihr wißt wo wir versagt haben, das alles haben wir gelernt, und nur wer sich auch zu diesem Wissen bekennt, kann auch integriert werden in eine demokratische Gesellschaft. – Das ist leider nicht so gelaufen. Nach 1948/49 wurde vielmehr nach den halbwegs prominenten Nazis von gestern gefragt, mit der Aufforderung, sie sollten zu den etablierten Parteien kommen. Sie könnten sich dort wohlfühlen, es werde ihnen keiner einen Vorwurf machen. Dort liegt die Zäsur. Es ist nicht gesagt worden, jetzt integrieren wir aufgrund eines Lernprozesses, den wir hinter uns haben und den wir uns als Wegmarke für die Zukunft setzen, sondern es wurde aus parteitaktischen Gründen zugedeckt im Kampf um neue Wählerstimmen. Ich glaube, dort ist die große Weichenstellung erfolgt.

Zu dieser Art von Auseinandersetzung mit der Vergangenheit möchte ich zwei Erlebnisse schildern, die ich selbst gehabt habe: 1954, Bundeskanzler Julius Raab auf seinem ersten Staatsbesuch in Amerika, kurz vor seiner großen Rede im *National Pressclub* nach dem Besuch bei Präsident Eisenhower. Er fragt uns, was er dort sagen soll? Die Rede, die er aus Wien mitgebracht hatte, war völlig ungeeignet für die damaligen amerikanischen Verhältnisse. Zu diesem Zeitpunkt gab es große Demonstrationen vor dem österreichischen Generalkonsulat in New York wegen ausbleibender Wiedergutmachung und wegen Nichtanerkennung der Mitschuld der Österreicher an den Greueln des Zweiten Weltkriegs. Die offizielle These damals

aber war: Österreich ist ein Opfer des Nationalsozialismus, ein Opfer
der deutschen Aggression. Infolgedessen besteht keine Wiedergutma-
chungspflicht, diese obliegt vielmehr dem Nachfolgestaat des Deutschen Reiches, also der Bundesrepublik Deutschland. Und da haben
die paar Leute, die dort anwesend waren, Raab beschworen, drei
Dinge zu sagen: Wir wissen um unsere Mitverantwortung, da Österreicher daran beteiligt waren, wir wissen, daß besonders unseren jüdischen Landsleuten schreckliches Unrecht geschehen ist und wir
werden uns selbstverständlich bemühen, dies so weit wie nur mög- ·
lich wieder gutzumachen, aus moralischen und aus politischen
Gründen. Raab hat die drei Punkte nicht gesagt. Meiner Ansicht
nach aus den gleichen innenpolitischen und parteitaktischen Gründen, deretwegen bis heute so vieles ungesagt geblieben ist. Wenn
Raab es damals getan hätte, wäre uns vielleicht manches erspart geblieben, meine ich.

Das zweite persönliche Erlebnis datiert aus 1963. Ein Professor
Borodajkewycz unterrichtete an der Hochschule für Welthandel und
verbreitete in den Vorlesungen reinste antisemitische Hetzpropagan-
da. Das macht größte Furore unter einem Teil der Studentenschaft.
Zuerst berichten die Zeitungen darüber, doch im nu waren es nur
noch zwei, die darüber berichteten, nämlich der damalige »*Kurier*«,
den ich geleitet habe, und die »*Volksstimme*«. Im Parlament wird
der Unterrichtsminister von einem tapferen sozialistischen Abgeordneten gefragt: »Was gedenken Sie zu tun, Herr Minister?«, worauf
sich dieser von der Ministerbank erhebt und sagt: »Ich werde nichts
tun, denn ich kann nichts tun. Doch selbst wenn ich etwas tun könnte, würde ich es nicht tun«. In den übrigen Zeitungen sowie im
Rundfunk herrschte totale Stille. Man befand sich gerade im Wahlkampf.

Zurück zum Thema. Auf der einen Seite gibt es Journalisten, die
nicht genügend zurückrecherchieren, sich nicht genügend im klaren
darüber sind, wie die Dinge passiert sind und warum. Sie nehmen
die Hilfe der Historiker, die ihnen das sehr wohl sagen könnten,
nicht in Anspruch. Auf der anderen Seite gibt es Historiker, die sich
in sehr entscheidenden Augenblicken offenbar nicht gegen die
Tagespolitik aufzustehen trauen, damals jedenfalls nicht. Heute ist
das hoffentlich schon anders.

Ich meine daher, der Journalist bedarf der ständigen Unterstützung durch den Historiker. Bei ihm kann er das Wissen abberufen,
das er sich ansonsten nicht so schnell aneignen kann, um es dann für

den Leser/Zuschauer umzusetzen. Das Verhältnis zwischen Journalisten und Historikern jedoch ist zum großen Teil, so meine ich, noch gestört. Der Historiker mag eigentlich nicht, daß der Journalist über historische Ereignisse schreibt. Und wenn der Journalist es dennoch tut, sind sofort die Kritiker da – vor allem Historiker, die dann sagen, das sind doch keine gelernten Wissenschaftler, wie kommen die dazu.

Ich glaube, eine solche Einstellung gegenüber den Journalisten, »die sollten unser Metier nicht anrühren und wehe, wenn sie's tun, dann kommen wir und werden sie verurteilen«, ist umgekehrt aber, was meine eigene Branche betrifft, die Journalisten, muß ich sagen, grundsätzlich falsch. Da gibt es doch Nachläßigkeit in der Recherche, einen gewissen Leichtsinn im Umgang mit Fakten. Es gibt zwischen beiden Berufsgruppen sicherlich auch ein Verhältnis des Mißtrauens, meiner Ansicht nach unberechtigt, aber es ist vorhanden. Wichtig wäre es, die Vorbehalte auf beiden Seiten abzubauen, weil ich glaube, daß das Anliegen des Historikers multiplikatorisch wirksam werden kann, wenn es von einem Massenmedium weitertransportiert wird und daß umgekehrt das Ansehen des Journalismus und auch seine Durchschlagskraft steigen, wenn er sich auf historisch belegbare Fakten berufen kann. Denn Journalisten, die unkorrekt sind, verlieren an politischem Gewicht und haben schließlich auch keine Durchsetzungsfähigkeit mehr. Infolgedessen braucht der Journalist die Unterstützung des Historikers, während der Journalist wiederum dem Historiker beim Durchsetzen seiner Anliegen helfen kann.

In vielen Ländern, insbesondere in den angelsächsischen aber auch in Deutschland, ist es schon so. In Österreich sollten die Erfahrungen gerade dieses letzten Jahres beide Seiten davon überzeugt haben, wie sehr die enge Zusammenarbeit vonnöten wäre.

Dokumente

S. 54: Erklärung der Sowjetregierung über Österreich, April 1945
(Nationalbibliothek Wien, Flugschriftensammlung)

S. 55: Erste (US-)Proklamation an das österreichische Volk
(Linzer Zeitung, 4. Juni 1945)

S. 56: Schreiben Staatskanzler Renners an US-Außenminister Stettinius vom 28. April
1945 mit der Bitte um Anerkennung
(National Archives of the United States, Washington, D. C., USA)

S. 57: Schreiben Staatskanzler Renners, daß das Parlament unter dem Schutz der Roten Armee steht, 16. Mai 1945
(»Die Furche«, 30. April 1955, S. 1)

S. 58: Zwei Zeitungsmeldungen zur Grußpflicht gegenüber Angehörigen der französischen Besatzungsmacht
(Veröffentlichungsblatt der Gemeinde Mittelberg-Kleinwalsertal, 12. Mai und 25. Mai 1945)
Bekanntmachung Nummer 2 der britischen Militärregierung vom 9. Mai 1945
über das Verbot des Deutschen Grußes und das Aushängen von Fahnen
(Kärntner Landesarchiv, Klagenfurt)

S. 59: Befehl Nummer 6 der sowjetischen Besatzungsmacht vom 7. Juni 1945 über die
Einrichtung eines Städtischen Krankenhauses in Freistadt (O.Ö.)
(Stadtarchiv Freistadt, Oberösterreich)
Kundmachung der amerikanischen Besatzungsmacht über Ausgangsbeschränkung (Curfew), undatiert
(Oberösterreichisches Landesarchiv, Linz)

S. 60: Ernennungsdekret für Adolf Schemel, provisorischer Landeshauptmann von
Salzburg, 10. Juni 1945
(Salzburger Landesarchiv, Salzburg)

S. 61: Interventionsschreiben des provisorischen Landeshauptmanns von Tirol, Karl
Gruber, an die US-Militärregierung Tirol gegen die Übernahme Tirols durch
die Franzosen, 10. Juni 1945
(National Archives of the United States, Washington, D. C.)

S. 62: Rundschreiben Karl Renners an die Mitglieder der Provisorischen Staatsregierung betreffend Reisebeschränkungen durch die Briten, 17. August 1945
(Sammlung Oliver Rathkolb, Wien)

S. 63: Vier Cartoons aus »Soldier's ABC«, einer Verhaltensbroschüre für US-Soldaten
(Kopien im Besitz der Herausgeber)

S. 64: Plakat »Achtung! Österreichisches Staatseigentum«, 20. Juli 1945
(Nationalbibliothek Wien, Flugschriftensammlung)

S. 65: Brief der Direktion der Zentralsparkasse der Gemeinde Wien an den Wiener
Bürgermeister Theodor Körner betreffend die Beschlagnahme durch russische
Besatzungsbehörden, 4. Mai 1945 (Ausschnitt)
(Wiener Stadt- und Landesarchiv)

S. 66: Letzte Seite des Zweiten Kontrollabkommens vom 28. Juni 1946 mit den Unterschriften der vier Hochkommissare
(Mark Clark Papers, Charlotte, North Carolina, USA)

S. 67: Employment Certificate der britischen Besatzungsmacht für Frau Paula Schuh, Lehrerin in Feldbach
(Sammlung Siegfried Beer, Graz)

S. 68/69: Dankschreiben Bundeskanzler Figls an General Mark Clark für die Übergabe des Deutschen Eigentums in der US-Zone an Österreich, 11. Juli 1946
(Sammlung Oliver Rathkolb, Wien)

S. 70: Titelseite des »Aktionsplanes« der KPÖ-Landesleitung Wien vom 15. November 1948
(Archives de l'Armée de Terre, Chateau de Vincennes, Frankreich)

S. 71: Schlagzeilen der »Wiener Zeitung« und »Arbeiterzeitung« vom 21. Juni 1949 zur Pariser Außenministerkonferenz

S. 72: Einladungskarte für Gesandten Norbert Bischoff zu einem Empfang anläßlich des 70. Geburtstages von Stalin am 21. November 1949 (deutsche Übersetzung von Mag. Arthur Mettinger, Wien)
(Nationalbibliothek Wien, Flugschriftensammlung)

Erklärung der Sowjetregierung über Oesterreich

Die Rote Armee schlägt und verfolgt die faschistischen Truppen, betrat dabei österreichischen Boden und belagerte die Hauptstadt Österreichs — Wien.

Im Gegensatz zu den Deutschen in Deutschland setzt die österreichische Bevölkerung der Evakuierung, die die Deutschen durchführen, Widerstand entgegen, bleibt an ihren Plätzen und begegnet der Roten Armee gastfreundlich als der Befreierin Österreichs vom Joch der Hitleristen.

Die sowjetische Regierung verfolgt nicht das Ziel des Erwerbs irgendeines Teiles österreichischen Bodens oder der Veränderung der Gesellschaftsordnung Österreichs. Die Sowjetregierung steht auf dem Boden der Moskauer Deklaration der Verbündeten über die Unabhängigkeit Österreichs. Sie wird diese Deklaration verwirklichen. Sie wird zur Liquidierung des Regimes der deutsch-faschistischen Okkupanten und zur Wiederherstellung der demokratischen Zustände und Institutionen beitragen.

Das Oberkommando der Roten Armee hat den sowjetischen Truppen den Befehl erteilt, der Bevölkerung Österreichs in dieser Sache Beistand zu leisten.

und den Glauben, daß die Stadtverwaltung zu eurem Besten tut, was men-
schenmöglich ist. Ich bitte euch um Geduld; unter den gegebenen unab-
wendbaren Hemmungen können wir nach einer so furchtbaren Katastrophe
nur schrittweise vorwärtskommen. Aber vorwärtskommen werden wir wieder,
das ist meine und meiner Mitarbeiter Ueberzeugung und unser gemeinsamer
Wille; rascher und leichter vorwärtskommen werden wir, wenn dabei jeder
in seinem Wirkungskreis mithilft. Darum bitte ich alle Linzer und Linzerinnen.

Dr Ernst Koref

Militärregierung Österreich
Kontrollgebiet des Obersten Befehlshabers AEF

Erste Proklamation
an das österreichische Volk

Bis zur Einsetzung einer Alliierten Kommission für Österreich durch die Regierungen
des Vereinigten Königreichs von Großbritannien und Nordirland, der Vereinigten Staaten
von Amerika, der Union der Sozialistischen Sowjetrepubliken und der provisorischen Regierung der Französischen Republik wird folgendes proklamiert:

I. Die Alliierten Streitkräfte rücken in Österreich als Sieger ein; denn Österreich hat
als wesentlicher Bestandteil des Deutschen Reiches gegen die Vereinigten Nationen Krieg
geführt.

II. Gleichwohl haben die Regierungen des Vereinigten Königreichs von Großbritannien
und Nordirland, der Vereinigten Staaten von Amerika und der Union der Sozialistischen
Sowjetrepubliken in der Moskau-Erklärung vom 1. November 1943 betreffend Österreich
den einstimmigen Entschluß verkündet, Österreich von der deutschen Herrschaft zu befreien und gemeinsam den Wunsch geäußert, das Land Österreich in Freiheit und Unabhängigkeit wiederhergestellt zu sehen. Diese Erklärung enthält jedoch die Mahnung an
Österreich, daß es wegen seiner Teilnahme am Kriege eine Verantwortung auf sich geladen
hat, der es sich nicht entziehen kann, und daß bei der endgültigen Regelung der Beiträg
Österreichs zu seiner Befreiung unvermeidlicherweise in Rechnung gezogen werden wird.

III. Alle Österreicher haben jetzt Gelegenheit, zur Befreiung ihres Landes dadurch bei-
zutragen, daß sie durch Wort und Tat mit den Alliierten Streitkräften voll zusammenarbeiten
und diesen jede mögliche Hilfe und Unterstützung gegen die hitlerdeutschen Unter-
drücker gewähren.

DWIGHT D. EISENHOWER
Supreme Commander Allied Expeditionary Force

Meldung zur Durchführung vordringlicher Arbeiten
Ueber Auftrag der Militärregierung Linz-Stadt wird angeordnet:

Zur Durchführung vordringlicher Arbeiten
in der Stadt Linz haben sich alle Männer
österreichischer und deutscher Staatsbürger-
schaft der Geburtsjahrgänge 1929—1895, die in
Linz wohnen oder derzeit in Linz aufhalten, in der Zeit vom 1. bis 10. Juni, 8—12
und 14—17 Uhr, bei folgenden hiefür eigens
errichteten Meldestellen des Arbeitsamtes Linz
zu melden:

Jeder Meldepflichtige hat einen amtlichen
Personalausweis mitzubringen, auf dem die
Meldung bestätigt wird. Den Nachweis der
erfolgten Meldung hat jeder Meldepflichtige
dauernd bei sich zu tragen.

Von der Meldepflicht ausgenommen sind
nur vollkommen Arbeitsunfähige, die durch
ein ärztliches Zeugnis die Arbeitsunfähigkeit
nachweisen. Eine Überprüfung erfolgt durch

N o t i f i k a t i o n.
- - - - - - - - - - - - -

    Dank dem siegreichen Vormarsch der Roten Armee, durch den
die Hauptstadt Wien und ein entscheidender Teil Österreichs von
den Armeen des Deutschen Reiches befreit ist, wieder in den Besitz
unserer vollen politischen Selbstbestimmung gelangt,

    und gestützt auf die Beschlüsse der Krimtagung sowie der
Moskauer Konferenz vom Oktober 1943

    haben die Vertreter sämtlicher politischen Parteien des
Landes beschlossen, die Republik Österreich als selbständigen und
unabhängigen demokratischen Staat wieder aufzurichten

    und hiezu unter dem Vorsitz des ersten Staatskanzlers der
Republik (1918-1920), Präsidenten der Friedensdelegation von St.
Germain (1919) und letzten Präsidenten einer demokratischen Volks-
vertretung (1928-1934) Dr. Karl Renner

    eine Provisorische Regierung eingesetzt, die am heutigen
Tage ihre Tätigkeit aufgenommen hat.

    Die Regierung bringt dies unter Vorlage der gefassten Be-
schlüsse und Kundgebungen zur Kenntnis, ersucht um Anerkennung des
wiedererstandenen Staatswesens und bittet, ihr bei der Erfüllung
der schweren Aufgabe die Hilfe nicht zu versagen.

Wien, den 28. April 1945.

Der Staatskanzler:

An die

Regierung der Vereinigten Staaten
von Amerika,
zu Handen des Herrn Aussenministers
Edward Stettinius

        <u>Washington.</u>

REPUBLIK ÖSTERREICH
DER STAATSKANZLER

Wien,16.Mai 1945.

       Das Parlament, Wien 1., Seipelring 3, ist Eigentum

der Republik Österreich. Es untersteht dem besonderen

Schutze der Roten Armee (vgl.Schreiben v.4.V.1945 Maj.Belaschow)
       Es ist daher jegliche Beschädigung oder Entnahme

von Inventar strengstens untersagt.

Der Staatskanzler

Государственная Канцелярия

    Здание Парламента в Вене 1, Зейпель:
ринг 3. есть собственность Австрийской Рес-
публики. Оно находится под особым покровитель:
ством Красной Армии (смотри письмо майра Белашова
от 4го мая 1945 г.)
    Поэтому строго запрещается повредить
здание или забрать инвентарь.

               Государственный Канцлер

Gewerbetreibenden Herr Walter Niedmann-Neziern
Mittelberg, den 12. Mai 1045

Der Ortskommandant: Der Bürgermeister:
gez. Meusburger   gez. G. Fritz

Grußpflicht!

Wie bereits durch Anschlag veröffentlicht, gilt als
allgemeiner Gruß „Grüß Gott".

Die französischen Offiziere – an den Querspangen
der Achselklappen erkenntlich – sind durch Hutab-
nahme oder Handanlegen an den Mützenrand bezw.
bei unbedecktem Kopf an die rechte Schläfe zu grüßen.

Nachstehend einige

Anordnungen und Verhaltungsmaß-
regeln,

damit Ihr wißt, was verboten, was erlaubt und was
Pflicht ist.

A. Politische Anordnungen:

Bekanntmachung.

Aus gegebener Veranlassung bringe
ich der gesamten Bevölkerung nochmals in Erinnerung, daß die französischen Truppen als Sieger und
Befreier in Österreich eingezogen
sind.
Die bisherige Haltung der Bevölkerung ist oft nicht dieser Tatsache entsprechend. Die gesamte Bevölkerung
(gleichgültig welcher Staatsangehörigkeit) wird daher aufgefordert, die
franz. Fahnen und die franz. Offiziere
zu grüßen.
Zuwiderhandelnde werden in Zukunft alle daraus entstehenden Folgen zu tragen haben.

Mittelberg, 16. Juni 1945

Der Bürgermeister: G. Fritz.

Military Government - Austria	Militärregierung - Österreich

Notice No. 2

Article I
Nazi salute
It is forbidden to give the Nazi salute or any colourable
representation thereof.

Article II
Display of Flags
It is forbidden to display any flag.

Article III
Penalties
Any person violating any provision of this Notice shall,
upon conviction by a Military Government Court, be liable to
suffer such punishment (other than death) as the Court may
determine.

Article IV
Extent of Notice and Effective Date
This Notice shall extend to the whole of the territory occupied by the British Forces and shall become effective upon
promulgation.

C. E. Benson
Air Commodore R.A.F.
Chief Military Government Officer

9 May 1945.

Bekanntmachung Nr. 2

Artikel I
Deutscher Gruß
Es ist verboten, den deutschen oder Faschistengruß oder eine
verdeckte Andeutung desselben zu gebrauchen.

Artikel II
Aushängen von Fahnen
Es ist verboten, Fahnen irgendwelcher Art, auszuhängen.

Artikel III
Strafbestimmungen
Personen, die irgendeiner Vorschrift dieser Bekanntmachung
zuwiderhandeln, unterliegen nach Schuldspruch durch ein Gericht der
Militärregierung, nach Ermessen des Gerichtes jeder Bestrafung, mit
Ausnahme der Todesstrafe.

Artikel IV
Gebiet der Bekanntmachung und Inkrafttreten
Diese Bekanntmachung ist für das ganze von britischen Truppen
besetzte Gebiet und tritt am Tage der Verkündung in Kraft.

C. E. Benson
Air Commodore R.A.F.
Oberster Militärregierungs-Offizier

9. Mai 1945.

ПРИКАЗ № 6.

Ввиду отправки военных лазаретов из города формировать для обслужение города и уезда городскую больницу.

Формирование возглавит сам бургомистр своим заместителем Ганс Зибенстейнер.

Возглавляю временным главным врачом уезда

д-ор Алберт Вайс

временным главном врачом города Фрейштадта

д-ор Ото Луц

и временным директором больницы

д-ор Август Барта.

Помещение городской больницы виде.таю бывший уездный дом.

Фрейштадт, 7 июня 1945 г.

Бургомистр: Военный комендант:
Франц Гауншмидт   Гвардий майор Геворкиян.

BEFEHL Nr. 6

Mit Rücksicht auf die Räumung der Militärlazarette von Freistadt wird für die Betreuung von Stadt und Bezirk ein

Städtisches Krankenhaus

errichtet.

Die Errichtung vollzieht der Bürgermeister der Stadt Freistadt mit seinem Stellvertreter Hans Eibensteiner.

Gleichzeitig ernenne ich

zum prov. **Chefarzt des Bezirkes**
Herrn Dr. Albert **WEISS,**

zum prov. **Chefarzt der Stadt Freistadt**
Herrn Dr. Otto **LUTZ**

und zum prov. **Direktor des Krankenhauses**
Herrn Dr. August **BARTA.**

Die Errichtung des städtischen Krankenhauses erfolgt im früheren Kreishause.

Freistadt, O.-Ö., den 7. Juni 1945.

Der Bürgermeister: Der Militärkommandant:
Franz Haunschmidt   Major der Garde Geworkijan.

Headquarters Military Government Area of Oberösterreich (Oberdonau)

Office of the Military Government Commander
APO 200
United States Army

NOTICE
CURFEW

From and after the publication of this notice the curfew hours will be between 2230 hours and 0530 hours, and no person within Upper Austria will be permitted to circulate on the streets or outside its own house without a permit of Military Government between these hours.

Any person found in the streets or outside its own house without such permit between those hours will be severely punished.

This notice shall become effective on the date of its first publication.

S. E. Reinhart
Major General, U.S. Army,
Military Government Commander
of the Land Oberösterreich
(Oberdonau).

Militärregierung Oberösterreich (Oberdonau) Hauptquartier

Dienststelle des Kommandanten der Militärregierung,
APO 200, U.S.A. Armee.

KUNDMACHUNG
Ausgangs-beschränkung

Vom Tage der Veröffentlichung dieser Kundmachung ab darf sich niemand im Gebiete von Oberösterreich in der Zeit von 22.30 bis 05.30 im Freien oder außerhalb seiner eigenen Wohnung ohne Erlaubnis der Militärregierung aufhalten.

Wer in der angegebenen Zeit ohne solche Erlaubnis im Freien oder außerhalb seiner eigenen Wohnung angetroffen wird, wird schwer bestraft.

Diese Kundmachung tritt am Tage ihrer ersten Veröffentlichung in Kraft.

S. E. Reinhart
Generalmajor, U.S.A. Armee,
Kommandant der Militärregierung Oberösterreich
(Oberdonau).

HEADQUARTERS
MILITARY GOVERNMENT
LAND SALZBURG

ORDER OF APPOINTMENT

WHEREAS, the GOVERNMENTS of the UNITED STATES of AMERICA, the KINGDOM of GREAT BRITAIN and NORTHERN IRELAND and the UNION of the SOVIET SOCIALIST REPUBLICS have in the Moscow DECLARATION of 1 November 1943 agreed that AUSTRIA shall be liberated from German domination and that AUSTRIA shall be re-established as a free and independent nation, And,

WHEREAS, pending the establishment of a GOVERNMENT GROUP COMMISSION for AUSTRIA by the GOVERNMENTS of the UNITED STATES of AMERICA, the KINGDOM of GREAT BRITAIN and NORTHERN IRELAND, the UNION of SOVIET SOCIALIST REPUBLICS and the PROVISIONAL GOVERNMENT of the FRENCH REPUBLIC, And,

WHEREAS, the necessity is paramount for accomplishing the desired objective for the re-establishment of a free and independent AUSTRIA at the earliest possible moment, Now,

THEREFORE, I, RUSSEL V. D. JANZAN, LIEUTENANT COLONEL, UNITED STATES ARMY, SENIOR MILITARY GOVERNMENT OFFICER of LAND SALZBURG, by virtue of the power and the authority vested in me, and reposing special trust and confidence in the integrity, ability and discretion of you,

DR. ADOLF v. SCHEMEL

do hereby, temporarily constitute and appoint you

ACTING LANDESHAUPTMANN OF LAND SALZBURG

You are, therefore, carefully and diligently to discharge the duties of the office to which you are appointed by doing and performing all duties imposed upon you, consistent with the broad principles and policies of the UNITED NATIONS regarding AUSTRIA, and, I strictly order and require all Civil Officers under your jurisdiction to observe and obey such orders and directions which, from time to time, they may receive from you in the performance of their duties.

Dated: 10th of June, 1945

RUSSEL V. D. JANZAN
LIEUTENANT COLONEL, CAVALRY

Der Landeshauptmann von Tirol

Innsbrud, June 10th, 1945

To
Military Government of the Tyrol,
care of Lt. Col. John G. Watts.

Dear Sir,

As reported before, there are rumours in the whole country
saying that American troops in Tyrol will move out within short in
order to be replaced by French forces. Although I have not been
able to locate the precise origin of such rumours it appears that
they also find a certain confirmation from the American side.

Though I realize that problems of this nature are decided
upon by highest authority, I should feel much obliged if you could
kindly inform competent authorities that it is the wish of the
Tyrolian population that no such change should take place. As soon
as these rumours began to spread I tried to contact representatives
of all circles of the population and should like to give you the
result of my inquiries.

In spite of certain minor misunderstandings arising here and
there between the Austrian population and the occupation forces,
and although on some fields a certain impatience is to be noticed
concerning the carry-out of administrative measures, it is
generally felt that American authorities assist the population
in its strife to get back to normal living conditions and in the
reconstruction of its own state, and that this help will be most
effective. As chief of the civil government I should like to add
that I should consider it very dangerous if, with a great number
of most serious problems on hand, the cooperation just started
between the civil administration and American authorities were
interrupted and could be set working again, perhaps, only after
a period of several weeks. Especially in view of the particularly
strained food situation my collaborators as well as I would think
the present moment a very dangerous one for any such change.

Please kindly forward this information to the Allied Authorities concerned with such problems.

Very truly yours,

(signed) Dr. Karl Gruber

Republik Österreich
Der Staatskanzler

R u n d s c h r e i b e n
----

an alle Herren Staatssekretäre und Unterstaatssekretäre

Für Reisen von Zivilpersonen nach Steiermark ist eine britische Einreisebewilligung notwendig. Dieselbe wird vom britischen Oberkommando (Brigadegeneral P a l m e r) ausgestellt, das die amtliche Bezeichnung "Head Quarters Allied Commission for Austria (H.Q.A.C.A.)" führt und sich in der Panzervilla XIII., Gloriettegasse No.12-14, befindet.

Die Absperrung der Steiermark von Niederösterreich wird voraussichtlich noch längere Zeit dauern.

17.August 1945.

R e n n e r

REMEMBER!

WHEN YOU DO THIS: —

AND THIS: —

AND THIS: —

YOU ARE ALSO DOING THIS: —

ACHTUNG!

Dieses Objekt ist

Österreichisches Staatseigentum

und steht in Betreuung des österreichischen Militärkommandos Wien.

Jedes Betreten, bzw. jede Benützung dieses Objektes ist nur mit dessen Bewilligung gestattet.

Den Anordnungen der Objektswache ist Folge zu leisten. Zuwiderhandelnde werden durch die Objektswache angehalten und zur Anzeige gebracht.

Wien, am 20. Juli 1945.   **STAATSKANZLEI - HEERWESEN.**

PUBLICATION!

This object is

Austrian states property

and is placed under the protection and control of the Austrian military command of Vienna.

Entrance and any use of this object is strictly forbidden without special permission (licence) of the Austrian military command of Vienna.

The orders of the soldiers guarding this object must be obeyed.

Persons not obeying the orders of the guard will be arrested and prosecuted.

Vienna, July 20th, 1945.   **Chancery of State - Military Department.**

ВНИМАНИЕ!

Это здание принадлежит Австрийскому Государству и находится под надзором Военной Австрийской Коммендатуры Вены.

Вход и употребление этого здания разрешается только с её позволения.

Просят слушать распоряжения стражи здания.

Кто будет действовать против распоряжений стражи здания, будет задержан и на него будет сделан донос.

Вена, 20-го июля 1945 года.

ГОСУДАРСТВЕННАЯ ВОЕННАЯ КАНЦЕЛЯРИЯ.

AVIS!

Cet objet est

propriété de la République d'Autriche

il est sous la protection du commandant militaire autrichien de Vienne.

Il est défendu d'y éntrer on de s'en servir sans l'autorisation de ce fonctionnaire.

Il faut observer tous les ordres des soldats qui gardent cet objet.

Ils arreteront et denonceront tout contrevenant.

Vienne, le 20 Juillet 1945.   **Chancellerie d'Etat - Departement Militaire.**

Plakatdruck: „Elbemühl", IX., Berggasse 31

B-212/45

ZENTRALSPARKASSE **Z** DER GEMEINDE WIEN

UNTER HAFTUNG DER STADT WIEN

HAUPTANSTALT: WIEN, I., WIPPLINGERSTRASSE 8 · TEL. U 2 35 60 SERIE

SPAREINLAGEN- UND GIRO-ABTEILUNG: WIEN, I., WIPPLINGERSTRASSE 1
EFFEKTEN-ABTEILUNG: WIEN, I., SCHOTTENRING 1

ZWEIGANSTALTEN:

I., SCHOTTENRING 1	XII., STEINBAUERGASSE 4/6	XXIV., BRUNN-MARIA ENZERSDORF,
I., OPERNGASSE 6	XII., MEIDLINGER HAUPTSTRASSE 27	ADOLF-HITLER-PLATZ 5
I., KÄRNTNERSTRASSE 11/15	XIII., HIETZINGER HAUPTSTRASSE 24	XXIV., GUMPOLDSKIRCHEN, WIENERSTRASSE 60
II., TABORSTRASSE 17	XIV., LINZERSTRASSE 38	XXV., LIESING, PERCHTOLDSDORFERSTRASSE 2
II., PRATERSTRASSE 50	XIV., PURKERSDORF, ADOLF-HITLER-PLATZ 4	XXV., ATZGERSDORF, BREITENFURTERSTRASSE 6
III., LANDSTRASSER HAUPTSTRASSE 61	XV., ULLMANNSTRASSE 44/46	XXV., INZERSDORF, TRIESTERSTRASSE 27a
III., RADETZKYPLATZ 4	XV., MÄRZSTRASSE 45	XXV., PERCHTOLDSDORF,
III., KARDINAL-NAGL-PLATZ 14	XVI., RICHARD-WAGNER-PLATZ 16	ADOLF-HITLER-PLATZ 14a
IV., WIEDNER HAUPTSTRASSE 23/25	XVII., HERNALSER HAUPTSTRASSE 72/74	XXV., MAUER, KIRCHENGASSE 1
V., MARGARETENSTRASSE 67	XVIII., WÄHRINGERSTRASSE 109/111	XXVI., KLOSTERNEUBURG, RATHAUSPLATZ 25
V., MATZLEINSDORFERPLATZ 4	XIX., GATTERBURGGASSE 23	Kreditverein der Zentralsparkasse der Gemeinde Wien:
VII., MARIAHILFERSTRASSE 70	XIX., HEILIGENSTÄDTERSTRASSE 82	VII., NEUBAUGASSE 1
VIII., JOSEFSTÄDTERSTRASSE 64	XX., WALLENSTEINSTRASSE 14	Kreditverein der Zentralsparkasse der Gemeinde Wien
IX., NUSSDORFERSTRASSE 10	XXI., AM SPITZ 11	für Groß-Wien-Süd:
X., LAXENBURGERSTRASSE 49/51	XXIV., MÖDLING, SCHRANNENPLATZ 6	XXIV., MÖDLING, SCHRANNENPLATZ 6
XI., SIMMERINGER HAUPTSTRASSE 80	XXIV., MÖDLING, WIENERSTRASSE 27	

Vorstehende Bezeichnung wolle im
Antwortschreiben angegeben werden

WIEN, 4. Mai 1945

An den **Vertraulich!**

   Herrn Bürgermeister !

Bürgermeister … … Wien

Eing. am: 1 0. MAI 1945   212

Betr: Bericht über die Beschlagnahme und Wegnahme von Kassenbeständen
   durch Vertreter der russischen Besatzungsbehörden.

   Heute erschienen in unserer Hauptanstalt eine Anzahl von
russischen Offizieren und begehrten die Öffnung des Geldtresors, der
Kassen und der Schrankfächer (Safes.) Unsere bisher mit Erfolg vorge=
brachten Einwände, dass es sich bei unserem Geldinstitute um eine unter
der Leitung und Haftung der Gemeinde Wien stehende Geldanstalt handelt,
deren Bestände daher nicht private, sondern öffentliche Gelder darstellen,
sowie der Hinweis, dass seitens des russischen Oberkommandos den Ver=
tretern der Gemeinde Wien die Berücksichtigung dieses Umstandes bereits
in Aussicht gestellt wurde, hatten diesmal keinen Erfolg. Nach Durch=
suchung der Geldkassen der Hauptanstalt wurden die Bargeldbestände im Be=
trage von über 1'6 Millionen Reichsmark in Säcken der Reichsbankhaupt=
stelle Wien verpackt, angeblich dorthin abgeführt, die Ausstellung einer
Übernahmsbestätigung verweigert und uns bedeutet, dass unsere Anstalt
hiefür seitens der Nationalbank neues Geld zur Verfügung erhalten werde.
Die Öffnung der Parteienschrankfächer (Safes) wurde anfänglich begehrt,
desgleichen eine Liste der Safesmieter mit Adressen abverlangt, –
damit diese zur Öffnung der Safes erscheinen, – zum Schlusse aber diese

409 – 50.000 – 41 – Q/0561

FERNSPRECHER U 2 35 60 SERIE   POSTSPARKASSENKONTO WIEN 88.062   GIROZENTRALE DER OSTMÄRKISCHEN SPARKASSEN
DRAHTANSCHRIFT: SPARZENTRALE WIEN   REICHSBANK WIEN, KONTO NR. 10/5151   KONTO NR. 10.151

Article 14

The present Agreement shall come into operation as from this day's date and shall remain in force until it is revised or abrogated by agreement between the Four Powers. On the coming into effect of the present Agreement the Agreement signed in the European Advisory Commission on 4th July 1945, shall be abrogated. The Four Powers shall consult together not more than six months from this day's date with a view to its revision.

In witness whereof the present Agreement has been signed on behalf of each of the Four Powers by its High Commissioner in Austria.

Done this *twentyeth* day of *June* *1946* at Vienne in quadruplicate in English, in French and in Russian each text being equally authentic. A translation into German shall be agreed between the four High Commissioners and communicated by them as soon as possible to the Austrian Government.

For the Government of the United Kingdom	For the Government of the United States of America	For the Government of the Union of Soviet Socialist Republics	For the Government of the French Republic
Lieutenant General	General	Colonel General	General de Corps d'Armee

MILITARY GOVERNMENT - AUSTRIA

No. _11/2/347_

This document is not valid without the counter-signature of FSS/CIC

EMPLOYMENT CERTIFICATE

Name _____ S c h u h   Paula _____

Address _____ Feldbach Brückenkppfgasse Nr.11 _____

Identity Card Type **Wohnsitzbescheinigung —Pöllau** _____ Number _636601_

Precise nature of intended employment_____ Lehrerin _____

Employing Unit____ Landesschulrat Graz _____

The above named may be employed by the unit designated:

ONLY AS _____ **A B O V E** _____ (In English)

NUR ALS _____ (In German)

Date of Issue_____ Date of Expiry_____

87

Signature of MG Public Safety Officer
CAPT.

Location_____ **F E L D B A C H** _____

COUNTERSIGNED_____ DATE_____

THIS CERTIFICATE AUTHORISES THE HOLDER TO BE EMPLOYED ONLY IN THE CAPACITY SHOWN.

EMPLOYING UNIT OR M. G. BRANCH MUST SEND THIS CERTIFICATE TO THE NEAREST MILITARY GOVERNMENT PUBLIC SAFETY OFFICER ON TERMINATION OF, OR CHANGE OF, EMPLOYMENT WITH APPRO-PRIATE NOTIFICATION.

DIRECTION TO PERSON NAMED IN THIS CERTIFICATE.

THIS CERTIFICATE AUTHORISES YOU TO BE EMPLOYED ONLY AS SHOWN AT (a) ABOVE. IF SUCH EMPLOYMENT IS TERMINATED OR CHANGED, YOU WILL HAND THIS CERTIFICATE TO THE ALLIED MILITARY UNIT OR AGENCY BY WHICH YOU ARE EMPLOYED OR SUPERVISED.

WEISUNG AN DIE IN DIESER BESCHEINIGUNG GENANNTE PERSON.

DIESE BESCHEINIGUNG GENEHMIGT IHRE ANSTELLUNG NUR WIE IM OBIGEN ABSCHNITT (a) ANGEFÜHRT. WENN DIESE ANSTELLUNG BEENDIGT ODER ABGEÄNDERT WIRD HABEN SIE DIE BESCHEINIGUNG DER EINHEIT DER ALLIIERTEN STREITKRÄFTE, ODER DER STELLE BEI WELCHER SIE ANGESTELLT, ODER VON WELCHER SIE BEAUFSICHTIGT SIND, EINZUREICHEN.

P.S.S./B/6613/200M/3-45

REPUBLIK ÖSTERREICH
DER BUNDESKANZLER

Wien, am 11.Juli 1946.

Hochgeehrter Herr General !

Ich erlaube mir den Empfang Ihres gestrigen Schreibens
zu bestätigen, mit dem Sie mich von dem Beschluß des Herrn
Präsidenten der Vereinigten Staaten benachrichtigen, daß
die Regierung der Vereinigten Staaten jetzt bereit ist,mit
anderen alliierten Regierungen und mit der österreichischen
Regierung in Verhandlungen einzutreten, mit der Aussicht auf
einen Verzicht auf den Anteil der Vereinigten Staaten an den
in Österreich befindlichen deutschen Aktiven als Teil der
allgemeinen Regelung der Frage der deutschen Aktiven in
Österreich.

Sie haben mir mit diesem Schreiben auch mitgeteilt,daß
Ihre Regierung, während diese Verhandlungen im Zuge sind,
einverstanden ist, der österreichischen Regierung zu treuen
Handen, alle zur Zeit in der US-Besatzungszone materiell
gelegenen deutschen Aktiven zu übergeben und daß Ihre Regierung versichert, daß diese Aktiven sofort für Zwecke
des Wiederaufbaus in Österreich verwendet werden dürfen,
ohne befürchten zu müssen, daß die Anlagen und deren Ausrüstung aus der US-Besatzungszone in Österreich entfernt
werden, aber mit dem Vorbehalt, daß die Frage des Eigen-
tumsrechts später gelöst werden solle.

Bei diesem Anlaß hat Ihre Regierung auch gewünscht
klarzustellen, daß sie keine materielle Übertragung von
Vermögen auf Grund der Bestimmungen des Potsdamer Abkommens
anerkennen wird, welche nicht auch mit den Bestimmungen der
Erklärung der Vereinten Nationen über Zwangsübertragung vom
Jänner 1943 übereinstimmt und welche nicht dem österreichischen Staate die souveräne Kontrolle eines unabhängigen
Landes über seine Hilfsquellen innerhalb seiner Grenzen
überläßt, wie es in der Moskauer Erklärung vom Jänner 1943

Herrn
General Mark W. C l a r k ,
Kommandierender General der USFA
Mitglied des Alliierten Rates für
        Österreich
                    W i e n .

in Aussicht genommen worden war.

Herr General ! Im Namen der Bundesregierung und des österreichischen Volkes danke ich Ihnen vom Herzen für diese Mitteilungen, die das edelsinnige Interesse erweisen, das die Vereinigten Staaten an dem Geschick Österreichs und an seinem Volke nehmen. Sie, Herr General, haben selbst sehen können, welch schwere Besorgnis unser Volk in den letzten Tagen bedrückt hat. So hat uns Ihr Brief, der mich erreichte, nachdem ich gerade aus dem Parlament durch den Äther zum österreichischen Volk gesprochen hatte, mit tröstlicher Zuversicht für eine befriedigende Regelung der in Rede stehenden Frage erfüllt.

Wir alle danken vom Herzen für den Beistand und das großherzige Entgegenkommen, das die Regierung der Vereinigten Staaten uns erweisen will.

Indem ich Sie, Herr General, bitten darf, das beiliegende Dankschreiben,das ich mir erlaubte an Ihren Herrn Präsidenten zu richten, seiner Bestimmung zuleiten zu wollen, bin ich mit der Versicherung meiner ausgezeichneten Hochachtung

Ihr aufrichtiger

Figl

Kommunistische Partei Österreichs-
Landesleitung Wien
W i e n 9., Wasagasse 10

Präs. 311/VI-IX/48 K-M/D-U/H-F

Wien, 15. 11. 1948

A K T I O N S P L A N

Präsidium:

Vorsitzender der Kommunistischen Partei Österreichs
Nationalrat Johann K o p l e n i g

Generalsekretär der Kommunistischen Partei Österreichs
Friedl F ü r n b e r g

Nationalrat Franz H o n n e r

Ausarbeitung:

Hofrat Dr. D ü r m a y e r

Dr. U m s c h w e i f

M a r e k

Übersicht:

Wiener Zeitung

Nr. 142   242. Jahrg.

Redaktion: III., Rennweg 16; Druckerei: Österreichische Staatsdruckerei, III., Rennweg 16; Fernspr. U 15 5 85; Fernschr. TW 15 05; Postsparkassenkonto Wien Nr. 178

Dienstag, 21. Juni 1949

Abonnementspreis für Österreich ohne Bundesgesetzblatt S 7·80, mit S 15·— monatlich; für das Ausland ohne Bundesgesetzblatt S 15·80, mit S 18·40. Einzelpreis 25 g

Einigung der Außenminister über den österreichischen Staatsvertrag

Dr. Gruber: Ein entscheidender Schritt nach vorwärts – Auch ein Modus vivendi über Deutschland getroffen – Die Großmächte bleiben im Kontakt

Die Hoffnungen der Völker, daß diesmal die Außenminister der Großen Vier ihrem Wollen und Wünschen einigermaßen entsprechen werden, scheint erfüllt. In Erfüllung gegangen ist eine. Durch viele Tage hindurch schien auch diese Konferenz zum Scheitern verurteilt. Eine entscheidende Wendung trat zum Besseren ein, als am Pfingstsamstag der britische Außenminister Bevin in seinem sowjetrussischen Kollegen eine offene Aussprache über alle

kannt wird. Das österreichische Volk hat damit bewiesen, wie sehr es an seiner Heimat hängt und daß es befügigt ist, seine Geschicke selbst zu lenken. Wir wissen, daß mit der Unterzeichnung des Staatsvertrages und dem Abzug der Besatzungstruppen nicht alle Schwierigkeiten behoben sein werden und daß wir weiterhin Opfer auf uns nehmen werden müssen. Wir wissen aber auch, daß wir diese Arbeit dann für uns selbst leisten und daß wir mit unserer Arbeit unser eigenes Haus einrichten wer-

Dank für seine Bemühungen um den Staatsvertrag gerichtet.

Äußerungen des Außenministers

Die Bedeutung der Abmachungen über Österreich charakterisierte der amerikanische Außenminister Acheson auf seiner Pressekonferenz dahin, daß es den Außenministern gelungen sei, prinzipielle Einigung über jene Fragen zu erzielen, die bisher den Abschluß des Staatsvertrages im Wege standen, seien Außenminister

Welt und war bereits in zahllosen Redaktionen und Kanzleien eingelangt, als die Aufdeckung ihrer Machenschaften... nach Reuter seine alarmierten Wyschinski die Zurückstellung derselben verlangte, da er angeblich neue Instruktionen von Moskau erhalten müsse. Dies geschah 15 Minuten vor 20 Uhr, welcher Termin für die Freigabe des Konferenzschlusses von den Konferenzen der vier Mächte verlangt und ihre Forderung nach Zurückstellung der Kommuniqués deswegen gestellt, weil sich

---

Erscheint täglich mit Ausnahme von Montag

Redaktion u. Verwaltung: Wien 5, Rechte Wienzeile Nr. 97, Tel. B 29-510

Anzeigenannahme: Wien 5, Rechte Wienzeile 97, und Stadtbüro, Wien 1, Schulerstraße 7

Arbeiter-Zeitung

Zentralorgan der Sozialistischen Partei Österreichs

Einzelpreis 35 Groschen

Wochenabonnement in jeder Verschleißstelle S 1·80

Monatsabonnement S 7·80 auch durch die Post

Nummer 142   Wien, Dienstag, 21. Juni 1949   Gegründet 1889

Staatsvertrag bis 1. September

Österreichs Grenzen bleiben unangetastet — Keine Reparationen
150 Millionen Dollar für das deutsche Eigentum

Paris. Die Außenminister Englands, Frankreichs, der Vereinigten Staaten und der Sowjetunion hielten Montag nachmittag ihre letzte Geheimsitzung und bald darauf die letzte öffentliche Sitzung vor dem Abschluß ihrer Pariser Tagung ab. Diese verlief mit einer veröffentlichten Mitteilung mit greifbaren Erfolgen.

Der Außenminister gaben bekannt, daß sie zu einer Einigung über den österreichischen Staatsvertrag und über einen Modus vivendi unter den Baltimore in Deutschland gelangt sind. Sie haben die Sonderbevollmächtigten mit dem österreichischen Staatsvertrag beauftragt, ihre Arbeit aufzunehmen, um den Entwurf des Staatsvertrages bis 1. September d. J. fertigzustellen. Sie gaben ferner bekannt, daß die österreichischen Grenzen nach dem Stande vom 1. Jänner 1938 erhalten bleiben. Österreich wird keine Reparationen (auch nicht an Jugoslawien) zu bezahlen hat und daß die Sowjetunion als Ablöse für das deutsche Eigentum 150 Millionen Dollar in konvertibler Währung erhält, die im Laufe von sechs Jahren zu bezahlen ist.

In bezug auf Deutschland wurde bekanntgegeben, daß im September in New York eine weitere Beratungen der Außenminister stattfinden werden, bei denen eine neuerliche Zusammenkunft der Außenminister über die deutschen Probleme erwogen werden soll, ferner

daß die vier Vereinbarung vom New York über die Aufhebung der Berliner Blockade und die Gegenblockade in Kraft bleiben soll und die Bestrebungen zur Verbesserung des Handels zwischen den Ost- und Westzonen fortgesetzt werden.

Mitwirkung der Deutschen

D) Zur Erleichterung ihrer Arbeit können die Besatzungsbehörden

deutsche Sachverständige und deutsche Organisationen in ihren Wirkungsbereich zur Mitarbeit heranziehen; die betreffenden Behörden verfassen und, nachdem sie untereinander Übereinstimmung erzielt haben, den Besatzungsbehörden Vorschläge unterbreiten.

Freier Verkehr

E) Die vier Mächte sind sich darüber einig, daß die Vereinbarung von New York vom 4. Mai 1949 (über die Aufhebung der Blockade) aufrechtbleiben soll. Um die in den vorstehenden Punkten aufgestellten Absichten zu fördern und eine weitere Vereinbarungen sowie Vereinbarungen bezüglich der

Bewegungsfreiheit von Personen und Gütern und des Verkehrs zwischen der Ostzone und den Westzonen und zwischen Berlin und den einzelnen Zonen zu fördern und zu ergänzen, sowie zur Belebung des Transitverkehrs

werden die einzelnen Besatzungsbehörden in ihren Zonen die Verpflichtung haben, die nötigen Maßnahmen zu treffen, um das normale Funktionieren und die Verwendung der Schienen-, Wasser- und Straßenwege für diese Bewegungsfreiheit der Personen und Güter und der Verbindung durch Post, Telephon und Telegraph zu sichern.

F) Die Besatzungsbehörden werden den führenden deutschen wirtschaftlichen Körperschaften der Ost- und Westzonen empfehlen, die Herstellung engerer wirtschaftlicher Verbindungen zwischen den Zonen zu erleichtern sowie eine wirksamere Verstärkung des Handels und anderer wirtschaftlicher Vereinbarungen zu erreichen.

Der österreichische Staatsvertrag

Der österreichische Staatsvertrag heißt es in der offiziellen Verlautbarung: Die Außenminister sind übereingekommen.

Die Grenzen bleiben — Schutz für die Minderheiten

A) daß die Grenzen Österreichs jene vom 1. Jänner 1938 sein sollen;

B) daß der Vertrag mit Österreich versehen soll, daß Österreich sich verpflichtet, die Rechte der slowenischen und kroatischen Minderheiten in Österreich zu garantieren;

C) daß von Österreich keine Reparationen gefordert werden, aber Jugoslawien das Recht zugestanden wird, innerhalb des jugoslawischen Territoriums gelegenes (öster-

Die Sonderbevollmächtigten werden den Arbeiten zur Abfassung eines österreichischen Staatsvertrages in engster Gänze bis 1. September 1949 beenden.

Aus der spätabends ausgegebenen amtlichen österreichischen Übersetzung der Verlautbarung geht hervor, daß der sowjetrussische Erdölbesitz in Österreich sowie die Donau-Dampfschiffahrtsgesellschaft "unter österreichischer Jurisdiktion verbleibt".

Schwierigkeiten in letzter Minute

Paris. Außenminister Wyschinski verlangte Montag eine kurze Unterbrechung für vier Mächte über Österreich und

Hinaus aus der Koalition?

Wir haben in der jüngsten Zeit Anlaß gehabt, die demokratische Unzuverlässigkeit der Österreichischen Volkspartei aufzuzeigen. Die Erinnerung an ihren Fehltritt mit dem Kommunisten Ernst Fischer, die Aufdeckung ihrer Packelei mit den Faschisten bewog uns, wir schrieben, daß die Volkspartei bereit ist, Österreich zu verkaufen. Daß die Kommunisten unsere Feststellung zum Anlaß irgendwelcher Folgerungen nehmen, ist uns nicht Anlaß und verloren: sie, die sonst ihr Raab und Figl zu packeln versucht haben, sollen gefälligst ganz ruhig sein. Der "Faschist" Raab war den Kommunisten in Verhandlungen nicht zu schlecht, Herr Figl haben die Kommunisten nicht abgelehnt, als er bereit schien, der Volksdemokratie in Österreich ein Hintertürl zu öffnen. Das sind Tatsachen, die alles Geschrei und Geschimpf der Kommunisten Lügen strafen.

Aber ehrliche Arbeiter, gute Sozialisten stellen sich angesichts der Enthüllungen der jüngsten Zeit die Frage: können die Sozialisten noch mit einer Partei in der Regierung zusammensitzen, gegen die sie so schwere Vorwürfe zu erheben haben? Ist eine Koalition noch funktionierbar, wenn bei dem einen Partner gegen den anderen ein so tiefes Mißtrauen besteht?

Also hinaus aus der Koalition? Da Österreich ein demokratisches Land und wir und da die Volkspartei nicht mehr mehr lange — die größere Partei im Parlaments ist, — würde das bedeuten, daß die Sozialisten aus der Regierung austreten und, ein Vierteljahr vor den Wahlen,

По случаю семидесятилетия
Председателя Совета Министров СССР
И. В. Сталина
Министр Иностранных Дел СССР

К. И. Вышинская

просят г. Н. Бишоффа, Политического Представителя
Правительства Австрии с супругой

пожаловать на приём
в среду, 21 декабря 1949. в 22⁰⁰ час.

Форма одежды парадная, ордена   Адрес: Ул. А. Толстого, 17

Aus Anlaß des siebzigsten Geburtstages
des Vorsitzenden des Ministerrates der UdSSR
I. W. Stalin

Der Aussenminister der UdSSR
und
K. I. Wyschinskaja

bitten Herrn N. Bischoff, den Politischen Repräsentanten
der Regierung Österreichs mit Gemahlin
zu einem Empfang
am Mittwoch, 21. Dezember 1949 um 22 Uhr

Galakleidung, Orden   Adresse: A. Tolstoj-Str. 17

Teil I

Die zweite Republik:
Restauration oder Neubeginn?

Robert Graham Knight

Besiegt oder befreit? Eine völkerrechtliche Frage historisch betrachtet*

Vor zehn Jahren schrieb Rudolf Neck: »Es hätte wenig praktischen Sinn, wenn wir den alten Streit der Staats- und Völkerrechtler und Politiker der späten 40er und 50er Jahre neuerlich aufkochen, ob der Anschluß eine Annexion oder eine Okkupation war.«[1] Das stimmt zweifelsohne, wenn es darum gehen soll, den »Anschluß« zu studieren. Es hat jedoch sehr wohl Sinn, wenn die Zweite Republik selbst im Zentrum des Interesses stehen soll. Mit anderen Worten, es soll im folgenden nicht auf die im Titel gestellte Frage eine Antwort gegeben werden, sondern aufgezeigt werden, wie die Antworten auf diese Frage historisch und politisch bedingt waren, um damit Licht auf die Geschichte der Nachkriegszeit zu werfen. Ohne dabei die Völkerrechtler angreifen zu wollen, muß festgehalten werden, daß die normativen Anforderungen der juristischen Argumentationsweise oft der des Historikers zuwiderlaufen. Dem Juristen geht es nicht in erster Linie darum, die Komplexität der geschichtlichen Wirklichkeit zu erfassen. Gerade dies ist die Aufgabe des Historikers. Einem Teil dieser Komplexität läßt sich dadurch näherkommen, die Entwicklungen von völkerrechtlichen Interpretationen weitgehend als Ergebnis historischer Entwicklungen zu sehen, was im folgenden vor allem am Beispiel der britischen Österreichpolitik veranschaulicht werden soll.

Beginnen wir bei dem traditionellen Ausgangspunkt, der Moskauer Deklaration vom 1. November 1943.[2] Ein führender österreichischer Verfassungsrechtler hat die Auffassung vertreten, daß die Moskauer Deklaration »in einer zweifelsfreien Weise die Völkerrechtswidrigkeit des Zwangsaktes der Besetzung Österreichs durch das Deutsche Reich festgestellt und diese gewaltsame Annexion von Anfang an als ›null und nichtig‹ erklärt« habe.[3] Eben diese »Freiheit von Zweifel« der juristischen Sichtweise ist es, die dem Historiker so wenig weiterhilft, wenn er sich mit den Schwierigkeiten des – wie Gerhard Botz ihn genannt hat – »ambivalenten Anschlusses« beschäftigt.[4] In Wirklichkeit stellte die Moskauer Deklaration eine politische Kompromißformel dar, ausgearbeitet von Diplomaten, deren Hauptsorge nicht Österreich, sondern der Sieg gegen Nazi-Deutschland war.[5] Entgegen der zitierten Ansicht des Völkerrechtlers Edwin Loebenstein wurde der Anschluß nicht völkerrechtlich durch die Moskauer Deklaration »annulliert«. Geoffrey Harrison, der maßgeblich an der Vorbereitung der Deklaration mitgearbeitet hatte, meinte Anfang 1945, sie habe »no particular legal validity in international law«. Seine Ansicht wurde vom Rechtsberater des Foreign Office, William Malkin, bestätigt. Malkin unterstrich, daß die Deklaration den »Anschluß« nicht aufgehoben habe, sondern nur die *Ansicht* der Alliierten kundtat, dies bei Gelegenheit noch zu tun. Die Formulierung, daß die Alliierten den »Anschluß« für »null und nichtig« betrachteten, hielt er für »unglücklich« (»unfortunate«), da sie rechtlich »sinnlos« oder aber falsch sei (»either meaningless or wrong«).[6] Der Anschluß sollte zwar nunmehr rückgängig gemacht werden, die Tatsache, daß er bis zur Moskauer Deklaration sowohl *de facto* als auch *de jure* anerkannt worden war, konnte nicht mehr aus der Welt geschafft werden. Auch nach der Trennung Österreichs von Deutschland blieb Österreich in den Augen der britischen Besatzer »ex-enemy territory«. Noch Anfang 1947 meinte man im Foreign Office: »Austrian aliens are technically enemy aliens.«[7]

Ebenfalls juristisch ambivalent war der Hinweis auf Österreich als erstes Opfer der »typischen Angriffspolitik Hitlers«. Bekanntlich wurde diesem Hinweis die Erwähnung von Österreichs Verantwortung für seine Teilnahme am Krieg »an der Seite Hitler-Deutschlands« gegenübergestellt. Es geht nicht darum, dies als juristische Inkonsequenz zu brandmarken, denn es handelt sich hier nicht um ein juristisches Dokument. Man könnte vielleicht sogar die These vertreten, daß diese Inkonsequenz der Wirklichkeit des »ambivalenten Anschlusses« besser Rechnung trug als so manche funktionale eindeutige Interpretation der Nachkriegszeit.

Was den Aufruf zum österreichischen Widerstand im letzten Absatz der Moskauer Deklaration angeht, fällt auf, wie wenig Hinweise es dafür gibt, daß die Stärke dieses Widerstandes bis Kriegsende von irgendwelchen Stellen besonders registriert worden wäre, um etwa festzustellen, ob er ein bestimmtes vorher festgesetztes Maß erreicht habe. Mit anderen Worten, die (öffentliche) Beurteilung des österreichischen Beitrages zur »Befreiung« war keine militärische, sondern stets eine politische Frage und entsprechend veränderbar. Westliche Bedenken blieben bestehen, obwohl die Entscheidung zur Wiedererrichtung der Republik Österreich im wesentlichen nicht mehr in Frage gestellt wurde. Die Feststellung von John M. Troutbeck, eines hohen Beamten im Foreign Office, »Were it not for the strategic importance of keeping Austria separate from Germany, we would let this flabby country stew« – ist zwar überspitzt, aber nicht untypisch für die britische Diplomatie.[8] Ähnlich pessimistisch drückte sich die SOE (Special Operations Executive) im Februar 1945 aus: »We do not consider that the Allies will be able to make any Declaration sufficiently attractive to the Austrians to persuade them to embark on a policy of open resistance, or to help us to any significant extent.«[9] Außenminister Anthony Eden äußerte sich kurze Zeit darauf im englischen Unterhaus in ähnlicher Weise.[10] Die sowjetischen Überlegungen zur Wiedererstellung Österreichs standen ebenfalls kaum im Zusammenhang mit dem Ausmaß oder der Bedeutung der österreichischen Widerstandsbewegung, etwa in der Form einer russischen Überlegung, ob Österreich als Opfer des Nationalsozialismus gelten könne oder nicht. Sowjetische Reparationsforderungen (in Form des »Deutschen Eigentum«) wurden zwar in der Nachkriegszeit mit Hinweisen auf die geringe Bedeutung des österreichischen Widerstandes abgestützt,[11] es bestand hier jedoch kein zwingender Zusammenhang. Diese Forderungen waren bereits auf der Moskauer Konferenz vom Oktober 1943 formuliert worden und wären vermutlich ohne Rücksicht auf die Tätigkeit des österreichischen Widerstandes zwischen 1943 bis 1945 vorgebracht worden.[12]

Die Moskauer Deklaration sollte also weder als eine juristische Urkunde noch als eine Einschätzung der Haltung der Österreicher im Dritten Reich aufgefaßt werden. Ihre zweifellos große Bedeutung für die Nachkriegszeit liegt erstens in ihrer *taktischen* Funktion, nämlich als Handhabe für die österreichische Regierung, den Staat Österreich von der Verstrickung vieler einzelner Österreicher mit dem Dritten Reich nachträglich abzukoppeln; zweitens in ihrer *legitimatorischen* Funktion zur Schaffung eines nationalen Mythos.

Die *taktische* Funktion der Moskauer Deklaration soll zunächst als jener Prozeß verstanden werden, im Zuge dessen die Interpretation des »Anschlusses« – zuerst formuliert von Karl Renner und der Völkerrechtsabteilung des Außenamtes – auch von den Besatzungsmächten *akzeptiert* wurde, nicht aber, wie manchmal zu lesen ist, als jener Vorgang, in dem die Außenwelt »überzeugt« oder gar »erzogen« wurde zu glauben, daß die österreichische Version des »Anschlusses« richtig sei.[13] Dieser Prozeß zerfällt in zwei Hauptphasen. In der ersten (bis 1955) schlossen sich die Westmächte – die Amerikaner an der Spitze – im Zuge des Kalten Krieges der österreichischen Interpretation an. In einer zweiten Phase (nach 1955) folgte im Sinne der sowjetischen Strategie, Österreich als ein Zentrum der Entspannung und Verständigung aufzubauen, auch die sowjetische Regierung.

Dies ist nicht der passende Ort, die Rolle Österreichs im Kalten Krieg näher zu erörtern. Es soll jedoch betont werden, daß meine Argumentation nicht auf der »revisionistischen« These aufbaut, derzufolge ein passives Österreich von den Westmächten in die »Mühlen der Großmachtpolitik« hineingezogen wurde – gegen seinen Wunsch und seine Interessen. Vielmehr spricht viel für die Ansicht, daß sowohl der heimische Antikommunismus als auch die objektive wirtschaftliche Not Österreich in einer polarisierten Welt zum »natürlichen« Verbündeten des Westens machten.[14]

Das amerikanische *State Department* scheint sich dieser Realität etwas schneller angepaßt zu haben als das britische *Foreign Office*. In Washington scheint man bereits zum Jahresende 1945/46 bei jener Politik angelangt gewesen zu sein, die der US-Diplomat Martin Herz einmal als die »Fiktion« bezeichnet hat, »daß alle Österreicher unschuldig waren«.[15] Anscheinend fiel den Beamten des State Department dieser Wechsel in ihrer Auffassung des »Anschlusses« und zu Österreichs völkerrechtlicher Lage leichter als ihren britischen Kollegen.[16] Möglicherweise gab es auch in Washington mehr »Austrophilie« als in London, obwohl derlei Faktoren oft überschätzt werden – schließlich fielen die persönlichen Ansichten einzelner Beamter oder der Außenminister weniger ins Gewicht als die Logik des Kalten Krieges, welche »Austrophilie« als politisch rationell erscheinen ließ. Im Foreign Office sah man sich jedenfalls binnen kurzer Zeit veranlaßt, die juristischen Sachurteile den politischen Erfordernissen anzupassen. Zu Beginn des Jahres 1946 war der oben zitierte Leiter des »German Department«, John Troutbeck, nicht bereit – obwohl die neue österreichische Regierung anerkannt war –,

die diplomatische Vertretung Londons in Österreich in den Bot-
schaftsrang zu erheben:

»We have repeatedly said that for constitutional reasons we cannot have full
diplomatic relations with a country with which we are at war, and we *do* regard ourselves still at war with Austria. We should certainly look very foo-
lish to execute a complete *volte-face.* The British constitution may be flexible but is it as flexible as all that?«[17]

Infolge der gesteigerten Krisenstimmung bei den Westmächten im
Frühjahr 1946 – ob begründet oder nicht, sei hier dahingestellt –,
schienen derlei Vorbehalte von immer weniger Belang. Daß der Vertrag mit Österreich im gleichen Rahmen wie die Friedensverträge
mit Deutschlands »Satelliten« in Paris erörtert werden sollte, war ein
Indiz dafür. Daß Österreich zusammen mit den »Kollaborateuren«
behandelt werden sollte, war kein negativer Akt, sondern als weiterer
Schritt gedacht, Österreich aus dem Schatten Deutschlands heraus-
zuholen. Man wollte, wie es Troutbeck formulierte, »treat Austria as
far as possible as a satellite rather than impose the same kind of
terms that we shall no doubt impose on Germany«. Bald nahm allerdings der politische Druck auf das Foreign Office zu, Österreich besser zu behandeln als zumindest die östlichen »Satellitenstaaten«
(Bulgarien, Rumänien, Ungarn).[18] Troutbeck empfand das Tempo
dieses Wandels als zu schnell und beschwerte sich, die Österreicher
»go on pretending that they never fought against us at all«. Er hielt
auch die amerikanische Einstellung zum Anschluß »somewhat disin-
geneous« (»etwas unaufrichtig«), denn Österreich sei »as much in an
›enemy‹ position as any of the satellite countries – if anything more
so – inasmuch as she had already for some period before the war
been an integral part of Germany, and continued in the war with
Germany to the end«.[19]

    Troutbecks Nachfolger als Leiter des »German Department«, Pa-
trick Dean, war da pragmatischer. Als das Schatzamt sich gegenüber
der Idee einer Anleihe für Österreich ablehnend verhielt, entgegnete
er:

»It is not much good arguing whether Austria's record is black, white or
grey. The point now is what do we want to get out of or to make out of Austria and is it worth it and if so how much?«[20]

Als das State Department gegen Ende Oktober 1946 eine Erklärung
abgab, daß es Österreich nicht als Staat einstufe, der am Krieg betei-

ligt gewesen sei, da der »Anschluß« *de jure* nie anerkannt worden
sei, gab es in London eine Diskussion darüber, ob sich Großbritannien dieser Haltung anschließen solle. Orme Sargent, der ranghöch-
ste Beamte des Foreign Office, richtete an seine Beamten die Frage,
ob es nicht möglich wäre »to take a forthcoming line towards Austria« und zuzustimmen, »that the Moscow Declaration recognizes
the status of Austria as a non-enemy state«. Die Rechtsexperten waren dagegen. Die Lösung, welche die geringsten Schwierigkeiten hervorrufen würde, wäre eine Formel, die den Kriegszustand für beendet erklärte. Es könnte aber auch hier nichts unternommen werden,
solange sich Großbritannien noch offiziell im Kriegszustand mit Italien befände, denn das würde die italienische Regierung vergrämen.
Sargent entschied daher, wenn auch widerstrebend, noch nichts zu
unternehmen. Die britische Haltung sollte aber nicht öffentlich betont werden.[21]

Bei zwei Fragekomplexen machten sich die Spannungen zwischen
politischer Zweckmäßigkeit und völkerrechtlicher Konsequenz bemerkbar. Die erste war: Welche Bezeichnung sollte der Vertrag mit
Österreich erhalten? Karl Renner hatte seit dem Sommer 1945 auf
dem Begriff »Staatsvertrag« bestanden, da Österreich als Staat am
Krieg nicht teilgenommen hatte.[22] Als die Notwendigkeit der britischen Unterstützung Österreichs wuchs, verstummten die Bedenken
der Juristen im Foreign Office nach und nach. Als Renner in seiner
Neujahrsansprache 1946 abermals diese Auffassung äußerte, hielt
der Rechtsberater des Foreign Office, W. E. Beckett, ausdrücklich
fest, daß sehr wohl ein *Friedensvertrag* erforderlich sei. Ein anderer
Beamter ergänzte, die Anerkennung der österreichischen Unabhängigkeit durch Großbritannien bedeute zwar eine Umkehr bezüglich
der Hinnahme des »Anschlusses«, daraus folge jedoch weder die
Beendigung des Kriegszustandes noch die Aufhebung der Gültigkeit
der deutschen Kapitulationsbestimmungen für Österreich.[23]

Der zweite Fragenkomplex kam in der Präambel zum ersten britischen Vertragsentwurf vom Juni 1946 zum Ausdruck, wo es hieß,
daß »Austria was compelled, as part of Germany, to participate in
the war against the Allied and Associated Powers and Germany
made use of Austrian territory and resources for this purpose«.[24] Als
das österreichische Außenamt diesen Entwurf 1947 zum ersten Mal
einsah, kam es zu einem kleineren Eklat. In einer Notiz des Ballhausplatzes hieß es, »[es] steht zu befürchten, daß die österreichische
Bevölkerung, die gerade von englischer Seite her eine ganz besondere

Unterstützung ihrer Bestrebungen erhofft hatte, diese Einstellung überhaupt nicht verstehen wird«. Vor allem durch die Präambel »wird der Vertrag ... zu einem Friedensvertrag«.[25] Wenn diese Reaktion nach einem Vergleich mit dem britischen Vertragsentwurf auch etwas überzogen erscheinen mag, ist nicht zu bestreiten, daß der Entwurf eine gewisse Distanz zu den österreichischen Vorstellungen zeigte. Beispielsweise wollte der Ballhausplatz im Vertragstext auch eine Anspielung auf den von der Moskauer Deklaration geforderten »eigenen Beitrag« Österreichs zu seiner Befreiung sehen. Im Foreign Office charakterisierte der britische Sonderbeauftragte Samuel Hood diese Forderung als »silly«.[26] Ein Gespräch Peter Wilkinsons, des Controllers der britischen »Political Division« in Österreich, mit Rudolf Blühdorn, dem Leiter der Völkerrechtsabteilung am Ballhausplatz, wirft ein bezeichnendes Licht auf diese Bewußtseinskluft zwischen London und Wien. Darin wandte Blühdorn ein, daß

»der Vertrag gemäß seiner Präambel von der Annahme ausgehe, daß Österreich gegen die alliierten Mächte Krieg geführt habe. W[ilkinson] bestätigte diese Auffassung. Ich erklärte ihm, daß diese Auffassung geeignet sei, den praktischen Wert des Vertrages für Österreich bedeutend herabzusetzen. Meiner Ansicht nach müsse der Vertrag auf der Moskauer Erklärung basieren, die für die Vergangenheit feststellt, daß Österreich das erste Opfer der Hitlerschen Aggression sei. Für die Zukunft sei der Zweck des Vertrages die Schaffung eines politischen und wirtschaftlich unabhängigen Österreich. Ich glaube nicht, daß Österreich seine wirtschaftliche Unabhängigkeit erreichen und erhalten könne, wenn es all diejenigen Lasten übernehmen müsse, die es nach dem Vertrag zu übernehmen hätte. Ich erzählte W[ilkinson], daß ich eine gewisse Praxis in Friedensverträgen hätte, da ich während 10 Jahren an der Durchführung des Vertrages von St. Germain praktisch mitgearbeitet hätte. Nach dem Ersten Weltkrieg haben die alliierten Mächte den Vertrag von Versailles für Österreich abgeschrieben, mit dem Ergebnis, das wir alle kennen. Österreich mußte sein Leben notdürftig mit Anleihen fristen, bis es letzten Endes aus wirtschaftlichen Gründen Opfer Nazi-Deutschlands geworden ist. [...] Ich sagte W[ilkinson], daß mir der [amerikanische Entwurf] schon aus diesem Grunde besser passe, weil er Österreich nicht als feindlichen Staat behandle. W[ilkinson] meinte, England behandle Österreich als Feind, da die Mehrheit der Österreicher im deutschen Heer gekämpft habe. Ich vermied es absichtlich, in eine Polemik über diesen Punkt einzugehen und fragte ihn nur, ob er das Rot-Weiß-Rot Buch gelesen habe, was er bejahte. Ich fügte dann hinzu, daß ich aus meiner eigenen Erfahrung wisse, daß gerade diejenigen Österreicher, die gegen das Nazi-Regime eingestellt waren, sich in die deutsche Armee geflüchtet hätten, um vor den Nazi-Verfolgungen geschützt zu sein. Die wahren Nazi seien hübsch brav am heimischen Herd gesessen. Im übrigen verwies ich darauf, daß es in Ländern wie Holland, Frankreich, Belgien usw. eine ganze Reihe von Kriegsfreiwilligen im deutschen Heere gegeben hätte. Schließlich verwies ich auch darauf, daß auch die ČSR sich nicht nur nicht gegen die deutsche Herrschaft mit der Waffe in der Hand erhoben hätte, sondern bis zum endgiltigen Zusammenbruch anfangs Mai 1945 in den Kriegsbetrieben ohne Sabotage für die deutsche Rüstung gearbeitet hätte. W[ilkinson] stimmte äußerst lebhaft zu. Ich sagte ihm dann, daß es mich seltsam anmute, daß man Österreich, das seit 1933, um nicht zu sagen seit 1919, gegen die deutschen Aspirationen kämpfte, vorwerfe, daß es sich im März 1938 kampflos habe besetzen lassen, wo doch England und Frankreich ein halbes Jahr später in München ebenso kapituliert hätten. W[ilkinson] erwiderte, er wisse dies ganz genau, zumal er im September 1938 in der ČSR gewesen sei.«[27]

Von der Frage des Wirklichkeitsgehaltes bzw. der Authentizität von Blühdorns Aussage einmal ganz abgesehen, war es wohl klar, daß seine Ansichten bessere Chancen hatten, sich im Westen durchzusetzen, als die Wilkinsons. Die negativen Beispiele Versailles und St. Germain hatten im Westen in der ersten Nachkriegsplanung eine erhebliche Rolle gespielt. Das wirtschaftliche Interesse etwa für österreichisches Erdöl war nie groß genug, um diese Überlegungen in Frage zu stellen. Bereits im revidierten britischen Entwurf vom Jänner 1947 kam daher das Foreign Office den österreichischen Wünschen entgegen. Schließlich lenkten auch die Juristen des Foreign Office ein. Die feierliche Erklärung im September 1947, daß der Kriegszustand zwischen Österreich und Großbritannien beendet sei, eröffnete den Weg, die Diskrepanz zwischen unterschiedlichen juristischen und politischen Positionen weitgehend zu bereinigen. Trotz gelegentlich geäußerter Vorbehalte wurde 1955 die Ansicht, daß der »Anschluß« eine Gewaltmaßnahme und Österreich nur ein Opfer des Dritten Reiches war, zum offiziellen Axiom erhoben.[28]

Insbesondere bei *einer* Frage wurde allerdings die Schwäche dieser These sichtbar, nämlich bei den Forderungen der (ehemals) österreichischen Juden nach Rückstellung bzw. Entschädigung. Diese konnten zu Recht behaupten, die Opfer *par excellence* des Nationalsozialismus zu sein und damit den kollektiven österreichischen Opfer-Anspruch zu relativieren. Die Geschichte der österreichischen Juden während des Zweiten Weltkrieges bewies zudem, wie viele Österreicher durchaus freiwillig und ohne Zwang in die schlimmsten Verbrechen des Dritten Reiches verstrickt waren.[29]

In diesem Zusammenhang ist es interessant – nicht zuletzt auch wegen des Lichts, das dadurch auf den Zusammenhang von Politik und Archivzugang geworfen wird –, wie das Foreign Office 1955 auf eine Eingabe des Labour-Abgeordneten Barnet Janner reagierte, der im Auftrag des »Jewish Claims Committee« in erbeutete deutsche Dokumente Einblick nehmen wollte. Sein Ziel war es:

- erstens herauszufinden »to what extent the Austrian people, either through the authorities, or parties, or individuals, took a willing part in the persecution of the Jewish population in Austria«,
- zweitens, »the approximate extent of economic ruin inflicted upon the Jewish population« festzustellen, ebenso wie
- drittens, »the extent to which Austria as a country benefited economically from these confiscations« zu eruieren.

Die Diskussion im Foreign Office lief darauf hinaus, daß in den Dokumenten nichts zu finden sei, was die jüdischen Ansprüche zu untermauern geeignet wäre, daß – selbst wenn das doch der Fall wäre –, es nicht im britischen Interesse läge, solche Dokumente freizugeben. Zuletzt wurde noch festgestellt, es sei überdies nicht im jüdischen Interesse, die österreichische Regierung zu verärgern, während diesbezügliche Verhandlungen noch im Gange seien. Der FO-Beamte R. W. Selby erklärte:

»I am profoundly doubtful about the wisdom of agreeing to the request. Whatever the history of the Anschluss may be, the official policy of H. M. G. [...] is that Austria was annexed by Germany on March 13, 1938. [...] We cannot therefore hold the Austrian people responsible for the deeds of the Nazi Government and if the Jews were to contrive to prove that 85 % of the Austrians were enthusiastic supporters of Hitler, it might be extremely embarrassing to us at a later date. It would indeed make nonsense of our whole policy towards Austria since 1943 and pave the way ultimately to a new Anschluss.«

Indem er also den »Anschluß« – gemäß der britischen Linie – als *de jure*-Annexion interpretierte, ging Selby von der entgegengesetzten Rechtsauffassung als die österreichische Regierung aus. Trotzdem gelang es ihm, zum gleichen Schluß zu kommen! Es nimmt dann nicht Wunder, daß sich Selby der Ablehnung von Janners Bitte anschloß:

»We cannot escape a certain measure of governmental responsibility for what emerges from this investigation and we have a strong political interest in ensuring what does emerge is unsatisfactory from the Jewish interest.«

Passant, ein weiterer FO-Beamter, faßte am 28. März 1954 zusammen:

»We are asked to allow access in order that a case may be made out to support a thesis which is, itself, in contradiction of H[er] M[ajesty's] G[overnment's] policy. If the material exists the case made would almost certainly be one-sided and offensive to the Austrian Government.«[30]

Die Erlaubnis zur Einsicht in die Akten wurde nicht gewährt.

Die zweite Phase der Internationalisierung der österreichischen Rechtsposition trat ab 1955 ein, als die Sowjetunion sich der Interpretation des Ballhausplatzes anschloß. Ohne hier ins Detail gehen zu wollen, sei vermerkt, daß dieses Einlenken von seiten Moskaus nur ein Teil der sowjetischen Bemühungen gewesen sein dürfte, die kleineren, blockfreien Staaten, zu denen auch Österreich gehörte, günstig zu stimmen.[31] Das führte 1955 zu dem Beschluß, den Passus in der Präambel (3. Absatz) des Staatsvertrages zu streichen, worin auf »eine Verantwortlichkeit, die sich aus [der] Teilnahme am Krieg ergibt« hingewiesen wurde. Die Russen konnten es sich leisten, dieses Zugeständnis mit Dramatik zu inszenieren; sie verloren nichts in wirtschaftlicher und finanzieller Hinsicht, gewannen aber viel an propagandistischer Wirkung.[32]

Im August 1945 hatte Renner auf die Nachricht, daß Österreich von der UNRRA Hilfe bekommen sollte, mit dem Ruf nach einer Kampagne zur Wiederherstellung der moralischen Glaubwürdigkeit Österreichs reagiert. Er meinte im Kabinettsrat:

»Wir täten [gut], [...] jede Gelegenheit wahrzunehmen, um zum Ausland zu sprechen und ihm klarzumachen [...], daß wir weder eine militärische Besetzung, noch auch Reparationen verdienen, daß wir durch sieben Jahre Hitler-Regime gestraft genug sind, so daß wir nicht noch extra eine besondere Strafe erhalten sollen. [...] Wir wollen auch dort hinein, wo Italien hineindarf, das von Staats wegen einen schweren Krieg geführt und ganz England und die anderen Weltmächte bedroht hat. Das haben wir nie getan. Ich denke mir das als erstes Stück einer Kampagne, die Österreich bei schicklichen Anlässen vor der Weltöffentlichkeit beginnt.«[33]

Zehn Jahre später schien Renners Ziel erreicht zu sein.

Auch auf österreichischer Seite läßt sich der Primat des Politischen gegenüber dem Juristischen feststellen, mit der zusätzlichen Komplikation allerdings, daß es sich im Falle Österreichs um komplexe gesellschaftliche und sozialpsychologische Vorgänge handelt, die für die Historiker schwer faßbar sind. Rein pragmatisch gesehen konnte die juristische Diskussion von begrenzter Bedeutung erscheinen. Karl Gruber betonte beispielsweise im November 1946 im Ministerrat, es ginge vor allem darum, die Besatzungstruppen loszuwerden:

»Und um diesen Preis könnte man einen Friedensvertrag schließen. Nach der Erklärung des Staatsdepartments gilt Österreich als befreites Land. In England gibt es gewisse Schwierigkeiten diesbezüglich, weil England den Anschluß anerkannt hat, also aus formellen Gründen de jure diese Frage gelöst werden muß. Je rascher wir den Vertrag bekommen, desto besser ist es. Die Engländer werden wohl kaum auf einem Friedensvertrag beharren.«[34]

Gruber und seine Beamten waren anscheinend – trotz Blühdorns Protesten gegenüber Wilkinson Anfang 1947[35] – nicht allzu besorgt über die Formulierung jener berühmten »Verantwortungsklausel«, die acht Jahre später gestrichen werden sollte. In einem Bericht über die drei Alternativfassungen, die nach der Londoner Konferenz der stellvertretenden Außenminister im Februar 1947 zur Diskussion standen, hieß es:

»Ob die Worte ›Verantwortung‹, ›Verantwortungen‹ oder ›Folgen‹ gewählt werden, ist nicht so entscheidend, daß deshalb der Vertrag aufgehalten werden sollte. Wünschenswert wäre die Benennung Österreichs als einer befreiten Nation. Es ist aber die russische Argumentation nicht völlig von der Hand zu weisen, daß bereits im § 5 der Präambel von der Befreiung Österreichs gesprochen wird.«[36]

Das Gewicht, das dieser Frage in der einschlägigen Literatur beigemessen wird, deutet aber darauf hin, daß es keine rein pragmatische Frage war. Figl jedenfalls schien dies damals erkannt zu haben, als er Gruber erwiderte:

»Wir dürfen nicht einen Friedensvertrag, sondern müssen einen Staatsvertrag anstreben. Nicht nur aus optischen Gründen, denn es hat doch der Friedensvertrag einen Beigeschmack, weil ein Friedensvertrag nur mit einem Feind geschlossen wird. Ich bitte daher, immer nur vom Staatsvertrag zu reden.«[37]

Vermutlich schien Figl diese Frage deshalb so wichtig, weil die Bestätigung von Österreichs Stellung als befreites Land durch die Außenwelt einem weit verbreiteten Bewußtsein gegenüberstand, daß es ein besiegtes Land war. Die Formel, daß Österreich von Nazideutschland okkupiert worden war, stieß in allen gesellschaftlichen Bereichen, in denen das Dritte Reich als »normal« rechtmäßig oder gar positiv empfunden wurde, auf die historische Wirklichkeit des Anschlusses. Beispiele lassen sich etwa im sozialen Bereich (Ehegesetz), bei der »Arisierung« von Wohnungen und Grundbesitz oder der Nationalisierung von Bodenschätzen (Bitumengesetz) finden.

Mittels einer Ausdehnung des Opferbegriffes konnten diese Diskrepanzen zum Teil überdeckt werden. Hiermit konnte eine Vielzahl individueller Leidenserfahrungen – beinahe alle, bis auf die allerunverbesserlichsten Deutschnationalen – auf einen Nenner gebracht werden. Sicherlich begeben wir uns hier auf empirisch unsicheren Boden. Bei einer Betrachtung der Reden von Politikern, denen es um die Anwerbung von Wählern mit NS-Vergangenheit ging, liegt aber eine solche Interpretation nahe. Das Beispiel eines Redeausschnittes aus dem Jahr 1950 von Alfons Gorbach (ÖVP), der selbst NS-Opfer gewesen war, soll dies veranschaulichen:

»Das Vertrauen der Österreicher zu den Alliierten war so stark, daß sie sich den leuchtenden Hoffnungsstrahl der Moskauer Deklaration nicht einmal durch die ungerechte und heuchlerische Behauptung verdunkeln ließen, daß Österreich für die Teilnahme am Kriege eine Verantwortung trage, der es nicht entrinnen könne, und daß diese Behauptung ausgerechnet von jenen Großmächten aufgestellt wurde, die 1938 keinen Finger gerührt hatten, um Österreich in seinem Verzweiflungskampf beizustehen, sondern dies skrupellos der Gewalttätigkeit Hitlers auslieferten. [...] Das österreichische Volk hat nunmehr fünf Jahre Zeit gehabt, die papierenen Deklarationen und redseligen Versprechungen der Großmächte mit praktischen Handlungen und den Tatsachen zu vergleichen. Das Urteil des österreichischen Volkes ist dabei ein vernichtendes – es weist jede Schuld an der heutigen verfahrenen Lage mit aller Entschiedenheit von sich.«[38]

Betrachtet man die Sprache der anderen Parteien, die sich wenig von der Gorbachs und der ÖVP unterscheidet, so wird klar, wie sehr sich alle der Opferrhetorik bedienten.

Die Beschwerden über die Besatzungsmächte dienten dazu, nicht nur die peinliche Erinnerung an das Dritte Reich zu verdrängen, sondern alle Bevölkerungsgruppen – mit Ausnahme der »Nationalen« – in eine »Kontinuität von Opfern« einzubeziehen. Denn fast jeder Österreicher hatte auf die eine oder andere Weise im Krieg Schlimmes mitgemacht. In diesem Sinne sahen sich wohl selbst diejenigen als Opfer, die das Regime bis in seine letzten Tage unterstützt hatten. Wer von den Entnazifizierungsmaßnahmen nach dem Krieg betroffen war, fühlte sich auch sicherlich ungerecht behandelt.

Die Debatte über den völkerrechtlichen Status des Österreich der

Nachkriegszeit ist also auf zwei Ebenen zu betrachten. Auf der einen Ebene war die Auseinandersetzung Abbild der verschiedenen Strategien der Entscheidungsträger, juristische Argumente zur Untermauerung ihrer jeweiligen Positionen ins Treffen zu führen. Für Österreich gab es aber noch eine zweite, tiefgründigere Ebene, welche die Legitimation des Staates betraf.

Vielleicht läßt sich dieser Aspekt am besten mit der Beobachtung von Anthony Giddens zusammenfassen: »The modern state veils its contingency by claiming both historicity [also den Anspruch, tiefe historische Wurzeln zu haben, R. K.] and morality«.[39] An dem konkreten Beispiel Österreichs nach 1945 läßt sich dies deutlich zeigen. Mit der »Annullierung« des Anschlusses und der entsprechenden Betonung der Kontinuität zwischen der Ersten und der Zweiten Republik sollten historische Kontinuität beziehungsweise »Dauerhaftigkeit« hergestellt werden. Moralischer »Sinn« sollte durch die Beschreibung Österreichs als »erstes Opfer Hitlers« zusammen mit der Betonung des österreichischen Widerstandes erreicht werden. Die Probleme, die dieses Doppelprojekt aufwarf, sind nicht gering, können hier aber nicht erörtert werden. Bis Mitte der fünfziger Jahre schienen jedenfalls beide Argumente einen erfolgreichen Beitrag zur Legitimation der Zweiten Republik geleistet zu haben.

Anmerkungen

* An dieser Stelle möchte ich der österreichischen Bundesregierung für die Erlaubnis, Nachkriegsbestände des Österreichischen Staatsarchivs einzusehen, sowie dem British Council für finanzielle Unterstützung danken. (Die Herausgeber danken Herrn Univ.-Ass. Dr. Lothar Höbelt für die Übersetzung des vorliegenden Beitrages aus dem Englischen.)

1 Rudolf Neck, Bemerkungen zum Ende der Ersten Republik, in: Anschluß 1938. Protokoll des Symposions in Wien am 14. und 15. März 1978, Wien 1981, S. 15.

2 Fritz Fellner, Die außenpolitische und völkerrechtliche Situation Österreichs 1938. Österreichs Wiederherstellung als Kriegsziel der Alliierten, in: Österreich, Die Zweite Republik, hrsg.v. Erika Weinzierl/Kurt Skalnik, Bd. 1, Graz–Wien–Köln 1972, S. 70–72.

3 Edwin Loebenstein, 40 Jahre Republik Österreich – 30 Jahre Staatsvertrag, in: Österreich und die Sieger, hrsg. v. Anton Pelinka und Rolf Steininger, Wien 1986, S. 131–150. Das Standardwerk dieser Schule ist Ste-

phan Verosta, Die internationale Stellung Österreichs, Wien 1947; ders., Politische und völkerrechtliche Aspekte der Besetzung Österreichs durch Deutschland, in: Österreich 1927 bis 1938, München 1973, S. 207–22; vgl. auch Gerald Stourzh, Geschichte des Staatsvertrages 1945–1955, Studienausgabe Graz–Wien–Köln ³1985, S. 10, der dagegen von einer »eigentümlichen Zwischenstellung« Österreichs spricht; vgl. auch Robert E. Clute, The International Legal Status of Austria 1938–1955, Den Haag 1962, mit weiterführenden Literaturangaben.

⁴ Gerhard Botz, Der ambivalente Anschluß. *Zeitgeschichte* 3 (1978), 6 S. 91–109.

⁵ Guy Stanley, Great Britain and the Austrian Question 1938–1945, Ph. D. Thesis, London 1973, S. 121 f. Reinhold Wagnleitner, Großbritannien und die Wiedererrichtung der Republik Österreich, phil. Diss., Salzburg 1975, S. 25 ff., mißversteht m. E. die britische Rolle dabei als Teil einer »Großraumstrategie« für Mitteleuropa; vgl. auch ders., Die britische Österreichplanung, in: Österreich und die Sieger, S. 67–78.

⁶ Aktenvermerke Geoffrey Harrison, 17. Jänner 1945, und William Malkin, 20. Jänner 1945. FO 371/46607/C 263. Vgl. auch die Spannungen zwischen der »weicheren« politischen und »strengeren« völkerrechtlichen Auffassung von Österreichs Status, die im August 1944 bei Diskussionen um die Formulierung der Proklamationen für das »Military Government« auftauchten. FO 371/38838/C 10298.

⁷ Bernard Burrows an John Walker, 10. März 1947. FO 371/64064/C 3218.

⁸ Aktenvermerk J. M. Troutbeck, 4. Juli 1944. FO 371/38838/C 826.

⁹ Memorandum HQ [Head Quarters] Clowder Mission, »The Future of Special Operations in Austria«, 18. Februar 1945. FO 371/46603/C 1305.

¹⁰ Eden-Statement vom 1. März 1945, Hansard, House of Commons Debates, Bd. 408, clms [Spalten] 1665 f. Vgl. dazu Aktenvermerk Troutbeck, 22. Februar 1945. FO 371/46607/C 643.

¹¹ Manfried Rauchensteiner, Der Sonderfall. Die Besatzungszeit in Österreich 1945 bis 1955, Graz–Wien–Köln 1979, S. 197 f.

¹² Philip Mosely, The Treaty with Austria. *International Organization* 4 (1950), S. 219–235; Wilfried Aichinger, Die sowjetische Österreichpolitik 1943–1945, Wien 1977, S. 252 f.; Robert Knight, British Policy towards Occupied Austria, 1945–1950, Ph. D. Thesis, London 1986, S. 36 bis 39.

¹³ Vgl. z. B. den Hinweis auf die angeblich »erzieherische« Rolle von Walter Wodak in London bei Karl Stadler, Adolf Schärf. Mensch, Politiker, Staatsmann, Wien 1982, S. 235; zu meiner Kritik an dieser Perspektive, vgl. British Policy, S. 89–92.

¹⁴ Als Beispiele revisionistischer Deutung vgl. Wagnleitner, Großbritannien und die Wiedererrichtung; Fritz Fellner, The International Problem of

the Re-establishment of Austria's Independence after 1945, in: Austria since 1945, hrsg. v. William E. Wright, Minneapolis 1982, S. 2–12; Rudolf Ardelt – Hanns Haas, Die Westintegration Österreichs nach 1945. *Österreichische Zeitschrift für Politikwissenschaft* 4 (1975), S. 279–309; meine Kritik dazu in British Policy, Kapitel 2.

15 Understanding Austria. The Political Reports and Analyses of Martin F. Herz, hrsg. v. Reinhold Wagnleitner, Salzburg 1984, S. 8; »Memorandum of Conversation« im State Department vom 2. Jänner 1946, Foreign Relations of the United States (FRUS) 1946, vol. V, Washington, D. C. 1969, S. 283 f.; allgemein zur US-Politik vgl. Josef Leidenfrost, Die amerikanische Besatzungsmacht und der Wiederbeginn des politischen Lebens in Österreich 1944–1947, phil. Diss., Wien 1986.

16 Robert Keyserlingk, Anschluß oder Besetzung: Der »Anschluß« Österreichs 1938–1945 aus der Sicht der USA. In: *Zeitgeschichte* 9 (1982), S. 126–140, S. 126; zum amerikanischen Verhalten vgl. Hans Thalberg, Von der Kunst, Österreicher zu sein. Erinnerungen und Tagebuchnotizen, Wien 1984, S. 161 ff.

17 Amtsvermerk Troutbeck, 12. Jänner 1946. FO 371/55136/C 584.

18 Vgl. z. B. das Gespräch Orme Sargent (Permanent Under-Secretary of State, Foreign Office) und Heinrich Schmid (österreichischer Gesandter in London), vom 12. April 1946. HHStA, BKA-AA, 111.053, pol-46, Karton 6; Mack an FO, 26. April 1946. FO 371/55457/C 414; zur US-Wende siehe: Günter Bischof, Mark W. Clark und die Aprilkrise 1946, *Zeitgeschichte* 13/7 (1986), S. 229–52.

19 Troutbecks Amtsvermerke vom 25. Februar 1946. FO 371/57233/U 2765, und 9. April 1946. FO 371/55220/C 3900; Troutbeck an Burrows (UK Delegation Paris), 9. Mai 1946. FO 371/55248/C 4881; bemerkenswert hier auch die handschriftliche Randbemerkung Troutbecks zu Cullis' Ansicht, daß »in a civilized country like Austria« eine Menschenrechtsklausel wohl unnötig wäre: »Oh! Oh! Dreadful things were done in Austria«, Amtsvermerke Cullis und Troutbeck vom 22. bzw. 25. Februar 1946. FO 371/57233/U 2765.

20 Dean, 6. Juli 1946. FO 371/55248/C 7544.

21 Amtsvermerke Burrows vom 14. November, Beckett vom 15. November, Sargent vom 21. November 1946. FO 371/55250/C 13398; vgl. auch Karl Gruber, Zwischen Befreiung und Freiheit, Wien 1953, S. 106.

22 Vgl. die Stellungnahme der Abteilung 5 der Staatskanzlei bei Alfons Schilcher, Österreich und die Großmächte. Dokumente zur österreichischen Außenpolitik 1945–1955, Wien–Salzburg 1980, Dokument 36, S. 58 f.

23 Mack an FO, 3. Jänner 1946, und FO Amtsvermerke, 7. bis 10. Jänner 1946. FO 371/55219/C 207.

24 Erster britischer Vertragsentwurf, CFM (46) 151, 26. Juni 1946. FO 371/55248/C 7297.

25 Interne Notiz des österreichischen Außenministeriums vom 10. Jänner 1947, Zl. 147.001-6/VR/47, Kopie in: FO 371/63945/C 785.

26 Austrian Memorandum, 23. Dezember 1946. HHStA, BKA-AA, 146.678-6/VR/47; Aktenvermerk Hood, 18. Jänner 1947. FO 371/63945/C 176. Auf einer der Kopien des österreichischen Memorandums im HHStA ist diese Phrase unterstrichen und mit einem Fragezeichen am Rande versehen worden; HHStA, BKA-AA, pol-46, Karton 10.

27 Bericht über ein Gespräch mit Herrn Wilkinson der britischen »Political Division« vom 9. Jänner 1947, HHStA, BKA-AA, pol-49, Zl. 147.099-6/VR/47, 1949, Karton 27 (Handakten Wildner).

28 Der »legal adviser« des Foreign Office, Beckett, opponierte allerdings weiterhin gegen den Begriff »Staatsvertrag« – so z. B. im August 1948: »I do not know what is meant by »Austrian State Treaty« only the »draft Treaty for Austria««. FO 371/70423/C 6520. Nach der Ratifizierung des Staatsvertrages meinte Becketts Nachfolger Fitzmaurice, »it was really only a matter of form that the Austrian State Treaty was not a Peace Treaty«. FO 371/117811/RR 1071/665. Alle vier Mächte akzeptierten die österreichische Diktion offiziell erst 1955, vgl. Eva-Marie Csáky, Der Weg zu Freiheit und Neutralität. Dokumentation zur österreichischen Außenpolitik 1945–1955, Wien 1980, S. 7; vgl. auch Stourzh, Staatsvertrag, S. 10 f.; weitere westliche Darstellungen: Cary Travers Grayson, Austria's International Position, Genf 1953, S. 50 f.; Richard Hiscocks, The Rebirth of Austria, London 1953, S. 10–20; Gordon Brook-Shepherd, The Austrian Odyssey, London 1957, S. 193; ders., Anschluss. The Rape of Austria, London 1963, sowie Clute, International Legal Status.

29 Vgl. die Literaturangaben in Anm. 10 der »Einleitung« dieses Bandes.

30 Barnet Janner an Turton, 24. Februar 1954; Janner an Turton, 18. März 1954; Aktenvermerke Selby, 23. März 1954, und Passant, 28. März 1954. FO 371/117850/R 1571/8 und 13.

31 Jetzt Audrey Kurth Cronin, Great Power Politics and the Struggle over Austria 1945–1955, Ithaca – New York 1986, S. 143 f.

32 Die Österreicher hatten die Streichung dieses Passus schon seit einiger Zeit verlangt – zumindest aber seit der Berliner Konferenz 1954, vgl. Amtsvermerk, Besprechung BMAA, 13. Jänner 1954. HHStA, BKA-AA, Zl. 140.801, pol-54, Karton 44; Wallinger an FO, 19. Mai 1955. FO 371/117801/RR 1071/429.

33 Kabinettsratprotokolle, 27. Sitzung, 24. August 1945. Allgemeines Verwaltungsarchiv [AVA].

34 Ministerratsprotokolle [MRP], 46. Sitzung, 21. November 1946, AVA.

35 Bericht über die Ergebnisse der Londoner Beratungen, 3. März 1947. HHStA, BKA-AA, Zl. 147.600-6/VR, pol-47, Karton 17; vgl. auch die Ministerratssitzung, bei der der Bericht vorgelegt wurde, MRP, 59. Sit-

zung, 4. März 1947, AVA; vgl. auch Marjoribanks' Kommentar in Aktenvermerk, 12. März 1947. FO 371/63958/C 4060.

[36] MRP, 46. Sitzung, 19. November 1946, AVA.

[37] Ebd.

[38] *Wiener Zeitung*, 14. März 1950; ähnlich auch Oskar Helmer (SPÖ) in einer Rede: »[Er] erinnerte ... an die sich bald jährenden Tage, da Hitler Österreich überfiel, und an die Befreiung vor fünf Jahren, die wir uns ganz anders vorgestellt haben und derer wir nicht froh werden können. Nicht lange nach der Beendigung des Völkermordens habe der sogenannte Kalte Krieg mit gegenseitigen Vorwürfen und gehässigen Drohungen eingesetzt. Weil sich die Großen der Welt streiten, müsse Österreich auch büßen«; für ähnliche VdU-Rhetorik vgl. Fritz Stüber, Ich war Abgeordneter, Graz 1974.

[39] Anthony Giddens, A Contemporary Critique of Historical Materialism, vol. 2: The National State and Violence, London 1985, insbesondere S. 218.

Emil Brix

Zur Frage der österreichischen Identität am Beginn der Zweiten Republik

Die Selbstfindung der Österreicher während und unmittelbar nach den Erfahrungen des Dritten Reiches wird in der historischen Forschung zumeist als Faktum ohne zustäzlichen Erklärungs- oder Differenzierungsaufwand dargestellt. Dieses Faktum konkurriert nicht mit dem Bild von Österreich als dem ersten Opfer Hitlerdeutschlands und es eignet sich als positive Ergänzung zum oft zitierten Ende des Anschlußgedankens als politische Idee.[1] Wie stand es 1945 um diese Selbstfindung der Österreicher? Ohne Zweifel bestand seitens der alliierten Mächte ein deutliches politisches Interesse an der Selbständigkeit Österreichs. Die Moskauer Deklaration vom 1. November 1943 bestimmte die Linien der späteren Diskussion um die österreichische Identität: Österreich sei »das erste freie Land, das der Hitlerschen Aggression zum Opfer gefallen ist«, der Anschluß sei »null und nichtig« und es sei ein Kriegsziel, »ein freies und wiederhergestelltes Österreich zu sehen«. Diese Projektionen fanden auf österreichischer Seite vielfältige Entsprechungen. So formulierte der spätere Bundespräsident Adolf Schärf schon im Frühsommer 1943 zur österreichischen Selbstfindung: »Der Anschluß ist tot. Die Liebe zum Deutschen Reich ist den Österreichern ausgetrieben worden ...«[2]

Wie groß ist der Anteil der Erfahrungen im Dritten Reich am Österreichbewußtsein, das 1945 so radikal und unbestritten auftrat? Für eine Antwort auf diese Frage genügt es nicht, die politische Diskussion in der unmittelbaren Nachkriegszeit zu untersuchen. Tatsächlich scheint die zunehmende zeitliche Entfernung von den Ereignissen in der Beurteilung der österreichischen Selbstfindung die

Gewichte vom vielzitierten »Konsens der Lagerstraße«, den die Vertreter der beiden großen politischen Parteien als Opfer des Nationalsozialismus fanden, in Richtung auf längerfristige Entwicklungen des Österreichbewußtseins zu verschieben. »Die Wiedergeburt begann in den Kerkern«, schreibt Friedrich Heer, aber diese Überzeugung schafft noch keine ausreichende Grundlage für ein dauerhaftes österreichisches Eigenbewußtsein.[3]

Skizzenhaft formuliert bestanden 1945 zwar die außen- und innenpolitischen Voraussetzungen für eine österreichische Selbständigkeit, aber dies genügte noch nicht für den Bestand einer österreichischen Nation. Diese Fragestellung wird in der Forschung unterschiedlich beurteilt. Ernst Bruckmüller schreibt: »So haben Anschluß, Krieg und Widerstand insgesamt zwar ältere deutschnationale Identifikationsmuster abgebaut, aber ... noch kaum ein breites neues Identifikationsgefühl entstehen lassen«.[4] Demgegenüber hält Felix Kreissler im Zusammentreffen dreier Faktoren (Niederlage des Dritten Reiches, Begegnung der vier Alliierten auf österreichischem Staatsgebiet, Wille der Österreicher, »von nun ab selbst ihr Schicksal zu bestimmen«) die wesentlichen Elemente für ein Nationalbewußtsein bereits 1945 für gegeben.[5] Um zwischen diesen beiden Positionen zu vermitteln, genügt ein Hinweis auf die unterschiedlichen Bedeutungsebenen des Begriffes »Nation«. Für die 1945 gebildete »Staatsnation« (Nation im objektiven Sinn) war es bis zum Abschluß des Staatsvertrages 1955 nur von sekundärer Bedeutung, ob bereits eine »Willensnation« (mit persönlichem Bekenntnis) im Bewußtsein in der Bevölkerung verankert war.[6]

Österreich war aufgrund dieser Tatsache 1945 erstmals ein »westlicher« Staat, der zwischen Nation und Staat nicht mehr unterschied. Die ersten Parteiprogramme von ÖVP und SPÖ verdeutlichen, daß die praktische Gleichsetzung von Staat und Nation zu den Gründungstatsachen der Zweiten Republik gehört. Der Unterschied zu den Anfängen der Ersten Republik ist evident. Auch in offiziellen außenpolitischen Stellungnahmen österreichischer Politiker in den unmittelbaren Nachkriegsmonaten war eine Unterscheidung zwischen Staat und Nation nicht mehr festzustellen. In Verwendung der in internationalen Organisationen geläufigen Sprache wurde wiederholt – so von Außenminister Karl Gruber 1946 und 1947 – gefordert, daß Österreich als »Nation« in die Völkergemeinschaft aufgenommen werden sollte.[7] Damit wird dokumentiert, daß tatsächlich in Österreich im offiziellen Sprachgebrauch erstmals glaubhaft das

Wort »Nation« in einem westeuropäischen staatsrechtlichen Sinne Verwendung fand (Staatsnation im objektiven Sinne ist die Summe aller Staatsbürger). Es läßt sich festhalten, daß 1945 zum ersten Mal in der österreichischen Geschichte die Voraussetzung bestand, eine Nations- und Nationaldiskussion zu beginnen, die sich mit den Grenzen Österreichs identifizierte (Staatsnation im subjektiven Sinne ist der Wille zur gemeinsamen staatlichen Existenz). Eine Diskussion um ältere Formen der traditionell im mitteleuropäischen Raum identitätsstiftenden »Kulturnation« fand nur in wenigen Fällen statt.[8] Für diese breitere Identifizierung mit Österreich sollte erst nach Wiederherstellung der vollen Souveränität 1955 ausreichend öffentliches Interesse vorhanden sein.

Wie sah nun die rasche Identifizierung mit Österreich im Frühsommer 1945 aus? Bereits im April 1945 erschien wie selbstverständlich als »Organ der demokratischen Einigung« – getragen von den drei bereits konstituierten politischen Parteien – eine Tageszeitung mit dem Titel »*Neues Österreich*«. Auf der Titelseite ihrer Ausgabe vom 28. April, die die Unabhängigkeitsproklamation und einen dazugehörenden Kommentar enthält, finden sich die Begriffe »Österreich« und »österreichisch« 44mal. Das Wort »Nation« findet man überhaupt nicht.[9] Vergleichbares gilt für alle offiziellen Stellungnahmen zur Wiedererrichtung Österreichs. Mit Ausnahme von Stellungnahmen aus dem kommunistischen Lager, das auf seine Äußerungen zur österreichischen Nation vor 1945 und vor 1938 zurückgriff, blieb der Begriff der »Nation« ohne Resonanz in der politischen Diskussion.[10] Die intellektuelle Auseinandersetzung mit dem Nationsbegriff begann im wesentlichen erst nach 1955. In der Zeit davor war die Kluft zwischen der offiziellen österreichischen Politik, die sich am Faktum der Befreiung orientierte, um Geschichtlichkeit und Moralität auf ihrer Seite zu wissen und dem tatsächlichen Empfinden eines Großteils der Bevölkerung nur im Sinne einer objektiven Staatsnation überbrückbar.

Dieser Aspekt der österreichischen Identität nach 1945 ist bisher von der Forschung noch wenig beachtet worden. Er ist jedoch bei konsequenter Bearbeitung der unterschiedlichen möglichen Identifikationen Österreichs 1945 – Staat, Volk, Nation – von entscheidender Bedeutung für die politische und kulturelle Entwicklung der Zweiten Republik.

Ich möchte in der Folge einige Stichworte dazu geben, warum in der Nachkriegssituation Österreichs keine substantielle Diskussion um die »Nation« im Sinne eines öffentlichen Diskurses um die subjektiven Gemeinsamkeiten Österreichs stattfand. In Kenntnis der bis in die Gegenwart reichenden Probleme Österreichs als »verspätete Nation« können zehn »Leidensstationen« der österreichischen Nation 1945–1955 festgehalten werden:

1. Die Fragen der österreichischen Identität standen 1945 in erster Linie im Spannungsfeld außenpolitischer Realbedingungen.[11] Damit gab es im Verständnis der politisch Handelnden keine Alternative zur Wiedererrichtung Österreichs. Das Schlagwort von der »befreiten Republik« genügte zumindest außenpolitisch als Klammer der österreichischen Selbständigkeit. Daher schien eine theoretische Diskussion um die Bestimmungspunkte einer österreichischen Nation oder Nationalität entbehrlich zu sein. Erst nach dem Abzug der alliierten Truppen und der Verabschiedung des Neutralitätsgesetzes 1955 setzte eine intellektuelle Auseinandersetzung um diese Fragen ein (siehe die Diskussion im »*Forum*« 1956 zwischen Friedrich Heer und Taras Borodajkewycz).[12]

2. Die selbstverständliche Identität Österreichs enthielt auch Elemente eines durch die Niederlage des Dritten Reiches erklärlichen Pragmatismus vis à vis den vier alliierten Mächten. Außerwissenschaftlichen Zielsetzungen verpflichtet erscheint allerdings die Position von Gerhard Botz, der, ausgehend von der Moskauer Deklaration, worin die Nachkriegsbehandlung Österreichs auch vom eigenen Beitrag zur Befreiung abhängig gemacht wurde, diese Äußerungen als »Österreich-Separatismus im Lichte opportunistischer Anpassungen« beurteilt.[13] Jedenfalls stand das Entstehen eines österreichischen Nationalbewußtseins sowohl zwischen 1943 und 1945 als auch in der unmittelbaren Nachkriegszeit unter dem Zeichen politischer und wirtschaftlicher Zweckmäßigkeitserwägungen.

3. Die Abkoppelung von den Geschehnissen im Dritten Reich gehörte zwar zur Gründungswirklichkeit der Zweiten Republik, aber nur in den allerersten offiziellen Äußerungen der österreichischen Politiker fanden sich ausdrückliche Hinweise auf einen »antifaschistischen« Grundkonsens. Da jedoch für die weitere Entwicklung Österreichs nicht diese Frage entscheidend wurde, sondern die Tatsache, daß es der Zweiten Republik gelang, eine Integration der beiden Bürgerkriegsparteien von 1934 dauerhaft

zu verwirklichen, war die Frage der österreichischen Identität bereits 1945 nicht ausschließlich unter dem Aspekt der Teilnahme Österreichs am Dritten Reich beurteilt worden. Dazu zwei Beispiele:

– Die Frage der österreichweiten Anerkennung der Provisorischen Staatsregierung Renner wurde weder von den westlichen alliierten Mächten noch von den Bundesländervertretern auf den Länderkonferenzen im Herbst 1945 primär unter dem Gesichtspunkt des Geschehens 1938 bis 1945 beurteilt.[14]

– Der zwischen den politischen Führungsschichten der Volkspartei und der Sozialistischen Partei 1945 verwirklichte Konsens erfaßte zumindest aus der Sicht der politisch Handelnden nicht die gesamte Bevölkerung. Die traditionellen sozialen und ideologischen Lager behielten ihre starke Solidarisierungskraft, wodurch wichtige Fragen der Identität – wie etwa die Entnazifizierung – in erster Linie entsprechend ihren möglichen Konsequenzen für das labile politische Gleichgewicht zwischen den Großparteien behandelt wurden.[15]

4. Neben dieser Integrationsvorstellung der beiden großen politischen Parteien trat als Hemmnis für eine wohl nicht ohne innenpolitischen Konflikt mögliche Nationsdiskussion die Tatsache auf, daß im vorrangigen Interesse der politisch Handelnden neben der Wiedererlangung der vollen Souveränität auch der wirtschaftliche Wiederaufbau des Staates stand.

5. Wenn 1945 als entscheidender Wandel im österreichischen Nationsverständnis erstmals die Begriffe »Staat« und »Nation« de facto zur Deckung gebracht wurden, so wirkte dennoch die ostmitteleuropäische Tradition einer unterschiedlichen Begriffsbestimmung und Bewertung von »Staat« und »Nation« nach.[16]

6. Der Ablöseprozeß von der gemeinsamen Geschichte im deutschen Sprachraum konnte in der unmittelbaren Nachkriegszeit nach 1945 nicht sofort vollzogen werden. Schließlich hatte noch bis 1938, in der Ersten Republik, die weitgehend unbestrittene These gegolten, daß Österreich ein zweiter deutscher Staat sei.[17] Die Identitätsdiskussion mußte daher auf Traditionsmuster zurückgreifen, die nicht diese historische Belastung trugen. Die Probleme derartiger Brechungen der Identität sind auch in den persönlichen Schicksalen der politischen Träger des Beginnes der Zweiten Republik deutlich nachzuweisen (z. B. Karl Renner, Leopold Kunschak).[18]

7. Die gemeinsame Sprache galt in den theoretischen Diskussionen um nationale Zusammengehörigkeit bis zur Mitte des 20. Jahrhunderts als wesentliches Bestimmungsmerkmal. Erst mit der Wiedererrichtung der Republik Österreich 1945 hat die Sprache als Identifikationsmerkmal ihre überragende Bedeutung für Österreich verloren. Dieser Wandel hat als bekannte Eigentümlichkeit soweit geführt, daß etwa selbst der Begriff »Deutsch« vereinzelt in offiziellen Aufzählungen der in Österreich verwendeten Sprachen keine Verwendung fand, ich erinnere nur an die Verordnung von Unterrichtsminister Felix Hurdes (1945–1952), daß in Schulzeugnissen anstelle des Wortes »Deutsch« die Bezeichnung »Unterrichtssprache« zu verwenden sei.[19] Anhand der Entwicklung des emotionalen Bezugsfeldes von Sprache ist die Entwicklung Österreichs sehr deutlich zu konturieren. Skizzenhaft läßt sich festhalten, daß die Sprache im Nationalitätenstaat Österreich-Ungarn als nationales Identifikationsmarkmal bei der Emanzipation nationaler Gruppen wirkte. Nach 1918 diente der Sprachgebrauch der überwiegenden Mehrheit der Österreicher als ein wesentliches Merkmal zur Bestätigung der deutschen Identität. Erst ab 1945 wurde die Sprache ihres emotionalen Gehaltes (Identifikationsmittel für nationale Ansprüche) enthoben und primär zu einem Kommunikationsmittel.

8. In der Forschung ist die Frage, inwieweit das Österreichbewußtsein 1945 in der österreichischen Bevölkerung selbst verankert war, nach wie vor als offen zu bezeichnen. Gerhard Botz formuliert: »Sehr artikuliert und in die Tiefe gehend kann es [das Österreichbewußtsein] noch nicht gewesen sein«.[20] Die in der Zweiten Republik durchgeführten Meinungserhebungen zur Frage der österreichischen Nation bestätigen diese Vermutung. Noch 1956 waren 46 % aller Österreicher der Meinung, die Österreicher gehörten zum deutschen Volk, nur 49 % bekannten sich damals zu einer österreichischen Nation (Volk). Die späteren Umfragen zeigen eine deutlich ansteigende Tendenz, sich zu Österreich zu bekennen. 1980 bekannten sich bereits 67 % zu Österreich als Nation und nur 11 % verneinten dies.[21] Daraus läßt sich der Schluß ziehen, daß für das österreichische Nationsbewußtsein die entscheidenden Phasen nicht unbedingt nur in den Jahren 1938 bis 1945 gesehen werden können. Für die jüngsten Zahlen kann sicherlich auf die von der Neutralitätspolitik ermöglichte internationale Festigung Österreichs und auf die

wirtschaftlichen Erfolge der stabilisierten Republik verwiesen werden.

9. Auch die unterschiedlichen politischen Konzepte für ein Nachkriegsösterreich, sowohl in den österreichischen Exilgruppen außerhalb des Dritten Reiches als auch in den traditionellen politischen Lagern, die noch von den in der Ersten Republik eingenommenen Haltungen zur österreichischen Nation bestimmt waren, haben dazu beigetragen, daß jede Diskussion um den Nationsbegriff von einer konfliktvermeidenden Politik des Bekenntnisses zum umfassenden Begriff Österreich überdeckt wurde. Ein wichtiges Element dieses Österreichbewußtseins bestand in den literarischen Stellungnahmen von österreichischen Schriftstellern im Exil.[22] Aber selbst dieses literarische Österreichbewußtsein – etwa von Josef Roth, Alfred Polgar, Stefan Zweig und Franz Werfel – führte nur zögernd zu einer Auseinandersetzung um eine »subjektive« (kulturelle) Selbständigkeit Österreichs.

10. Ich möchte abschließend noch auf eine zehnte Leidensstation hinweisen, nämlich die zum Mythos gewordene Einschätzung des Jahres 1945 als »Stunde Null«. Der rational nachvollziehbaren Sehnsucht nach einem völligen Neubeginn – auch als politische Abgrenzungsstrategie gegenüber der Teilnahme am Dritten Reich interpretierbar und als Mythos für manche Veränderungsmechanismen nach 1945 dienlich – entsprachen nicht die ersten politischen Handlungen in Österreich, die eine eigentümliche Gemengelage von »Neuem« und »Altem« schufen. Gerald Stourzh weist unter Berufung auf die im Jahre 1945 erfolgte rasche Rückkehr zur Bundesverfassung in der Fassung von 1929 darauf hin, daß am Anfang der Zweiten Republik nicht nur Neues, sondern viel »Altes« stand:

»Das freudige Wiederfinden von Verlorenem, dessen man beraubt worden war, steht am Ursprung der positiven Identifizierung des Österreichers mit etwas, was wir mit Recht als Nationalbewußtsein bezeichnen können. Dies zeigte sich in zahllosen Details – in der Wiederherstellung und Wiederbenützung verlorengegangener Amtsbezeichnungen: es gab die Wiederkehr zu den alten österreichischen Uniformen bei Gendarmerie und Polizei. Nach 1945 wieder den ersten österreichischen Reisepaß zu erhalten – der genauso aussah wie vor 1938 – war, um aus persönlicher Erinnerung zu sprechen, ein beglückendes Erlebnis.« (Gerald Stourzh)[23]

Auch die Länder boten in dieser Hinsicht »wiederauffindbare« Identifikationsmerkmale. Das Burgenland, in der NS-Zeit auf die Gaue Steiermark und Niederdonau aufgeteilt, strebte nach einer Einheit. Das an Kärnten angegliederte Osttirol wollte zu Tirol zurück; das Ausseerland – vor 1945 bei Oberösterreich – strebte wieder zur Steiermark; Vorarlberg und Tirol wurden wieder getrennt. Das Wiedererlangen verlorener Identität klingt für Wien bereits in der Unabhängigkeitserklärung vom 27. April 1945 an: der Anschluß von 1938 habe »Österreichs Hauptstadt Wien, die vielhundertjährige glorreiche Residenzstadt« zu einer Provinzstadt degradiert.[24] Derartige Empfindungen des Verlustes erleichterten den Prozeß einer auch willensmäßigen Zuwendung nicht nur zur österreichischen Eigenstaatlichkeit, sondern auch zu einer Nation Österreich.

Diese wenigen Hinweise auf den Zustand des österreichischen Eigenbewußtseins nach 1945 sollen verdeutlichen, daß der Titel dieses Buches »Die bevormundete Nation« seine Berechtigung hat. Diese Kennzeichnung gilt – wie ich versucht habe darzustellen –, nicht nur für den Aspekt der unvollständigen politischen Souveränität aufgrund der Präsenz von vier alliierten Mächten im Lande, sondern auch für den Aspekt der aufgeschobenen Diskussion um die Nation Österreich.

Wetterleuchtend reichen die Konsequenzen der besonderen historischen Situation Österreichs zwischen 1945 und 1955 bis in die gegenwärtige Diskussion um das Verhältnis zwischen Deutschen und Österreichern. Grundsätzlich ist dem Urteil von Thomas Nipperdey zuzustimmen, der wie die überwiegende Zahl der Historiker von der folgenden Entwicklung nach dem Anschluß Österreichs 1938 ausgeht: »Damals – es war einmal – gehörten Deutsche und Österreicher noch zu einer Nation; das und die lange Geschichte dahinter soll man nicht verdrängen, nicht kleindeutsch, nicht kleinösterreichisch, auch nicht durch eine penetrant nationalösterreichisch angestrichene Fassung der eigenen Sondergeschichte, zumal der Kultur. Damals wurden die Österreicher aber auch zu einer eigenen Nation, gerade durch den Anschluß; sie sind kein dritter deutscher Staat; die älteren Bundesdeutschen sollten aufhören, über die schnelle Verabschiedung der Österreicher aus der deutschen Geschichte den Kopf zu schütteln, …«.[25] Derartige Sätze deuten darauf hin, daß mit dem zunehmenden Abstand von den Ereignissen in der Mitte dieses Jahrhunderts nicht mehr die Emotion über das Faktum der Trennung entscheidend ist, sondern bereits die wissenschaftliche Aufarbeitung der »nationalen« Entwicklung Österreichs seit 1945 ohne patriotische Zweckbemerkungen an die Stelle der Emotion getreten ist.

Anmerkungen

[1] Individuelle und kollektive Identitätsfragen sind schwer entwirrbare Problembereiche, die in der Geschichtsforschung als wesentliche Elemente gesellschaftlicher Differenzierung untersucht werden. In der österreichischen Zeitgeschichte ist dieser Themenkomplex in erster Linie von der Ausdifferenzierung »Österreichs« aus der im 19. Jahrhundert geschichtsmächtig gewordenen »deutschen Frage« bestimmt. Vgl. dazu mit ausführlichen Literaturhinweisen: Österreich und die deutsche Frage im 19. und 20. Jahrhundert. Probleme der politisch-staatlichen und soziokulturellen Differenzierung im deutschen Mitteleuropa (Wiener Beiträge zur Geschichte der Neuzeit 9), hrsg. v. Heinrich Lutz und Helmut Rumpler, Wien 1982; Ernst Bruckmüller, Nation Österreich. Sozialhistorische Aspekte ihrer Entwicklung, Wien–Köln–Graz 1984; Ernst Panzenböck, Ein deutscher Traum. Die Anschlußidee und Anschlußpolitik bei Karl Renner und Otto Bauer (Materialien zur Arbeiterbewegung 37), Wien 1985. Einen Überblick über die begriffsgeschichtliche Entwicklung des Wortes »Österreich« gibt sowohl in historischer als auch in aktueller Hinsicht: Erich Zöllner, Der Österreichbegriff. Formen und Wandlungen in der Geschichte, Wien 1988. Der Autor stellt darin den »variablen Charakter« des Nationsbegriffes in der Geschichte dar und warnt vor erhitzten Auseinandersetzungen über den Österreichbegriff. Zöllner hält die Abwendung von der Anschlußidee im Denken der Mehrzahl der Österreicher im Jahr 1945 bereits für vollzogen: »Erneuert wurde das Bemühen um eine österreichische Nation nach dem Zusammenbruch des Dritten Reiches; eine Reaktion gegen das Auslöschen des Namens Österreich von 1938 bis 1945 war unvermeidlich, eine Distanzierung vom Deutschtum im übrigen eine politische Notwendigkeit. Andernfalls wären territoriale Verluste unabwendbar, der schließlich 1955 erreichte Abschluß des Staatsvertrages kaum denkbar gewesen« (S. 93).

[2] Adolf Schärf, Österreichs Erneuerung 1945–1955, Wien 1955, S. 20.

[3] Friedrich Heer spricht von der außergewöhnlichen »Außensteuerung« Österreichs im 19. und 20. Jahrhundert; vgl. Friedrich Heer, Der Kampf um die österreichische Identität, Wien–Köln–Graz 1981, S. 17 f.

[4] Bruckmüller, Nation Österreich, S. 197.

[5] Felix Kreissler, Der Österreicher und seine Nation. Ein Lernprozeß mit Hindernissen, Wien–Köln–Graz, 1984, S. 540. Politikwissenschaftliche Untermauerung finden die Thesen über die Nationswerdung Österreichs

in dem mit umfangreichem empirischen Datenmaterial versehenen Beitrag von Peter Gerlich, Nationalbewußtsein und nationale Identität in Österreich. Ein Beitrag zur politischen Kultur des Parteiensystems. In: Das österreichische Parteiensystem, hrsg. v. Anton Pelinka und Fritz Plasser (Studien zu Politik und Verwaltung, Bd. 22), Wien–Köln–Graz 1988, S. 235–269. Gerlich betont darin, daß infolge der Erfahrungen des Anschlusses 1945 für die Republik Österreich die Voraussetzungen für den Prozeß der Nationswerdung vorlagen. Das Jahr 1945 sei der entscheidende Einschnitt: »Nach 1945 entwickelte sich die Dynamik eines positiven Nationswerdungsprozesses; eine Entwicklung der Reintegration allerdings nunmehr im Gebiet der kleineren Republik Österreich« (S. 246).

[6] Zur Entwicklung des Nationsbegriffes vgl. Moritz Csáky, Populus, patria, natio. Zur Entwicklung des neuzeitlichen Nationsbegriffes. In: Bericht über den österreichischen Historikertag Klagenfurt 1973, Wien 1976, S. 57–64; ders., Nation und Nationalstaat. Gedanken zur Genese des neuzeitlichen Nationsbegriffes. In: *Integratio* 1980, S. 15–22; sowie Ernest Gellner, Nations and Nationalism, Oxford 1983 und John Edwards, Language, Society and Identity, Oxford 1985.

[7] Vortrag von Außenminister Karl Gruber über »Österreich in der Welt« in Wien am 28. März 1946. Zitiert in: Eva-Marie Csáky, Der Weg zu Freiheit und Neutralität. Dokumentation zur österreichischen Außenpolitik 1945–1955, Wien 1980, S. 63.

[8] So in den Artikeln von Alfred Missong in den im Oktober 1945 erstmals erschienenen »Österreichischen Monatsheften«, z. B. Alfred Missong, Österreich – einmal zu Ende gedacht. In: *Österreichische Monatshefte,* Nr. 3, Dezember 1945, S. 103–106; ders., Die österreichische Nation (Politische Zeitprobleme, Heft 16), Wien² 1948. Siehe auch Leopold Figl in seiner Regierungserklärung vom 21. Dezember 1945. In: Csáky, Der Weg zu Freiheit und Neutralität, S. 60 f.: »Wenn wir immer wieder mit allem Fanatismus heimatverwurzelter Treue zu uns selbst betonen, daß wir kein zweiter deutscher Staat sind, daß wir kein Ableger einer anderen Nationalität jemals waren noch werden wollen, sondern daß wir nichts anderes sind als Österreicher, dies aber aus ganzem Herzen und jener Leidenschaft, die jedem Bekenntnis zu seiner Nation innewohnen muß, dann ist dies keine Erfindung von uns, die wir heute die Verantwortung für diesen Staat tragen, sondern die tiefste Erkenntnis aller Menschen, wo immer sie auch stehen mögen, in diesem Österreich«.

[9] *Neues Österreich,* 28. April 1945, S. 1.

[10] Zur kommunistischen Position vgl. Kreissler, Der Österreicher und seine Nation, S. 400–402. Knapp nach Kriegsende erschien bereits eine ausführliche historische Darlegung über die Entstehung der österreichischen Identität: Ernst Fischer, Die Entstehung des österreichischen Volkscharakters (Schriftenreihe »Neues Österreich«, 2. Heft), Wien 1945. Die dar-

in zum Ausdruck gebrachten Argumente für die Loslösung Österreichs von der deutschen Entwicklung bestimmen bis zum heutigen Tage die Diskussionen um das Verhältnis zwischen Österreich und dem Deutschen Raum. In diesen Stellungnahmen wird vorbehaltlos auch ein emotionales Österreichbewußtsein formuliert: »Unser vollkommenstes österreichisches Werk war bisher eine unvollendete Symphonie. Vollenden wir in Freiheit, Frieden und nationaler Entschlossenheit die Symphonie des Österreichertums!« (S. 46).

[11] Vgl. Audrey Kurth Cronin, Great Power Politics and the Struggle over Austria, 1945–1955, Ithaca, N. Y.–London 1986, S. 18 sowie Gerhard Botz, Eine deutsche Geschichte 1938–1945? Österreichische Geschichte zwischen Exil, Widerstand und Verstrickung. In: *Zeitgeschichte,* 14 (1986), 1, S. 31–33.

[12] Siehe Heer, Der Kampf um die österreichische Identität, S. 10–13.

[13] Botz, Eine deutsche Geschichte 1938 bis 1945?, S. 32.

[14] Vgl. Manfried Rauchensteiner, Der Sonderfall. Die Besatzungszeit in Österreich 1945 bis 1955, Graz–Wien–Köln 1979, S. 124 f.

[15] Eine ausführliche Darstellung gibt der Symposiumsband: Verdrängte Schuld, verfehlte Sühne. Entnazifizierung in Österreich 1945–1955, hrsg. v. Sebastian Meissl, Klaus-Dieter Mulley und Oliver Rathkolb, Wien 1986.

[16] Fritz Fellner, Die Historiographie zur österreichisch-deutschen Problematik als Spiegel der nationalpolitischen Diskussion. In: Österreich und die deutsche Frage im 19. und 20. Jahrhundert, S. 33–59.

[17] Vgl. Ulrich Kluge, Der österreichische Ständestaat 1934–1938. Entstehung und Scheitern, Wien 1984, S. 128–132.

[18] Exemplarisch bei: Panzenböck, Ein deutscher Traum, S. 217–222.

[19] Siehe Faksimile-Außriß auf S. 104. Derartige Überreaktionen, die besondere Ablehnung dokumentieren sollen, sind ein Beispiel für die abnehmende Bedeutung der Sprache als Identitätsmerkmal. Vgl. Bruckmüller, Nation Österreich, S. 220. Felix Hurdes gehörte zur Gruppe jener Politiker, die bereits unmittelbar nach Kriegsende 1945 die Frage der österreichischen Nation in der Abgrenzung vom Deutschtum öffentlich diskutierten. Vgl. Felix Hurdes, Österreich als Realität und Idee (Politische Zeitprobleme, Heft 6) Wien 1946, S. 15: »Alles ist sich klar darüber, daß man ganz damit brechen muß, Österreich in geistiger und kultureller Abhängigkeit von Deutschland zu belassen. Die Schulen in Österreich müssen österreichische Schulen, die Theater in Österreich müssen österreichische Theater, die Verlage österreichische Verlage werden. Das bedeutet keine Abschließung von deutscher Kultur; ihr wird Österreich genau so offen stehen wie der englischen, französischen, russischen, tschechischen, südslawischen, aber Österreich wird aufhören, das Hinterland Deutschlands zu sein, das alle deutschen Irrwege zu seinem Unglück gläubig nachtappt ...«.

[20] Botz, Eine deutsche Geschichte 1938 bis 1945? S. 33.
[21] Gunter Falk, Das österreichische Selbstgefühl im Spiegel einer Umfrage, In: *Sterz. Unabhängige Zeitschrift für Literatur, Kunst und Kulturpolitik* 40, 1987, S. 4–7.
[22] Siehe Karl Müller, NS-Hinterlassenschaften, Die österreichische Literatur in ihrer Auseinandersetzung mit österreichischen Gewaltgeschichten. In: Das große Tabu. Österreichs Umgang mit seiner Vergangenheit, hrsg. v. Anton Pelinka und Erika Weinzierl, Wien 1987, S. 85–113; Ulrich Weinzierl, Zur nationalen Frage – Literatur und Politik im österreichischen Exil. In: Österreich und die deutsche Frage im 19. und 20. Jahrhundert. S. 318–341.
[23] Vgl. auch Gerald Stourzh, Wandlungen des Österreichbewußtseins im 20. Jahrhundert und das Modell der Schweiz. In: Schweiz-Österreich. Ähnlichkeiten und Kontraste, hrsg. v. Friedrich Koja und Gerald Stourzh, Wien–Köln–Graz 1986, S. 24.
[24] Proklamation über die Selbständigkeit Österreichs vom 27. April 1945. Stgbl. 1/1945, ausgegeben am 1. Mai 1945.
[25] Thomas Nipperdey, Das Ende des großdeutschen Traums. Fünfzig Jahre nach dem Anschluß Österreichs. In: *Frankfurter Allgemeine Zeitung*, 12. März 1988, Beilage Nr. 61.

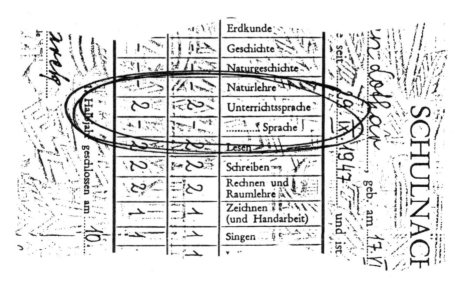

Ausschnitt aus einem Schulzeugnis Ende der Vierziger Jahre mit der Bezeichnung »Unterrichtssprache« anstelle von »Deutsch« (Kopie im Besitz der Herausgeber).

Teil II

Die Bevormundung im Inneren:
Politik und Wirtschaft

Reinhard Bollmus

Ein kalkuliertes Risiko? Großbritannien, die USA und das »Deutsche Eigentum« auf der Konferenz von Potsdam

Wäre es zum Staatsvertrag in der Fassung gekommen, die noch bis kurz vor seinem Abschluß im Mai 1955 als im Prinzip vereinbart galt, dann wären große Teile des sogenannten »Deutschen Eigentums« in Österreich in den Besitz der Sowjetunion übergegangen. Dazu hätte zwar nicht mehr der Großteil kleinerer und mittlerer Betriebe, Gebäude und sonstiger Besitzungen gehört, die bis 1945 »Deutsches Eigentum« gewesen und danach von der UdSSR beschlagnahmt worden waren und die auch dem Staatsvertrag alter Fassung zufolge mit 150 Millionen Dollar abgelöst werden sollten. Aber zum sowjetischen Besitz hätte der Hauptteil der österreichischen Erdölfelder und der Erdölindustrie gehört, und es wären auch große Teile des Wiener Hafens – rund 300 000 m² – endgültig sowjetisches Eigentum geworden. Darüberhinaus hätte die UdSSR die Besitzungen der DDSG, die am Nordufer der Donau fast bis Passau reichten, erhalten. Insgesamt wäre sie somit auch nach dem Abzug ihrer Truppen in der Lage gewesen, indirekt Kontrolle über die Donau und das Wiener Becken auszuüben[1].

Im Rahmen ihrer neu eingeleiteten Politik hat die UdSSR sich im Moskauer Memorandum vom 15. April 1955 bekanntlich bereiterklärt, auch alle diese Besitzungen von sowohl industrieller als auch strategischer Bedeutung gegen eine Ablöse in Geld, Waren und Dienstleistungen an Österreich zurückzuerstatten. Die Kalkulation, die die österreichische Regierung schon seit 1947 dazu bewogen hatte, sich auch mit einem Verlust dieser Besitzungen abfinden zu wol-

len, steht hier nicht zur Diskussion.[2] Unser Thema ist vielmehr die
Auseinandersetzung mit der Frage, ob es sich bei der westlichen Zustimmung zu den Potsdamer Vereinbarungen im Sommer 1945 über
das »Deutsche Eigentum«, deren Auslegung eines der großen Probleme nicht nur der Staatsvertrags-Verhandlungen darstellte, um einen
Verhandlungsfehler, genauer: um eine ungenügende Auseinandersetzung mit dem Gegenstand, oder im Gegenteil um eine absichtliche
Kalkulation, ein »kalkuliertes Risiko«, gehandelt hat. Denn gerade
dies ist von einigen jüngeren, dem »Revisionismus« zuneigenden
Autoren behauptet worden. Naturgemäß interessiert diese Frage aber
auch außerhalb solcher Ansichten; die Entstehungsgeschichte an
sich ist von Bedeutung.

Die Vereinbarungen hatten bekanntlich die Form eines doppelten
gegenseitigen Verzichts. Die UdSSR verzichtete sowohl im geheimen
»Protokoll« als auch in dem bereits am 2. August 1945 veröffentlichten »Kommuniqué« auf »alle Reparationsansprüche in Form
von Anteilen an deutschen Unternehmungen in den westlichen Besatzungszonen Deutschlands ebenso wie auf deutsche Vermögenswerte im Ausland [›German Foreign Assets‹]« mit Ausnahme solcher
in »Bulgarien, Finnland, Ungarn, Rumänien und Ostösterreich«. Die
USA und Großbritannien sprachen ihrerseits den Verzicht auf die
zuletzt erwähnten Werte in Osteuropa aus.[3] Das Problem bestand
bekanntlich vor allem darin, daß nicht definiert worden war, was
unter »Deutschem Eigentum« zu verstehen sei, obwohl die genannten Staaten und insbesondere Österreich spätestens seit 1938 deutscher Dominanz und einer umfassenden Umwandlung etwa österreichischer Eigentumstitel in deutsche ausgesetzt gewesen waren.

Die ursprünglich vertretene These, es habe sich bei der westlichen
Zustimmung um einen Verhandlungsfehler gehandelt, ist von den erwähnten jüngeren Historikern angezweifelt worden: Da schon vor
und während der Potsdamer Konferenz bekannt geworden sei, wie
umfassend die sowjetische Seite den Begriff »Deutsches Eigentum«
auszulegen pflegte, scheide Unwissenheit als Erklärung aus und ein
Verhandlungsfehler sei unwahrscheinlich.[4] Auch ist erst 1980 eine
Bemerkung Bevins aus dem Jahre 1947 bekannt geworden: die USA
hätten in Potsdam vagen Formulierungen gegenüber präzise ausgedachten auch beim »Deutschen Eigentum« den Vorzug gegeben.[5]
Auf westliche Taktik also und nicht auf Inkompetenz bzw. mensch-
liches Versagen und schon gar nicht auf eine bewußte Übervortei-
lung durch Stalin gehe die unbestimmte Textierung zurück. Gerald

Stourzh hat, freilich ohne sich der »revisionistischen« Interpretation anzuschließen, die Frage, ob es sich um Versagen oder Taktik gehandelt habe, als »nicht eindeutig geklärt und ... verschieden beurteilt« bezeichnet.[6] Das Problem sei daher im folgenden nochmals im Zusammenhang erörtert.

Das Problem des »Deutschen Eigentums« in Österreich hat sich zunächst als Spezialfall aus dem Komplex des deutschen Auslandseigentums im allgemeinen dargestellt. Die UdSSR hatte die Frage, was mit den großen deutschen Investitionen in Österreich geschehen solle, schon am 4. April 1945 in der European Advisory Commission (EAC) gestellt. Die USA waren bereits am 6. und 10. April willens, der UdSSR einen auf Rüstungsgüter eingegrenzten, also bereits sehr weitgehenden Demontage*anspruch* einzuräumen, um die im Besatzungsgebiet der Roten Armee ohnehin nicht zu verhindernden Konfiskationen möglichst unter Viermächterecht stellen und somit beeinflussen zu können. Sie ließen aber eine Verschleppung des Problems durch Inkompetenz zu, wobei die Frage zunächst einmal vertagt zu sein schien, als den Sowjets im Ersten Kontrollabkommen vom 4. Juli 1945 zugestanden worden war, daß eine Reparationsabteilung für Österreich – und damit ein Reparationsprinzip – in die zu bildende Alliierte Kommission aufgenommen werden solle.[7] Und in den Instruktionen für die britische Delegation bei der Moskauer Reparationskommission hieß es bereits am 7. Juni 1945 unter Hinweis auf Äußerungen des sowjetischen Vertreters:

»M. Gousev's central principle is apparently that German property in Austria is merely one case of German property abroad. Given the fact of complete annexation of Austria, this view cannot be accepted: Austria must be regarded as a special case.«[8]

Daß hier ein Problem existierte, war also in der Tat lange vor Potsdam bekannt und sollte auch dort noch einmal deutlich werden. Am 31. Juli 1945 waren die westlichen Delegationen der Meinung, die UdSSR würde auf Ansprüche aus dem deutschen Auslandseigentum, und zwar in der ganzen Welt, überhaupt verzichten und als Ausgleich jene 15 % der in den deutschen Westzonen zu entnehmenden, freilich in der Höhe nicht bezifferten und daher in dieser Hinsicht nicht sicher abzuschätzenden Demontagen mit in Anrechnung bringen, die ihr von den Westmächten soeben zugesagt worden waren. Auch kann eine Rolle gespielt haben, daß Stalin am 28. und endgültig am 30. Juli auf Reparationen aus Österreich (er hatte 250 Millionen US-Dollar verlangt) verzichtet hatte. Ferner war es am 31. Juli endgültig zu der später so verhängnisvollen Vereinbarung gekommen, derzufolge jede Seite ihrer Reparationsansprüche in von ihr festzusetzender Größenordnung aus ihrer Zone zu befriedigen berechtigt sein würde[9] – also zu jener Scheinlösung des Grundsatzkonfliktes über die Frage, worin die Funktion der Reparationspolitik und der Deutschland zu belassenden wirtschaftlichen Kapazität zu bestehen haben würde – jener Scheinlösung, die zur späteren Teilung Deutschlands wesentlich mit beitragen sollte. Die Konzeption des multilateralen Freihandelssystems, in das die USA Deutschland im Interesse des liberaldemokratischen, kapitalistischen Konzepts auf lange Sicht eingliedern wollten, stand gegen eine sowjetische Konzeption, die einen niedrigen Lebensstandard in Deutschland und eine extreme Ausbeutung seiner Ressourcen ebenso mit Wiedergutmachungsansprüchen wie mit Sicherheitsinteressen plausibel begründen konnte, ohne doch den Westmächten Gewähr dafür zu bieten, daß sie die deutschen Reparationen nicht würden mitfinanzieren und überdies die Abhängigkeit Deutschlands von der UdSSR nicht würden zulassen müssen.[10]

Die westliche Auffassung, die Sowjetunion habe mit der Zustimmung zu der skizzierten Lösung auch auf das deutsche Auslandsguthaben insgesamt verzichtet, erwies sich am 1. August als Irrtum. Stalin verzichtete zwar auf seine Forderung, seinen Anteil daraus mit 30 % zu beziffern, verlangte aber nun die Übertragung des geographischen Teilungskonzepts auch auf die entsprechenden Vermögenschaften. Bis dahin hatten die Westmächte vor allem das »Deutsche Eigentum« in neutralen Ländern im Auge gehabt und solches etwa in Österreich – die vorhergehenden Meinungsverschiedenheiten nicht einmal thematisierend – in den Konferenzvorlagen gar nicht berücksichtigt. Nun tauchte in der Sitzung der Regierungschefs am 1. August aufgrund des Vorschlages von Stalin plötzlich die Notwendigkeit auf, auch das fragliche Vermögen entsprechend den bestehenden Demarkationslinien teilen zu müssen. Stalin fragte unter anderem, ob der Westen »ganz Österreich« wolle. Der britische Außenminister Bevin verneinte, und so wurde Österreich ohne erkennbaren Widerstand der Briten und Amerikaner in bezug auf seine wesentlichen Industrien geteilt. Eine Chance, die Folgen zu überdenken, hätte allenfalls noch in den wenigen Stunden zwischen dem Ende der Sitzungen am frühen und dem Beginn der Schlußbesprechung am späten Abend des 1. August bestanden, d. h. in der Pause, in der ein Ausschuß das geheime Protokoll und das zu veröffentlichende Kommuniqué, das sogenannte »Potsdamer Abkommen«, formulierte.[11]

Die »Atmosphäre von Ungeduld und Erschöpfung auf westlicher Seite«, in der die Schlußsitzungen in Potsdam vor sich gegangen sein sollen, ist vielfach bezeugt[12] – was schon im Äußeren auf Inkompetenz auf westlicher Seite schließen läßt, denn von der sowjetischen Delegation war ein Drängen auf Abreise nicht ausgegangen. Die Russen hatten sich wie eh und je Zeit genommen.[13] In die gleiche Richtung deutete es, daß zumindest die entscheidenden amerikanischen Experten bei den zwei Sitzungen nicht hinzugezogen oder anderweitig konsultiert worden waren: US-Außenministert Byrnes hatte selbst den erfahrenen Moskau-Botschafter Harriman und Kriegsminister Stimson ausgeschlossen.[14] Die Gründe, warum weder die amerikanische noch die britische Abordnung auf die Berichte der Moskauer und Londoner (EAC-)Delegierten zurückgegriffen haben, sind nicht geklärt; selbst einer der Experten, der US-Chefdelegierte bei der Moskauer Reparationskommission, Edwin Pauley, will sich allerdings des tatsächlichen Umfangs der sowjetischen Definition von »Deutschem Eigentum« nicht bewußt gewesen sein.[15]

Man kann die Gründe, auf denen die »revisionistischen« Interpretationen beruhen, sogar noch durch Tatsachen vermehren, die sie noch gar nicht berücksichtigt haben: Schon am 8. Juli 1945 war der amerikanische Repräsentant in Bukarest im Besitz des sowjetischen Entwurfs für einen Vertrag über eine bilaterale sowjetisch-rumänische Erdölgesellschaft gewesen, der die Potsdamer Bestimmungen bereits vor deren Unterzeichnung vorwegnahm und zeigte, daß die Sowjets lange vor der Existenz einer interalliierten Vereinbarung entschlossen waren, sich das sogenannte »Deutsche Eigentum« in ihrer Einflußzone zu sichern: der sowjetische Anteil an der Gesellschaft sollte aus eben diesem Eigentum bestehen.[16]

Am 12. Juli 1945 meldete der Bukarester Vertreter der USA, daß auch die ehemals britischen und amerikanischen Anteile an den rumänischen Erdölgesellschaften, die die Deutschen nach 1940 in ihren Besitz gebracht hatten, zum »Deutschen Eigentum« gerechnet und daher von den Sowjets beschlagnahmt worden waren. Aber auch das hätte vorausgesehen werden können, denn es hatte darüber schon seit November 1944 einen nur zeitweilig aufgeschobenen Streit auf diplomatischer Ebene gegeben. Parallele Vorgänge ergaben sich spätestens ab März 1945 in Ungarn.[17] Am 17. Juli 1945, in Potsdam wurde gerade die Konferenz eröffnet, schlossen die Sowjets ihren Vertrag mit den Rumänen ab. Von dem ganzen Vorgang ist bislang lediglich das Telegramm erörtert worden, das Byrnes' Washingtoner Vertreter Grew am 18. Juli nach Potsdam gesandt und in dem über die Beschlagnahmeaktion mit der Bitte um Protest während der Konferenz berichtet worden war. Die These der Inkompetenz stützt in diesem Zusammenhang ein bislang unberücksichtigt gebliebener Tatbestand: Grew teilte nichts über den Vertragsentwurf und den ein langfristiges Vorhaben ankündigenden Schritt der Einbringung des strittigen Eigentums in eine bilaterale Gesellschaft mit, obwohl die Informationen, wie erwähnt, seit 8. Juli im State Department zur Verfügung standen.[18]

Noch in einem weiteren Punkt wäre den »Revisionisten« Recht zu geben: Die Sowjets teilten ihre Definition des Begriffes »Deutsches Eigentum« in Potsdam, zumindest der Sache nach, auch noch schriftlich mit. Das ist der Forschung bisher überhaupt entgangen. Auch britisches Öleigentum war in Rumänien schon seit dem Herbst 1944 beschlagnahmt worden; am 19. und 24. Juli 1945 machten die Briten,[19] am 25. Juli die Amerikaner ihren Anspruch geltend.[20] Daraufhin antworteten die Sowjets umgehend: »It should be recalled that beginning as long ago the summer of 1940, the British Oil Companies and enterprises in Roumania were seized by the Germans and used by them up to the 23rd August, 1944, for supplying the German Army with oil products ...« Fast ärgerlich klang die Fortsetzung: Das sowjetische Außenministerium habe schon in Noten vom 30. November 1944 und 4. Jänner 1945 mitgeteilt, daß die Beschlagnahme daher in Einklang mit dem Waffenstillstandsabkommen stehe.[21] Es sah die Übergabe deutschen Kriegsmaterials als »Trophäen« an die UdSSR vor.[22] Der Gegensatz beider Standpunkte war offensichtlich.

Die Briten schlugen eine neutrale Dreier-Kommission vor, die an Ort und Stelle nach der Konferenz die Tatsachen und Dokumente überprüfen sollte; die Sowjets ließen sich schließlich auf nur bilaterale, britisch- bzw. amerikanisch-sowjetische Gremien ein; das kam in das unveröffentlichte Potsdamer »Protokoll«[23], und die amerikanische Note wurde am 1. August »im Prinzip« von der Konferenz angenommen, die Ausarbeitung »through diplomatic channels« aber der Zukunft überlassen. Übrigens scheiterten die Kommissionen de facto schon Ende 1945,[24] aber in Potsdam mag der Anschein russischer Verhandlungswilligkeit ein psychologischer Beitrag zur Annahme der Klausel über das »Deutsche Eigentum« am 1. August 1945 gewesen sein.

Ebenso verhielt es sich mit folgendem – ebenfalls früher kaum beachteten – Vorgang während der genannten Sitzung: Bevin ließ sich von Stalin bestätigen, alliierter Besitz im sowjetischen Okkupationsbereich würde »nicht angetastet« werden.[25] Der Brite insistierte, »daß dieses Eigentum von den Deutschen beschlagnahmt worden sein könnte«. Und Stalin antwortete, daß das »in jedem konkreten Fall zu klären sein« würde.[26] Zusicherungen in Form unverbindlicher Absichtserklärungen und mündlicher Nebenabreden konnten aber nicht über die Tatsache hinwegtäuschen, daß das juristisch Relevante zumindest der auch der Sowjetunion zuerkannte Anspruch auf nicht näher beschriebenes »Deutsches Eigentum« war.

Es mag also scheinen, daß sich für die erwähnte »traditionelle« These von einem westlichen Verhandlungsfehler – um nicht zu sagen: einer Kette von Fehlentscheidungen – Belege in inzwischen vermehrter Anzahl gefunden haben. Aber Tatsachen als solche können mehrdeutig sein: im Sinne der »revisionistischen« Interpretation ist aus einigen der in diesem Zusammenhang schon früher bekannten Vorgänge eine andere These abgeleitet worden, über die schon kurz referiert worden ist: so wurde etwa gesagt, es sei »äußerst unwahrscheinlich, daß die Zustimmung zumindest der britischen Delegation zu einer derart wesentlichen Entscheidung nebenbei oder gar unachtsam erteilt« worden sein sollte.[27] Und aufgrund der vorausgegangenen Londoner und Moskauer Verhandlungen hat man sich gegen die »besonders von Stearman postulierte Mutmaßung« gewandt, »die USA und Großbritannien hätten der UdSSR … einen Blankoscheck ausgestellt, also gegen die Annahme einer sowjetischen Überrumpelung der westlichen Verbündeten«.[28]

Der im Prinzip gleiche Tatbestand und zwei entgegengesetzte Folgerungen – eindrucksvoller läßt sich der Paradigmawechsel, die Veränderung des Erkenntnisinteresses, wie sie auf dem Wege von der »traditionellen« zur »revisionistischen« Forschung vor sich gegangen ist, schwerlich dokumentieren.

Es scheint, daß die »falsche Antithetik«[29] mancher revisionistischer Interpretation immer nur zwei oder nur wenige Möglichkeiten der Deutung einer in Wahrheit komplexen Realität zu erkennen vermag. Man braucht Stalin keine »Überrumpelungs«-Taktik zu unterstellen. Viel wahrscheinlicher ist, daß er annahm, Truman und Attlee hätten gewußt, was sie unterschrieben. In seinen Augen mochte es so aussehen, daß sie sich insgeheim seinem Standpunkt der faktischen Teilung der Interessensphären wenigstens auf dem Reparations-

gebiet einschließlich des Deutschen Eigentums genähert hätten –
denn warum sonst die Blankovollmacht – und nur noch über Einzel-
fälle, vielleicht auch um der innenpolitischen Szene ihrer Nationen
willen, verhandeln wollten.

Was die Vertreter der Westmächte anbetrifft, so halten wir zwar
letztlich doch Inkompetenz für die eigentliche Erklärung ihres Ver-
haltens. Dennoch können auch bestimmte, rationale Gründe und
Interessen mitgewirkt haben. Das soll im folgenden in fünffacher
Hinsicht untersucht werden:

1. Die Zusagen Stalins über die Sicherheit zumindest des alliierten
   Vermögens und die Vereinbarungen über die Überprüfungskom-
   missionen waren immerhin zu beachten.
2. Der sowjetische Reparationsverzicht schien größere Inanspruch-
   nahmen von Vermögen in Österreich auszuschließen. Das hat vor
   allem Byrnes behauptet, aber da dieses Motiv nicht auch aus den
   Verhandlungsmitschriften – vielleicht zufällig – hatte entnommen
   werden können,[30] ist es in der Forschung nach deren Publikation
   (1961) nicht mehr erörtert worden.[31] Aber seit 1975 ist die interne
   Empfehlung eines britischen Wirtschaftssachverständigen vom
   30. Juli 1945 bekannt. Darin ist vom sowjetischen Verzicht als
   der »main decision, already reached« die Rede, dem gegenüber
   sogar Präzisierungen unterbleiben müßten, falls sie ihn gefährden
   könnten. Deshalb ließen die Briten z. B. eine Beschlußvorlage für
   die Konferenz fallen, in der es hätte heißen sollen: »Removal of
   plant and equipment and other goods from Austria as war booty
   or otherwise should in future be a matter to be settled by the Control Council.«[32] Daraus ist wiederum geschlossen worden, den
   Briten – und das betraf Attlee und Bevin mit, da sie bei der Vorlage der Empfehlung anwesend gewesen waren – sei am 30. Juli erneut zum Bewußtsein gekommen, was die Sowjets unter »Deutschem Eigentum« verstanden.[33] Das ist möglich, wenngleich der
   Verfasser der Beschlußvorlage nur von Abtransporten spricht,
   also nur Demontagen im Auge hat, d. h. das bis dahin im österreichischen Falle meistverwandte sowjetische Verfahren gegenüber
   dem, was als »deutsch« galt. Aber in der Sitzung wurde somit
   auch über die sowjetische Rechtsauffassung gesprochen,[34] und
   diese war, wie gesagt, im Prinzip auch für den gesamten Reparati-
   onsbereich, nicht nur den Demontagebereich, bekannt.[35].
   Natürlich konnte nicht vorhergesehen werden, wie einst die Rea-

lität der Industriebeherrschung durch die späteren USIA-Betriebe aussehen würde. Nicht begreiflich aber ist, warum zu der sowjetischen Eigentums-Interpretation am 1. August nur die erwähnte mündliche Zusicherung Stalins beigezogen wurde, die zudem nur direkte englisch-amerikanische Besitzinteressen betraf, nicht aber dem Gesamtumfang der deutschen Kapitalüberfremdung und Strukturveränderung in der österreichischen Wirtschaft gerecht wurde. Begreiflich allerdings und ersichtlich auch aus dem zitierten Beschlußvorschlag des britischen Sachverständigen ist die Auffassung, mit dem Reparationsverzicht habe man zumindest im Falle Österreichs einen übergeordneten Rechtstitel erworben, dies um so mehr, als es das einzige entsprechende Land mit Reparations-Befreiung war. Als ausreichender Grund für die Nicht-Definition kann das Argument dennoch nicht angesehen werden, denn für die übrigen Staaten galt es nicht und selbst für die Interessen amerikanischer und britischer Ölgesellschaften etwa in Rumänien hatten sich die dafür zuständigen westlichen Regierungschefs und Außenminister am 1. August nur schwach eingesetzt, was nicht verhindert hat, daß späteres gegenteiliges Verhalten im österreichischen Falle als anklagewürdiger Tatbestand klassifiziert worden ist.[36]

3. Es könnte auch ein Eigeninteresse der Westalliierten an gewissen Teilen »Deutschen Eigentums«, wenngleich nur des einwandfrei zustandegekommenen, gegeben haben. Da der westliche Anspruch in anderen Ländern als Österreich, vor allem auch in einigen neutralen Staaten Europas, gemäß dem Potsdamer Protokoll durchgesetzt worden ist (die entsprechenden Abkommen sind bekanntlich völkerrechtlich umstritten),[37] könnte auf entsprechendes Interesse auch in Österreich geschlossen werden. Als Regierungsrichtlinie oder Delegationsbeschluß ist dies bislang vor Potsdam aber überhaupt nicht und nach Potsdam nur auf britischer Seite nachweisbar. Das Foreign Office entschloß sich hier zunächst zu einem Mittelkurs zwischen Österreich gefährdenden Ansprüchen und einem vollkommenen Verzicht, und dies – angeblich – auch deshalb, um nicht Frankreich vorzeitig zu binden;[38] es gab auch Erwägungen über Entgegennahme einwandfrei deutscher Rüstungsgüter auf Reparationskonto.[39] Durch die Zustimmung zu Rüstungs-Demontagen hatten die USA schon am 10. April 1945 gehofft, die sowjetischen Reparationsansprüche – diesmal gegenüber Österreich – mitregeln, eingrenzen und befriedigen zu kön-

nen.[40] Selbst stellten sie aber, soweit bekannt, keine Ansprüche. Ende 1945 sollen sie erreicht haben, daß alle westlichen Nationen Ansprüche auf »Deutsches Eigentum« in Österreichs Westzonen aufgaben.[41] Es gelang offenbar zunächst nicht gegenüber den Franzosen,[42] bis ab Mitte 1946 entsprechendes Vermögen in allen Westzonen unter österreichische Treuhänderschaft kam. Auch das bedeutete noch alliierte Mit-Lenkung,[43] zugleich aber Unterstellung unter die Gesetze und die Wirtschaftspolitik des Landes; als Motiv in Potsdam kann das direkte materielle Interesse der Westmächte am »Deutschen Eigentum« somit keine größere Bedeutung gehabt haben, und das um so weniger, als das indirekte Interesse des Westens die Prosperität Österreichs um so stärker erforderte.

4. Die schon erwähnte, erst 1980 bekanntgewordene Quelle deutet auf taktische Überlegungen beim Unterlassen einer Definition des »Deutschen Eigentums« hin. Danach soll Bevin dem österreichischen Diplomaten Walter Wodak im Februar 1947 gesagt haben, die Amerikaner zögen »vage Formulierungen präzise ausgedachten« vor. »Das sei die Schwierigkeit in Potsdam gewesen. Man habe ihm am ersten Abend nach seiner Ankunft in Potsam die Bestimmungen über deutsches Eigentum in Österreich vorgelegt und trotz seines Einspruches keine Präzisierungen derselben gemacht; daraus sei die ganze Schwierigkeit entstanden.«[44]

Die Erklärung mag etwas Allgemeines richtig kennzeichnen. Im einzelnen aber führt eine kritische Überprüfung erneut zur These westlicher Inkompetenz. Zunächst einmal fällt auf, daß Bevin zu der »Schwierigkeit« in Potsdam zumindest zusätzlich beigetragen hatte, und daß er dies gegenüber Wodak nicht erwähnte. Denn am 1. August hatte er seinen ursprünglichen Antrag, ganz Österreich der westlichen Entnahmezone für »Deutsches Eigentum« zuzuschlagen, nicht nur rasch zurückgezogen, sondern sogar Stalins Frage, ob der Westen in dieser Hinsicht außer Jugoslawien »auch Österreich« bzw. – nach der zweiten Mitschrift – »ganz Österreich« wolle, umgehend verneint und dem Teilungsvorschlag Stalins zumindest stillschweigend zugestimmt.[45] Das mag der Außenminister zwei Jahre später aus seinem Gedächtnis verdrängt oder aus sonstigen Gründen nicht erwähnt haben – sein Verhalten in der Sitzung selbst deutet doch weniger auf das nachträglich beanspruchte Problembewußtsein als auf Mangel an Übersicht hin. Wäre sich Bevin über die durch die Nicht-

Definition heraufbeschworen Gefahren gerade im sieben Jahre
lang »deutsch« gewesenen Österreich im klaren gewesen, hätte er
nicht mit dieser Schnelligkeit zustimmen dürfen. Es mag für 1947
ein Erinnerungsfehler vorliegen, und das auch noch im Hinblick
auf die angebliche Erwähnung Österreichs in dem ihm 1945 vorgelegten Schriftstück. Es handelt sich dabei nämlich vermutlich
um jenen Entwurf der USA, der am 22. Juli 1945 eingebracht
worden war, Österreich aber überhaupt nicht zum Gegenstand
hatte. Es dürfte dies jener Entwurf gewesen sein, der am 1. August
1945 zu dem Dreier-Beschluß führen sollte, der Kontrollrat für
Deutschland möge geeignete Schritte unternehmen, um die Ver-
fügungsgewalt über »German owned external assets« in neutralen
Staaten zu erlangen.[46] Ein dem »Deutschen Eigentum in Österreich« nahe verwandter Begriff war also vom Anbeginn seiner
Einführung an während der Konferenz undefiniert geblieben –
ein auch gegenüber den Neutralen problematisches, aber aus
anderen Gründen als gegenüber Österreich fragwürdiges Verfahren. An all dies mag sich Bevin zwei Jahre später erinnert und es
mit dem nunmehr virulent gewordenen Problem des Donaustaa-
tes verbunden haben. Dafür spricht vor allem, daß das Problem
des »Deutschen Eigentums« in den bis zum 31. Juli 1945 vorgelegten Konferenzpapieren, soweit bisher bekannt, überhaupt nur
im Hinblick auf die neutralen Länder erörtert worden ist. Am
Ankunftsabend – es war der 28. Juli[47] – dürfte Bevin auch nur ein
Entwurf gezeigt worden sein, der dieser speziellen Frage galt –
vermutlich also das amerikanische Papier vom 22. des Monats.
Das Problem des »Deutschen Eigentums« in anderen als neutralen Ländern könnte auf Dreimächtebasis frühestens in der Sitzung
des Economic Subcommitte am Vormittag des 1. August erörtert
worden sein, obwohl das lediglich dem Beschlußentwurf[48] zu entnehmen ist; die erste überlieferte Auseinandersetzung, durch die
sich dann die Anwendung auf Österreich aus der Sache heraus ergab, fand in der besprochenen Weise erst am Nachmittag dieses
Tages bei der Zusammenkunft der Regierungschefs statt. Das
Bewußtsein, daß das Problem für Österreich einerseits virulent
werden könnte, andererseits durch den sowjetischen Reparationsverzicht bis auf einvernehmlich festzustellende Rüstungs-Demontagen im wesentlichen gelöst erschien, zeigte zwar die interne
britische Besprechung vom 30. Juli. Aber auch damals enthielt
die Beschlußvorlage den Begriff »Deutsches Eigentum« gar nicht,

und auf die Idee einer Teilung Österreichs in Anspruchsbereiche war man dort offensichtlich auch noch nicht gekommen. Man müßte auf die – bislang unbeweisbare – Hypothese zurückgreifen, Stalins späterer Vorschlag sei schon in internen Gesprächen der Westmächte vorweggenommen worden, um zu dem Resultat einer auch vom Westen geplanten, auch in diesem speziellen Fall das doppelte Problem von Nichtdefinition und Teilung Österreichs in zwei wirtschaftspolitische Zonen bewußt in Kauf nehmenden Taktik zu gelangen. Dennoch sind dies nur Hinweise darauf, daß Bevins Version viel Unwahrscheinliches enthält;[49] endgültige Klarheit können hier nur geeignete Quellen bringen.

5. In einem allgemeineren Sinne dürfte Bevins Bemerkung dennoch etwas Richtiges treffen. In der Forschung ist mit Recht darauf hingewiesen worden, daß das »Leitmotiv der amerikanischen Delegation ... die Politik der Verzögerungen, nicht der Wille zu endgültigen Abmachungen« gewesen ist.[50] Illustriert wurde dies an dem die Konferenz beherrschenden Deutschlandproblem: So wie der Streit zwischen »Vansittartisten« und »Gemäßigten« dazu geführt hatte, daß auf amerikanischer Seite bis Potsdam »kein langfristiges Konzept zur Deutschlandfrage«[51] vorhanden war, so war man auch, als man in Potsdam mit der Realität der an sich lange bekannten sowjetischen Reparationsforderungen samt ihren möglichen politischen Konsequenzen konfrontiert wurde, darauf bedacht, vorläufige Lösungen zu finden, um erst während des Prozesses der Anwendung der Beschlüsse »Klarheit über den Charakter der sowjetischen Absichten und über die tatsächlichen Verhältnisse in Deutschland«[52] zu gewinnen. Das überraschend gefundene Verfahren der Teilung der Reparationsgebiete bei Nichtfestlegung einer Reparationssumme und gleichzeitigem Einbau gesamtdeutscher Klammern[53] war typisch für diese Tendenz, die freilich ebenso auf die zutage getretenen Gegensätze zurückging. So war in Potsdam nur ein hochgradig interpretationsbedürftiges Abkommen erzielt worden.[54] Es blieb zu hoffen, daß die Einsicht in die Notwendigkeit keine Seite dazu treiben würde, die Vereinbarungen antagonistisch gegen die andere auszulegen.[55] Daß der Begriff »Deutsches Eigentum« undefiniert übernommen wurde, ließe sich in eine solche Taktik des Aufschiebens einfügen, und auch die Vermutung, daß dies zugunsten der endlich gefundenen Gesamtlösung des Reparationsproblems geschehen sei,[56] fände hier ihre Rechtfertigung.

Aber Byrnes hat explizit bestritten, daß die Nichtdefinition Taktik gewesen sei: Keine der drei Westmächte »could have anticipated this Russian interpretation of the Potsdam Agreement, and no one could accept it«.[57] Man *hätte,* wiegesagt, die sowjetische Auslegung im Gegensatz zu Byrnes' Meinung durchaus vorhersehen können, aber es sprach wiederum der erwähnte, gegenteilige Grund dafür, daß die sowjetische Seite eine radikale Form ihrer Interessensicherung nicht praktizieren würde. Das Gefühl, nicht korrekt behandelt worden zu sein, das in Byrnes' nachträglicher Bemerkung mitschwingt, war anscheinend echt, wie die Vorgänge unmittelbar nach Potsdam belegen: schon Anfang September 1945, als die ersten Anzeichen der sowjetischen Auslegung offenbar wurden, bestritt Byrnes die Legitimität dieser Interpretation, und dies nicht nur im österreichischen, sondern auch im rumänischen Fall.

Zusammenfassend wird man, bei Nachprüfung aller Abkommen sowie der Elemente eines möglichen rationalen Kalküls, die Bevin-Äußerung von 1947 eingeschlossen, bei der Inkompetenzthese bleiben müssen. Der pauschale Charakter der Potsdamer Vereinbarung entwertete im übrigen selbst die »strategy of postponement«, die die Bevin-Bemerkung vielleicht vermuten läßt. Es ist schon möglich, daß die Vertreter der Westmächte gehofft haben, die bis Potsdam erkennbar gewordene sowjetische Auffassung von »Deutschem Eigentum« einschränken zu können auf eine solche, die nur ohne politischen Druck zustande gekommene Vermögenswerte und Rechte umfassen würde, die damit als »legal und equitable« gelten könnten. So lautete die (wenngleich ebenfalls dehnbare) Formulierung, die sich in den Ausführungsbestimmungen findet, die Truman am 1. August 1945 in bezug auf die »German owned external assets« herausgeben ließ.[58] Selbst diese Präzisierung aber fehlte in der gleichzeitigen Vereinbarung mit der UdSSR. Das kann nicht Taktik gewesen sein. Man trifft keine Übereinkünfte, die als summarische Eigentumsübertragung ausgelegt werden können, wenn man die Absicht hat, sie hinterher wieder einzuschränken; das zumal dann nicht, wenn die fraglichen Vermögenschaften sich bereits in der physischen Gewalt der Seite befinden, der man sie anschließend wieder streitig zu machen beabsichtigt.

Darüber hinaus scheitert die »revisionistische« These daran, daß die erwähnte und mögliche Auslegung dem Interesse der Westmäch-

te an einer baldigen Wiedereingliederung Österreichs in die freihänd-
lerische Weltwirtschaft als Grundlage einer Stabilisierung der Demokratie westlich-parlamentarischen Typs völlig zuwiderlief. Der
Pauschalcharakter der Potsdamer Vereinbarung widersprach insbesondere auch unmittelbaren materiellen Interessen Großbritanniens
und der USA: diese Mächte liefen nun doch Gefahr, Reparationen
an die UdSSR indirekt mitfinanzieren zu müssen; sie gaben zudem
das Eigentum der westlichen Firmen, insbesondere der Ölgesellschaften, preis, soweit dieses durch Druck »deutsch« geworden war.

Somit ist der »revisionistischen« Interpretation der am meisten ins
Auge fallende Widerspruch überhaupt entgangen: die westlichen
Entscheidungsträger können die Interessen »der Ölkonzerne« nicht
sehenden Auges geopfert und zugleich als deren »Agenten« gehandelt haben. In Wirklichkeit hatte ihnen das eine so fern gelegen wie
das andere. Sie haben die Situation im Augenblick der Entscheidung –
den Sitzungsprotokollen zufolge dauerte er so lange wie der Aus-
tausch einiger kurzer Sätze in Anspruch nimmt[59] – nicht überblickt,
und ihre Erdölgesellschaften haben sie in Potsdam als das behandelt,
was sie schon seit November 1944 für sie gewesen waren: als mitzu-
schützende Potenzen der eigenen Volkswirtschaft und als eventuelle
Stützpunkte für einen Wiederaufbau Osteuropas im liberal-kapitalistischen Sinne, aber nicht als Faktoren, denen sie einen wesentlichen
Einfluß auf ihre Außenpolitik eingeräumt hätten. Aus Mangel an Si-
tuationsbeherrschung, Fachkenntnissen und Einsicht in die Staats-
raison der Sowjetunion kam in Potsdam, vor allem im Hinblick auf
das »Deutsche Eigentum« in Österreich, eine Entscheidung zustande, die sich komplizierteren und vielleicht sogar »theoriefähigen«
Erwägungen zum Trotz als etwas Einfaches (freilich auch Menschli-
ches) entpuppte: Es war schlechte Politik, nichts weiter.

Anmerkungen

[1] Dazu grundlegend Gerald Stourzh, Geschichte des Staatsvertrages
1945–1955. Österreichs Weg zur Neutralität, Studienausgabe. Graz–
Wien–Köln ³1985, hier S. 68 f. nebst Abdruck des für obige These wesentlichen Artikels 22 (ehemals Artikel 35), S. 264–276, sowie des »Annex II«, der die sowjetischen Ansprüche erstmals 1955 entscheidend veränderte, d. h. in eine materielle Ablöse verwandelte, S. 305–308. – Eine
Bewertung von Friedrich Funder vom März 1954, zitiert ebenda, S. 69.

² Vgl. Reinhard Bollmus, Zur österreichischen Konzeption für einen Staatsvertrag, in: Alois Mock/Ludwig Steiner/Andreas Khol (Hrsg.), Neue Fakten zu Staatsvertrag und Neutralität, Wien 1980 (Studienreihe der Politischen Akademie, Bd. 12), S. 109–124 mit S. 204–208.

³ Foreign Relations of the United States [künftig: FRUS], 1945, The Conference of Berlin [künftig: FRUS Berlin], vol. II, Washington 1961, hier S. 1486 f. (aus dem 1945 geheimgehaltenen, erst am 27. März 1947 von den USA einseitig veröffentlichten »Protocol of the Proceedings of the Berlin Conference«) bzw. ebenda S. 1509 (aus dem bereits mit Datum vom 2. August 1945 veröffentlichten »Kommuniqué«, dem sogenannten »Potsdamer Abkommen«). Wir folgen der inoffiziellen deutschen Übersetzung, abgedruckt bei Eva-Marie Csáky, Der Weg zu Freiheit und Neutralität. Dokumentation zur österreichischen Außenpolitik 1945 bis 1955, Wien 1980, Dokument Nr. 10, S. 46 f.

⁴ Reinhold Wagnleitner, Großbritannien und die Wiedererrichtung der Republik Österreich, phil. Diss. Salzburg 1975, S. 213. Vgl. auch Anmerkung 28 unten.

⁵ Zitiert bei Stourzh (wie Anm. 1), Staatsvertrag, S. 35; vgl. dazu unten Anm. 44.

⁶ Stourzh, Staatsvertrag, S. 35.

⁷ Vgl. Reinhard Bollmus, Staatliche Einheit trotz Zonentrennung. Zur Politik des Staatskanzlers Renner gegenüber den Besatzungsmächten in Österreich im Jahre 1945, in: Soziale Bewegung und politische Verfassung. Beiträge zur Geschichte der modernen Welt, Stuttgart 1976, S. 677 bis 712, hier S. 685.

⁸ Guy David Douglas Stanley, Great Britain and the Austrian Question 1938–1945, ph. D. L, Diss. London 1973, S. 382 f., Zitat S. 383. Zum Dokument gehört ein Annex, der eine Dreiteilung des »Deutschen Eigentums« vorsah: vor dem »Anschluß« entstandenes, nach dem »Anschluß« aus österreichischem Eigentum geschaffenes. Wagnleitner, Großbritannien und die Wiedererrichtung, S. 204, läßt die entscheidende mittlere Kategorie bei Behandlung der gleichen Quellenstelle weg und erleichtert damit die »revisionistische« Interpretation.

⁹ FRUS Berlin, vol. II, S. 464, 469 (28. Juli 1945), S. 484–492 (30. Juli 1945), S. 514–518, S. 528–533 (31. Juli, Einigung auf die Prozentsätze) mit S. 931 ff., Dokument Nr. 972, Pkt. 3, sowie: Teheran, Jalta, Potsdam. Die sowjetischen Protokolle von den Kriegskonferenzen der »Großen Drei«. Hrsg. und eingeleitet von Alexander Fischer, Köln ²1973, S. 333 f., 340–347. Vgl. William B. Bader, Österreich in Potsdam, in: *Österreichische Zeitschrift für Außenpolitik* 2 (1961/62), S. 206–223, hier S. 213 f. Vgl. auch die Quellenstellen gem. Anm. 11.

¹⁰ Friedrich Jerchow, Deutschland in der Weltwirtschaft 1944–1949. Alliierte Deutschland- und Reparationspolitik und die Anfänge der westdeutschen Außenwirtschaft, Düsseldorf 1978, S. 164; ausführlich: Otto

Nübel, Die amerikanische Reparationspolitik gegenüber Deutschland 1941–45, Frankfurt a. M. 1980, S. 178–204. Zum Zustandekommen des »für die Sowjetunion unbefriedigenden Zonenmodus« [so Wilfried Aichinger, Sowjetische Österreichpolitik 1943–1945 (Materialien zur Zeitgeschichte 1) Wien 1977, S. 279]: Einer der Gründe lag im sowjetischen Fait accompli der Abtrennung der Oder-Neiße-Gebiete (Wert dortiger Industrie- und Bodenschätze 34 Mrd. RM = 8,5 Mrd. US-Dollar, vgl. FRUS Berlin, vol, II, S. 842); den letzten Anlaß lieferten die sowjetischen Kriegsbeute- und Restitutionsdefinitionen von außerordentlich dehnbarer Art (ebd. S. 846 f. und 888), die dazu führten, daß Byrnes am 23. Juli 1945 erstmals gegenüber Molotow grundsätzliche Zweifel daran äußerte, daß ein gemeinsames, nicht geteiltes Reparationsprogramm für Deutschland möglich sei. Dazu mit zahlreichen grundsätzlichen Erwägungen neuerdings Nübel, Die amerikanische Reparationspolitik gegenüber Deutschland, S. 174–206, insbesondere S. 176, 179 ff., 190 f., 194–201.

[11] FRUS Berlin, vol. II, S. 566–569, hier S. 567 sowie ebd. S. 579; Teheran, Jalta, Potsdam, S. 361–365. Dazu Bader, Österreich in Potsdam, S. 215.

[12] Bader, Österreich in Potsdam, S. 215; Harry S. Truman, Memoirs, Garden City – New York 1955, vol. II, S. 407.

[13] Z. B. bei den EAC-Verhandlungen über die Besetzung Wiens, vgl. Bollmus, Staatliche Einheit, S. 697–700.

[14] Philip E. Mosely, The Kremlin and World Politics, New York 1960, S. 279; dazu: Gerald Stourzh, Die internationale Stellung der Zweiten Republik, in: Zwei Jahrzehnte Zweite Republik, Graz–Wien 1965, S. 25 bis 52, hier S. 50, Anm. 48.

[15] Zit. nach: William Lloyd Stearman, Die Sowjetunion und Österreich 1945–1955. Ein Beispiel für die Sowjetpolitik gegenüber dem Westen, Bonn–Wien–Zürich 1962, S. 29.

[16] FRUS 1945, vol. V, S. 659 Anm. 1, vgl. unten Anm. 18.

[17] FRUS 1945, vol. IV, S. 814 ff. und FRUS 1945, vol. V, S. 647–654; Melbourne, Bukarest, an Secretary of State, 12. Juli 1945, FRUS Berlin, vol. I, S. 561.

[18] Grew an Clayton, 18. Juli 1945, FRUS Berlin, vol. II, S. 951 f.; dazu Bader, Österreich in Potsdam, S. 213/222 mit Anm. 45–46; für die Zeit vom 17. bis 24. Juli 1945 vgl. FRUS Berlin, vol. II, S. 740–744.

[19] FRUS Berlin, vol. II, S. 743 f.; Molotow verweigerte zunächst die Erörterung: ebenda, S. 328 f. Die Briten hatten ihren Anspruch in Potsdam bereits am 19. Juli 1945 angemeldet: ebenda, S. 106, 130, 740.

[20] FRUS Berlin, vol. II, S. 744 f.

[21] FRUS Berlin, vol. II, S. 745 f.

[22] FRUS Berlin, vol. II, S. 743 f. und FRUS 1945, vol. V, S. 658 f.

[23] FRUS Berlin, vol. II, S. 1496 (Artikel XIV der endgültigen Zählung); die

Bestimmung wurde nicht in das am 2. August 1945 publizierte Kommuniqué aufgenommen; vgl. aber: Teheran, Jalta, Potsdam, S. 409, Anm. 8; dazu die Verhandlungen FRUS Berlin, vol. II, S. 547 (1. August 1945).

[24] FRUS Berlin, vol. II, S. 1497 f. (Zitat); FRUS 1945, vol. V, S. 655–66; FRUS 1946, vol. VI, S. 623–626. Die Sowjets verschoben die Beweislast dafür, daß die Deutschen die amerikanisch-britischen Eigentumsanteile unter Druck und durch scheinlegale Rechtsgeschäfte übernommen hatten, auf die westliche Seite; diese forderte eine gemeinsame Bemühung darum. Es ist zu vermuten, daß die westlichen Vertreter zum Führen dieser Beweise, für welche die schriftlichen Unterlagen in Gebieten aufbewahrt worden waren, die zunächst unter Hitlers und später unter Stalins Herrschaft gestanden hatten, nicht in der Lage gewesen sind. Die sowjetisch-amerikanische Kommission wurde am 21. Juli 1947 aufgelöst (FRUS 1946, vol. VI, S. 625, Anm. 21).

[25] FRUS Berlin, vol. II, S. 568, 579; Teheran, Jalta, Potsdam, S. 364.

[26] FRUS Berlin, vol. II, S. 569, nicht S. 579, wohl aber in der sowjetischen Mitschrift: Teheran, Jalta, Potsdam, S. 364.

[27] Wagnleitner, Großbritannien und die Wiedererrichtung, S. 213. Vgl. Anm. 33, unten.

[28] Otto Klambauer: Die Frage des Deutschen Eigentums in Österreich, in: *Jahrbuch für Zeitgeschichte 1978,* Wien 1979, S. 12, S. 127–174, hier S. 164, vgl. ebenda, S. 129 und 136, – Ähnlich: Otto Klambauer in: Die USIA-Betriebe in Niederösterreich. Wien 1983, S. 1–79, hier S. 3. Vgl. auch unten Anm. 42. – Zu den Londoner und Moskauer Verhandlungen vor Potsdam vgl. oben Anm. 7–8.

[29] Werner Link: Die amerikanische Außenpolitik aus revisionistischer Sicht, in: *Neue politische Literatur* 21 (1971), S. 205–220, hier S. 213.

[30] Die sehr kurze Schilderung bei: James Byrnes, Speaking Frankly, New York 1947, S. 162 f.; dort auch die irreführende Mitteilung, Attlee habe außerdem zu Beginn der Sitzung vom 1. August nochmals um die Bestätigung des sowjetischen Reparationsverzichts gebeten; Attlee hat aber nur nach dem Verzicht der UdSSR auf »Deutsches Eigentum« außerhalb des sowjetischen Besatzungsbereichs gefragt, d. h. eine Verwechslung von Reparationen und »Deutschem Eigentum« wird durch die Sitzungsprotokolle nicht bestätigt. Vgl. FRUS Berlin, vol. II, S. 567 und 579.

[31] Byrnes' Behauptung wird daher nicht berücksichtigt bei Bader, Österreich in Potsdam, S. 213; Stourzh, Internationale Stellung, S. 35 f.; Wagnleitner, Großbritannien und die Wiedererrichtung, S. 212. Den in Anm. 30 erwähnten, irreführenden Teil aus Byrnes' Darstellung übernimmt Klambauer, Frage des deutschen Eigentums, S. 136.

[32] Wagnleitner, Großbritannien und die Wiedererrichtung, S. 211; der Vorschlag wurde mindestens der amerikanischen Delegation, vielleicht auch der Konferenz dennoch vorgelegt: Bader, Österreich in Potsdam, S. 212 mit Anm. 35 meint ohne Begründung auch das letztere. Er wurde aber,

den bekanntgewordenen Quellen zufolge, nicht erörtert. – Die Quellenstelle bei Wagnleitner lautet im Anschluß an das Zitat: »It was agreed that this further suggestion might be raised at the meeting of Foreign Secretaries but that it should not be pressed if it seemed likely to endanger the main decision already reached, that no reparations should be exacted from Austria.«

33 Wagnleitner, Großbritannien und die Wiedererrichtung, S. 213.

34 Wagnleitner, Großbritannien und die Wiedererrichtung, S. 211, faßt zusammen, in der Sitzung sei auch über die »Kontrolle der Konfiszierung des Deutschen Eigentums« gesprochen worden.

35 Vgl. dazu Anmerkung 8.

36 Vgl. oben Anmerkungen 27–31. Als schwache Politik ist es naturgemäß auch anzusehen, daß die Westdelegierten die Frage der Interessenwahrung auf dem Erdölgebiet auf die Zeit nach der Konferenz verschoben und auch zuvor offenbar keinerlei Sanktionen in Aussicht gestellt, sondern nur rechtswahrende Proteste ausgesprochen hatten.

37 Jerchow, Deutschland in der Weltwirtschaft, S. 166 ff.; Aichinger, Sowjetische Österreichpolitik, S. 132 f. ist der Ansicht, daß die Sowjets in Osteuropa nichts anderes getan hätten als die Westmächte gegenüber der Schweiz und Schweden. In diesen Ländern hatte aber keine durch deutsche Waffengewalt unterstützte Kapitalüberfremdung stattgefunden; hier dürfte es kaum unrechtmäßig entstandenes »Deutsches Eigentum«, wie in Österreich, gegeben haben. – Jerchow, S. 139, betont mit Recht das starke Interesse der USA an deutschen Devisenguthaben und Auslandsinvestitionen, um hier »direkt an die Stelle Deutschlands zu treten und ausländische Absatzmärkte ... für die eigene Exportindustrie zu erlangen«.

38 Stanley, Great Britan and the Austrian Question, S. 393; nachgewiesen durch Anweisung des War Office nach Wien vom 14. Oktober 1945.

39 Wagnleitner, Großbritannien und die Wiedererrichtung, S. 214 mit Anm. 75 (undatiert, vermutlich zwischen September und November 1945 einzuordnen).

40 Stettinius an Winant, 5. und 10. April 1945, FRUS 1945, vol. III, S. 47 und 59, dazu Bollmus, Staatliche Einheit, S. 685. Klambauer, Frage des Deutschen Eigentums, S. 152–155, hier S. 155, übersieht bei der Interpretation der gleichen Stelle den sowjetischen Druck und die physische Anwesenheit der Roten Armee in Osteuropa als Ursache dafür, daß die USA einem Reparationsprinzip für Österreich überhaupt zustimmten, wobei sie es auf Rüstungsdemontagen einzuschränken versuchten. Außerdem wünschten sie die Londoner EAC-Verhandlungen nicht durch die Verweigerung dieses Prinzips aufzuhalten. Vgl. auch oben Anmerkung 7 und Klambauer, S. 164.

41 Stanley, Great Britain, S. 393, nach einem Schreiben aus der Treasury vom 9. November 1945. Ähnlich will Byrnes allenfalls die Demontage

von Rüstungsfabriken in Österreich zulassen, aber nicht so weit, daß sich dieses als ein »punishment of Austria« auswirke (an Caffery, 26. Oktober 1945, FRUS 1945, vol. III, S. 1362 f.), Klambauer, Frage des Deutschen Eigentums, S. 165, macht daraus in absoluter Umkehrung eine Bestrafungsabsicht gegenüber Österreich.

[42] Theodor Veiter, Probleme des »Deutschen Eigentums« in Vorarlberg, in: *Berichte und Informationen*, 3 (1948), Heft 117, S. 1–5, auf den sich mangels anderer Quellen die Darstellung bei Klambauer, Die USIA-Betriebe. phil. Diss. Wien 1978, S. 85 f. und S. 203–206 sehr wesentlich stützt, stellt nicht die Frage, ob, und wenn ja, in welchem Umfange die Abtransporte aus der französischen Zone aus Maschinen bestanden, die die deutsche Wehrmacht einst als »Kriegsbeute« aus Frankreich und anderen Ländern entführt hatte. Vgl. dazu Karl Hendrich, Die wirtschaftliche Durchdringung durch Deutschland. Diss. Hochschule für Welthandel, Wien 1948, S. 101. Veiter, S. 1, widerspricht übrigens dem offenbar seinerzeit weit verbreiteten Urteil, »daß die russische und die französische Besatzungsmacht im Hinblick auf die Demontagen gegenüber Österreich in vollkommen gleicher Weise vorgegangen seien«. Das sei »sicher falsch«. Detaillierte Untersuchungen fehlen nach wie vor. Vgl. Anm. 43.

[43] Der Gesichtspunkt wird stark betont bei Klambauer, Die USIA-Betriebe, S. 192–207, wobei zu ergänzen wäre, daß Treuhänderschaft die Bewegungsfähigkeit gegenüber dem Eigentum stark einschränkt. Die westlichen Besatzungsmächte waren, solange die Rechtslage als ungeklärt gelten mußte, für die Erhaltung der entsprechenden »deutschen« Werte verantwortlich. Klambauer, S. 198, zitiert beifällig Chruschtschows Bemerkung in Wien vom 1. Juni 1960, die UdSSR habe in der Besatzungszeit keineswegs damit begonnen, »Milliarden Schilling auf Sonderkonten zu horten, wie dies einige Staaten getan hätten ...«. Gemeint waren offenbar Gewinne aus den treuhändisch verwalteten Betrieben; gegen diese Praxis war außer bei Veruntreuung aber nichts einzuwenden. Über praktische Fälle der Treuhandverwaltung neuerdings: Arno Einwitschläger, Amerikanische Wirtschaftspolitik in Österreich 1945–1949. Graz–Wien–Köln 1986, S. 42–50. Daraus ergibt sich, daß die Besatzungsmacht in die Verwendung des »Deutschen Eigentums« zwar politisch, nicht aber im Sinne eigener, materieller Interessen eingriff.

[44] Walter Wodak, Diplomatie zwischen Ost und West, Graz–Wien–Köln 1976, S. 329, zuerst erörtert bei Stourzh, Staatsvertrag, S. 35. Vgl. oben Anmerkung 6.

[45] FRUS Berlin, vol. II, S. 567, 579.

[46] FRUS Berlin, vol. II, S. 954 f., vgl. Bader, Österreich in Potsdam, S. 214.

[47] FRUS Berlin, vol. II, S. 464 und Bader, Österreich in Potsdam, S. 222, Anm. 37.

[48] FRUS Berlin, vol. II, S. 932, Pkt. 3; der zugrundeliegende Antrag der USA vom 30. Juli 1945 (ebenda, S. 961) befaßte sich wieder nur mit den

Neutralen, der sowjetische vom 31. Juli (ebenda, S. 1593 f.) nur mit dem
30 %-Anspruch der UdSSR. Die vorhandenen Berichte des Economic
Subcommittee vom 1. August 1945, 13 Uhr (ebenda, S. 827, 963 f) enthalten keine Mitteilung über eine Diskussion der Materie. Beherrschend
waren die Neutralen und die »First-Charge-Principle«-Frage. Für die unten hypothetisch erörterte Absprache wäre dann allenfalls die Zeit zwischen dem Ende der Ausschußsitzung und dem Beginn der Sitzung der
Regierungschefs, d. h. etwa zwischen 13 und 16 Uhr des 1. August 1945
in Frage gekommen.

[49] Von dem Gesichtspunkt, daß die Bemerkung Bevins nur mündlich erfolgte und nur durch einen Zeugen überliefert ist, sieht der Verfasser hier
einmal ab.

[50] Nübel, Amerikanische Reparationspolitik, S. 207.

[51] Nübel, Amerikanische Reparationspolitik, S. 206, dort gestützt auf eine
Instruktion für die Potsdam-Delegation der USA: FRUS Berlin, vol. I,
S. 452 f.

[52] Nübel, Amerikanische Reparationspolitik, S. 207, vgl. S. 186.

[53] Vgl. Anm. 45. Dazu Werner Link, Zielperspektiven in der amerikanischen Deutschlandpolitik der frühen Nachkriegszeit, in: *Zeitgeschichte 5*
(1977/78), Heft 1, S. 2–12, hier S. 4.

[54] Nübel, Amerikanische Reparationspolitik, S. 206; Jerchow, Deutschland in der Weltwirtschaft, S. 164.

[55] Vgl. Byrnes, Speaking Frankly, S. 86 f. und 162 f.

[56] Wagnleitner, Großbritannien und die Wiedererrichtung, S. 213.

[57] Byrnes, Speaking Frankly, S. 162 f.; bezeichnenderweise nennt Byrnes
die Bestimmung über das »Deutsche Eigentum« ein »loophole«. Zum
folgenden: Byrnes an Berry, Bukarest, 4. Sept. 1945, vol. V, S. 658 f.; Erhardt, Wien, an Secretary of State, 4. Sept. 1945, FRUS 1945, vol. III,
S. 582, Anm. 64.

[58] FRUS Berlin, vol. II, S. 964–968, Nr. 1003: US-Entwurf für ein entsprechendes Kontrollratsgesetz zur Sicherung der oben (vgl. Anmerkungen 9
und 46–48) erörterten Ansprüche. Bader, Österreich in Potsdam, S. 216
erklärt, der Entwurf sei »durch einiges Unbehagen« verursacht worden,
das Truman hinsichtlich des pauschalen wirtschaftlichen Beschlusses gefühlt habe. Leider fehlt für die These vorerst der Beweis. Daß der Entwurf »den Begriff der ›deutschen Vermögenswerte‹ mit all jener Präzi-
sion, die im Protokoll von Potsdam so fehlte«, definiert hätte, hält der
Verfasser für übertrieben. Der Wortlaut erfaßte das Österreich-Problem
beim »Deutschen Eigentum« allenfalls mit der zitierten, allgemeinen
Qualifizierung.

[59] Vgl. oben Anmerkungen 11 und 44–49. Bader, Österreich in Potsdam,
S. 214 mit Anmerkung 53 zitiert für eine ähnliche Bemerkung allerdings
nur das kürzeste der drei Protokolle: FRUS Berlin, vol. II, S. 579. Vgl.
ebenda S. 567 und Teheran, Jalta, Potsdam, S. 364.

Josef Leidenfrost

Die Nationalratswahlen 1945 und 1949: Innenpolitik zwischen den Besatzungsmächten

I.

»Zur Stunde hindert uns der Umstand, daß so viele unserer Männer aller Altersstufen noch im Felde stehen, so viele kriegsgefangen oder verschollen sind, daß der Kampf gegen Hunger und Seuchen unsere nächste Pflicht ist und keine Minute Unterbrechung duldet, dieser Umstand hindert uns, sofort Neuwahlen auszuschreiben. Aber wir nehmen die heilige Verpflichtung auf uns, sobald nur irgend möglich, das Volk zu freien demokratischen Wahlen aufzurufen, damit es eine definitive Regierung bestellt.«[1]

Mit diesen Worten gab Staatskanzler Karl Renner als Chef der Provisorischen Staatsregierung am 29. April 1945 bei einer Rede in Wien erstmals öffentlich die Absicht bekannt, daß Österreich zum Prinzip der Volkssouveränität zurückgeführt werden sollte, sobald es die Umstände im kriegszerrütteten Land erlauben würden.

Dieser eindrucksvollen Kundgebung, die auf der Rampe des Parlamentsgebäudes in Wien – übrigens im Beisein hoher sowjetischer Offiziere – stattfand, waren drei sehr wesentliche Beschlüsse des Kabinettsrates vom 27. April 1945 vorausgegangen: die Proklamation der staatlichen Unabhängigkeit, die Einsetzung einer »Provisorischen Staatsregierung« sowie deren Regierungserklärung. Demnach war mit der Unabhängigkeitserklärung »die demokratische Republik Österreich ... wiederhergestellt« und die Provisorische Staatsregierung »mit der Aufgabe, die selbständige und unabhängige Republik Österreich auf den Trümmern des Hitlerregimes wieder aufzurichten« betraut worden.[2] Im Selbstverständnis der »Gründerväter« war damit deutlich, daß ein seinerzeit zugrunde gegangener Staat nunmehr wiedererrichtet worden war. Mit Karl Renner an dessen Spitze und etlichen Staatsekretären (= damalige Bezeichnung für Minister) innerhalb seiner Provisorischen Staatsregierung, die schon vor 1934/1938 politische Ämter ausgeübt hatten, war ein großes Maß an personeller Kontinuität zur Ersten Republik gegeben.

In tagelangen, vor dieser öffentlichen Erklärung und den »staatsgründenden« Regierungsbeschlüssen geführten Verhandlungen zwischen Vertretern der ebenfalls soeben erst begründeten drei Parteien SPÖ, ÖVP und KPÖ war Einigung über die personelle Zusammensetzung dieser Regierung erzielt worden. Von der sowjetischen Besatzungsmacht waren den Parteigründern nahezu keine Schwierigkeiten bei ihren Aktivitäten gemacht worden.[3]

Durch die Dreiparteien-Regierung war das durch den im Osten Österreichs beginnenden Zusammenbruch des »Dritten Reiches« entstandene Machtvakuum zwar relativ rasch aufgefüllt worden, doch hatten sich die Parteien damit über den eigentlichen Souverän, das Volk, hinweggesetzt, die Parteien gab es somit *vor* dem Staat. Renner schrieb Monate später in einer viel beachteten Broschüre die Überlegungen nieder, warum sich die Politiker am Beginn der Zweiten Republik zu diesem Schritt berechtigt gefühlt hatten, aus jenem Grund nämlich, daß die politischen Parteien in Österreich über den Nationalsozialismus hinweg in den Massen fortgelebt und sie im April 1945 noch genügend anerkannte Vertrauensmänner besessen hätten, um selbst als Vertretung des Volkes zu handeln und eine Regierung zu bilden.[4]

Von den vier alliierten Armeen, die zum Zeitpunkt der oben erwähnten Ereignisse in Wien mit der Besetzung Österreichs begannen und im Begriffe waren, eine Verwaltungsorganisation Österreichs mittels Militärregierung einzurichten, war nur eine, nämlich die sowjetische, vor Ort anwesend. Die drei westlichen Mächte, Amerikaner, Briten und Franzosen, sie hatten gerade erst die Grenzen Österreichs überschritten oder waren kurz davor, blieben zum politischen Geschehen in Wien noch monatelang auf kritischer Distanz, bis in den Hochsommer 1945 hinein auch im geographischen Sinne.

Die vier alliierten Besatzungsmächte kamen mit verschiedenen Einstellungen, daher auch Konzepten und Befehlen nach Österreich – am härtesten die britische Haltung, am laxesten die französische, dementsprechend differenziert war in den entstehenden Besatzungszonen die Behandlung der ersten politischen Aktivitäten ebendort.[5]

Aufgrund unvorhersehbar gewesener militärischer Ereignisse war besonders im Befehlsbereich der amerikanischen Besatzungsmacht die Exekutierung einander widersprechender und daher mehrmals erneuerter – nichtsdestotrotz rigider – Richtlinien in Tirol, Salzburg und Oberösterreich verwirrend für die Bevölkerung.[6]

Als unglaubliches, zugleich sehr drastisches Beispiel sei hier das sogenannte »Beflaggungsverbot« aus dem Frühjahr/Sommer 1945 herausgegriffen, aus einer Zeit, in der sich so mancher regionale US-Kommandeur wahrlich wie ein »Konsul im Hinterland des Römischen Reiches« aufführte. Einer von ihnen, Russell A. Snook, verfügte so mittels Vollzugsbefehl Nr. 7 am 29. Mai 1945 tatsächlich, wegen seiner Unglaublichkeit sei ausführlich zitiert, folgendes:

»Da die Befreiung von Österreich durch die Alliierten Streitkräfte zu einem spontanen Ausbruch von patriotischen Gefühlen führte, was sich in der Beflaggung mit den nationalen österreichischen Farben äußerte, und da das Oberkommando der Alliierten Befehlsstreitkräfte dementsprechend angeordnet hat, daß keinerlei Fahnen mit Ausnahmen derjenigen der Alliierten Armeen von nun an öffentlich ausgehängt werden dürfen, und daß alle übrigen ab sofort einzuziehen sind, habe ich, Oberst Russell A. Snook, CMP Kommandant der Militärregierung, Detachment E1I3, befohlen: 1. Die sofortige Einziehung von allen Bannern, Flaggen, Fähnchen und anderen Emblemen, die das Symbol irgendeiner Nation mit Ausnahme derjenigen der Alliierten Streitkräfte darstellen, in strenger Übereinstimmung mit den Direktiven des Oberkommandos zu veranlassen ...«[7]

Dieses Verbot kam aus großem Unverständnis gewisser Kreise der US-Besatzungsmacht für die unmittelbare Nachkriegssituation auf lokaler Ebene. Es stieß auf große Opposition bei den Betroffenen, bis es schließlich im August 1945 aufgehoben wurde.

Distanziert und skeptisch verhielten sich die Amerikaner gegenüber spontanen regionalen politischen Regungen in Salzburg, wo es lediglich ab dem 10. Juni 1945 eine von der Besatzungsmacht bestätigte Landesregierung gab, und in Oberösterreich, wo erst nach dem viermonatigen Zwischenspiel einer »unpolitischen Beamtenregierung« im September 1945 eine von beiden Seiten akzeptierte Volksvertretung zu arbeiten beginnen konnte.[8] Einer der Gründe für derartige Schwierigkeiten bei der Anerkennung der Legitimität selbsteingesetzter regionaler Verwaltungen (sowohl auf Bezirks- als auch auf Landesebene) war sicherlich jener Befehl, der der 6. und 12. US-Armeegruppe vom für Österreich zuständigen Europa-Hauptquartier mit auf den Weg gegeben worden war, wo es hieß:

»Any self styled Provisional Government of Austria, established without the approval or recognition of all of the four governments of the occupying powers, will NOT repeat NOT be treated by you as possessing any authority.«[9]

Und selbst jenen Einzelgruppen, die den Oberbefehl der besetzenden Truppen anerkannten, wurde lediglich zugestanden, in der Verwaltung »verwendet zu werden«. Befehle wie dieser sind eigentlich nur durch das Bestreben der Amerikaner um Aufrechterhaltung der Sicherheit ihrer Truppen erklärlich.

Zur Verbreitung politischer Nachrichten wurden in allen Bundesländern von allen Alliierten sehr rasch parteiunabhängige Zeitungen gegründet, die aber von den Besatzungsmächten selbst geführt und streng kontrolliert wurden.[10] In einer Zeit, da in der US-Zone noch nicht einmal die rot-weiß-roten Farben gehißt werden durften, setzten die sowjetischen Militärbehörden in Wien im Juli 1945 konkrete Schritte, um das Wiedererscheinen von Parteizeitungen zu ermöglichen, ein weiterer sehr wesentlicher Schritt zur »Re-Demokratisierung« des politischen Lebens.

Nach seiner Unterredung mit Oberst Pitersky vom sowjetischen Hauptquartier in Wien teilte Staatskanzler Renner – wahrscheinlich Ende Juli – seinen Staats- und Unterstaatssekretären mit, daß die Freigabe je einer Zeitungsdruckerei für die drei Parteien unmittelbar bevorstehe, »darüber mögen Vereinbarungen mit den Parteien getroffen und das Ergebnis mitgeteilt werden. Die bezeichneten Betriebe sollen geschont bleiben, [womit offensichtlich die Schonung vor eventuellen sowjetischen Demontagen gemeint ist, denn:] im übrigen ist der Bedarf Rußlands an solchen Maschinen [i. e. Rotationsmaschinen] groß«.[11]

Am Sonntag, den 5. August 1945 war es dann soweit. In der Bundeshauptstadt erschienen die ersten Nummern der »*Arbeiterzeitung*« (SPÖ), des »*Kleinen Volksblattes*« *(ÖVP) und der »Österreichischen Volksstimme*« (KPÖ). Die Parteien hatten damit erstmals seit langem, im Falle der »*AZ*« nach elf Jahren (!), die Möglichkeit, ihre politischen Ansichten einem großen Kreis bekanntzumachen, die stark ideologisierende Berichterstattung wurde rasch zu einem bestimmenden Element der österreichischen Innenpolitik der frühen Nachkriegszeit. Markant ist dabei, daß Parteizeitungen in den Bundesländern erst Monate, nachdem solche in Wien etabliert worden waren, erscheinen konnten.

Aus den »*Salzburger Nachrichten*«, einem im Juni 1945 von den Amerikanern gegründeten parteiunabhängigen Blatt, ist ein damals offensichtlich bei Zeitungslesern auftretendes Phänomen besonderer Art ersichtlich. Die Leserschaft verfügte für eine solche Zeitung nach Jahren der gleichgeschalteten NS-Presse noch nicht über die notwendige Aufnahmefähigeit für das, was sie dort lesen konnte, vor allem *durfte*. In der Ausgabe der »Salzburger Nachrichten« vom 23. Juni 1945 hieß es:

»Auf zahlreiche Anfragen und Zuschriften aus unserem Leserkreis teilen wir folgendes mit: Die SN sind ein Nachrichtenblatt der amerikanischen Streitkräfte für die österreichische Bevölkerung. Sie bringen streng sachliche Berichte aus aller Welt, ohne sich irgend welcher Parteirichtung anzuschließen. Dem Leser, der Jahre hindurch keine Möglichkeit hatte, sich ein objektives Weltbild zu formen, soll hier, nach demokratischen Grundsätzen, Gelegenheit geboten sein, sich selbst ein Bild der Lage zu machen.«[12]

II.

Anfang September 1945 endlich wurde der von allen vier Mächten konstituierte Alliierte Rat mit seinen Nebenorganisationen in Wien installiert. Die beiden wichtigsten unerledigten Fragen auf der Tagesordnung in dessen erster Sitzung am 11. September 1945 waren: die Zulassung und Tätigkeit politischer Parteien sowie die Abhaltung von freien Wahlen in Österreich zum ehestmöglichen Zeitpunkt. Es gibt etliche Anzeichen dafür, daß von österreichischer Seite in beiden Fragen versucht wurde, auf die Besatzungsmächte, die sich sofort mit Zusammentreten des Alliierten Rates als eine Art »Superregierung« etablierten und das politische Leben zentral reglementierten, Einfluß zu nehmen[13] In der Proklamation des Alliierten Rates an das österreichische Volk vom 11. September 1945 wurde schließlich verkündet:

»Die Alliierten Behörden werden den demokratischen Parteien die Freiheit lassen, durch die Presse, den Rundfunk und in Versammlungen ihre politischen Anschauungen kundzutun, als einen wesentlichen Schritt zur Abhaltung freier Wahlen. Diese Wahlen werden stattfinden, sobald die nötigen Bedingungen gegeben sind.«[14]

Mit dem Beschluß über »Politische Aktivitäten demokratischer Parteien in Österreich« in derselben Sitzung des Alliierten Rates wurde die wesentlichste Bedingung zur Erreichung dieses genannten Zieles geschaffen: die schon längst fällige Vereinheitlichung der österreichi-

schen Parteienlandschaft, also die Ausdehnung der Zulassung der
drei bestehenden politischen Parteien SPÖ, ÖVP und KPÖ auf das
gesamte Bundesgebiet. Die Veröffentlichung des Beschlusses des Alliierten Rates über die Zulassung politischer Parteien – eigentlich
nur noch ein Formalakt – ist als inoffizieller Startschuß zum Wahlkampf für die Nationalratswahlen 1945 gewertet worden.[15] Der
»Parteienerlaß« selbst wurde zum (von den Alliierten verordneten)
innenpolitischen Regulativ für die nächsten vier Jahre, entwickelte
sich aber in dieser Zeit schließlich zu einem impraktikablen Kon-
troll-Instrumentarium, das in der Diskussion um die Zulassung einer
Vierten Partei 1948/49, nicht zuletzt durch vielfache österreichische
Initiativen, »demontiert« werden sollte.

Bemerkenswert zu diesem sehr späten gemeinsamen Vorgehen der
Alliierten in Österreich ist im Vergleich dazu eine Erklärung der vier
Mächte über die *Parteien in Deutschland* im Potsdamer Abkommen
vom 2. August 1945. Dort hieß es mehr als einen Monat vor der
Kundmachung des Alliierten Rates in Wien, die Parteien in
Deutschland sollten »erlaubt und gefördert« werden.[16] Auf die Situa-
tion der Parteien in Österreich fehlte in Potsdam jeder Bezug; dies in
Parenthese.

Noch waren nicht alle großen Hürden auf dem Weg zur Abhaltung von Wahlen überwunden. Für die westlichen Besatzungsmächte
waren seit Bekanntwerden der Zusammensetzung der Renner-Regierung sowohl deren Repräsentativcharakter als auch die starke
Vertretung von Kommunisten darin Steine des Anstoßes.[17] Vor allem störte, daß der kommunistische Staatsekretär für Inneres, Franz
Honner, alleine die Durchführung der Wahlen überwachen hätte
sollen.[18]

Um den Westmächten ihre Skepsis zu nehmen, forcierte Staatskanzler Renner in den Tagen nach dem ersten Zusammentreten des
Alliierten Rates den Plan zur Abhaltung einer Konferenz in der
Bundeshauptstadt unter Beteiligung von Bundesländervertretern und
hatte schließlich auch Erfolg.[19] In der vorletzten Septemberwoche
trat im niederösterreichischen Landhaus in Wien die sogenannte
»Erste Länderkonferenz« zusammen. Als wichtigste Resultate im
Zusammenhang mit den geplanten Wahlen kamen die Festlegung
des Wahltages, nämlich des 25. Novembers, sowie die Einsetzung –
und damit »Entmachtung« Honners – einer fünfköpfigen Wahlüber-
wachungskommission (2 SP-, 2 VP-, 1 KP-Vertreter) zustande.[20]

Die politischen Parteien hatten zu diesem Zeitpunkt mit den Vorbereitungen zum Wahlgang schon begonnen. In den Parteizeitungen waren bereits erste einschlägige Artikel erschienen, wenn auch noch mit unterschiedlicher Stoßrichtung. Während unmittelbar nach Bekanntwerden der Parteienzulassung durch die Alliierten die *»Arbeiterzeitung«* für die Sozialistische Partei bereits den Beginn intensiver Wahlvorbereitungen meldete,[21] wurde in der kommunistischen *»Österreichische Volksstimme«* zwar der alliierte Parteienerlaß als *eine* der Voraussetzungen, die an Wahlen *denken* ließen, begrüßt, gleichzeitig aber vor einem allzu frühen Wahltermin gewarnt. In einem mit »Demokratie« betitelten Leitartikel hieß es dann: »Noch sind demokratische Wahlen in Österreich nicht möglich. Noch gilt es, auf weiten Gebieten Schutt wegzuräumen, ehe man an den Aufbau gehen kann.«[22]

Als Gründe für eine solche Ablehnung eines 1945-Wahltermines durch die Kommunisten wurden damals der mangelnde Organisationsgrad der Partei sowie technische Probleme (Anlegen von Wählerverzeichnissen) angegeben.[23] Es waren wohl eher Befürchtungen um mögliche negative Auswirkungen der engen Verbindungen mit der in den Anfangstagen der Besetzung sehr unangenehm in Erscheinung getretenen Roten Armee bzw. um Identifikation der KPÖ als »Russenpartei«, die die Kommunisten auf eine Verschiebung der Wahlen argumentieren ließen.[24] Nach »ernsten Konflikten« zwischen sowjetischen Stellen und der KPÖ war aber auch die kommunistische Partei nach einer Woche auf die Befürwortung eines noch in das Jahr 1945 fallenden Wahltermins eingeschwenkt.[25]

Schwerwiegender in der nur mehr kurzen Zeit bis zum Wahltag wog die Frage der Zulassung der ehemaligen Nationalsozialisten zu den Wahlen. Karl Renner hatte sich schon im April 1945 unmißverständlich für eine Aberkennung der bürgerlichen Ehrenrechte aller Nationalsozialisten ausgesprochen, zu einem Zeitpunkt als er noch nicht einmal Staatskanzler war.[26] Und in der Tat hatte die Provisorische Staatsregierung bis zur Installierung des Alliierten Rates in Wien schon eine Reihe legislativer Maßnahmen gegen »Ehemalige« gesetzt. Dazu zählten das Verbotsgesetz vom 8. Mai 1945, die Verordnungen zur Registrierung vom 11. und 30. Juni 1945, das Kriegsverbrechergesetz vom 26. Juni 1945, die Verordnung zur Durchführung des Verbotsgesetzes vom 22. August 1945 sowie das sogenannte Wirtschaftssäuberungsgesetz vom 12. September 1945.[27]

Jetzt, da der Wahltermin feststand, drängte die Klärung der Frage des zu den Wahlen zugelassenen bzw. von den Wahlen ausgeschlos-

senen Personenkreises. Sie war Hauptgegenstand der sogenannten
»Zweiten Länderkonferenz« vom 9. bis 11. Oktober 1945 in Wien.
Mit einem klar negativen Standpunkt gingen die Sozialisten in diese Konferenz: Solche Nazis, die nach dem Anschluß von 1938 der
Partei beigetreten waren, sollten für fünf Jahre vom allgemeinen
Wahlrecht ausgeschlossen bleiben, den illegalen Nazis, also jenen,
die schon vor 1938 Parteimitglieder waren, sollten auf Lebzeiten die
Bürgerrechte aberkannt werden.[28] Ein eindeutig ablehnender Standpunkt zum Nationalsozialistenproblem wurde auch von den Kommunisten eingenommen. Weniger klar war die Haltung der Volkspartei. Nach Ansicht der ÖVP sollte man zu verhindern trachten,
daß durch eine Diskriminierung der sogenannten Mitläufer (»nominal Nazis«) eine dauernde Spaltung der österreichischen Innenpolitik herbeigeführt werde.[29]
Schließlich wurde nach dreitägigen Verhandlungen die Wahlordnung für die Wahlen 1945 verabschiedet, in der sich auch jener Paragraph befand, der »Personen, die in der Zeit zwischen dem 1. Juli
1933 und dem 27. April 1945 jemals der NSDAP als Parteimitglieder oder als Parteianwärter oder der SS oder der SA als Mitglieder
angehört haben« (sowie Mitgliedern der NSKK und NSFK) das
Wahlrecht aberkannte.[30] Das Problem des Ausschlusses und der
möglichen Rückführung eines beträchtlichen Teiles der Bevölkerung
vom politischen Leben war mit dieser Entscheidung zu einem per-
manenten der österreichischen Innenpolitik nach 1945 geworden.

III.

Der Wahlkampf begann auf Hochtouren zu laufen und war, so gut es
im vierfach besetzten Land ging, geordnet, wenn auch nicht unpro-
blematisch. Die Alliierten hielten sich zunächst nach außen hin zurück, hinter den Kulissen leisteten sie nicht unwichtige Hilfestellun-
gen. So war die KPÖ z. B. aufgrund sowjetischer Unterstützung in
der Lage, mit den meisten Plakaten an die Öffentlichkeit zu treten,
die ÖVP war am wenigsten präsent.[31] Auf Papierspenden waren alle
Parteien wegen der allgemeinen Papierkontingentierung angewiesen,
manchmal stand dazu dann ein Dankesartikel in der Zeitung zu lesen oder Staatskanzler Renner schrieb einen sehr warmen Dankesbrief an die spendable Besatzungsmacht.[32]
In der Spätphase des Wahlkampfes verdichteten sich spektakuläre

Aktionen zugunsten der Bevölkerung: Geldspende der Sowjets für die Oper, Wiedereröffnung der Donaubrücke bei Krems, 1 000 britische Lastwagen an die Gemeinde Wien, Wiederaufstellung des Grabmals Maximilians in der Innsbrucker Hofkirche durch die Franzosen, erste Kinderlandverschickung in die Schweiz mit amerikanischer Hilfe u. ä.[33]

Die Wahlreisen der Politiker waren wegen der mangelhaften Transportmittel anstrengend und wegen der Zonengrenzen kompliziert und konnten großteils ebenfalls nur mit Unterstützung bzw. unter Kontrolle der Besatzungsmächte durchgeführt werden. Der altersschwache Wagen des damaligen Unterstaatssekretärs im Kanzleramt, Karl Gruber, mußte nicht nur einmal von Sowjetsoldaten wieder flottgemacht werden.[34] Die Wahlreisen von Staatskanzler Renner Anfang November in die westlichen Bundesländer – sie wurden mit der Bahn unternommen – mußten den Amerikanern im voraus bekanntgegeben werden. Aus österreichischen Quellen ist das Tagesprogramm eines Wahlkampftages, des 11. Novembers 1945, von Staatskanzler Renner bekannt:

»Vormittags mit Kraftwagen von Linz nach Wels; 9.30 Uhr Versammlung in Wels; 11.30 Uhr Abfahrt von Wels-Bahnhof; 13.25 Uhr Ankunft in Salzburg-Hauptbahnhof, Empfang durch Landeshauptmann Schemel ..., Mittagessen in St. Peter; 14.30 Uhr Sitzung der Salzburger Landesregierung, Kartenausgabe (?) bei Oberstleutnant Watts; 16.00 Uhr Versammlung im Festspielhaus; Fahrt nach Hallein im Kraftwagen; 18.00 Uhr Versammlung in Hallein ...; 20.00 Uhr Abendessen gegeben vom Landeshauptmann, Nächtigung voraussichtlich in der Villa Himmler in Aigen ...[35]

Der Fortschritt der Wiederherstellung echter demokratischer Verhältnisse in den einzelnen Bundesländern, somit in den vier Besatzungszonen, gedieh indessen unterschiedlich. Die Abwicklung der bevorstehenden Wahlen bot den Alliierten Gelegenheit zu weiterer Liberalisierungsmaßnahmen genauso wie zu nochmaligen »Kraftakten« den Lokal(Gemeinde)- und Regional(Landes)verwaltungen gegenüber. In der französischen Zone wurden die politischen Parteien am 9. Oktober 1945 endgültig anerkannt, wichtig war dort auch die Freigabe der Versammlungstätigkeit.[36] Über die Zwischenstufen eines »politischen Beirates« anerkannte die US-Militärverwaltung für Oberösterreich noch vor den Wahlen eine provisorische oberösterreichische Landesregierung.[37] Im Bundesland Salzburg sorgte eine extensive Auslegung einer Bestimmung über die Entfernung ehemaliger Heimwehr- und Sturmscharen-Mitglieder durch die dortige Militärverwaltung für einiges Aufsehen.[38] Und in Kärnten griffen die britischen Besatzungsbehörden mittels Erlaß von Richtlinien für den Wahlkampf in denselben direkt ein.[39]

In Kärnten sollten schließlich auch – mit Zustimmung der Briten – zwei weitere Parteien zu den drei etablierten bei den Nationalratswahlen kandidieren: die »Osvobodilna fronta za Slovensko Korosko (Befreiungsfront für Slowenisch-Kärnten)« und die »Demokratische Partei Österreichs« – beide blieben aber ohne Bedeutung, letztere wurde nach den Wahlen verboten.[40]

Aus dem Wahlkampf 1945 rührt übrigens das berühmte Diktum Karl Renners über die vier alliierten Besatzungsmächte als die »vier Elefanten im Ruderboot«. Er stellte diesen Vergleich bei einer Wahlkundgebung im Bundesland Salzburg an, den Alliierten signalisierend, sie sollten den Österreichern ihre Geschicke selbst überlassen.[41] Es sollte noch ein sehr langer Weg bis dahin sein.

Die ersten Nationalratswahlen fanden am Sonntag, den 25. November 1945 statt, erstmals seit 1930 konnte ein Parlament in Österreich wieder frei gewählt werden. In manchen Wahlsprengeln Oberösterreichs war der Andrang zum offiziellen Wahlschluß noch so groß, daß die Wahlzeit verlängert werden mußte. Ähnliches war auch in Graz notwendig.[42] Eine sehr hohe Wahlbeteiligung gab es in St. Pölten (95 %) und in Wiener Neustadt (96 %), in einigen Vorarlberger Gemeinden betrug die Beteiligung sogar 100 %![43] Adolf Schärf schrieb später in seinen Memoiren von einem »starken Glücksgefühl«, das ihn und seine Freunde in der Nacht vom 25. auf den 26. November 1945 überkam, als man vom störungsfreien Ablauf und der hohen Beteiligung beim ersten Urnengang nach langjähriger Diktatur erfuhr. Für Schärf war klar: »Die Demokratie war wieder lebendig!«[44] Dennoch waren die Sozialisten vom Wahlergebnis, das ihnen keine absolute Mehrheit bringen konnte, sehr enttäuscht. Es stand am 27. November 1945 endgültig fest:

1 602 227 Stimmen (49,8 %) für die ÖVP, (85 Mandate),
1 434 898 Stimmen (44,6 %) für die SPÖ, (76 Mandate) und
   174 257 Stimmen (5,4 %), für die KPÖ, (4 Mandate).[45]

Die größte Überraschung an diesem Ergebnis war jedoch das besonders schlechte Abschneiden der KPÖ, das in einem solchen Ausmaß nicht erwartet worden war. Es war seither Gegenstand etlicher Analysen und Untersuchungen und wurde vom amerikanischen Historiker William Bader Anfang der 60er Jahre zum Anlaß genommen, den 45er-Wahlen den Topos »watershed elections« zu geben. Dieses Ergebnis war der großen Verliererin, der kommunistischen Partei, unwillkommener Anlaß zur Selbstkritik. Der Leitartikel in der »*Österreichischen Volksstimme*« am Tag nach der Wahl schloß folgendermaßen: »Wir haben eine Schlacht verloren, aber wir stehen erst am Anfang unseres Kampfes für Österreich. Und diesen Kampf werden wir gewinnen.«[46]

Die Konsequenzen aus der Wahl sind bekannt: eine Konzentrationsregierung aller drei Parteien mit einem sehr selbstbewußt auftretenden Bundeskanzler Leopold Figl und die volle diplomatische Anerkennung der neuen Regierung verbunden mit der Entsendung der ersten diplomatischen Vertreter in die Hauptstädte der vier Besatzungsmächte. Derweil blieben dieselben das kalendermäßig zweite Jahr *im Lande* und übten zumindest bis zum Zweiten Kontrollabkommen im Juni 1946 eine »totale Kontrolle« aus (Gerald Stourzh). Österreich wurde nach der eindeutigen Bestimmung seiner innenpolitischen Konstellationen durch die Wahlen, nach der Gewißheit einer starken antikommunistischen Mehrheit, zu einem wichtigen Objekt im Ringen um Einflußsphären in Mitteleuropa, zum Streitobjekt der Alliierten.

IV.

Dieses Ringen um Einflußsphären begann sich schon im Laufe der ersten Jahreshälfte 1946 klar auszuprägen, als sich die sowjetische Besatzungsmacht zuerst durch Einzelaktionen und dann durch den Befehl Nummer 17 Zugriff zu österreichischen Industrie-, Landwirtschafts- und Transportunternehmungen verschaffte; Aktionen, die wiederum eine Neuorientierung der amerikanischen Österreich-Politik einleiteten.[47] In diesem Zusammenhang sei auf den bislang unbekannten Plan von State Department-Beamten verwiesen, US-Außenminister James F. Byrnes nach seiner berühmten Stuttgarter Rede vom 6. September 1946 über die amerikanische Deutschland-Politik zur Bekräftigung einer geänderten Politik gegenüber Österreich auch zu einem ähnlich symbolhaften Auftreten in Wien zu gewinnen.[48] Die Rede sollte nie gehalten werden, Byrnes kam nicht nach Wien.

Dafür aktivierten aber österreichische Regierungsmitglieder seit dem Frühjahr 1946 ihre Reisetätigkeit vor allem ins westliche Ausland, in die Hauptstädte der alliierten Mächte. So reisten Vizekanzler Schärf und der SPÖ-Nationalratsabgeordnete Bruno Pittermann Ende März 1946 nach London, wobei in diesem Falle die von Walter Wodak aufgebauten Beziehungen zur damals in Großbritannien regierenden Labour Party sehr hilfreich waren;[49] Außenminister Karl Gruber fuhr Ende Mai nach Paris und London, um Österreichs Standpunkt in der Südtirolfrage darzulegen.[50] Es war auch der Aussenminister, der erstmals mit einem westlichen Staatsoberhaupt – wenn auch nur inoffiziell – zusammentraf: mit US-Präsident Harry S. Truman in Washington, D. C. am 28. Oktober 1946. Aus diesem Anlaß wurde vom State Department eine offizielle Erklärung über den Status Österreichs veröffentlicht. Darin hieß es, daß Österreich von nun an – zumindest für die USA – ein »befreites Land« sei.[51] Mit Reisen wie diesen suchten die Österreicher zunehmend direkt auf die jeweiligen Regierungen der in Österreich stationierten alliierten Mächte Einfluß zu gewinnen, um die Bevormundung durch die ausländischen Militärmächte zu Hause abzustreifen, so vor allem auch in innenpolitischen Fragen, aber um auch die anlaufenden Staatsvertragsverhandlungen zu »internationalisieren«.

Während sich im Herbst 1946 die allgemeinen Beziehungen der Westalliierten zu den Sowjets verschlechterten und die Westmächte die Positionen ihrer Österreich-Politik veränderten, sahen sich die Österreicher selbst einer wirtschaftlich immer schwieriger werdenden Situation im Inneren gegenüber, gekennzeichnet von gekürzten Lebensmittelrationen, Energieengpässen und Mangel sogar an Arbeitsbekleidung und Schuhen. Von den Kommunisten wurden Generalstreikdrohungen lanciert. Die Bundesregierung berief als drastische Maßnahme den Nationalrat für den 29. und 30. Oktober 1946 zu einer geheimen Sitzung ein, geändert konnte aber nichts werden.

Vor einer kommunistischen Betriebsräteversammlung forderte Johann Koplenig im November 1946 schließlich sofortige Neuwahlen. Sein Parteigenosse Ernst Fischer teilte kurze Zeit später in einem vertraulichen Gespräch einem amerikanischen Diplomaten mit, welche Minister auszutauschen seien, um die Gesprächsbasis mit den Sowjets wieder zu verbessern: Figl, Gruber, Graf, Krauland, Helmer.[52] Die KP-Parole von der einseitigen Orientierung der österreichischen Außenpolitik begann die Runde zu machen. Im März 1947, nach einem besonders strengen Winter, kam es zu ersten großangelegten, hauptsächlich von der KPÖ organisierten Hungerdemonstrationen.

Nach dem großen Mißerfolg der Moskauer Außenministerkonferenz vom März/April 1947, von der man sich österreichischerseits gänzlich illusorisch schon einen Durchbruch in der Frage eines Vertragsabschlusses erwartet hatte, passierte schließlich jene Annäherung gewisser ÖVP-Kreise an die KPÖ, die bald als »Figl-Fischerei« öffentlich bekannt werden sollte. Mit den Ereignissen in Ungarn im Hintergrund, der Ausschaltung der »Kleinen Landwirte-Partei«, der faktischen Machtübernahme durch die dortige KP, deklarierten sich SPÖ und ÖVP endgültig eindeutig in ihrer außenpolitischen Orientierung hin zu den Westmächten.

Dort war nur eine Macht in der Lage, ökonomischen Rückhalt zu geben, die allerdings auch eine besondere Abhängigkeit schuf, nämlich die Vereinigten Staaten. Der im Mai 1947 vollzogene Wechsel der US-Hochkommissare (von Mark Clark auf Geoffrey Keyes) sollte keine weitreichende Wirkung haben, vor allem auch, weil sich an der Politik der »Joint Chiefs of Staff«, der Vereinigten Stabschefs, nichts änderte. Ihrem neuen Repräsentanten in Österreich, Keyes, teilten die obersten Militärs Ende Mai 1947 unmißverständlich die weiteren Ziele amerikanischer Präsenz in Österreich mit.

»This Government continues to regard Austria as of the greatest strategic interest. We cannot afford to let this key area fall under exclusive influence of the Soviet Union, for if this should happen it would not only consolidate Soviet domination of Danubian and Balkan areas but would also weaken our position in Italy, Greece and Czechoslovakia. This Government will therefore continue to support in every feasible way, any government in Austria that preserves an independent or neutral orientation.«[53]

Die großen Regierungsparteien hatten sich eben erst »zu ihrer eigenen Überraschung« (so Vizekanzler Schärf über seine Partei, die SPÖ) im Lager Amerikas gefunden,[54] die amerikanischen politischen Entscheidungsträger machten Österreich zu einem tragenden Element in ihrer Mitteleuropa-Politik und die Staatsvertragsverhandlungen kamen nur kurz nach ihrem Beginn ins Stocken. Was dachten eigentlich die Österreicher selbst, was waren ihre hauptsächlichen Sorgen im zweiten Jahr der Besetzung?

Ein Bericht der amerikanischen Gesandtschaft über eine Meinungsumfrage und eine Interview-Serie mit österreichischen Politikern und Journalisten, durchgeführt Anfang Juli 1947[55], ergab, daß vier Monate nach den ersten Hungerunruhen und nur kurz nach einer großen, international Aufsehen erregenden Demonstration vor dem Bundeskanzleramt Anfang Mai, noch immer die Lebensmittel-frage jene war, die die Menschen als »basic preoccupations« am meisten bewegte (was bei einer Preissteigerung bei Fleisch im Monat Juni um 50 % nicht verwundern darf!). Über die Zukunft des Landes gaben sich die Befragten ähnlich besorgt, hier besonders über die wirtschaftliche Lage. Auf den Fortgang der Staatsvertragsverhand-lungen angesprochen meinte der Großteil, die Sowjets würden diese torpedieren. Am meisten besorgt für die unmittelbare Zukunft Öster-reichs gaben sich die Befragten aber über einen US-Truppenabzug vor einem solchen durch die Sowjetunion. Die Ereignisse in Ungarn und die Tatsache, daß die zur Marshall-Plan-Konferenz nach Paris eingeladenen Staaten Osteuropas von Moskau im letzten Moment an der Teilnahme gehindert wurden, ließen erstmals Gerüchte von ei-ner bevorstehenden Teilung Österreichs aufkommen, das durch die Anwesenheit der Besatzungsmächte in seinem östlichen Teil ja auch im direkten Machtbereich der Sowjetunion lag.

Neben der Tatsache, daß das Land zwei Jahre nach Beendigung des Krieges noch immer von den Alliierten besetzt war und ein ra-scher Abschluß eines Staatsvertrages aufgrund der auseinanderbre-chenden Kriegsallianz und allzu großer Differenzen in der Sache selbst (»Deutsches Eigentum«) so bald nicht zustande kommen wür-de, die Besatzungsmächte sich im Gegenteil für einen längeren Ver-bleib im Lande einzurichten begannen, war die zukünftige Entwick-lung der politischen Struktur des Landes nur unter alliiertem Einfluß möglich. Aus den Wechselwirkungen von alliierten Aktionen und österreichischen Reaktionen geriet im Jahr 1947 einiges in Bewe-gung.

Noch im Juni 1947 hatten sich die Amerikaner in einer internen Studie des State Department, betitelt »Prospects for a Fourth Party in Austria« mit dem Status quo der österreichischen Innenpolitik auseinandergesetzt.[56] Darin wurde festgestellt, daß die Situation seit 1945 – Kontrolle der Parteizulassungen durch die Besatzungsmächte – von der ÖVP am besten zur Konsolidierung ihrer Position genutzt worden war. Da die ÖVP andererseits aber als besonders inhomogen galt, vermuteten die amerikanischen Beobachter in ihr das größte Potential für eine mögliche Parteineugründung.[57]

Kritik am bestehenden System der bis dahin drei von den Alliier-ten zugelassenen Parteien kam – nicht von ungefähr – daher vor al-lem von der SPÖ (die sich von einer ÖVP-Abspaltung natürlich die Festigung der eigenen Position erhoffte). Artikuliert wurde diese Kri-

tik relativ früh, nämlich von SPÖ-Parlamentssekretär Bruno Pittermann in einem moderaten *»AZ«*-Artikel in Dezember 1946,[58] danach
in einem die westlichen Besatzungsmächte sehr hart attackierenden
Leitartikel in der Grazer *»Neuen Zeit«* vom 19. Februar 1947. Dort
schrieb Pittermann sogar, der Totalitarismus sei nicht ausgelöscht
worden, sondern lediglich durch drei geteilt worden, er bezeichnete
jede Behinderung der Gründung neuer Parteien als gegen die Verfassung gerichtet, ja sogar als Verletzung der Menschenrechte, die drei
Westalliierten beschuldigte er expressis verbis, daß ihre Beschlüsse
gegen neue Parteien im Alliierten Rat ihren eigenen, in ihren Ländern angewendeten Prinzipien zuwiderliefen.[59]

V.

Aufzubrechen begann die bestehende innenpolitische Struktur der
Regierungskoalition aller drei Parteien im Jahr 1947 gleich an mehreren Stellen: Beim SPÖ-Parteitag vom 23. bis zum 26. Oktober
1947 im Wiener Konzerthaus brachte der am linken Flügel der Sozialistischen Partei angesiedelte Erwin Scharf eine harte, gegen den
Koalitionspartner ÖVP gerichtete Resolution (»Resolution der 44«)
ein. Sie verfehlte zwar zunächst ihren Zweck, hatte aber die Hinaus-
drängung der Linkssozialisten aus der SP-Parteispitze zur Folge und
als Langzeitwirkung im Nationalratswahlkampf 1949 die Begründung des »Linksblocks«, das Zusammengehen der Linkssozialisten
auf einer Liste mit der KPÖ.[60]
Eine weitere »Bruchstelle« war der Rückzug der Kommunisten
aus der Konzentrationsregierung (vollzogen durch den Rücktritt des
Ministers für Energiewirtschaft und Elektrifizierung Karl Altmann)
aus Protest gegen den Beschluß der zweiten großen Währungsreform
seit Kriegsende Mitte November 1947. Dieser Rückzug war mit der
kommunistischen Ankündigung verbunden, die eigenen Reihen zu
stärken, die Massen zu sammeln und so eine politische Änderung
herbeizuzwingen.[61]
Zu einer folgenschweren innenpolitischen Veränderung, die die
Gründung einer neuen Partei als Höhepunkt hatte, haben 1947 die
Alliierten schließlich noch selbst erheblich beigetragen. Am 6. Februar 1947 wurde vom österreichischen Parlament das sogenannte
»Nationalsozialistengesetz« verabschiedet, nachdem es in den fünf

Monaten davor – von den Besatzungsbehörden erwirkt – 20 ein-
schneidende und 80 kleinere Abänderungen, insgesamt eine Ver-
schärfung des ursprünglichen österreichischen Entwurfes, erfahren
hatte.[62] Dieses Gesetz, das von den beschließenden Parteien selbst
kritisiert wurde, begann der unabhängige Salzburger Journalist und
Leiter des »Österreichischen Forschungsinstitutes für Wirtschaft und
Politik« Herbert Alois Kraus immer leidenschaftlicher anzugreifen,
da er darin »Verletzungen der Menschenrechte« ortete und Empö-
rung in ihm aufstieg, als er den Gesetzestext erstmals las.[63] Mit seinen Kommentaren wurde er rasch zur Speerspitze einer Kampagne,
in der den »Ehemaligen« die Wiedereingliederung in das politische
Leben ermöglicht werden sollte, sohin entstand ein Sammelbecken
für immerhin fast 550 000 Neuwähler. 1947 war Kraus lediglich
ein engagierter Journalist, Anfang 1949 letztlich Parteigründer.

Da sich beide großen Parteien von der Kandidatur neuer Parteien
Verluste beim jeweils anderen erhofften, taktierten sie in ihren Gesprächen mit den Alliierten daher auch dementsprechend. Die Ereignisse in der Tschechoslowakei im Februar 1948 ließen die Koalition
zwar noch einmal eng zusammenrücken und die Berlin-Krise wirkte
wie ein Schock,[64] aber je mehr Aktivitäten im Lande in Richtung
Partei-Neugründungen, und zwar nicht nur von Kraus, gesetzt wurden, umso egoistischer wurden auch die beiden großen Parteien. So
meinte der sozialistische Chef-Außenpolitiker Julius Deutsch am 1.
Juli 1948 während eines Arbeits-Mittagessens zu seinem amerikanischen Gesprächspartner Martin Herz, die gegenwärtige Größe der
ÖVP sei unnatürlich, neue Parteien, wenn erst einmal zugelassen,
könnten ihr schon bis zu 20 Mandate wegnehmen. Und wenn sich
neue politische Gruppierungen nicht zu einer größeren mit reinem
Nazi-Hintergrund zusammenschlössen, so werde es nicht nur eine,
sondern viele neue Parteien geben bei den nächsten Wahlen.[65] Wie
konträr doch, zufällig am selben 1. Juni, der ÖVP-Außenminister
Gruber! Er hatte einen anderen Angehörigen der US-Gesandtschaft,
Charles Yost, ins Außenamt auf den Ballhausplatz gebeten und von
der großen Gefahr für die politische Stabilität im Lande gesprochen,
die von neuen Parteien ausgehen könnte: »He [Gruber] admitted
frankly that part of his concern was due to the fact that any new parties which are likely to be formed would aim into the strength of the
People's Party primarily.«[66] Gruber beschwor die Amerikaner, jede
vor den Alliierten Rat gelangende Bewerbung einer politischen
Gruppierung um Zulassung als Partei so lange wie möglich hintan-

zuhalten. Plötzlich schienen sich die Besatzungsmächte zwischen den Parteien zu befinden und nicht mehr umgekehrt – wie noch vor zwei Jahren – die österreichischen Politiker zwischen den Alliierten.

Der sich entwickelnden Kontroverse der etablierten Pareien in der Frage der Zulassung neuer Parteien stand deren Einigkeit bei der Verabschiedung der sogenannten »Minderbelasteten-Amnestie« gegenüber. Sie wurde am 21. April 1948 (wie sehr wohl bereits wahltaktisch motiviert?) im Nationalrat beschlossen.[67] Zumindest das US-Hauptquartier in Österreich sah im zeitlichen Zusammentreffen dieser Minderbelasteten-Amnestie mit immer vehementeren Forderungen nach einer Aufhebung des Parteienerlasses eine direkte Ermutigung für nunmehr »pardonierte Nazis«, sich in einer Partei zusammenzuschließen: »On basis of this factor alone it would seem advisable to postpone any action to change status quo at this time.«[68] Womit das Problem der Parteienzulassungen zwar aufgeschoben, nicht aber aufgehoben war.

Nunmehr begann sich eine wahre Flut von neuen Ansuchen bzw. von neuen Anträgen früherer Bewerber auf das »Political Directorate« des Alliierten Rates zu ergießen. Namen wie »Österreichische Mittelstandspartei«, »Fortschrittliche Demokraten Österreichs«, »Österreichische Reformpartei«, »Freie Demokratische Partei Österreichs«, »Jungdemokratische Volksbewegung«, »Liberale Existenzpartei«, »Soziale österreichische Freiheitspartei« und ähnliche schienen dabei auf, manchmal handelte es sich um Aktionen von Einzelpersonen, nicht selten Querulanten, bisweilen stand doch eine größere Personengruppe hinter den obskuren Namen.[71]

Während die Sozialisten die Besatzungsmächte wegen ihrer ablehnenden Haltung Partei-Neuzulassungen gegenüber immer heftiger öffentlich kritisierten, so sprach Vizekanzler Schärf am 24. Oktober 1948 bei einer SPÖ-Versammlung in Freistadt (OÖ) von einer »Diskreditierung der Demokratie in Österreich« und davon, daß er keinen Unterschied mehr sehe zwischen Österreich und sogenannten Volksdemokratien, wenn Parteien nur mit Zustimmung ausländischer Mächte zugelassen werden könnten,[72] schritt der schon erwähnte aussichtsreichste potentielle Parteigründer, Herbert Kraus, zur Tat.[73]

Ende Oktober 1948 reiste er zur Auskundschaftung der Situation nach Wien in die Parteihauptquartiere der beide Großparteien, wurde aber nur von der Volkspartei empfangen. In seinem Gespräch mit dem ÖVP-Hauptreferenten für Organisation, Finanzen und Personalpolitik, Ferdinand Graf, kam Kraus schließlich zur Erkenntnis, tatsächlich eine eigene Partei zu gründen.[74]

Er tat dies, das Wort »Partei« auf Anraten des Verfassungsrechtlers Helfried Pfeiffer geschickt vermeidend, am 4. Februar 1949 in Salzburg und gründete einen Verein mit der Bezeichnung »Verband der Unabhängigen«.[75] Lakonischer Kurzkommentar von amerikanischer Seite dazu: »This is, of course, *the* Fourth Party and we may have to find a better ground for refusal than the fact that it does not enjoy enough support to justify recognition.«[76] Die Alliierten gerieten unter Zugzwang.

Zur Klärung der Frage von Partei-Neuzulassungen am weitesten gediehen waren die Kontakte der Sozialisten – nicht zu britischen Besatzungoffizieren in Wien, sondern – zu Abgeordneten der Labour Party in London. Ein Besuch in der britischen Hauptstadt im Jänner 1949 war von Vizekanzler Schärf vor allem dazu genutzt worden, um mit Außenminister Bevin über Partei-Neuzulassungen zu sprechen.[77] Auf dem Umweg über London und Washington sollte es in einer mühevollen Entwicklung mit einem langen Hin und Her zwischen den Besatzungsmächten, das auch von Unstimmigkeiten zwischen den politischen Vertretern und den Militärs innerhalb derselben gekennzeichnet war, mit beharrlichem Betreiben von Innenminister Helmer und einem ebensolchen Hintertreiben von ÖVP-Regierungsmitgliedern (Gruber, Figl) doch gelingen, die alliierte Zustimmung zu einem neuen Wahlgesetz zu erreichen, das am 18. Mai 1949 vom Parlament beschlossen worden war.[78] Diese Zustimmung, daß Parteien, die dem neuen österreichischen Wahlgesetz entsprachen, an den Nationalratswahlen 1949 auch teilnehmen konnten, wurde aber erst am 9. September 1949 erteilt (einen Monat vor dem Wahltag), der Parteienerlaß aus dem September 1945 war damit endgültig – wenn auch sehr spät –gefallen.[79] Schließlich traten neben dem VdU, dessen Entstehungsgeschichte in mehrfacher Hinsicht ein eher unrühmliches Kapitel der alliierten Konsensfähigkeit und Konzeption über die demokratische Festigung der österreichischen Innenpolitik darstellte, noch sechs weitere neue politische Gruppierungen zu den Wahlen an: die »Demokratische Partei Österreichs«, die »Demokratische Union«, die »Österreichische Patriotische Union«, die »Vierte Partei (Ergokraten)« sowie in Kärnten die »Demokraticna fronta delovnega ljudstva (Demokratische Front des Werktätigen Volkes)«.[80]

VI.

Der Wahlkampf hatte schon lange vor dem Beschluß der Wahlordnung durch das Parlament im Mai 1949 begonnen, inoffiziell sicherlich schon mit dem Bekanntwerden der Gründung des VdU im Februar.

Wirft man einen Blick auf die Themen der Wahlplakate, so waren sie bereits von den veränderten weltpolitischen Konstellationen geprägt. Die ÖVP-Parolen waren beherrscht von der »Roten Katze« gegen die drohende Volksdemokratie, eine ganze Plakatserie stellte die ÖVP unter das Motto »60 Kilometer von Wien«, um so den mittlerweile an den Ostgrenzen Österreichs heruntergegangenen »Eisernen Vorhang« ebenfalls als Thema einzubringen.[81] Die SPÖ hatte einen Mehrfronten-Kampf zu führen, da der im November 1948 aus der Partei ausgeschlossene Erwin Scharf gemeinsam mit den Kommunisten einen Wahlpakt abschloß und auf der Liste »Kommunisten und Linkssozialisten« kandidierte.[82] Beide, ÖVP und SPÖ, ja selbst die KPÖ, warben aber auch um ehemalige Nationalsozialisten.

Der VdU, hauptsächlich angetreten zur Entghettoisierung dieser »Ehemaligen«, führte einen dementsprechenden Wahlkampf – in unzähligen Zeitungsartikeln im Parteiblatt *»Neue Front«* sowie in einigen nahestehenden Bundesländerblättern,[83] vor allem aber mittels Großkundgebungen, die einen ungeheuer starken Zulauf hatten.[84]

Während der Wahlbewegung selbst kam es – anders als nach 1945 – in der Sowjetzone zu einigen aufsehenerregenden direkten Eingriffen der dortigen Besatzungsmacht, wie z. B. Mitte Juli, als die Ortskommandantur in Wiener Neustadt die Inhalte von Wahlreden bei einer geplanten ÖVP-Veranstaltung im vorhinein wissen wollte, was verweigert wurde, woraufhin die Sowjets die Kundgebung verboten.[85] Außerdem wurden in der sowjetischen Zone wiederholt ÖVP-Plakate eingezogen; wegen eines ganz bestimmten, es zeigte eine Europa-Landkarte mit einem Riesenkraken, der von Moskau aus seine Fühler über ganz Westeuropa ausstreckte, wurde Karl Gruber sogar ins Hotel Imperial zitiert.[86] Trotz sogenannter »Wahlkampf-Stillhalteabkommen« zwischen den drei alteingesessenen Parteien kam es wiederholt zu Zwischenfällen wie Zerstörung von Plakatwänden, Sprechchören und Pöbeleien. Der schwerste Zwischenfall ereignete sich am 21. September 1949 in Mödling, als ca. 500 kommunistische Aktivisten (großteils aus der Brunner Glasfabrik) das VP-Veran-

staltungslokal belagerten und das Auto von Bundeskanzler Figl mit
Steinen bewarfen und umstürzen wollten.[87]

Kommunistischen Störversuchen waren auch VdU-Veranstaltun-
gen ausgesetzt, bisweilen behinderten sogar sowjetische Soldaten die
Zugänge zu VdU-Versammlungslokalen.[88] Die ärgsten innenpolitischen Angriffe auf die aussichtsreichste neue Partei kamen von der
ÖVP, die durch den VdU naturgemäß arg in Bedrängnis geriet. So
sagte der wahlkämpfende ÖVP-Staatssekretär für Inneres Ferdinand
Graf bei einer Veranstaltung in Ried im Innkreis: »Im Kampf gegen
den VdU ist mir jedes Mittel recht ... Die ÖVP ist wachsam ... in
wenigen Tagen werde ich den gesamten Kraus-Apparat in die Luft
sprengen! Dann werden wir sehen, was dahinter steckt.«[89] Dem stand
sehr konkrete Wahlkampfhilfe der SPÖ an den Verband der Unabhängigen gegenüber: Letzterer konnte bei der SP-nahen Papierfabrik
Steyermühl in Oberösterreich teils auf Kredit, teils sogar gratis
Stimmzettel drucken lassen.[90]

Am Sonntag, den 9. Oktober 1949 waren die Österreicher zum
zweiten Mal seit der Wiederbegründung ihres Staates zu Nationalratswahlen aufgerufen. Wahlberechtigt waren 4,3 Millionen Menschen, um nahezu eine Million mehr als 1945. Unter den Neuwäh-
lern waren seit 1945 Eingebürgerte, aus der Kriegsgefangenschaft
Heimgekehrte, Jungwähler und auch mehr als 550 000 ehemalige
NSDAP-Mitglieder. Das Wahlergebnis stellte eine unerwartete, für
die beiden Großparteien unliebsame Überraschung dar: Auf die
ÖVP entfielen 77 Mandate (minus 8), auf die SPÖ 67 Mandate (minus 9); die KPÖ und Linkssozialisten, die gemeinsam kandidiert hatten, errangen 5 Mandate (plus 1) und auf den VdU entfielen sensa-
tionelle 16 Mandate.[91] Die Enttäuschung über den Wahlausgang
in den beiden großen Parteien war beträchtlich, umso zufriedener
war man natürlich beim VdU. Durch indirekte alliierte Mithilfe – ob
so gewollt oder nicht bleibe dahingestellt – war nunmehr eine weitere Partei neben den drei staatsgründenden Parteien von 1945 im Parlament vertreten.

Nach den Widrigkeiten bei der Entstehung neuer Parteien aus dem
demokratischen Potential des Landes und nach den endlosen Aus-
einandersetzngen für und gegen die Kandidatur einer Gruppierung
zur Reintegration der »Ehemaligen« gestand das amerikansiche Aus-
senministerium in einer offiziellen Erklärung zum Wahlergebnis
1949 den Österreichern politische Reife zu:

»The Austrian People, by freely expressing their political convictions in spite of the presence of foreign troops on their soil, have again demonstrated their political maturity and their united determination to protect their democratic institutions.«[92]

Aber war aus dem, was sich in den Jahren 1945 bis 1949 unter Aufsicht der Alliierten in Österreich herausgebildet hatte, nicht eine *verordnete Demokratie* geworden, von den Besatzungsmächten »angeordnet, anempfohlen, zugelassen, zugemessen, lizenziert und kontingentiert« (so Theodor Heuss 1948 über die Situation in Deutschland),[93] ergänzt durch den »Sündenfall der österreichischen demokratischen Parteien« (Oscar Pollak), den VdU?[94]

1945, in den Wochen nach der Besetzung Österreichs durch alliierte Truppen standen den regionalen Militärverwaltungen fast überall im Lande Vertreter einer Politikergeneration gegenüber, die noch durch die Erste Republik geprägt worden war. Sie nahmen alle einen »zweiten Anlauf« in der Selbstbestimmung bzw. Selbstdefinition des nunmehr wiedererstandenen Staates und wurden beim Aus- und Wiederaufbau demokratischer Institutionen nicht unwesentlich von den Besatzungsmächten behindert, sogar mehr von den Westmächten als von den Sowjets. In der Bevölkerung gab es einen nicht unbeträchtlichen Anteil von aus dieser Demokratie Ausgeschlossenen: geläuterte oder sich noch immer bekennende Anhänger des NS-Regimes, enttäuschte Idealisten, Mitläufer, »Märzveilchen«. Was fehlte, war ein ausreichendes Bewußtsein von der politischen Mitverantwortung für die bzw. Mitschuld an den Verbrechen der nationalsozialistischen Diktatur.

1949, in den Monaten unmittelbar vor der Gründung des VdU, soll Julius Raab gesagt haben: »Wenn Kraus zur Nationalratswahl antritt, macht er nicht einmal das Grundmandat. Und die Nazi! Die hol' ich mir selber.«[95] Im Kalten Krieg konnte oder wollte keine der alliierten Mächte für diese Quadratur des Kreises, nämlich hier die unvermeidbare Sammlung der »Ehemaligen« in einer Partei gegenüber dem Machterhaltungsanspruch der etablierten Koalition dort, eine Lösung anbieten.

Anmerkungen

[1] Hier zitiert nach *Neues Österreich*, 30. April 1945, S. 2
[2] Zitiert nach: Eva-Marie Csáky, Der Weg zu Freiheit und Neutralität.

Dokumentation zur österreichischen Außenpolitik 1945–1955, Wien 1980, S. 36

3 Wilfried Aichinger, Sowjetische Österreichpolitik 1943–1945, Wien 1977, S. 169

4 Karl Renner, Denkschrift über die Geschichte der Unabhängigkeitserklärung der Provisorischen Regierung der Republik Österreich, Wien 1945, S. 13

5 Siehe dazu: Wilhelm Wadl, Das Jahr 1945 in Kärnten. Ein Überblick, Klagenfurt 1985. Gabriele Hindinger, Das Kriegsende und der Wiederaufbau demokratischer Verhältnisse in Oberösterreich im Jahre 1945, Wien 1968; Dietlinde Löffler-Bolka, Vorarlberg 1945. Das Kriegsende und der Wiederaufbau demokratischer Verhältnisse in Vorarlberg im Jahre 1945, Bregenz 1975

6 Josef Leidenfrost, Die amerikanische Besatzungsmacht und der Wiederbeginn des politischen Lebens in Österreich 1944–1947, phil. Diss., Wien 1986, S. 252–280

7 Abgedruckt zwar erst in: *Oberösterreichisches Amtsblatt,* Jg. 1945, Folge 6 (17. August 1945), S. 43, verfügt aber praktisch bereits mit Einmarsch der US-Truppen; ein Beflaggungsverbot gab es auch in Kärnten, dort wegen der landesinternen Auseinandersetzungen um jugoslawische Gebietsansprüche; Wadl, Das Jahr 1945 in Kärnten, S. 36

8 Zu Salzburg: Leidenfrost, Amerikanische Besatzungsmacht, S. 479–498. Zu Oberösterreich: Hindinger, Kriegsende und der Wiederaufbau, S. 166 f.; neuerdings: Harry Slapnicka, Oberösterreich – zweigeteiltes Land 1945–1955 (Beiträge zur Zeitgeschichte Oberösterreichs Band II), Linz 1986, S. 57–63

9 Telegramm FWD 21291, SHAEF (Eisenhower) an 6. und 12. Armeegruppe, 12. Mai 1945. National Archives Washington, D. C. (NA)-RG 84-File 801.46 Occupation-Austria

10 Zum Bereich Massenmedien und Besatzungsmächte, vor allem die US-Besatzungsmacht, siehe Oliver Rathkolb, Politische Propaganda der amerikanischen Besatzungsmacht in Österreich 1945 bis 1950. Ein Beitrag zur Geschichte des Kalten Krieges in der Presse-, Kultur- und Rundfunkpolitik, phil. Diss. Wien 1981. Autobiographische Anmerkungen zur *»Arbeiterzeitung«* neuerdings in: Alois Piperger, Zu meiner Zeit. Ein Leben im Spiegel unseres Jahrhunderts, Wien 1988

11 Rundschreiben Renners »An alle Herren Staatssekretäre und Unterstaatssekretäre«, ohne Datum. Nachlaß Franz Rauscher, ohne Signatur. Ich bin Herrn Dr. Siegfried Nasko, St. Pölten, für die Überlassung dieses Dokumentes zu besonderem Dank verpflichtet.

12 *Salzburger Nachrichten,* 23. Juni 1945, S. 2

13 Die Einflußnahme der Österreicher auf die sowjetische Besatzungsmacht vermutet Reinhard Bollmus, Staatliche Einheit trotz Zonentrennung, Zur Politik des Staatskanzlers Renner gegenüber den Besatzungsmächten in

Österreich im Jahre 1945. In: Soziale Bewegung und politische Verfassung. Beiträge zur Geschichte der modernen Welt, Stuttgart 1976, S. 677–712. Hier S. 705 f. Eine solche auf die USA weist nach: Leidenfrost, Amerikanische Besatzungsmacht, S. 349 f.

[14] Hier zitiert nach: Csáky, Weg zu Freiheit und Neutralität, S. 50

[15] So z. B. in: *Neues Österreich,* 14. September 1945, S. 2

[16] Zur Frage der Parteizulassungen in Deutschland: Conrad F. Latour-Thilo Vogelsang, Okkupation und Wiederaufbau. Die Tätigkeit der Militärregierung in der amerikanischen Besatzungszone Deutschlands 1944–1947, Stuttgart 1973, S. 106; zur Besatzungszeit in Deutschland neuerdings: Westdeutschland 1945–1955. Unterwerfung, Kontrolle, Integration. Hrsgg. von Ludolf Herbst, München 1986 sowie Wolfgang Benz, Von der Besatzungsherrschaft zur Bundesrepublik. Stationen einer Staatsgründung 1946–1949, Frankfurt am Main 1986

[17] Siehe dazu aus britischer Sicht: Reinhold Wagnleitner, Großbritannien und die Wiedererrichtung Österreichs, phil. Diss., Sbg. 1975, S. 100–158

[18] Telegramm Nr. 13, Acheson an Winant, 8. September 1945. Abgedruckt in: Foreign Relations of the United States (= FRUS) 1945, volume III, Washington, D. C. 1968, S. 583

[19] Zu Renners Bemühungen, vor allem im direkten Kontakt mit den Amerikanern, siehe: Leidenfrost, Amerikanische Besatzungsmacht, S. 229–232

[20] Franz J. Feichtenberger, Die Länderkonferenzen 1945. Die Wiedererrichtung der Republik Österreich, phil. Diss., Wien 1965

[21] *Arbeiterzeitung,* 15. September 1945, S. 1

[22] *Österreichische Volksstimme,* 15. September 1945, S. 1

[23] Siehe dazu Gespräche Koplenigs und Honners mit amerikanischen Geheimdienstbeamten des OSS am 28. September 1945; abgedruckt in: Oliver Rathkolb (Hrsg.), Gesellschaft und Politik am Beginn der Zweiten Republik. Vertrauliche Berichte der US-Militäradministration aus Österreich 1945 in englischer Originalfassung, Wien-Köln-Graz 1985, S. 156–158; und OSS-Bericht über »The Renner Government«, ebd., S. 174–185

[24] So zumindest die nachträglichen Erklärungen von KPÖ-Politikern nach der verlorenen Wahl; Leidenfrost, Amerikanische Besatzungsmacht, S. 382 f. Dort auch Reaktionen der beiden anderen Parteien zum Wahlausgang.

[25] Über »ernste Konflikte« in dieser Frage berichtete später das langjährige Politbüromitglied Franz Marek. Dazu: Heinz Gärtner, Zwischen Moskau und Österreich. Analysen einer sowjetabhängigen KP (Studien zur österreichischen und internationalen Politik Band 3) Wien 1979, S. 93. Ein für einen 1945er-Wahltermin positiver Leitartikel in: *Österreichische Volksstimme,* 21. September 1945, S. 1

[26] Aichinger, Sowjetische Österreichpolitik, S. 187

[27] Verbotsgesetz im StGBl. 13, Verordnungen dazu StGBl. 18 und 40; Kriegsverbrechergesetz StGBl. 32, Verordnung zur Durchführung des Verbotsgesetzes StGBl. 131 und Wirtschaftssäuberungsgesetz StGBl. 160.

[28] Intelligence Summary No. 19, Edwin B. Howard, G-2, 15. Oktober 1945, S. 11; NA-RG 59-740.00119 Control (Austria)/10-1545

[29] Ebd. »Nominal Nazis« (Mitläufer) waren nach der Definition der VP-Vertreter auf der Zweiten Länderkonferenz »categories of Nazis who had joined under duress and in a purely nominal manner«.

[30] Zitiert nach StGBl. 198, ausgegeben am 21. Oktober 1945, »Verfassungsgesetz vom 19. Oktober 1945 über die erste Wahl des Nationalrates, der Landtage und des Gemeinderates der Stadt Wien in der befreiten Republik Österreich«.

[31] Norbert Hölzl, Propagandaschlachten. Die österreichischen Wahlkämpfe 1945–1971, Wien 1974; neuerdings mit quantifizierender Analyse: Bernhard Denscher, Die Werbung in Wien für die Nationalratswahlen am 25. November 1945. In: Jahrbuch des Vereins für Geschichte der Stadt Wien, Band 42, Wien 1986, S. 119–140

[32] Bericht über britische Papierspende z. B. in: *Neues Österreich,* 18. November 1945, S. 2. Ein Dankesbrief Renners an die US-Besatzungsmacht, undatiert, erliegt unter NA-RG 59-740.00119 Control (Austria)/11-2845

[33] Hugo Portisch – Sepp Riff, Österreich II. Die Wiedergeburt unseres Staates, Wien 1985, S. 476 f.

[34] Karl Gruber, Zwischen Befreiung und Freiheit. Der Sonderfall Österreich, Wien 1953, S. 37 f.

[35] »Programm der Reisen des Herrn Staatskanzlers in der Wahlbewegung«, ohne Datum, S. 2. HHStA, Staatskanzlei-Auswärtige Angelegenheiten, GZ 1633 pol/45

[36] Löffler-Bolka, Vorarlberg 1945, S. 175

[37] Hindinger, Kriegsende und Wiederaufbau in Oberösterreich, S. 164 f.

[38] Leidenfrost, Amerikanische Besatzungsmacht, S. 422 f.

[39] Wadl, Das Jahr 1945 in Kärnten, S. 113

[40] Manfried Rauchensteiner, Der Sonderfall. Die Besatzungszeit in Österreich 1945 bis 1955, Graz-Wien-Köln 1979, S. 261

[41] Leidenfrost, Amerikanische Besatzungsmacht, S. 404; siehe auch: Johann Luger, Renner und die Elefanten. In: *AZ-Magazin am Samstag,* 30. Mai 1981

[42] Ernst Bezemek, Die Nationalratswahlen am 25. November 1945, phil. Diss., Wien 1977, S. 164 f.

[43] Telegramm Erhardt an Secretary of State, ohne Datum; NA-RG 59-863.00/11-2445; Bezemek, Nationalratswahlen, S. 166

[44] Adolf Schärf, Österreichs Erneuerung 1945–1955. Das erste Jahrzehnt der Zweiten Republik, Wien 1955, S. 85

[45] Rodney Stiefbold et al., Wahlen und Parteien in Österreich, Österreichisches Wahlhandbuch, Wien 1966, Band III (Wahlstatistik), S. C118

[46] *Österreichische Volksstimme,* 26. November 1945, S. 1

[47] Zur Neuorientierung der US-Politik gegenüber Österreich siehe: Günter

Bischof, Mark W. Clark und die Aprilkrise 1946. In: *Zeitgeschichte* 13/7 (1986), S. 229–252 und Leidenfrost, Amerikanische Besatzungsmacht, S. 563 f. Zum Befehl Nummer 17 und seinen Auswirkungen auf die alliierte Zusammenarbeit: Rauchensteiner, Sonderfall, S. 179 f.

[48] Leidenfrost, Amerikanische Besatzungsmacht, S. 643. Zu Byrnes' Stuttgarter Rede: John Gimbel, Byrnes' Stuttgarter Rede und die amerikanische Nachkriegsgeschichte in Deutschland. In: *Vierteljahreshefte für Zeitgeschichte* 10(1972), S. 40–62

[49] Karl R. Stadler, Adolf Schärf. Mensch-Politiker-Staatsmann, Wien-München-Zürich 1982, S. 241 f. sowie Diplomatie zwischen Parteiproporz und Weltpolitik. Briefe, Dokumente und Memoranden aus dem Nachlaß Walter Wodaks 1945–1950. Hrsgg. von Reinhold Wagnleitner, Salzburg 1980, S. 94 f.

[50] Gruber, Zwischen Befreiung und Freiheit, S. 68 f.; Rolf Steininger, Los von Rom? Die Südtirolfrage 1945/46 und das Gruber-De Gasperi-Abkommen (Innsbrucker Forschung zur Zeitgeschichte Band 2), Innsbruck 1987, S. 72 f.

[51] »United States Policy on Status of Austria«. In: *The Department of State Bulletin,* 10. November 1946, S. 864 f.

[52] Leidenfrost, Amerikanische Besatzungsmacht, S. 700 f.

[53] Telegramm W-98794, Joint Chiefs of Staff an Generalleutnant Keyes; abgedruckt in: FRUS 1947, vol. II, S. 1177

[54] Airgram A-232, Rankin an Secretary of State, 19. Juni 1947; in: FRUS 1947, vol. II, S. 1183

[55] Depesche 3277, Erhardt an Secretary of State, 17. Juli 1947, »Second Report on Austrian Public Opinion«; NA-RG 59-863.00/7-1747

[56] OIR-Report No. 4396, 27. Juni 1947, Department of State, Office of Research Intelligence; NA – ohne Signatur

[57] Ebd., S. 24

[58] Zur Haltung der SPÖ in der Frage neuer politischer Parteien siehe: Oliver Rathkolb, NS-Problem und politische Restauration: Vorgeschichte und Etablierung des VdU. In: Verdrängte Schuld – verfehlte Sühne. Entnazifizierung in Österreich 1945–1955, Wien 1986, hrsgg. von Sebastian Meissl–Klaus-Dieter Mulley–Oliver Rathkolb, S. 73–99, hier S. 86 f.

[59] *Neue Zeit,* 19. Februar 1947, S. 1,

[60] Der Antrag Scharf abgedruckt in: Protokoll des Dritten Parteitages der SPÖ, Wien 23.–26. Oktober 1947, Wien 1947, S. 250 f.; Diskussion darüber ebd., S. 115 f. Zum Verhältnis Scharfs zur SPÖ: Friedrich Weber, Die linken Sozialisten 1945–1948. Parteiopposition im beginnenden Kalten Krieg, phil. Diss., Salzburg 1977

[61] Depesche 3549, Erhardt an Secretary of State, 9. Dezember 1947, »Bi-Monthly Report on Political Developments in Austria for October and November 1947«; NA-RG 84-File 800 Austria. Zum Ausscheiden der

Kommunisten aus der Koalition: Manfried Rauchensteiner, Die Zwei. Die Große Koalition in Österreich 1945–1966, Wien 1987, S. 111 f.

62 Dieter Stiefel, Entnazifizierung in Österreich, Wien 1981, S. 101 f.

63 Herbert Kraus, »Untragbare Objektivität«. Politische Erinnerungen 1917 bis 1987, Wien-München 1988, S. 183 f. Zu Kraus' Person und politischer Herkunft siehe: Rathkolb, NS-Problem, S. 91–99

64 Gespräch Renners mit James Orr Denby (US-Gesandtschaft), 1. März 1948; NA-RG 84-Box 2354-File 800 Political Parties Austria. Zu den Auswirkungen internationaler Krisen 1948 auf Österreich siehe den Beitrag Günter Bischofs in diesem Band.

65 Herz an Erhardt, »Memorandum of Conversation with Julius Deutsch, Oscar Pollak and Karl Waldbrunner, leading Socialists«, 2. Juni 1948; NA-RG 84-Box 2354-File 800 Conversations with Austrian Officials

66 Memorandum Yost an Erhardt, 2. Juni 1948; NA-RG 84-Box 2354-File 800 Conversations with Austrian Officials

67 Stiefel, Entnazifizierung, S. 306 f.

68 Telegramm P1932, USFA Weeka an Secretary of State, 4. Juni 1948; NA-RG 59-863.00/6-448 HH

69 So erstmals bei den Kontakten KPÖ-ÖVP im Mai 1947 (»Figl-Fischerei«); Leidenfrost, Amerikanische Besatzungsmacht, S. 794 f.

70 Rauchensteiner, Sonderfall, S. 262

71 Die meisten dieser Ansuchen – vor allem aus dem zweiten Halbjahr 1948 datierend – liegen in NA-RG 84, Boxen 151, 2354 und 2358.

72 *Arbeiterzeitung*, 26. Oktober 1948, S. 1

73 Kraus, »Untragbare Objektivität«, S. 193 ff.

74 Airgram A-467, Erhardt an Secretary of State, 27. Oktober 1948; 863.00/10-2748 HH; Kraus, »Untragbare Objektivität«, S. 199

75 Ebd., S. 201

76 Memorandum Kimpel an Yost, »Fourth Party«, 4. Februar 1949; NA-RG 84-File 350.1 Union of Indipendents. Die »Ausrede«, für eine Parteigründung zuwenig Unterstützung zu haben, um zugelassen werden zu können, war vor allem von den Amerikanern immer wieder gebraucht worden.

77 Telegramm 61, Erhardt an Secretary of State, 25. Jänner 1949; NA-RG 84-File 350.1 Socialist Party. Schärf war von 21. bis 28. Jänner 1949 in London.

78 Thomas Albrich, Die Linken für die Rechten. Labour Party, SPÖ und die »Vierte Partei« 1948/49, ein in Vorbereitung stehender Aufsatz, wird eine genaue Darstellung dieser Thematik bringen. Ich bin Kollegen Albrich für die Einsicht in sein Manuskript zu großem Dank verpflichtet.

79 Keyes an Department of the Army, 9. September 1949; abgedruckt in FRUS 1949, volume III, Washington, D. C. 1974, S. 1233

80 Die Nationalratswahlen vom 9. Oktober 1949 (Beiträge zur österreichischen Statistik Heft 4), Wien 1950, S. 15

[81] Tagebuch der Straße. Geschichte in Plakaten. Hrsgg. von der Wiener Stadt- und Landesbibliothek. Redaktion: Bernhard Denscher, Wien 1981, S. 276 f.

[82] Siehe oben, Anmerkung 60

[83] Viktor Reimann, Die Dritte Kraft in Österreich, Wien 1980, S. 142 f. Roland Stäuber, Der Verband der Unabhängigen (VdU) und die Freiheitliche Partei Österreichs (FPÖ), St. Gallen 1974, S. 84 f.

[84] So in Linz am 25. Mai 1949 10000 Menschen und bei der Schlußkundgebung in Wien Anfang Oktober 1949 30000 Teilnehmer; Kraus, »Untragbare Objektivität«, S. 219 f.

[85] Dieses und andere ähnliche Vorkommnisse geschildert in Airgram A-512, Dowling an Secretary of State, 25. Juli 1949; NA-RG 59-863.00/7-2549 HH

[86] Gruber, Zwischen Befreiung und Freiheit, S. 219. Dieses Plakat durfte ebenfalls nicht affichiert werden; abgedruckt im vorliegenden Band, Foto Nr. 90.

[87] Telegramm 1267, Erhardt an Secretary of State, 22. September 1949; NA-RG 59-863.00/9-2249 HH. Eine Schilderung dieser Vorkommnisse auch bei Ernst Trost, Figl von Österreich, Wien-München-Zürich 1972, S. 232 f.

[88] Kraus, »Untragbare Objektivität«, S. 221

[89] Hier zitiert nach: Reimann, Dritte Kraft, S. 147 f.

[90] Kraus, »Untragbare Objektivität«, S. 222

[91] Die Nationalratswahlen vom 9. Oktober 1949, S. 21

[92] *The Department of State Bulletin,* 24. Oktober 1949, S. 635 f.

[93] In der 3. Plenums-Sitzung des Parlamentarischen Rates in Bonn am 9. September 1948. Hier zitiert nach: Karlheinz Niclauß, »Restauration« oder Renaissance der Demokratie? Die Entstehung der Bundesrepublik Deutschland 1945–1949 (Beiträge zur Zeitgeschichte Band 10), Berlin 1982, S. 95

[94] Hier zitiert nach: Stadler, Adolf Schärf, S. 338

[95] Zitiert nach: Kraus, »Untragbare Objektivität«, S. 197

Siegfried Beer

Die Briten und das Schul- und Bildungswesen in der Steiermark 1945–1947

1. Vorbemerkungen

a) Aufgabenstellung

Es kann im Rahmen der Themenstellung des seinerzeitigen Symposiums bei den folgenden Ausführungen nicht darum gehen, den nach siebenjähriger, nationalsozialistischer Jugend- und Bildungspolitik im befreiten und als Staat wiedererrichteten Österreich notwendigen Prozeß der Umerziehung und der Neuorganisation des Bildungswesens, wenn auch nur am Beispiel eines einzelnen Bundeslandes, gesamtheitlich darzustellen. Vielmehr sollte im konkreten Fall der Steiermark der Schul-und Bildungspolitik der dort verantwortlichen britischen Besatzungsmacht in der sicherlich entscheidensten ersten Phase der Umorientierung und des Wiederaufbaus demokratischer Bildungseinrichtungen nachgespürt werden, indem Ausmaß und Wirkung etwaiger strukturell-administrativer Eingriffe in die österreichische Schul- und Bildungswirklichkeit durch eine alliierte Sieger- und Kontrollmacht näher betrachtet werden.

Den Initiatoren des diesem Buch vorausgegangenen Symposiums ist es zu verdanken, daß durch ihre Anregung wenigstens der Versuch gemacht werden konnte, erstmals einen wesentlichen Teilaspekt der britischen Besatzungspolitik in der Steiermark auf der Basis hauptsächlich britischer Quellen aufzuarbeiten. Dennoch ist einleitend einzugestehen, daß die historische Erforschung der britischen Besatzungspolitik in Österreich erst am Anfang steht. So wäre zu wünschen, daß der forschungspraktische Impuls, der von wissenschaftlichen Symposien auszugehen vermag, nicht ohne erkenntnisorientierte Folgewirkungen bleiben wird.

b) Literatur- und Quellenlage

Zum Forschungsstand über die Geschichte der britischen Militär- bzw. Zivilverwaltung in Österreich in den Jahren 1945 bis 1955 fällt auf, daß sie, wie gesagt, nur in groben Umrissen erarbeitet[1] oder regional und zeitlich eingeengt auf das Jahr 1945 behandelt wurde.[2] Darüber hinaus liegen Arbeiten zu nur wenigen, spezifischen Teilbereichen britischer Besatzungspolitik, wie etwa zum Thema Entnazifizierung[3] oder ausgewählte Dokumente zum britischen Besatzungsverhalten aus der Sicht der amerikanischen Intelligence Services vor.[4] Bisher in der Literatur weitgehend mißachtet erscheinen zeitgenössische, bisweilen memoirenartig gehaltene Stellungnahmen und Darstellungen ehemaliger britischer Militäroffiziere.[5]

Zur alliierten Erziehungs- und Bildungspolitik im gesamten Besatzungsjahrzehnt liegen bisher eigentlich nur zwei einschlägige Arbeiten vor, die jedoch beinahe ausschließlich auf amerikanischen Archivalien beruhen.[6] Wiederum ist zu konstatieren, daß der Teilaspekt Entnazifizierung im Schul- und Bildungsbereich im großen und ganzen wissenschaftlich am überzeugendsten aufgearbeitet erscheint.[7]

Die vorliegende Arbeit basiert beinahe ausschließlich auf britischen, unveröffentlichten Quellen, die sich im Public Record Office (PRO) in London/Kew befinden und mit wenigen, allerdings ärgerlichen Ausnahmen,[8] praktisch frei und unzensuriert zugänglich sind. Für die Zwecke dieser Untersuchung erwiesen sich folgende PRO-Bestände als relevant: die politische Korrespondenz des Foreign Office (FO 371); die Akten des Control Office for Germany and Austria (COGA), insbesondere des General Department (FO 945) und der Library (FO 1007); und die Akten der War Diaries, Eighth Army und British Troops Austria (BTA), insbesondere zur Entnazifizierungstätigkeit der Field Security Section (FSS) in den Bezirken und Städten (WO 170). Das für die Steiermark wichtigste Quellenmaterial findet sich naturgemäß im Bereich der britischen Militärregierung bzw. Zivilverwaltung, Allied Commission for Austria, British

Element (ACA/BE), vor allem in der Aktenserie Styria Civil Liaison (FO 1020, Faszikel 3144–3449).[9]

Österreichisches Quellenmaterial war mir nur in Form von amtlichen Veröffentlichungen (z. B. Verordnungsblatt für das Schulwesen in Steiermark), von zeitgenössischer Publizistik (wie Tageszeitungen, pädagogische Schriften) sowie über die Methoden der Oral History (Interviews) zugänglich.

c) Themeneingrenzung

Meine Darstellung konzentriert sich auf die Arbeit des relativ kleinen und personell leicht überschaubaren Erziehungsbüros der britischen Militärregierung in der Steiermark unter der Leitung des Oberstleutnants James R. Hands, das zu keinem Zeitpunkt mehr als drei oder vier Erziehungsoffiziere der britischen Militärregierung in Graz umfaßte.[10] Die zeitliche Erstreckung dieser Untersuchung ist mit genau zwei Jahren (Juli 1945 bis Juni 1947) vorgegeben, denn länger hat diese Erziehungsabteilung nicht bestanden. Meine Einblendung zielt daher beinahe ausschließlich auf die regionale Situation in der Steiermark ab, erfolgt also unter weitgehender Ausklammerung der Tätigkeit der Education Branch innerhalb der Internal Division, später innerhalb der Education Division des Britischen Elementes in der Allied Commission for Austria (ACA/BE) in Wien, ihrer unmittelbar vorgesetzten Behörde. Daraus folgt auch die Ausklammerung der britischen Erziehungspolitik im sogenannten Quadripartite Committee on Educational Affairs beim Alliierten Rat, das ab 1947 unter der Bezeichnung Educational Directorate existierte.[11]

2. Zur Schul- und Bildungspolitik der Alliierten in Österreich

a) Stellenwert

Versucht man die Erziehungspolitik der Alliierten in Österreich in den Rahmen ihrer Politik im Alliierten Rat, dem höchsten alliierten Gremium einzuordnen, stellt man fest, daß Bildungsfragen eigentlich zweit-, wenn nicht sogar drittrangig behandelt wurden. Quellenlage, organisatorischer Aufbau und mangelnde personelle Ausstattung der Education Branches sowie auffallend häufige Beschwerden der betroffenen Erziehungsbeamten über diesen Zustand bestätigen diesen Befund. Darüber hinaus unterlag das alliierte Engagement in der Schul- und Bildungspolitik nach 1945 einer eher abnehmenden Tendenz. Eine quantitative Erfassung der Themen des Alliierten Rates bzw. seines Exekutivkomitees ergab, daß »education« als Tagesordnungspunkt nur noch durch Schiffahrtsfragen unterboten wurde.[12]

b) Rahmenbedingungen

Wer den Rahmenbedingungen alliierter Erziehungs- und Bildungspolitik in den entscheidenden ersten Nachkriegsjahren Aufmerksamkeit schenkt, wird sich der Einsicht nicht entziehen können, daß Österreich in der Reihe der vom Zweiten Weltkrieg betroffenen Staaten eine potentiell konfliktfördernde Zwitterstellung einnahm: einerseits galt es nicht als kriegführender Staat, andererseits aber auch nicht als »befreites« Land. Diese Ambivalenz war bekanntlich schon in der Moskauer Deklaration vom 1. November 1943 zugrundegelegt. Durch die Tatsache, daß Österreich nach dem alliierten Zonenabkommen vom 9. Juli 1945 besetzt und durch ein Abkommen über die alliierte Kontrolle vom 4. Juli 1945 militärisch regiert und verwaltet wurde, erscheint der Schwerpunkt der alliierten Grundhaltung gegenüber Österreich jedenfalls deutlicher auf »Mitverantwortung« denn auf »Befreiung« gelegt, um bei der Terminologie der Moskauer Erklärung zu bleiben.

In der Interpretation und Diktion des Politologen und Rechtsphilosophen Carl J. Friedrich wird das Instrument der Militärregierung, wie es für Österreich im sogenannten Ersten Kontrollabkommen eingesetzt wurde, als »staatliche Gewalt« des Militärs über die Zivilbevölkerung eines besetzten, feindlichen Gebietes definiert. Wenn auch die von einem Verfassungsstaat wie Großbritannien ausgeübte »demokratisierende« Militärregierung als »Ausnahmezustand« verstanden wurde und ihr Ziel die Einführung oder Erhaltung einer konstitutionellen Demokratie war, so liegen hier dennoch die charakteristischen Grundbedingungen einer »konstitutionellen Diktatur« vor, da diese Militärregierung, jedenfalls bis zum Zweiten Kontrollabkommen, kaum irgendwelchen vertrags- oder verfassungsmäßigen Beschränkungen unterstellt war.[13]

Zweifelsohne war sich die britische Militärregierung in Kärnten und später in der Steiermark sowie in Wien der Verfassungstraditionen der Ersten Republik bewußt und ihr vielleicht auch schon in der ersten Besatzungsphase in einer gewissen Weise verpflichtet. Dies läßt sich nicht zuletzt daran erkennen, daß die westlichen Alliierten ihre Demokratisierungspolitik in der Hauptsache als gegen jene Kreise gerichtet verstanden, die sich der Reetablierung der Demokratie entgegenstellen könnten. Ohne Zweifel war man dabei auch bereit, sich diktatorischer Notvollmachten zu bedienen, die erst durch das Zweite Kontrollabkommen vom 28. Juni 1946 eingeschränkt wurden. Die von den Großparteien schnell beschlossene Wiedereinführung der Verfassung von 1920/29 hatte die österreichische Position sicherlich weiter verbessert, dennoch blieb ein Einspruchsrecht der Alliierten gegen »jede legislative oder administrative Maßnahme«, also das alliierte Recht auf Aufhebung oder Veränderung von Gesetzen und Verordnungen, aufrecht.[14]

Zu den bereits erwähnten Zäsuren Erstes und Zweites Kontrollabkommen treten als weitere die Anerkennung der Regierung Renner im sogenannten »Memorandum des Alliierten Rates« vom 20. Oktober 1945 und die gerade auch für die Alliierten beeindruckend ausgefallene Wahlentscheidung vom 25. November 1945, die auf Bundes- wie auch auf Landesebene die politischen Gewichte neu ordnete. Im Bereich der Kulturpolitik und Schulverwaltung in der Steiermark verursachte sie eine Umverteilung der politischen Kompetenzen: wie der Wahlsteirer Ernst Fischer als Staatssekretär für Unterricht in Wien, so schied auch der Kommunist Ditto Pölzl als Landesrat für Schule und Kultur aus, und auch die fünf kommunistischen Bezirksschulinspektoren im Pflichtschulbereich wurden bald durch Vertreter der großen Parteien ersetzt.

In der alliierten Besatzungsprogrammatik scheint die Schul- und Bildungsfrage nur im Zweiten Kontrollabkommen auf. In Artikel 3e. wurde als eine der vornehmlichsten Aufgaben der Alliierten Kommission für Österreich die Erarbeitung eines fortschrittlichen Erziehungsprogrammes auf lange Sicht konstatiert, mit dem Ziel, »alle Spuren der Nazi-Ideologie auszumerzen und der österreichischen Jugend demokratische Grundsätze einzuprägen«.[15]

Schließlich bewirkte die schon 1946 aufkommende, 1947 jedenfalls spürbar wirksame Atmosphäre des beginnenden Kalten Krieges, daß in den westlichen Zonen die österreichische Bundesregierung und auch die Landesregierungen mehr zu Partnern als zu Objekten

westalliierter Besatzungskontrolle wurden. Im Bereich der Bildungspolitik kam es dadurch spätestens seit 1947/48 zu einer Art Rol-
lentausch, durch den die westlichen Alliierten, trotz ihrer durchaus
vorhandenen kritischen Haltung zu strukturellen Fragen des österreichischen Bildungsystems, Eingriffe in die zentrale oder provinziale
Unterrichtsverwaltung oder gar in die österreichische Unterrichtsge-
setzgebung unterließen (etwa im Zusammenhang mit Lehrplänen
oder dem fehlenden Schulgesetz) und weitreichendere Strukturrefor-
men des österreichischen Bildungswesens dadurch vielleicht sogar
verhinderten.[16]

3. Zur konkreten Schul- und Bildungspolitik der Engländer in der Steiermark

a) Planung für Österreich

Im Unterschied zur kontroversiellen Re-Edukationspolitik der Alliierten in Deutschland, die in der Planung und in ihrem Frühstadium
auf direkte Kontrolle ausgerichtet war, haben die Engländer für
Österreich eine Politik der »Re-orientation« geplant und später auch
verfolgt, die grundsätzlich auf Überwachung, Beratung und Hilfeleistung, oder in den Worten des Erziehungsoffiziers J. R. Hands auf
»consultative and supervisory work« abgezielt hatte.[17]

Die zu ergreifenden Maßnahmen wurden teilweise schon 1944,
großteils jedoch Anfang 1945 formuliert; so war in dem britischen
»Functional Manual« für Österreich unter dem Kapitel »Education«
von zwei Phasen der Erziehungsarbeit die Rede: von der Phase der
Destruktion des Nazismus und Militarismus und der Phase der Re-
konstruktion. Die erste Phase wäre der Initiative der britischen Besatzungsmacht überlassen, in der zweiten Phase hätten die Österreicher selbst die Aufbauarbeit zu leisten, natürlich unter englischer
Kontrolle (»subject of course to our strict supervision«).[18] Es war den
Engländern klar, daß die Indoktrination der Jugend, insbesondere
der Schulkinder, in den sieben Jahren der NS-Herrschaft in Österreich sehr weit gediehen war und daß das ganze Erziehungs- und Bildungssystem vom Nazigeist durchdrungen war. Eine der ersten Aufgaben sollte das Schließen aller Schuleinrichtungen im Feindesland
(»enemy territory«) sein; an eine Öffnung der Schulen wäre nur ab
dem Zeitpunkt zu denken, wenn das System von Nazismus und Mi-

litarismus befreit und alle unerwünschten Lehrkräfte entfernt worden seien.

»Nothing can be accomplished of a constructive nature until the educational system of Austria has been freed of the Nazi stronghold.«[19]

In einer Liste von Maßnahmen wurde genau festgelegt, welche Schritte zu unternehmen wären, ehe auf okkupiertem österreichischen Boden die Schulen wieder eröffnet werden könnten. Zunächst sollten nur die Grundschulen geöffnet werden; der gefährdeten, ja potentiell gefährlichen Gruppe der Zehn- bis Vierzehnjährigen sollte zu allererst ein Arbeitsprogramm verpaßt werden, das den Wiederaufbau der kommunalen Gemeinschaft zum Ziel haben müßte. Erst nach erfolgten Entlassungen gemäß den offiziellen »black lists«, den sogenannten »category arrests«, sollten eine provisorisch ernannte und sorgsam ausgewählte Schuladministration, vorläufige Schulleiter und Bezirks- bzw. Stadtschulräte ernannt werden, die ihrerseits unbedenkliche Lehrer und Schulbürokraten nominieren sollten, die erst nach einem Fragebogen-»screening« durch die Engländer und immer noch provisorisch anzustellen wären. Wie das Military Government Handbook Austria, Kapitel »Education« beweist, rechnete man mit einem Lehrerbedarf von 30–50 % an den Pflichtschulen. Die Rehabilitierung des österreichischen Erziehungswesens sollte jedenfalls »in keeping with Austrian precedent and tradition« erfolgen, und zwar auf der Basis der Entwicklung vor 1934. Innovatorisch-reformerischen Ansprüchen wurde von Anfang an abgeschworen:

»It is not the policy of the Military Government to reform education by proposing or enacting new legislation, creating new kinds of schools or other educational devices, and setting up new schemes of administration and control which are unfamiliar to Austrians or clearly out of line with free Austrian thought in educational matters.«

Aufsicht und Kontrolle also waren die zentralen Anliegen, und weiters »there should not ordinarily be intervention in the internal affairs of educational institutions.«[20]

Jedem Military Headquarter, also auf ehemaliger Gauebene, sollte ein dem Senior Military Government Officer (SMGO) unterstellter Erziehungsoffizier zugeordnet werden; zugleich aber wurde betont, daß die anfängliche Dezentralisierung der Erziehungskontrolle nur vorübergehend sei. Die Ernennungen von Universitätsrektoren sollten ausschließlich dem Chief Military Government Officer im Wiener Hauptquartier der britischen Militärregierung vorbehalten sein. Personen, die vor dem 1. März 1938 ernannt worden waren, sollten als Universitätsrektor oder als Direktor einer Lehrerbildungsanstalt nicht in Frage kommen. Schließlich sollten alle nazistischen Schulbücher eingezogen werden und schriftliche Notbehelfe zur Verfügung gestellt werden; und von besonderer Wichtigkeit: Schulen sollten möglichst nur in Ausnahmefällen für militärische Zwecke beschlagnahmt werden.

b) Der ereignisgeschichtlich-chronologische Ablauf: Zum Wirken der Education Branch, HQ Military Government/Civil Liaison, Styria

Freilich sollten die konkreten Bedingungen, unter denen die Education Branch im Land Steiermark unter Leitung des Erziehungsoffiziers James R. Hands, ihre Tätigkeit nach mehrwöchiger Verspätung am 25. Juli endlich aufnehmen konnte, völlig anders als vorausbedacht und eingeplant, beschaffen sein. Die russische Besatzungsmacht hatte in ihrer etwa zehnwöchigen Militäradministration in Graz der provisorischen steirischen Landesregierung die schnelle Wiedererrichtung der Schulverwaltung und die Wiedereröffnung der Pflichtschulen angeordnet und überlassen, sodaß J. R. Hands nicht nur einen bereits funktionierenden Beamtenapparat im Landesschulrat bzw. provisorisch ernannte Bezirksschulinspektoren und Schulleiter vorfand, sondern auch eine Reihe bereits gesetzter Maßnahmen. So hatten die drei von den Sowjets zugelassenen Parteien in Graz und in einigen Bezirken einen Notunterricht für Pflichtschüler und Ferialschulkurse bzw. Nachschulungskurse für Mittelschüler eingerichtet, durch die Schülern die Möglichkeit geboten werden sollte, das unterbrochene Schuljahr 1944/45 doch noch abzuschließen.[21] Provisorische Lehrpläne waren erstellt worden, Schulgebäude waren so weit als möglich verwendbar gemacht worden, die Entnazifizierung des Lehrpersonals war längst begonnen worden und sogar einige hektographierte, neue Lehrbehelfe für Volksschulen waren angefertigt. J. R. Hands, der übrigens der erste und lange Zeit der einzige zivile Abteilungsleiter in der britischen Militärregierung Steiermark war und immerhin im vergleichbaren Rang eines Oberstleutnants stand, hatte zu allererst ein Dilemma zu lösen: seine Instruktionen verlangten die sofortige Schließung der Schulen bzw. die

Neueinsetzung des Schulverwaltungsapparates durch die Engländer selbst. Schließlich konnte Hands eine Spezialklausel in den Instruktionen für Military Government Officers and Branches entdecken, die für den Fall gedacht war, daß ein Territorium von russischen Besatzungstruppen zu übernehmen wäre. Sie sollten von den obengenannten Verpflichtungen befreit sein, wenn zu befürchten wäre, daß ein Vergleich mit dem russischen Vorgehen die britischen Maßnahmen in ein ungünstiges Licht setzen könnte. So konnte der Übergang von der russischen zur britischen Besatzungspolitik im Bereich des Erziehungs- und Bildungswesens ohne größere Umstrukturierungen und Umwälzungen erfolgen.

Die Entnazifizierung im Pflichtschulbereich war auf Grund des ersten Verbotsgesetzes der Provisorischen Staatsregierung vom 8. Mai in Gang gesetzt worden. Die britischen Entnazifizierungsrichtlinien unterschieden sich jedoch deutlich von den bisher in der Steiermark angewandten, insbesondere bei der Einstufung der Illegalen. Die Engländer ließen schließlich die österreichischen Dreiparteienkomitees in den Bezirken, die unter dem Vorsitz des jeweiligen Bezirkshauptmannes und unter Beiziehung des Bezirksschulinspektors tagten, weiterarbeiten. Die englischen Fragebögen sollten als Kontrolle für die österreichischen Entscheidungen dienen.[22] Weiters sollte alles getan werden, um das neue Schuljahr schon Mitte September beginnen zu können. In seinem ersten Monatsbericht für August 1945 griff J. R. Hands auch schon die Problematik der steirischen Hochschulen auf:

»The University of Graz is a serious problem. It is famous as having been a hot-bed of Nazism, and so far the Austrian authorities have done little on their own initiative to de-nazify the teaching staff.«[23]

Noch im August 1945 fand sich der Fürstbischof von Graz-Seckau, Ferdinand Pawlikowski, bei J. R. Hands in der Education Branch ein. Sein Anliegen: die Wiederzulassung der von den Nazis geschlossenen katholischen Privatschulen in der Steiermark. Nach längeren Auseinandersetzungen mit seiner vorgesetzten Stelle in Wien – das Öffnen konfessioneller Schulen sollte höchsten Stellen vorbehalten sein –konnte J. R. Hands dem steirischen Bischof noch im September diese Erlaubnis zukommen lassen. Seine Meldung an die Education Division in Wien deutet die Frustration des Besatzungsoffiziers mit dem heiklen Thema an:

»Last week I gave the church authorities permission to reopen schools to their hearts' content, provided the Landesregierung agrees, and I sincerely hope that I shall hear no more about such an extremely irritating subject.«[24]

Auch Staatssekretär Ernst Fischer hatte in seinem auf die sowjetische Zone beschränkten Wirkungsbereich die Wiederzulassung konfessioneller Privatschulen, die von den Nazis geschlossen worden waren, erlaubt, nicht jedoch Neugründungen.

Im Zusammenhang mit der Frage des obligatorischen oder freiwilligen Religionsunterrichtes an den Schulen gelang der Education Branch Styria eine Lösung, wie sie selbst der kommunistische Staatssekretär in Wien nicht durchzusetzen vermochte, denn Fischers Kompromiß mit der Kirche war auf Abmeldung vom, nicht Anmeldung zum Religionsunterricht festgelegt.[25] Hands ließ auf einem eigens dafür entworfenen Formblatt die Erziehungsberechtigten die zutreffende Variante, Anmeldung oder Abmeldung ankreuzen. Es war dies, wie der englische Erziehungsoffizier etwas hämisch vermerkte, eine Entscheidung, die beiden Seiten, Befürwortern und Gegnern des Religionsunterrichtes mißfiel, den Eltern jedoch größtmögliche Entscheidungsfreiheit anbot.

Am 10. September wurde in den Volks- und Hauptschulen der Steiermark das Schuljahr 1945/46 eröffnet. Unter den Hauptproblemen, die J. R. Hands nach Wien meldete, waren: Mangel an unbelasteten Lehrkräften und unbedenklichen Lehrbüchern, an Fensterglas und Glühbirnen, an Kleidung und Schuhen für die Kinder, und Sorge um Schülertransport und die Ernährungssituation für die Schulkinder.[26] Befriedigt konnte er schon zu Schulbeginn darauf hinweisen, daß von 666 Volks- und Hauptschulen vier Monate nach Beendigung der Kriegshandlungen nur noch elf Schulgebäude von britischen Truppen okkupiert wären. Von den zehn staatlichen Mittelschulen in der Steiermark konnten Anfang Oktober 1945 nur fünf ihre Tore öffnen. Man mußte zur Maßnahme des Schichtunterrichts greifen.[27]

Die Universität Graz und die Technische Hochschule in Graz begannen ihren Vorlesungsbetrieb erst am 5. November, die Montanistische Hochschule in Leoben sogar erst am 12. November. Studenten aller drei Anstalten mußten sich in diesen Wochen nach einem von der Education Branch ausgeklügelten Zeitprogramm zum Holzfällen und Holzsammeln bereitstellen.[28]

Als am 8. Jänner 1946 die steirischen Pflichtschulen wieder den Unterricht aufnahmen, standen in 595 Volksschulen und 51 Hauptschulen 2 974 Lehrer im Einsatz, die immerhin 124 368 Schulkinder zu betreuen hatten, was einem Lehrer–Schüler-Verhältnis von ca. 1:40 entsprach. 15 weitere Schulen waren für ihren Zweck noch nicht verwendbar und 17 Schulen waren noch von britischen Truppen beansprucht. Die Schülerpräsenz an Grazer Schulen wurde bei 80 % der Kinder als gut, bei 10 % als befriedigend und bei 10 % als schlecht eingestuft. Im sekundären Schulbereich standen 13 Schulen offen, an denen 444 Professoren fast 6 500 Mittelschüler unterrichteten, was einem wesentlich günstigeren Lehrer–Schüler-Verhältnis von ca. 1:15 entsprach. (Vgl. App. A)

J. R. Hands schätzte schon Ende 1945 die Entnazifizierung auf allen Ebenen des steirischen Schulsystems als praktisch abgeschlossen ein. Im Bereich der Pflichtschulen wären auf Grund von 3 130 Fragebögen 291 Lehrer von den österreichischen Stellen selbst und 107 durch die Public Safety Branch und die Field Security Section entlassen worden. Von 444 zur Weiterverwendung empfohlenen Lehrern waren bis Ende Jänner 1946 nur 16 von der Entlassung durch die britischen Sicherheitsstellen bedroht.

Auch an der Universität Graz war nach Meinung der Education Branch die Entnazifizierung der Universitätslehrer zur Jahreswende 1945/46 praktisch gelaufen. Von 221 abgegebenen Fragebögen hatten 159 zur Entlassung von Lehrpersonen durch die Universität selbst geführt. 15 weitere wurden Opfer von Entlassungen durch die Public Safety Branch, wobei 148 Anstellungszertifikate ausgestellt wurden. Auf der Technischen Universität waren 24 Fragebögen abgegeben worden, wovon zwölf zur Entlassung durch österreichische Behörden und weitere sechs durch Public Safety reichten. Sieben Employment Certificates waren bereits ausgestellt.[29]

Im Februar 1946 geriet die Universität Graz wieder einmal in das politische Tagesgespräch. Als im Zuge der Verschärfungen der Entnazifizierungskriterien durch das für Österreich nunmehr einheitlich geltende Nationalsozialistengesetz die Hochschullehrer und insbesondere die Studenten durch die Erschwerung des Zugangs zum Studium betroffen waren und dazu ein Studentenstreik angedroht wurde, gingen die steirischen Kommunisten in ihrem Grazer Parteiorgan »Die Wahrheit« in die Offensive und forderten eine konsequente Säuberung der Universitäten von oben. Sie nahmen dabei u. a. auf eine Radiorede des leitenden, britischen Erziehungsoffiziers vom 10. Februar Bezug, in der J. R. Hands die Säuberungsergebnisse an den steirischen Hochschulen als »nicht zufriedenstellend« bezeichnet hätte, denn das Problem sei nicht »mit genügend Kraft und Mut angepackt« worden.[30] Seinen Vorgesetzten in der Alliierten Kommission jedoch meldete Hands im Monatsbericht für März 1946:

»This Branch is satisfied that denazification at the universities has been carried out to the limit that the continued functioning of these institutions allows.«[31]

Als im Mai 1946 die kommunistischen Angriffe in der Grazer Wahrheit wiederkehrten und auch Bundeskanzler Figl warnte, er werde sich nicht scheuen, einzelne Hochschulen zu schließen und dabei konkret die medizinischen und philosophischen Fakultäten der Universität Graz im Auge zu haben schien,[32] wehrte sich Hands ganz entschieden gegen die indirekt durchklingenden Vorwürfe einer zu laxen britischen Entnazifizierung. Im darauffolgenden Monatsbericht für Mai 1946 strich er hervor, daß von 521 Professoren und Assistenten, die zum Stichtag 1. September 1945 an der Grazer Universität angestellt waren, 240 von den Österreichern und den britischen Sicherheitsstellen entlassen worden wären, davon allein 96 an der medizinischen Fakultät.[33]

Auf die diesbezügliche russische Kritik im Alliierten Rat reagierte Hands mit dem Argument, daß die sowjetische Besatzungsmacht in den zweieinhalb Monaten ihrer Besetzung der Steiermark keinerlei Schritte zur Entnazifizierung der Universität unternommen hätte, während die englische Militärregierung sorgfältig gesäubert habe:

»In the opinion of this Branch and Styria District Security Office, which are in a better position to judge the situation than anybody else, denazification of Graz University has been strict enough to leave little danger of a recrudescence of Nazi sentiment.«[34]

In seinem Juli-Bericht 1946 machte sich J. R. Hands sogar zum Anwalt der sogenannten Mitläufer und Minderbelasteten und forderte: »It is high time that the problem of denazification was finally settled.« Die durch die jüngsten Vorgangsweisen bei der Entnazifizierung erzeugte Verwirrung und Ungerechtigkeit gehe zu Lasten der »unintelligent policy being pursued by the British authorities in this zone and the even more unintelligent policy sponsored by the [Austrian] Federal Government.« Es gebe keine Entschuldigung für Kategorieentlassungen ohne Bedachtnahme auf individuelle Umstände. In ätzender Selbstkritik scheute Hands auch nicht vor unangenehmen Vergleichen zurück:

»The British policy of issuing dismissal orders and refusing to give any reasons for the dismissals is calling forth justified comparsions with the Gestapo-Method of condemning people unheard.«[35]

In der Frage der Entnazifizierung an den Schulen und Universitäten sollte J. R. Hands immer wieder deutlich von der Linie seiner Vorgesetzten in der Allied Commission in Wien abweichen.

Ende 1946 gab Hands einen untypisch pessimistischen Befund über den Zustand des steirischen Schulwesens ab; in vieler Hinsicht seien die Zustände jetzt schwieriger als zu Beginn seiner Tätigkeit in der Steiermark. Mangel an Kleidung und Nahrung, an Heizmaterialien, an Lehr- und Lernunterlagen, vor allem aber die anhaltende Unsicherheit in der Lehrerschaft seien dazu angetan, den Enthusiasmus der ersten Wiederaufbauphase in potentiell gefährliche Resignation umwandeln zu lassen.[36] Wie schlecht die allgemeine Ernährungslage noch zur Mitte 1947 war, bewies eine von der Education Branch in Auftrag gegebene Statistik, nach der im Frühjahr 1946 die Volks- und Hauptschüler verglichen mit den entsprechenden Daten aus dem Jahr 1938 stark untergewichtig und unter Normgröße geblieben waren. Im Akademischen Gymnasium Graz wurde Ende 1946 bei den Kindern der ersten vier Klassen ein durchschnittlicher Gewichtsverlust von 6 bis 10 kg festgestellt. Ein Gymnasialdirektor berichtete damals, daß von 427 Kindern in seiner Schule 29 überhaupt kein Schuhwerk besäßen.[37] Der harte Winter 1946/47 verschlimmerte die Situation noch zusätzlich. Wochenlang blieben die Schulen geschlossen und das Wintersemester 1946/47 mußte weitgehend ausfallen. Die englischen Erziehungsoffiziere verstanden nicht ganz, warum es dazu kommen mußte bzw. warum sich niemand dagegen aufbäumte. So wurde nicht mit Kritik an der Einstellung der Österreicher in dieser Frage gespart: »There is a lack of foresight and initiative«, und noch deutlicher:

»The occupation of the Four Powers will not be a permanent excuse to cover either inertia or incapacity.«[38]

Das bestimmende Thema für die Tätigkeit der Education Branch Styria sollte jedoch bis in die letzten Tage ihres Wirkens die Frage der Entnazifizierung bleiben. Im gesamten genommen kann gesagt werden, daß Hands, als Schulmann mit Erfahrung,[39] dazu tendierte, die praktische Seite des Entnazifizierungsproblems in den Vordergrund zu stellen. Er zeigte Verständnis dafür, daß viele, gerade auch

junge Menschen auf die idealistische Propaganda der Nazis hereinge-
fallen und der Partei beigetreten waren, wenn er erinnerte: »After
all, this propaganda largely deceived the British Government up to
1938.«[40] Parteimitgliedschaft ohne persönliche Schuld sollte nie-
mandem zum Nachteil gereichen, denn Opfer des Nationalsozialismus gewesen zu sein stelle jedenfalls eine unzureichende Qualifikation für den Lehrberuf dar. Diese Meinung brachte J. R. Hands ganz
in die Nähe der vom sozialistischen Landesschulinspektor Teufert
verfochtenen Linie, wonach ein geordneter Schulbetrieb in der
Steiermark nur möglich sei, wenn man die aufbauwilligen, minderbelasteten Lehrpersonen anstellen bzw. halten könne. Mitte 1947
schätzte Teufert deren Zahl in der Steiermark immerhin auf gegen
1 500, beinahe die Hälfte der Pflichtschullehrer.[41]

4. Zur Typologie von Bevormundung, Kontrolle und Kooperation

Bei näherer Betrachtung der konkreten Arbeit der Education Branch
Styria in den Jahren 1945 bis 1947 lassen sich im Sinne einer syste-
matischen Übersicht folgende Formen des britischen Eingreifens, der
Beeinflussung und der Zusammenarbeit feststellen.

a) Einquartierungen

Die ersten Eingriffe in das Erziehungsleben der besetzten Steiermark
erfolgten durch die physische, militärische Besetzung von Schulen
und Schülerheimen. In der Steiermark, die ja von mehreren Beset-
zern heimgesucht worden war, scheinen sich die englischen als die
rücksichtsvollsten Truppen erwiesen zu haben. Hands lobte wiederholt die verständnisvolle Haltung militärischer Stellen in dieser Angelegenheit, wenn auch in den ersten Besatzungswochen die Requi-
rierung einer der steirischen Hochschulen als Militärhauptquartier
ernsthaft und länger zur Debatte stand. Schließlich konnte auch die
geplante Verlegung der »Allied Forces HQ University« aus Perugia
(mit immerhin 100 Offizieren und 600 Militärstudenten) in einen
Teil der Räumlichkeiten der Universität Graz verhindert werden.[42]

b) Entnazifizierung

Schon aus einer quantitativen Analyse der Quellen wird ersichtlich, daß auch für die Engländer die Personalprobleme im Bildungsbereich am gravierendsten waren. Ich greife hier bewußt nur einen Aspekt heraus: die Anfänge der Entnazifizierung an der Universität Graz.

Der Entnazifizierung und Austrifizierung der steirischen Hochschulen wird eines Tages eine monographische Behandlung zuteil werden müssen. Allererste Ansätze einer Aufarbeitung dieses Themas liegen bereits vor. Sie sollen hier um die Frage (weniger um die Antwort darauf) erweitert werden, warum die britische Besatzungsmacht trotz der ihr bekannten Sonderstellung der Universität Graz als »Grenzfeste deutscher Wissenschaft«[43] bei der Entnazifizierung dieser Universität so behutsam und unbemerkbar vorging, daß der Archivar und Historiker dieser Universität in der jüngsten, auf örtlichen Quellen beruhenden Festschrift zum 400-Jahr-Jubiläum vermuten mußte, daß die Education Branch Styria ihre Tätigkeit erst Anfang 1946 aufgenommen hätte, immerhin ganze sechs Monate nach der tatsächlichen Etablierung der britischen Erziehungsabteilung in der Grazer Burg.[44]

Welches Verständnis von selbstproklamiertem Säuberungswillen der englischen Besatzungsmacht an den Universitäten bzw. der geforderten Selbstreinigung der Wissenschaften lag hier vor? Und vor allem, warum bedienten sich die Engländer des ihnen zur Verfügung stehenden Mittels des direkten Eingreifens eher zögernd und, wie es scheint, höchst selektiv?

Zunächst war es tatsächlich so, daß aus Personal- und Zeitmangel die Educational Control Officers wirksame Kontakte etwa zur Universität Graz erst nach ihrem Eingreifen in die elementare und sekundäre Schulverwaltung in der Steiermark aufgenommen haben. Die Pflichtschulen sollten schließlich noch vor den Hochschulen wieder voll in Gang gesetzt werden. Das erste Einschreiten der Education Branch auch auf universitärer Ebene ist jedenfalls für die ersten Augusttage 1945 quellenmäßig belegbar. Für die gesamte Dauer ihrer Kontrolltätigkeit hat die Erziehungsabteilung dann einen Offizier für hauptsächlich universitäre Belange abgestellt.[45]

Über die Umstände der Ernennung des gebürtigen Grazers Karl Rauch zum ersten nachnazistischen Rektor der Grazer Universität liegen voneinander abweichende Angaben vor. Sie besagen einesteils, daß der provisorische steirische Landeshauptmann und Sozialist Reinhard Machold den Juristen Rauch, dessen wissenschaftliche Laufbahn vor seiner Rückkehr nach Graz sich praktisch ausschließlich auf deutschen Universitäten entwickelte, und der schon am 15. Dezember 1944 zum Prorektor bestellt worden war, am 6. Juni 1945 in das Rektorat eingesetzt habe.[46] In einer diesbezüglichen Recherche der britischen Sicherheitsabteilung FSS vom Dezember 1945 wird die Ernennung Rauchs durch Staatssekretär Fischer behauptet, eine Ernennung, wie es in diesem Bericht heißt, »supported by all persons connected with the university who might be suspected of Nazism«. In der Stellungnahme heißt es weiter, Rauch habe »definitely not an Austrian outlook, being undoubtedly of ›deutsch-national‹ opinions«. Er sei allerdings ein guter Verwalter und es wäre zu hoffen, daß er bei den nach erfolgter Entnazifizierung anzusetzenden Universitätswahlen ersetzt werde.[47]

Noch im Juni 1945 ernannte Machold auf Vorschlag Rauchs eine Entnazifizierungskommission, die unter Vorsitz des für die Hochschulen Steiermarks zuständigen Landeshauptmannstellvertreters Alois Dienstleder jeweils als Fakultätsvertreter die Professoren Wilburg, Lieb und Brandenstein umfaßte. Später stießen noch Vertreter der Studenten und von Universitätsbediensteten dazu. Walter Wilburg, der Jurist in der Kommission, der eine Berufung ins Reich abgelehnt hatte, wurde von den britischen Sicherheitsabteilungen als Nichtparteimitglied für verläßlich eingestuft. Noch im September allerdings hatte Hands nach Wien berichtet, daß Wilburg unter Druck Parteimitglied geworden war, gegen Ende des Krieges jedoch zu den Partisanen Kontakte hatte.[48] Der Vertreter der philosophischen Fakultät, Wilhelm Brandenstein, wurde als Gegner des Nazismus und führendes Mitglied der neu begründeten »Freien Vereinigung demokratischer Hochschullehrer Österreichs« von den Engländern geschätzt. Das Problemkind in diesem Trio war eindeutig der Dekan der medizinischen Fakultät, Hans Lieb, der auf einer frühen Liste der ÖVP als zu entlassendes NSDAP-Mitglied geführt wurde und von dem auch die Engländer annahmen, daß er zumindest Parteianwärter gewesen war.[49] Von ihm meinte J. E. Howe in einem Bericht vom 5. April 1946 über die Entnazifizierung der Grazer Medizinischen Fakultät: »Lieb as a small Nazi appears to have been indulging in sheltering Nazis.«[50] Ihm war das britische Employment Certificate erst am 26. November 1945 ausgestellt worden und im Frühjahr 1946 mußte er sich erneut einer Fragebogenermittlung stellen. Lieb war übrigens auch Mitglied des Ehrenrates, durch den der studentische Zugang zum Universitätsstudium bewilligt oder abgelehnt wurde. Die Arbeit dieser Kommission wurde schon früh als nicht zufriedenstellend eingestuft. Immerhin, von etwa 480 Universitätslehrern waren Anfang Dezember 1945 bereits ca. 180 entlassen worden. Von den zur Beibelassung im Amt vorgeschlagenen 234 Universitätslehrern wurden von den britischen Sicherheitsabteilungen PSB und FSS bis Ende des Jahres 1945 nur 15 beansprucht.[51] (Vgl. App. B) Die von den Engländern im wesentlichen akzeptierte, gemäßigte Vorgangsweise der österreichischen Kommissionen führte nicht zuletzt dazu, daß auch 1946 und 1947 die Universität Graz in besonderer Weise im Blickfeld der öffentlichen, auch internationalen Kritik geblieben ist. In seinem Rückblick auf zwei Jahre konkrete Erfahrung mit Entnazifizierung in der Steiermark übte J. R. Hands auch sehr offene Selbstkritik:

»The Allied victors have utterly failed in their self-appointed task of finding a just solution to this question. ›My Nazi is no Nazi‹ is a phrase which today can be gratefully whispered by many who through sufficient influence in the right quarters have escaped more lightly than a great number who do not deserve harsh treatment.«[52]

Im Bereich der steirischen Universitäten hätte ein konsequentes Einschreiten der Kontrollmacht gerade im Anfangsstadium der Entnazifizierung die Demokratisierung und Austrifizierung der Hochschulen entscheidend fördern können.

c) Zulassungsverfahren

Als im Dezember 1945 die Landesorganisation des Cartellverbandes Steiermark, der 1938 von den Nazis aufgelöst worden war, um Erlaubnis zur Wiederzulassung ansuchte, wurde dies von der Education Branch Styria nach Konsultation mit dem Alliierten Rat und dem steirischen Landeshauptmann verwehrt. Trotz eines intervenierenden Schreibens von Unterrichtsminister Felix Hurdes[53] blieb das Verbot bestehen, gerade auch deshalb, weil die Universitäten selbst eine Wiederbetätigung der Studentenverbindungen und Burschenschaften jedenfalls noch im Frühjahr 1946 ablehnten. Das traf sich ziemlich genau mit der Einschätzung dieser Frage durch den für die Höheren Schulen zuständigen Referenten in der britischen Education Division in Wien, als er meinte »the reinstitution of any of the traditional student organizations with their narrow social and political outlooks is a definite menace to the orderly development of the university«.[54] Aus der Sicht der Engländer war der Cartell-Verband in der öffentlichen Meinung Österreichs untrennbar mit dem faschistischen Dollfuß-Regime verwickelt. Es sollte auf Universitätsboden zunächst einmal jede über die Österreichische Hochschülerschaft als anerkannte Vertretung der Studenten hinausgehende Aktivität und damit potentielle Agitation verhindert werden. Derartige Restriktionen der britischen Besatzungsmacht waren nach Inkrafttreten des Zweiten Kontrollabkommens jedoch nicht mehr länger aufrechtzuerhalten.

d) Beschlagnahmung von NS-Schrifttum

In der Frage der Beseitigung von NS-Literatur aus den öffentlichen Bibliotheken, insbesondere aus den Bibliotheken der Sekundar- und Hochschulen, wurden schon im August 1945 von den Engländern gezielte Aktionen gefordert, so die Einsetzung einer Expertenkommission zur Säuberung des öffentlichen Lebens von jedwedem NS-Schrifttum.[55] Allein im Bezirk Feldbach z. B. betrug das Gesamtgewicht der bis zum Frühjahr 1946 eingesammelten Nazi-Schulbücher über eineinhalb Tonnen.[56] Diese Eingriffsform stand nicht nur der Education Branch offen, sondern war großteils in der Kompetenz der für Presse, Rundfunk und Propaganda zuständigen Sonderabteilung Psychological Warfare Branch gelegen.

e) Interventionen

Interventionen, gerade in ihren vielfältigen informellen Varianten, sind quellenmäßig sehr schwer zu fassen. Noch schwieriger kann es sein, Intervenent und Interventionsziel exakt zu eruieren und zu belegen. Am häufigsten dürften Interventionen in Entnazifizierungsangelegenheiten erfolgt sein. In der Education Branch Styria scheint diese Form des Eingreifens ein eher vernachlässigbares Phänomen gewesen zu sein, nicht zuletzt auch deshalb, weil für die britischen Säuberungsmaßnahmen hauptsächlich die Offiziere der Public Safety Branch und der militärischen Sicherheitseinheit Field Security

Section verantwortlich zeichneten. Die Zahl der britischen Interventionen im Bildungsbereich insgesamt soll vergleichsweise gering gewesen sein.[57]

f) Information und »cultural propaganda«

Zu den Möglichkeiten direkter und indirekter Einflußnahme gehörte natürlich die gezielte Informierung der von Besatzungsanliegen und Kontrollmaßnahmen betroffenen Bevölkerung. Hierher gehörten Referate und Vorträge, direkt an ein bestimmtes Zielpublikum wie Lehrer gerichtet oder, weniger kalkulierbar, über Radio, meist natürlich zu bildungspolitischen Themen. Vorträge dieser Art wurden von praktisch allen britischen Erziehungsoffizieren gehalten, so z. B. von J. R. Hands am 23. September 1945 »Über die Bedeutung der Erziehung«[58] oder von österreichischen Beamten der Schulverwaltung, die in aller Regel ihr Vortragsmanuskript der Zensurbehörde Psychological Warfare Branch zur Überprüfung vorlegen mußten. Ein konkretes Beispiel dafür war die Radiorede von Landesschulinspektor Franz Gölles aus Anlaß der Wiedereröffnung der steirischen Mittelschulen am 29. September 1945.[59]

Im Bereich der öffentlichen Kulturarbeit der britischen Besatzungsmacht in der Steiermark passierte auffallend lange relativ wenig. Hands mußte Anfang 1946 klagen, daß sechs Monate nach Einmarsch der britischen Truppen die von ihm angeforderten Bücher, Zeitschriften und Filme »about English life and letters« noch immer nicht zur Verfügung stünden.[60] Ein Büro der Kulturaußenstelle »British Council« für Österreich wurde erst im November in Wien eingerichtet.[61] Die Education Branch Styria mußte lange Zeit auch die Funktion einer britischen Kulturanlaufstelle ausfüllen. Kontrollierte Schulfunksendungen wurden erst ab Jänner 1946 über die Radiostation Graz ausgestrahlt. Die für den Englischunterricht herausgegebene Lesezeitung »School Post« diente bewußt als kulturelles Sprachrohr der Besatzungsmacht. Die Möglichkeit eines Studienaufenthaltes in England für leitende Persönlichkeiten aus dem steirischen Schul- und Bildungsbereich oder von Adoptionsprogrammen englischer Schulen für steirische Schulen, wie sie die Amerikaner in ihrer Zone als effektive Methode der Reorientierung anbieten konnten, scheint den englischen Bildungsoffizieren in Österreich nicht zur Verfügung gestanden zu sein.

g) Persönliche Kontakte

Die Bedeutung persönlicher Kontakte zwischen Vertretern der Erziehungsabteilung und den Verantwortlichen und Entscheidungsträgern in der steirischen Schul- und Bildungshierarchie ist schwer nachweis- und einschätzbar, denn es fehlt auch hier an eindeutigen Hinweisen in den Quellen. Eine überdurchschnittliche Bereitschaft zur Zusammenarbeit und gegenseitiger Respekt sowie eine auffallende Affinität im pädagogischen Denken läßt sich am ehesten für die Beziehung zwischen J. R. Hands und Landesschulinspektor Leopold Teufert konstatieren. Dieser Befund konnte durch die Erinnerung von Zeitgenossen, die die steirische Schul- und Kulturszene dieser Jahre deutlich mitgestaltet haben, wie Franz Kramer und Ditto Pölzl, bestätigt und bestärkt werden.[62] Selbst der korrekteste Besatzungsoffizier wird vermutlich nicht immer imstande gewesen sein, private Sympathie und persönliche Zuneigung streng von dienstlicher Haltung und Meinung zu trennen.

h) Hilfeleistungen

Britische Militäreinheiten konnten in den ersten Monaten der Besetzung beim Schülertransport entscheidend mithelfen. Mit der Reduzierung der Besatzungstruppen infolge des Zweiten Kontrollabkommens mußte diese Rolle stark eingeschränkt werden. Schulausspeisungen erfolgten anfangs durch britische Stellen, später durch das Internationale Rote Kreuz und die Aktion »Schweizer Spende«. Letztere versorgte z. B. in den ersten drei Monaten des Jahres 1947 50000 steirische Schulkinder. Auch bei der Beschaffung und Verteilung von Schuhwerk gab es britische Unterstützung.[63]

Die Mithilfe bei der Organisation kultureller und künstlerischer Aktivitäten stellte nach Eigeneinschätzung der Education Branch eine wesentliche und erfolgreich ausgeübte Aufgabe dar. Vor allem der traditionsreichen Steirischen Musikgesellschaft hätten die Erziehungsabteilung und britische Militäreinheiten bei Planung und Aufführung von Konzerten hilfreich beistehen können. Den Erfolg der einmonatigen Grazer Musikfestwochen im Sommer 1946, die laut Hands nach allgemeiner Meinung die in der internationalen Öffentlichkeit bekannteren Salzburger Festspiele an Qualität übertroffen hätten, schrieb der britische Erziehungsoffizier den unermüdlichen

Anstrengungen der Sekretärin dieser Steirischen Musikgesellschaft gut.[64] Mittlerweile sollen die Salzburger Festspiele diesen Rückstand wieder wettgemacht haben. Nicht ohne Interesse jedoch darf der Historiker dieser kurzen, aber intensiven Epoche britischer Besatzungs- und Bildungspolitik in der Steiermark vermerken, daß J. R. Hands diese kompetente Managerin steirischen Kulturlebens noch während seiner Tätigkeit in Graz zur Ehefrau nahm und sie nach Beendigung seiner Karriere als Besatzungsoffizier nach Kent, England mitführte.[65]

i) Kritik

Die britischen Erziehungsfachleute enthielten sich in auffallender Weise einer z. B. von den Amerikanern offen vorgetragenen Systemkritik am österreichischen Bildungswesen. Die in der Steiermark wirkenden Educational Control Officers schienen im Gegensatz zu ihren amerikanischen Kollegen nicht an die Umsetzbarkeit eigener Bildungsideale oder an die Anwendbarkeit eigener Modelle im österreichischen Schulsystem geglaubt zu haben. Trotzdem lassen sich Sympathie und Verständnis für die bildungspolitischen Wünsche des US-Elementes zur Reform der österreichischen Schule erkennen. Zu diesen Vorstellungen gehörte: eine Einheitsschule für alle Sechs- bis Vierzehnjährigen, eine verbesserte Lehrerausbildung, mehr Arbeits- und Gruppenunterricht, die Integration zeit- und sozialgeschichtlicher Themen im Bereich der »Social Studies« an den Sekundarschulen und mehr Elternpartizipation in der Schule. Zumindest in der Frage des Einflusses der politischen Parteien auf das österreichische Schulwesen und die konkrete Bildungsarbeit war die Systemkritik des Chefs der britischen Erziehungsabteilung von einiger Heftigkeit.[66] Dafür seien einige konkrete Belege angeführt. Im Jänner 1946 wandte sich Hands in einem Schreiben an Landeshauptmann Anton Pirchegger, um gegen die vehementen Bemühungen der ÖVP zu protestieren, nach den gewonnenen Landtagswahlen vom November 1945 bestimmte Positionen in der steirischen Bildungshierarchie durch eigene Leute zu besetzen. Vor allem der gemunkelten Abberufung oder zumindest Kompetenzbeschneidung des sozialistischen Landesschulinspektors Leopold Teufert wollte sich Hands widersetzen. Auch dem von der Eliminierung aus seinem Amt bedrohten Stadtschulinspektor für Graz, Franz Kramer, bescheinigte der oberste Erziehungsoffizier, er sei »a man well worth keeping, since he is very efficient and his outlook on his school work is purely objecti-ve«.[67] Auch als der Konflikt im Fall der Besetzung des Landesschul-inspektorats für Pflichtschulen in großkoalitionärer Weise so gelöst wurde, daß die Agenden des bisherigen Landesschulinspektors auf die Volksschulen beschränkt und dem neuen ÖVP-Landesschulin-spektor Viktor Duss die Betreuung der Hauptschulen und der Leh-rerausbildung übertragen wurde, qualifizierte dies Hands als »undue intrusion of party politics into education.«[68] Auch im Falle des kom-munistischen Grazer Stadtschulinspektors Kramer waren natürlich die Protestschreiben des britischen Erziehungsoffiziers nach Wien umsonst: der Posten wurde zweigeteilt und von je einer Großpartei beansprucht. Die so gefundene, ripuarische Lösung (links und rechts der Mur) schuf postwendend neue Konflikte, da die Zahl der zu betreuenden Schulen links und rechts der Mur nur schwer in eine Parität zu bringen waren. Hands hätte sich ein Einschreiten der Kontrollmächte gegen jede parteipolitisch motivierte Ingerenz im Bildungswesen gewünscht:

»It is greatly to be regretted that concerted action has not been taken by the four occupying powers to check this unfortunate tendency.«[69]

Auch über die von den Großparteien nach beträchtlichen Schwierig-keiten schließlich doch durchgesetzte Abberufung der kommunisti-schen Bezirksschulinspektorin Paula Podbreznik war Hands äußerst empört:

»The wisdom of some of the dismissals and new appointments seems more than doubtful; some good people have been dismissed and some of poor cha-racter have replaced them. The hold of the party politicians on the educatio-nal system is unfortunately growing stronger all the time.«[70]

In seinem Schlußbericht vom Juni 1947 bezweifelte J. R. Hands, daß es dem Österreicher je gelingen würde, sich von der Herrschaft der Parteien im öffentlichen Leben zu befreien, denn er habe sich längst daran gewöhnt und kenne kein anderes System:

»On occasion, when British officers have pointed out that educational posts in Great Britain are rewarded purely on professional qualifications without reference to party affiliation, the information has been received with polite expressions approximately equally compounded of respect and disbelief«[71]

Leider sollte J. R. Hands damit das österreichische Traditionsdenken und Systembeharrungsvermögen gerade im Bereich des Schul- und Bildungswesens sehr zutreffend eingeschätzt haben.

Der Einsatzbereitschaft und fachlichen Kompetenz der steirischen Lehrerschaft sollte Hands mehrfach ein gutes, sogar ein ausgezeichnetes Zeugnis ausstellen. Zugleich jedoch durchblickte der erfahrene Pädagoge so manche (noch heute zu konstatierende) strukturelle Schwäche des österreichischen Schulsystems, so etwa als er nach eineinhalbjähriger Beobachtung zu der Einschätzung kam,

»that Austrian secondary schools are far too uniformly organised and, in fact, over-organised; far too little is left to the initiative of individual assistents and head-teachers, who are forever being called on to prove to superior authority that they have carried out some instruction or other in the prescribed manner.«[72]

Der stets korrekten und engagierten, zweijährigen Tätigkeit des Chefs der Erziehungsabteilung der britischen Militärregierung bzw. der späteren Zivilverwaltung Großbritanniens in der Steiermark wurde von seiten der steirischen Schulverwaltung und der Lehrerschaft übereinstimmend und in auffallend großem Ausmaß Wertschätzung zuteil.[73]

5. Ergebnis

In einer zusammenfassenden Beurteilung der Tätigkeit der Education Branch im Land Steiermark in diesen zwei Jahren kann insgesamt festgestellt werden, daß zumindest im Schul- und Bildungsbereich Bevormundung als Methode oder gar Prinzip britischer Besetzungspolitik höchstens in einem frühen Planungsstadium intendiert, kaum jedoch praktiziert wurde. Lediglich im Bereich der Entnazifizierung kann von meist vorsichtig abgesicherten Eingriffen in das österreichische Schul- und Bildungssystem gesprochen werden. Es überwiegen deutlich die Formen der stetig an Intensität abnehmenden Kontrolle und vor allem der Kooperation. Praktisch wurde ganz im Sinne der besatzungpolitischen Maxime des »indirect rule« eine Strategie der sukzessiven Funktionsabgabe erziehungspolitischer und bildungsorganisatorischer Kontrollaufgaben an österreichische Instanzen betrieben. Die vollkommene und auffallend abrupte Auflösung der Education Branch, HQ Civil Affairs, Styria nach nur zweijähriger Tätigkeit zu Mitte 1947 kann daher als natürliche Konsequenz der britischen Besatzungspolitik im Schul- und Bildungsbereich verstanden werden. Daß sie darüber hinaus durch militärische und finanz-

politische Zwänge, denen sich die britische Zivilverwaltung in Österreich insgesamt ausgesetzt sah, mitverursacht wurde, vermag das
Bild vom Wirken und Ende der Education Branch nur noch abzu-
runden. Letzten Endes war J. R. Hands mit der seit Kriegsende gelei-
steten Arbeit seiner Abteilung doch einigermaßen zufrieden:

»We may not leave everything as we should like to see ... but if, as we hope,
we leave behind something of the British ideals of tolerance, impartiality and
honesty our work here will not have been in vain.«[74]

Anmerkungen

[1] Vor allem durch Manfried Rauchensteiner, Der Sonderfall. Die Besatzungszeit in Österreich 1945 bis 1955, Graz–Wien–Köln 1979 und in
älteren Arbeiten Cary Travers Grayson Jr., Austria's International Position 1938–1953. The Reestablishment of an Independent Austria, Geneva 1953; John Mair, Four-Power Control in Austria 1945–1946 (Survey
of International Affairs 1939–1946), London 1956, S. 269–377; Frank
S. V. Donnison, Civil Affairs and Military Government in North-West
Europe 1944–1946, London 1961, S. 283–302 und 534–535 und durch
William B. Bader, Austria between East and West 1945–1955, Stanford
1966.

[2] Für Kärnten siehe August Walzl, Kärnten 1945, Klagenfurt 1985 und
Wilhelm Wadl, Das Jahr 1945 in Kärnten. Ein Überblick, Klagenfurt
1985; für die Steiermark ansatzweise Stefan Karner, Die Steiermark im
Dritten Reich 1938–1945, Graz 1986, Kapitel 11 und Gudrun Schmid
Wurglits, Die Anfänge der Zweiten Republik in der Steiermark, Lehr-
amtshausarbeit Wien 1964.

[3] Vgl. Robert Knight, Britische Entnazifizierungspolitik 1945–1949. *Zeitgeschichte,* 11(1984), 9/10, S. 287–301.

[4] Für Kärnten siehe Siegfried Beer, Kärnten im Frühsommer 1945. Drei
Berichte und Analysen des amerikanischen Geheim- und Nachrichten-
dienstes OSS zu Politik, Wirtschaft und Gesellschaft in einem britisch-
besetzten Bundesland. *Carinthia I, 177* (1987), S. 415–452. Für die
Steiermark siehe ders., Von der russischen zur britischen Besetzung der
Steiermark. Berichte des amerikanischen Geheimdienstes OSS aus dem
Jahre 1945. *Blätter für Heimatkunde,* 59 (1985), Heft 4, S. 103–120 und
ders., Zur Situation der Steiermark im Jahre 1945. Zwei Berichte des
amerikanischen Geheimdienstes OSS bzw. SSU über Besatzung und Uni-
versitätsleben in den ersten Nachkriegsmonaten. *Informationen für Ge-
schichtslehrer,* 6 (1985), S. 14–26.

[5] Vgl. z. B. Col. A. C. Wilkinson, Military Government Styria (24 July
1945 – 7 February 1946), Graz 1946; John Dalgleish, Military Govern-

ment Austria. *The Army Quarterly,* 52 (1946), S. 235–244; A. C. J. (A. Creighton James?), British Troops, Austria (B. T. A.). An Account of the Conditions in, Duties and Achievements of, the British Army of Occupation in Austria from May, 1945 – September, 1946. *Firm. The Magazine of the Worcestershire Regiment,* 13 (1947), S. 348–360; Lord Schuster, Military Government in Austria with Special Reference to Administration of Justice in Occupied Territory. *Journal of the Society of Public Teachers of Law,* 1 (1947), S. 80–104 und Richard L. McCreery, Austria 1945. *The 9th/12th Royal Lancers Regimental Journal,* 3 (1969) Nr. 1, S. 98–109 und Nr. 2, S. 98–105.

6 Alfred Hiller, Amerikanische Medien- und Schulpolitik in Österreich 1945–1950, phil. Diss. Wien 1974 und als Zusammenfassung leichter zugänglich, ders., US-amerikanische Schulpolitik in Österreich 1945 bis 1950. *Österreich in Geschichte und Literatur,* 24 (1980), Heft 2, S. 65 bis 80. Wegweisend auch für die vorliegende Arbeit Helmut Engelbrecht, Die Eingriffe der Alliierten in das österreichische Schul- und Erziehungswesen nach 1945, in: Umerziehung und Wiederaufbau. Die Bildungspolitik der Besatzungsmächte in Deutschland und Österreich (Veröffentlichungen der Historischen Kommission der Deutschen Gesellschaft für Erziehungswissenschaft 5), hrsg. v. Manfred Heinemann, Stuttgart 1981, S. 278–308. Besonders beeindruckend ist das vergleichsweise üppige Literaturangebot zur Frage der britischen Schul- und Bildungspolitik in Deutschland. Stellvertretend seien genannt: The British in Germany. Educational Reconstruction after 1945, ed. by Arthur Hearnden, London 1978; Günter Pakschies, Umerziehung in der Britischen Zone 1945–1949. Untersuchungen zur britischen Re-Edukations-Politik (Studien und Dokumentationen zur Deutschen Bildungsgeschichte 9), Weinheim-Basel 1979; Arthur Hearnden, The Educational Branch of the Military Government of Germany and the Schools, in: The Political Reeducation of Germany and her Allies after World War II, ed. by Nicholas Pronay und Keith Wilson, London 1985, S. 97–106 und Britische Deutschland- und Besatzungspolitik 1945–1949, hrsg. v. Josef Foschepoth und Rolf Steininger, Paderborn 1985.

7 Vgl. die einschlägigen Kapitel bei Dieter Stiefel, Entnazifizierung in Österreich, Wien 1981 und in dem Sammelband Verdrängte Schuld, verfehlte Sühne. Entnazifizierung in Österreich 1945 bis 1955, hrsg. v. Sebastian Meissl, Klaus-Dieter Mulley und Oliver Rathkolb, Wien 1986.

8 Im Bereich der Education Division der Allied Commission for Austria z. B. die Faszikel FO 1020/2588 (Universities July 1945–1946 February, Vol. I) und FO 1020/2595 (Education Reports Steiermark, 1945–1946).

9 Für erste, überblicksorientierte und ermutigende archivalische Hinweise auf die reichlichen Bestände zur britischen Besatzungspolitik habe ich dem englischen Historiker und kritischen Freund Österreichs, Robert Knight (Canterbury-Wien), sehr herzlich zu danken.

[10] Aus den mir zur Verfügung stehenden Quellen lassen sich folgende, zu verschieden terminisierten Einsätzen abgestellte Mitarbeiter der Education Branch zwischen 1945 und 1947 eruieren: (Lt. Col.) James R. Hands, G. Needham (beide SO1); Major Ralph Kingsbury, (Capt.) Janet E. Howe, Capt. Vincent (alle SO2); Capt. P. J. Lee, E. F. Cosgrave, Capt. Owen Eddy und G. W. S. Brown (alle SO3).

[11] Vgl. Engelbrecht, Eingriffe S. 280 und S. 288.

[12] Vgl. H. O. Ekern, Index to Subjects considered by the Allied Council and Executive Committee from September 11, 1945 to September 11, 1953, Vienna o. J., S. 42 f. Zit. ebd., 279.

[13] Vgl. Carl J. Friedrich, Der Verfassungsstaat der Neuzeit, Berlin 1953, S. 688 f.

[14] Vgl. Wilhelm Brauneder, Friedrich Lachmayer, Österreichische Verfassungsgeschichte, Wien [4]1987, S. 265.

[15] Vgl. Stephan Verosta, Die internationale Stellung Österreichs. Eine Sammlung von Erklärungen und Verträgen aus den Jahren 1938–1947, Wien 1947, S. 107.

[16] Vgl. Engelbrecht, Eingriffe S. 305.

[17] J. R. Hands, Education Branch, Military Government H. Q., Land Steiermark, Monthly Report for November 1945. FO 1020/2594.

[18] Education. Functional Manual, undatiert, S. 1. FO 1020/2579.

[19] Ebd., S. 3.

[20] Military Government Handbook, Austria, Kap. 18: Education, 17. Februar 1945. FO 1020/2579.

[21] In Graz etwa hatte der Stadtschulrat für alle schulpflichtigen Kinder schon ab 10. Juni 1945 einen Notunterricht organisiert. Vgl. LSI Leopold Teufert, »Die steirische Schule lebt«. *Neue Steirische Zeitung,* 30. Dezember 1945.

[22] Vgl. J. R. Hands, SO1, Education Branch an Senior Military Government Officer (SMGO), Military Government, H. Q. Land Steiermark, Memorandum »School organisation in Bezirks«, 18. August 1945. FO 1020/3188.

[23] J. R. Hands, Monthly Report for August 1945. FO 1020/2594.

[24] J. R. Hands an Deputy Director, Education Division, ACA (BE), W. C. Baty, 28. September 1945. FO 1020/3188.

[25] Vgl. Ernst Fischer, Das Ende einer Illusion. Erinnerungen 1945–1955, Wien 1973, S. 132 f.

[26] Über die konkrete Notsituation bzw. deren Überwindung an einer steirischen Pflichtschule vgl. die beim Autor archivierte, sehr informative Proseminararbeit von Günter Deutsch, Wiederaufbau und Erneuerung. Die Volksschule Feldkirchen bei Graz in den Schuljahren 1944/45 bis 1948/49, Graz 1987. Zur Aufbauleistung im steirischen Pflichtschulwesen insgesamt vgl. Steirische Bewährung 1945–1955. Zehn Jahre Aufbau

in der Steiermark, hrsg. v. d. Steiermärkischen Landesregierung, Graz 1955, S. 168–172.

27 J. R. Hands, Monthly Report for September 1945. FO 1020/2594.

28 J. R. Hands, Monthly Report for November 1945. FO 1020/2594.

29 J. R. Hands, Monthly Report for January 1946, FO 1020/2594. Zur Situation an österreichischen Universitäten allgemein vgl. Willi Weinert, Die Entnazifizierung an den österreichischen Hochschulen, in: Verdrängte Schuld, verfehlte Sühne, S. 254–269 und Stiefel, Entnazifizierung S. 170–190. Als Beispiel eines Employment Certificates siehe Dokument Nr. 23 in diesem Buch.

30 Vgl. den Artikel »Die Grazer Universität von einem Engländer gesehen« vom 16. Februar 1946 in der kommunistischen Grazer Tageszeitung *Die Wahrheit* sowie weitere Kolumnen zu dieser Thematik am 11., 19., 21. und 22. Februar 1946 im selben Presseorgan.

31 J. R. Hands, Monthly Report for March 1946. FO 1020/2615.

32 Vgl. *Die Wahrheit,* 19. Mai 1946 und Stiefel, Entnazifizierung S. 176 f.

33 J. R. Hands, Monthly Report for May 1946. FO 1020/2615.

34 J. R. Hands, Monthly Report for August 1946. FO 1020/2615.

35 J. R. Hands, Monthly Report for July 1946. FO 1020/2615.

36 J. R. Hands, Monthly Report for December 1946. FO 1020/2615.

37 J. R. Hands, Report on Monthly Conference of Secondary School Headteachers, 11. December 1946. FO 1020/2615.

38 G. O. Eddy, Monthly Report for February 1947. FO 1020/2615.

39 Er war schon vor dem Krieg als Deutschlehrer in Maidstone, Kent tätig und sollte später zum Mittelschulinspektor aufsteigen. Auskunft des Schwagers von J. R. Hands, Herrn Hofrat Dr. Helmut Horrow, 27. Mai 1987.

40 J. R. Hands an H. Brissenden, Internal Affairs Division, ACA (BE), Memorandum »Denazification«, 27. Februar 1946. FO 1020/2583.

41 Leopold Teufert, prov. LSI für Volksschulen an J. R. Hands, 27. Mai 1947. FO 1020/2618.

42 J. R. Hands, Monthly Report for August 1945. FO 1020/2594.

43 Vgl. dazu die gleichnamige, von der Steirischen Gesellschaft für Kulturpolitik herausgebende Sammelarbeit Grenzfeste Deutscher Wissenschaft. Über Faschismus und Vergangenheitsbewältigung an der Universität Graz, Wien 1985.

44 Siehe Walter Höflechner, Zur Geschichte der Universität Graz, in: Tradition und Herausforderung. 400 Jahre Universität Graz, hrsg. v. Kurt Freisitzer u. a., Graz 1985, S. 68.

45 Zunächst war es G. Needham, der später die Abteilung Höhere Schulen bei der ACA (BE) leitete und schon bald von Miss Janet E. Howe ersetzt wurde, die im Range eines Hauptmanns (Captain) war.

46 Vgl. Höflechner, Zur Geschichte der Universität Graz S. 65.

47 ASO Styria District, Memorandum »Universities in Styria: Security

Considerations«, 13. Dezember 1945, Appendix D, WO 170/7146. An anderer Stelle wird der Grazer Rektor ähnlich eingestuft: »[Rauch], though not a Nazi, is quite openly ›grossdeutsch‹.« Lt. Col. A. D. Williamson, Report on Visit to Graz, 15.–19. Jänner 1946. FO 1020/2594.

⁴⁸ J. R. Hands, Bericht an Education Branch, ACA (BE), 24. September 1945. FO 1020/2594.

⁴⁹ Security Intelligence Report Nr. 22 (14–20 December 1945). WO 170/7146.

⁵⁰ J. E. Howe, Memorandum »Denazification: Medical Faculty«, 5. April 1946. FO 1020/2589.

⁵¹ J. E. Howe, Memorandum »Higher Education Styria, January 1946. Denazification«, 30. Jänner 1946. FO 1020/2583.

⁵² J. R. Hands, Schlußbericht »The work of Education Branch, H. Q. Civil Affairs (BE), Land Steiermark, Austria«, 7. Juni 1947. FO 1020/2583.

⁵³ Unterrichtsminister Felix Hurdes, Brief an den Alliierten Rat, 22. Februar 1946. FO 1020/2583.

⁵⁴ G. Needham, SO 1, Education Division, ACA (BE), Memorandum on the Catholic Students' Organisation (C. V.), 4. März 1946. FO 1020/2589.

⁵⁵ Vgl. J. R. Hands, Monthly Report for August 1945. FO 1020/2594. Die Säuberung der Bibliotheken verlief jedoch höchst unterschiedlich effizient. An der Universität Graz wurde die Entfernung nazistischer Literatur gänzlich in die Hände des Bibliotheksdirektors Dr. Benndorf gelegt. An der Technischen Hochschule hatte Rektor Granigg angeordnet, den Studenten nur »einwandfreie« Bücher auszuhändigen. Von der Montanistischen Hochschule in Leoben war bis Ende 1945 noch keine Durchführungsmeldung über die Entfernung nazistischer Literatur eingelangt. Vgl. J. E. Howe an Education Branch, ACA (BE), 8. Jänner 1946. FO 1020/2583.

⁵⁶ Schreiben des Bezirkshauptmannes Fallent (für den Bezirksschulrat) an das Stadtkommando der britischen Militärregierung in Feldbach, 8. April 1946. FO 1020/3213.

⁵⁷ Vgl. Engelbrecht, Eingriffe S. 298.

⁵⁸ Manuskript in: FO 1020/2594. Sein erstes Referat vor der steirischen Lehrerschaft hielt J. R. Hands anläßlich der Eröffnung der Arbeitswoche der steirischen Lehrer am 23. August 1945. Es ist in der noch 1945 begründeten, pädagogischen Zeitschrift *Unser Weg*, Heft 1 (November 1945) S. 11–13 abgedruckt.

⁵⁹ PWB Radio Section, Sende-Manuskript zur Rundfunkrede von LSI Dr. Franz Gölles, 29. September 1945. FO 1020/2594.

⁶⁰ J. R. Hands, Monthly Report for January 1946. FO 1020/2594.

⁶¹ J. R. Hands, Schlußbericht, 7. Juni 1947, S. 12. FO 1020/2618.

⁶² Interview mit Landesrat a. D. Ditto Pölzl und GR a. D. Franz Kramer vom 21. Mai 1987.

[63] J. R. Hands, Schlußbericht, 7. Juni 1945, S. 9. FO 1020/2618.

[64] Ebd., S. 12.

[65] Telefonische Auskunft von WHR Dr. Helmut Horrow, 27. Mai 1987.

[66] Schon wenige Tage nach Aufnahme seiner Tätigkeit als britischer Erziehungsoffizier in der Steiermark meldete Hands nach Wien. »[that] it is unfortunately becoming clear that education is again in danger of becoming an object of political machinations: the British conception of an entirely non-political educational system seems to be quite beyond Austrian powers of comprehension.« J. R. Hands, Two-Daily Report for 30–31 July 1945. FO 1020/2594.

[67] J. R. Hands, Monthly Report for January 1946. FO 1020/2594. Zwei Monate später machte sich Hands noch immer in Wien für Stadtschulinspektor Kramer stark: »Kramer has been most energetic and efficient and in his professional capacity has not attempted to push his political views. High level action to restrain the party politicians is definitely desirable.« J. R. Hands, Monthly Report for March 1946, FO 1020/2615. Eine ähnliche Wertschätzung drückte Hands auch gegenüber der kommunistischen Bezirksschulinspektorin im Bezirk Voitsberg aus. Vgl. J. R. Hands, Notes on a Visit to Bezirk Voitsberg, 24. Jänner 1946. FO 1020/2594.

[68] J. R. Hands, Monthly Report for March 1946. FO 1020/2615.

[69] J. R. Hands, Monthly Report for May 1946. FO 1020/2615.

[70] J. R. Hands, Schreiben an Director, Education Division, ACA (BE), 22. Mai 1946. FO 1020/2596. Die Antwort aus Wien signalisierte Zurückhaltung: »It is doubtful whether we should be justified in intervening.« Director, Education Division, ACA (BE) an Education Branch, Styria, 30. Mai 1946, ebd.

[71] J. R. Hands, Schlußbericht, 7. Juni 1947, S. 4. FO 1020/2618.

[72] J. R. Hands, Report on Monthly Conference of Secondary School Headteachers, 11. December 1946. FO 1020/2615.

[73] Vgl. z. B. Steirische Bewährung 1945–1955, S. 169 und Interview mit LR Ditto Pölzl und GR Franz Kramer, 21. Mai 1987.

[74] J. R. Hands, Schlußbericht, 7. Juni 1947, S. 13. FO 1020/2618.

Appendix A: Statistik zu steirischen Bildungseinrichtungen, Stand: 1. Dezember 1945.
Quelle: J. R. Hands an Education Branch, Internal Affairs Division, ACA (BE), 12. Dezember 1945, FO 1020/2594.

ST/EDN/52 Date: 12. Dec 45

Position on 1st December 1945

	Establishments			Classes	Teachers	Pupils
	Open for use	Not usable	Occupied by Military			
1. Universität und Technische Hochschulen und Montanistische Hochschule	3	–	–	–	ca 300	approx. 5 000
2. Lehrerbildungsanstalten	1	–	–	38	68	1 564
3. Fulltime Continuation Schools — Craft and Trade Schools	4	1	–	62	175	2 068
3. Fulltime Continuation Schools — Commercial Schools	1	x	1 x	37	95	1 390
	–	–	–	–	–	–
4. Part-time Continuation Schools	6	–	2	299	334	7 758
Arbeitermittelschulen	–	–	–	4	3	132
5. Mittel-Schulen — Öffentliche	10	2	1	190	370	6 109
Private mit Öffentlichkeitsrecht	4	–	3	8	33	292
6. Hauptschulen	48	1	4	348	482	12 639
7. Volksschulen	587	13	9	2 432	2 437	112 361
8. Kindergärten and Nursery Schools, Graz	25	5	3	25	78	1 488
9. Sonderschulen deal & dump/f. blind	2	–	2 x	7	16	78
10. Special Institutions not included above	2	–	–	25	103	1 183
Art High Sch & Konservatorium						
Art Schools						

F. B. position 28/1/46 UNIVERSITIES OF STYRIA

	No. of submitted F. B.	No. of dismissals by Säuberungskommission	No. of dismissals by PS and FSS	No. of F. B.s not submitted	No. who have submitted F. B. but received no E. C. so far
Universities:					
Legal Faculty:	15	13	1	3	4
Medical Fac.:	107	86	4	7	27
Philosoph. Fac.:	89	60	10	2	26
Theologic. Fac.:	10	–	–	1	1
Techn. High School:	68	22	13	1	23
Mining College Leoben:	24	12	2	–	15
	313	181	30	14	96

J. E. Howe
S. O. II
Education Branch

Appendix B: Entnazifizierung – Fragebogensituation: Steirische Universitäten, Stand: 28. Jänner 1946.
Quelle: J. E. Howe, Memorandum: »Higher Education Styria, January 1946: Denazification«, 30. Jänner 1946, FO 1020/2583.

Klaus Eisterer

Frankreich und das Zweite Kontrollabkommen vom 28. Juni 1946

1. Motive für die Liberalisierung

Die Bedeutung des Zweiten Kontrollabkommens vom 28. Juni 1946 als Markstein in der alliierten Österreich- und Besatzungspolitik, als entscheidender Schritt nach vorne »in the process of turning over Austria to the Austrians«,[1] wie es in einem Bericht des amerikanischen Hochkommissars für Österreich heißt, wurde nicht nur von den Zeitgenossen als solcher erkannt, sondern auch von der historischen Forschung schon unter den verschiedensten Aspekten beleuchtet.[2] Meist stand dabei jener Artikel 6 im Mittelpunkt des Interesses, der es den Österreichern ermöglichte, mit Ausnahme von Verfassungsgesetzen einfache legislative Maßnahmen in Kraft zu setzen bzw. Gesetze zu verabschieden, sofern nicht innerhalb eines Monats ein einstimmiges Veto des Alliierten Rates vorlag. Dadurch erweiterte sich die Souveränität Österreichs beträchtlich.

Der Erfolg hat viele Väter – und so »reklamierte fast jeder den Verdienst für sich, Urheber dieses Vertragswerks gewesen zu sein«.[3] Obwohl die Genesis gerade dieses Artikels 6 noch nicht endgültig geklärt ist, so scheinen doch die französischen Vertreter eine bedeutendere Rolle gespielt zu haben, als ihnen die »Standardwerke« zu diesem Thema hier zubilligen.[4] Sicher ist, daß die Franzosen sich sehr früh Gedanken – und zwar entscheidende Gedanken – über die Modifizierung der Kontrollgewalt gemacht haben.

Zwei Wochen nach den Novemberwahlen 1945, die klarmachten, daß Österreich nicht nach links gleiten würde, am 5. Dezember 1945, liegt eine erste Weisung von de Gaulle an Béthouart, den französischen Oberkommandierenden und Militärkommissar in Österreich, vor: De Gaulle legte darin u. a. nahe, bei der Reorganisierung der alliierten Kontrolle vorzusehen – und hier taucht die wesentliche Klausel schon auf –, daß »normale legislative Maßnahmen der Regierung dem Kontrollrat nur mitgeteilt werden (müssen), der innerhalb einer bestimmten Frist sein Veto dagegen einbringen kann«.[5]

Diese Vorstellungen wurden Mitte Dezember 1945 auch den anderen alliierten Regierungen als Vorschlag zur Revision des Kontrollapparates unterbreitet.[6] Das amerikanische State Department stimmte den französischen Vorstellungen sofort zu, aber der sowjetische Vertreter im Exekutivkomitee des Alliierten Rates in Wien erklärte sich außerstande, sie zu diskutieren.[7] Nun arbeiteten die Briten einen Entwurf aus, den sie am 15. Februar 1946 diesem Gremium vorlegten: Erst damit war »die Initiative endgültig auf die britische Besatzungsmacht übergegangen«.[8] Auch in der englischen Vorlage war das Prinzip des Vetos a posteriori enthalten, das schließlich – nach langen Verhandlungen – als Artikel 6 (a) Eingang ins Zweite Kontrollabkommen finden sollte.[9]

Die Motive, die Paris veranlaßt haben, so früh derart weitreichende Erleichterungen für die österreichische Regierung vorzuschlagen, sind sicher sehr komplex und sollen hier nur angedeutet werden: Einmal ging es darum, die französische Politik, die sich seit November 1943 die Wiederherstellung der Souveränität und Unabhängigkeit Österreichs zum Ziel gesetzt hatte, jetzt in die Tat umzusetzen und die wiedererstandene Republik tatsächlich als »pays ami«, als befreundetes Land, zu behandeln. Oft genug war ja gerade das in Proklamationen und auf Plakaten betont worden.[10] Eine befreundete Nation militärisch und verwaltungsmäßig besetzt zu halten war paradox, und die französische Zonenverwaltung war sich schon sehr früh dieser Schwierigkeiten bewußt.[11]

Zum anderen war bei den französischen Entscheidungsträgern der Wunsch und die Überzeugung vorhanden,

»daß die Besetzung nicht lange dauern würde und ein oder zwei Jahre ausreichten, die staatlichen Behörden wieder einzusetzen, Österreichs Souveränität neu aufzubauen und sie durch einen Staatsvertrag anzuerkennen«.[12]

Dahinter stand freilich auch die Notwendigkeit, die materielle und finanzielle Belastung, die die Aufrechterhaltung der Besatzung für den französischen Staat mit sich brachte, möglichst rasch zu verringern oder gar zu beenden.

Im ersten Jahr der Besatzung hatten allein für Nahrungsmittelimporte in die Zone 20 Millionen $ (an Krediten) ausgelegt werden müssen.[13] Frankreich war auch als erste der vier Besatzungsmächte gezwungen, Teile seiner Besatzungstruppen abzuziehen,[14] bedingt durch politische, militärische und finanzielle Probleme im eigenen Land: Frankreich brauchte Truppen für Nordafrika (am 8. Mai 1945, dem Tag des Waffenstillstands in Europa, brach dort ein erster Aufstand gegen die französischen Kolonialherren aus), für die Levante und Indochina, und mußte gleichzeitig aus budgetären Gründen noch vor Ende 1945 fünf Heeresdivisionen auflösen.[15] Davon waren auch Einheiten in Österreich betroffen, obwohl starkes Interesse vorhanden war, hier größere Kontingente zu stationieren, denn, so René Mayer, Generalkommissar für deutsche und österreichische Angelegenheiten in Paris, »das ist die Voraussetzung unserer Sicherheit und unseres Prestiges, und eine Truppe dort kostet weniger als in Frankreich, weil ein Teil der Kosten dem österreichischen Budget angelastet wird«.[16] Anfang Jänner 1946 wurde die Zahl der französischen Soldaten in Österreich auf 20 000 festgelegt (Béthouart: »Absolut notwendiges Minimum«)[17], zwei Wochen später auf 15 000 (de Gaulle: »Diese müssen unter allen Umständen gehalten werden«)[18] – diese Reduktion wurde übrigens gleichzeitig mit der Anerkennung der Regierung Figl bekanntgegeben; Anfang Mai 1946 war der Stand der Truppen auf 7 000 Mann gesunken und auf diesem Niveau blieb er dann längere Zeit.[19] Im Jänner desselben Jahres, als die Franzosen 15 000 Mann in Österreich unterhielten, sprachen Schätzungen von Béthouarts Stab von 250 000 russischen Soldaten und je 50 000 englischen bzw. amerikanischen Soldaten im viergeteilten Land.[20] Der erste, französische Vorstoß zur Reorganisierung der alliierten Kontrolle wollte dann auch »beträchtliche Reduzierungen« der Besatzungstruppen erreichen[21] – damit sollte das krasse militärische Ungleichgewicht verringert, ja vielleicht der baldige ehrenvolle Ausstieg Frankreichs aus seinen militärischen Verpflichtungen in Österreich ermöglicht werden. Der britische Vorschlag, schon präziser, sah eine Verringerung auf 25 000 Mann je Besatzungsmacht vor. Dieser Passus fiel jedoch durch sowjetisches Veto und wurde durch mündliche Nebenabsprachen dahingehend umschrieben, daß jede Macht »nicht mehr Truppen als zur Erfüllung der Besatzungsaufgaben unbedingt nötig«[22] unterhalten sollte. Frankreich war in dieser Angelegenheit gescheitert: Das militärische Ungleichgewicht blieb, das Vakuum in der französischen Zone wurde ein Dauerzustand und bereitete dem militärischen Oberbefehlshaber angesichts der wachsenden Ost-West-Spannungen zunehmend Probleme.[23]

In der Zone fielen jedoch noch zwei weitere Überlegungen ins Gewicht: Man erwartete sich von einer Modifizierung der Kontrollaufgaben nun auch endlich die Klärung der französischen Politik vor Ort und eine längst überfällige Restrukturierung der verschiedensten Organe der französischen Verwaltung. Generaladministrator Pierre Voizard, der Chef der Militärregierung für die Zone, ließ am 20. November 1945 wissen, daß der Übergang zu einer bloßen Kontrollmission gelingen könne, ja wünschenswert sei, aber: »Wir brauchen ein System, eine klare Linie, Befehle«.[24] Früher hätten Botschafter oder Generäle der »grande nation« eine Mappe mit politischen Instruktionen mitbekommen. Telephon und Telegraph hätten dieser Tradition ein Ende gesetzt, ohne das entstehende Loch zu füllen. Wie groß das Loch war, geht aus dem Fragenkatalog hervor, den Voizard mitschickte:

Was will Frankreich in Österreich? Eine Festung oder einen Brückenkopf in Zentraleuropa? Mit Schwerpunkt in Wien oder in der Zone? Solle man sich – koste es, was es wolle – im »Tiroler Reduit« halten? Müsse man die offenen Forderungen (allein 20 Millionen $ für Nahrungsmittellieferungen) durch Pfänder sichern? Wolle man einen Bündnisvertrag, einen Handelsvertrag, und – ein halbes Jahr nach Beginn der Besatzung –: »Sollen wir (und es scheint, wir sollen) die Entnazifizierung als französische Angelegenheit auffassen?« Ja schließlich: wie steht Frankreich zu »Tendenzen [...], die auf einen Süddeutschen Staat mit Bayern und Österreich als Basis abzielen« – oder »bevorzugt Frankreich die Bildung einer Donaukonföderation«?[25]

Kaum geringer war das Chaos in der Organisation: ein in wesentlichen Fragen unsicherer, aufgeblähter und zu bürokratischer Verwaltungsapparat mit ungeklärten und sich vielfach überschneidenden Kompetenzen sollte nun endlich sinnvoll strukturiert werden. Der Chef der Militärregierung erwartete sich

»eine Übereinstimmung der Tendenzen unserer verschiedenen Institutionen. Der Apparat, der egoistische und eigenmächtige, ja völlig zusammenhanglose Aktivitäten im Übermaß fördert, muß vermindert werden. Einmischungen überflüssiger Organe, die die Tätigkeit der Militärregierung verdoppeln, ohne sie zu vervollständigen, ist ein Ende zu setzen.«[26]

Entlang dieser Linien sollte nun die Reorganisierung der Besatzungsverwaltung angegangen werden.

2. Die Zementierung des Status quo

Am 20. Oktober 1945, dem Tag der Anerkennung der Regierung Renner auch durch die westlichen Alliierten, erhielt ein österreichischer Beamter eine der üblichen Anweisungen der französischen Militärregierung für Tirol mit der ihm schon gut bekannten Unterschrift. Er zerriß das Papier mit der Bemerkung: »Diese Unterschrift kenne ich nicht mehr.«[27] Dieser bezeichnende Vorfall illustriert die Haltung der Beamtenschaft, die Einstellung der Bevölkerung änderte sich spätestens einen Monat darauf ebenfalls: »Seit den Wahlen wird die alliierte Besatzung für sinnlos gehalten«.[28]

Die Alliierten sahen das nicht ganz so. Auch für sie bildete die Anerkennung der österreichischen Regierung eine Zäsur, aber zunächst ging es für sie darum festzustellen, ob und wie ihnen die Wiener Zentralverwaltung würde helfen können! Auf Zonenebene waren die Konsequenzen allerdings ganz andere: »Mir scheint es unabdingbar«, so schrieb Béthouart am 2. November 1945 an de Gaulle,

»daß wir die gleichsam direkte Verwaltung, die durch das Fehlen einer Zentralregierung erforderlich war, nach und nach in eine indirekte überführen. Die eigentliche Verwaltung sollte wieder in die Hände der Österreicher gelegt werden; kompetente Kontrolleure an den Schaltstellen der Dienste werden ihre Tätigkeit überwachen.«[29]

Einen Monat später hieß es: Nicht die disziplinierten und spärlichen Truppen stellten eine Belastung für die Bevölkerung dar, sondern die Militärregierungen, die »in Details der Verwaltung eingreifen und ihre Anwesenheit in allen Bereichen des täglichen Lebens spüren lassen«.[30] Deshalb habe er, Béthouart, Anweisung gegeben, die Umformung der Militärregierung in der französischen Zone in Kontrollmissionen und Kontrollabteilungen vorzubereiten, um – die Zustimmung aus Paris vorausgesetzt – den Personalstand zu reduzieren und eine effektive Kontrolle zu gewährleisten.

Diese Überlegungen standen in Übereinstimmung mit dem, was zum damaligen Zeitpunkt in der Seinemetropole in diesem Bereich geplant wurde. Auch de Gaulle wollte den Alliierten nur die Rechte vorbehalten wissen, »die absolut nötig sind, um die Sicherheit der Besatzungstruppen, die Aufrechterhaltung der Ordnung im Land und die Verteidigung der politischen und wirtschaftlichen Interessen der Alliierten zu gewährleisten«.[31]

Die Zonenverwaltung war intern schon mit diesen Fragen befaßt worden: In einem Rundschreiben vom November 1945 ließ der Oberkommandierende alle Dienststellen der Militärregierungen der Zone sowie Tirols und Vorarlbergs fragen, ob die Kontrolle der Militärregierung nicht zu drückend sei und die Tätigkeit der österreichischen Dienststellen lähme? Ob man nicht Befugnisse an die Österreicher abtreten könne? Und ob man sich nicht – als Folge der Anerkennung der Regierung Renner – auf bloße Aufsicht der wichtigsten leitenden Behörden und ansonsten lediglich auf »diskrete Empfehlungen und maßvolle Anfragen«[32] beschränken solle? Ja, noch mehr: jeder Dienst sollte seine »raison d'être« nachweisen, sollte zeigen, welchen französischen Interessen er diente bzw. welche österreichischen Stellen er überwachte!

Offensichtlich war auch gleichzeitig eine Anfrage hinausgegangen, ob es sinnvoll sei, die großen, zonenweiten Dienste aufzulösen bzw. entweder in Wien oder den Militärregierungen auf Länderebene anzugliedern. Die vorliegenden Antworten sind alle negativ:[33] Alle Dienststellen werden gebraucht, und alle werden als große Abteilungen für die Zone gebraucht. Nun, gerade bei den Diensten, deren Antworten sich bei den Akten finden, läßt sich das auch noch am ehesten sachlich rechtfertigen. Aber es ist zu vermuten, daß auch die anderen Dienste in derselben Art auf diese Anfrage reagiert haben – auch wenn sie nach der neuen Konzeption noch so überflüssig waren.[34]

Dies geht auch aus einer Notiz zur künftigen Organisation der Militärregierung hervor,[35] in die all diese Antworten offensichtlich Eingang gefunden haben. Sie ist ein interessantes Zeugnis für die Perspektive, mit der diese Probleme in der Zone gesehen wurden. Frankreich, so heißt es da, »wiederaufgestiegen in den Rang einer europäischen Großmacht, hat in Österreich wirtschaftliche, politische und kulturelle Interessen, die seine Präsenz verlangen. Denn« – und die »Begründung« dafür ist schon etwas eigenartig – »die französische Regierung hat das sicher so gesehen, als sie mit besonderem Nachdruck eine französische Besatzungszone in diesem Land gefordert hat«. Die französischen Interessen lägen nun überwiegend in der Zone, wo Frankreich wirklich Besatzungs*macht* sei. Denn »in Wien sind wir die vierten, in der Zone sind wir alleine«. Deshalb müsse die Militärregierung der Zone bestehen bleiben. Diese nach Wien zu verlegen, komme nicht in Frage, da die Kommunikation schlecht und der Weg weit sei; Dienste auf die Ebene der Bundesländer zu verlagern, sei auch unmöglich, da die Zone in vielen Belangen eine Einheit bilde. Wenn man einsparen wolle, so sei die Militärregierung für Tirol mit der Zonenverwaltung (die ihren Sitz in Innsbruck hatte) zu verschmelzen und Abteilungen, die direkt vom Oberkommandierenden abhingen, aber parallel zur Militärregierung arbeiteten, seien aufzulösen. In keinem Fall solle man sich auf eine bloße Kontrolle beschränken, sondern vielmehr bereit sein, in jedem Moment die österreichischen Behörden zu ersetzen und ständig die wirklichen französischen Interessen zu wahren, auch um eine Garantie für die Zahlungen in der Hand zu behalten, die Frankreich für Österreich geleistet hatte (Nahrungsmittelimporte!).

Diese Haltung in Innsbruck, Ende November 1945 auch schriftlich niedergelegt, zementierte offensichtlich den Status quo über Gebühr. Obwohl Béthouart wie Paris weiterhin von Reorganisation« der Zonenverwaltung sowie Abbau des Personals sprachen und eine »Liberalisierung« für die österreichischen Behörden im Auge hatten, kam man in dieser Hinsicht kaum weiter.[36] Dabei hatte man diese Ziele ursprünglich verfolgen wollen, ohne das Ergebnis der Verhandlungen abzuwarten, welche die Alliierten gemäß Artikel 14 des Londoner Abkommens vom 4. Juli 1945 (des sogenannten »Ersten Kontrollabkommens«) nach der Anerkennung der österreichischen Regierung aufgenommen hatten und die schließlich zum Zweiten Kontrollabkommen führten.[37] Aber erst durch den Abschluß dieser neuen Vier-Mächte-Vereinbarung über Österreich und die dadurch notwendig gewordene Durchführung auch in der Zone kam man im Frühsommer 1946 unter Zugzwang. Gilt für das Zweite Kontrollabkommen, daß es nicht nur die Geburt des österreichischen Patriotismus und das Wiedererwachen des demokratischen Geistes – im Sinne der Eigenverantwortlichkeit – fördern sollte,[38] sondern daß es auch als »Trostpflaster«[39] für die Südtirol-Entscheidung der Vier Mächte (nämlich Südtirol bei Italien zu belassen) gedacht war, so gilt dies natürlich in verstärktem Maße für die französische Zone: In Nordtirol hatte dieser Beschluß nicht nur Niedergeschlagenheit, sondern auch Wut und Zorn ausgelöst, die sich in Demonstrationen und einem eintägigen Generalstreik niederschlugen. Voizard, der Chef der Militärregierung, sah sich daraufhin veranlaßt, in einer aufsehenerregenden Ansprache zum 8. Mai die »Freundschaftlichkeit« der Besatzung zu unterstreichen und hervorzuheben, daß die französischen Kontrollorgane »täglich [...] den Verantwortlichen der österreichischen Verwaltung mehr Selbständigkeit und mehr Freiheit«

zurückgäben und Frankreich nichts mehr wünsche, »als das Ende seiner Aufgabe, die ihm in diesem Lande anvertraut wurde, zu sehen«.[40] Obwohl es intern immer noch anders klang,[41] zeigen diese Ausführungen, die hauptsächlich für das – durch die miserable Ernährungslage[42] und die Entwicklung in der Südtirol-Frage aufgebrachte – Tiroler Publikum gedacht waren, doch, daß langsam auch in der Zonenverwaltung ein Umdenken in Gang gekommen war.

3. Zwischen Eigeninteresse und politischen Notwendigkeiten: die Reform der Zonenverwaltung

Das Zweite Kontrollabkommen wurde am 28. Juni 1946 unterzeichnet, am selben Tag sollte es in Kraft treten. Bezüglich der neuen Kontrollmodalitäten auf Landes- bzw. Zonenebene enthielt es jedoch keine Klauseln, und so mußte um die Durchführungsbestimmungen noch gestritten werden – auch das dauerte noch ein Vierteljahr.

Über Einzelheiten der Anwendung des neuen Abkommens in der französischen Zone entschied Paris: Das »Commissariat Général aux Affaires Allemandes et Autrichiennes« hatte die Probleme zu studieren und einem Ministerkomitee seine Vorschläge zu unterbreiten.[43] General Béthouart hatte beratende Funktion in diesem Gremium, und auch sonst konnten natürlich französische Amtsträger »vor Ort« gehört werden: Béthouarts Stellvertreter, Cherrière, und der Chef der französischen Militärregierung für die Zone (Tirol/Vorarlberg), Voizard, machten von dieser Möglichkeit Gebrauch und legten ihre Vorschläge und Ansichten in Paris vor.

Béthouart hatte schon kurz nach der Unterzeichnung des Abkommens die Landesregierungen von Tirol und Vorarlberg eingeladen, Vorschläge über die neuen Kontrollmodalitäten zu unterbreiten. Obwohl sie daraus natürlich keinerlei Befugnisse ableiten konnten, so ist doch allein schon die Tatsache bezeichnend, daß der General durch solche Maßnahmen auf die weitere Förderung eines guten Verhältnisses der französischen Besatzungsmacht zu den österreichischen Stellen abzielte. Wie weit sich das Klima geändert hatte: Ein Jahr zuvor hatte der Präsident des Vorarlberger Landesausschusses, Ulrich Ilg, noch von seiner »vorgesetzten Generalität« gesprochen, die österreichische Stellen offensichtlich zum Befehlsempfang vergatterte, jetzt wurden dieselben Leute aufgefordert, ihre Vorstellungen zu unterbreiten und Anregungen zu geben. Handelte es sich dabei nur um »vertrauensbildende Maßnahmen« oder fanden diese Überlegungen auch tatsächlich Eingang in die französischen Durchführungsbestimmungen?

Die gemeinsame Stellungnahme der beiden Landesregierungen[44] – so Voizard an Béthouart – schöpfe den Rahmen nicht aus, den man ihnen normalerweise zubilligen werden müsse! Die Österreicher seien sehr maßvoll in ihren Wünschen; allerdings würden sie sicher noch alles fordern, was das Zweite Kontrollabkommen ihnen zugestehe. Die Anfrage Béthouarts habe sie im Moment überrascht, für eine tiefgreifende Analyse sei auch die gesetzte Frist zu kurz gewesen.[45] Dennoch tauchten in dem österreichischen Papier Vorstellungen auf, um deren Durchsetzung unter den französischen Entscheidungsträgern noch intensiv gerungen werden sollte.

Bezüglich legislativer Maßnahmen war es für die Landesregierungen »selbstverständlich«, daß die durch Artikel 6 konzedierte Erleichterung »nicht nur hinsichtlich der Bundesgesetzgebung, sondern in gleichem Maße auch hinsichtlich der Landesgesetzgebung gilt, daß ferner« – und dies sollte endlich die Verfahren beschleunigen –

»Verordnungen der österreichischen Behörden, auf Grund und im Rahmen der Gesetze erlassen, als Akte der Vollziehung und nicht der Gesetzgebung gelten und daher nicht unter die einschränkenden Bestimmungen des Artikels 6 fallen, sondern sofort publiziert werden können«.

Das Vetorecht »alliierter Kontrollstellen« *a posteriori* sollte davon selbstverständlich nicht tangiert werden.[46]

Auf dem Gebiet der Vollziehung – und das wurde noch einmal explizit festgehalten – erhielten die Österreicher nun »volle Handlungsfreiheit, Verwaltungsakte [...] ohne vorherige Genehmigung oder Zustimmung der hohen Alliierten Besatzungsmächte zu setzen«, (auch hier selbstverständlich vorbehaltlich der alliierten Kontrollrechte). Eine eindrucksvolle Liste von Kompetenzen, deren Rückerstattung die Landesbehörden sich dabei ausbedingten, zeigt, welch weitreichende Auswirkungen in der (Verwaltungs-)Praxis erwartet wurden, illustriert aber auch, wie geknebelt die Behörden vorher gewesen waren. Auszugsweise sei sie hier wiedergegeben:

»Einer vorherigen Genehmigung durch Alliierte Stellen würden sonach in Hinkunft nicht bedürfen:
Die Verleihung der österreichischen Staats*bürgerschaft*;

die Änderungen in den Besetzungen von *Gemeindefunktionärstellen* (Bürgermeister, Gemeinderäte);

die Bewilligung von *Preiserhöhungen* [...];

Änderungen in Löhnen und Baustoffpreisen, amtliche Bekanntmachungen auf dem Gebiet des Bauwesens insbesondere des Straßenbauwesens (*Bauausschreibungen,* Straßensperren und dergleichen) [...];

auf dem Gebiete der Baustoffbewirtschaftung sollte die *Ausstellung von Bezugscheinen auch für Arbeiten der französischen* Militärregierung ausschließlich der zuständigen Abteilung des Landesbauamtes vorbehalten bleiben, um eine geordnete Bewirtschaftung zu ermöglichen;

die Bestellung, Änderung und Abberufung von *Treuhändern* [...];

die Einfuhr, Ausfuhr und Durchfuhr von *Gütern im Verkehr* mit den *übrigen österreichischen* Bundesländern (Artikel 4 des Kontrollabkommens), die Produktion und Verteilung der Güter;

Die *Veröffentlichungen* wirtschaftlicher Natur *in der Presse*;

die *Verfügung* über das nach dem Verbotsgesetz der österreichischen Republik verfallene Vermögen (*Parteivermögen,* Vermögen der Illegalen) [...];

Den Sicherheitsbehörden ist hinsichtlich der Vornahme von Verhaftungen und *Enthaftungen* von Personen im Rahmen der gesetzlichen Bestimmungen *volle Freiheit* eingeräumt, soweit es sich nicht um Personen handelt, die unter *Artikel 5,* Absatz VII, oder Artikel 8 [des Zweiten Kontrollabkommens] fallen.«

Was die Ausübung der alliierten Kontrollrechte auf Zonen- oder Länderebene betraf, enthielt das neue Abkommen keine Bestimmungen. Die Landesregierungen interpretierten den »Sinn des Kontrollabkommens« dahingehend, sein Ziel werde

»nicht erreicht, wenn das Vetorecht zu vielen untergeordneten Behörden zugesprochen wird, die durch ihre verzögernde Aktivität die Tätigkeit der österreichischen Verwaltung jeden Augenblick zu paralysieren drohen«.

Außerdem sei dadurch die Gefahr gegeben, daß von Bezirk zu Bezirk, von Land zu Land, unterschiedliche Maßnahmen getroffen würden, die »zu einer der Anarchie nahekommenden Zusammenhangslosigkeit« führen müßten. Um dies zu vermeiden, wurde vorgeschlagen, das Vetorecht bei Gesetzen und Verwaltungsakten der Länder nur dem Generaldelegierten in der Zone zukommen zu lassen und die anderen Organe in den Ländern und Bezirken auf eine rein kontrollierende Tätigkeit zu beschränken.

Dabei taucht hier schon ein zusätzlicher Aspekt auf, der später tatsächlich zu interessanten Konstellationen führen sollte: Der französische Delegierte – und nicht etwa die Bundesregierung in Wien –

sollte als »unparteiischer Schiedsrichter« sicherstellen, daß beide Länder »genau gleich« behandelt würden![47]

Mit all dem hatten die Bundesländer Voizard Argumente in die Hände gespielt, die dieser später im Kampf um die Aufwertung seiner Stellung weidlich ausnützen würde; denn die Vorstellungen der liberaleren französischen Vertreter in Wien und Paris sahen anders aus: sie sahen kein Vetorecht des Generaldelegierten vor!

Ende Juli lagen dem Generalkommissariat für deutsche und österreichische Angelegenheiten in Paris zwei umfangreiche Entwürfe für die »Durchführungsbestimmungen« vor: einer von Béthouart und – einige Tage später – eine Alternative von Voizard.

Das Projekt von Béthouart[48] ging davon aus, daß die zukünftige französische Behörde zum einen die Kontrolle der österreichischen Stellen durchzuführen hatte, zum anderen auch Organe zur »Verteidigung der französischen Interessen« etablieren mußte. Die Zuständigkeit dieser Organe sollte dabei – so sah es Béthouart vor – über die im Artikel 5 des Kontrollabkommens niedergelegten, den Alliierten für direkte Maßnahmen vorbehaltenen Domänen hinausgehen und auch die Bereiche »Information« und »kulturelle Belange« umfassen.

Zur Organisation der künftigen Kontrollbehörde schlug er vor, auf Zonenebene eine relativ kleine, zentrale Stelle einzurichten, die sowohl die Kontrolltätigkeit auf Landesebene wie auch die Aktivitäten der zur Wahrung der französischen Interessen bestellten Abteilungen leiten und koordinieren sollte; daneben sollten kleine Kontrollorgane auf Landes- und Bezirksebene etabliert werden. Er favorisierte diese Lösung, weil durch die koordinierende Tätigkeit der Zentralbehörde die Einheit der Zone gestärkt, seine eigene Tätigkeit als Hochkommissar erleichtert und schließlich durch einen Schiedsrichter vor Ort die Probleme beider Länder besser gelöst werden konnten. Der General stützte sich bei dieser Argumentation auch ausdrücklich auf den diesbezüglichen »Wunsch« der Landesregierungen.

In diesem Vorschlag des Oberkommandierenden zeigt sich schon das Gerüst des organisatorischen Aufbaus, wie er dann von Paris gutgeheißen und in der Zone verwirklicht worden ist. Was allerdings die Rechte betraf, die diese Kontrollorgane besitzen sollten, so wollte Béthouart sie mit einer Machtfülle ausstatten, die weit über den Rahmen des Zweiten Kontrollabkommens hinausging.[49] Insbesondere sah sein Entwurf vor, daß die »Kontrollorgane der französischen Zone über dieselben Rechte verfügen, die die vier Mächte dem

Alliierten Rat zuerkannt haben«,[50] d. h. die »kompetente Kontroll-
instanz« – nämlich der Chef der Kontrollabteilung in Innsbruck
bzw. Bregenz – hätte bei Landesgesetzen sein Veto aussprechen können![51] Und auf Länderebene hätten die Bestimmungen der Artikel 6
und 12 eben keine Anwendung gefunden, nach denen ein Veto gegen
österreichische Gesetze nur von allen 4 Besatzungsmächten gemeinsam eingelegt werden konnte – die Chefs der Kontrollabteilungen
wären somit praktisch zu absoluten Herrschern in ihren Ländern
aufgestiegen!

Auch sah sein Projekt einen Kontrollmodus vor, der im französischen Recht »tutelle« heißt, auf Deutsch: »Vormundschaft« – eine
bezeichnende Konstruktion! Diesen Begriff gibt es in Österreich nur
im Zivilrecht, nicht aber im öffentlichen Recht. In Frankreich wird
darunter – im öffentlichen Bereich – die rechtliche Möglichkeit verstanden, eine Gemeinde oder andere Selbstverwaltungskörperschaf-
ten wegen Mißwirtschaft unter Zwangsverwaltung zu bringen, sie
also – wenn die Selbstverwaltung nicht funktioniert – unter direkte
Staatsaufsicht zu stellen. Obwohl Béthouart dieses Recht nur sehr
eingeschränkt angewandt wissen wollte, ging auch das weit über
Geist und Buchstaben des Kontrollabkommens hinaus.

Schließlich (und das sei hier nur am Rande vermerkt) versuchte
der Oberbefehlshaber auch in diesem Entwurf erneut, Kultur- und
Informationspolitik – sein besonderes Interesse und unzweifelhaft
ein Schwerpunkt der bisherigen Besatzungspolitik – direkt den vorgesehenen Kontrollorganen zu unterstellen. Auch das war im alliierten Abkommen nicht vorgesehen und stieß in Paris auf Ablehnung:
Das Außenministerium wollte diese Belange den neu zu errichten-
den diplomatischen Vertretungen Frankreichs in Österreich und
nicht einer Kontrollkommission anvertrauen.[52]

Ende Juli 1946 stand auch ein zweiter Entwurf zur Behandlung in
Paris an, der die Überlegungen Voizards beinhaltete.[53] Es handelt
sich dabei um eine Überarbeitung von Vorschlägen, die Voizard
Béthouart schon am 2. Juli unterbreitet hatte und die er nun, nach
Anweisungen aus Wien, nach »genauem Studium des endgültigen
Textes« des Kontrollabkommens und unter Berücksichtigung der
Stellungnahme der Landesregierungen modifiziert hatte.[54] Der Bei-
brief macht Hintergründe und Motive deutlich, die Voizard seinen
Plänen zugrundelegte, und zeigt, wie die französische Politik von ei-
nem führenden Mann »vor Ort« gesehen und interpretiert wurde. Er
illustriert aber auch – wenn man ihn mit den vorgeschlagenen

Durchführungsbestimmungen kontrastiert – die Diskrepanz zwischen erklärter Absicht und beabsichtigten Maßnahmen.
Durch die aktive Mithilfe am Wiederaufbau eines souveränen und unabhängigen österreichischen Staates wolle sich Frankreich – so Voizard – in Mitteleuropa eine Freundesnation schaffen, die dieselben demokratischen Ziele wie Frankreich habe und Frankreichs Außenpolitik in diesem Raum in Zukunft stützen könne. Deshalb dürfe man die Hoffnungen der Österreicher nicht enttäuschen. Die Entscheidung der Außenminister bezüglich Südtirol habe dem französischen Prestige schwer geschadet, »das letzte Wort sei glücklicherweise noch nicht gesprochen« (Österreich versuchte jetzt, wenigstens das Pustertal und damit die direkte Bahnlinie Innsbruck–Lienz zurückzuerhalten) – und wenn Frankreich sich zugunsten Österreichs ein- und gegenüber anderen Alliierten durchsetzen könne, so sei das eine »ernsthafte Trumpfkarte für uns«.
Auch bezüglich Ernährung richteten sich die Augen der Österreicher auf Frankreich: Wenn die UNRRA[55] – wie vorauszusehen sei – die Nahrungsmittelversorgung der Österreicher nicht sicherstellen könne, so liege es an Frankreich, das Notwendigste bereitzustellen; auch das eine wichtige Karte im Spiel. Und noch einen dritten Bereich machte Voizard aus, in dem sich die Hoffnung der Österreicher auf Frankreich richte: »aide spirituelle« – kulturelle, intellektuelle Wiederaufbauhilfe, und hier sei das ansonsten ausgeblutete und verarmte Frankreich immer noch reich an geistiger Ausstrahlung. Die aufgeschlossenen Österreicher erwarteten noch einiges vom traditionellen französischen Liberalismus und von französischer, »trotz allem kartesianisch gebliebener« Denkart, und französische Ratschläge seien – auch bei den einheimischen Politikern – immer noch gefragt.
Wenn es gelinge, unter dem Deckmantel der Kontrolle den französischen Einfluß in Österreich zu verankern, so sei das Unternehmen erfolgreich verlaufen. Ferner gelte: je leichter und erträglicher die Kontrolle,[56] desto wirksamer sei sie.
Drei Folgerungen ergaben sich für Voizard aus dem Dargelegten:

1. Die neue Kontrolle müsse liberaler sein, gleichzeitig müsse Personal abgebaut werden. Mit der Reduzierung der Stäbe sei sofort zu beginnen, und die französischen Kontrolleure – an Quantität verringert – hätten an Qualität entsprechend zuzulegen. Es biete sich jetzt eine gute Gelegenheit, auszusieben und all jene nach Hause zu schicken, die »unwürdig seien, Frankreich hier zu ver-

treten« und denen es an intellektueller Selbstdisziplin mangele:
Er habe nicht vor, mit Leuten weiterzuarbeiten, die ihre eigene
Politik über jene der Pariser Regierung stellten und noch immer
nicht begreifen wollten, daß die Zeit der Schikanen nun endgültig
vorbei sei. Durch Liberalität und gegenseitiges Vertrauen büße
die Kontrolle nichts an der notwendigen Festigkeit ein.

2. Eine einzige Stelle müsse für die Kontrolle beider Bundesländer
   zuständig sein: Beide Bundesländer, deren politisches, wirtschaft-
   liches und kulturelles Leben so eng verflochten sei, sollten von einer zentralen Stelle aus geleitet werden. Schließlich hätten sich ja
   auch beide Landesregierungen in ihrer Stellungnahme dafür ausgesprochen, daß eine vermittelnde Autorität für beide zuständig
   sein sollte. Verwaltungstechnische und geographische Gründe
   sprächen dagegen, das von Wien aus zu leiten.

3. Eine einzige zivile Stelle müsse auch den Kontrollorganen und
   den Diensten, die die französischen Interessen zu wahren haben,
   vorstehen. Diese Dienste sollten ihre technischen Anweisungen
   von den Abteilungen des Exekutivkomitees in Wien erhalten –
   aber ihre Aktionen koordinieren, etwaige Streitigkeiten mit österreichischen Behörden beilegen oder ihren Übereifer bremsen: diese Leitungsfunktion sollte – um »Unordnung und Anarchie« zu
   verhindern – dem Stellvertreter des Hochkommissars in der Zone,
   also ihm, zukommen.

So sehr Voizard auch einer Liberalisierung der Kontrolle das Wort
redete, seine konkreten Vorschläge liefen in eine andere Richtung.
Nun hatte die französische Militärregierung unter seiner Leitung im
ersten Jahr der Besatzung unzweifelhaft – und auch von allen Seiten
anerkannt[57] – große Leistungen vollbracht. Was lag für diesen ehemaligen Präfekten näher, als im gleichen Sinne – nun eben etwas
großzügiger – weiterzumachen? Ihm ging es darum, den Apparat von
den gröbsten Störenfrieden zu reinigen, einige Kontrollinstanzen auf
unterer Ebene abzuschaffen und seinen Leuten einen neuen Geist
einzupflanzen. Er als Vertreter des Hochkommissars sollte aber in
seiner Stellung gestärkt, die untergeordnete Hierarchie in ihren
Kompetenzen stark beschnitten bzw. überhaupt aufgelöst werden.
Und wenn er in diesem Zusammenhang[58] von den »kleinen Dorf-
satrapen« spricht, die es loszuwerden gelte, so kann man sich nur
schwer des Eindrucks erwehren, daß er selbst gerne »Super-Präfekt«
geworden wäre.

Im Konkreten sah sein Entwurf all das vor, was schon im Projekt Béthouarts enthalten war: »tutelle«, jene französische Rechtsbestimmung, die mit der im alliierten Abkommen vorgesehenen »Kontrolle« nicht zu vereinbaren war; Kompetenzen auf dem Gebiet der Kulturpolitik; darüber hinaus konzentrierte sein Entwurf alle Gewalt in der Zone in einer Hand – der des Generaldelegierten: von ihm sollten die französischen Dienste wie auch die Kontrollabteilungen in Tirol und Vorarlberg abhängen. Im besonderen sollte ihm das Vetorecht zustehen:

»Um die Einheit der Kontrolle über Bundes- und Landesregierungen und -verwaltungen sicherzustellen, erhält der Chef der Kontrollkommission in der französischen Zone in Vertretung des Hochkommissars Rechte, analog zu jenen, welche die vier Mächte dem Alliierten Rat zuerkannt haben.«[59]

Damit wäre er zum lokalen Caesar aufgestiegen.

Am Rande steht neben vielen anderen Anmerkungen – die wohl im Quai d'Orsay angebracht wurden – bei dieser Stelle lapidar: »Non«. Damit ist der Ausgang dieser Kontroverse schon angedeutet. So klar scheint das allerdings nicht von vornherein gewesen zu sein. Anfang August 1946 wurde General Cherrière, Stellvertreter Béthouarts und französisches Mitglied im Exekutivkomitee des Alliierten Rates in Wien, aus der französischen Hauptstadt informiert, daß die Entscheidung der Pariser Stellen womöglich zugunsten der Voizardschen Vorschläge ausfallen könnte.[60] Cherrière, der sich als Vorkämpfer einer möglichst liberalen Auslegung des Kontrollabkommens begriff, war von dieser Aussicht zutiefst erschüttert, ja geradezu persönlich getroffen. In einem sehr offenen Brief an seinen Freund Pierre de Leusse[61], Diplomat im Quai d'Orsay, legte er die seines Erachtens in dieser Frage entscheidenden Punkte dar und machte seine eigene Zukunft in Österreich von dem Ausgang der anhängigen Entscheidung abhängig: »Wenn ich die endgültige Entscheidung für katastrophal halte, dann werde ich schlicht und einfach ersuchen, mich meinem Minister wieder zur Verfügung zu stellen«.

In einem zwölfseitigen vertraulichen Bericht, den er am 6. August an Béthouart und über ihn an Paris richtete,[62] analysiert Cherrière sehr leidenschaftlich die Vergangenheit (ein Jahr Besatzungsmacht) und die Zukunft der Franzosen in Österreich. Dabei kommt er zu ganz anderen, ja Voizards Ergebnissen geradezu entgegengesetzten Schlüssen. Das, was für Voizard »Trumpfkarten« in französischer Hand waren, sind für Cherrière schwarze Karten, sind genau jene

Schwachpunkte französischer Politik, die die französische Besatzung für die Österreicher so schwer erträglich machten:

»Frankreich, das weder das Prestige noch die Stärke der anderen Besatzungsmächte hat, das als erste seine Truppen verringern mußte, das weder rechtzeitig noch in vollem Umfang seinen Verpflichtungen bei der Versorgung mit Lebensmitteln und Brennstoffen nachkommen konnte, das noch Reparationen und Restitutionen fordert, das schließlich Österreich in der Frage Südtirol enttäuscht hat – Frankreich muß sich schnell und aus freien Stükken so liberal zeigen wie der freimütigste seiner Partner.«

Die Konsequenzen sind für Cherrière klar: Voizards Vorschläge, die nur kosmetische Veränderungen vorsähen und zudem einer ungesunden Zentralisierung das Wort redeten, dürften auf keinen Fall verwirklicht werden, ja selbst Béthouarts Projekt sei das Maximum, was er den Österreichern zumuten will. Ihm selbst schwebe eine liberale Lösung vor, so wie sie jetzt die Briten in ihrer Zone eingeführt hätten. Sollte jedoch Béthouarts Entwurf angewendet werden, so sei sofort nach Möglichkeiten einer liberalen Revision zu suchen – v. a. das Vetorecht müsse fallen. Die Gesamtheit französischer Österreichpolitik stehe jetzt auf dem Prüfstand, eine falsche Entscheidung mache das bisher in Österreich Erreichte – auch das unzweifelhaft große Werk Voizards in der Zone – mit einem Schlag zunichte.

Die Vorschläge Voizards waren inzwischen in Paris geprüft worden: der Rechtsberater der Europaabteilung im Quai d'Orsay kritisierte die »tutelle administrative« und das vorgesehene Vetorecht – zwei wesentliche Bestandteile des Projekts – und führte aus, daß eine solch »autoritäre Interpretation« in Widerspruch zum Geist des Zweiten Kontrollabkommens stehe. Gegen das Vetorecht im besonderen wandte er ein, daß die Kontrolle der österreichischen Behörden »vom alliierten Rat gemeinsam« wahrgenommen werden müsse.

»Der Delegierte, Chef der Kontrollkommission, ist ein Funktionär, der die Anweisungen ausführt, die er vom französischen Vertreter im Alliierten Rat erhält; er hat weder das Recht zu eigenen Initiativen noch ein persönliches Vetorecht gegenüber der österreichischen Regierung oder den Verwaltungsbehörden.«[63]

Damit war natürlich das Projekt Voizards in der vorliegenden Form »gestorben«. Die vorgebrachten Einwände galten aber auch für die entsprechenden Passagen im Entwurf Béthouarts. In einer »note« des Generalsekretärs im französischen Außenministerium, Jean Chauvel, an den Generalkommissar für deutsche und österreichische Angelegenheiten[64] wird dann noch einmal grundsätzlich zu diesen Problemen Stellung bezogen. Die französischen Stellen hätten eine liberale Anwendung des Kontrollabkommens zu suchen, denn »die französische Regierung hat ein Interesse daran, die Wiederaufrichtung eines freien und unabhängigen österreichischen Staates zu ermutigen«[65] – und das sei wichtiger, als österreichische Aktivitäten auf allen Ebenen zu kontrollieren. Der vorgeschlagene Plan stehe nicht nur diesen Zielen der französischen Regierung entgegen, sondern man riskiere darüber hinaus, daß die anderen Besatzungsmächte mit Verweis darauf auch in ihren Zonen die volle Handlungsfreiheit ihrer Hochkommissare wieder einführen könnten.

Einige Tage später, am 14. August 1946, übermittelte Pierre Schneiter, der Generalkommissar für deutsche und österreichische Angelegenheiten, Béthouart eine Verordnung betreffend die Ausübung der Kontrolle in der französischen Zone in Österreich sowie eine Anweisung über deren Anwendung.[66] Die Verordnung und die im darauffolgenden Streit aus Paris ergehenden Weisungen entsprachen ganz der »note« des Außenministeriums und auch den Überlegungen im Brief bzw. Bericht Cherrières, der am 6. August nach Paris abgegangen war. Wenn auch im einzelnen offen bleiben muß, inwieweit die Eingabe Cherrières den Entscheidungsprozeß in Paris beeinflußt hat, so zeigt die Begründung, mit der Schneiter den liberalen Charakter der Verordnung gegen Béthouart und Voizard verteidigt, ganz klar die Argumentation Cherrières.[67] Jedenfalls: die Gefahr einer »katastrophalen Entscheidung« war gebannt, möglicherweise eben auch durch die Rückenstärkung der liberalen Elemente im Generalkommissariat durch die Expertise eines Mannes »vor Ort«.

Die Verordnung,[68] mit der die Kontrollmodalitäten in der Zone geregelt wurden, beschränkte die Kompetenzen der Kontrollorgane tatsächlich auf das unumgängliche Minimum – von einem Vetorecht war keine Rede mehr – und gab den österreichischen Behörden »ihre Freizügigkeit [...] fast vollständig zurück«.[69]

Gerade dies, was dann den Österreichern gegenüber als ständiges und schon seit langem verfolgtes Bemühen der französischen Regierung dargestellt wurde,[70] war – wie gezeigt werden konnte – das Ergebnis einer langen und zum Teil erbitterten internen Diskussion, die nicht immer frei von persönlichen Interessen war.

Am Ende stand ein Kontrollapparat, der dem liberalen Geist des Zweiten Kontrollabkommens verpflichtet war. Am 20. September

1946 wurden die Militärregierungen aufgelöst und in eine Kontrollmission und Kontrollabteilungen umgewandelt.[71] Die Kompetenzen
waren beschnitten, die Struktur vereinfacht und das Personal reduziert worden. Bis Ende Oktober waren 40 % der französischen Offiziere und Funktionäre in den Stäben »abgebaut« worden,[72] und das
in Innsbruck verbleibende Personal wurde »umerzogen«, denn – wie
Voizard schon seit längerem festgestellt hatte –

»die Idee, daß Frankreich in Österreich wirklich ein edles und uneigennützi-
ges Ziel verfolgen könnte, daß Begriffe wie geistige Ausstrahlung und ge-
fühlsmäßige Annäherung wichtiger sind als Vorstellungen von schäbiger
Ausbeutung und egoistischen Zielsetzungen, das bringt so viele unserer Leute aus der Fassung, daß man sich fragen kann, ob man sie nicht ganz neu er-
ziehen muß. Hängt doch der Erfolg unserer Politik in Österreich gerade von
der Grundeinstellung all dieser Vertreter Frankreichs mindestens ebensosehr
ab wie von unseren technischen Bemühungen.«[73]

Voizard, nun Chef der Kontrollmission, versuchte, seinen Mitarbeitern und auch den Truppen diesen »neuen Geist« näherzubringen,
und Ende November berichtete er Béthouart, sie hätten im allgemeinen – »mit einigen wenigen Ausnahmen, die ich nach und nach aus-
zuscheiden beabsichtige – ihre zukünftige Rolle gut verstanden« und
arbeiteten sich »mit beachtenswerter Professionalität« in ihre neuen
Aufgaben ein.[74]

4. Neuer Spielraum für die Länder?

Am 1. Oktober 1946 waren von den Besatzungsbehörden in feierli-
chem Rahmen eine ganze Reihe von Befugnissen an die Österreicher
übergeben und somit endgültig eine neue Etappe in der Besatzungspolitik eingeleitet worden; bei den Landesbehörden herrschte über
die einsetzende Entwicklung »im Moment vollkommene Euphorie«.[75]
Diese neuen Freiheiten gaben natürlich auch allen politischen
Kräften neuen Spielraum: Streikdrohungen etwa von Post- und
Bahnangestellten beunruhigten die französische Kontrollmission,
aber Voizard konnte nur Zurückhaltung und »strikte Neutralität« verordnen.[76] Oberst Henri Jung, Chef der Kontrollabteilung für Vorarlberg, glaubte, »seit der Lockerung der Kontrollbestimmungen« eine
Zunahme an erbitterten Polemiken und gehässigen Auseinandersetzungen zwischen den politischen Parteien Österreichs – auch und ge-

rade in Vorarlberg – feststellen zu müssen, und fürchtete »bei Wiedererlangung der vollen Unabhängigkeit Österreichs würden dann diese Gegensätze so anwachsen, daß früher oder später Ereignisse wie 1934 unvermeidbar werden würden«.[77]

Auch der Aufschwung an föderalistischen – um nicht zu sagen separatistischen – Tendenzen war unverkennbar. Weniger auf politischer als vielmehr auf wirtschaftlicher Ebene griffen diese Bestrebungen um sich, und Voizard glaubte, bei Wirtschafts- und Handelskreisen in Tirol sowie in Vorarlberg schon im September 1946 eine klare Abwehrfront »gegen die zentralisierenden Absichten der Bundesregierung« ausmachen zu können.

»Industrielle und Geschäftsleute der beiden westlichen Länder fürchten, daß die kürzlich von den Alliierten an Österreich zurückgegebenen Rechte (oder die, die ihm im Außenhandel übergeben werden) weniger ihnen selbst als vielmehr ihren Kollegen in der Hauptstadt oder den östlichen Bundesländern zugute kommen, die der Sonne näher sind und denen Eingaben aller Art leichter fallen, zu welchen Geschäftsleute, die ihre Unternehmungen entwickeln wollen, in einer gelenkten Wirtschaft von einer aufgeblähten und schikanösen Bürokratie genötigt werden.«[78]

Durch die Übertragung von Kompetenzen der Militärregierungen in Bregenz oder Innsbruck auf die österreichischen Zentralstellen in Wien verschlechterten sich die Bedingungen für die Wirtschaftstreibenden in Tirol und Vorarlberg tatsächlich: Genehmigungen aller Art (Reiseverkehr, Waren- und Devisenverkehr) mußten nun in der Bundeshauptstadt eingeholt werden, und die Zeiten für Postweg – und Dienstweg! – wurden oft so unerträglich lang, daß dadurch der Abschluß der Geschäfte erschwert, zum Teil unmöglich wurde. Im Kampf um ihre Interessen in Wien fanden die Landesbehörden einen engagierten Partner: die französische Besatzungsmacht! Oberst Jung wollte eine Sonderregelung bei Einreisegenehmigungen für die französische Zone durchsetzen helfen,[79] Cherrière sekundierte den Tiroler Stellen bei den – rein innerösterreichischen – Fragen um Strom- und Nahrungsmittellieferungen von einem Bundesland ins andere und die Landesbehörden Tirols und Vorarlbergs traten an Béthouart mit der Bitte um Unterstützung heran:

Sie wollten von den Bundesbehörden erreichen, daß der Rahmen, in dem Handelsgeschäfte mit dem Ausland ohne vorherige Zustimmung Wiens ermöglicht wurden, von 10000 auf 30000 Schilling erhöht würde – und Béthouart sollte dieser Forderung Nachdruck verleihen.[80]

Die Verantwortlichen – jetzt eben die österreichischen Behörden – mußten mit den politischen Problemen und dem Unmut der Bevölkerung über Mißstände fertig werden. Die Haltung gegenüber der französischen Besatzungsmacht verbesserte sich und der Kampf gegen die Besatzungsbehörden wurde in vielen Bereichen abgelöst von Auseinandersetzungen mit Wien. Hie und da waren die Franzosen dabei sogar zu Bündnispartnern geworden. Politische Spannungen, Verteilungskämpfe, zentrifugale Kräfte traten auf und konnten sich artikulieren: auch dies ein Teil der wiedergewonnenen Normalität – der österreichischen Normalität.

5. Zusammenfassung

Die französische Österreichpolitik ging vom Grundaxiom aus, daß die wiedererstandene Republik besser zu behandeln sei als Deutschland und daß man es mit einem »pays ami« zu tun habe, an dessen Aufbau und Stabilität großes Interesse bestehe. Innerhalb dieses konzeptionellen Rahmens gab es natürlich Schwankungen, die selbstverständlich mehr von französischen Gegebenheiten als von österreichischen Wünschen abhängig waren. Gerade bei den Verhandlungen um das Zweite Kontrollabkommen läßt sich sehr deutlich zeigen, daß Entwicklungen in Österreich selbst – das Land hatte im Herbst 1945 endlich eine von allen Alliierten anerkannte Regierung und führte freie Wahlen durch – nur eine, im Ersten Kontrollabkommen festgelegte *Vorbedingung* für die Aufnahme von Vier-Mächte-Gesprächen über ein neues Abkommen bildete. Aber der treibende Impuls für ein ernsthaftes und rasches Anlaufen dieser Verhandlungen kam von woanders.

Natürlich waren sich französische Stellen bewußt, daß es paradox war, ein befreundetes Land besetzt zu halten; in einer Reorganisierung, Verminderung, ja vielleicht schnellen und ehrenvollen Beendigung der Besatzung sahen die Franzosen selbst eine mögliche Lösung für eigene Probleme. Das Interesse an frühen Ergebnissen war somit vor allem auch aus der schwachen Stellung Frankreichs motiviert: Im Inneren hatte es mit großen finanziellen Schwierigkeiten zu kämpfen, was einen Abbau der Verpflichtungen in Österreich nahelegte (Millionen von harten Dollars flossen allein in Kredite für Nahrungsmittellieferungen, und das Budget trug auch keine »Kriegsarmee« in Europa mehr), und in Österreich sah sich Frankreich

Truppenkontingenten der anderen Besatzungsmächte gegenüber, denen es nichts Vergleichbares entgegenzustellen hatte. Deshalb enthielt der erste, französische Vorschlag zur Reorganisierung des Kontrollapparates auch die Vorstellung, es sollten damit »beträchtliche Reduzierungen« der alliierten Verbände im besetzten Land verbunden werden. Die Bestrebungen scheiterten am sowjetischen Veto, und kurz darauf war es an den Briten, die Initiative zu ergreifen.

Aber nicht nur die »hohe Staatspolitik« legte Paris einen solchen Kurs nahe; auf lokaler Ebene befürwortete auch der Chef der Militärregierung für die Zone in Innsbruck diese Absichten – allerdings aus ganz anderen Gründen. Für ihn bedeutete eine Modifizierung der Kontrolltätigkeit, daß endlich eine überschaubare und effiziente Organisation in der Besatzungsverwaltung und eine »klare Linie« in der Besatzungspolitik verwirklicht würde. Die französische Bürokratie in Tirol verschloß sich aber in der Folge Versuchen, eine mögliche Veränderung ihrer Struktur und eine Einschränkung ihrer Befugnisse ins Auge zu fassen, und blockierte damit die Ansätze zu einer Reorganisation, die ursprünglich hätte stattfinden sollen, auch ohne die Ergebnisse der Vier-Mächte-Vereinbarung über den neuen Kontrollapparat in Österreich abzuwarten. Erst der Abschluß des Zweiten Kontrollabkommens in Wien erzwang eine Behandlung dieser Frage auch innerhalb der französischen Besatzungsverwaltung. An diesem Beispiel ließ sich deutlich nachweisen, welch großes Eigengewicht die Bürokratie – auch gegenüber einer erklärten Politik ihres Oberbefehlshabers in Österreich und der Pariser Stellen – entwickeln konnte: ein Aspekt, der auch bei Analysen anderer Bereiche der »Besatzungspolitik« in Rechnung zu stellen sein wird.

Im Ringen um die Durchführungsbestimmungen des Kontrollabkommens zeichneten sich zwei Positionen ab: Der Chef der Militärregierung, ehemals Präfekt in Frankreich und der französischen Tradition des administrativen Zentralismus verhaftet, favorisierte eine Lösung, die zwar die Behörden stark reduziert und gestrafft und das Personal im liberalen Sinne »umerzogen« hätte, die ihm jedoch so viele Sonderrechte eingeräumt hätte, daß er tatsächlich zum »lokalen Caesar« aufgestiegen wäre. Die übergroße Bevormundung der Landesbehörden, die bis dahin durch die Franzosen ausgeübt worden war – man lese nur den oben wiedergegebenen Forderungskatalog der Landesregierungen, um zu erkennen, wie geknebelt sie gewesen waren –, wäre dadurch fortgeschrieben und neuerlich juristisch verankert worden.[81]

Der Stellvertreter des Oberkommandierenden, als Mitglied im Exekutivkomitee selbst maßgeblich am Zustandekommen des sehr freizügigen Kontrollabkommens beteiligt, stellte sich mit seiner ganzen Kraft gegen diesen Vorschlag; in einer bestechenden Analyse legte er Paris die Optionen dar und plädierte für eine möglichst liberale Lösung. Auch ihm ging es selbstverständlich primär darum, das Prestige der französischen Besatzungsmacht zu festigen, Zwischenfälle mit den Österreichern zu vermeiden und insgesamt für die Zukunft den Grundstein für eine machbare – und den Österreichern auch zumutbare – Besatzungspolitik zu legen.

Die Entscheidung in Paris fiel schließlich zunächst aufgrund formaljuristischer Kriterien, dann aber wohl auch, weil Cherrières Argumentation den liberalen Kreisen die nötige Unterstützung brachte: Der Weg zu einer freizügigeren Durchführung der Kontrolle war frei. Die Bevormundung konnte etwas zurückgenommen werden, Tiroler und Vorarlberger erhielten beachtliche Rechte zurück und das Leben in diesen Bundesländern gewann an politischer und gesellschaftlicher Normalität.

Anmerkungen

[1] Report of the United States Commissioner, hrsg. v. Military Government Austria, 7 (Mai 1945), S. 5.
[2] William B. Bader, Austria Between East and West 1945–1955, Stanford 1966; Manfried Rauchensteiner, Der Sonderfall. Die Besatzungszeit in Österreich 1945 bis 1955, Graz–Wien–Köln (1979); Gerald Stourzh, Geschichte des Staatsvertrages 1945–1955. Österreichs Weg zur Neutralität (Studienausgabe), Graz–Wien–Köln (1985)[3]. Der Text des Zweiten Kontrollabkommens in: Gazette of the Allied Commission for Austria, Supplement 7 (Juni 1946), S. 3–8, gut zugänglich in: Rauchensteiner, Sonderfall, S. 344–350. Die letzte Seite des Abkommens in Faksimile mit den Unterschriften der »Großen Vier« im Dokumententeil, S. 68 in diesem Buch.
[3] Rauchensteiner, Sonderfall, S. 171.
[4] Stourzh, Geschichte, S. 2, 13 f.; Rauchensteiner, Sonderfall, S. 148, 167 f. Den Nachweis führte Lydia Lettner mit ihrer Arbeit: Die französische Österreichpolitik von 1943 bis 1946, phil. Diss. Salzburg 1980, vor allem für die erste Phase der Verhandlungen. Auf die von Béthouart in seinen Memoiren behauptete Rolle Cherrières, des französischen Vertreters im Exekutivkomitee, bei den folgenden Verhandlungen finden sich vereinzelte Hinweise auch in den von mir durchgearbeiteten Akten, die sich allerdings hauptsächlich auf die Entwicklungen nach dem Abschluß

des Zweiten Kontrollabkommens beziehen. Ob Cherrière tatsächlich »Deus ex machina« (General [Marie-Emile] Béthouart, Die Schlacht um Österreich, Wien [1967], S. 100) spielte, muß dennoch offen bleiben. Eine Arbeit, die die Entstehungsgeschichte des Zweiten Kontrollabkommens im Detail analysiert und den Anteil der verschiedenen Alliierten abklärt, steht bis heute aus.

5 Lettner, Österreichpolitik, S. 157, zitiert hier aus »Projets d'instructions à envoyer par le Président du Gouvernement au Général Béthouart«, 5. 12. 1945. Die Tatsache, daß am 14. 12. 1945 die französische Botschaft dem US-Außenministerium ein »Aide-Mémoire« gleichen Inhalts überreichte, zeigt, daß es nicht beim »Projet« blieb. Vgl. Foreign Relations of the United States, Diplomatic Papers 1945, hrsg. vom Department of State, Volume III: European Advisory Commission; Austria; Germany, Washington (1968), S. 686 f.

6 Vgl. Lettner, Österreichpolitik, S. 158; FRUS, 1945, vol. III, S. 686 f.

7 Vgl. Lettner, Österreichpolitik, S. 160.

8 Ebd., S. 161.

9 Über die Verhandlungen um Art. 6 (a) informiert Bader, Austria, S. 65 bis 68; Rauchensteiner, Sonderfall, S. 169 f.; Lettner, Österreichpolitik, S. 163 ff.

10 Am 16. 11. 1943 nahm das Comité français de la Liberation Nationale, der Vorläufer der Provisorischen Regierung unter de Gaulle, die Moskauer Erklärung über Österreich zur Kenntnis und betonte, daß sich Frankreich immer für die Unabhängigkeit Österreichs ausgesprochen habe. Die Klausel der Mitverantwortung Österreichs am Krieg taucht in der französischen Erklärung nicht auf! Déclaration du Comité français de la Liberation Nationale relative à l'indépendance de l'Autriche, abgedruckt in: Recueil de Textes à l'usage des Conferences de la Paix (Autriche), Vienne 1947, S. 5.

»Autriche, pays ami« wurde von den siegreich auf österreichisches Staatsgebiet vordringenden Truppen bereits am 29. 4. 1945 an der Staatsgrenze affichiert; vgl. Dietlinde Löffler-Bolka, Vorarlberg 1945. Das Kriegsende und der Wiederaufbau demokratischer Verhältnisse in Vorarlberg im Jahre 1945. Bregenz (1975), S. 69.

»Proklamation der französischen Regierung an das österreichische Volk«, die sich bewußt und für Österreich vorteilhaft von der »Ersten Proklamation« der anderen Alliierten abhob in: Ministère des Affaires Etrangères, Archives Diplomatiques, Paris, Série Z Europe 1944–1949, Sous-série Autriche (im folgenden bezeichnet mit MAE/Z, gefolgt von der Nummer des betreffenden »Volumes«), 105, fol. 57 f.; abgedruckt bei Lettner, Österreichpolitik, S. 70 f.; Text der »Ersten Proklamation« bei Alfons Schilcher, Die Politik der Provisorischen Regierung und Alliierten Großmächte bei der Wiedererrichtung der Republik Österreich, phil. Diss. Wien 1985, Bd. 2, S. 8 f. (= Draft Proclamation Number 1).

11 Vertreter der Besatzungsbehörde gaben dies auch sehr freimütig gegenüber unbeteiligten Beobachtern zu. Vgl. Marti (= Mitglied einer Berner Wirtschaftsdelegation in Innsbruck): Bericht über die Verhandlungen vom 13.–15. November 1945 in Innsbruck mit der französischen Besatzungsbehörde und Vertretern der Tiroler und Vorarlberger Landesregierung über die Regelung des kleinen Grenzverkehrs. BAR, 2200 Bregenz 1, Bd. 2.

12 Béthouart, Schlacht, S. 40; vgl. auch Bilanz für 1946, die in Vorschau auf 1947 von »restitution à l'Autriche de sa liberté entière et de la complète responsabilité de ses actes« spricht. Bulletin d'Information et de Documentation, hrsg. v. Haut-Commissariat de la Republique Française en Autriche, Mission de Contrôle, 8 (Jänner/Februar 1947), S. 13.

13 Zu Frankreichs Problemen mit der Ernährung ihrer Zonenbewohner siehe ausführlich – mit besonderer Betonung der Verhältnisse in Tirol – Klaus Eisterer, Hunger und Ernährungsprobleme in Tirol aus der Sicht der französischen Besatzungsmacht 1945/46, in: Anton Pelinka/Rolf Steininger (Hrsg.), Österreich und die Sieger: 40 Jahre 2. Republik – 30 Jahre Staatsvertrag, Wien (1986), S. 189–204.

14 Cherrière an Béthouart, 6. 8. 1946. MAE/Z 14, fol. 213.

15 J. Vernet, L'armée de Terre en 1945–46, in: Revue d'histoire de la deuxième guerre mondiale 110 (1978), S. 45–78, besonders S. 62 ff.

16 Mayer (= Commissaire Général aux Affaires Allemandes et Autrichiennes): Note pour M. le Président du Gouvernement Provisoire de la République Française (= Gouin), 19. 2. 1946. MAE/Z 10, fol. 94.

17 Béthouart an Bidault (= Außenminister), [10. 1. 1946]. MAE/Z 10, fol. 16.

18 Présidence du Gouvernement Provisoire de la République Française, Etat-major de la Defense Nationale: Decision, 16. 10. 1946. SHAT, 1 U 13, d. 3.

19 Die genaue Aufstellung für 30. 4. in: Béthouart an Heeresminister (= Michelet), 23. 3. 1946; siehe v. a. Annex I und X. SHAT, 1 U 13, d. 3; Das »niveau theorique de 7000 hommes« galt auch noch Mitte Mai 47. Note au sujet des effectifs et de l'activité militaire des alliées en Autriche à la date du 25. 5. 1947. MAE/Z 19, fol. 169. Die Truppenstärke der anderen Mächte wird darin mit je 10000 für die USA und Großbritannien und 60000 für die Sowjetunion angegeben.

20 Wie Anm. 17, fol. 17.

21 Aide-Mémoire der französischen Botschaft an das State Department, 14. 12. 1945. FRUS, 1945, vol. III, S. 686. Diese Vorstellung findet sich jedoch schon in einer »Note pour le Ministre – Revision du Statut des organismes de contrôle en Autriche«, die die Europaabteilung des französischen Außenministeriums am 26. 11. 1945 vorgelegt hatte. Vgl. dazu Lettner, Österreichpolitik, S. 156.

22 Mitschrift des Treffens des alliierten Exekutivkomitees zit. in: Rauchen-

steiner, Sonderfall, S. 170; zum sowjetischen Veto auch Lettner, Österreichpolitik, S. 166, 170, 179 ff.

[23] Das Pariser Außenministerium hatte dem Vertreter der österreichischen
Bundesregierung in Frankreich schon im Februar von dem »ergebnislo-
sen Versuch der Westalliierten [...], die Russen zu einem Entgegenkommen in der Frage der Verminderung der Besatzungstruppen zu bewegen«
informiert und weitere Demarchen in dieser Angelegenheit in Aussicht
gestellt. Bischoff an Gruber, 11. 2. 1946. HHStA., BKA-AA., Sekt. II
Pol./1946, Karton 8. Zu den Überlegungen Béthouarts in dieser Hinsicht
vgl. die Unterlagen in SHAT, 1 U 17 bis 1 U 27.

[24] Voizard an Béthouart, 20. 11. 1945. Die zitierten Stellen wurden – neben
anderen – auch an Außenminister Bidault weitergeleitet. MAE/Z 9, fol.
160 ff., zit. 163.

[25] Ebd., fol. 165.

[26] Ebd., fol. 166; diese Mängel waren so gravierend, daß sie auch für Au-
ßenstehende offensichtlich waren. Vgl. Marti: Bericht (wie Anm. 11).

[27] Ebd., fol. 163.

[28] Béthouart an de Gaulle, 4. 12. 1945. Ministère des Affaires Etrangères,
Archives du Haut Commissariat de la République Française en Autriche, Colmar (im folgenden bezeichnet mit MAE/C), C. 1377, p. 5.

[29] Béthouart an de Gaulle. 2. 11. 1945. Ebd.

[30] Wie Anm. 28.

[31] Entwurf einer Weisung de Gaulles an Béthouart, 5. 12. 1945, zit. in:
Lettner, Österreichpolitik, S. 157.

[32] Rundschreiben des Gouvernement Militaire Français d'Autriche; von
Voizard im Namen Béthouarts gezeichnet, ohne Datum, [jedoch vor
20. 11. 1945 verfaßt, da dieser Tag als Termin für das Einlangen der
Antworten vorgeschrieben wurde]. MAE/C, C. 1409, p. 9.

[33] Es liegen nur einige vor und zwar die der Direction des Travaux Publics
et Communications, Direction de la Sûreté, Direction de la Justice. Alle
im Anhang zur »Note sur l'organisation future du Gouvernement Militaire Français en Autriche« (erarbeitet vom Gouvernement Militaire der
Zone), 21. 11. 1945. MAE/C, C. 1409, p. 9.

[34] Dies ist aus den oben angeführten Notizen zu entnehmen und entspricht
im übrigen Parkinsons Gesetz; vgl. dazu C. Northcote Parkinson, Parkinsons Gesetz und andere Untersuchungen über die Verwaltung, Düsseldorf – Wien (1958), S. 14: »Vielmehr ist es so, daß die Zahl der Beamten
oder Angestellten in gar keiner Beziehung zu der Menge der vorhandenen
Arbeit steht. Das ständige Wachsen der Beamten- und Angestelltenzah-
len vollzieht sich nach Parkinsons Gesetz – und es vollzieht sich, gleich
ob die Arbeit zunimmt, abnimmt oder ganz verschwindet«.

[35] »Note« (wie Anm. 33).

[36] Daß dabei in einzelnen Bereichen gewisse Fortschritte erzielt wurden
und den Österreichern sogar vereinzelt die Führung der Geschäfte wieder

übertragen wurde – etwa im Bereich der Kontrolle der Lebensmittelverteilung für ganz Österreich ab 1. 4. 1946 – darf in diesem Zusammenhang außer Betracht bleiben.

37 Béthouart an de Gaulle, 4. 12. 1945. MAE/C, C. 1377, p. 5.

38 Vgl. Bulletin d'Activité, hrsg. v. Commandement en Chef Français en Autriche (Februar/März 1946), S. 5.

39 Karl Gruber, Zwischen Befreiung und Freiheit. Der Sonderfall Österreich, (Wien ²1953), S. 62. Vgl. dazu auch Rauchensteiner, Sonderfall, S. 172.

40 Rede Voizards vom 8. 5. 1946. Abgedruckt in: *Tiroler Tageszeitung,* 2. Jg., Nr. 106, 9. 5. 1946. Die Reaktion darauf vgl. ebd.

41 Vgl. dazu de Monicault an Chauvel, 18. 6. 1946. MAE/Z 13, fol. 55.

42 Zu den Problemen auf diesem Sektor im Frühsommer vgl. Eisterer, Hunger und Ernährungsprobleme, S. 199 f.

43 Vgl. Décret 45-0141 du 26. 12. 1945. Ministère des Affaires Etrangères, Archives Diplomatiques, Paris, Série Y, 1944–1949, Volume 653. Dazu auch: René Mayer. Etudes, témoignages, documents. Réunis et présentés par Denise Mayer, (Paris 1983), S. 117–119.

44 Stellungnahme der Tiroler Landesregierung zum alliierten Kontrollabkommen. VLA, Prs. 617/1955. Am 10. 7. 1946 wurde sie General Béthouart überreicht (Landeshauptmannschaft Tirol an Präsidium BKA, 11. 7. 1946. Ebd.). Die Vorarlberger Landesregierung schloß sich den in Tirol entstandenen Ausführungen »vollinhaltlich« an (Ilg an Voizard, 29. 7. 1946. VLA, Prs. 617/1955).

45 Vgl. Voizard an Béthouart, 19. 8. 1946. MAE/Z 14, fol. 114.

46 »Stellungnahme«, (wie Anm. 44); Hervorhebungen in der unten angeführten Liste von Kompetenzen im Original!

47 Obwohl sich die Vorarlberger den Tiroler Vorstellungen »vollinhaltlich« angeschlossen hatten, nahmen sie im Begleitschreiben (Ilg an Voizard, 29. 7. 1946, VLA, Prs. 617/1955) eine Akzentverschiebung vor: Sie wollten die Kompetenz für die verbleibende Kontrolle »in weitestgehendem Maße auf die Landesgouvernements verlegt« wissen, um »engen Kontakt und [...] reibungslose Abwicklung« sicherzustellen – denn der Generaldelegierte saß in Innsbruck.

48 Projet d'instruction concernant l'exercice du contrôle dans la zone d'occupation française sowie Begleitschreiben Béthouart an den Generalkommissar für deutsche und österreichische Angelegenheiten (= Schneiter), 21. 7. 1946. MAE/Z 14, fol. 3–19.

49 Die Vorschläge des sehr detaillierten und umfangreichen »Projet d'instruction« werden hier nur insoweit behandelt, als sie in der internen Diskussion von besonderem Gewicht waren oder noch heute aufschlußreich für die Mentalitäten innerhalb der Besatzungsmacht sind. Vorschläge, die dann in die tatsächliche »Verordnung Nr. 41« übernommen wurden, werden nicht im einzelnen aufgewiesen.

⁵⁰ »Projet d'instruction« (wie Anm. 48), Kap. IV; fol. 13.

⁵¹ Ebd., fol. 15.

⁵² Vgl. Telegramm 103/Pol, Schneiter an Béthouart, 23. 8. 1946. MAE/Z 15, fol. 32; vgl. dazu auch Chauvel (Generalsekretär des Außenministeriums): Note pour le Sous-Secrétaire d'Etat aux Affaires Etrangères, Commissaire Général pour les Affaires Allemandes et Autrichiennes (= Schneiter), 8. 8. 1946. MAE/Z 14, fol. 222 v.

⁵³ [Entwurf für:] Ordonnance relative a l'exercice du contrôle dans la zone d'occupation française mit 3 Annexen und Begleitschreiben Voizard an Béthouart (– der Brief ging den Dienstweg!); auf der ersten Seite des Begleitschreibens ist handschriftlich ein Datum notiert: 31. 7. 1946 – möglicherweise der Tag, an dem es dem zuständigen Bearbeiter im MAE vorgelegt wurde; wohl kaum das Datum des Entstehens, denn eine Woche später, am 6. 8. 1946 liegt schon eine juristische Analyse des »Conseiller Jurdidique« im MAE vor (MAE/Z 14, fol. 224–227; dazu fol. 223). Schreiben und »Ordonnance« in MAE/Z 14, fol. 44–87.

⁵⁴ Vgl. Beibrief; bei diesem ersten Entwurf Voizards vom 2. 7. 1946 handelt es sich mit größter Wahrscheinlichkeit um jenes sonst nicht näher bezeichnete »Projet d'instruction generale concernant l'exercice du contrôle dans la zone d'occupation française«, das in MAE/Z 14, fol. 251–280, zu finden ist und die handschriftliche Notiz cl[asser:] (15 août) 1946 trägt. Daraus geht jedoch nicht hervor, daß es zu diesem Zeitpunkt – und nicht erst im Zuge der Archivierung – in Paris vorlag. Eine inhaltliche Analyse – auch des Beibriefes (Ebd., fol. 281–293) – und ein Vergleich mit dem zweiten Projekt des Generaladministrators lassen die Autorenschaft Voizards als sicher erscheinen. In diesem Falle wäre Béthouarts Entwurf, der am 27. 7. an das Commissariat Général aux Affaires Allemandes et Autrichiennes geschickt wurde, in wesentlichen Punkten – »tutelle«, Veto durch Kontrollorgane vor Ort u. a. m – von Voizards »Projet« vom 2. 7. abhängig. Diese Annahme, daß Béthouarts Entwurf in vielen Dingen einfach Gedankengänge Voizards übernahm, würde auch erklären, mit welcher Ungerührtheit Béthouart die »Kurskorrekturen« aus Paris akzeptierte, während gerade Voizard sich dagegen stark machte.

⁵⁵ United Nations Relief and Rehabilitation Administration.

⁵⁶ Im Französischen »tutelle«; im folgenden wird »tutelle«, wenn der Begriff nicht klar als juristischer Terminus gebraucht wird, mit »Kontrolle« wiedergegeben.

⁵⁷ Vgl. dazu u. a. Stellungnahme der Tiroler Landesregierung zum alliierten Kontrollabkommen (= Anm. 44), S. 4, die direkt an Béthouart ging; vgl. dazu auch die interne und überaus positive Einschätzung Cherrières; Cherrière an Béthouart, 6. 8. 1946. MAE/Z 14, fol. 203–214.

⁵⁸ Aber an anderer Stelle: Voizard an Béthouart, 19. 8. 1946. MAE/Z 14, fol. 116.

⁵⁹ »Ordonnance« (= Anm. 53), Artikel VI.

⁶⁰ Diese Mitteilung – möglicherweise nur telephonisch getroffen – findet sich nicht bei den Akten. Ihr Sinn geht jedoch aus Cherrières Reaktion deutlich hervor. Vgl. Cherrière an de Leusse, 5. 8. 1946. MAE/Z 14, fol. 202, 202 v., und Cherrière an Béthouart, 6. 8. 1946. MAE/Z 14, fol. 203 bis 214.

⁶¹ Vgl. Cherrière an de Leusse (= Anm. 60).

⁶² De Leusse erhielt direkt eine Kopie davon.

⁶³ [Gros:] Note pour la Direction d'Europe, 6. 8. 1946. MAE/Z 14, fol. 224–227.

⁶⁴ Note pour le Sous-Secrétaire d'Etat aux Affaires Etrangères, Commissaire Général pour les Affaires Allemandes et Autrichiennes, 8. 8. 1946. MAE/Z 14, fol. 220–222 v.

⁶⁵ Ebd., fol. 220 v.

⁶⁶ Schneiter an Béthouart, [14. 8. 1946]. MAE/Z 14, fol 235–239. Die Verordnung ging auch als Telegramm 99/Pol., die Anweisung als 100/Pol. am 14. 8. ab.

⁶⁷ Vgl. hierzu besonders den allgemeinen Teil (I) im Telegramm 103/Pol, Schneiter an Béthouart, 23. 8. 1946. MAE/Z 15, fol. 29.

⁶⁸ Schneiters »Verordnung« wurde nach Einwänden Béthouarts noch in der Folge modifiziert, entsprach aber im wesentlichen der Fassung, wie sie als »Verordnung Nr. 41« publiziert wurde (Bulletin officiel, 1. Jg., Nr. 20–22, 15. 9. 1946, S. 194 f.). Vgl. dazu Ordonnance relative à l'exercice du contrôle dans la zone d'occupation française. MAE/Z 14, fol. 236 v.

⁶⁹ Voizard an Ilg, 17. 9. 1946. VLA, Prs. 617/1955.

⁷⁰ Ebd.

⁷¹ Voizard an Ilg, 17. 9. 1946. VLA, Prs. 617/1955, und Voizard an Weißgatterer, 17. 9. 1946. MAE/C, C. 1410, p. 24.

⁷² Instruction d'application de l'ordonnance relative à l'exercice du contrôle dans la zone d'occupation française, [14. 8. 1946]. MAE/Z 14, fol. 239; Voizard an Béthouart, 24. 10. 1945. MAE/Z 15, fol. 204.

⁷³ Voizard an Béthouart, 10. 7. 1946. MAE/Z 13, fol. 135 f.

⁷⁴ Voizard an Béthouart, 23. 11. 1946. MAE/Z 16, fol. 74.

⁷⁵ Voizard an Béthouart, 24. 10. 1946. MAE/Z 15, fol. 191.

⁷⁶ Ebd., fol. 194.

⁷⁷ Bielka (= polit. Vertreter der österr. Bundesregierung in der Schweiz) an BKA, AA, 28. 11. 1946. HHStA., BKA-AA., Sekt. II Pol./1946, Karton 6. Bielka berichtet darin von einem diesbezüglichen Gespräch mit Jung.

⁷⁸ Wie Anm. 75, fol. 196.

⁷⁹ Bielka an BKA, AA, 28. 11. 1946. HHStA., BKA-AA., Sekt. II Pol./1946, Karton 1.

⁸⁰ Cherrières Intervention in: Voizard an Béthouart (= Anm. 74), fol. 84; Versuch, Béthouarts Hilfe zu bekommen, in: Voizard an Béthouart (= Anm. 75), fol 196 f.

[81] Die »Bevormundung« ist keine Metapher, wie dies Robert Knight in seinem Beitrag zum Symposium in Wien darzustellen versuchte. Sie war Realität, und dies selbstverständlich nicht nur in der französischen Zone, sondern in ganz Österreich. Auch die britischen Planer im Foreign Office gingen noch Ende Dezember 1945 von dieser Realität aus. Im ersten britischen Entwurf zum neuen Kontrollabkommen, der – ähnlich dem Entwurf Voizards – »stark von dem Gedanken getragen war, nur die Formen der Kontrolle zu ändern, nicht aber deren Inhalt« (Rauchensteiner, Sonderfall, S. 167), wurde deshalb sehr stringent ausgeführt: »Genaugenommen ist Österreich ... auch gegenwärtig kein selbständiger Staat und noch viel weniger ein souveräner und unabhängiger«. (Memorandum »Future Control in Austria«, 28. 12. 1945. Public Record Office, London, FO 371/55143/C 78/78/3; zit. bei Rauchensteiner, Sonderfall, S. 167).

Thomas Albrich

Asylland wider Willen

Die Problematik der »Displaced Persons« in Österreich 1945–1948

Österreich war aufgrund der militärischen Entwicklung im Mai 1945 zu einem letzten Rückzugsgebiet der Deutschen Wehrmacht und ihrer Verbündeten geworden.[1] Mit den Truppen waren auch Massen von Flüchtlingen verschiedenster Kategorien ins Land geströmt. Bei Kriegsende standen den damals sechs Millionen Österreichern rund 600 000 deutschsprachige und etwa eine Million fremdsprachige, als »Displaced Persons« (DPs) bezeichnete Ausländer gegenüber.[2] Der Terminus »displaced« stammte aus der anglo-amerikanischen Verwaltungssprache und bezeichnete, ursprünglich ohne rechtlichen Inhalt, Dinge, die sich an einem nicht ordnungsgemäßen Standort befanden. Auch diese Menschen befanden sich außerhalb ihres normalen Lebensbereiches – Heimat, Gesellschaft, Familie, Beruf, Sprache[3] – und waren in diesem Sinne »displaced«. Insgesamt fielen elf Millionen Menschen dieser Kategorie in Europa in die Verantwortung der Alliierten.[4]

Obwohl die DPs, im – nicht sehr gelungenen – deutschen Sprachgebrauch »Versetzte« oder »Verschleppte Personen«, bei Kriegsende schon rein zahlenmäßig ein enormes Problem darstellten, steht eine umfassende Studie zur Gesamtproblematik für Österreich immer noch aus. Untersuchungen zum Flüchtlingsproblem beschäftigen sich fast ausschließlich mit den ethnisch deutschen Flüchtlingen, den Vertriebenen und Umsiedlern.[5] Die fremdsprachigen DPs, die sich als Folge des Krieges in Österreich befanden, werden meist nur am Rande behandelt.[6] Auch in den Standardwerken zur österreichischen Nachkriegsgeschichte wird der DP-Problematik nicht jener

Stellenwert eingeräumt, der ihrer tatsächlichen politischen, wirtschaftlichen und sozialen Bedeutung für die ersten Jahre der Zweiten Republik entspricht.[7]

Um bei Kriegsende dieses sich schon lange abzeichnende Problem organisatorisch bewältigen zu können, gründeten die Vereinten Nationen bereits im November 1943 die UNRRA, die »United Nations Relief and Rehabilitation Administration«. Hauptaufgaben der UNRRA waren die materielle Unterstützung der Zivilbevölkerung in den befreiten Gebieten sowie, in Zusammenarbeit mit den alliierten Armeen, die rasche Repatriierung der vorgefundenen DPs. Bei ihrer Tätigkeit war die UNRRA an die Weisungen der jeweiligen militärischen Kommandostellen gebunden.[8] Diese hatten bis zum Frühjahr 1945 bereits detaillierte Pläne zur Bewältigung des DP-Problems ausgearbeitet. Das für Österreich zuständige alliierte Hauptquartier in Italien erwartete für das Kriegsende rund zwei Millionen DPs in Österreich, für deren Betreuung und Repatriierung gesorgt werden müsse.[9]

Tatsächlich trafen die Alliierten bei ihrem Vormarsch auf etwa 1,6 Millionen Ausländer in Österreich, die sich aus den verschiedensten Gruppen zusammensetzten: Fremdarbeiter, Zwangsdeportierte, befreite KZ-Häftlinge, ehemalige Kriegsgefangene, Volksdeutsche aus Osteuropa, Umsiedler aus Südtirol, Reichsdeutsche, die sich während des Krieges als Beamte, NS-Funktionäre, Arbeiter oder Evakuierte in Österreich aufgehalten hatten, NS-Kollaborateure, Mitglieder nationaler faschistischer Verbände wie ungarische Pfeilkreuzler oder kroatische Ustasche, ausländische Angehörige der Waffen-SS und diverse Flüchtlinge, die mit den zurückflutenden deutschen Truppen nach Österreich gekommen waren.[10]

Nach der Definition der Alliierten verstand man unter DPs in Österreich alle nichtösterreichischen Zivilisten, die sich als Folge des Krieges dort aufhielten und in ihre Heimatländer zurückkehren wollten, dies ohne Hilfe jedoch nicht konnten. Unterschieden wurden dabei vier Kategorien:

1. Staatsangehörige der Vereinten Nationen;
2. Angehörige von mit-kriegsführenden und neutralen Ländern;
3. Angehörige von Feindstaaten oder ehemaligen Feindstaaten;
4. Staatenlose.[11]

Alle alliierten DPs und jene DPs aus den drei anderen Kategorien, die entweder als Opfer der Diktaturstaaten gelten konnten oder deren Loyalität gegenüber den Vereinten Nationen feststand, wurden von der UNRRA betreut.[12] Die größte geschlossene Gruppe unter den DPs, auf die obige Ausnahmeklausel angewendet wurde, waren die aus den Konzentrationslagern befreiten Juden. Die größte Gruppe, die von UNRRA-Hilfe ausgeschlossen war, stellten die deutschsprachigen Flüchtlinge dar. Immerhin befanden sich bei Kriegsende über 400000 Volksdeutsche und etwa 200000 Reichsdeutsche in Österreich, deren Betreuung von den Alliierten ebenso den österreichischen Behörden überantwortet wurde wie die Zuständigkeit für alle anderen Gruppen von DPs, die nicht unter das UNRRA-Mandat fielen.[13] Damit wurde noch vor Kriegsende Österreich eine Last aufgebürdet, die es in der damaligen Situation freiwillig nie übernommen hätte. Auf dem Gebiet der Flüchtlingsbetreuung wurde Österreich entgegen der Moskauer Deklaration nicht als befreites, sondern als besiegtes Land behandelt und unausgesprochen zu einem Rechtsnachfolger des Deutschen Reiches gemacht.

Die organisatorische Bewältigung der Erfassung und Betreuung der DPs stellte vor allem die westlichen Besatzungstruppen in den ersten Wochen nach Kriegsende vor kaum lösbare Probleme: Die Amerikaner trafen allein in Oberösterreich auf 700000 DPs,[14] die Briten hatten in Kärnten und der Weststeiermark über 200000 DPs[15] zu versorgen, während die Franzosen in Tirol und Vorarlberg mit ca. 150000 DPs konfrontiert waren.[16]

Theoretisch waren die Alliierten bei Kriegsende auf diese Schwierigkeiten organisatorisch vorbereitet. Zur Bewältigung des DP-Problems sollte nach anglo-amerikanischer Planung eine flexible, den lokalen Umständen in den jeweiligen Besatzungszonen angepaßte Organisation aufgebaut werden. Zu diesem Zweck hatte man die Displaced Persons Executive (DPX) gebildet und dem Alliierten Hauptquartier angegliedert. Die DPX hatte auf allen Befehlsebenen sowohl beratende als auch exekutive Funktion. Speziell ausgebildete Offiziere gehörten zum Stab des Alliierten Hauptquartiers und später zur Alliierten Kommission sowie zu Stäben auf niedrigeren Befehlsebenen. Der DPX angegliedert waren die DP-Abteilungen der verschiedenen lokalen Militärverwaltungen, alle Offiziere, die mit der Führung von Flüchtlingslagern beauftragt waren, und das Personal der UNRRA. Die DPX war das ausführende Organ bei allen DP-Operationen. Ihr oblag sowohl die Überwachung der alliierten DP-Lager als auch die Kontrolle der Tätigkeit der österreichischen Behörden in DP-Angelegenheiten.[17]

Während die französische Besatzungsmacht, wenigstens in der Theorie, diese Konzeption übernahm,[18] gingen die Sowjets völlig eigene Wege. Sie begannen schon vor Kriegsende, alle größeren Ansammlungen von DPs in ihrer Zone, hauptsächlich jedoch in Wien, rigoros aufzulösen. Bis zum 5. Mai hatten alle ausländischen Arbeiter, egal ob Zivilarbeiter, Zwangsarbeiter oder Kriegsgefangene, laut Befehl Nr. 8 Wien zu verlassen. Zudem führten die Sowjets eine Meldepflicht für alle Ausländer ein, um kriminelle und politisch unerwünschte Personen raschestens entfernen zu können. Diese Maßnahmen sollten zur Entlastung der angespannten Ernährungslage und des Arbeitsmarktes führen. Der Abtransport erfolgte über Wiener Neustadt, wo ein Sammellager für 10 000 Personen eingerichtet wurde. Schon ab dem 7. Mai begannen von dort aus die Heimtransporte mit der Bahn. Dabei kam es zu Zwischenfällen. Einzelne Gruppen, wie Italiener und Griechen, widersetzten sich ihrem Abtransport. Die österreichische Exekutive mußte gewaltsam einschreiten.[19] Der Wiener Polizeichef Rudolf Hautmann erklärte in diesem Zusammenhang, »seine Stelle sei lediglich Hilfspolizei der Roten Armee, deren strikte Befehle er durchzuführen habe«.[20] Vor allem die etwa 80–100 000 westeuropäischen DPs wehrten sich gegen die geplante Repatriierung aus Angst vor großen Umwegen und damit verbundenen Strapazen.[21] Für ihren Protest verfügten sie bereits über die notwendigen Institutionen: Die DPs hatten nach ihrer Befreiung sofort antifaschistische Nationalkomitees gegründet und sich dann zu einem Verband antifaschistischer Organisationen als Interessenvertretung der DPs zusammengeschlossen.[22]

Dieser Verband begann nun, unterstützt von einem Abgesandten des Internationalen Roten Kreuzes, bei den österreichischen Behörden gegen die sowjetischen Zwangsmaßnahmen zu intervenieren. Da die österreichische Exekutive von den Sowjets mit der Durchführung des Abtransports der DPs betraut war, entstand der Eindruck, daß es sich um eine österreichische Aktion handelte. Schon am 6. Mai 1945 sprach daher der Schweizer Delegierte des IRK, Prof. Bovey, im Namen der verschiedenen Ausländerkomitees in der Staatskanzlei/Auswärtige Angelegenheiten in Wien vor und erklärte,

»es werde im Ausland keinen guten Eindruck machen, wenn Österreich, das in kurzer Zeit selbst auf ausländische Hilfe angewiesen sein werde, mit solcher Härte gegen diese, vielfach aller Subsistenzmittel baren Opfer der deutschen Verschleppung vorginge«.[23]

Worauf der Generalsekretär, Dr. Heinrich Wildner, antwortete, daß die Abschiebung der Ausländer auf Anordnung der Sowjets erfolge, dabei jedoch keinen Zweifel an der Haltung der Provisorischen Staatsregierung ließ:

»Die eheste Repatriierung der ausländischen Zwangsarbeiter liege allerdings auch im österreichischen Interesse, da es sich vielfach um zweifelhafte Elemente handle, die die öffentliche Sicherheit gefährden, den Arbeitsmarkt überlasten und auch vom Ernährungsstandpunkt unerwünscht seien.«[24]

Damit wurde ein Argumentationsschema – fast deckungsgleich dem sowjetischen – in die Diskussion eingebracht, das jahrelang, quer durch die Parteien, die österreichische Anti-DP-Propaganda prägen sollte. Noch gab es jedoch keine österreichische DP-Politik. Dies kam nicht von ungefähr: Bis Herbst 1945 reichte der Einfluß der Renner-Regierung bekanntlich kaum über den sowjetischen Machtbereich hinaus. In dieser Phase war der Druck der Sowjets auf die Regierung zweifellos am stärksten, standen doch die Interessen der sowjetischen Besatzungsmacht im Mittelpunkt. Besonders deutlich zeigte sich der »Zonenegoismus« im Bereich der Flüchtlingspolitik. Hier wurde auch von bürgerlichen Politikern wie Leopold Figl angesichts der prekären Ernährungslage bereitwillig die sowjetische Linie vertreten. Landes- und Zoneninteressen standen über gesamtösterreichischen Interessen. So wurden beispielsweise die Sowjets gebeten, die Zonengrenze zu Oberösterreich für die dort noch befindlichen 200 000 Zwangsarbeiter aus Osteuropa geschlossen zu halten. Sie sollten erst dann via Niederösterreich repatriiert werden, wenn entsprechende Möglichkeiten des Bahn- oder Schiffstransportes gegeben wären. Die durch die Verzögerung der Rückführung geschaffene Lage in Oberösterreich stand nicht zur Debatte.

Solidarität mit den vertriebenen Volksdeutschen aus der Tschechoslowakei und Jugoslawien war im Juni 1945 ebenfalls kein Thema. Während Figl im Ministerrat nur forderte, die zu erwartenden 100 000 Sudetendeutschen sollten nach Deutschland gehen, stießen auch die wesentlich radikaleren Einschätzungen des kommunistischen Staatssekretärs Honner auf keinen Widerspruch. Er wies darauf hin, daß zusätzlich aus Süden eine Masseninvasion von 200 000 bis 300 000 Volksdeutschen aus Jugoslawien drohe. Er habe bereits die Sowjets um Unterstützung bei der Grenzsicherung gebeten. Ebenso sollte die tschechoslowakische Regierung durch die Sowjets ersucht werden,

»daß sie diese Flüchtlinge nicht zu uns, sondern nach Norden abschiebt, eventuell zum Arbeitseinsatz in Ostpreußen. [...] Wenn diese 200 000 bis 300 000 Menschen, die keinerlei Habe bei sich haben, sich über unser Land ergießen, dann werde dort bald alles kahlgefressen sein.«

Honner lehnte jegliche Hilfe für die Sudetendeutschen und Gottscheer Deutschen ab,

»da es sich bei beiden Gruppen fast ausnahmslos um faschistische Elemente handle und da im Falle einer Hilfeleistung die Gefahr bestünde, daß dann noch mehr Flüchtlinge zu uns kommen.[...] Eine Hilfeleistung für diese Elemente würde von der tschechoslowakischen Regierung als ein sehr unfreundlicher Akt empfunden werden. Auch ein Entgegenkommen gegenüber den Gottscheer Deutschen würde uns in Mißkredit bringen. Der Zustrom dieser Leute wäre mit allen Mitteln abzuhalten, indem wir sie als unerwünschte Ausländer betrachten und ihnen keinerlei Hilfe gewähren.«[25]

Während die Sowjets, gemeinsam mit der österreichischen Regierung, teilweise schon vor der deutschen Kapitulation begannen, in ihrem Einflußbereich das DP-Problem radikal zu lösen und ein neues Flüchtlingsproblem zu verhindern, bevor es richtig entstehen konnte, mußten sich die anglo-amerikanischen Planspiele erst in der Praxis bewähren. Wie groß der Unterschied zwischen Anspruch und Wirklichkeit nach Kriegsende war, soll anhand der Verhältnisse in der britischen Zone exemplarisch dargestellt werden.

Aufgrund der unklaren militärischen Situation in Kärnten kam der raschen Erfassung und Unterbringung der DPs anfangs nicht höchste Priorität zu. Weit größere Bedeutung maß die britische Armee offensichtlich der Entwaffnung und Kontrolle jener militärischen Verbände bei, die sich ihr im Raum Kärnten ergeben hatten. Dabei handelte es sich um mehr als eine Viertelmillion deutscher und mit ihnen verbündeter Truppen, hauptsächlich Kroaten, Kosaken und Ungarn. Zusammen mit den 200 000 Zivilflüchtlingen stellten sie unter den im Mai 1945 noch herrschenden kriegsmäßigen Bedingungen ein kaum zu bewältigendes Versorgungsproblem dar.[26] Zudem bestand immer noch die Gefahr einer bewaffneten Auseinandersetzung mit Jugoslawien.

In dieser Situation lösten die Briten einen Teil ihres Problems auf drastische Weise: über 46 000 Kosaken mit ihrem Troß von 11 000 Zivilisten,[27] 150 000 Kroaten – Soldaten und Zivilisten – sowie 10 000 slowenische »Heimwehrleute« wurden zwangsrepatriiert. Für viele bedeutete diese Maßnahme den sicheren Tod.[28] Diese Ereignisse wurden und werden in Großbritannien und Österreich kontroversiell diskutiert. Moralische Verurteilungen, Hypothesen und Spekulationen überwiegen immer noch in der Beurteilung dieser Zwangsmaßnahmen.[29]

Pragmatisch gesehen verringerte der Abtransport von 200000 Menschen zweifellos die ungeheuren Versorgungsprobleme, denen sich die Briten gegenübersahen. »Zwangsrepatriierung« blieb in den Köpfen britischer Militärs auch nach diesen blutigen Aktionen ein probates Mittel, lästige Probleme zu lösen. Jüdische Flüchtlinge, die ab Sommer 1945 in die britische Zone einreisten, sollten ebenso gewaltsam repatriiert werden[30] wie andere DP-Gruppen, die eine Heimkehr verweigerten. General Richard McCreery, der britische Oberbefehlshaber in Österreich, machte noch am 24. November 1945 der UNRRA den Vorschlag, »alle Ungarn, Rumänen und ›störrischen Sowjets‹ unter Zwangsanwendung zu repatriieren«. Auf Anfrage der UNRRA erklärte das britische Kriegsministerium allerdings, daß Zwangsrepatriierung »unvereinbar mit der britischen Auffassung von Gerechtigkeit und Demokratie sei«.[31]

Unter kriegsmäßigen Bedingungen im Chaos der ersten Wochen nach Kriegsende hatten solche Ideale bei der Truppe offenbar einen geringen Stellenwert. Mit dazu beigetragen hat sicher auch der Umstand, daß die für die DP-Operation ausgebildeten Offiziere der Militärverwaltung in den entscheidenden ersten Wochen gar nicht ins Operationsgebiet gelangten und die ohnehin überforderten Armeeoffiziere die Hauptlast der Arbeit zu tragen hatten. Dem ungeschulten Personal unterliefen bei seinen Bemühungen, Ordnung ins Chaos zu bringen, notgedrungen Fehler. So gelang es auch einer großen Zahl von DPs, sich der Registrierung zu entziehen und in der Zone unterzutauchen.[32]

Die zuständigen britischen Stellen konnten sich bis Mitte Juni 1945 kaum ein genaues Bild der Flüchtlingssituation in ihrer Zone verschaffen. Die Bestandsaufnahme wurde auch dadurch erschwert, daß Zehntausende DPs den Befehl, an Ort und Stelle zu bleiben, ignorierten und sich zu Fuß auf den Weg in die Heimat machten. Die Briten konnten beispielsweise die spontane »Selbstrepatriierung« von 50000 Italienern nicht stoppen, sondern im Gegenteil höchstens versuchen, diese Massenbewegung zu kanalisieren und zu unterstützen. Neben den Zwangsauslieferungen entlastete die Heimkehr der Italiener noch im Mai die kritische Versorgungslage in der britischen Zone ganz beträchtlich.[33]

Parallel zu diesen Ereignissen begann der planmäßige Aufbau der britischen DP-Organisation. Schrittweise wurden DPs in Lagern untergebracht, registriert und ihre Repatriierung vorbereitet.

Anfang Juni 1945 hatten sich die Verhältnisse einigermaßen konsolidiert. Seit Kriegsende hatten bereits 70 000 DPs Kärnten verlassen. Zu diesem Zeitpunkt betrug die Gesamtzahl aller DPs im Lande immer noch rund 130 000, von denen ungefähr 37 000 in DP-Lagern lebten. Alle genauen Zahlenangaben über DPs sind bis Ende Juli 1945 sehr problematisch. Noch verließen laufend Repatriierungstransporte die Zone. Die gut gegliederte DP-Organisation hatte mittlerweile die Grundlage für eine reibungslose Rückführung der heimkehrwilligen DPs geschaffen.[34] Repatriierungen nach Westeuropa verliefen trotz enormer Transportprobleme relativ rasch. Schwieriger gestaltete sich die Heimreise für Osteuropäer. Transporte durch die sowjetische Zone wurden immer wieder behindert. Besonders die Repatriierung von polnischen Staatsbürgern verzögerte sich ab August 1945, da die Sowjets die Transportmittel in ihren Zonen nur noch für sowjetische Heimkehrer zur Verfügung stellten. Auch die Rückkehr von 137 000 Ungarn aus den drei westlichen Besatzungszonen Österreichs, die schon im Juni einsetzte, stieß trotz der geographischen Nähe ihrer Heimat auf Schwierigkeiten. Zehntausende mußten aus Mangel an Transportmitteln den Heimweg zu Fuß antreten.[35]

Trotz aller Schwierigkeiten konnte im Sommer und Herbst 1945 der Großteil aller rückkehrwilligen DPs mit Hilfe der Besatzungsmächte und der UNRRA repatriiert werden. Allein aus der britischen Zone kehrten bis Jahresende 110 000 DPs in ihre Heimatländer zurück.[36] Bis Ende Mai 1946 betrug die offizielle Zahl der Repatriierten aus ganz Österreich 718 000 Personen.[37] Trotz dieser beeindruckenden Bilanz wurde deutlich, daß entgegen der ursprünglichen Annahme der alliierten Planer eine große Zahl von DPs aus politischen, sozialen oder religiösen Gründen eine Repatriierung verweigerte. Die Rückführung aller DPs blieb zwar auch noch im Jahre 1946 das Hauptziel der Briten, doch wurde schon im Frühjahr deutlich, daß mit Repatriierungsmaßnahmen allein das Problem nicht zu lösen war.[38]

Nach den Massenrepatriierungen hatte sich ab Herbst 1945 abgezeichnet, daß die DPs zu einem Langzeitproblem werden würden. Die Lage in der britischen Zone stabilisierte sich und die DP-Organisation der Armee, 80 Offiziere und 300 Soldaten, mußte etwa

Deklaration über Österreich

Vom 19. bis zum 30. Oktober 1943 tagte in Moskau eine Konferenz der Aussenminister G. HULL —
Vereinigte Staaten von Amerika, A. EDEN — Grossbritannien und W. M. MOLOTOW — Sowjetunion. In völliger Einmütigkeit wurden die Massnahmen besprochen, die ergriffen werden sollen,
um den Krieg gegen Deutschland und seine Trabanten in Europa abzukürzen. Zu diesem
Zweck wurden, unter Mitwirkung der Kriegssachverständigen der Generalstäbe der drei Mächte,
Beschlüsse gefasst über bereits in Vorbereitung befindliche Kriegsoperationen. Die Konferenz
veröffentlichte u. a. folgendes Dokument:

Die Regierungen Grossbritanniens, der Sowjetunion und der Vereinigten Staaten von Amerika kamen darin überein, dass Österreich, das erste freie Land, das der Hitlerschen Aggression zum Opfer gefallen ist, von der deutschen Herrschaft befreit werden muss.

Sie betrachten den Anschluss, der Österreich am 15. März 1938 von Deutschland aufgezwungen worden ist, als null und nichtig.

Sie betrachten sich in keiner Weise gebunden durch irgendwelche Veränderungen, die nach diesem Zeitpunkt in Österreich vorgenommen wurden. Sie geben ihrem Wunsch Ausdruck, ein freies und unabhängiges Österreich wiederhergestellt zu sehen und dadurch dem österreichischen Volk selbst, ebenso wie anderen benachbarten Staaten, vor denen ähnliche Probleme stehen werden, die Möglichkeit zu geben, diejenige politische und wirtschaftliche Sicherheit zu finden, die die einzige Grundlage eines dauerhaften Friedens ist.

Österreich wird jedoch darauf aufmerksam gemacht, dass es für die Beteiligung am Kriege auf seiten Hitlerdeutschlands die Verantwortung trägt, der es nicht entgehen kann, und dass bei der endgültigen Regelung unvermeidlich sein eigener Beitrag zu seiner Befreiung berücksichtigt werden wird.

(1)   Die von Großbritannien, der UdSSR und den USA beschlossene »Moskauer Deklaration« vom Herbst 1943: eine der »Geburtsurkunden« für die Zweite Republik (Plakat 1945).

(2/3) Nach monatelangem Vormarsch Vereinigung der alliierten Truppen auf österreichischem Boden. Links: Rotarmisten und Amerikaner in Oberösterreich, unten Briten und Sowjets in der Steiermark.

(4/5) Rechts: 29. April 1945, Staatskanzler Renner mit Sowjets vor dem Parlament. Unten: Einige Monate später Renner mit einem britischen Offizier beim Verfassen einer Radiorede.

(6–9)   Einzug der Alliierten in die Landeshauptstädte: die Briten in Klagenfurt (links) und Graz (unten), ein sowjetisches Erinnerungsfoto aus der Steiermark (rechts) sowie eine US-Truppenparade auf dem Salzburger Residenzplatz (rechts unten).

В День Победы — 9ᵉ Мая 1945 года

Удостоверение личности № 316/45

ия гр...на/ке ....Ханса........
....Кратохвилл........
фамилия
рожд. 18.05.1914 г.
в ....Вена.......
холостой; женат; вдовый; разведённый
профессия ....
живущий в ....№ 1
особые приметы: ....
национальность: австрийская
действительно ....

подпис содержателя дня 30.10.1945 г.
Joh. Kratochwill
учреждение
подпис выписывающего

Identity Card-Nr. 316/45

For Mr. Mrs. Miss: Hans
Christian Name
K r a t o c h w i l l
Surname
Date of birth: 18. 5. 1914
in W i e n
single, married, wid, div.
Occupation: Strassenbahnbediensteter
Address: dzt.Unterhirschgraben1
Marks or scars: keine
Nationality: Austrian
Valid one year from date shown thereon.

Johann Kratochwill
signature

Hirschbach the 30.10.1945

signature of issuing official

Identitätsausweis Nr

für Herrn/Frau/Frl. Hans
Vorname
K r a t o c h w i
Familienname
geb. am 18. 5. 1914
in W i e n
ledig, verh., verw., gesch.
von Beruf: Strassenbahnbe
wohnhaft in: dzt.U. Hirsc g
Besondere Kennzeichen: keine
Staatsangehörigkeit: Österreicher
Gültigkeitsdauer 1 Jahr vom Tag d stellung.

Johann Kratochw
Unterschrift des Inhabers

Hirschbach am 30.10

Ausstellende Beh
Unterschrift des ausfertigenden

(10/11) Aus Zeiten der strengen Kontrolle: dreisprachige Identitätskarte aus dem zweifach besetzten Oberösterreich (oben); US-Straßensperre mitten in Linz (unten).

(12)   Monate nach dem offiziellen Kriegsende übernehmen die Westmächte
ihre Sektoren in Wien: US-Truppen an der Stadtgrenze Ende Juli 1945.

(13) Das erste gemeinsame Auftreten der vier Alliierten nahe Salzburg Mitte August 1945: Richard McCreery (GB), Emile Marie Béthouart (FR),
Alexej Scheltow (SU) und Mark Clark (USA).

(14) Die vierfache Verwaltung eines fremden Landes will gelernt sein: Schulung für Angehörige des US-Besatzungselements.

(15/16) Nachkriegshunger: Behelfsmäßige Kochstelle in einer Bombenruine (links) und US-Ausspeisungsaktion für Schulkinder (unten).

(17) Nationalsozialisten müssen im Wiener Volksgarten Leichen von Bombenopfern exhumieren.

(18) Die Demobilisierung geht nicht ohne politischen Fragebogen.

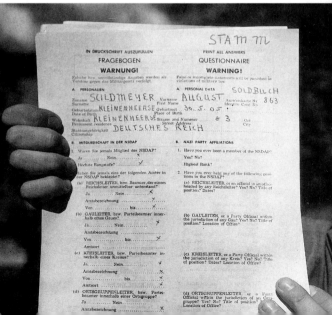

(19/20) Abrechnung und Konfrontation: Wilhelm Grabner, KZ-Kommandant aus Auschwitz im Verhör durch Heinrich Dürmeyer von der Wiener Staatspolizei, einst Häftling in Auschwitz (links oben); Kriegsverbrecherprozeß vor einem US-Militärgericht (links unten).

(21/22) Fotos von KZ-Greueln in einer Auslage in der Linzer Innenstadt (oben); Antifaschistische Ausstellung »Niemals vergessen!« im Wiener Künstlerhaus, Spätsommer 1946 (unten).

(23/24) Flüchtlings-
lager am Fuße der
Festung Hohensalz-
burg. Österreicher
kehren aus US-
Kriegsgefangenschaft
heim, Ankunft am
Bahnhof Wien-
Hütteldorf.

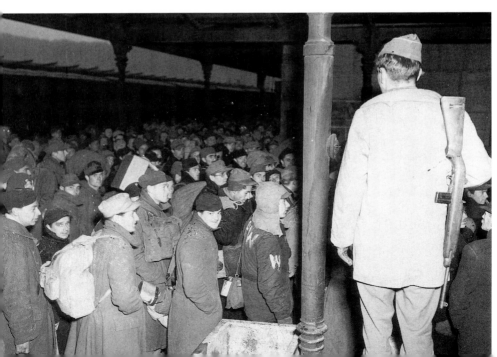

(25/26) Zweimal Lagerleben: eine volksdeutsche Familie am Abend in ihrem Wohn-Schlaf-Zimmer (rechts) und ein polnisches Lager-Streichorchester bei der Probe.

(27–29) Alte und neue Denkmäler in Wien: Prinz Eugen auf dem Helden-
platz wird von seinem »Mantel« gegen Bombensplitter befreit (oben). Das
sowjetische Ehrendenkmal auf dem Schwarzenbergplatz, davor drei russische Einzelgräber (oben rechts); Wiener Jugend am Tag der Denkmaleinwei-
hung im Spätsommer 1945 (unten rechts).

(30/31) Nach elf Jahren wieder freie Presse, wenn auch unter alliierter Aufsicht: Verleihung der »Presse-Erlaubnis« an die Oberösterreichischen Nachrichten (oben), interessierte Leser beim Studium des ersten Wiener Kurier.

(32)   Das größte Problem des jungen Landes war die politische und administrative Vereinheitlichung trotz vierfacher Besetzung. Die Länderkonferenz in Wien (24.–26. September 1945) war der wichtigste Schritt dazu. Renner am Rednerpult, vorne die Staatssekretäre für Industrie und Handel Eduard Heinl (1. v. l.) und für Justiz Josef Gerö (2. v. r.).

(33–35) Die ersten freien Wahlen seit 15 Jahren: auf Wahlplakaten aller Parteien das Bekenntnis zum neuen Österreich und zur Demokratie.

Wählerversammlung nach englischer Art

Nicht die Kandidaten, die Wähler haben das Wort!

Jeder Wähler kann in der am FREITAG, 9. NOVEMBER 1945, 18.30 Uhr, im Schützensaale, VIII, Alberlgasse 43, stattfindenden Versammlung einige kurz gefaßte Fragen über die Staats-, Wirtschafts- und Sozialpolitik der Sozialistischen Partei stellen, die **Dr. Alfred Migsch** und **Ludwig Kostroun** beantworten werden.

Kommt, hört, urteilt!

Die S. P. Ö., Bezirksorganisation Josefstadt

(36/37) Britische Parlamentarier zur Beobachtung in einem Wahllokal am 25. November 1945 (oben). – Die neue Regierung Figl-Schärf das erste Mal auf der Regierungsbank.

(38/39) Österreichs Diplomatie in die Welt: Norbert Bischoff (Paris), Ludwig Kleinwächter (Washington, D. C.), Schärf, Figl, Gruber, Karl Waldbrunner (Moskau) und Heinrich Schmid (London). Unten: Appell an die Welt um Aufnahme in die Vereinten Nationen (26. Juni 1946).

(40/41)   Amerikanische Militärparade vor der Hofburg, damals das sowjetische »Haus der Offiziere«. – Hammer und Sichel, Stars and Stripes, Union Jack und Tricolore auf dem »Haus der Industrie«: für zehn Jahre der Sitz des Alliierten Rates.

(42)   Die Alliierten feiern gemeinsam den Sieg (1946).

(43)   Erster Jahrestag der Befreiung Wiens: um eine Stufe niedriger als die »Großen Vier« die Regierung als Zuschauer …

(44) ... und auf der Tribüne die Militärkommissare Béthouart (FR), McCreery (GB), Clark (USA) und Konjew (SU).

(45)   Ein britischer Soldat und seine Frau lernen gemeinsam Deutsch.

(46/47)   Mittels Wand-bildzeitung und Ausstel-lungen bringen uns die Franzosen ihr Land nahe.

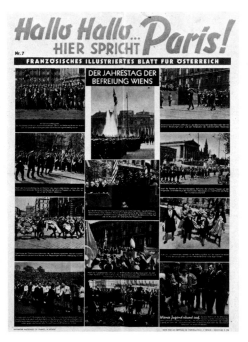

(48/49) Amerikanische und sowjetische Filme sollen Eindrücke aus (noch) fremden Kulturkreisen vermitteln.

(50) Das Kolosseum-Kino in der Nußdorferstraße in Wien IX als US-Armee-Kino.

(51/52) Die »Coca-Colonialisierung« begann in Lambach, Oberösterreich: die erste Abfüllhalle. – Ausgerechnet im Konzerthaus probieren die GIs den »jitter-bug«.

(53/54) Richard McCreery und der Kärntner Lokalpatriotismus (anläßlich eines Besuches in Klagenfurt). Empfang mit Blumen für Emile Béthouart und seine Frau an der Schweizer Grenze im Sommer 1946.

(55/56) Oben: Sympathiewerbung bei der nächsten Generation. Unten: Straßentafel nahe Wiens (mit dem Text »Straße nach Wien gefährlich. Enge, kurvige Straßen, voll von Ochsengespannen, Radfahrern, Kindern und unberechenbaren einheimischen Fahrern«.).

(57–59) Momentaufnahmen des Besat-
zungsalltags: Franzosen und Vorarlbergerin-
nen; ein Soldat der Roten Armee am Weges-
rand; Hochzeit in Linz zwischen einer
Griechin und einem US-Soldaten.

BEFEHL
des Oberbefehlshabers der sowjetischen Besatzungstruppen in Oesterreich

27. Juni 1946   Nr. 17

Betrifft: Uebergang deutscher Vermögenswerte im östlichen Oesterreich in das Eigentum der UdSSR.

Gemäß den Beschlüssen der Berliner Konferenz der Drei Mächte über den Uebergang des deutschen Eigentums im östlichen Oesterreich an die Sowjetunion als teilweise Wiedergutmachung des von Deutschland der UdSSR. zugefügten Schadens

befehle ich:

1. Alle österreichischen Behörden und die gesamte Bevölkerung der sowjetischen Besatzungszone sind davon in Kenntnis zu setzen, daß die **im östlichen Oesterreich befindlichen deutschen Vermögenswerte,** die dem Deutschen Reich, deutschen Firmen, Gesellschaften, Organisationen und überhaupt sämtlichen physischen oder juridischen Personen gehörten, als deutsche Reparationsleistungen **in das Eigentum der Union der Sozialistischen Sowjetrepubliken** übergegangen sind.

2. Die Leitung des genannten Eigentums wird der Verwaltung für Sowjeteigentum im östlichen Oesterreich übergeben.

3. Sämtliche
die Eigentum und
der Sowjetunion übe
für sowjetisches Eig
Ordnung und Frist

Bei der Ueb
Sowjeteigentum im
und Personen:

a) **dem Ueb
tum der Sowjetu
Eigentums zu re**

b) Urkunden

4. Die Aktie
gehörten und nicht
betrachten.

Die Verwaltu

a) an Stelle
herauszugeben;

b) juridische
und die Rechtsform

5. Alle das
abschlüsse und son
sind ungültig.

6. Alle Bürge
Gemeinden im östlic
befindet, das von de
übernommen wurde,
**zu treffen und ü
binnen 10 Tagen
zu machen.**

7. Alle Leiter
personen, die über e
für Sowjeteigentum
sowjetischen Ortsko
tum im östlichen O
8. In allen E
republiken übergega

die Bedingungen zu gewährleisten, die laut den Gesetzen der Republik Oesterreich die Rechte und Interessen der Arbeiter und Angestellten garantieren.

9. **Alle Personen, die unter irgendeinem Vorwand die Angaben darüber, wo sich das genannte Eigentum befindet, vorenthalten, dasselbe verheimlichen oder falsche Angaben darüber machen, sowie alle, die durch ihre Handlungen der Durchführung dieses Befehls hinderlich sind oder genanntes Eigentum irgendwie beschädigen, sind zur gerichtlichen Verantwortung zu ziehen.**

Der Oberbefehlshaber der sowjetischen Besatzungstruppen in Oesterreich
Generaloberst Kurassow

(60–63) Wirtschaftliche Maßnahmen und Gegenmaßnahmen: Die DDSG wird sowjetisch, die VOEST den Österreichern von den Amerikanern (oben General Clark bei der Feier) zur treuhändischen Verwaltung übergeben.

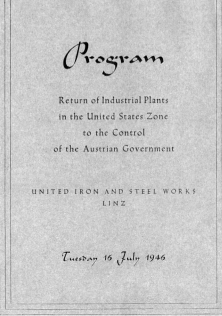

Program

Return of Industrial Plants
in the United States Zone
to the Control
of the Austrian Government

UNITED IRON AND STEEL WORKS
LINZ

Tuesday 16 July 1946

(64/65) Die erste Getreidehilfslieferung der UNRRA trifft ein, mit der Zeit verschwinden die Schlangen vor den Lebensmittelgeschäften.

(66/67) Auch der neue US-Hochkommissar Geoffrey Keyes hilft: Unterzeichnung des Soforthilfeabkommens im Juni 1947 (oben). Die große Hilfe kommt mit dem Marshallplan: ÖGB-Präsident Johann Böhm (erster von links) beim amerikanischen Außenminister Marshall (zweiter von links) in Paris.

(68/69) ERP-Mittel für den Wiederaufbau der Industrie (oben). Aus Dank für seine Hilfe bekommt US-Präsident Harry Truman einen handgewebten Teppich aus dem Tiroler Pitztal.

(70) Staatsvertragsverhandlungen Jänner 1947: der britische Gesandte Mack verabschiedet Außenminister Gruber in Schwechat; in der Delegation mit dabei Grubers Sekretär Kurt Waldheim (2. v. l.).

(71) Die Sonderbeauftragten für den österreichischen Staatsvertrag Anfang 1949 (v. l. n. r.): Reber (USA), Berthelot (Frankreich), Zarubin (Sowjetunion) und Marjoribanks (Großbritannien).

(72/73) Die zweite
Verhandlungsrunde
Moskau, März 1947:
Figl verabschiedet den
US-Gesandten John
Erhardt am Franz
Josephs-Bahnhof.
(Unten) Die neuen
Kontrahenten: Mar-
shall (USA) und
Molotow (UdSSR).

(74) Viele Hoffnungen, wenig Chancen: Österreich will Südtirol zurück (oben).

(75/76) Unterwegs für Kärntens Einheit: Samuel Reber, US-Sonderbeauftragter für den Staatsvertrag (links) und Außenminister Gruber (rechts).

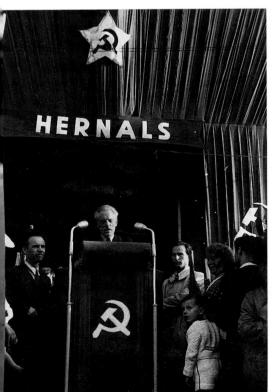

(77–79)   Oben: Die KPÖ-Führung bei
einem Aufmarsch auf der Wiener Ring-
straße. In Kundgebungen (links) und
auf Plakaten treten die Kommunisten
im Jahr 1948 vehement für den Abzug
der Besatzer ein, ...

Am 1. Mai

mit den Kommunisten für

Abzug aller
Besatzungstruppen

(80) ... sie bleiben aber. Die Westmächte, um die Aufstellung eines österreichischen Heeres vorzubereiten: Parade der B-Gendarmerie vor der Innsbrucker Hofburg (1952).

(81) Auch in Wien
weiterhin alliierte
Präsenz: Polizeipräsi-
dent Joschi Holaubek
als Zuschauer bei
einer Wachablöse.

Einzelpreis 80 Gr. V. b. b.

DIE NEUE FRONT

ZEITUNG DER UNABHÄNGIGEN

REDAKTION UND ADMINISTRATION IN SALZBURG, HELLBRUNNER-ALLEE 83 · POSTSPARKASSENKONTO WIEN 185.545

AUS DEM INHALT:

Graf gibt den Diebstahl zu

Neue „Registrierungslisten"

Erster Wahlerfolg des VdU

Politisierender Sport

Berichte von der Wiener Messe

1. Jahrgang, Nr. 30   Samstag, den 17. September 1949   Erscheint wöche...

ZUR LAGE:

Figl kontra Graf!

Mit den nackten Händen — ohne großen Propagandaaufwand erkämpfen wir unseren Sieg. Allerdings müssen wir feststellen, — dies tat kürzlich ebenso eine ausländische Delegation, die zur Beobachtung des Wahlkampfes nach Österreich entsandt wurde, — daß die widerspruchsvolle Propaganda unserer Gegner für uns arbeitet. Dies ist nur so zu erklären, daß in der Giftküche des ÖVP-Propaganda-Ministeriums der Wind das Kochbuch verblätterte.

*

Auf einer Kundgebung in Kötschach und dann wieder in Salzburg sagte der Bundesobmann der ÖVP, Bundeskanzler Ing. Dr. h. c. Figl: „Dr. Kraus fährt deshalb häufig nach Deutschland, weil er nicht wagt, die Demarkationslinie an der Enns zu überschreiten. Er begibt sich, um nach Wien zu gelangen, zuerst nach München, von wo er nach Wien fliegt." Er darf sich also von den Sowjets nicht erwischen lassen, — und nach Hause zu kommen, zuerst nach München, von wo er nach Wien fliegt. Er darf sich also von den Sowjets nicht erwischen lassen, — und nach Hause zu kommen... Staatssekretär Graf nun, der derselben ÖVP angehört, posaunt in alle Welt: Wir haben die Beweise in der Hand, daß dieser VdU über die allerbesten Beziehungen zu einer Besatzungsmacht verfügt und sich verpflichtet hat, für diese Besatzungsmacht eine mehr als loyale Rolle zu spielen. Grafs ganzer Propagandafeldzug ist darauf aufgebaut, eine angebliche Zusammenarbeit Dr. Kraus mit den Sowjets zu...

„Wahlpartei der Unabhängigen" ist erlau...

Die „Wahlpartei der Unabhängigen" ist zu den Oktoberwahlen zugelassen. Dies geht aus der Resolution des Exekutivausschusses des Alliierten Rates an die österreichische Regierung hervor. Darin heißt es:

„Im Namen des Alliierten Rates erklärt der Exekutivausschuß, daß die Wahlen, die in ganz Österreich am 9. Oktober stattfinden, gemäß dem Wahlgesetz 1949, das vom Nationalrat angenommen und vom Alliierten Rat am 24. Juni genehmigt wurde, durchgeführt werden. Von dieser Genehmigung wurde die österreichische Regierung mit Schreiben vom 24. Juni 1949 verständigt. Der Exekutivausschuß erteilt seine Zustimmung, daß die wahlwerbenden Gruppen (darunter fällt also auch die „Wahlpartei der Unabhängigen". Anm. der Red.) frei an den Wahlen in Übereinstimmung mit dem österreichischen Wahlgesetz 1949 teilnehmen können."

Daraus geht hervor, daß die Wahlfrage eigentlich sowieso klar war. Nur für ÖVP erschien es notwendig, diese unnötige Frage noch einmal zu stellen. Die ÖVP-Blätter und die Salzburger Nachrichten" schlossen an diese klare Feststellung neuerlich Kommentare an.

WÄHLT NICHT DIE „4. PARTEI" —
das ist die Splittergruppe der sogenannten Ergokraten!

... die wegen Nichtannahme des amerikanischen Vorschlags zu einer alliierten Garantieerklärung für die Nichtantechtung der Wahlen die Möglichkeit der Aberkennung von Mandaten in Betracht ziehen könnten.

Aus politisch gut unterrichteten Kreisen wird nun berichtet, daß, wenn vom Sowjetelement Mandate aberkannt werden sollten, dann diejenigen, der ÖVP gelten, nicht die der „Wahlpartei der Unabhängigen". In diesen Kreisen rechnet man bei einem eventuellen Einspruch gegen die Gültigkeit der Wah...

...nationalsozialisten gerichteten O... paganda.

Oberdies wäre für eine An... der Wahlen die Einstimmig... Alliierten Rates notwendig. ... aber kaum zu erwarten, da... Sitzung des Exekutivausschu... amerikanische und britische ... eine Garantie abzugeben ... verlangten. Ebenso würden ... lich nach den Wahlen gegen ... fechtung der Gültigkeit stimm...

Bisher wurden Mandate au... niemals aberkannt, bis auf d... 1954. Doch damals waren e... Alliierten, sondern die Vorgä... heutigen ÖVP. Damals ließ s... Mandate der „Sozialdemo... Partei erlöschen. Eine eigene ... nung (Verordnung Nr. 100 d... ex 1924) verfügte die Erlös... Immunität der sozialdemok... Abgeordneten.

Der Wahlkampf auf dem Höhepunk...

Von VIKTOR REIMANN

Der Wahlkampf in Österreich wird von den beiden Großparteien und der KPÖ mit viel Leidenschaft geführt. Man staunt, wie viel Millionen verschleudert werden können. Die Bevölkerung sieht ihre Steuergelder von den Plakaten... füllten Wänden gehen heute die Menschen schon achtlos vorüber. Unsere...

KPÖ, die weit über die Wählergeb... nisse von 1945 hinausgehen, nicht de...

...ten zur Verzweiflung treibe... österreichische Volk lehnt de... munismus und die Volksde... ab. Es hat zu viel gesehen um nicht mit allen ihm zur Ve...

Recht Sauberkeit Leistung

VdU

Alle wählen am 9. Oktober 1949 d... WAHLPARTEI der UNABHÄNGIGE...

(85) Die Hochkommissare Keyes (USA) und Kurassow (SU) beim gemeinsamen Abschreiten einer Ehrenformation, doch in der Frage einer vierten Partei sind sie uneins.

(86) Emotionsgeladener Wahlkampf der etablierten Parteien gegen die neuen.

(82–84) Eine neue Partei macht im Wahlkampf 1949 Furore: der »Verband der Unabhängigen«; Parteigründer Herbert Kraus (links unten).

(87) Bundespräsident Karl Renner mit seiner Frau am Wahltag 1949.

(88) Julius Raab, die graue Eminenz der ÖVP und Kanzler ab 1953 auf Wahlplakaten schon 1949.

(89/90) Ideologie im Vormarsch: Dasselbe Motiv, die Landkarte Europas, doch verschiedene Botschaften. Erlösung (KPÖ-Plakat) und Bedrohung durch den Kommunismus (ÖVP-Plakat, von der sowjetischen Besatzungsmacht zensuriert).

(94)   Am Abend des 9. Oktober 1949: Das Auszählen der Stimmen beginnt.

(91–93) Wahlkampfthemen nach vier Jahren Besatzung: Wiederaufrüstung, Unabhängigkeit, Wirtschaftsautonomie.

(95)   Aufschrei gegen die Bevormundung: ÖVP-Plakat aus Anlaß der zehnjährigen Besatzung.

30 000 alliierte DPs in diversen Lagern betreuen.[39] Die in Lagern unter alliierter Kontrolle lebenden DPs stellten jedoch durchschnittlich
nur ein Fünftel aller in Österreich lebenden Flüchtlinge und DPs
dar! Alle anderen genossen keinerlei Unterstützung von seiten der
Besatzungsmächte und mußten sich ihren Lebensunterhalt selbst
verdienen.[40] Unter »DPs« im landläufigen Sinn, gegen die sich auch
schon bald der Unmut der Bevölkerung richtete, verstand man die in
Lagern untergebrachten Personen alliierter Herkunft. Die Österreicher betrachteten die in den Lagern lebenden DPs mit Mißtrauen
und Abneigung. Nach Meinung der Briten wurden jene Ausländer,
die einer geregelten Arbeit nachgingen, von der Bevölkerung akzeptiert, während die DP-Lager mit ihren fremdsprachigen Insassen die
Österreicher daran erinnerten, daß sie nicht mehr Herr im eigenen
Haus wären – ein besiegtes und besetztes Land.[41]

Ab September 1945 übernahm die UNRRA teilweise die Betreuung dieser Kategorie von DPs. Obwohl die Repatriierungen gut vor-
angingen, stieg im Spätherbst die Zahl der DPs in den Lagern. Die
Gründe dafür waren vielschichtig: DPs, die in der Landwirtschaft tätig gewesen waren, kamen erst bei Wintereinbruch in die Camps.
Zudem wurden DPs, die in anderen Berufen gearbeitet hatten, von
zurückkehrenden Österreichern verdrängt.[42] Gleichzeitig tauchte ein
neues Phämomen auf: Tausende osteuropäische Juden trafen auf ihrer geheimen Flucht nach Palästina in Österreich ein und mußten,
den Richtlinien der UNRRA entsprechend, als alliierte DPs in die
Lager aufgenommen werden.[43]

Anfangs wurden die DP-Lager von den Alliierten verpflegt und
betreut – die Kosten dafür wurden jedoch der österreichischen Regierung in Rechnung gestellt. Später mußten die Österreicher auch
Nahrungsmittel, Kleidung und Medikamente aus ihren Vorräten liefern,

»and it is no wonder that the DPs in camps who were largely there through
their own choice, became an object of hatred rather than commiseration.
The misdeeds of the blackmarketeers and criminals amongst the DPs were
exaggerated until they were applied to the DPs as a whole.«[44]

Die Anwesenheit der Flüchtlinge und »Displaced Persons« in Österreich stieß seit Kriegsende auf einhellige Ablehnung sowohl der Behörden als auch der Bevölkerung.[45] Bis zum Herbst 1945 bestand
jedoch wenig Möglichkeit, diese Ablehnung zu artikulieren. Die Provisorische Staatsregierung konnte erst nach der De-facto-Anerken-

nung durch die Alliierten am 20. Oktober 1945 ihre Kompetenzen auf ganz Österreich ausdehnen. Die Landesverwaltungen waren, lediglich mit eingeschränkten Machtbefugnissen versehen, erst im Aufbau begriffen, und die einzelnen Besatzungszonen in sich geschlossene, von den Militärverwaltungen nahezu diktatorisch regierte Einheiten.[46] Ab Herbst 1945, und besonders nach den Wahlen am 25. November, wurde die Ablehnung der Verantwortung für die DPs und die Forderung nach rascher Abschiebung aller Ausländer immer lauter. Nicht zuletzt aufgrund der von den Alliierten seit der Moskauer Deklaration vom 1. November 1943 verfolgten propagandistischen Linie fühlten sich die Österreicher zunehmend selbst als Opfer und daher in keiner Weise für die DPs verantwortlich.[47]

Anfang November 1945 forderte Staatskanzler Renner den Alliierten Rat auf, einerseits den weiteren Zustrom von Flüchtlingen zu unterbinden und andererseits für den raschen Abtransport aller DPs aus Österreich zu sorgen. Der Alliierte Rat erklärte in seinem Antwortschreiben, daß die Besatzungsmächte bereits sowohl für die Unterbringung der DPs in Lagern gesorgt als auch die Grenzen für weitere Flüchtlinge gesperrt hätten. Mit dem Abtransport von Volks- und Reichsdeutschen sei ebenfalls bereits begonnen worden. Renners Forderung nach der Schließung der Grenzen sollte vor allem den Zustrom von Volksdeutschen und Juden aus Osteuropa verhindern, die im Herbst und Winter 1945 illegal nach Österreich einreisten.

Die Forderung der Bundesregierung nach Entfernung aller DPs aus Österreich wurde von den politischen Parteien mit drei immer wiederkehrenden Argumenten propagandistisch unterstützt: Die DPs stellten eine schwere wirtschaftliche Last, ein Sicherheitsrisiko und eine außenpolitische Belastung für das Land dar. Diese drei Punkte konnten relativ leicht bewiesen werden:

Das wirtschaftliche Argument wurde mit eindrucksvollen Zahlen dokumentiert. Allein im Februar 1946, um ein Beispiel herauszugreifen, betrugen die direkten Zahlungen der österreichischen Bundesregierung für den Unterhalt der DPs in der britischen Zone über 1,7 Millionen Schilling, das waren 15 Prozent des Steueraufkommens der Zone für diesen Zeitraum. Besonders bitter wurde dabei auch von den britischen Besatzungsbehörden die Tatsache empfunden, daß die Österreicher, die diese Summe zu bezahlen hatten, schlechter als die von ihnen finanzierten DPs lebten.[48] Die Rationen der DPs betrugen zu Jahresanfang 1946 zwischen 1 600 und 1 900 Kalorien täglich. Jüdische DPs erhielten als ehemalige Verfolgte von den Amerikanern erhöhte Rationen, die zusätzlich durch Hilfslieferungen des »American Jewish Joint Distribution Committee« aufgebessert wurden. Im April 1946, als die Ernährungskrise Österreich voll traf, wurden auch die Basisrationen der DPs auf das Niveau der österreichischen Bevölkerung gesenkt. Die DPs erhielten jedoch weiterhin Zusatzrationen des Roten Kreuzes oder privater Hilfsorganisationen. Bis zum Frühjahr 1946 genossen die alliierten DPs eindeutig eine privilegierte Behandlung.[49]

Im April 1946 wollten die Briten den Lebensstandard aller DPs jenem der Österreicher angleichen, um die Last für die österreichische Wirtschaft so gering wie möglich zu halten. Sie waren der Ansicht, daß alle gesunden DPs, solange sie in Österreich lebten, arbeiten sollten. Dabei sollten sie für gleiche Arbeit gleichen Lohn, die gleichen Rationen und Kleidung erhalten wie die Österreicher. Viele DPs, besonders natürlich die jüdischen, die Teil von Hitlers Sklavenarmee gewesen waren, weigerten sich mit einiger Berechtigung, nun für die Österreicher zu arbeiten. Einige dieser Leute, die ihre Heimat, ihre Lebensgrundlage und ihre Famîlen verloren hatten, hatte auch das Gefühl für soziale Verantwortung verlassen. Es gab auch kaum einen Anreiz zu arbeiten, da für sie höhere Rationen als die österreichischen und freie Unterkunft bereitgestellt wurden. Zudem waren keine Konsumgüter vorhanden, um Geld auszugeben.

Erste Versuche, die in den Lagern lebenden DPs in den Arbeitsprozeß einzugliedern, wurden ab Oktober 1945 unternommen, wobei Zwang nur als letztes Mittel angewendet werden sollte. Die Durchführung der neuen Bestimmungen stieß auf Schwierigkeiten. Die UNRRA-Lagerkommandanten verweigerten ihre Mitarbeit, da Arbeitszwang ihren Satzungen widersprach. Auch in den vom Militär verwalteten Lagern verlief nicht alles reibungslos; trotzdem wurde in den ersten Monaten des Jahres 1946 eine beträchtliche Anzahl von DPs in der Landwirtschaft untergebracht.[50]

Die Briten hatten bei ihrem Versuch, alle DPs einer geregelten Arbeit zuzuführen, nicht nur die finanzielle Seite des DP-Problems vor Augen: Die Gleichstellung mit den Österreichern durch die Notwendigkeit, sich den Lebensunterhalt selbst zu verdienen, würde jeden Anreiz zur Verweigerung der Repatriierung aufgrund wirtschaftlicher Vorteile des Lagerlebens beseitigen. Die Integration der tatsächlich nichtrepatriierbaren DPs in die österreichische Wirtschaft würde vorangetrieben und gleichzeitig gäbe man den Leuten auch wieder ein Stück Selbstverantwortung zurück.[51]

Mitten in dieser Krise wurde auch der längst anstehende Vertrag zwischen der UNRRA und der österreichischen Regierung über die Sicherung der Ernährung der österreichischen Zivilbevölkerung unterzeichnet. Österreich mußte sich allerdings verpflichten, aus den UNRRA-Lieferungen genug Lebensmittel für DPs abzustellen, um ihnen gleiche Rationen wie der Zivilbevölkerung zu garantieren.[52] Aus dieser Verpflichtung leitete sich nicht nur das zeitgenössische Vorurteil ab, die DPs würden den hungernden Österreichern die Nahrungsmittel wegessen,[53] diese Ansicht ging auch sinngemäß in die österreichische Historiographie ein.[54] Die Regelung galt nur für jene alliierten DPs, die in Lagern lebten. Sie stellten, wie schon erwähnt, nur eine Minderheit dar. Alle anderen Flüchtlinge und DPs außerhalb der Lager gingen wie die Österreicher einer geregelten Arbeit nach und bekamen bekanntlich keinerlei Unterstützung und fielen nicht unter diese Regelung!

Ganz anders stellte das Innenministerium die Sachlage dar. Noch im August 1946 hieß es:

»Abgesehen von den Reichs- und Volksdeutschen, deren Anwesenheit entsprechend kontrolliert werden kann und die auch überwiegend einem geordneten Erwerb bzw. einem Beruf nachgehen, waren die Bestrebungen der österreichischen Behörden, die übrigen Ausländer zu einem geordneten Arbeitseinsatz zu bringen, bisher fast immer erfolglos.«

Dies sei zum Teil auf Weisungen der Alliierten zurückzuführen, die eine Arbeitsverpflichtung eines Großteils der Ausländer nicht gestatteten, »nicht minder aber auf die Arbeitsunwilligkeit dieser Personen«.[55] Die Gründe für die »Arbeitsunwilligkeit« bestimmter Gruppen von DPs, beispielsweise der Juden, wurden von keiner Behörde hinterfragt. Die Konsequenz blieb immer dieselbe:

»Da die jüdischen Flüchtlinge jegliche ihnen zugewiesene Arbeit ablehnen, wird ihre möglichst baldige Weiterbeförderung ebensosehr herbeigewünscht wie der Abtransport aller jener fremdsprachigen Ausländer, die keiner geregelten Arbeit nachgehen. [...] Hingegen würde der Abtransport jener Ausländer, die freiwillig in der Landwirtschaft, im Gewerbe oder Industrie tätig sind, im erforderlichen Arbeitsstand derzeit noch eine empfindliche Lücke verursachen.«[56]

Auch die alliierten DPs wurden, mit wenigen Ausnahmen, mit Beschluß des Alliierten Rates vom 12. Oktober 1946 der seit April 1946 gesetzlich verankerten allgemeinen Arbeitspflicht unterworfen. Die Arbeitsämter registrierten nun die arbeitsfähigen DPs, gleichzeitig wurde der Lebensstandard in den Lagern dem der österreichischen Bevölkerung angeglichen. Die DPs mußten für Unterkunft und Verpflegung in den Lagern selbst aufkommen, bekamen jedoch spezielle Arbeiter-Rationen. Wer jedoch nicht arbeitete, der hatte nichts. Sanktionen bei Verstößen behielten sich weiterhin die Militärgerichte vor.

Die tatsächliche Integration der DPs in den Arbeitsprozeß verlief nicht ohne Schwierigkeiten. Die österreichischen Behörden hatten, wie auch viele Unternehmer, Vorurteile gegenüber DPs. Meist wurden ihnen nur Hilfsarbeiterjobs oder unangenehme Arbeiten vermittelt, für die es kaum österreichische Arbeitskräfte gab. DPs wurden von den Arbeitgebern oft auch nicht korrekt behandelt, was immer wieder Interventionen alliierter Behörden gegen Mißstände erforderte. Die Zurückhaltung österreichischer Unternehmen, DPs passende Arbeit zu entsprechenden Bedingungen anzubieten, legte sich bald. Es entstand sogar ein regelrechter Wettbewerb um DP-Arbeiter. Besonders die Bauern erkannten ihre Chance, günstige Arbeitskräfte zu bekommen, indem sie Unterkunft für ganze DP-Familien anboten.[57]

Zu Beginn des Jahres 1948 waren 13 Prozent aller unselbständig Beschäftigten in Österreich Flüchtlinge oder DPs, obwohl sie nur 8,7 Prozent der Wohnbevölkerung stellten.[58] Die volkswirtschaftliche Bedeutung bestimmter Kategorien von angelernten Arbeitskräften bzw. Landarbeitern unter den Ausländern stand für die Bundesregierung außer Zweifel. Anfang 1948 wurde deutlich, daß man diese Leute im Lande behalten wollte. Am 16. März erklärte Innenminister Helmer im Ministerrat, daß »wir jetzt zugreifen müssen, damit uns nicht der ›Mist‹ in Österreich zurückbleibt«. Bei den Verhandlungen mit der IRO müsse man dafür sorgen, daß die nützlichen Arbeitskräfte dem österreichischen Arbeitsmarkt erhalten blieben.[59]

Damit kommt die Bedeutung der DPs für die österreichische Wirtschaft in den ersten Jahren nach Kriegsende klar zum Ausdruck. Ebenso deutlich wird jedoch die Doppelstrategie der Bundesregierung: Wenn es darum ging, die Kosten für die Betreuung alliierter DPs propagandistisch aufzuzeigen, wurde nicht mehr zwischen den verschiedenen Kategorien von DPs unterschieden und auch immer mit der Gesamtzahl aller DPs operiert. So hieß es im Sicherheitsbericht des Innenministeriums für November 1946:

»Die in der Tagespresse verlautbarte Höhe der Kosten für den Unterhalt der in Österreich befindlichen Ausländer im Betrag von 38 Millionen Schilling für die erste Hälfte dieses Jahres steigerte noch die ohnedies tiefe Abneigung der heimischen Bevölkerung gegen die sogenannten ›Versetzten Personen‹.«[60]

Auch das Zweite Kontrollabkommen vom Juni 1946 hatte keine finanzielle Entlastung hinsichtlich der Aufwendungen für DPs gebracht, obwohl die Alliierten im Artikel V die Betreuung und den Abtransport von Kriegsgefangenen und Versetzten Personen sowie die Ausübung der rechtlichen Gewalt über sie explizit für sich in Anspruch nahmen.[61] Daraus wird noch heute der falsche Schluß hergeleitet, daß es deshalb Aufgabe der Besatzungsmächte gewesen wäre, »Österreich von den hier anwesenden DPs, fremdsprachigen Flüchtlingen und Kriegsgefangenen zu entlasten«.[62] Richtig ist vielmehr, daß durch den Artikel V der österreichischen Regierung weiterhin die oberste Entscheidungsgewalt über sensible Bereiche entzogen blieb, sie jedoch nicht aus irgendwelchen Verpflichtungen entlassen wurde! Die hier beklagte Übertragung der Betreuung an Österreich, obwohl die Alliierten die Verantwortung behielten,[63] stellt keinen Widerspruch dar. Insgesamt wendete die Regierung im Jahre 1946 rund 75 Millionen Schilling allein für die Ernährung der DPs auf.[64]

Als zweites Argument für die Abschiebung aller DPs aus Österreich wurde die Gefährdung der öffentlichen Sicherheit angeführt. Nach Ansicht der österreichischen Behörden waren die DPs nicht nur arbeitsunwillig, sie stellten auch einen Großteil der Gesetzesbrecher und gaben durch ihr Verhalten ständig Anlaß zu Klagen. Da sie meist nicht in die Kompetenz der österreichischen Sicherheitsbehörden fielen, standen diese dem Problem machtlos gegenüber. Die alliierten Behörden sahen im Gegensatz zur österreichischen Regierung in den DPs keine besondere Bedrohung der öffentlichen Sicherheit, gaben aber zu, daß der Prozentsatz von Kriminellen unter den Ausländern höher als unter der einheimischen Bevölkerung war. Der Anteil der DPs in der Verbrechensstatistik der britischen Zone betrug beispielsweise meist zwischen 25 und 30 Prozent. Von den 23 Personen, die von den Briten bis Jahresende 1946 hingerichtet wurden, waren zehn DPs. Bei weniger als acht Prozent Anteil von DPs an der österreichischen Bevölkerung und 25 Prozent Anteil in der Verbrechensstatistik war der Vorwurf, daß sie ein erhöhtes Sicherheitsrisiko darstellten, nicht unbegründet.

Als drittes Argument für den Abtransport der Ausländer wurden die politischen Nachteile, die aus ihrer Anwesenheit der Republik Österreich erwuchsen, angeführt. Die Sowjetunion forderte bei den

Pariser Friedensverhandlungen im Sommer 1946 den Abtransport aller DPs aus Österreich als notwendige Vorbedingung für den Abschluß eines Friedensvertrages. Sogar den Briten war bewußt, daß die Anwesenheit dieser DPs, die hauptsächlich politische Dissidenten aus Jugoslawien, Polen und aus den von den Sowjets annektierten Gebieten waren, das Verhältnis Österreichs zu diesen Ländern belastete und den Abschluß des Friedensvertrages verzögerte.

Diese drei Hauptargumente für die Entfernung aller DPs aus Österreich basierten auf dem grundsätzlichen Konsens der Regierungsparteien ÖVP, SPÖ und KPÖ, unterschieden sich jedoch im Grad der Zustimmung zu den radikalsten sowjetischen Forderungen. Die härteste Linie vertrat dabei die KPÖ, die der sowjetischen Linie folgte und die generelle Repatriierung aller DPs forderte. In ihrer Terminologie waren alle DPs »antisowjetische, faschistische Elemente«, die aus Österreich entfernt werden müßten. Nur die Juden schienen von dieser Forderung ausgenommen. Kein kommunistisches Regime forderte jemals den Rücktransport der osteuropäischen Juden aus Österreich, ganz im Gegenteil! Bis Herbst 1946 wurde deren Ausreise aus Osteuropa weder von den Sowjets noch den anderen osteuropäischen Staaten ernsthaft behindert. Mit diesem Argument wies die SPÖ den kommunistischen Vorwurf zurück, daß alle DPs Faschisten seien. Sie vertrat die Ansicht, daß nur die rückkehrwilligen Ausländer repatriiert werden sollten, und schlug eine internationale Untersuchung zur Lösung des Problems der Nichtrepatriierbaren vor. Die ÖVP lehnte ebenfalls die radikale sowjetische Forderung nach Zwangsrepatriierung ab und glaubte, daß Teile der DPs, besonders Volksdeutsche, in die österreichische Bevölkerung integriert werden könnten.[65]

Die Anti-DP-Politik der Regierung konnte sich von Anfang an auf die breite Zustimmung der Bevölkerung stützen. Die schlechter werdende Versorgungslage führte im Winter 1945/46 zu einer ausgeprägten Fremdenfeindlichkeit. Die Ablehnung der DPs durch die Österreicher bekam ab Jahresbeginn 1946 immer deutlicher antisemitische Züge und richtete sich gegen die kleine Gruppe jüdischer DPs: Diese boten sich offenbar in mehrfacher Hinsicht für die neue »Sündenbock-Rolle« geradezu an: Sie genossen in den Augen der Bevölkerung »Privilegien« – bessere Rationen und Befreiung von der Arbeitspflicht –, sie waren Ausländer und gleichzeitig Juden! Sie wurden, unter Anwendung des den Nazi-Faschismus nahezu ungebrochen überlebenden traditionellen antisemitischen Stereotypen-

reservoirs, zum negativen Paradebeispiel, zum Symbol des »DP«
schlechthin, hochstilisiert. Somit verbanden sich Neid, Fremdenfeindlichkeit und latent vorhandener Antisemitismus zu einem ganzen Bündel von Vorurteilen.[66]

Diese Entwicklung wurde vor allem von Teilen der amerikanischen Presse genauestens verfolgt. Ende März 1946 berichtete die
New York Times über antisemitische Ausschreitungen anläßlich eines Fußballspiels in Wien.[67] Das Dementi der österreichischen Gesandtschaft in Washington fand keinen Glauben,[68] sondern löste weitere negative Reaktionen jüdischer Zeitungen aus. *Der Aufbau,* New
York, befaßte sich in einem Leitartikel mit dem Titel »Antisemitische Exzesse in Wien« sowohl mit den Ereignissen um das erwähnte
Fußballspiel als auch mit einer Auseinandersetzung zwischen der
Wiener Polizei und jüdischen DPs, bei der ein sechzehnjähriger polnischer Jude erschossen worden war. Dieser junge Jude sei das erste
Todesopfer eines Kampfes, der mit der Befreiung Wiens von den Nazis sein Ende nicht gefunden habe. Die Erklärung dafür wurde nach-
geliefert:

»Wenn man bedenkt, daß *Leopold Kunschak,* ›der Streicher von Österreich‹
unter der neuen Regierung den wichtigen Posten eines Parlamentspräsiden-
ten innehat und daß derselbe Kunschak, von seiner traurigen Vergangenheit
als einer der übelsten österreichischen Radau-Antisemiten abgesehen, auch
im neuen Österreich in Reden proklamieren konnte, daß ›die polnischen Juden nicht nach Österreich kommen sollen, wir Österreicher brauchen aber
auch die anderen nicht!‹ [...] und ›Ich bin immer ein Antisemit gewesen und
bin es auch heute noch!‹ – so braucht man sich über diese ›losgelassene
Volkswut‹ nicht zu wundern.«[69]

Die Folgen dieser Presseberichte ließen nicht lange auf sich warten.
Am 24. Mai 1946 übermittelte der Gesandte Ludwig Kleinwächter
aus Washington ein umfangreiches Memorandum des American Jewish Committee über die Lage der Juden in Österreich an Außenminister Karl Gruber mit der Bitte um Stellungnahme. Er legte Gruber
ein genaues Studium und eine eingehende Beantwortung nahe, und
wies ihn eindringlich auf die Gefahren einer allfälligen österreich-
feindlichen Pressekampagne hin.[70] Nach einem neuerlichen kritischen Artikel in der *New York Times* vom 7. Juni 1946 zeigte sich
die österreichische Vertretung in den USA über die eventuelle Wirkung solcher und ähnlicher Zeitungsberichte besorgt.[71]

Gruber war sich der Gefahren wohl bewußt und übermittelte sei-

nerseits die Unterlagen an Bundeskanzler Leopold Figl, wobei er diesen bat, sich das Memorandum wenigstens teilweise selbst durchzu-
sehen. Abschließend schrieb er: »Schon vor Monaten wurden wir
seitens des State Department aufmerksam gemacht, welche Gefahr
darin liege, daß diesen Umständen nicht genügend Aufmerksamkeit
geschenkt wird.« Dabei bezog sich Gruber auf den Vorwurf, daß sich
unter den Österreichern, insbesondere auch bei den Behörden, Antisemitismus breitmache. Durch diese Agitation bestehe die Gefahr,
daß Österreich die Unterstützung der Großmächte verliere, was un-
absehbare Folgen haben würde.[72]

Kurz vor Abschluß des Zweiten Kontrollabkommens und während der Pariser Außenministerkonferenz im Sommer 1946 konnte
die österreichische Bundesregierung in der Tat ein solches Risiko
nicht eingehen. Trotzdem wurden im Juli 1946 die Schwierigkeiten –
das »Imageproblem« – für Österreich in den USA noch größer. Der
Aufbau schrieb über den wachsenden Antisemitismus in Österreich
im Zusammenhang mit dem Eintreffen Tausender polnischer Juden
in Österreich: Antisemitische Gruppen würden Gerüchte in Umlauf
setzen, daß die Gegenwart so vieler jüdischer DPs die Dauer der Okkupation in Österreich verlängere.[73] Dies war eine Fehlinterpretation
der russischen Forderung nach Ausweisung aller DPs aus Österreich
auf der Pariser Konferenz. Trotzdem brachte wenig später auch die
Arbeiterzeitung die Juden mit Molotows Intervention in Verbindung.[74]

Der österreichische Vertreter in Washington, Kleinwächter, sah
sich nun zu einer Gegendarstellung veranlaßt. Sein am 31. Juli ver-
faßter Leserbrief erschien am 12. August 1946 im *Aufbau:* Mit Hinweis auf die Forderung der Sowjetunion auf der Pariser Konferenz
stellte Kleinwächter fest, welche Kategorien von DPs davon betroffen wären, nämlich Volksdeutsche, jugoslawische, ungarische, polnische und russische Staatsbürger, die nicht in ihre Heimat zurückkehren wollten und nach Ansicht der Sowjetunion eine politische
Gefahr für Zentraleuropa darstellten. Er schrieb dann wörtlich: »Die
österreichische Bundesregierung hat die Anwesenheit dieser Art von
›Displaced Persons‹ stets wirtschaftlich und politisch als schwere Belastung empfunden. Durch die obenerwähnte Pariser Stellungnahme
der Sowjet-Union ist das Interesse Österreichs an der Abschaffung
dieser Personen gewachsen.« Die im Artikel erwähnten jüdischen
Flüchtlinge aus Polen hätten aber mit der ganzen Angelegenheit
nichts zu tun und würden von der Sowjetunion auch nicht als politi-

sche Gefahr angesehen. Der österreichische Gesandte betonte dann
die positive Rolle Österreichs als Aufnahmeland für viele 1919 aus
Polen geflohene Juden und mahnte abschließend, das Los der jüdischen Bevölkerung Europas nicht zu propagandistischen Zwecken zu
mißbrauchen.[75]

Die Bundesregierung mißbrauchte jedoch ihrerseits, wenn auch
nicht so offen, die jüdischen DPs zur Durchsetzung eines ihrer wichtigsten Ziele, der Abschiebung aller DPs aus Österreich.

Obwohl auf die jüdischen DPs die Sachargumente der österreichischen Anti-DP-Politik nur bedingt zutrafen, wurden sie schrittweise
für Propagandazwecke eben dieser Politik mißbraucht. Spätestens
seit Anfang 1946 erkannten einige Politiker, daß mit geschickt ge-
tarnten antisemitischen Argumenten erfolgreich und gefahrlos Politik betrieben werden konnte. Die jüdischen DPs wurden im Frühjahr
und im Sommer 1946 auf allen politischen Ebenen zum propagandistischen Negativbeispiel hochstilisiert, mit dem die Forderung nach
Abschiebung aller DPs aus Österreich illustriert wurde. Innenminister Oskar Helmer war für diese Taktik des Einsatzes unterschwelli-
ger antisemitischer Argumente und der Drohung mit dem Antisemitismus der Österreicher sowie den damit verbundenen Gefahren für
die Alliierten verantwortlich. Ab Februar 1946 ist diese politische
Linie klar erkennbar. Helmer warnte, daß die amerikanische Praxis,
den nicht arbeitenden jüdischen DPs spezielle Unterkünfte und erhöhte Rationen zur Verfügung zu stellen, während die hart arbeitenden Österreicher hungern müßten, bittere Ressentiments wecke und
den Antisemitismus schüre. Bei dieser Argumentation konnte sich
Helmer der Unterstützung der britischen Besatzungsbehörden sicher
sein. Diesen war die österreichische Schützenhilfe, wenn auch aus
anderen Motiven, höchst willkommen.

Helmers Propagandalinie fand auch in den Bundesländern Nach-
ahmer. Die Forderung nach Abschiebung aller DPs bekam nun einen eindeutig antisemitischen Anstrich. Ein Beispiel dafür war ein
entsprechender Dringlichkeitsantrag der ÖVP im Tiroler Landtag im
Juni 1946, der die Abschiebung aller Ausländer aus Tirol, die keinem nachweisbaren ordentlichen Erwerb nachgingen, zum Inhalt
hatte. Obwohl der Anteil der jüdischen DPs in Tirol und Vorarlberg
zu diesem Zeitpunkt mit 600 von 65000 weniger als ein Prozent darstellte, wurde diese Gruppe propagandistisch herausgegriffen. Der
breiten Zustimmung konnte sich der Abgeordnete Alphons Marinco-
vich sicher sein, als er zur Illustration seines Dringlichkeitsantrages

folgenden Brief der Gemeinde Gnadenwald über das Verhalten der dort lebenden jüdischen Flüchtlinge vortrug:[76]

»Die Gemeinde Gnadenwald bittet um Befürwortung und Weiterleitung dieses Gesuches um Abschaffung der für die Gemeinde nicht länger tragbaren Zustände.

Seit einem Jahr sind bei uns in den Gebäuden Wiesenhof und Gnadenwalderhof eine größere Anzahl jüdischer Flüchtlinge einquartiert.

Wir hätten gewiß nichts gegen ihren hiesigen Aufenthalt etwas einzuwenden, wenn sie sich wie andere Flüchtlinge benehmen würden. Sie sind jedoch in letzter Zeit direkt eine Landplage geworden. Die Gendarmerie von Wattens hat bereits vor einiger Zeit einen Bericht weitergeleitet, sowie auch der Herr Bürgermeister an die Bezirkshauptmannschaft über das Verhalten der Flüchtlinge berichtet. Beides blieb jedoch ohne Erfolg.

Zur Begründung: Diese Flüchtlinge leben in den zwei Gasthöfen ohne irgend welche wirksame Aufsicht, Männer, Frauen und Mädchen untereinander. Die sanitären Zustände lassen sehr viel zu wünschen übrig, da sich anscheinend niemand um die Reinigung der Unterkünfte kümmert, daher eine Gefahr von Seuchenausbrüchen besteht.

Junge Burschen und Mädchen vollführen in Anwesenheit der Dorfkinder an öffentlichen Orten des Gemeindegebietes Geschlechtsakte. Dafür können wir verschiedene Frauen wie Frau R[...], P[...] und Frl. K[...] alle drei Personen in Gnadenwald, als Zeugen führen.

Es wird auch, wenn diese Flüchtlinge bis zur Ernte in Gnadenwald bleiben, nicht die geringste Obsternte geben. Von den Kirschbäumen haben sie die Kirschen samt den Zweigen heruntergerissen. Aber sie reissen auch jetzt schon das unreife Obst von den Bäumen, essen und bewerfen sich gegenseitig damit.

Wollen sie etwas von den Einheimischen, so geschieht das in frechem, befehlendem Ton und wird ihnen das Gewünschte nicht ausgefolgt, so haben sie die Frechheit, selbst danach zu suchen.

Sie rissen die Umzäunung der Weideplätze nieder, sodaß das Vieh in die Gemüse- und Getreidefelder einbricht und dadurch erheblichen Schaden verursacht.

Sie herrschen hier wie in Feindesland und stellt man sie zur Rede, so drohen sie mit den Franzosen. Vor einigen Tagen gingen sie tätlich gegen den Traktorfahrer vor, welcher die Milch der Bauern zur Stadt fährt, weil er sich weigerte, so viele Menschen auf einmal mitzunehmen, da ihm wegen Überfüllung zum Lenken seines Fahrzeuges kein Platz blieb. In ihrer Unterkunft am Wiesenhof sind die Klosetts nicht zu benützen, sie haben daher eine Latrine, welche sie aber nicht benützen und es vorziehen, die umliegenden Wiesen so zu verunreinigen, daß die Mäher wegen dem Gestank fast nicht mehr arbeiten wollten.

Und so könnten wir noch lange über Flurdiebstähle und Beschädigungen weiter berichten, welche andauernd geschehen und von der Einwohnerschaft jederzeit bestätigt werden können.

Da unter den Flüchtlingen teilweise sich auch ehemalige KZ-Häftlinge befinden, so haben wir uns entschlossen, uns in unserer Not an Sie, Herr Oberst, in Ihrer Eigenschaft als Obmann des KZ-Verbandes und Abgeordneten zu wenden und bitten Sie nochmals um Ihre Befürwortung und um die Weiterleitung unseres Gesuches an die berufenen Stellen.

Die Flüchtlinge sind hier ohne jede Aufsicht, und es wäre doch angezeigt, daß sie, wie andere geschlossene Flüchtlingsgruppen, in ein ordnungsgemäßes UNRRA-Lager untergebracht werden, wenn sie schon nicht fähig sind, sich als Menschen in einem Gastland aufzuführen. Wir wollen noch betonen, daß wir bei einer anderen Führung dieser Leute, deren Schicksal in den letzten Jahren gewiß sehr schwer war, in bester Nachbarschaft mit ihnen gelebt hätten.

Herr Oberst! Wir bitten Sie nochmals auch um schnelle Erledigung unseres Ansuchens (noch vor der Ernte), da wir sonst mit dem ärgsten Schaden zu rechnen haben.

Gemeinde Gnadenwald.«[77]

Dieser Brief ist weniger Ausdruck einer antisemitischen Einstellung der Ortsbewohner als vielmehr eine Mißinterpretation der Lage: Die Österreicher waren nicht »Gastgeber« und Hausherren, die jüdischen DPs auch nicht »Gäste«. Österreich war im Bewußtsein vieler Juden – zu Recht – »Feindesland«, und dies widersprach der österreichischen Selbsteinschätzung als »erstem Opfer der Hitlerschen Aggression«. Die beiderseitig unerfüllten Erwartungshaltungen mußten zwangsläufig zu Schwierigkeiten im Zusammenleben zwischen jüdischen DPs und der Bevölkerung führen.

Die Bundesregierung konnte und wollte die herrschende Stimmung in der Bevölkerung in ihrer Vorgangsweise sicher nicht unberücksichtigt lassen, doch sind klare antisemitische Tendenzen nicht erkennbar. Zweifellos wurde aber auf der propagandistischen Ebene versucht, politisches Kapital aus der Situation im Hinblick auf das DP-Gesamtproblem zu schlagen. In der Praxis war die Bundesregierung hauptsächlich bemüht, ein weiteres Absinken des Versorgungsniveaus der Bevölkerung zu verhindern. Da die neuankommenden jüdischen Flüchtlinge weder nach den Bestimmungen der UNO noch nach der Definition der Alliierten DPs waren und daher auch nicht in die Kompetenz des österreichischen Staates fielen, weigerte sich die Bundesregierung konsequenterweise, an sie Lebensmittelkarten zu verteilen.

In dieser kritischen Zeit im Sommer 1946, als unter dem Eindruck
der Masseneinwanderung von 100000 polnischen Juden die antisemitischen Gefühle in der Bevölkerung einen neuen Höhepunkt er-
reichten, spiegelte sich diese Stimmung aus taktischen Gründen auch
in den Sicherheitsberichten des Innenministeriums wider. Zweifellos
gaben die jüdischen DPs genug Anlaß zur Kritik, doch waren sie in
den Berichten stark überrepräsentiert. Sie wurden, unausgesprochen,
generell als negative Paradebeispiele von DPs angeführt, mit denen
die Forderung nach dem Abtransport aller Ausländer untermauert
werden konnte. Die Berichte des Innenministeriums erweckten den
Eindruck, als wäre die Mehrzahl aller Flüchtlinge in Österreich Juden. Tatsächlich war ihr Anteil nie höher als zehn Prozent!

Hinter dieser Vorgangsweise der Bundesregierung steckte eine er-
folgversprechende Taktik, die schon seit Jahresbeginn angewendet
worden war und nun durch den Exodus der polnischen Juden noch
mehr Aussicht auf Erfolg hatte: Während sich in der Frage der Lösung des DP-Gesamtproblems in Österreich die Westmächte und die
Sowjetunion gegenüberstanden, konnte mit den jüdischen DPs der
Westblock gesprengt werden und neue Allianzen konnten entstehen.
Im Herbst 1946 ging diese Rechnung kurzfristig auf: Großbritannien
und die Sowjetunion einigten sich im Alliierten Rat, den Transit
jüdischer Flüchtlinge nach und durch Österreich gemeinsam zu unterbinden. Die schlechte Versorgungslage, die stark wachsende negative Haltung der Bevölkerung und die Gefährdung der öffentlichen
Sicherheit durch die kaum zu kontrollierenden jüdischen Flüchtlinge konnten den propagandistischen Erfolg für die Regierung bei den
Alliierten nur verstärken. Die Vorgangsweise war jedoch eher Ausdruck taktischer Überlegungen, wenn auch bewußt der Antisemitismus zur Durchsetzung politischer Ziele eingesetzt wurde. Die Regierung vermied es immer, selbst in den Verdacht einer antisemitischen
Einstellung zu geraten und war sich offenbar der Gefahr bewußt, die
ein offener Antisemitismus für Österreich bedeutete. Sie befand sich
daher permanent in der schwierigen Lage, einerseits die jüdischen
DPs und die negative Haltung der Bevölkerung propagandistisch
einzusetzen, andererseits jedoch den Antisemitismus zu verharmlo-
sen und plausible Erklärungen für deren Verhalten zu finden.[78]

Besonders Ende 1946 und Anfang 1947 wurde von der österreichischen Presse und führenden Politikern ganz intensiv Imagepflege gegenüber dem Ausland betrieben. So nahm Bundeskanzler Figl in einem Interview mit einem amerikanischen Journalisten

»energisch gegen die im Ausland verbreitete Version Stellung, daß Österreich noch immer ein antisemitisches Land sei [...]. Der beste Beweis, wie Österreich zur Judenfrage steht, ist wohl der, daß Juden, die von einer Reihe europäischer Staaten nach Österreich flüchten und sich hier als Displaced Persons aufhalten, zu einem Teil um Einbürgerung in Österreich ansuchen«.[79]

Daß es aber gerade Figl war, der vehement die Einbürgerung dieser jüdischen Flüchtlinge ablehnte, geht aus dem Protokoll des Ministerrates vom 17. September 1946 hervor: Durch die Einbürgerung würde

»eine gleiche Überfremdung eintreten, wie 1918/19. Eine weitere Folge wäre dann wieder das Aufleben des Antisemitismus, was in keiner Weise erwünscht wäre und vermieden werden müßte«.[80]

Trotz dieser offensichtlichen Diskrepanz zwischen den internen Diskussionen und den öffentlichen Erklärungen zeigte sich besonders in der Krisituation im Frühjahr und Sommer 1947, als die Regierung aus humanitären Gründen gegenüber den neuankommenden rumänischen Juden eine Asylpolitik verfolgte, daß zwischen Propaganda und Taten in diesem Fall kein Unterschied bestand.[81] An der grundsätzlich negativen Einstellung der Österreicher gegenüber den DPs änderte sich jedoch nichts:

»DPs are not popular in Austria. Among them, the Jews are least liked, with the Poles following as a close second. Then come Yugoslavs and Russians. The *Volksdeutsche* refugees from Czechoslovakia, Hungary and the Balkans are best liked, though generally the opinion is that DPs eat Austrian food, contribute to criminality and black-marketing, and that they are a political liability because too many of them were Nazis and because neighboring states object to their presence in Austria.«[82]

Im Frühjahr 1947 war endgültig klar, was sich schon im Sommer des Vorjahres abzuzeichnen begann: Die Möglichkeiten, das DP-Problem durch Repatriierung zu lösen, waren praktisch erschöpft. Für die verbleibenden DPs kam nur noch Auswanderung und Neuansiedlung in Frage.[83] Die Statistik macht die Lage deutlich: Obwohl die Amerikaner bis dahin 750 000 Menschen[84] und die Briten rund 170 000[85] aus ihren Zonen repatriiert hatten, blieb trotz dieser beeindruckenden Bilanz die Zahl der DPs auf dem Stand vom Frühjahr 1946. Der Erfolg der Alliierten, auch den »Restbestand« von immer noch 546 000 DPs[86] zu repatriieren, wurde durch Verweigerung der

Heimkehr, Freistellung von der Rückführung und durch Anerkennung neuer DPs vereitelt.[87] Bis Ende 1947 stiegen die Zahlen sogar wieder beträchtlich an, nicht zuletzt aufgrund des Zustroms von rund 40 000 rumänischen Juden.

Die amtliche Statistik des Bundesministeriums für Inneres wies für den 1. Jänner 1948 genau 605 105 Flüchtlinge und DPs in Österreich aus. Von den knapp 140 000 fremdsprachigen Ausländern stellten die Jugoslawen mit 31 000, die jüdischen Flüchtlinge mit etwa 25 000 und sowjetische Staatsangehörige mit 21 000 Personen die größten Gruppen.

Somit wird deutlich, daß trotz enormer Repatriierungsmaßnahmen die offizielle Zahl der DPs genauso hoch war wie im Sommer 1946. Anfang 1948 betrug der Anteil der Flüchtlinge und DPs 8,7 Prozent der Bevölkerung, wobei eine starke »Westlastigkeit« erkennbar war. Der Anteil schwankte zwischen 16,9 Prozent im Land Salzburg und 2,2 Prozent im Burgenland.[88]

Am 30. Juni 1947 hatte die UNRRA ihre Tätigkeit eingestellt. Damit war die Phase der Massenrepatriierungen endgültig abgeschlossen. Zwischen 1945 und 1947 waren 1,25 Millionen Menschen mit Hilfe der UNRRA aus Österreich repatriiert worden.[89] Die Nachfolgeorganisation, die »International Refugee Organisation« (IRO), hatte ein eindeutiges Mandat zur Förderung der Neuansiedlung der restlichen DPs. Bis Ende 1951 konnten mit Hilfe der IRO 145 000 Menschen aus Österreich auswandern, 5 000 wurden repatriiert.[90] Durch die Tätigkeit der IRO und die Einbürgerung des Großteils der Volksdeutschen sank von 1949 bis 1955 die Zahl der Flüchtlinge kontinuierlich auf 140 000 Volksdeutsche und 33 000 Fremdsprachige. Die Volksdeutschen stellten als leicht assimilierbare Gruppe zu diesem Zeitpunkt kein echtes Problem mehr dar. Schwerer hatten es die fremdsprachigen Flüchtlinge, die immer noch auf eine Auswanderungsmöglichkeit warteten.[91]

Die Bilanz zeigt eindeutig, daß Österreich bis 1955 ein »Asylland wider Willen« war, das unter Zwang – als »bevormundete Nation« – bedeutende Lasten auf sich genommen hatte. Es zeigt sich ebenso deutlich, daß Regierung und Bevölkerung in ihrer Ablehnung der DPs eine feste Einheit bildeten, wie der sowjetische Außenminister Wjatscheslaw Molotow schon im Juli 1946 feststellte.[92] Österreich spielte in den zehn Jahren der Besatzungszeit seine Hauptrolle als Flüchtlingsland unfreiwillig: Knapp 1,6 Millionen von offiziell 1.942 783 Flüchtlingen, die jetzt in Österreichs Erfolgsbilanz stehen, wurden nicht freiwillig akzeptiert. Die souveräne Republik Österreich nahm zwischen 1956 und 1983 insgesamt rund 364 000 Flüchtlinge temporär auf, davon allein 230 000 in den Jahren 1956 und 1957. Die Zahl der Einbürgerungen von Volksdeutschen und fremdsprachigen Flüchtlingen[93] sowie die amtlichen Beschäftigungsstatistiken seit Kriegsende widersprechen der österreichischen Propaganda, DPs seien arbeitsscheu, kriminell und eine Belastung für das Land. Diese Menschen haben die fehlenden Arbeitskräfte in der unmittelbaren Nachkriegszeit ersetzt und einen großen Beitrag zum Wiederaufbau in Österreich geleistet.

Anmerkungen

[1] Dazu Manfried Rauchensteiner, Der Krieg in Österreich 1945, Wien ²1984.
[2] Eduard Stanek, Verfolgt, verjagt, vertrieben. Flüchtlinge in Österreich von 1945–1984, Wien–München–Zürich 1985, S. 17 f.; nur etwa 1,4 Millionen DPs bei Heimold Helczmanowsky, Flüchtlinge und Heimatvertriebene in der österreichischen Statistik, in: 25 Jahre Flüchtlingsforschung. Ein Rückblick auf Flucht, Vertreibung und Massenwanderung (Abhandlungen zu Flüchtlingsfragen 10), Wien–Stuttgart 1975, S. 119–130.
[3] Wolfgang Jacobmeyer, Die »Displaced Persons« in Deutschland 1945–1952. *Bremisches Jahrbuch,* 59 (1981), S. 85.
[4] Ders., Vom Zwangsarbeiter zum heimatlosen Ausländer. Die Displaced Persons in Westdeutschland 1945–1951 (Kritische Studien zur Geschichtswissenschaft 65), Göttingen 1985, S. 42.
[5] Vgl. u. a. Brunhilde Scheuringer, 30 Jahre danach. Die Eingliederung der volksdeutschen Flüchtlinge und Vertriebenen in Österreich (Abhandlungen zu Flüchtlingsfragen 13), Wien 1983.
[6] Vgl. u. a. Stanek, Verfolgt, verjagt, vertrieben.
[7] Vgl. u. a. Manfried Rauchensteiner, Der Sonderfall. Die Besatzungszeit in Österreich 1945 bis 1955, Graz–Wien–Köln 1979.
[8] UNRRA, The History of the United Nations Relief and Rehabilitation Administration, prepared under the direction of G. Woodbridge, 3 vols., New York 1950.
[9] Handbook for Military Government in Austria, ed. by the Office of the Chief of Staff, A. F. H. Q., April 1945, Chapter 11, S. 3.
[10] Yvonne v. Stedingk, Die Organisation des Flüchtlingswesens in Österreich seit dem Zweiten Weltkrieg (Abhandlungen zu Flüchtlingsfragen 6), Wien 1970, S. 29; auch Stanek, Verfolgt, verjagt, vertrieben, S. 17.
[11] Handbook for Military Government, Chapter 11, S. 1.

[12] v. Stedingk, Organisation des Flüchtlingswesens, S. 8 f.

[13] Handbook for Military Government, Chapter 11, S. 7.

[14] Gabriele Hindinger, Das Kriegsende und der Wiederaufbau demokratischer Verhältnisse in Oberösterreich im Jahre 1945 (Publikationen des Österreichischen Instituts für Zeitgeschichte und des Instituts für Zeitgeschichte der Universität Wien 6), Wien 1968, S.93.

[15] ACA (BE), AUSTRIA. A monthly report, Heft 4 (Jänner 1947), S. 44 f.

[16] Zahlen für Tirol bei Klaus Eisterer, Hunger und Ernährungsprobleme in Tirol aus der Sicht der französischen Besatzungsmacht 1945/46, in: Österreich und die Sieger: 40 Jahre 2. Republik – 30 Jahre Staatsvertrag, hrsg. v. Anton Pelinka und Rolf Steininger, Wien 1986, S. 191; für Vorarlberg in: Vorarlberger Wirtschafts- und Sozialstatistik, hrsg. vom Landeswirtschaftsamt, Abteilung Statistik, Folge 2, 15. Oktober 1945, S. 47 f.

[17] Thomas Albrich, Exodus durch Österreich. Die jüdischen Flüchtlinge 1945–1948 (Innsbrucker Forschungen zur Zeitgeschichte 1), Innsbruck 1987, S. 13.

[18] Jacobmeyer, Vom Zwangsarbeiter zum heimatlosen Ausländer, S. 30 ff.; die DP-Problematik in der französischen Zone wird von Klaus Eisterer in seiner Arbeit zur französischen Besatzungspolitik (die ebenfalls in dieser Reihe erscheinen soll) ausführlich behandelt.

[19] Amtsvermerk, Staatskanzlei, Auswärtige Angelegenheiten, 6. Mai 1945. HHStA., BKA.-AA., Sekt. II Pol.-1945, Karton 1 (GZ.15-pol/45).

[20] Amtsvermerk, Staatskanzlei, Auswärtige Angelegenheiten, 19. Mai 1945. HHStA., BKA.-AA., Sekt II Pol.-1945, Karton 1 (GZ.15-pol/45).

[21] Amtsvermerk, Staatskanzlei, Auswärtige Angelegenheiten, 6. Mai 1945. HHStA., BKA.-AA., Sekt. II Pol.-1945, Karton 1 (GZ.15-pol/45).

[22] Amtsvermerk, Staatskanzlei, Auswärtige Angelegenheiten, 9. Mai 1945. HHStA., BKA.-AA., Sekt. II Pol.-1945, Karton 1 (GZ.15-pol/45).

[23] Amtsvermerk, Staatskanzlei, Auswärtige Angelegenheiten, 7. Mai 1945. HHStA., BKA.-AA., Sekt. II Pol.-1945, Karton 1 (GZ.15-pol/45).

[24] Ebd.

[25] MRP 12, 12. Juni 1945, abgedruckt bei Robert Knight, »Ich bin dafür, die Sache in die Länge zu ziehen«. Wortprotokolle der österreichischen Bundesregierung von 1945–52 über die Entschädigung der Juden, Frankfurt/Main 1988, S. 85–97, hier S. 95 f.

[26] Albrich, Exodus, S. 13–17; und August Walzl, Kärnten 1945. Vom NS-Regime zur Besatzungsherrschaft im Alpen-Adria-Raum, Klagenfurt 1985, S. 270 f.

[27] A. F. H. Q., G5 Section, Civil Affairs Report (Austria) no. 2, 10. Mai–21. Mai 1945. FO 371/46649/C 3004.

[28] Wilhelm Wadl, Das Jahr 1945 in Kärnten. Ein Überblick, Klagenfurt 1985, S. 80; Knight, Wortprotokolle, S. 190 f. spricht ohne Quellenangabe von nur 25 000 aus Kärnten an Jugoslawien Ausgelieferten.

[29] Vgl. u. a. Nikolai Tolstoy, Die Verratenen von Jalta. Englands Schuld vor der Geschichte, München-Wien 1978, S. 207-384; auch Manfried Rauchensteiner, Der Sonderfall, S. 121 f.

[30] Albrich, Exodus, S. 55 ff.

[31] Jacobmeyer, Vom Zwangsarbeiter zum heimatlosen Ausländer, S. 149.

[32] ACA (BE), AUSTRIA. A monthly report, Heft 4 (Jänner 1947), S. 45 f.

[33] Control Office, Transfer of Population, Mai 1946. FO 945/57/1A.

[34] Albrich, Exodus, S. 17.

[35] v. Stedingk, Organisation des Flüchtlingswesens, S. 42 f.

[36] Control Office, Statistik, 7. August 1946. FO 945/739/12A.

[37] UNRRA, Compendium of Statistics on Displaced Persons, Juli 1946, Table C-1.

[38] ACA (BE), AUSTRIA. A monthly report, Heft 4 (Jänner 1947), S. 45 f.

[39] Chief of Staff Conference No. 24, 24. Oktober 1945. WO 170/4'188.

[40] ACA (BE), Telegramm an Control Office, 11. Juli 1946. FO 945/685.

[41] ACA (BE), The Employment of Displaced Persons: Its Development in Austria, 10. Dezember 1947. FO 371/63989/C 16549.

[42] UNRRA's Work for Displaced Persons in Europe (UNRRA at Work 8), London 1946, S. 26. f.

[43] Albrich, Exodus. S. 37–44.

[44] ACA (BE), The Employment of Displaced Persons, 10 Dezember 1947. FO 371/63989/ C 16549.

[45] Zur österreichischen Anti-DP-Propaganda: Albrich, Exodus, S. 180–197.

[46] Rauchensteiner, Sonderfall, S. 63–126.

[47] Understanding Austria. The Political Reports and Analyses of Martin F. Herz, Political Officer of the US Legation in Vienna (Quellen zur Geschichte des 19. und 20. Jahrhunderts 4), hrsg. v. Reinhold Wagnleitner, Salzburg 1984, S. 132.

[48] Albrich, Exodus, S. 190 f.

[49] UNRRA's Work for Displaced Persons in Europe (UNRRA at Work 8), London 1946, S. 28.

[50] ACA (BE), The Employment of Displaced Persons, 10. Dezember 1947. FO 371/63989/C 16549.

[51] ACA (BE), Financial Conditions Affecting Displaced Persons in Camps, April 1946. FO 371/57761/WR 1151.

[52] UNRRA, Report of the Director General to the Council for the period 1 April–30 June, Washington 1946, S. 14.

[53] Understanding Austria, S. 131.

[54] Rauchensteiner, Sonderfall, S. 158; und Wadl, Das Jahr 1945 in Kärnten, S. 82 f.

[55] BM. f. I., Lagebericht für den Monat August 1946 (Zl. 139.492-2/46), S. 24. Privatbesitz Doz. Haas, Salzburg.

[56] BM. f. I., Lagebericht für den Monat September 1946 (Zl. 150.209-2/46), S. 29. Privatbesitz Doz. Haas, Salzburg.

[57] ACA (BE), The Employment of Displaced Persons, 10. Dezember 1947. FO 371/63989/C 16549.

[58] Helczmanowsky, Flüchtlinge und Heimatvertriebene in der österreichischen Statistik, S. 122 f.

[59] MRP 104, 16. März 1948, abgedruckt bei Knight, Wortprotokolle, S. 187.

[60] BM. f. I., Lagebericht für den Monat November 1946 (Zl. 167.167-2/1946), S. 20. Privatbesitz Doz. Haas, Salzburg.

[61] v. Stedingk, Organisation des Flüchtlingswesens, S. 40.

[62] Stanek, Verfolgt, verjagt, vertrieben, S. 18.

[63] Ebd., S. 23.

[64] ACA (BE), Report on DPs, 7. Februar 1947. FO 371/63988/C 2121.

[65] Entspricht Albrich, Exodus, S. 191 ff.

[66] Ebd., S. 180 f.

[67] *The New York Times,* 27. März 1946.

[68] *The New York Times,* 7. April 1946; weiters Bericht Thalberg, Washington, an Generalsekretär Wildner, Bundeskanzleramt, Auswärtige Angelegenheiten, 1. Juli 1946. HHStA., BKA.-AA., Sekt. II Pol.-1946, Karton 6 (GZ. 112.332-pol/46).

[69] *Der Aufbau,* 16. April 1946. Bestätigung des Sachverhaltes im Bericht der Generaldirektion für die öffentliche Sicherheit an Generalsekretär Wildner, Bundeskanzleramt, Auswärtige Angelegenheiten, 26. September 1946. HHStA., BKA.-AA., Sekt II Pol.-1946, Karton 6 (GZ. 112.844-pol/46). Kunschak hielt diese Rede am 14. September 1945.

[70] Gesandter Kleinwächter, Washinton, an Außenminister Gruber, 24. Mai 1946. HHStA., BKA.-AA., Sekt. II Pol.-1946, Karton 6 (GZ. 111.558-pol/46).

[71] Gesandtschaft Washington, Bericht No. 40, 7. Juni 1946. HHStA., BKA.-AA., Sekt. II Pol.-1946, Karton 6 (GZ. 112.657-pol/46).

[72] Außenminister Gruber an Bundeskanzler Figl, Juni 1946. HHStA., Sekt. II Pol.-1946, Karton 6 (GZ. 111.558-pol/46).

[73] *Der Aufbau,* 26. Juli 1946.

[74] Knight, Wortprotokolle, S. 143 und *Arbeiterzeitung,* 21. August 1946.

[75] Gesandter Kleinwächter, Washington, an Bundeskanzleramt, Auswärtige Angelegenheiten, 12. August 1946. HHStA., BKA.-AA., Sekt. II Pol.-1946, Karton 6 (GZ. 112.577-pol/46).

[76] Albrich, Exodus, S. 193 f.

[77] Stenographische Berichte des Tiroler Landtages, 1. Periode, 4. Tagung, 3. Sitzung (28. Juni 1946), S. 210 f.

[78] Albrich, Exodus, S. 196 f.

[79] Knight, Wortprotokolle, S. 158 f.

[80] Ebd., MRP 37, 17. September 1946, S. 145.

[81] Albrich, Exodus, S. 146–153.

[82] Understanding Austria, S. 131.

[83] UNRRA, Report of the Director General to the Council for the period 1 April–30 June 1946, S. 62.

[84] United States. Military Government for Austria. Report of the United States High Commissioner, no. 15 (Februar 1947), S. 46.

[85] ACA (BE), AUSTRIA. A monthly report, Heft 4 (Jänner 1947), S. 46.

[86] BM f. I., Lagebericht für den Monat November 1946 (Zl. 167.167-2/1946), S. 21. Privatbesitz Doz. Haas, Salzburg.

[87] Jacobmeyer, Vom Zwangsarbeiter zum heimatlosen Ausländer, S. 168.

[88] Helczmanowsky, Flüchtlinge und Heimatvertriebene in der österreichischen Statistik, 122 f.

[89] Paul Frings, Das internationale Flüchtlingsproblem 1919–1950, Frankfurt/M. 1951, S. 149.

[90] Louise W. Holborn, The International Refugee Organisation. A specialized agency of the United Nations. Its history and work 1946–1952, London–New York–Toronto 1956, S. 200.

[91] v. Stedingk, Organisation des Flüchtlingswesens, S. 29 f.

[92] US-Delegation Record, Council of Foreign Ministers, Second Session, Forty-First Meeting, Paris, 12. Juli 1946. FRUS, 1946, vol. II, S. 915.

[93] Stanek, Verfolgt, verjagt, vertrieben, S. 198–202.

Wilfried Mähr †

Der Marshallplan in Österreich:
Tanz nach einer ausländischen Pfeife?

»My feeling is that the United States through ECA's action (respective counterpart releases) is putting itself in position of embarking lightly, and even frivolously on lines of action which affect the basic economic, social and political structure of Austria. We need to be pretty infallible and omniscient people to do a good job of that. Are we so sure of ourselves on all this shaky ground?«[1]

> William F. Busser, Mitglied der American Legation, über die Vorgangsweise der Economic Cooperation Administration (ECA) in bezug auf die Freigabe von Gegenwertmitteln im Jahr 1949.

»The Austrian economists and politicians were puzzled as to how to go about getting aid. I decided I must act. I called a group of Austrian officials to the office on Boltzmanngasse. I asked, ›How much cotton do we need? How much coal?‹
›We don't know,‹ they answered.
›Can't you calculate?‹
One explained, ›We have been a part of the German economy and have no experience with planning for Austrian imports.‹
I had a list of pre-Anschluss imports. I said, ›I'll tell you how many bales, how many tons of key imports are needed.‹
They wrote down my figures ... These figures they agreed could be used as a basis for discussion in the European Cooperation meeting. Armed with this theoretical schedule of needs, two of the ablest Austrians went to Paris.«[2]

> Eleanor Lansing Dulles in ihren Memoiren über die Erarbeitung des österreichischen Länderprogrammes für die Pariser Konferenz mit österreichischen Beamten.

Was soll mit diesen zwei Zitaten ausgesagt werden? Wenn die Frage nach der Bevormundung Österreichs durch die Besatzungsmächte nach 1945 gestellt wird, kommt man im ökonomischen Bereich zwangsläufig zu vielfältigen Ausdrucksformen einer solchen Bevormundung. Die Österreich von den Besatzungsmächten vielfältige, besonders von den USA angebotene finanzielle und materielle Hilfestellung nach dem Zweiten Weltkrieg, die ihren Höhepunkt wohl im Marshallplan fand, war geradezu prädestiniert, eine Bevormundung in mannigfacher Weise zu fördern. Die große, mächtige und wirtschaftlich erfolgreiche Nation USA leistete dem kleinen, schwachen und wirtschaftlich zerstörten Österreich nicht nur substantielle finanzielle und technische Hilfe, sondern auch fachlich-organisatorische Hilfe beim Wiederaufbau der zerstörten Wirtschaft. »How to do business« und »How to make profit« nach amerikanischem Muster wollten gelernt sein, und die Lehrer wurden von der amerikanischen Besatzungsmacht gleich mitgeliefert. Dies gilt überdies nicht nur für den wirtschaftlichen, sondern in gleichem Maße für den politischen und sozialen Bereich. Hier soll jedoch anhand der amerikanischen Wirtschaftshilfepolitik untersucht werden, inwieweit die Bevormundung, das »Besser-Wissen« und »Besser-Können«, im Selbstverständnis der amerikanischen Besatzungsmacht wurzelten und dies in konkreten politischen Aktionen seine Ausformung erfuhr.

Zunächst nochmals zurück zu den eingangs erwähnten Zitaten von Busser und Dulles, beide niedrigrangige amerikanische Beamte der American Legation in Wien, beide mit der Durchführung des »European Recovery Program« (ERP) in Österreich beschäftigt. Busser schrieb diese Zeilen an seinen Vorgesetzten John Erhardt im Zusammenhang mit der zögernden Freigabe von Gegenwertmitteln durch die ECA/Wien und Washington im Jahr 1949. Die ECA bestand, wie weiter unten noch zu lesen sein wird, auf bestimmten Reformen, die die österreichische Bundesregierung durchführen sollte, ansonsten gebe es keine Freigaben vom ERP-Sonderfonds. Unter anderem wurde die Reorganisation des ERP-Büros, eine Verwaltungsreform, eine Reform der ÖBB und eine Reduzierung des Budgetdefizits verlangt. Angesichts solcher Forderungen an die Bundesregierung durch eine nichtösterreichische Stelle schrieb Busser die denkwürdigen Worte, »sind wir [Amerikaner] so unfehlbar und allmächtig, um hier richtig entscheiden zu können? – Are we sure of ourselves on all this shaky ground?«[3]

Das Zitat von Eleanor Dulles stammt aus ihren Erinnerungen, die sie im Jahr 1980 veröffentlicht hat. Man darf es daher vielleicht nicht wörtlich nehmen, doch das Selbstverständnis, das aus ihren Worten hervorgeht, spricht für sich. *Sie* läßt die österreichischen Beamten und Politiker zu sich kommen, die klein beigeben müssen, daß sie der Kalkulation nicht gewachsen sind, *sie* ist diejenige, die die Sache in die Hand nimmt (»I decided I must act«) und mit dem so erarbeiteten Material gehen die österreichischen Beamten dann nach Paris zur Marshallplan-Konferenz. Auf diese Art und Weise hat es sich mit Bestimmtheit nicht abgespielt, doch das ist in diesem Zusammenhang gar nicht so wichtig. Wichtig erscheint vielmehr die dadurch dokumentierte Einstellung einer Mitarbeiterin der American Legation den Österreichern gegenüber. Dulles war innerhalb der US-Legation für Finanzangelegenheiten zuständig (Überprüfung der österreichischen Zahlungsbilanz, Hebung der Produktivität, Reduzierung der Arbeitslosigkeit u. a.). Sie hatte zwar keinen hohen Rang, wußte sich jedoch durchzusetzen, da sie in Wirtschaftsangelegenheiten vom Fach war. Sie hatte in London, Paris und an der Harvard-Universität in Cambridge (USA) studiert und das Doktorat in Wirtschaftswissenschaften erworben. Manche ihrer Kollegen in der amerikanischen diplomatischen Mission bezeichnete sie, wenig schmeichelhaft, als Amateure, die ihr, nachdem sie erkannt hätten, daß sie vom Fach sei, das ökonomische Feld überlassen hätten. Auch die Akzeptanz von seiten ihres Chefs, John Erhardt, scheint vorhanden gewesen zu sein, wenn man ihren Erinnerungen Glauben schenken darf:

»My new and self-appointed (economic) responsibilities were seriously threatened only once by Jack Erhardt. Shortly after the turn of the year, in 1946, Jack called me to his office. He said, ›You have been talking to the Minister of Commerce?‹
›Yes, sir.‹
›You were in the National Bank on Monday?‹
›Yes, sir.‹
›You had the Minister for Reconstruction to dinner?‹
›Yes, sir.‹
›Well, don't make any mistakes.‹
›No, sir.‹
We both laughed and I went my way. I decided to make my own decisions even if there were a risk I might be sent home. It was worth taking that chance.«[4]

Auch hier ein ähnliches Bild: Frau Dulles umgibt sich mit Ministern und anderen einflußreichen Persönlichkeiten und beeinflußt selbst nicht unwesentlich die österreichische Wirtschaftspolitik.

Noch eine weitere Stelle soll ihr ausgeprägtes Selbstverständnis und Verantwortungsgefühl Österreich gegenüber in ihrem Aufgabenbereich dokumentieren: »They [the Austrians] realized early that I had experience in the field of practical economics and that I, along with my colleagues, was genuinely interested in helping the recovery of production and in finding ways to meet the needs of the people.«

Sie möchte beim Wiederaufbau der Produktion helfen und Wege suchen, die Not zu lindern. In dieselbe Richtung geht auch ihr Ausspruch »I felt I should fight for my client« (i. e. Austria).[5]

Nicht nur österreichische Politiker und Beamte suchten Wege, um aus dem Nachkriegschaos und -elend herauszukommen, auch Beamte der amerikanischen Besatzungsmacht waren aktiv in diesen Denk- und Planungsprozeß einbezogen, bis hin zur Entscheidungsfindung und Durchführung bestimmter Maßnahmen. Neben der finanziellen Unterstützung gab es auch eine Hilfestellung im Bereich der Planung und Durchführung von Wirtschaftsmaßnahmen. Wo ist hier die Grenze zu ziehen zwischen Hilfestellung, Einmischung oder Bevormundung einer Nation durch eine andere?

1. Österreich als Objekt umfangreicher Planung

Der Grundstein für diese Situation wurde bereits vor Kriegsende in der Erstellung amerikanischer Planungseinheiten für eine künftige Besetzung Österreichs gelegt.[6] Ausgehend von der 1942 gegründeten »School of Military Government« an der Universität von Virginia, die die Aufgabe hatte, die Armee der Vereinigten Staaten mit einem Kern von gut ausgebildeten Militärregierungsoffizieren zu versorgen[7] und dem 1943 installierten »Civil Affairs Training Schools«-Programm, das Wissen über das politische, juridische und wirtschaftliche System, das Gesundheitswesen, Erziehung, Propaganda, Presse und Radio des zu besetzenden Landes vermitteln sollte,[8] wurden die Planungsarbeiten im »Supreme Headquarters of the Allied Expeditionary Forces« (SHAEF) in London fortgesetzt, die schließlich über die »German Country Unit« den Weg in die am 4. April 1944 entstandene »Austrian Country Unit« fanden.[9] Dieser Planungseinheit für Österreich folgte dann am 30. Jänner 1945 die »United States Group of the Control Council for Austria« (USGCC/A). Den Ab-

schluß fand die Entwicklung des amerikanischen Militärregierungs-
apparates in der Erstellung des »United States Element of the Control Council for Austria« (USACA), des zivilen Zweiges der »United
States Forces of Austria« (USFA).

Die USACA bestand ursprünglich aus zwölf Abteilungen (Divi-
sions), wovon für die Wirtschaftsplanung die »Finance and Economics Division« und die »Civilian Supply Division« von besonderer
Bedeutung waren. Die Aufgaben der einzelnen Abteilungen waren
klar definiert:

»Finance Division:

1. Advises on all matters, occupational, domestic and foreign, involving Austria
2. Establishes policies and advises on budget matters for Austria
3. Arranges for the supplying of Austrian currency and postage
   stamps for the use of US Forces.

Economics Division:

1. Supervises and indirectly controls the restitution of Austrian economy
2. Collects and evaluates economic data and initiates essential economic studies
3. Plans and supervises in the field of economics
4. Advises on matters relating to economics
5. Coordinates economic matters with other allies.

Civilian Supply Division:

1. Determines requirements and supervises distribution of food,
   clothing and medical supplies
2. Coordinates with relief agencies concerning importing relief supplies into Austria
3. Prepares instructions pertaining to receipt, storage and distribution of Civil Affairs Military Government supplies.«[10]

Zu diesen wirtschaftspolitischen Abteilungen der USACA kam noch
die American Legation mit John G. Erhardt als politischem Berater
an der Spitze, der dem US-Hochkommisar zur Seite gestellt und dem
State Department verantwortlich war, während der Hochkommissar

dem War Department verantwortlich war. Die American Legation hatte ihren eigenen Stab an Wirtschaftsfachleuten, unter ihnen die eingangs zitierten Eleanor L. Dulles und William F. Busser. Zu all diesen amerikanischen Verwaltungs- und Planungsabteilungen, die im Rahmen der Besetzung Österreichs eingerichtet worden waren, kam nach Anlaufen des Marshallplanes die ECA/Wien mit einem Apparat von zusätzlich 48 Wirtschaftsfachleuten nach Österreich. Als Vergleichszahl kann das österreichische ERP-Büro dienen, das es auf 58 Angestellte brachte. Selbstverständlich gab es eine enge Koordination zwischen Mitarbeitern der USACA, American Legation und der ECA, zum Teil gab es auch personelle Verflechtungen. Für die Kongreß- und Interimshilfe war eine »Relief-Mission« eingerichtet worden, die jedoch der American Legation angeschlossen und auch mit Personal von dort besetzt gewesen war. Mit der Errichtung der ECA-Mission war die Relief-Mission (Hilfsmission) überflüssig, das Personal wurde zum Teil in die ECA übernommen, da es mit dem Aufgabenbreich bereits vertraut war. So wurde z. B. der ehemalige Leiter der Hilfsmission, William Giblin, zum stellvertretenden ECA-Chef ernannt. Bei den ECA-Staff-Meetings waren im Durchschnitt 20 Leute anwesend, darunter auch immer Leute der American Legation und bestimmter Abteilungen der USACA.

Die gesamte amerikanische Planungskapazität hatte im Rahmen der Verwaltung des besetzten Österreich die Aufgabe, Pläne für und über Österreich zu erstellen, so auch die wirtschaftlichen Abteilungen der USACA, Legation und später die ECA. Diese Planungen wurden parallel und zumeist ohne Wissen der Bundesregierung erstellt und bildeten die Grundlage für die politische Handlungsweise des Hochkommissars und seines politischen Beraters. Zum größten Teil waren die amerikanischen Stellen jedoch auf das ihnen von der Bundesregierung zur Verfügung gestellte Zahlenmaterial angewiesen. Alle diese Abteilungen hatten im Rahmen der Besetzung aber auch eine Kontrollfunktion: Sie mußten in der amerikanischen Zone Sorge dafür tragen, daß die im Wirtschaftsdirektorium getroffenen Entscheidungen auch durchgeführt wurden, sie mußten auch die von der Bundesregierung ausgearbeiteten Pläne und Projekte begutachten und auf ihre Realisierbarkeit überprüfen. Die »Finance Division« nahm das österreichische Budget unter die Lupe und verfaßte formelle und informelle Memoranden an die übergeordnete Stelle, in denen das Budget analysiert wurde. Diese Analysen konnten wiederum eine formelle Aktion im Wirtschaftsdirektorat oder eine informelle Kontaktnahme mit der Bundesregierung zur Folge haben. Ab Herbst 1948, als das Bundesbudget mit den ERP-Gegenwertmitteln koordiniert werden mußte, schaltete sich die ECA gegebenenfalls auch aktiv in die Verhandlungen ein. Die »Economics Division« überwachte und kontrollierte die Wiederherstellung der österreichischen Wirtschaft im allgemeinen, sammelte Wirtschaftsdaten und erstellte Studien zur aktuellen Wirtschaftslage. Diese Abteilung koordinierte auch die wirtschaftspolitischen Aktivitäten mit den anderen Besatzungsmächten. Die »Civil Supply Division« bestimmte die erforderliche Menge an Hilfsgütern und überwachte die Verteilung von Nahrungsmitteln, Kleidung und medizinischen Gütern. Sie koordinierte die Hilfsaktivitäten anderer Hilfsagenturen mit denen der US-Besatzungsmacht.[11]

Die Aktivitäten dieser drei USACA-Abteilungen hatten zwar nur beratenden Charakter, bildeten aber die Grundlage für die »policy decisions« auf wirtschaftspolitischem Gebiet. Darüberhinaus gab es noch einen regen informellen Informationsaustausch zwischen amerikanischen Experten und österreichischen Ministerialbeamten. Solch ein Erfahrungsaustausch konnte sogar bis in Regierungskreise führen, wie dies bei Eleanor Dulles auch der Fall war. Die Meinungsbildung erfolgte bekanntermaßen nur zu einem Teil aufgrund offizieller Berichte, Analysen und Konferenzen. Die vielleicht größere Überzeugungskraft hatte ein informeller Erfahrungsaustausch z. B. über die wirtschaftliche Lage und die daraus zu folgernden Maßnahmen. Dies ist noch ein ungeschriebener Teil der Besatzungsgeschichte: Inwieweit wurde mittels informeller Kontakte, persönlicher Bekanntschaften und eines regelmäßigen Erfahrungsaustausches amerikanische Wirtschaftsphilosophie vermittelt, nicht nur in ÖVP-, sondern auch in SPÖ-Kreisen? Inwieweit schufen die organisatorischen Rahmenbedingungen aufgrund der Besetzung die Voraussetzungen für so eine Entwicklung?

2. Installierung der ECA

Mit der Installierung der ECA kam eine weitere amerikanische Körperschaft nach Österreich, die sich mit wirtschaftspolitischen Fragen befaßte. Das neue amerikanische Kind wurde von seinen »Brüdern« in Wien wie in Washington nicht herzlich aufgenommen, da diese zu Recht eine Kompetenzabwanderung wirtschaftspolitischer Agenden befürchteten. Mit der Errichtung der ECA hatte die US-Administration eine längst fällige Agentur (Agency) für alle wirtschaftspolitischen Aktionen im Ausland geschaffen. Bisher waren die ausländischen wirtschaftlichen Operationen der USA über das State Department und das War Department gelaufen, wobei alle diese Hilfsprogramme streng nach diesen beiden US-Ministerien getrennt gewesen waren. So hatte man State Department- und War Department-Gelder unterschieden, die jeweils verschiedenen gesetzlichen Bestimmungen unterworfen waren und auch von dem betreffenden Ministerium verwaltet worden waren. Das GARIOA-Programm war z. B. vom War Department administriert worden, die Kongreß- und Interimshilfe hingegen vom State Department. Das jeweilige Ministerium hatte auch beim US-Kongreß um die erforderlichen Gelder angesucht. Mit der Schaffung der ECA wurden all diese Aktivitäten in einer neuen Agentur zentralisiert. Die ECA war zwar kein neues Ministerium, jedoch eine unabhängige Regierungsbehörde, der auch kein Minister, sondern ein Administrator vorstand, welcher aber direkt dem Präsidenten verantwortlich war und ministeriellen Rang besaß. Im Grunde genommen war die ECA eine von State und War Department völlig unabhängige Agentur, die nun die wirtschaftspolitischen Agenden im Ausland übernahm, die bisher diesen beiden Ministerien unterstanden hatten. Darüber hinaus eröffnete die ECA in den ERP-Ländern noch personelle Vertretungen mit diplomatischem Rang und von beachtlicher Stärke. Genug Brisanz für einen Kompetenzstreit, war doch gerade das ERP-Programm nicht nur ein reines Hilfsprogramm, sondern für die Vereinigten Staaten ein wesentliches Mittel zur Gestaltung der Außenpolitik. Schließlich war der Marshallplan ja auch vom amerikanischen Außenminister George C. Marshall vorgeschlagen worden und in seiner Konzeption praktisch zur Gänze im US-Außenministerium entstanden.[12]

Allerdings waren im Auslandshilfegesetz von 1948 (Public Law 472) Vorkehrungen getroffen, um die Arbeit der ECA-Mission mit den außenpolitischen Zielen der USA in dem betreffenden Land in Einklang zu bringen. Die gegenseitige Information und Koordination war hier das wichtigste Mittel, um eine einheitliche Handlungsweise zu gewährleisten.

Die österreichische Situation war jedoch komplizierter als in den übrigen ERP-Ländern, ein »Sonderfall« mehr in der österreichischen Nachkriegsgeschichte. General Geoffrey Keyes repräsentierte als US-Hochkommissar die höchste Autorität innerhalb der US-Militärverwaltung, John Erhardt, sein politischer Berater und Chef der diplomatischen Mission, war ihm rangmäßig untergeordnet. Nun stellte sich die Frage, ob die ECA/Wien dem Hochkommissar untergeordnet oder von ihm unabhängig sein sollte. General Keyes hatte nie einen Zweifel daran gelassen, daß die ECA seinem Herrschaftsbereich untergeordnet werden müsse, besonders wenn Angelegenheiten aller vier Mächte betroffen seien, denn er sei ja für die Durchführung der amerikanischen Politik in Österreich zuständig, und diese müsse einheitlich sein.[13]

Um zu vermeiden, daß der Hochkommissar Schritte unternähme, die mit der Politik und den Absichten der ECA in Widerspruch stünden und umgekehrt, schlug er vor, Artikel 15/1 des Bilateralen Abkommens mit Österreich (der die Aufstellung einer Sondermission regelte) so abzuändern, daß die Autorität des Hochkommissars wörtlich anerkannt werden sollte.[14]

Dieser Wunsch wurde ihm nicht erfüllt, das State Department wies darauf hin, daß der ECA-Chef eines Landes laut PL 472 direkt dem Administrator verantwortlich sein müsse und nicht unter der Autorität eines anderen US-Repräsentanten in Österreich stehen dürfe.[15]

Um die Beziehungen zwischen US-Hochkommissar und ECA/Wien zu regeln, wurde ein »Übereinkommen« entworfen, das zwischen Averell Harriman (Special Representative in Paris), Keyes und William Draper (Undersecretary of the Army) ausgehandelt wurde. Darin wurde festgelegt, daß der ECA-Chef dem Hochkommissar als wirtschaftlicher Berater dienen solle, in derselben Art und Weise, wie der Chef der diplomatischen Mission als politischer Berater dem Hochkommissar zur Seite stehe. Paragraph 2 dieses Übereinkommens legte fest, daß wichtige politische Angelegenheiten im Zusammenhang mit der ECA-Aktivität vom Hochkommissar und dem »Special Representative« (Harriman) bestimmt würden. Paragraph 6 besagte, daß Verhandlungen des ECA-Chefs mit der Bundesregierung nur nach der Bewilligung durch den Hochkommissar stattfinden dürften.[16]

Diesem Verständnis der Rechte und Pflichten des ECA-Chefs in Österreich konnte man sich auf Seiten des State Department nicht anschließen, weil man im Alliierten Rat, repräsentiert durch die Hochkommissare, eine Beschränkung der österreichischen Bundesregierung sah, im US-Minister (Erhardt) hingegen ein Symbol, Österreich als unabhängigen Staat zu behandeln. Desgleichen sah man in einem unabhängig vom Hochkommissar agierenden ECA-Chef, der auch das Recht hatte, mit der Bundesregierung in Kontakt zu treten, einen weiteren Schritt weg von der militärischen hin zur zivilen Verwaltung und letztlich zur Anerkennung der Souveränität einer frei und demokratisch gewählten österreichischen Bundesregierung.[17]

Das Ergebnis der Auseinandersetzungen war die substantielle Änderung der Paragraphen 2 und 6, wobei nun vorrangige politische Entscheidungen nicht mehr zwischen dem US-Hochkommissar in Wien und dem ECA-Chef in Paris ausgemacht wurden, sondern von der entsprechenden ECA-Stelle (in Wien, Washington oder Paris), allerdings nach Konsultationen mit dem Hochkommissar und dem US-Minister. Desgleichen wurde Paragraph 6 verändert, wonach der ECA-Chef mit der Bundesregierung Verhandlungen führen konnte, allerdings ebenfalls erst nach Konsultationen mit dem Hochkommissar.[18]

Diese Regelung – sie wurde übrigens nicht immer eingehalten, was auch prompt zu größeren Verstimmungen führte – war wichtig, da sie der ECA die Möglichkeit der direkten Kontaktnahme mit der Bundesregierung in bezug auf ERP-Angelegenheiten gab. Die besonderen Aufgaben der ECA-Mission bestanden a) in einer beratenden Funktion und b) einer kontrollierenden Funktion der ERP-Aktivitäten in Österreich. Die Sondermission sollte der jeweiligen Regierung beratend zur Seite stehen, um zu garantieren, daß die ERP-Ziele auch erreicht würden. Dies war neu, denn bisher waren die wirtschaftspolitischen Abteilungen wie überhaupt alle Abeilungen der USACA und das Personal der American Legation lediglich dem US-Hochkommissar und dem US-Minister beratend zur Seite gestanden. Die Kontakte zur Bundesregierung waren, wie schon erwähnt, informeller Natur.

Die beratende Funktion der ECA erstreckte sich sowohl auf die Erstellung von Programmen (z. B. Produktionsprogramme in einem bestimmten Industriezweig) als auch auf die Ausarbeitung von speziellen, durch ECA-Dollars oder Schillinggegenwerte in Angriff genommenen Projekten. Die Hilfestellung war jedoch nicht nur rein technisch-organisatorischer Natur, die Sondermission unterstützte die Regierung auch bei der Durchführung von Projekten, die eine Bewilligung des Administrators benötigten. Im finanziellen Bereich mußte, so geht aus einem Dokument hervor, die Sondermission bei der Wiederherstellung von gesunden Währungsverhältnissen und bei der Erstellung eines ausbalancierten Budgets behilflich sein – ein besonders heißer Punkt, wie sich später herausstellen sollte. Die Sondermission mußte ferner sicherstellen, daß die Gegenwerte der gelieferten Waren auf das Sonderkonto eingezahlt wurden, und daß diese Maßnahme nicht durch andere finanzielle Maßnahmen der Regierung zunichte gemacht wurde. Auch das kam vor, im Notfall, bei einer Verweigerung von Freigaben, griff die Regierung zu »finanziellen Hilfsmitteln«. Die beratende Tätigkeit der ECA-Mission sollte auch in parteipolitischen Konflikten hinsichtlich der Verwendung von ERP-Geldern stattfinden.[19]

Was die kontrollierenden Funktionen der ECA-Mission betraf, wurde nicht nur darauf geachtet, daß die ERP-Bestimmungen, wie sie in Public Law 472 und im Bilateralen Abkommen festgehalten waren, eingehalten wurden, was für ein Fortschritt im Wiederaufbau erzielt wurde und ob ein Land bereit war, mit den übrigen Teilnehmerländern wirtschaftlich zu kooperieren, sondern die gesamte Wirtschaftsentwicklung (»the entire field of economic development«) wurde unter die Lupe genommen.[20] Spezielle Beachtung fanden die strategischen Güter, die, ob in ursprünglicher oder verarbeiteter Form, nicht in die osteuropäischen Länder weiterexportiert werden durften, da die Vereinigten Staaten aus sicherheitspolitischen Gründen die Exportgenehmigung verweigerten. Doch darüber später.

Die ECA-Sondermission hatte somit bei allen ERP-Transaktionen die Hand mit im Spiel, darüber hinaus jedoch auch bei allgemeinen wirtschaftlichen Entscheidungen, die nur mittelbar mit dem ERP etwas zu tun hatten, z. B. beim Budget, da die auf dem Sonderkonto angesammelten Milliarden an Gegenwertmitteln eine wesentliche Rolle (besonders im außerordentlichen Budget) spielten. Die ECA redete aber auch bei der öffentlichen Investitionsplanung und bei der Wirtschaftsplanung für Österreich überhaupt mit, die eigentlich Angelegenheit des Ministeriums für Vermögenssicherung und Wirtschaftsplanung unter Peter Krauland und nach den Wahlen von 1949 in das Ressort Handel und Wiederaufbau unter Ernst Kolb fiel. Eine ordentliche Wirtschaftsplanung konnte sinnvollerweise nicht ohne ERP-Mittel (Dollarzuteilungen wie auch Gegenwertmittel) geschehen. Das ERP-Investitionsprogramm wurde zwar von der Bundesregierung bzw. den entsprechenden Ministerien erstellt, aber von der ECA einer kritischen Analyse unterzogen. Dasselbe galt für den Counterpartplan. Aber auch bei Detailprojekten, die aus ECA-Mittel finanziert wurden, hatte die ECA die Hand mit im Spiel, denn eine von einer österreichischen Firma geplante Investition mittels ERP-Geldern mußte zuerst von der Bundesregierung, dann von der ECA genehmigt werden. Eine alleinige Entscheidung der Bundesregierung war nicht möglich. Unter diesen organisatorischen Umständen entwickelte sich eine mehr oder weniger gedeihliche Zusammenarbeit zwischen Stellen der österreichischen Bundesverwaltung und der ECA, wobei letztere am längeren Hebel saß: Wenn sie nicht wollte, ging eben nichts.

Und das ist vielleicht das historisch einmalige an dieser Situation: Die Vereinigten Staaten, vertreten durch die ECA und andere schon jahrelang in Österreich arbeitende Wirtschaftsabteilungen, hatten eine recht klare Vorstellung vom österreichischen Wiederaufbau, nicht zuletzt, weil es ihr Geld war, mit dessen Hilfe der Wiederaufbau durchgeführt werden sollte. Das Argument auf amerikanischer Seite war dabei jeweils das des möglichst sparsamen Umganges und der optimalen Nutzung der Gelder des amerikanischen Steuerzahlers.

Eine dieser Vorstellungen war z. B., nur einen möglichst geringen Teil der ERP-Hilfe für Nahrungsmittel auszugeben, damit entsprechend mehr für den industriellen Wiederaufbau blieb. Hier war die österreichische Bundesregierung schon aufgrund der Kompetenzlage anderer Meinung. *Sie* wurde letztlich zur Verantwortung gezogen, wenn die Rationen aus Nahrungsmittelmangel nicht ausgegeben werden konnten, und *sie* mußte auch die Wahlen bestehen. Zu Beginn des Marshallplanes lagen die Rationen noch immer bei 1 800 Kalorien/Normalverbraucher, also war es nur zu verständlich, daß die Bundesregierung eine höhere Quote für Nahrungsmittel zum Nachteil anderer Quoten erreichen wollte. Hier war die ECA anderer Meinung und tat dies auch der Bundesregierung kund: Die Erhöhung der Nahrungsmittelproduktion müsse von Österreich kommen, die Regierung solle die Ablieferung der Bauern genauer überwachen oder ein leistungsbelohnendes Preissystem einführen, indem man den Bauern für jede über der festgesetzten Quote gelieferte Ware eine Prämie bezahle, um so dem Schwarzmarkt an Attraktivität zu nehmen. Zum Teil wurde dies auch durchgeführt.[21]

Die ECA hatte allerdings auch konkrete Vorstellungen über Detailprobleme, wie das Defizit der Bundesbahnen, den ihrer Meinung nach aufgeblähten österreichischen Verwaltungsapparat, das unausgeglichene Budget wegen der – wiederum ihrer Meinung nach – falschen Berechnung der Steuererträge.[22] Inwieweit gingen hier Beratung und Hilfestellung in Bevormundung über?

3. Exportkontrollen für strategische Güter

Um zu verhindern, daß die sowjetische Besatzungsmacht in den Besitz von strategischen ERP-Gütern kam, gab es ein ganzes System von Exportkontrollen. Diese Maßnahmen betrafen nicht nur Österreich, sondern den ganzen ERP-Raum und sollten eine Umlenkung strategisch wichtiger Güter in den Osten, die für den Wiederaufbau im Westen benötigt wurden, verhindern. Dabei mußte jedoch die Kontrolle in zweifacher Weise erfolgen: Einmal von den USA in den ERP-Raum, zum anderen vom ERP-Raum (in weiterverarbeiteter Form) in den osteuropäischen Raum.[23] Exportkontrollen von den USA in den ERP-Raum waren eine inneramerikanische Prozedur, die vom US-Handelsministerium abgewickelt wurde. Solche jedoch von den Teilnehmerländern in den osteuropäischen Raum waren heikler Natur, da diese einen Eingriff in die nationale Handelssouveränität der einzelnen Länder bedeuteten. Washington hatte allerdings vorgesorgt und mit dem Auslandshilfegesetz von 1948 (PL 472) in Artikel 117d festgelegt, daß der ERP-Administrator die Auslieferung von Gütern an Teilnehmerstaaten ablehnen kann, wenn diese in verarbeiteter Form an einen Nichtteilnehmerstaat (sprich Ostblock) weiter exportiert werden und auf der amerikanischen Liste für Exportverbote stehen. Trotzdem konnte Washington nicht umhin, mit jedem ERP-Land einzeln zu verhandeln und eine Verpflichtungserklärung einzuholen, Exportkontrollen gemäß den amerikanischen Richtlinien einzuführen (was die aus ERP-Geldern bezahlten Güter betraf). Die OEEC wurde bewußt umgangen, um den einzelnen Ländern gegenüber eine möglichst flexible Haltung einnehmen zu können.

Die strategischen Güter wurden in vier Klassen definiert, die fast alles enthielten, was man überhaupt exportieren konnte. Die Klasse I enthielt Güter für rein militärische Zwecke (Rüstungsgüter), Klasse IA enthielt für den militärischen Bereich notwendige subsidiäre Güter, Klasse IB enthielt Materialien, die für die militärische und industrielle Produktion notwendig waren. Klasse II enthielt Güter, die von besonderer Bedeutung für den zivilen Wiederaufbau waren, die Klassen III und IV enthielten Güter für die Wirtschaft in Friedenszeiten und strategisch unbedeutende bzw. in Fülle vorhandene Güter. Der Begriff des strategischen Gutes (»strategic commodity«) war damit so breit definiert, daß neben allen Militärexporten praktisch die gesamte Produktion der Schwerindustrie darunterfiel. Genau diese war aber für den Wiederaufbau von essentieller Bedeutung – im Osten wie im Westen.

Österreich war auch hier ein Land ohne klaren Status, denn es war sowohl ein ERP-Land wie auch ein von den Sowjets besetztes Land. Washington stand vor der Wahl, Österreich in die strengen Exportkontrollen miteinzubeziehen und somit der Sowjetunion die Möglichkeit zu nehmen, illegal zu strategisch wichtigen Gütern zu gelangen, oder den Wiederaufbau zu fördern, auch auf die Gefahr einer möglichen Umleitung von strategischen Gütern nach Osten. Österreich wurde nicht wie ein Ostblockland behandelt, obwohl auch das zur Diskussion gestanden war,[24] doch wurde eine komplizierte Überprüfungsprozedur eingerichtet, um eine illegale Ablenkung strategischer Güter nach Osten hin zu verhindern.

Um zu ermöglichen, daß auch USIA-Betriebe bestimmte ERP-Materialien bekommen konnten, die für die gesamtösterreichische Wirtschaft von Bedeutung waren, wurde ein Verfahren entwickelt, das eigentlich der offiziellen Washingtoner Exportkontrollpolitik widersprach. USFA, Legation und ECA gründeten das »Vienna Screening Committee« (Wiener Kontrollkomitee), das Anfragen von USIA-Betrieben auf die gesamtwirtschaftlichen Auswirkungen überprüfte. Handelte es sich bei der Anfrage um ein für Österreich wichtiges Produkt, so unterstützte das Komitee diese Anfrage, wobei aber die Bundesregierung bestätigen mußte, daß keine andere Firma dasselbe Produkt günstiger erzeugen konnte. Schließlich mußte die Bundesregierung auch noch mit der sowjetischen Besatzungsmacht verhandeln, und deren Zusage einholen, daß das mit Hilfe von ERP-Geldern erzeugte USIA-Endprodukt für Österreich verfügbar war und nicht nach Osteuropa exportiert wurde.

Die Überprüfungsprozedur war kompliziert und hatte oft größere Verzögerungen zur Folge. Eine österreichische Firma, die eine bestimmte Ware mittels ERP-Geldern von den USA beziehen wollte, benötigte zuerst eine Bewilligung der Bundesregierung. Dann wurde die Ware bei der amerikanischen Partnerfirma bestellt, wobei diese nun wiederum beim US-Handelsministerium um eine Exportlizenz vorstellig werden mußte. Fiel diese Ware unter die Kategorie der strategischen Güter, mußte weiter überprüft werden. Das Ansuchen der amerikanischen Firma ging innerhalb des Handelsministeriums in das »Office of International Trade« (OIT) und wurde von dort an das »R Procedure Subcommittee« weitergeleitet, das aus Vertretern verschiedenster Ministerien, u. a. auch des State Department und der

ECA besetzt war. Des öfteren verlangte dieses Subkomitee noch weitere Einzelheiten zum vorliegenden Ansuchen und kontaktierte das Wiener Kontrollkomitee. War man auch dort überzeugt, daß die österreichische Firma diese bestimmte ERP-Ware benötigte, so bedeutete das (fast immer) grünes Licht für die Gewährung einer Exportlizenz für die amerikanische Firma. Handelte es sich um eine österreichische Firma in der sowjetischen Zone oder gar um einen USIA-Betrieb, wurde umso genauer geprüft und alle Faktoren abgewogen. Die besondere Funktion der ECA im Zusammenhang mit der Vergabe der ERP-Gelder wie auch mit den Prüfungsverpflichtungen über die zweckmäßige Verwendung derselben hatte zur Folge, daß die ECA – als ausländische Agentur nicht immer bis in alle Einzelheiten mit der österreichischen ökonomischen Lage vertraut – mit Entscheidungen betraut war, die eigentlich einer österreichischen Bundesbehörde vorbehalten waren. Die zu beantwortende Frage »Sollen für ein bestimmtes Projekt ERP-Gelder verwendet werden oder nicht? Was spricht dafür, was dagegen?« betraf eigentlich die Frage »Soll dieses Projekt überhaupt durchgeführt werden?«, denn ohne ERP-Gelder war möglicherweise die Realisierung überhaupt in Frage gestellt. Wurde sich die ECA nicht einig, wurde der Ball weiter an das US-Handelsministerium und das US-Außenministerium gespielt. Gleichzeitig schalteten sich auch noch andere Ministerien oder Behörden ein wie das War Department (ab 1949 das Defense Department) oder der Munitions Board of the National Military Establishment. So kam z. B. ein Memorandum der Vereinigten Stabschefs (Joint Chiefs of Staff, Defense Department) zur Erkenntnis, daß einem für Linz geplanten und bereits bewilligten Stahlwalzwerk keine Exportgenehmigung erteilt werden sollte, da dieses neue Walzwerk Österreich eine größere Produktionskapazität verschaffen würde als das Land für die eigene Industrie benötige. Der Überschuß an dort produzierten Stahlprodukten könnte kaum im Westen abgesetzt werden, vermutlich würden die Österreicher ihn also im Osten abzusetzen versuchen. Ein weiteres Argument, das gegen die Anlage sprach, war die strategisch ungünstige Lage von Linz am Rand der Ostzone. Im Fall eines Konfliktes, so meinten die Vereinigten Stabschefs, würde die gesamte Anlage unbeschädigt in die Hände der Russen fallen.[25] An diesem Beispiel soll vor allem hervorgehoben werden, daß das amerikanische Verteidigungsministerium zur Auffassung kam, daß eine zusätzliche Anlage dieser Art über den industriellen Bedarf Österreichs hinausginge – als ob das die Bundesregierung oder zumindest ECA/Wien nicht besser beurteilen hätten können.

Ein weiteres Beispiel dafür, wie sehr neben der ECA auch andere amerikanische Behörden am Entscheidungsprozeß über Gewährung oder Nichtgewährung einer Exportlizenz – und damit über Sein oder Nichtsein eines industriellen Detailprojektes – beteiligt waren, besonders wenn es sich um Produkte der IA-Liste handelte, ist der »Fall Semperit«. Neun Monate (von Dezember 1948 bis August 1949) dauerten die Verhandlungen, bis bestimmte Militärkreise in Washington überzeugt waren, daß trotz der »hochgradig strategischen Produkte« (Gummimaschinen und Gummi für die Reifenerzeugung, IA-Liste) die Sicherheit der USA nicht direkt bedroht war und eine Exporterlaubnis erteilt wurde. Mehrere Gründe hatten zur Verzögerung geführt: Die Semperit-Werke, für die die Anlagen bestimmt waren, lagen in der Ostzone (Traiskirchen und Wimpassing), es handelte sich um Investitionen der Kategorie IA und nicht zuletzt waren die Semperit-Werke unmittelbar nach Kriegsende von der sowjetischen Besatzungsmacht ausgeräumt worden, und man konnte dies ein zweites Mal nicht ausschließen. Die »Bremser« jedoch saßen in Washington, und dort im Munitions Board of the National Military Establishment (NME). Die ECA/Wien wie auch General Keyes hatten die Investitionen befürwortet, da die Semperit-Werke von den Russen nicht als »Deutsches Eigentum« beansprucht wurden und auch nicht unter russischer Kontrolle standen. Das »R Procedure Subcommittee« im US-Handelsministerium hatte ebenfalls keine Einwände und empfahl schon am 25. Jänner 1949 die Bewilligung der Exportlizenz. Drei Tage später wurde das Office of International Trade angewiesen, die Exportlizenz zu gewähren. Die amerikanische Firma wurde mit ERP-Dollars bezahlt und Semperit bezahlte den Gegenwert in Schilling auf das Sonderkonto. Am 3. Februar 1949 wurde jedoch die Exportlizenz wegen einer neuerlichen Begutachtung des Falles zurückgenommen und zwar vom »Inter Agency Operating Committee«, dessen militärischer Repräsentant, General John Timberlake vom Munitions Board (NME), einer Exportlizenz nicht zustimmte.[26] Der Munitions Board, zuständig für strategische Fragen, und somit auch mit Exportpolitik für strategische Güter befaßt, war zur Auffassung gekommen, daß eine Exportlizenz nicht gewährt werden dürfe. Die von Semperit bestellten Anlagen könnten für die Produktion von Militärreifen, Militärkleidung, chemischem Rüstungsgerät und anderen militärischen Gütern verwendet werden.[27]

Die Abstimmung im Munitions Board war nicht einstimmig erfolgt. Nur die Vertreter des Department of Navy und des Department of the Air Force waren gegen die Erteilung der Lizenz, das Department of the Army, zuständig für die militärischen Aspekte der besetzten Gebiete (also auch für die US-Zone in Österreich) befürwortete das Projekt, angeregt durch die positiven Berichte von General Keyes (Keyes unterstand dem Department of the Army).

USFA, Legation und ECA befürworteten die Anschaffung dieser Produktionsstätten und intervenierten in zahllosen Telegrammen,[28] in denen sie darauf hinweisen, daß Semperit bereits Reifen produziere, auch solche für militärische Zwecke, nur eben mit veralteten Anlagen, und daß nur ein unbedeutender Teil in den Osten exportiert werde. Die benötigten Ausrüstungsgegenstände für eine Modernisierung der Anlage könnten auch in West-, ja sogar in Osteuropa erworben werden. »The question arises, is the equipment more strategic when purchased from the US than when purchased outside the US?«[29] Semperit habe sich den Kontrollen, die von der Bundesregierung, der ECA und der US-Legation gemacht würden, gefügt. Diese Kontrollmöglichkeit fiele hingegen weg, wenn die Ausrüstungsgegenstände im Osten eingekauft würden. Dann könnte der Osten einen starken Einfluß auf Semperit ausüben.[30]

Die Lage war auch darum für die ECA unangenehm, weil unmittelbar nach der ersten Genehmigung in den Semperit-Werken mit Vorarbeiten für die Installierung der neuen Maschinen begonnen worden war. Die Ablehnung des Handelsgeschäftes wurde dann sowohl der Bundesregierung wie auch der Werksleitung vorerst vorenthalten, sodaß die Vorarbeiten praktisch beendet waren und jedermann, auch der kleine Arbeiter, auf die »neuen Maschinen aus Amerika« wartete. Der Betriebsrat der Semperit-Werke, die damals immerhin 6 500 Leute beschäftigten, begann unangenehme Fragen zu stellen (»very pertinent questions«).[31] Schließlich wurde am 10. August 1949 vom »Joint Strategic Survey Committee« in einem Memorandum an die Vereinigten Stabschefs klar und unmißverständlich empfohlen, die Exportgenehmigung zu erteilen, da eine Verweigerung derselben der bisherigen Besatzungspolitik entgegenlaufen würde und letztlich auch unlogisch wäre, nachdem dieselben oder ähnliche Anlagen auch in anderen Ländern erworben werden könnten. Es wurde von diesem Komitee auch festgestellt, daß entgegen anderslautenden Berichten die bestellten Ausrüstungsgegenstände keine Reifen »militärischer Größe« (largest size) herstellen könnten, sondern lediglich in der Größenordnung von Lastwagen.[32] Auf diesen Bericht hin entschlossen sich die Joint Chiefs of Staff – etwas reserviert in der Formulierung aber doch – einer Genehmigung der Exportlizenz auch aus militärischer Sicht zuzustimmen.[33]

Somit ging der Fall wieder zurück an das Office of International Trade des US-Handelsministeriums, das die Exportlizenz neuerlich und diesmal endgültig ausstellte und damit die Freigabe der bereits gekauften und bezahlten Waren bewirkte. Eine lange Prozedur, in der viele nicht unmittelbar betroffene und in voller Kenntnis der Sachlage stehende amerikanische Behörden eingeschaltet waren und Begutachtungs- oder Entscheidungsgewalt über ein Projekt hatten, dessen Wichtigkeit und Komplexität sie wahrscheinlich gar nicht genau abschätzen konnten. Die ECA war also die Spitze des Eisberges eines amerikanischen Verwaltungsapparates, der in bestimmten Fällen in österreichische Detailprobleme eingriff, ohne wirklich genau und aus erster Hand über die konkrete ökonomische Situation in Österreich Bescheid zu wissen. Trotzdem wurden in oft omnipotenter Weise, wie dies William F. Busser schon im eingangs angeführten Zitat beklagte, Entscheidungen über Sein oder Nichtsein eines Projektes, einer Investition getroffen.[34]

4. Gegenwertmittel

Die Gegenwertmittel waren in jenen Fällen rechtlich Eigentum der Vereinigten Staaten, wenn sie aus dem Verkauf von ERP-Waren resultierten, die Österreich geschenkt worden waren. Wurden die Waren in harter Währung (US-Dollar) bezahlt oder auf Kredit gegeben, waren die Bestimmungen über die Gegenwertmittel hinfällig. Österreich erhielt jedoch praktisch alle Dollar-Zuteilungen in Form von Geschenken (grants), was bedeutete, daß der Gegenwert der bezogenen Waren von der österreichischen Firma auf ein gesperrtes Sonderkonto auf den Namen der Bundesregierung einzuzahlen war. Die Summen auf diesem Sonderkonto wuchsen in Milliardehöhe und dementsprechend groß war auch die währungspolitische Bedeutung der »Counterpart-Funds«, wie sie auch genannt wurden.

Die Gelder konnten für die Stabilisierung der Währung und Finanzen Österreichs verwendet werden, wie auch in Form zinsgünstiger Kredite wieder an die Wirtschaft zurückfließen. So erhielt z. B. die vorher erwähnte Firma Semperit nicht nur eine Dollarzuteilung, mit der amerikanische Maschinen eingekauft wurden, sondern zusätzlich auch Schillingmittel aus dem Sonderfonds, um die Produktion in Österreich anzukurbeln. Überspitzt formuliert könnte man sagen, Semperit erhielt dasselbe Geld, das die Firma für die US-Geräte in das Sonderkonto einzahlte, in Form eines zinsgünstigen Kredites wieder zurück. Soweit die Arbeitsweise des Hilfsfonds und überhaupt des Marshallplanes, der durch diese Konstruktion eine doppelte Wirkung zeitigte.[35]

Der Gebrauch dieser Mittel war von einer »gemeinsamen Vereinbarung« der Regierungen Österreichs und der USA abhängig, was im Klartext hieß, daß ohne Einwilligung der amerikanischen Regierung, vertreten durch die ECA, keine Abhebungen gemacht werden konnten. Auch hier ist es wieder instruktiv, das Prozedere zu untersuchen, wie über diese Mittel verfügt wurde. Die Bundesregierung erstellte den sogenannten »Counterpart-Plan«, der festlegte, welche Wirtschaftsbereiche (Industrie, Landwirtschaft, etc.) durch zinsgünstige Kredite oder rückzahlungsfreie Zuwendungen gefördert werden sollten bzw. wieviel für währungspolitische Maßnahmen, z. B. den Abbau der öffentlichen Schuld, ausgegeben werden sollte. Das Ergebnis war ein mehr oder weniger detaillierter Plan über notwendige Investitionen für das kommende Jahr, der eine Summe in Milliardenhöhe auswies, die zur Erfüllung der Ziele freigegeben werden sollte. Dieser Plan wurde dann von der ECA einer eingehenden Prüfung unterzogen und im Normalfall um einige hundert Millionen Schilling gekürzt, in manchen Fällen überhaupt abgelehnt, weil er zuwenig detailliert oder mit der ECA-Politik nicht vereinbar war bzw. nach Meinung der ECA ungesunde finanzpolitische Verhältnisse herbeiführen würde. Der Counterpart-Plan löste daher auch regelmäßig Konflikte zwischen der Bundesregierung und der ECA aus, auch darüber, was für Österreich wirtschaftspolitisch gesund oder ungesund sei. Auch hier haben wir die Situation, daß die ECA über sehr komplexe wirtschaftliche Probleme Österreichs zu urteilen hatte und ganz wesentlich mitbestimmte, wo der Hebel einer finanzpolitischen Maßnahme ansetzte. Mehr als einmal wurde von Seiten der amerikanischen Beamten der ECA das Augenmaß verloren und von der Bundesregierung Maßnahmen verlangt, die realpolitisch nicht durchführbar waren. Auch das von einem starken Selbstbewußtsein geprägte Auftreten der Vertreter einer wirtschaftlich erfolgreichen Nation, »die wissen, wie man erfolgreich wirtschaftet«, erregte nicht nur in österreichischen Kreisen Unmut, sondern auch in der American Legation, die als diplomatische Mission nicht nur wirtschaftliche, sondern vielmehr politische Gesichtspunkte zu berücksichtigen hatte.

So konnte es passieren – unverständlicherweise, mögen wir heute sagen –, daß der erste Chef der ECA-Mission in Wien, Westmore Willcox, im November 1948 einen Brief an Bundeskanzler Figl schrieb, in dem er in einer im wahrsten Sinn des Wortes bevormundenden Art und Weise den Budgetentwurf für das Jahr 1949 kritisierte und unmißverständlich zu verstehen gab, daß angesichts eines solchen Budgetentwurfes keine Gegenwertmittel freigegeben würden. Im einzelnen kritisierte er, daß die Ausgaben des ordentlichen Budgets zu hoch und die Einnahmen zu optimistisch berechnet seien. Das außerordentliche Budget habe sich mehr als verdoppelt und keine andere realistische Deckung dieser Ausgaben sei vorhersehbar, als durch die Freigabe von Counterpartmitteln. Je mehr Gegenwertmittel jedoch für die Deckung des außerordentlichen Budgets verwendet würden, umso kleiner sei der Betrag, der für gewinnversprechende Investitionen im Industriebereich zur Verfügung stehe. Und abschließend:

»It is the opinion of this Mission, based on careful study of financial developments during the current year, that your Government, satisfied with the initial success of the Currency Conversation Law of Dec. 47, is relaxing its vigilance. I feel it mandatory, as ECA Mission Chief, to inform you clearly and frankly, that ECA counterpart funds will not be released, even for the most desirable investment programs, if we are not satisfied fully that your Government is pursuing sound monetary and fiscal policies.«[36]

Angeschlossen an den Brief war ein Annex mit Kommentaren und Empfehlungen hinsichtlich einer Kreditkontrolle und des Budgetentwurfes für 1949. Unter anderem empfahl Willcox darin den Abbau von ca. 20 000 Bediensteten der ÖBB, 10 000 der Post und weitere 10 000 in anderen Bereichen der öffentlichen Verwaltung. »Post War Austria cannot afford the luxury of an inflated Government machinery.«[37] ÖBB und Post sollten nach privatwirtschaftlichen Grundsätzen ausgerichtet werden, der Regierungsapparat sollte ebenso reformiert werden, im besonderen ging er dabei auf die von der Bundesregierung kurz zuvor geschaffenen Ersparungskommissäre ein. Diese waren dem jeweiligen Minister verantwortlich und sollten eine »sparsame und zweckmäßige Gebarung«[38] innerhalb eines Ministeriums sicherstellen. Willcox war der Meinung, daß die Ersparungs-

kommissäre nicht direkt dem Minister unterstellt sein sollten. Doch
wem sonst, erhob William F. Busser die Frage? Dem Bundespräsi-
denten, einem SPÖ-Mitglied, dem Bundeskanzler, einem ÖVP-Mit-
glied? Busser, zum Mitarbeiterstab der US-Legation gehörig und di-
plomatisch gründlich geschult, war sichtlich verärgert und kam zum
Schluß: »Wir sollten eine klare Vorstellung haben, was in einer Koalitionsregierung politisch möglich ist.«[39] Dieselbe Feststellung war
auch auf die Forderung nach Entlassung von tausenden Mitarbeitern
der Bundesverwaltung anzuwenden. Es war *eine* Seite, solch eine
Maßnahme von der rein ökonomischen und finanzwirtschaftlichen
Seite zu betrachten, eine *andere* hingegen, sie von der realpolitischen
Situation zu überlegen bzw. zu fordern. Der ÖGB, in Österreich eine
besonders einflußreiche Interessensvertretung und dazu noch personell mit der SPÖ verflochten, hätte einer solchen Entlassungswelle
niemals zugestimmt. Willcox importierte die amerikanische Vorstellung einer freien Marktwirtschaft und wandte sie eins zu eins auf
Österreich an, ohne zu bedenken, daß hier ganz andere Rahmenbedingungen und politische Konstellationen zu berücksichtigen waren.
Natürlich waren die Forderungen nicht ohne Grund ausgesprochen
worden. Die Bundesregierung hatte wirklich im Bewußtsein der vorhandenen Gegenwertmilliarden das außerordentliche Budget[40] stark
anwachsen lassen und die Steuererträge ebenso bewußt etwas zu optimistisch berechnet. Auch die ÖBB schrieb Defizite, die nur durch
Gegenwertmittel gedeckt werden konnten. Die ECA hatte in dieser
Situation vom amerikanischen Gesetzgeber den Auftrag, der auch in
PL 472 ausgesprochen ist, gesunde wirtschaftliche Verhältnisse herzustellen, um »das Geld des amerikanischen Steuerzahlers zu scho-
nen«. Hier lag die Rechtfertigung jeglicher Intervention der ECA.
Nur galt es, solche Interventionen dermaßen zu gestalten, daß nicht
die Bundesregierung in ihrer Würde als freigewähltes staatliches Exe-
kutivorgan verletzt wurde. Überdies mußte bei der Aufstellung solcher Forderungen, wie schon erwähnt, auch die politische Realisierbarkeit betrachtet werden.

Busser kam in seinem Bericht an seinen Chef John Erhardt zum
Schluß, daß solch ein Brief, wenn überhaupt, nur als »letztes Mittel«
geschrieben werden hätte dürfen, nachdem alle anderen Mittel aus-
geschöpft worden wären, wie eine informelle Befragung des Budget-
direktors des Finanzministeriums. Man hätte seiner Meinung nach
auch ein Treffen mit Finanzexperten der Regierung und der ECA-
Mission vorschlagen können, wo all diese Fragen gründlich disku-

tiert hätten werden können. Man hätte sogar bei Figl vorstellig werden können, bei welcher Gelegenheit man »in freundlichstem Tone ein informelles Memorandum« übergeben hätte können, mit dem Hinweis, daß es sich nur um eine vorläufige Studie, »a working paper only« handle, auf Basis dessen man weitere Diskussionen führen könne. Vor allem hätte man auch genaue Informationen einholen müssen, bevor man mit dem Zeigefinger die Bundesregierung rüge: »Many other questions might be asked and should be asked before we waggle teacher's finger at the Austrian cabinet.«[41]

Ein Ausrutscher dieser Art passierte zwar nicht mehr, aber am Selbstverständnis der ECA, die österreichische Wirtschaftspolitik aktiv mitzugestalten und mittels der Gegenwertmittel auch Druck hinter die der ECA richtig erscheinenden Forderungen zu geben, änderte sich nichts.

Im Juli 1949 gab es wieder eine Verstimmung zwischen der Bundesregierung und der ECA, die nur sekundär ihre Wurzeln in den Forderungen der ECA hatte, primär jedoch im Auftreten der ECA und ihres neuen Repräsentanten, Chief of Mission Clyde N. King. King ließ Bundeskanzler Figl, Außenminister Gruber und Innenminister Helmer zu sich kommen und stellte den österreichischen Repräsentanten – so ist im Dokument zu lesen – Forderungen, die einem Ultimatum nicht unähnlich waren: Wenn nicht bestimmte Bedingungen erfüllt würden, gäbe es keine Gegenwertmittel. Als Bedingung wurden a) die Reorganisation des österreichischen ERP-Büros, b) die komplette Reorganisation der ÖBB und c) die Entlassung einer großen Anzahl von Bundesbediensteten aus budgetären Gründen genannt. Auf diese Art und Weise ließ jedoch Figl nicht mit sich reden, er forderte King auf, ihm dies alles schriftlich zu geben. Als King dies ablehnte, verließen die drei das ECA-Büro und die österreichische Gesandtschaft in Washington wurde angewiesen, einen Protest im US-Außenministerium über die »beleidigende Art und den Ton« dieser Konferenz einzubringen.[42]

Auch diese Affäre hatte einen glimpflichen Ausgang, man versöhnte sich wieder, und Figl stimmte sogar der Reorganisation des österreichischen ERP-Büros zu, was nach den Wahlen noch im Jahr 1949 geschah.[43] Jedoch auch dieser Episode kann man entnehmen, daß die ECA in der Art und Weise, wie sie der Bundesregierung gegenübertrat, durchaus zu erkennen gab, daß sie am österreichischen Wiederaufbauprogramm mehr als nur in einer beratenden Funktion mitwirken wollte.

Auch beim Counterpart-Programm für das Jahr 1949 gab es Schwierigkeiten. Durch die äußerst zögernde Freigabe von Gegenwertmitteln kam die österreichische Kreditwirtschaft, aber auch die Bundesregierung, was die Finanzierung des außerordentlichen Budgets betraf, in äußerste Geldnot. Bis zum 18. Mai 1949 waren überhaupt keine Gegenwertmittel freigegeben worden und über 50 Prozent der für dieses Jahr beantragten Gegenwertmittel wurden erst nach den Wahlen von 1949 (9. Oktober) freigegeben. Dazu kam noch, daß die Bundesregierung insgesamt um 2,247 Milliarden Schilling angesucht hatte, jedoch nur 1,450 Milliarden Schilling bewilligt bekam. Die ECA/Wien hatte sich für die Freigabe von immerhin 1,800 Milliarden Schilling ausgesprochen, die ECA/Washington kürzte diesen Betrag jedoch auf die schon erwähnten 1,450 Milliarden Schilling. Genug Brisanz für Figl, Finanzminister Zimmermann ein »strongly worded memorandum« nach Washington mitzugeben, in welchem er sagte, daß das Resultat dieser Freigabepolitik eine »Unordnung« im österreichischen Wiederaufbauprogramm mit sich gebracht habe.[44]

Die ECA begründete die zögernde Freigabe damit, daß es die Österreicher verabsäumt hätten, die Finanzierung einzelner Projekte im Detail zu begründen, daß sie auch nicht in der Lage gewesen seien, der ECA bindend zu versprechen, daß es im Budget für 1949 kein oder nur ein begrenztes Defizit geben werde, daß die Pläne für eine Verwaltungs- wie auch Steuerreform noch nicht vorlägen, die Erstellung eines neuen Kreditlenkungsgesetzes noch nicht erfolgt sei und im übrigen die Verhinderung inflationistischer Tendenzen eine zögernde Freigabe rechtfertige. Auch sei noch kein zentrales ERP-Büro entsprechend den Wünschen der ECA eingerichtet worden.[45] William F. Busser, der auch in diesem Konflikt von der diplomatischen Seite die Aktionen der ECA eher kritisch bis abweisend beurteilte, meinte, es erscheine fragwürdig, ob eine amerikanische Agentur eine bessere Einschätzung eines für Österreich gesunden Investitionsprogrammes machen könne als eine österreichische Behörde. »The so-called conditions that are now being demanded of the Austrians are all big questions«.[46]

Nun darf man nicht einseitig die Schuld der ECA/Wien zuschieben, denn Tatsache ist, daß die Bundesregierung in einem Wahljahr nicht bereit war, die Ausgaben zu senken, überdies war das Counterpart-Programm bis März 1949 gar nicht bei der ECA eingetroffen und dann, laut Aussage Kings, in einer Form, die von seiten der

ECA/Wien nicht als Verhandlungsgrundlage betrachtet werden
konnte.[47] Trotzdem warnte Busser davor, all die anstehenden Fragen
bis nach den Wahlen zu verschieben und somit jegliche Freigabe von
Gegenwertmitteln zu blockieren. Man könne sich von der neuen
Bundesregierung keine Wunder erwarten:

»It seems to me, that every Government has problems of timing, political
expediency, etc., which simply preclude absolutely ›dancing to a foreign
pipe‹. To do so might even be under certain circumstances irresponsible and
foolhardy.«[48]

Und hier sind wir bei der eingangs und im Titel gestellten Frage:
Tanzte die österreichische Bundesregierung nach einer ausländischen Pfeife? Bot das ERP-Programm für Österreich genug Freiraum
für eine eigenständige Planung und Durchführung von Programmen,
die österreichische Wirtschaftsfachleute aufgrund der österreichischen Wirtschaftslage für richtig hielten, oder gab es eine amerikanische Bevormundung auf wirtschaftspolitischem Gebiet, exekutiert
durch die ECA?
    Diese Frage kann nicht einfach mit »ja« oder »nein« beantwortet
werden. Die ECA hatte jedenfalls klare Vorgaben, nach welchen
Kriterien die Dollar-Zuteilungen wie auch die Verwendung der Gegenwertmittel zu geschehen hatten. Sie war in Österreich mit einer
48 Mann starken Mission vertreten, von denen zumindest die meisten ausgebildete Wirtschaftsfachleute waren, dazu kamen noch die
wirtschaftspolitischen Abteilungen der USACA und US-Legation.
Die Bundesregierung konnte wiederum schon aufgrund der strukturellen Abläufe des ERP-Programms nicht autonom über Dollar-Zuteilungen wie auch den Gebrauch von Gegenwertmitteln entscheiden.
Sie machte jedoch die grundlegende Planung, die Diskussionsgrund-
lage, die dann von der ECA geprüft wurde. Die hier skizzierten
strukturellen Rahmenbedingungen machten es auch möglich, ja laut
Public Law 472 sogar erforderlich, daß die ECA sowohl in Detail-
projekte als auch in größere wirtschaftspolitische Konzeptionen eingriff.
    Ein entscheidender Punkt jedoch scheint die Einstellung der ECA
und ihrer führenden Mitarbeiter zu sein, das Selbstverständnis dieser
amerikanischen Wirtschaftsfachleute in bezug auf die eigene Lö-
sungskompetenz wirtschaftspolitischer Probleme eines Landes, das
sie erst wenige Monate kannten. Und dieses Selbstverständnis war allem Anschein nach geprägt vom Bewußtsein der großen und starken

Nation, die nicht nur ökonomisch potent ist, sondern auch weiß, wie man erfolgreich wirtschaftet und dieses Wissen einer kleinen und zum damaligen Zeitpunkt wirtschaftlich wahrlich am Boden liegenden Nation weitergibt. Das erklärt auch das Festhalten der ECA an prinzipiellen Dogmen amerikanischer Wirtschaftspolitik. Neben den politischen, strategischen und ökonomischen Zielsetzungen in bezug auf Österreich (letztere mit der Absicht, die amerikanischen ERP-Ausgaben so klein wie möglich zu halten) darf auch dieser psychologische Bereich nicht vergessen werden, das Sendungsbewußtsein der Vereinigten Staaten, nicht nur was Werte der Demokratie, sondern auch was erfolgreiche Wirtschaftspolitik anbelangt. Wegen der besonderen Situation der Besetzung Österreichs, dies war in anderen ERP-Ländern mit Ausnahme der Westzonen Deutschlands nicht der Fall, stand die Bundesregierung unter zusätzlichem Druck und konnte aus gebotener Zurückhaltung größeren politischen Zielen gegenüber nicht immer so agieren, wie sie dies als souveräne Staatsregierung tun hätte können. Sie wußte sich jedoch auch so zu helfen, auf gut österreichisch nämlich, indem man der ECA die prinzipielle Zustimmung für bestimmte Maßnahmen gab, dann aber nicht daran dachte, diese auch in die Tat umzusetzen.

Die ECA ihrerseits konnte die Drohung mit der Blockierung von Gegenwertmitteln auch nicht unbeschränkt einsetzen. Das wußte die Bundesregierung, das geht auch aus einem »Operating Manual« über Prinzipien und Prozedur des österreichischen Counterpart-Programmes für 1950 – geschrieben im Hinblick auf die Erfahrung des Jahres 1949 – hervor:

»The (Austrian) Government is certainly aware that we (ECA) would not stand by as unemployment figures mounted and half finished projects became monuments to American political pressure. Inevitably we would be forced to release counterparts before any real damage was done.«[49]

Anmerkungen

[1] William F. Busser an John G. Erhardt, Memorandum vom 22. September 1949: »Proposed ECA cable re counterpart releases«, NA, RG 84, Box 2359, 500 ECA/9-2249. Die im vorliegenden Aufsatz verwendeten Primärquellen stammen sämtlich aus dem Nationalarchiv in Washington D. C., und dem »Washington National Record Center« in Suitland/Maryland.

[2] Eleanor L. Dulles, Chances of A Lifetime. A Memoir, Englewood Cliffs, N. J. 1980, S. 223 f.

[3] Wie Anm. 1

[4] Dulles, Chances of a Lifetime, S. 212.

[5] Ebd., S. 210, S. 198.

[6] Josef Leidenfrost, Die amerikanische Besatzungsmacht und der Wiederbeginn des politischen Lebens in Österreich 1944–1947, phil. Diss., Wien 1986, S. 1–55.

[7] Ebd., S. 1.

[8] Ebd., S. 3.

[9] Ebd., S. 7 ff.

[10] »USFA, Organization, Responsibilities and Functions of the United States Element, Allied Commission for Austria,« 9. März 1947. NA, RG 84, Box 75, Folder: Austria 1947.

[11] Ebd.

[12] Zur genauen Darstellung der ECA in Washington, Paris wie auch Wien, siehe: Wilfried Mähr, Von der UNRRA zum Marshallplan. Die amerikanische Finanz- und Wirtschaftshilfe an Österreich in den Jahren 1945 bis 1950, phil. Diss., Wien 1985, S. 370–377.

[13] Geoffrey Keyes an Joint Chiefs of Staff, Telegramm P-1732 vom 7. Mai 1948. NA, RG 59, Box 533, 840. 50 Recovery/5-748.

[14] Geoffrey Keyes an Joint Chieffs of Staff, Telegramm P-1823 vom 19. Mai 1948. NA, RG 319, Box 58, File Plans and Operations Division, 091 Austria. Artikel 15/1 des Entwurfes ist im endgültigen Abkommen Artikel 8/1.

[15] Robert A. Lovett an John G. Erhardt, Telegramm 492 vom 28. Mai 1948. NA, RG 59, Box 533, 840.50 Recovery/5-2848.

[16] John G. Erhardt an George C. Marshall, Telegramm 861 vom 6. Juli 1948. NA, RG 59, 840.50 Recovery/7-648.

[17] Labouisse an Jackson, Francis T. Williamson und Geoffrey Keyes, Office Memorandum vom 10. Juli 1948. NA, RG 59, 840.50 Recovery/7-1048.

[18] George C. Marshall an John G. Erhardt, Telegramm 631 vom 6. Juli 1948. NA, RG 59, 840.50 Recovery/7-648.

[19] Memorandum von J. H. Richter: »Functions of ECA-Country Missions Abroad«, 18. Mai 1948. NA, RG 286, Box 37, Folder: Program Policy Division, Washington.

[20] Ebd.

[21] Eine solche Aktion wurde bereits im Frühjahr 1948 mit Erfolg durchgeführt. Die für die Preisstützung notwendigen Gelder wurden aus Gegenwertmitteln der Kongreßhilfe genommen; vgl. dazu: Mähr, Von der UNRRA zum Marshallplan, S. 165–167.

[22] Im Detail wird bei den Gegenwertmitteln darauf eingegangen.

[23] Vgl. in diesem Zusammenhang: Patricia B. Eggleston, The Marshall Plan in Austria: A Study in American Containment of the Soviet Union in the

Cold War, ph. D., thesis, University of Alabama 1980. Eggleston widmet dieser Frage die Kapitel VI und VII.

²⁴ Ebd., S. 208 f.

²⁵ Memorandum von W. G. Lalor: »Military Considerations in the Granting of Export Licenses (Austria)«, 4. Mai 1950. NA, RG 330, Box 115, File Mark Folder.

²⁶ Richard M. Bissell an Tracy S. Vorhees, 8. April 1949. NA, RG 59, Box 5680, 840.50/Recovery/4-849. Ebenso: Eggleston, Marshall Plan in Austria, S. 231.

²⁷ Note by the Secretaries to the Joint Chiefs of Staff on Military Considerations in the Granting of Export Licenses, 16. Juli 1949. NA, RG 319, Box 558, P & O-091, JCS 1561/13.

²⁸ Eine Zusammenstellung der Korrespondenz in dieser Angelegenheit in: NA, RG 260, Box 906, F 43 (Semperit I), ohne Datum.

²⁹ Ebd., S. 5.

³⁰ Ebd., S. 5.

³¹ Ebd., S. 6.

³² Charles L. Bolte, Director of Plans and Operations, Memorandum for the Chief of Staff, US-Army, 2. August 1949: »Military Considerations in the Granting of an Export License for Rubber Production Equippment to Austria«. NA, RG 319, Box 558, P & O-091.

³³ JCS Decision on JCS 1561/14, »Report by the Joint Strategic Survey Committee to the JCS on Military Considerations in the Granting of an Export License for Rubber Production Equipment to Austria«, 15. August 1949. NA, RG 319, Box 558, P &O-091.

³⁴ Vgl. den Fall Semperit auch in Eggleston, Marshall Plan in Austria, S. 230–240. Sie stellt zusätzlich noch eine Verbindung zur 1948 geänderten amerikanischen Exportpolitik Jugoslawiens gegenüber her, die die Verzögerung der Semperit-Frage mitbeeinflußt haben soll. Eine unvollständige Darstellung auch in: Arno Einwitschläger, Amerikanische Wirtschaftspolitik in Österreich 1945–49, Wien 1986, S. 85–88.

³⁵ Zur genaueren Darlegung des Systems und der Wirkungsweise der Gegenwertmittel, siehe: Mähr, Von der UNRRA zum Marshallplan, S. 400 bis 409.

³⁶ Westmore Willcox an Leopold Figl, 19. November 1948. NA, RG 84, Box 2356, 850 ECA.

³⁷ Ebd.

³⁸ Artikel III des Finanzentwurfes für 1949, vgl. *Kleines Volksblatt* 28. Oktober 1948, S. 1, unter »Unsere Währung ist sicher und stabil«.

³⁹ William F. Busser, Memorandum vom 26. November 1948: »Informal Comments Concerning Mr. Willcox' Letter of Nov. 19, 1948 to Chancellor Figl«. NA, RG 84, Box 2356, 850 ECA.

⁴⁰ Das außerordentliche Budget, auch Bundesinvestitionsprogramm genannt, wurde vor allem zur Finanzierung der ÖBB, Post, öffentlicher

Bauten, Land- und Forstwirtschaft, Bundesforste, Unterricht u. a. verwendet, alles »unproduktive« Investitionen und solche, für die im ordentlichen Budget kein Raum war. Wie die Statistik zeigt, betrugen die Freigaben für das a. o. Budget im Zeitraum Juni 48 bis Juni 50 34 Prozent aller Freigaben oder 1,571 Milliarden Schilling. Davon konnten ÖBB und Post direkt mehr als 600 Millionen Schilling beanspruchen. Für »produktive« Investitionen wurden im selben Zeitraum 1,715 Milliarden Schilling oder 37,1 Prozent, also nur unwesentlich mehr, ausgegeben. Vgl. dazu: *Monatsberichte des Instituts für Wirtschaftsforschung,* August 1950, 368.

[41] Wie Anm. 39

[42] Memorandum of Conversation (Francis T. Williamson, Josef A. Schöner) vom 25. Juli 1949: »Austrian Protest Against ECA Activities«. NA, RG 59, 840.50 Recovery/7-2549.

[43] Zur Reorganisation des ERP-Büros und zum Kompetenzstreit innerhalb der Bundesverwaltung, siehe: Mähr, Von der UNRRA zum Marshallplan, S. 390–399, bes. S. 396.

[44] John G. Erhardt an Secretary of State, Desp. 442 vom 19. September 1949: »Memorandum addressed by the Austrian Chancellor to ECA/Washington on current Counterpart Release Policies and Comment of ECA Special Mission Vienna«. NA, RG 59, 840.50 Recovery/9-1949.

[45] William F. Busser an John G. Erhardt, Memorandum vom 16. September 1949: »Austrian Appeal through the Federal Chancellor for Change in ECA Policies on Counterpart Releases«. NA, RG 84, Box 2359, 500 ECA.

[46] Ebd.

[47] John G. Erhardt an Secretary of State, Desp. 442, Enclosure 2 vom 19. September 1949: »Memorandum Giblin an Erhardt vom 21. September 1949: Chancellor Figl's Letter re Counterpart Releases«. NA, RG 59, 840.50 Recovery/9-1949.

[48] William F. Busser an John G. Erhardt, Memorandum vom 22. September 1949: »Proposed ECA Cable re Counterpart Releases«, 3. NA, RG 84, Box 2359, 500 ECA.

[49] »Principles and Procedures for a Counterpart Program Austrian Mission: 1950, an Operating Manual«, 13. NA, RG 286, Box 9, Folder 115.7F (ohne Datum).

Teil III

Die Bevormundung in den
auswärtigen Beziehungen:
Österreich im Kalten Krieg

Wilfried Aichinger

Die Sowjetunion und Österreich 1945–1949*

Während der Historiker, der die Österreichpolitik der USA und
Großbritanniens analysiert aufgrund der zugänglichen Akten in der
Regel in der glücklichen Lage ist, die Geschichte bis zur Entscheidungsfindung innerhalb der jeweiligen Bürokratien studieren zu
können,[1] stehen dem Forscher auf sowjetischer Seite noch immer
keine Archive offen. An dieser unerfreulichen Situation hat sich
auch im letzten Jahrzehnt nichts geändert, sodaß sich die heutige
Quellenlage kaum von der zu Mitte der Siebzigerjahre unterscheidet.[2]

Sowjetische Positionen müssen aus westlichen Quellen rekonstruiert werden, und nur in wenigen Fällen bringt das sowjetische
Schrifttum Originalzitate aus Quellenmaterial.[3] Allein schon aus
diesem Grunde soll es im vorliegenden Beitrag eher um die Formulierung von Thesen zur sowjetischen Österreichpolitik als um eine
deskriptive Darstellung der bilateralen Beziehungen zwischen beiden
Staaten im erwähnten Zeitraum gehen.

1. Die Anfangsphase der sowjetischen Besatzung

Die in Österreich einmarschierenden sowjetischen Truppen hatten
die Direktive, nach der »Befreiung« des Landes Verwaltungsangele-
genheiten unverzüglich in österreichische Hände zu legen. Die »Provisorische Verordnung über Kriegskommandanturen auf dem durch
sowjetische Truppen eingenommenen Territorium Österreichs«[4] sah
vor, daß die Kommandanten für ihren Wirkungsbereich sogenannte
»Starosti« einsetzten, die als österreichische Verwaltungsorgane fun-
gieren sollten.

Solange die Kämpfe in Ost-Österreich andauerten, wurde dieser Direktive in der Regel entsprochen. Die von den Kommandanten getroffene Auswahl der Bürgermeister läßt die Annahme gerechtfertigt erscheinen, daß es über den in Frage kommenden Personenkreis keine gesonderten Weisungen gegeben hat. In den ab Ende April 1945 besetzten Gebieten Österreichs überließen die Sowjets diese Aufgabe bereits österreichischen Stellen wie beispielsweise Bezirkshauptmannschaften oder der ansässigen Bevölkerung.[5]

Ähnlich rasch wie auf lokaler Ebene Verwaltungsinstanzen geschaffen wurden, kam es auch in Wien zur Einsetzung einer sogenannten »Provisorischen Regierung« unter Karl Renner, in deren Hände die Ausübung der Zentralgewalt gelegt wurde. Zwar vermieden es die Sowjets, die Regierung Renner offiziell anzuerkennen, weil die Westmächte auf die sowjetische Ankündigung, eine provisorische Regierung einzusetzen, mit geharnischten Protesten reagierten,[6] doch hatten sie nun einen österreichischen Ansprechpartner, vorerst natürlich nur für Angelegenheiten, die den sowjetisch besetzten Teil Österreichs betrafen.

Nichtsdestoweniger agierte die Regierung Renner aber von Anfang an in einer Weise, als würde sie für ganz Österreich sprechen, und erhielt dabei von den Sowjets weitgehende Unterstützung. In der Verfassungsfrage gelang es Renner, gegen den Widerstand der kommunistischen Regierungsmitglieder die Verfassung von 1920 in der Fassung von 1929 wieder in Kraft zu setzen. Im Falle des für die Verwaltung Niederösterreichs eingesetzten Provisorischen Landesausschusses (= Landesregierung) akzeptierte die Besatzungsmacht die von den politischen Parteien ausgehandelte Zusammensetzung, in der erstmals nicht nur von der Drittelparität zuungunsten der Kommunistischen Partei abgegangen wurde, sondern auch die Vertreter der KPÖ die unwichtigsten Ressorts erhielten.

Die Regierung Renner selbst war von einem unproportional großen Einfluß der KPÖ geprägt, die ein Drittel der Regierungsämter innehatte, doch wird in diesem Zusammenhang gern übersehen, welch dominierende Stellung Staatskanzler Renner zukam, der den kommunistischen Einfluß mehr als paralysieren konnte. Ein Scheitern der Regierung Renner wäre von den westlichen Verbündeten der UdSSR vermutlich als das letzte fehlende Beweisstück für die beabsichtigte »Sowjetisierung« des Landes betrachtet worden. Nichts lag aber der Sowjetunion ferner, als diesen Eindruck zu erwecken.

Die heftigen Reaktionen der Westmächte auf die Einsetzung der

Regierung Renner verfehlten ihre Wirkung auf Moskau nicht, das Österreich als gemeinsame Verantwortung aller Alliierten gesehen haben wollte und sich mit dem Argument verantwortete, daß es die »Praxis der Verwaltung eines besetzten Gebietes erforderlich mache, eine bodenständige politische Autorität einzusetzen«.[7] Die Arbeit der Provisorischen Staatsregierung verlief weitgehend ohne Interventionen der sowjetischen Besatzer, und die beschlossenen Gesetze konnten – mit Ausnahme zweier, wirtschaftliche Belange betreffender – ausnahmslos verlautbart werden und damit in Kraft treten.

2. Maßnahmen auf wirtschaftlichem Gebiet

Der Zeitraum zwischen der Besetzung des Landes durch sowjetische Truppen (April 1945) und der Potsdamer Konferenz (17. Juli bis 2. August 1945) war durch umfangreiche Beschlagnahmen und Abtransporte von Industrieanlagen unter dem Titel »Kriegsbeute« gekennzeichnet. Als die Westalliierten hinsichtlich der sowjetischen Definition von Kriegsbeute Vorbehalte anmeldeten, stellte sich Moskau auf den Standpunkt, Ausrüstungsgegenstände beschlagnahmen zu dürfen, die zur Fortsetzung des Krieges gegen Deutschland benötigt würden.[8] Als dieses Argument nach dem Ende der Kampfhandlungen hinfällig geworden war, verantwortete sich Moskau mit der Behauptung, lediglich Einrichtungen der deutschen Rüstungsindustrie zu demontieren.

Dieser Ansicht konnte man sich aber nur anschließen, wenn man bereit war, die extrem weitgefaßte sowjetische Interpretation zu akzeptieren. Welchen Standpunkt die sowjetischen Besatzer in dieser Frage einnahmen, erfuhr die Regierung Renner bereits am 12. Mai 1945, als eine Gruppe hoher sowjetischer Offiziere mit Marschall Tolbuchin an der Spitze den österreichischen Stellen eröffnete, daß es das Gesetz des Krieges sei, daß derjenige, der Beute mache, dieselbe auch ausnütze. 13 große Betriebe der Schwerindustrie, vor allem solche, die in deutschem Besitz gewesen waren bzw. einen hohen deutschen Investitionsanteil aufwiesen, standen im Mittelpunkt des sowjetischen Interesses.[9]

Der Beschlagnahme fielen aber nicht nur Betriebe der metallverarbeitenden Industrie anheim, sondern auch Einrichtungen der Leichtindustrie, Post, Erdölgewinnung und -verarbeitung, des Maschinenbaus und der Maschinenbauindustrie sowie die Kassenbestände sämtlicher Geldinstitute. Zum Leidwesen der österreichischen Regierung waren in dieser Frage keine Kompromisse möglich, und die von den Sowjets gehandhabte Praxis, zwar Demontagen unverzüglich und rasch durchzuführen, die demontierten Güter aber nicht selten Wochen oder Monate nicht abzutransportieren, wodurch irreparable Schäden an ihnen auftraten, trug nicht zur Verbesserung des Verhältnisses zwischen Besatzern und Besetzten bei.

Die Besatzungsmacht ließ sich auf keine Diskussionen über die Erfordernisse einer österreichischen Friedenswirtschaft ein und erhob ihre Ansprüche als Kriegsgewinner in ultimativer Form. Beschlagnahmen und Demontagen sollten helfen, den der sowjetischen Wirtschaft durch den Krieg entstandenen Schaden zum Teil wiedergutzumachen. Die österreichische Regierung wurde aber nach wie vor über den Umfang der sowjetischen Ansprüche im Dunkeln gelassen. Um diesen Schwebezustand zu beenden, der die Aufbau- und Wiederinstandsetzungsarbeiten nachhaltig beeinträchtigte, beschloß die österreichische Regierung am 28. August 1945 das Staatseigentumsgesetz und am 5. September 1945 das Verstaatlichungsgesetz, die die offenen Fragen zugunsten Österreichs lösen sollten.

Obwohl die Vergesellschaftung der Produktionsmittel eigentlich den ideologischen Intentionen der UdSSR entsprechen hätte müssen, wurde die Publikation beider Gesetze und damit deren Inkrafttreten von den Sowjets untersagt, weil sie direkt sowjetische Wirtschaftsinteressen in Österreich tangierten.

Die sowjetischen Ansprüche in Österreich waren durch die Potsdamer Konferenz in höchst zwiespältiger Weise geregelt worden: Dem Beharren der westlichen Verhandlungspartner war es zu danken, daß grundsätzlich die Entscheidung getroffen wurde, keine Reparationen von Österreich, einem »befreiten« Land, zu verlangen. Allerdings wurde in der Schlußphase der Konferenz der UdSSR das Verfügungsrecht über das deutsche Auslandsvermögen, u. a. auch über das in Ost-Österreich, zugestanden.[10]

Eine Beanspruchung der ehemals deutschen Vermögenswerte durch die UdSSR konnte als Kompromiß zwischen den Maximalpositionen Reparationszahlungen und Leistungsfreiheit, wie Österreich sie als völkerrechtlich nicht handlungsfähiges Subjekt postulierte, gelten, wäre er nicht mit dem Manko des Fehlens einer verbindlichen Definition behaftet gewesen, was diese – später verknappt als »Deutsches Eigentum« bezeichneten – Vermögenswerte eigentlich seien.

Die sowjetischen Beschlagnahmen in der ersten Phase der Besatzungszeit basierten auf Kriegsrecht und waren Angelegenheit der sogenannten »Beuteverwaltung«, die in Mödling bei Wien ihren Sitz hatte.[11] Nach der Potsdamer Konferenz unternahmen die Sowjets nun massive Versuche, bilateral mit der österreichischen Regierung Abkommen wirtschaftlicher Natur zu schließen.

3. Verhandlungen über bilaterale sowjetisch-österreichische Gesellschaften

Bereits im August 1945 bekundete die UdSSR ihr reges Interesse, die im Potsdamer Abkommen erhaltenen deutschen Auslandsguthaben an Ort und Stelle einer Nutzung zuzuführen. Die von Moskau dabei ins Auge gefaßte Form sollte – analog einem auch für andere, unter sowjetischer Besatzung stehende Staaten gültigen Muster – die Schaffung bilateraler Gesellschaften sein.

Zwei Wirtschaftszweige wurden von Moskau dafür als besonders geeignet angesehen: die österreichische Erdölindustrie und die Erste Donau-Dampfschiffahrts-Gesellschaft (DDSG). Die ersten Verhandlungen über die Gründung einer gemischten Erdölgesellschaft begannen bereits im August 1945, bevor noch die westlichen Alliierten ihren Einzug in Wien gehalten hatten. Am 29. August 1945 lag dem Kabinettsrat die Gründung der bilateralen »Sanaphta« zur Beschlußfassung vor.[12]

Die Entscheidung darüber wurde vertagt und die Zeit genützt, die in Wien zur Etablierung des Alliierten Rates eingetroffenen Amerikaner über die sowjetischen Pläne zu informieren. Da neben britischen, niederländischen, französischen und kanadischen Firmeninteressen auch amerikanische auf dem Spiel standen, intervenierte der amerikanische Militärkommissar General Clark bei Marschall Konjew und bezeichnete die sowjetische Vorgangsweise als Gefährdung der reibungslosen Einrichtung des Alliierten Rates sowie der Kompetenzerweiterung der Regierung Renner auf ganz Österreich.[13]

Staatskanzler Renner verweigerte am 10. September 1945 im sowjetischen Hauptquartier seine Unterschrift unter den fertig ausformulierten Vertrag mit dem Hinweis, daß seine Regierung nur provisorischen Charakter habe und die Meinung aller Alliierten zu einem derart wichtigen Thema eingeholt werden müsse, obwohl er selbst die Meinung vertrat, die sowjetische Interpretation des Potsdamer

Abkommens sei plausibel und die vorgeschlagene Gesellschaft für
Österreich vorteilhaft gewesen. Nachdem er aber im SPÖ-Parteivor-
stand in dieser Frage eine Abstimmungsniederlage erlitten hatte, su-
spendierte der Kanzler die bilateralen Gespräche, worauf die Sowjets
eine österreichische Handelsdelegation, die nach Moskau reisen sollte, wieder ausluden.[14]

Im Fall der DDSG wurde im Juli 1945 die österreichische Leitung
aufgefordert, Pläne für eine gemischte Aktiengesellschaft auszuarbeiten. Nach dem Scheitern der Erdölgesellschaft nahmen die Sowjets
davon Abstand und setzten in der Folge in beiden Wirtschaftsberei-
chen auf Alleingänge, ohne allerdings jemals das Ziel bilateraler Gesellschaften völlig aus dem Auge zu verlieren.

Resümee:

– Die politische Frage, ob Österreich als unabhängiger Staat wiederhergestellt würde, war durch die sowjetische Präsenz im Lande und
die Einsetzung einer letztendlich auch für die westlichen Alliierten
akzeptablen Regierung im Sinne Moskaus entschieden worden.
– Aus sowjetischer Sicht waren somit alle Überlegungen und Befürchtungen gegenstandslos, London könnte sich mit seiner Idee einer »Donaukonföderation«, bestehend aus Süddeutschland, Österreich und – möglicherweise – Ungarn, doch noch durchsetzen, wie
sie in den Kriegskonferenzen der Alliierten noch an prominenter
Stelle zur Diskussion gestanden war.
– Die sowjetischen Anstrengungen, unter Ausnützung der alleinigen
Präsenz, zu bilateralen wirtschaftlichen Arrangements mit Österreich zu kommen und damit eine Ausrichtung eines westlichen Teiles der österreichischen Wirtschaft nach dem Osten zu erreichen,
mußten vorerst als gescheitert betrachtet werden.

4. Die Phase der »totalen Kontrolle«

Am 11. September 1945 trat in Wien der Alliierte Rat zu seiner ersten Sitzung zusammen, nachdem auch der britische Oberbefehlshaber die Erlaubnis erhalten hatte, formell an der Übernahme der
obersten Gewalt in Österreich mitzuwirken. Von der ersten Minute
an zeigte sich, daß es in diesem Gremium zu einer britisch-sowjeti-

schen Konfrontation kommen würde, während die Rolle des Vermittlers in erster Linie den Amerikanern zufiel. Die Sowjetunion
drängte in dieser Phase auf die Anerkennung der Regierung Renner
durch die vier Alliierten, während die britischen Vertreter eine solche Forderung rundweg ablehnten.

Der amerikanischen Vermittlung war es zu danken, daß London
von seiner Maximalforderung nach Entfernung aller kommunistischen Regierungsmitglieder abging und Renner die Chance gab, in
den Länderkonferenzen seine Regierung umzubilden.[15] Gleichwohl
wurde das Ergebnis dieser Konferenzen nicht enthusiastisch begrüßt:
Zwar empfahlen die Vier-Mächte-Vertreter ihren Regierungen die
Anerkennung der umgebildeten Regierung, doch wurde am 20. Oktober 1945 Karl Renner lediglich die formelle Zustimmung zur Ausdehnung der Kompetenz seiner Regierung auf ganz Österreich vom
Alliierten Rat mitgeteilt. Dies kam einer De-facto-, nicht aber einer
De-jure-Anerkennung der österreichischen Regierung gleich.

Die formelle Machtübernahme durch die vier Alliierten brachte
für die österreichische Regierung eine Einengung ihres Freiraumes,
da nun vermehrtes Augenmerk auf die Kontrolle gelegt wurde. In
dieser Phase, am 20. Oktober 1945, teilte der politische Berater des
sowjetischen Militärkommissars, E. D. Kiselew, Renner mit, daß die
Sowjetunion plane, volle diplomatische Beziehungen mit Österreich
aufzunehmen.

Die Sowjetunion war offensichtlich bestrebt, die Initiative in der
Österreichpolitik wiederzugewinnen; Amerikaner und Briten oppo-
nierten, weil sie an einer neuerlichen Aufwertung der Provisorischen
Staatsregierung kein Intersse hatten und befürchteten, die UdSSR
könnte ihre Sonderstellung zur Lösung von Fragen unter Umgehung
des Alliierten Rates mißbrauchen. In ungewöhnlich kurzer Zeit wurde in den westlichen Hauptstädten der Beschluß gefaßt, die politischen Berater in den Rang von Gesandten zu erheben, um den sowjetischen Avancen Paroli bieten zu können.

In den Verhandlungen in den Gremien der Alliierten Kommission
wurde bald klar, daß es der Sowjetunion in erster Linie darum ging,
Regelungen zu finden, die es Moskau erlaubten, seine Beziehungen
zu Österreich bilateral, d. h. ohne Zustimmung der drei anderen im
Alliierten Rat vertretenen Mächte, zu gestalten. Dies trat klar in den
Debatten über die dem Alliierten Rat vorbehaltenen Regierungsfunktionen zutage, als die Sowjets u. a. auswärtige Angelegenheiten
und diplomatische sowie Handels- und Finanzbeziehungen Öster-

reichs zu Mitgliedern der alliierten Gremien ausgenommen wissen wollten.[16]

Westlicherseits war man nicht bereit, den sowjetischen Standpunkt zu akzeptieren, und verschob die Diskussion über die dem Alliierten Rat vorbehaltenen Regierungsfunktionen über die Novemberwahlen 1945 hinaus, bis sie schließlich wieder in den Verhandlungen, die letztlich zum Zweiten Kontrollabkommen führten, auftauchten.

Nolens volens war die Sowjetunion aber nach der Etablierung der Vier-Mächte-Kontrolle gezwungen, ihren Verwaltungs- und Kontrollapparat auszubauen, wollte sie nicht gegenüber den westlichen Verbündeten ins Hintertreffen geraten.[17] Schlußendlich stellte sich ja auch heraus, daß die Annahme, nach den Novemberwahlen 1945 wäre die alliierte Kontrolle überflüssig und die Alliierte Kommission könnte abberufen werden, voreilig gewesen war.

Auf wirtschaftlichem Gebiet entschlossen sich die Sowjets nach dem Scheitern der Verhandlungen über eine gemischt-staatliche Erdölgesellschaft zum Alleingang: Die Sowjetische Mineralölverwaltung (SMV) erhielt ab Herbst 1945 den Auftrag, die österreichischen Erdölressourcen auszubeuten und Ölförderung, Raffination und Vertrieb zu übernehmen, wobei die prädominant britischen bzw. amerikanischen Unternehmen aus der Vorkriegszeit ausgespart blieben.

5. Die Novemberwahlen 1945

Nach den für die Kommunisten enttäuschend verlaufenen Nationalratswahlen vom 25. November 1945 setzten auch die Sowjets verstärkt auf den Alliierten Rat als oberstes *Kontroll*organ und schwenkten damit auf die vor allem von den Engländern vertretene Linie einer strikten Kontrolle der österreichischen Regierung ein.

Als Kanzler Renner Ende November 1945 die Höhe der Besatzungskosten kritisierte und diese in direkten Zusammenhang mit den enormen Truppenstärken brachte, die die Alliierten zwecks Erhaltung eines strategischen Gleichgewichts, nicht aber aus tatsächlichen Erfordernissen in Österreich unterhielten, waren die Vier Mächte einig wie selten: In ihrer Antwort ließen die Alliierten Renner wissen, daß diese Frage Österreich nichts anginge und wohl nur dem Zwecke diente, Zwietracht unter den Alliierten zu säen. Österreich könnte sich nicht aus eigenen Dingen von der Verpflichtung befreien, die von den Alliierten auferlegten Besatzungskosten zu tragen, denn schließlich hätte es an der Seite Deutschlands am Krieg teilgenommen.[18] Damit waren die Alliierten nun aber meilenweit von der Moskauer Deklaration entfernt und leiteten eine »Eiszeit« in den Beziehungen zwischen »Befreiern« und »Befreiten« ein.

Die Zusammensetzung der aus den freien Wahlen hervorgegangenen Regierung wurde der vorherigen Genehmigung durch den Alliierten Rat unterworfen, und das sowjetische Element erreichte – in Absprache mit den US-Vertretern – einige Änderungen in der Kabinettsliste, die der designierte Bundeskanzler Figl den Alliierten vorgelegt hatte.

Nach den Novemberwahlen begannen auch die sowjetischen Vertreter in der Alliierten Kommission, Österreichs Entnazifizierungsanstrengungen als zu geringfügig zu kritisieren.[19] Bis dahin hatten sie diese Aufgabe weitgehend den österreichischen Stellen überlassen und wenig bis kein Interesse an diesen Angelegenheiten gezeigt. Auch eine schleppende Durchführung der Volksgerichtsprozesse gegen Kriegsverbrecher warfen die Sowjets nunmehr der österreichischen Regierung vor.

Resümee:

– Die Konstituierung des Alliierten Rates schuf ein Kontrollregime, das die Bewegungsfreiheit der österreichischen Regierung weit über jenes Maß hinaus einengte, das diese noch unter alleiniger sowjetischer Besatzung genossen hatte.
– Der Ausgang der Novemberwahlen bot den Sowjets eine willkommene Gelegenheit, auf die von westlicher Seite angestrengte Linie der totalen Kontrolle einzuschwenken.
– Die von den Alliierten in Österreich übernommenen Verpflichtungen waren längst nicht mehr von der Sorge um das Wohlergehen des neuen Staatswesens dominiert, sondern bereits das Beziehen strategischer Positionen in Zentralmitteleuropa, an der Trennlinie zwischen West und Ost.

6. Das Zweite Kontrollabkommen vom 28. Juni 1946

Überlegungen, die Formen der Kontrolle zu ändern, aber an der prinzipiellen Institution des Alliierten Rates nicht zu rütteln, standen schon bald nach der Anerkennung der Regierung Figl auf britischer Seite zur Diskussion, da London die Initiative in der Mitteleuropapolitik zurückgewinnen und sich Optionen mit Blickrichtung Osteuropa offenhalten wollte.[20]

Im Frühjahr 1946 erklärten sich alle Alliierten bereit, in die Diskussion über den britischen Vorschlag für ein neues Kontrollabkommen einzutreten, das einerseits mehr Bewegungsfreiheit für die österreichische Regierung bringen und andererseits die Fortdauer der alliierten Besatzung festschreiben sollte.

Überraschend erklärten sich auch die Sowjets bereit, den britischen Entwurf ohne Vorbehalte zu diskutieren. Das am 28. Juni 1946 unterzeichnete Abkommen kehrte im Falle einfacher Gesetze das bisherige Vetorecht um: Gesetze des österreichischen Parlaments galten nun als angenommen, wenn der Alliierte Rat nicht binnen 31 Tagen einstimmig Einspruch erhob. Lediglich im Fall von Verfassungsgesetzen sollte es bei der bisherigen Regelung bleiben, d. h., zum Inkrafttreten weiterhin die Billigung durch die Alliierten notwenig sein.[21]

Die Vermutungen, die über die sowjetischen Beweggründe zur Unterzeichnung dieses Abkommens angestellt wurden, sind Legion. Allzuoft wird dabei aber vergessen, daß die Sowjets darin eine ihrer zentralen politischen Forderungen festgeschrieben erhielten, nämlich das Recht, bilaterale Verträge mit Österreich abzuschließen, ohne daß der Alliierte Rat ein diesbezügliches Einspruchsrecht gehabt hätte.

Diese Bestimmung war zugleich der deutlichste Beweis, daß die Wahlen vom November 1945 und das schlechte Abschneiden der Kommunisten keine Zäsur für die mittelfristige sowjetische Österreichpolitik bedeuteten. Nach wie vor zielte Moskau darauf ab, zu einem wirtschaftlichen Arrangement mit Wien zu kommen. Das »Deutsche Eigentum« bildete nach wie vor den Punkt, an dem der Hebel angesetzt werden sollte.

Bereits im Februar 1946 beschlagnahmten die Sowjets das Eigentum der DDSG und richteten eine sowjetische Verwaltung für die Schiffahrtsgesellschaft ein. Gleichzeitig mit sowjetischen Beschlagnahmen von Fabriken, Betrieben und Ländereien liefen aber die bilateralen Verhandlungen über gemischtstaatliche Gesellschaften weiter, bis Moskau am Abend des 5. Juli 1946 mit dem Befehl Nr. 17 des sowjetischen Hochkommissars Kurassow einen Paukenschlag setzte.[22]

7. Befehl Nr. 17 und USIA

In diesem bezeichnenderweise auf den 27. Juni 1946, d. h. einen Tag vor der Unterzeichnung des Zweiten Kontrollabkommens, rückdatierten Befehl wurden alle in der sowjetischen Zone gelegenen Einrichtungen, die nach sowjetischer Definition als »Deutsches Eigentum« zu betrachten waren, direkt unter sowjetische Verwaltung gestellt.

Tags darauf erklärte Generalmajor Zinew, Stellvertretender Oberbefehlshaber der sowjetischen Truppen in Österreich, daß unter den Begriff »Deutsches Eigentum« rund 280 Industriebetriebe mit 50 000 Arbeitern, die DDSG, der Großteil der Erdölindustrie und 157 000 ha Boden fielen.[23]

Die österreichische Regierung konnte wenig mehr tun, als emotional ihrem Entsetzen über diese Maßnahme Ausdruck zu verleihen. Klar wurde erkannt, worauf die sowjetische Maßnahme hinauslief: Die Sowjets wollten diese Frage benutzen, »um sich wirtschaftlich – und damit auch politisch – in Österreich festzusetzen«.[24]

Als Reaktion auf den sowjetischen Schritt verabschiedete das Parlament in Wien das Zweite Verstaatlichungsgesetz, um Schlüsselindustrien dem sowjetischen Zugriff zu entziehen. Propagandistisch geschickt nützten die Westmächte den Schritt der UdSSR, die Anwendung dieses Gesetzes in ihrer Besatzungszone gemäß Artikel 2d des Kontrollabkommens zu verhindern, und erklärten den bedingten Verzicht auf das in ihren Zonen gelegene »Deutsche Eigentum«.

Interessanterweise betrachtete Moskau aber den Befehl Nr. 17 nicht als Schlußstrich unter die Bemühungen, zu einem bilateralen Verständnis mit Österreich zu gelangen. Tür und Tor zu Gesprächen zwischen Wien und Moskau blieben offen, wenn auch die Praxis der Verfolgung sowjetischer wirtschaftlicher Interessen in Österreich Anlaß zu Reibungen bot.

Der Einfluß der österreichischen Regierung auf die beschlagnahmten Betriebe wurde völlig ausgeschaltet. Die Steuerzahlungen wurden sistiert, die Lohnpolitik widersprach den österreichischen Vorschriften, und den Bediensteten wurde untersagt, Kontakt mit Regierungsstellen aufzunehmen.[25]

Die Verwaltung des von der UdSSR beanspruchten »Deutschen Eigentums« wurde von der USIA[26] wahrgenommen, die von einem sowjetischen Generaldirektor mit drei Stellvertretern für politische, kommerzielle und personelle Angelegenheiten geführt wurde. Neben den reinen Stabstellen war die USIA in einzelne Produktions-Verwaltungen bzw. Branchenabteilungen unterteilt, die in insgesamt neun Teilverwaltungen zusammengefaßt wurden.[27]

Die exterritoriale Wirtschaftätigkeit der USIA fügte der österreichischen Wirtschaft beträchtlichen Schaden zu und führte zu einem deutlichen Ost-West-Gefälle in der Industrie, das bis auf den heutigen Tag sichtbar ist. Daran konnte auch die Einbindung Österreichs in den Marshall-Plan (ERP) nichts ändern, da die ERP-Hilfe nur mit strengen Auflagen betreffend Embargo-Bestimmungen für die sowjetisch besetzte Zone gewährt wurde.[28]

Schon bald litten die kapitalknappen USIA-Betriebe unter Rohstoffmangel und waren – trotz anfänglich hoher Gewinne – zu Umstrukturierungen gezwungen. Im Sommer 1948 richtete die USIA eine Verkaufsorganisation ein, die Waren zu erheblich niedrigeren Preisen als österreichische Geschäfte anbot. Jeder Einkauf in einem solchen USIA-Laden schadete der österreichischen Wirtschaft, doch war die von der österreichischen Regierung betriebene Propaganda gegen die sowjetischen Praktiken nicht immer von Erfolg begleitet.

Die USIA-Läden wurden von der kommunistischen Presse als Musterbeispiel für die Vorteile der gelenkten Planwirtschaft gefeiert und als »Marshall-Hilfe des kleinen Mannes«[29] apostrophiert, während die westlichen Medien darin den dezidierten Versuch erblickten, einen Wirtschaftskrieg gegen Österreich zu führen.

Sowjetischerseits wurde Österreichs Einbindung in die ERP-Hilfe heftig kritisiert und der österreichischen Regierung vorgeworfen, durch die einseitige Westorientierung des Landes den Handel mit Osteuropa zum Erliegen kommen zu lassen. Auch für die Arbeitslosigkeit und die Schwäche der Währung sowie für die Verzögerung der Staatsvertragsverhandlungen wurde das ERP-Programm verantwortlich gemacht.

8. Die Frühphase der Staatsvertragsverhandlungen

Wenn Ende 1946/Anfang 1947 die Nachricht vom bevorstehenden Beginn der Verhandlungen über einen »Staatsvertrag« auf österreichischer Seite Begeisterung ausgelöst hatte, so mußte diese Euphorie bald einer realistischeren Beurteilung weichen. Die Londoner Beratungen der Sonderbeauftragten im Jänner und Februar 1947 brachten lediglich eine Grobgliederung des »Vertrages zur Wiederrichtung eines unabhängigen und demokratischen Österreich«; in mehr als der Hälfte der Fragen wurde keine Einigung erzielt. Und die österreichische Delegation wurde nicht als Verhandlungspartner zugelassen, sondern durfte nur in Hearings Fragen der Unterhändler beantworten.[30]

Wesentlich unangenehmer als die mangelnde Einigkeit der Alliierten waren aber die Themen, die nunmehr sowjetischerseits angezogen wurden. Moskau warf jetzt offen die Frage nach Österreichs Anteil an seiner Befreiung auf und wollte diesen Beitrag gegen die Zahl der Österreicher aufgerechnet sehen, die in der Deutschen Wehrmacht gedient bzw. in der deutschen Rüstungsindustrie gearbeitet hatten. Weiters kritisierten die Sowjets offen die mangelnde Entnazifizierung, die schleppende Aburteilung von Kriegsverbrechern und die unbefriedigende Lösung der Frage des »Deutschen Eigentums«.[31]

Beträchtlichen Konfliktstoff barg schließlich die jugoslawische Forderung nach österreichischen Reparationszahlungen sowie nach Gebietsabtretungen in Kärnten und in der Steiermark, die von sowjetischer Seite in den im März 1947 folgenden Verhandlungen des Rates der Außenminister in Moskau unterstützt wurden. Die Moskauer Verhandlungen scheiterten aber schließlich am Problem des »Deutschen Eigentums«, nachdem die bilateralen Beziehungen zwischen der Sowjetunion und den USA durch die am 12. März 1947 verkündete Truman-Doktrin eine spürbare Verschlechterung erfahren hatten.

Immerhin einigte man sich in Moskau aber darauf, ab Mai 1947 Expertenberatungen über den Staatsvertrag in Wien abzuhalten. Im Verlauf von 85 Sitzungen bis Oktober des Jahres brachten diese lediglich eine Liste von 15 Punkten hervor, über die sich die Verhandlungspartner uneinig waren. Der in der Schlußphase vom französischen Delegierten Paul Cherrière eingebrachte Kompromißvorschlag brachte letztlich Bewegung in die starren Fronten.

Der sogenannte »Cherrière-Plan«, der eine Ablösung der sowjetischen Ansprüche auf das »Deutsche Eigentum« sowohl durch Eigentumsübertragungen als auch Abschlagszahlungen in der Größenordnung von 150 Millionen US-Dollar vorsah, stand Ende 1947 auf der Londoner Tagung der Außenminister zur Debatte, und die Sowjets zeigten sich verhandlungsbereit.

Zwar lagen die sowjetischen Vorstellungen von den österreichischen Zahlungen weit höher, doch war nunmehr ein Prozeß in Gang gekommen, der schließlich im November 1949 zur Einigung über den Staatsvertragsartikel 35 führte, der der Sowjetunion weitgehende

Eigentumsrechte auf dem Erdöl- und Schiffahrtssektor in Österreich
einräumte.[32] Es waren nunmehr aber Faktoren der Großmachtpolitik, die den Abschluß des Staatsvertrages wiederum verzögerten.

9. Österreich zwischen Ost und West

Die kommunistische Machtübernahme in der Tschechoslowakei
Ende Februar 1948 hatte tiefgreifende Auswirkungen auf Österreich
und die Einstellung der westlichen Alliierten zu einem Vertragsabschluß. Washington und London begannen nunmehr, den Staatsvertrag auf die lange Bank zu schieben.

Die exponierte geographische Lage, gekoppelt mit dem starken
sowjetischen wirtschaflichen Einfluß und der Absenz von eigenen
Streitkräften, schien in westlichen Augen genug Gefahren zu bergen,
die eine Fortsetzung der alliierten Truppenpräsenz in Österreich
rechtfertigten, um eine Wiederholung des tschechoslowakischen Beispiels zu verhindern.

Die Polarisierung zwischen West und Ost fand ihren Ausdruck in
der Gründung des Brüsseler Verteidigungspaktes, dem Auseinander-
brechen des Alliierten Kontrollrates in Berlin, dem Aufflackern von
Krisenherden im globalen Maßstab, der Berlin-Blockade 1948, den
amerikanischen Anstrengungen, Europa wirtschaflich wieder auf
die Beine zu helfen und der sowjetischen Reaktion, die amerikanischen Schachzüge zu konterkarieren.

Moskau hatte zu keinem Zeitpunkt damit gerechnet, daß die USA
nach dem Kriegsende eine »europäische« Macht werden würden,
und sah nun ihre Positionen in Mittel- und Osteuropa bedroht. Da
aus sowjetischer Sicht nur kommunistische Regierungen moskau-
freundliche Regierungen sein könnten, wurden die lokalen kommunistischen Parteien im sowjetischen Einflußbereich ermutigt, die
Macht zu übernehmen. Im Kampf der Ideologien Kommunismus gegen »Antikommunismus«, um einen Kompromißausdruck für die
Zielsetzungen des pluralistischen Westens zu finden, waren beide
Seiten bestrebt, Verbündete zu rekrutieren.

Österreich an der Schnittstelle dieser Konfrontation war lediglich
Objekt, nicht aber handlungsfähiges Subjekt. Die militärische Präsenz der ehemaligen Alliierten diente weder dem Entnazifizierungs-
noch Demokratisierungsprozeß des Landes, sondern war Ausdruck
der übergeordneten stragegischen Interessen der beteiligten Staaten.

Resümee:

– Die wirtschaftlichen Zielsetzungen Moskaus in Österreich bieten ein ambivalentes Bild: Dem Bestreben, Eigentumsrechte übertragen zu erhalten, um damit »den Fuß in der Tür zu lassen«,[33] was eher auf ein längerfristiges Engagement hindeutet, stehen fehlende Investitionen in Betrieb und Modernisierungen der Industrie gegenüber. Nur jemand, der auf kurzfristige Gewinnmaximierung aus ist, würde eine solche Verhaltensweise an den Tag legen.

– Politisch gesehen bot die sowjetische Truppenstationierung in Österreich Moskau die Chance, den westlichen Einfluß auf die der sowjetischen Einflußsphäre zugerechneten Länder zu minimieren. Nicht von ungefähr wurde sowjetischerseits immer wieder betont, Truppenkontingente in Ungarn und Rumänien belassen zu müssen, damit die Nachschubwege für die in Österreich stationierten Truppen gesichert seien.

– Neben der Abschirmung Ungarns und der Tschechoslowakei gegen westliche Einflüsse spielte die Präsenz sowjetischer Truppen in Rumänien, Ungarn und Österreich auch eine wichtige Rolle im sowjetisch-jugoslawischen Verhältnis, das im Juni 1948 in die Brüche ging.

– Die von österreichischer und westalliierter Seite oftmals befürchtete Teilung des Landes und Einbeziehung Ost-Österreichs in das sowjetische Imperium lag in keiner Phase im sowjetischen Interesse. Moskau wollte sichergestellt sehen, daß Österreich als unabhängiges Land wiederhergestellt wird, um Deutschland zu schwächen. Jede auf eine Teilung des Landes zielende Politik hätte die Gefahr in sich geborgen, daß die westlichen Besatzungszonen Österreichs Deutschland zugeschlagen worden wären. Was dies angesichts der 1949 gegründeten NATO bedeutet hätte, bedarf keiner näheren Erläuterung.

– Auf dem ersten Höhepunkt des Kalten Krieges, während der Berlin-Blockade, bot der Alliierte Rat in Wien »ein Bild sachlicher Zusammenarbeit«,[34] d. h., daß trotz der Ost-West-Spannungen der Dialog der Großmächte weiterging. Österreich war ein »Sonderfall«, der die Kooperationsbereitschaft einer anderweitig kompromißlosen sowjetischen Politik beweisen sollte.

Anmerkungen

* Dieser Beitrag wurde vom Autor nach dem Symposium für das vorliegende Buch erstellt, wofür die Herausgeber ihm sehr herzlich danken.

1 Audrey Kurth Cornin, Great Power Politics and the Struggle over Austria, 1945–1955, Ithaca/London 1986, S. 22

2 Vgl. dazu die seither erschienenen Publikationen, vor allem: Manfried Rauchensteiner, Der Sonderfall. Die Besatzungszeit in Österreich 1945 bis 1955, Graz-Wien-Köln 1979, S. 13; Gerald Stourzh, Geschichte des Staatsvertrages, 1945–1955. Österreichs Weg zur Neutralität, Studienausgabe. Graz-Wien-Köln 1985, Robert A. Bauer, Hg., The Austrian Solution: International Conflict and Cooperation, Charlottesville 1982; et al.

3 Die Versuche des Autors, wenigstens diese bereits in sowjetischen Publikationen zitierten Dokumente in extenso einsehen zu können, wurden sowjetischerseits mit dem Hinweis, daß Kopien nicht angefertigt werden könnten, abschlägig beschieden. Bei der Abfassung seiner Dissertation standen dem Verf. nur gedruckte sowjetische Quellen bzw. Monographien zur Verfügung: Wilfried Aichinger, Sowjetische Österreichpolitik 1943–1945, phil. Diss., Wien 1977.

4 Zitiert in: SSSR v bor'be za nezavisimost' Avstrii, Moskau 1965, S. 99.

5 Vgl. Aichinger, Sowjetische Österreichpolitik, S. 239 f.

6 Vgl. Rauchensteiner, Sonderfall, S. 111. Die Anerkennung der Regierung Renner durch die Sowjets ist in der Literatur immer wieder behauptet worden, zuletzt bei Cronin, Great Power Politics, S. 25, ohne daß dafür ein Beweis erbracht worden wäre.

7 Rauchensteiner, Der Sonderfall, S. 111.

8 Foreign Relations of the United States. Diplomatic Papers. 1945, vol. III. European Advisory Commission; Austria; Germany, Washington D. C. 1968, S. 94. Siehe auch den Beitrag von Reinhard Bollmus im vorliegenden Band.

9 Vgl. Aichinger, Sowjetische Österreichpolitik, S. 252 f.

10 Vgl. dazu Otto Klambauer, Ein Überblick über Entwicklung und Organisation des USIA-Konzerns, in: Helmuth Feigl u. Andreas Kusternig, Hg., Die USIA-Betriebe in Niederösterreich. Geschichte, Organisation, Dokumentation (Studien und Forschungen aus dem Niederösterreichischen Institut für Landeskunde, Bd. 5), Wien 1983, S. 3 f.

11 Klambauer, USIA-Konzern, S. 5

12 Vgl. Aichinger, Sowjetische Österreichpolitik, S. 309 f. Siehe auch Rauchensteiner, Der Sonderfall, S. 115.

13 Vgl. Aichinger, Sowjetische Österreichpolitik, S. 310.

14 Vgl. Aichinger, Sowjetische Österreichpolitik; siehe auch Rauchensteiner, Der Sonderfall, S. 116.

15 Siehe dazu Rauchensteiner, Der Sonderfall, S. 118 ff.

16 Siehe Aichinger, Sowjetische Österreichpolitik, S. 345.
17 Rauchensteiner, Der Sonderfall, S. 138, konstatiert, daß das Personal für Kontrollzwecke auf sowjetischer Seite immer etwas knapp bemessen war.
18 Zitiert nach Aichinger, Sowjetische Österreichpolitik, S. 373.
19 Zum sehr komplexen Fragenbereich Entnazifizierung in Österreich, der lange Zeit ein Tabu für Historiker zu sein schien, s. Sebastian Meissl, Klaus-Dieter Mulley, Oliver Rathkolb, Hg., Verdrängte Schuld, verfehlte Sühne. Entnazifizierung in Österreich. Symposium des Instituts für Wissenschaft und Kunst, Wien 1986; Ulrike Riebenbauer, Entnazifizierung. Ein Kapitel österreichischer Nachkriegsgeschichte. Diplomarbeit, Univ. Wien, Wien 1988; sowie – m. E. in den Grundaussagen zu optimistisch – Dieter Stiefel, Entnazifizierung in Österreich, Wien-München-Zürich 1981.
20 Vgl. Rauchensteiner, Der Sonderfall, S. 156.
21 Vgl. dazu ibid., S. 170 f., dort auch ein Überblick über die verschiedenen »Väter«, die dieses Abkommen für sich reklamiert haben. Siehe auch: Joseph T. Simon, Augenzeuge. Erinnerungen eines österreichischen Sozialisten. Eine sehr persönliche Zeitgeschichte, Wien 1979, S. 350 ff., wonach die sowjetische Unterschrift unter das Kontrollabkommen auf dem Unvermögen, zwischen einfachen und Verfassungsgesetzen zu unterscheiden, beruhte.
22 Klambauer, USIA-Konzern, S. 18.
23 Rauchensteiner, Der Sonderfall, S. 179.
24 Amtsvermerk des Gesandten Dr. Heinrich Wildner zur Problematik »Deutsches Eigentum« vom 15. Juli 1946, zitiert nach: Alfons Schilcher, Österreich und die Großmächte. Dokumente zur österreichischen Außenpolitik 1945–1955, Wien/Salzburg 1980, S. 109.
25 Schilcher, Österreich und die Großmächte, S. 100.
26 USIA = Upravlenie Sovetskim Imuščestvom v Avstrii, Verwaltung des sowjetischen Vermögens in Österreich.
27 Siehe Klambauer, USIA-Konzern, S. 33.
28 Als Treppenwitz der Geschichte mag gelten, daß Österreichs Beitritt zum Marshall-Plan genau aufgrund jener Bestimmungen des Zweiten Kontrollabkonnens erfolgte, die die Sowjets vehement in das Vertragswerk hineinreklamierten: die Erlaubnis für die österreichische Regierung, mit den im Alliierten Rat vertretenen Mächten bilaterale Abkommen zu schließen. Siehe dazu den Beitrag Wilfried Mährs in diesem Band, sowie Wilfried Mähr, Von der UNRRA zum Marshall-Plan. Die amerikanische Finanz- und Wirtschaftshilfe an Österreich in den Jahren 1945–1950, phil. Diss., Wien 1985.
29 Zitiert nach Rauchensteiner, Der Sonderfall, S. 242.
30 Siehe Stourzh, Geschichte des Staatsvertrages, S. 29; und Rauchensteiner, Der Sonderfall, S. 198 f.
31 Siehe ibid. S. 198.

[32] Zur Gefährlichkeit der damals vereinbarten Bestimmungen, die mittel-
bis langfristig vermutlich Österreichs Freiheit und Unabhängikeit bedroht hätten, siehe Stourzh, Geschichte des Staatsvertrages, S. 64.

[33] Zitiert nach Rauchensteiner, Der Sonderfall, S. 227.

[34] Ibid. S. 234.

Georges Castellan

Österreich als Faktor in der französischen Nachkriegspolitik – Ein Kommentar*

Die beiden Referate, die ich kommentieren darf, lauten: »Der Quai d'Orsay und Österreich 1945–1949« von Margit Sandner sowie »Frankreich und das Zweite Kontrollabkommen« von Klaus Eisterer. Beide Referate sind von hoher Qualität und doch ganz verschieden.

Der Beitrag Klaus Eisterers beschränkt sich auf die Rolle der französischen Besatzungsbehörden bei der Ausarbeitung und Anwendung des Zweiten Kontrollabkommens vom 28. Juni 1946 und deckt den Zeitraum von Dezember 1945 bis 1. Oktober 1946 ab. Es handelt sich um eine überaus genaue Studie, die sich u. a. auf eine systematische Auswertung des Archivs des französischen Außenministeriums stützt und besonders die führenden Vertreter der französischen Besatzungsmacht in Österreich, General Béthouart, General Cherrière und Generalgouverneur Voizard sowie ihren Verwaltungsapparat beleuchtet. Gerade an dessen Modifizierung zeichnet sich – v. a. durch die Anwendung des Zweiten Kontrollabkommens – eine französische Österreichpolitik ab, die in der Tat manchmal durch nicht unbeträchtliche persönliche Rivalitäten getrübt war. Das große Verdienst Klaus Eisterers ist es, ein Durcheinander voller Widersprüche entwirrt zu haben.

Margit Sandner legt einen Beitrag vor, der die gesamte Zeitspanne 1945–1949 zum Titel hat. Tatsächlich endet er aber mit der Lon-

* Die Herausgeber danken Dr. Margit Sandner und Mag. Arno Gisinger für die Übersetzung des vorliegenden Beitrages aus dem Französischen.

doner Konferenz im Dezember 1947 und beschränkt sich auf zwei Probleme: auf die Südtirolfrage und auf die Staatsvertragsverhandlungen. Margit Sandners Arbeiten über die französische Besatzung in Österreich und über die französisch-österreichischen Beziehungen seit Kriegsende sind bekannt, ergänzen Klaus Eisterers Analyse und bieten uns eine Grundlage für den Versuch, die französische Österreichpolitik zu verstehen.

Von diesen beiden einander ergänzenden Referaten ausgehend möchte ich die wichtigsten Merkmale der französischen Haltung gegenüber Österreich vom Mai 1945 bis zum Dezember 1947 kurz analysieren. Vorweg die Frage: Hat es in dieser Zeit überhaupt eine französische Österreichpolitik gegeben?

Entschuldigen Sie die – möglicherweise – krasse oder direkte Ausdrucksweise, aber sie entspricht der damaligen historischen Realität und kommt ja auch im Titel des Symposiums zum Ausdruck: »Die bevormundete Nation«. Österreich war zwischen 1945 und 1947, ebenso wie Deutschland, nur Spielball der internationalen Politik – unter anderem auch der französischen. Daraus ergibt sich eine erste grundlegende Feststellung: In den Augen der Verantwortlichen in Paris war Österreich eine Schachfigur unter vielen, die in einer globalen Sichtweise der Weltpolitik nur in Relation zu allen anderen eine Rolle spielen sollte. Nun änderte sich aber die Weltlage zwischen Mai 1945 und Dezember 1947 grundlegend: vom gemeinsamen Sieg der Alliierten über Deutschland hin zum Kalten Krieg zwischen den Alliierten. Waren die französischen Verantwortlichen fähig ihre Österreichpolitik der allgemeinen Politik anzupassen?

Der *zweite* Punkt ist, daß sich auch Frankreich in dieser Zeit verändert hat. Die provisorische Regierung von General de Gaulle, in der alle politischen Lager der Résistance vertreten waren, wurde von aus demokratischen Wahlen hervorgegangenen Regierungen abgelöst. Sie bestanden aus Vertretern der politischen Parteien mit all den sich daraus ergebenden Differenzen in der Bewertung der internationalen Lage.

Dritte Vorbemerkung: Diese Differenzen sind umso wichtiger, als das französische Volk, die Wähler, traditionellerweise wenig über internationale Probleme Bescheid wissen. Hat man den Franzosen nicht einmal als einen Mann definiert, dem Geschichte und Geographie unbekannt sind? Diese Unwissenheit der Wähler färbt ab: bis in die höchsten Ränge der Gewählten. Umso mehr als in Frankreich eine Wahlentscheidung fast noch nie von einem außenpolitischen

Problem, sondern höchstens von seinen innenpolitischen Konsequenzen wirtschaftlicher oder sozialer Natur beeinflußt worden ist.

Das führt uns zu der Frage, ob man den Titel »Der Quai d'Orsay und Österreich 1945 bis 1949«, den Margit Sandner ihrem Referat gibt, akzeptieren kann. Vielleicht ja, aber nur unter der Voraussetzung, daß die damaligen Machtstrukturen in Frankreich mitberücksichtigt werden. Hier drängt sich eine Zäsur auf: Der 20. Jänner 1946; der Tag, an dem sich General de Gaulle wegen Auseinandersetzungen mit den politischen Parteien ganz plötzlich aus der Politik zurückzog ... und das für zwölf lange Jahre!

Alles, was man heute über de Gaulle in dieser Zeit und während der Fünften Republik weiß, zwingt zu der Annahme, daß die Aussenpolitik während seiner Amtszeit als Regierungschef ganz seine Sache war – nach 1958 wird man sie sogar als seine »domaine réservé« bezeichnen müssen – und daß der Quai d'Orsay nur der ausführende Arm war. Auch der zuständige Minister, Georges Bidault, war nur Ausführender. Seine Bestellung zum Außenminister durch de Gaulle im September 1944 hatte man paradox empfunden, hatte er doch als Nationalratspräsident der Résistance den ganzen Krieg über in Frankreich gelebt und besaß keine internationalen Erfahrungen. Andererseits aber vertraute der General das Innenministerium einem international versierten Beamten an, der die Kriegsjahre in den Vereinigten Staaten verbracht hatte. Hingegen legten nach dem 20. Jänner 1946 der für die Außenpolitik verantwortliche Georges Bidault bis Dezember 1946 und dann sein Nachfolger Léon Blum (er war ebenfalls Nationalratspräsident) ganz gewiß viel mehr Wert auf die Analysen der Berufsdiplomaten des Quai d'Orsay als de Gaulle selbst. Überdies mußten sie als gewählte und den politischen Parteien verantwortliche Minister viel mehr auf die öffentliche Meinung Rücksicht nehmen. Die französische Österreichpolitik ist meiner Meinung nach daher in zwei Stufen zu untersuchen: von Mai 1945 bis Jänner 1946 und dann die Jahre 1946 und 1947.

*

Zur ersten Phase, zum »befreiten Frankreich« des Generals de Gaulle. Das erste Faktum, dem man hier Rechnung tragen muß, ist die innenpolitische Lage. Die Wirtschaftskrise und die Probleme mit der politischen Säuberung bewegten die Gemüter und erregten die öffentliche Meinung. Außenpolitik wurde meist auf die simple Formel reduziert, daß Deutschland »bestraft« werden müsse. Daraus resultierten die politische Zerstückelung Deutschlands, die Demontage seiner Industrie, Reparationszahlungen und eine strenge Besatzungspolitik, begründet auf Entnazifizierung, Entmilitarisierung und Demokratisierung.

Für diese Gewichtung in der »öffentlichen Meinung« Frankreichs stellte die Behandlung Österreichs kein vorrangiges Problem dar. Gewiß sagte man damals gerne, daß man in der Wehrmachtsuniform einen Österreicher von einem Deutschen kaum unterscheiden konnte, aber die Moskauer Deklaration vom November 1943, die den Willen der Alliierten zur Wiederherstellung der Unabhängigkeit Österreichs proklamierte, schien in Richtung der erwünschten Zerstückelung Deutschlands zu gehen, und der darin angekündigte »demokratische Charakter« des Landes ließ darauf hoffen, daß mittels Entnazifizierung die Konstrukteure des Anschlusses und ihre Anhängerschaft – gewisse Photos waren den Franzosen 1945 noch im Gedächtnis – bestraft werden könnten.

Der Hauptforderung nach Sicherheit gegenüber Deutschland war damit entsprochen, und die Besetzung Tirols und Vorarlbergs durch französische Truppen erschien nie anders als ein zufälliges Mißgeschick des Krieges und bewegte die Franzosen nicht im geringsten. Sie schenkten auch den Vorgängen in der französischen Besatzungszone in Deutschland äußerst wenig Aufmerksamkeit. Diese Leere in der öffentlichen Meinung wurde durch eine ganz klare Vorstellung General de Gaulles kompensiert. Er lebte mit dieser gewissen »idée de la France«, nach der das befreite Frankreich wieder eine Großmacht in Europa im Sinne des 19. Jahrhunderts werden sollte. Zu diesem Zweck mußte es vor allem unabhängig sein; und in einer Radioansprache verkündete er am 17. November 1945:

»Die Politik Frankreichs ist die eines Gleichgewichts zwischen den beiden Großmächten, eines für die Interessen unseres Landes wie für das Interesse des Friedens unerläßlichen Gleichgewichts.«

Einige Tage später präzisierte er in einer ministeriellen Erklärung vor der Nationalversammlung: »Frankreich muß ein Bindeglied, es darf keinesfalls ein Spielball der Mächte sein.« De Gaulle sah Frankreich als die dritte Großmacht in Europa agieren. Später formulierte er es so: »... im Europa vom Atlantik bis zum Ural«.

Margit Sandner hat recht mit der Feststellung, daß sich die französische Politik nach 1945 absolut als eine »kontinentaleuropäische«

darstellen wollte. Man knüpfte damit an die historische Tradition vom Gleichgewicht der Kräfte in Zentraleuropa an. Hat nicht Botschafter Massigli, außenpolitischer Leiter der provisorischen Regierung in Algier, die Idee einer Donaukonföderation mit Wien als Zentrum als ein Gegengewicht zu Deutschland entworfen? De Gaulle wiederum hat die Thesen Jacques Bainvilles und das »Pseudo-Testament Richelieus« studiert. Gewiß, de Gaulle hat seit Algier und London in weltpolitischen Dimensionen gedacht. Auf der Konferenz von Brazzaville hat er am 30. Jänner 1944 die Idee von einem sich über die Grenzen seines Reiches ausdehnenden, assimilierenden Frankreich lanciert. Europa blieb für ihn jedoch der Mittelpunkt des Universums, und mit militärischer Direktheit beantwortet eine Broschüre der Besatzungsbehörden in Tirol die Frage, warum die Franzosen in Österreich seien, mit dem Argument:

»Frankreich ist es sich schuldig, das Gesicht zu wahren und zu beweisen, daß sich das Schicksal Europas nicht ohne uns entscheiden kann.«

Aus diesem Kontext heraus ist die Österreichpolitik de Gaulles einfach. Anläßlich seiner Reise nach Moskau brachte er das im Dezember 1944 in einem Satz zum Ausdruck:

»Für uns ist die Deutsche Frage lebenswichtig und stellt die Hauptsorge dar. Aus Österreich müssen wir ein freies und unabhängiges Land machen.«

Als Regierungschef war de Gaulle auf seine Autorität gegenüber Militär und Diplomatie sehr bedacht, und er wählte die geeigneten Personen für die Durchführung seiner Politik aus und erwartete, daß man ihm gehorchte. Solange er an der Macht war, kam es keineswegs in Betracht, daß auf den verschiedenen Ebenen der französischen Besatzungsbehörden in Österreich etwas gegen seine Vorstellungen geschehen sollte. General Béthouart gab der Besatzungspolitik zwar ein persönliches Gepräge, aber er tat es auf dem von de Gaulle vorgezeichneten Entwurf. Die »Operation Charme« konnte beginnen.

Gleich beim Einmarsch nach Vorarlberg im April 1945 ließ der General Grenzschilder mit der Aufschrift: »Hier beginnt Österreich, ein befreundetes Land!« aufstellen. Fortgesetzt wurde diese Art von Politik mit der Kulturarbeit Eugène Susinis in Innsbruck und Wien. Ganz natürlich kam sie auf politischer Ebene auch in der französischen Haltung zur Südtirolfrage zum Ausdruck, wie Margit Sandner ganz richtig analysiert.

Diese Haltung war gewiß in strategischen Überlegungen begründet – die Alpenwege sollten von einem »befreundeten Land« kontrolliert werden. Sie basierte aber auch auf der Nationalstaatsidee, die den Franzosen so viel bedeutet; also die Zusammenführung aller Deutschsprachigen in einem Staat – und das vor allem angesichts des »slawisierten Ostens«.

Ich würde dem noch eine stark beabsichtigte Übergehung Italiens hinzufügen, dem man seinen Angriff vom 10. Juni 1940 nicht vergessen hatte. De Gaulle verlangte auch eine Grenzberichtigung zugunsten Frankreichs im Tenda- und Brigatal, im Gebiet der Meeralpen, wo auch französisch gesprochen wurde. Italien fehlte damals die Schutzmacht England, und vor allem fehlte ihm die Unterstützung Churchills.

Bestimmt war diese »Operation Charme« aber auch von einem gewissen Satrapengehabe beziehungsweise begleitet von so manch anachronistischen Träumen der Vertreter der »Grande Nation«, woran Klaus Eisterer mit Recht erinnert. Aber jede militärische Besatzung kennt auch ihre Auswüchse – mögen es immer nur solche der Kategorie »lächerlich« sein!

*

Am 20. Jänner 1946 trat de Gaulle zurück. Das war der Beginn der Vierten Republik, die er zwölf Jahre lang als ein »Regime der politischen Parteien« brandmarkte. Tatsächlich war die Macht im Staat zwischen dem Staatspräsidenten und der Regierung geteilt, beide durch die Wahl des Parlaments bestimmt und direkt oder indirekt von ihm abhängig. Letztlich hing alles vom Einverständnis oder der Rivalität der Parteien ab: die Politik der Minister ebenso wie die der Verwaltung und u. a. eben auch die der Besatzungsadministrationen in Deutschland und Österreich.

Die Machtstruktur bedingte eine Übereinstimmung der Politik mit dem, was man schlechthin »öffentliche Meinung« nennt, d. h. mit den gerade herrschenden Sympathien oder Antipathien. Bis Ende 1947 blieb sicherlich das Ressentiment gegenüber Deutschland ein bestimmender Faktor, doch es quoll schon eine neue »große Angst« empor, die Angst vor der UdSSR, deren Verhalten in Osteuropa, im Iran und im Fernen Osten sie mit einer mysteriösen, beängstigenden Aura umgab. Umso mehr als diese Besorgnis zu einer Waffe im Wahlkampf wurde, und das in einem Land, in dem die Kommunisten nach den Wahlen vom November 1946 als »stärkste Partei Frankreichs« mit nahezu 30 % der Stimmen firmierten.

Dieses Phänomen fand 1947 seinen Niederschlag im Scheitern der interalliierten Konferenzen über Deutschland, in der Gründung des KOMINFORM im September desselben Jahres, im Beginn des Kolonialkrieges gegen den Vietminh und in den großen Streikaktionen von CGT und PCF im Mai: alles das waren Ereignisse, die ein Teil der Presse und der öffentlichen Meinung mit dem Bestreben Stalins verknüpfte, seinen Machtbereich über ganz Europa bis zum Atlantik ausdehnen zu wollen. In den beiden Jahren 1946/47 wechselten in Frankreich einander sechs Regierungen ab. Bis Mai 1947 waren sie auf den sogenannten »Tripartismus«, d. h. auf die Allianz der drei Parteien, die der Verfassung vom Oktober 1946 zugestimmt hatten, gestützt. Das waren Kommunisten, Sozialisten und MRP (= Mouvement Républicain Populaire, hervorgegangen aus dem katholischen Flügel der Résistance und angeführt von Georges Bidault).

Anläßlich eines Konflikts in den Renault-Werken distanzierte sich der Nationalratspräsident und Sozialist Paul Ramadier am 4. Mai 1947 von den kommunistischen Ministern. Die kommunistische Partei ging in die Opposition. Diese – um einen eingebürgerten Ausdruck zu verwenden – »renvoi« (= Zurückweisung) der Kommunisten hätte eine politische Episode bleiben können, wurde in Frankreich aber zum Symbol des Kalten Krieges, der mit der Moskauer Konferenz vom März und April 1947 und ihrem Fehlschlagen in der Deutschland-Frage begann. Von 1946 an, aber vor allem im Jahr 1947; vollzog sich daher eine rasche Annäherung zwischen Frankreich und den Angloamerikanern. Sie kam in einer, wenn auch ungern zugegebenen, so doch verwirklichten Angleichung der französischen Deutschlandpolitik und in der begeisterten Annahme des Marshall-Plans im Juni 1947 zum Ausdruck. In diesem neuen Kontext veränderte sich die französische Österreichpolitik weniger in ihrer äußeren Form als in der Zielsetzung.

Die »Operation Charme« sollte weitergehen, aber Wien und auch Berlin waren nun nicht mehr, wie bei de Gaulle, dazu bestimmt, Bindeglieder zum Osten, sondern vielmehr »Vorposten« der Westalliierten gegenüber den Sowjets zu sein. Die Militärs zeichneten ihre Landkarten neu, und Tirol und Vorarlberg hatten darin einen wichtigen Platz, doch Italien hatte einen noch wichtigeren. Wenn Margit Sandner fragt, warum die Franzosen ihre Haltung in der Südtirolfrage geändert haben, so glaube ich, daß die Antwort wohl in dieser grundsätzlichen Änderung der geopolitischen Konstellationen in Europa liegt. Gewiß ließ das Gruber-de Gasperi-Abkommen vom 5. September 1946 ein lokales Spannungsfeld bestehen, aber im neuen Kräftegleichgewicht, das sich nun abzuzeichnen begann, schien das sekundär gewesen zu sein. – Muß man noch hinzufügen, daß Außenminister Bidault und seine Partei, der MRP, die Democrazia Cristiana de Gasperis, die seit den Wahlen im Juni 1946 im italienischen Parlament dominierte, politisch sehr nahe standen?

Was die Staatsvertragsverhandlungen für Österreich und den Cherrière-Plan vom September 1947 betrifft, so waren sie von den Prioritäten der neuen Lage keineswegs zu trennen, sondern waren – etwas weniger vielleicht als bezüglich Deutschlands, aber doch auch – sogar Teil davon. Der Quai d'Orsay trieb jedoch die Auseinandersetzungen nicht voran, denn ein unabhängiges und neutrales Österreich zwischen West und Ost blieb für die Diplomaten nützlich und wünschenswert. Sie sahen zu, wie sich General Cherrière – und mit ihm Béthouart – auf das schwierige Verhandlungsterrain des »Deutschen Eigentums« in Österreich begaben und hofften zweifellos, daß Gespräche unter Militärs leichter sein würden als unter Politikern. Aber Molotow war wachsam und ließ auf der Londoner Konferenz (November/Dezember 1947) eines seiner berühmt gewordenen »Njets« vernehmen.

Schließlich scheint es in dem von Klaus Eisterer analysierten Bereich der Organisation nur natürlich, daß die persönlichen Differenzen, ja sogar Rivalitäten durch die persönliche Autorität General de Gaulles verdeckt geblieben waren, in den ersten beiden Jahren der Vierten Republik ans Tageslicht kamen. Umso mehr als die verschiedenen Pariser Regierungen über einen »Kommissär für die deutschen und österreichischen Angelegenheiten« verfügten, dessen Kompetenz sämtliche Besatzungsorgane einschloß. So drang das eigentlich Politische, die Parteipolitik, in einen Bereich ein, den de Gaulle sich allein vorbehalten hatte.

*

Margit Sandner

Der Quai d'Orsay und Österreich 1945–1949[1]

Die Beziehung zwischen Frankreich und Österreich nach 1945 – beide von den Kriegshandlungen materiell sehr in Mitleidenschaft gezogen – hatten von Beginn an eine gemeinsame Komponente: Frankreich betonte bald, eine kontinentaleuropäische Außenpolitik praktizieren zu wollen; im Strategischen wie im Kulturellen. Österreich trachtete, seine durch geographische Lage und kulturhistorische Tradition in Mitteleuropa früher innegehabte Schlüsselposition wieder zu nutzen.

Versucht hat man dies wirtschaftlich wie politisch und kulturell. Eingeschränkt wurden diese Versuche aber durch die sich bald nach Kriegsende in Europa abzeichnende Blockbildung. Das hatte allerdings auch zur Folge, daß Frankreich beispielsweise Wien und Österreich als die nunmehr östlichsten Stützpunkte seiner Kulturexpansion merklich ausbaute. Ein neu errichtetes Lycée und ein großes Kulturinstitut in Wien sowie weitere in den Bundesländern, vor allem in Innsbruck, geben Zeugnis davon.

Daß die bilateralen Beziehungen dieser beiden Länder trotz Teilnahme französischer Truppen an der Besatzung Österreichs nicht nur aus den notwendigen Kontakten zur Militäradministration der Zone und zu dem im Alliierten Rat in Wien vertretenen »französischen Element« bestanden haben, sondern weit darüber hinausgingen, das lag vielleicht gerade an ihren europäischen Interessen. Dennoch waren diese Beziehungen deutlich von den besonderen Umständen der Besatzungszeit geprägt. Die Präsenz von Sowjets, Amerikanern und Briten als Besatzer desselben kleinen Landes, als

Frankreichs Verhandlungspartner in den interalliierten Gremien und
als Mitinteressenten an Österreichs wirtschaftlicher und politischer
Zukunft, haben sie wesentlich mitbestimmt, und Frankreichs eigene
Bedingtheiten, die gesamtpolitische Konstellation im Nachkriegseu-
ropa, haben sie beeinflußt.

Wenn sich Paris zum Anwalt österreichischer Anliegen machte,
ureigenste Absichten und Ziele verfocht oder jene kontinentaleuro-
päischen Interessen vertrat, von denen die Rede war, so tat es die
jeweiligen Schritte natürlich nur akkordiert mit der möglichen Band-
breite seiner eigenen Außenpolitik. – Denn, auch Frankreich benötigte bei Kriegsende materielle Unterstützung – Mittel aus der Mar-
shallplanhilfe – und suchte erst einen Weg zu neuer Selbstfindung.
Es kämpfte die ganze Vierte Republik hindurch, und vor allem bis
zu den Wahlen von 1947, um seine innenpolitische Konsolidierung,
später um seine Kolonialgebiete. Und: es strebte danach, sein frühe-
res politisches Gewicht unter den Großmächten annähernd wieder-
zuerlangen. Unter diesem Blickwinkel wird die französische Außenpolitik gegenüber Österreich in den Jahren ab 1945 zu analysieren
sein.

Zweifellos war nach 1945 für Österreich nichts wichtiger als die
Wiedererlangung seiner Souveränität. Dazu bedurfte es eines Vertrages, um den jahrelang in mühsamen Verhandlungen gerungen
werden mußte. Doch bevor sich die Alliierten überhaupt der Österreichfrage – die sie anfangs ohnehin an die Lösung des Deutschland-
problems knüpften – zuwandten, widmeten sie sich der Ausarbeitung von Friedensverträgen mit den übrigen ehemals kriegsführenden
Ländern. Zu den mit dem Deutschen Reich Verbündeten hatten
auch Nachbarstaaten Österreichs wie Ungarn oder Italien gehört.
Deren Verträge berührten daher in einzelnen Punkten österreichische Anliegen, wie es insbesondere bei der Grenzfestsetzung im Ita-
lienvertrag der Fall war. Mit aller Vehemenz trat so die, wie man sie
im damaligen diplomatischen Schriftverkehr auf dem Ballhausplatz
nannte, »Südtiroler Frage« in den Vordergrund außenpolitischer Bemühungen der durch das Besatzungsregime nur eingeschränkt hand-
lungsfähigen österreichischen Regierung.

Schon die Provisorische österreichische Staatsregierung hatte die
Wiedererlangung Südtirols zu einem ihrer wichtigsten Ziele dekla-
riert. Zumindest die Teilnehmer an den Kabinettsratssitzungen vom
September 1945 wußten vom Staatskanzler über die Dringlichkeit
der Sache Bescheid. Renner schätzte die Tragweite der knapp be-

vorstehenden Entscheidung des Außenministerrates über den italienischen Grenzverlauf realistisch ein. Sie war für die Sitzung am 14. September 1945 in London anberaumt. Er veranlaßte daher, daß umgehend ein österreichisches Memorandum mit der Forderung nach Rückgliederung Südtirols über Rundfunk ausgestrahlt wurde.[2] Die Zeit drängte, aber die Regierung hatte keine wirklich effizienten Mittel, um Handlungen zu setzen. Es gab noch keinerlei ordentliche Geschäftsträger im Ausland.[3]

Ein Außenamt wurde in Wien gerade erst wieder organisatorisch und personell konstituiert. Keine günstigen Voraussetzungen für ein erfolgreiches Antreten gegen übergroße Konkurrenz also. Österreich, seinerseits von den Südtirolern zur diplomatischen Hilfe und völkerrechtlichen Intervention aufgefordert, brauchte Unterstützung. Es hoffte, diese diplomatische Schützenhilfe am ehesten von Frankreich zu erlangen. Nicht ganz ohne Grund!

Wenn die Haltung Frankreichs zur Südtirolfrage erwähnt wird, wirft man oft das Argument in die Waagschale, die Militärs der französischen Besatzungszone hätten sich aus Prestige und zur Erweiterung der eigenen Zone für eine Rückgliederung Südtirols an Österreich eingesetzt. Es gab jedoch schon lange bevor die Franzosen außer das von ihnen befreite Vorarlberg auch Tirol unter ihre Obhut nahmen,[4] eindeutig proösterreichisch klingende Argumente französischer Provenienz. So in einem Ende Mai 1945 verfaßten Papier über die Südtirolfrage, worin Italien eine nur auf den Mittelmeerraum hin gerichtete politische Rolle zugedacht wird.[5] Die 1919 getroffene Entscheidung über Südtirol sollte daher revidiert werden.

Frankreich dachte damals noch ganz in den Kategorien der Sicherheitspolitik, wie sie sich aus dem Zweiten Weltkrieg ableitete: Italien als südlicher Teil der »Achse« müßte deutlich von Deutschland getrennt werden. Außerdem wäre ja, so ein weiteres Argument der Franzosen im Mai 1945, die Region mit ihren landwirtschaftlichen Erträgen für Italien weit weniger bedeutsam als für das nicht so klimabegünstigte Österreich. Hier würde ein solcher Schritt überdies noch erheblichen »moralischen Nutzen« zur Folge haben. Die Wiedervereinigung eines ethnisch zusammengehörigen Gebietes wäre ein Beitrag zur politischen und wirtschaftlichen Stabilisierung Westösterreichs, was der »fortschreitenden Slawisierung des Ostens« ein wünschenswertes Gegengewicht böte, lautete die Begründung.

Schon in der ersten Sitzung der vier Militärkommissare für Österreich im Alliierten Rat in Wien nahm General Emile Marie Antoine

Béthouart am 11. September 1945 die Gelegenheit wahr, um französischerseits für eine Rückkehr Südtirols zu Österreich zu plädieren. Dieser Schritt hatte eine wochenlange Vorgeschichte in der Zone gehabt.

Frankreich hatte nach den Bestimmungen des neuen Kontroll- und Zonenabkommens von Anfang Juli 1945 seine Besatzungsadministration auf Tirol ausgedehnt und sein Hochkommissariat und den Sitz des Zonengouverneurs in Innsbruck eingerichtet. Dort wurden seine Exponenten von der Tiroler Bevölkerung und von Südtiroldelegationen bestürmt, sich für ihr Anliegen einzusetzen. Kundgebungen brachten den Franzosen die Stimmung der Tiroler besonders eindrucksvoll und unmittelbar nahe. Die Mitglieder der französischen Besatzung reagierten durchaus positiv und – wie sich herausstellen sollte – allzu aufgeschlossen auf dieses Ansinnen. Denn die Amerikaner, die in London gemeinsam mit den Briten über die Belassung Südtirols bei Italien entschieden hatten, sahen diese französische Haltung nicht mit Wohlwollen. Sie quittierten sie eher spöttisch.[6] Daraufhin sah sich der französische Außenminister Georges Bidault gezwungen, seine Landsleute in Österreich zur größten Zurückhaltung in der Südtirolfrage aufzufordern und tröstete sich und seine Dienststellen mit der Hoffnung, die in London festgehaltene Formel über mögliche »kleinere Grenzberichtigungen« biete noch gute Chancen auf eine Regelung, die beiden Parteien gerecht werden würde. Vorerst, so meinte Bidault, ginge es den Amerikanern wahrscheinlich nur um eine einstweilige Beschwichtigung Italiens wegen der zahlreichen anderen Auflagen und Verluste, die es hinzunehmen hatte.

In der Folge würde man schon genug Spielraum haben, um erfolgreich Detailverhandlungen in Sachen Südtirol führen zu können und ein Ergebnis zu erzielen, das Österreich gerecht wird, ohne daß Rom das Gesicht verliert.[7] Er sah jedenfalls weder einen besonderen Nutzen noch eine unbedingte Notwendigkeit, sich französischerseits in der Angelegenheit zu exponieren.

Frankreich unterstützte die Bemühungen Österreichs dennoch, obwohl die Diplomatie bereits damit rechnen mußte, daß bestenfalls ein schmaler Grenzstreifen für eine bessere Verkehrsverbindung zwischen Nord- und Osttirol konkret in Aussicht stand. Kontakte zu den Briten gaben deutliche Hinweise darauf.[8]

In Paris beurteilte man später das im September 1946 unterzeichnete Autonomieabkommen Gruber-De Gasperi positiv, weil es diese

Vereinbarung als das letztlich bestmöglich Erreichbare ansah. Dieses Abkommen stelle immerhin, so meinte man am Quai d'Orsay damals, eine ausbaufähige Basis für die Zukunft der Südtiroler im italienischen Staatsverband dar und werde das bisher so gespannte Verhältnis Österreichs zu Italien bei klugem Verhalten beider Teile entlasten. Dadurch werde in den übrigen bilateralen Bereichen der Weg für gute zwischenstaatliche Kontakte im künftigen Europa frei.

Nun kann man natürlich die Frage stellen, warum Frankreich, wenn ihm ursprünglich so viel an der Rückgliederung Südtirols und an der politischen Stabilisierung der gesamten Region gelegen war, nicht früher und eindeutiger Stellung bezogen, warum es sein Votum nicht im Außenministerrat eingebracht hat. War es ein zu spätes Erkennen der tatsächlichen Absichten der USA gegenüber Italien? War es ein zu gutgläubiges Hoffen auf diplomatischen Spielraum nach Abschluß des Italienvertrages? Oder war es gar nur Opportunismus im Hinblick auf das eigene Verhältnis zu den italienischen Nachbarn? Letzteres wird man wohl ausschließen können. Dazu waren der immerhin beträchtliche diplomatische Aufwand und das Engagement in der Südtirolfrage hinter den Kulissen doch zu groß und zu lang andauernd.[9] Es hatte sich offenbar wirklich um eine Fehleinschätzung der Lage gehandelt.

Umso mehr trachtete die französische Diplomatie bei den Anfang 1947 beginnenden Verhandlungen um einen Österreichvertrag nach der richtigen Abstimmung seiner eigenen Schritte. Es sollte eine Rolle des Vermittelns werden, mit der es gelang, die manchmal verhärteten Fronten zwischen Ost und West in der Österreichfrage während des Kalten Krieges so weit aufzulockern, daß es nie zum Abbruch der Gespräche kommen mußte. Eine gegensätzliche Haltung der Franzosen zur selben Zeit in Deutschland trug dort zur Teilung des Landes bei und zeigt gewissermaßen das Negative jenes Bildes, das ich soeben für die französische Österreichpolitik umrissen habe. Das bedeutet allerdings nicht, daß Frankreich in der Österreichfrage auf eigene Standpunkte verzichtet hätte. Ganz im Gegenteil; es wahrte sich im Sinne einer günstigeren Vermittlerposition eine eigenständige Außenpolitik. Paris lehnte es so auch ab, schon vor Beginn der ersten Gesprächsrunde der vier Außenminister-Stellvertreter im Jänner 1947 in London einen gemeinsamen Westmächteentwurf zu verfassen, ihn der Sowjetunion als einzige Verhandlungsgrundlage vorzuschlagen und sie dadurch zu isolieren.

Frankreich ging also 1947 mit einem eigenen Vertragsentwurf

nach London, obwohl die Europa-Abteilung am Quai d'Orsay für
ihre gesamte Österreichplanung und für die Ausarbeitung dieses
Textes, der sich bewußt von den Verträgen der ehemaligen Satellitenstaaten unterscheiden sollte, eine viel kürzere Vorbereitungszeit
gehabt hatte als etwa die Briten. Und vielleicht war gerade diese
kurze Beschäftigung mit dem Problem die Ursache für einige – wie
es aus dem Rückblick erscheint – innerfranzösisch noch sehr un-
ausgegorene Punkte dieses Entwurfs. Da gab es etwa die Bestimmung
einer Intervention der Signatarmächte im Falle der Bedrohung der
österreichischen Unabhängigkeit durch Dritte ebenso wie die Auflage, Österreich solle jährlich die Stärke seiner Streitkräfte bekannt-
machen. Ein Annex enthielt weitreichende Einschränkungen und
Verbote über Technologien und Produktionen sowie chemische
Stoffe, die einer etwaigen Kriegsindustrie dienlich sein könnten. In
dieselbe Richtung ging auch der Wunsch, Österreich ein dem deutschen nicht mehr ähnliches Patentgesetz vorzuschreiben.

Aber der Höhepunkt dieser von Frankreich beabsichtigten Präventivmaßnahmen, die allesamt dem französischen Sicherheitsbedürfnis
gegenüber Deutschland entsprangen, war der zweifellos die Hand-
schrift von Militärs tragende Vorschlag zur Einsetzung einer alliierten Kontrollkommission, die nach Abzug der Besatzungstruppen
über die Einhaltung und Erfüllung des Vertrages wachen sollte. Ihr
zeitlicher Rahmen war offengelassen. Die massive Ablehnung der
Militärexpertenkommission durch alle anderen Alliierten – sie berie-
fen sich auf einen eklatanten Vertrauensmangel der Franzosen in die
Charta der Vereinten Nationen – zwang zu einer innenpolitischen
Abklärung der Frage in Frankreich selbst. Dort kam es zu einer
grundsätzlichen Diskussion zwischen den Generälen der Défense
Nationale und den Diplomaten des Quai d'Orsay.[10]

Nachdem letztere schon akzeptiert hatten, daß man das befreite
Österreich nicht gleichzeitig als »künftigen Feind« behandeln könne, obwohl eingestandenermaßen das Sicherheitsdenken der Militärs
auch für sie verständlich war, wurde die Frage noch Thema einer
Ministerratssitzung. Staatspräsident Vincent Auriol befand, daß es
inopportun sei, solchen Argwohn zu zeigen und beauftragte den Verteidigungsminister mit der Überarbeitung der militärischen Vertrags-
klauseln. Er vertrat die Meinung, die Militärexpertenkommission
solle durch eine weniger auffällige, aber in Friedenszeiten ausreichende Kontrolle ersetzt werden, und dies werde durch den Mili-
tärattaché des politischen Vertreters geschehen. Der Entschluß, die

Militärexpertenkommission aus dem Forderungskatalog der französischen Delegation bei der Moskauer Konferenz im April 1947 zu streichen, war damit schon vor der entscheidenden Sitzung des Außenministerrates getroffen worden, doch wollten die französischen Diplomaten diesen Schritt nicht ohne taktischen Vorteil preisgeben. Vielleicht stimmten die Alliierten bei Aufgabe eines Teils ihrer militärischen Klauseln eher den von Frankreich erwünschten politischen Garantien zu!

Zwecks deutlicher Trennung Österreichs von Deutschland und Deutschlands von Italien sollte Österreich nach Vorstellung vor allem General Béthouarts, des französischen Hochkommissars in Österreich bis 1950, von außen her neutralisiert werden. Ein solcher oktroyierter Neutralitätsstatus sollte überdies noch durch Garantien abgesichert werden. Man dachte noch immer in Kriegskategorien und akzeptierte erst verspätet die Weichenstellungen der Großmachtpolitik, die geradewegs in den Kalten Krieg führen und im Zerfall Europas in zwei Blöcke münden sollten.

Später, als auch Béthouart und die französischen Generäle erkennen mußten, daß ein nun von anderer Seite in Aussicht genommenes neutrales Österreich den westlichen Interessen entgegenzuwirken schien, versuchte er, den Neutralitätsstatus zugunsten einer Einbeziehung der österreichischen Alpen in das westliche Defensivbündnis zu hindern. Nun aber waren die Diplomaten wieder einen Schritt weiter. Sie hatten zu erwägen, ob sie die Gefahr einer Teilung des Landes und den Verlust seiner östlichen Hälfte eher riskieren wollten als die Schaffung eines nicht zum sowjetischen Einflußbereich gehörenden Gebietes in Mitteleuropa unter Verzicht auf seine teilweise Einbeziehung in die NATO zu fördern.

Doch zurück zum französischen Vertragsentwurf von 1947! Enthielt er doch auch eine für Österreich sehr positive Passage. Frankreich, 1943 selbst noch von deutschen Truppen besetzt, konnte die Moskauer Deklaration nicht mitunterzeichnen. Es trat dieser alliierten Erklärung jedoch nachträglich bei; allerdings unter Weglassung der sogenannten »Mitschuldklausel«. Daher setzte sich Paris nun in den ersten Detailverhandlungen über den Staatsvertrag auch als einzige der alliierten Regierungen für eine Präambel ohne Mitschuldklausel ein. Es erreichte damals nur einen Kompromiß, der die harte Formulierung der anderen Entwürfe milderte. Wir wissen, daß es erst auf der Wiener Botschafterkonferenz 1955 unmittelbar vor der Unterzeichnung des Staatsvertrages zur tatsächlichen Streichung dieses Punktes kam. Die Österreicher hatten 1945 die Moskauer Deklaration wie einen willkommenen Rettungsanker aufgegriffen, ohne die darin enthaltene Schuldzuweisung zu bestreiten.[11] Moskau wiederum begründete darauf seinen Anspruch auf »Deutsches Eigentum« in Ostösterreich. Und dieser Anspruch wurde zu einem der kompliziertesten Angelpunkte der langwierigen Staatsvertragsverhandlungen.

Gerade hierin nahm Frankreich seine eingangs zitierte Vermittlerrolle aktiv auf, und er erscheint wie eine Konsequenz seines politischen Handelns, daß es dies tat. Die vor allem wegen der Verkoppelung der Österreichfrage mit dem Deutschlandproblem gescheiterte Moskauer Konferenz endete bezüglich des Österreichvertrages am 24. April 1947 mit der Einsetzung einer Kommission, die Sachfragen behandeln und den Problemkreis »Deutsches Eigentum« ausarbeiten sollte. In Frankreich erkannte man, daß eine einfache und rasche Lösung dieser heiklen Frage kaum möglich sein würde, daß es vor allem eine Sache der Definition und Interpretation war, und daß darüber natürlich von vornherein grundsätzliche Meinungsverschiedenheiten herrschten, die durch einen formalistischen Streit über die verwendeten Wörter nur vordergründig verdeckt blieben. – Einzig Konzessionen beider Seiten würden hier eine Lösung finden helfen.

Konzessionen beider Seiten, ein Kompromiß als conditio sine qua non für einen Ausweg aus der Sackgasse, in die die Verhandlungen um den österreichischen Staatsvertrag geraten waren; das war das anzustrebende Ziel der französischen Diplomatie für die am 12. Mai 1947 einsetzenden Expertengespräche der Wiener Vertragskommission.[12] Bemerkenswert, daß die dafür nötige subtile Verhandlungstaktik der französischen Delegation nicht einem Vertreter des Außenamtes, sondern dem Mitglied des Exkutivkomitees des Alliierten Rates in Wien, dem französischen General Paul Cherrière überlassen wurde. Er nahm sich vor, einen Kompromiß dadurch zu finden, daß er von sowjetischen Vorschlägen ausging und sie solange abzuändern gedachte, bis sie auch für Amerikaner und Briten akzeptabel wurden. Auf diese Weise, so erklärte er den Pariser Stellen, sei er zumindest bisher im Exekutivkomitee oft zum Erfolg gekommen. Allerdings dürften es diesmal nicht Konzessionen um jeden Preis sein, die man der Sowjetunion zugestand. Es gehe immerhin um eine Weichenstellung für die Zukunft Mitteleuropas!

Die von Cherrière vermuteten Prämissen der Sowjetunion waren, daß Moskau schon aus wirtschaftlicher Notwendigkeit nicht auf die

Reparationsleistungen aus Ostösterreich in Form des Deutschen Eigentums verzichten konnte. Andererseits würden die USA natürlich nicht hinnehmen können, daß sich durch diese Wirtschaftsinteressen der sowjetische Einfluß insgesamt bis vor die Tore der Schweiz hin ausdehnte. Die sowjetischen Verhandlungspartner hielten seines Erachtens zum damaligen Zeitpunkt aber mehr Trümpfe in der Hand als der Westen, und er schätzte die Gefahr einer Teilung Österreichs nicht gering ein. Er wollte sich solange es der Sache dienlich sein konnte, neutral verhalten.

Die Verhandlungen begannen bezeichnenderweise schon mit einem Geplänkel über Kompentenzaufteilungen und die Reihung der zu behandelnden Themen, über die wochenlang Uneinigkeit herrschte. Nicht nur das sowjetische Interesse am Erdöl im Marchfeld, sondern auch das der Franzosen und Angloamerikaner an zwangsarisierten Banken und Versicherungen, in denen westliche Beteiligungen steckten, sollten abgeklärt werden.

Die Geduld der westlichen Delegationen, insbesondere Großbritanniens, wurde auf eine harte Probe gestellt. Briten und Amerikaner zogen sogar die schon in Moskau den Sowjets angebotenen Kompromißvorschläge zurück, und der britische Delegierte ließ sich als erster demonstrativ durch einen Vertreter ersetzen. (Bis zum Herbst taten das dann auch Amerikaner und Sowjets.) Der Kalte Krieg wirkte sich lähmend auf die Arbeit der Wiener Vertragskommission aus. Cherrière hielt es Anfang Juni für angebracht, aktiv zu werden und besprach sich zuvor mit dem amerikanischen Vertreter Joseph Dodge und seinem britischen Kollegen George Rendel über die weitere Vorgangsweise. Er schlug dann eine Verfahrensweise vor, die den sowjetischen Vertreter Nowikow aus der Reserve lockte und zu einer Zustimmung brachte. Er wollte diesen Vorschlag als Diskussionsbasis akzeptieren und sowjetische Gegenvorschläge bekanntgeben. Nach diesem bescheidenen aber wichtigen Durchbruch in der Verfahrensfrage zogen sich alle vier Delegationen in eine einwöchige Verhandlungspause zurück.

Voll Hoffnung auf einen konstruktiven Neubeginn setzte man sich am 11. Juni wieder an einen Tisch, doch der Optimismus war verfrüht. Erst Tage später willigten alle ein, den französischen Entwurf mit den sowjetischen Abänderungen in dem Sinn als Grundlage der weiteren Gespräche zu akzeptieren, daß nicht nur die Erdölfrage, sondern auch alle anderen anstehenden Themen behandelt werden würden.

Die österreichische Öffentlichkeit wartete schon ungeduldig auf Ergebnisse und nahm diesen kleinen Erfolg erleichtert auf, doch auf dem Ballhausplatz blieb die Besorgnis über den schleppenden Verlauf der Verhandlungen zu Recht ungeschmälert. Cherrière selbst wurde immer pessimistischer, was die Erfolgsaussichten der Wiener Gespräche für die nächste Außenministerkonferenz in London anging. Überdies versuchte er, bei Angelegenheiten die Frankreich besonders interessierten, möglichst so vorzugehen, daß die Ausgangsposition für die französische Delegation bei der Londoner Konferenz nicht präjudiziert würde. Das war insofern nicht einfach, als die beiden anderen Westmächte ihre Forderungen auf interalliierter Ebene kaum mehr verfolgten. Durch eine demonstrativ großzügige Haltung wollte man bessere Ergebnisse in der Erdölfrage erzielen. Frankreich konnte aber auf seine Ansprüche an die Länderbank nicht ohne weiteres verzichten. Überdies blieb Frankreich noch bis 1949 bei seinen sicherheitspolitischen Forderungen nach Einschränkung einiger militärisch bedeutsamer österreichischer Produktions- und Forschungszweige und traf sich hierin mit russischen Absichten.

Im Sommer schien sich dann doch eine Lösung abzuzeichnen. Von Seiten Österreichs war man an die USA herangetreten und zu dem Entschluß gekommen, der Sowjetunion eine Pauschalabgeltung ihrer Forderungen bis zu einer für die österreichische Wirtschaft gerade noch erträglichen Grenze durch einen längeren Zeitraum vorzuschlagen.

Cherrière überlegte nun, ob es dem Ansehen Frankreichs nützen könnte, wenn er sich als Vermittler für einen Kompromiß einsetzte; für einen Kompromiß, der gezwungenermaßen nicht nur Positives für Österreich enthielt. Um eine Einigung über die sowjetischen Ansprüche zu erzielen und damit das mächtigste Hindernis auf dem Weg zum Staatsvertrag zu überwinden, fiel die Entscheidung zu Gunsten einer französischen Initiative in dieser Verhandlungsphase. Allerdings – und das ist der eigentlich französische Beitrag am sogenannten »Cherrière-Plan« – hielt es der Quai d'Orsay für unangebracht, die sowjetischen Forderungen zur Gänze zu »kommerzialisieren«, wie es die USA geplant hatten. Die Russen waren ja davon ausgegangen, dauernde Beteiligungen an Unternehmensführungen und exterritoriale Enklaven auf österreichischen Erdölfeldern zu erhalten. Deshalb modifizierte Cherrière vorerst den amerikanisch-österreichischen Plan in eine der Sowjetunion entgegenkommendere Lösung und schlug vor, das »Deutsche Eigentum« in Ostösterreich nur teilweise in abstrakten Geldwert umzuwandeln, aber im Entwurf einige Besitzrechtsübertragungen wie Teile der DDSG zu belassen.

Später würde es zwar Mühe bereiten, diese Klauseln abzuändern, aber für den Augenblick komme es allen mehr darauf an, eine Wiedererlangung der Gesprächsbereitschaft der Russen zu erzielen. Man müsse ihnen daher einen für sie akzeptablen Vorschlag unterbreiten. Schließlich sollte auch das Mißerfolgsrisiko für die französische Delegation möglichst klein gehalten werden!

Nun ging man daran zu überlegen, ob der offiziellen französischen Initiative zuerst eine private Fühlungnahme mit Nowikow vorausgehen sollte. Wie es scheint, waren aber die Russen damals so unzugänglich, daß Cherrière auf diesen Schritt verzichtet haben dürfte. Der von Frankreich vorgeschlagene Teilablöseplan war das einzige und am Ende der Wiener CTA-Gespräche eigentlich noch nicht greifbare Ergebnis aus fünf schwierigen Verhandlungsmonaten. Frankreich hatte einem gemeinsamen Westmächtekommuniqué nicht zugestimmt; immer noch mit der selben Begründung, daß die Sowjetunion nicht isoliert werden dürfe. – So konnte man, und das tat Cherrière in seinem Abschlußbericht an das Pariser Außenamt Mitte Oktober,[13] für die nächste Session des Außenministerrates doch ein wenig Optimismus hegen.

Die Konferenz tagte vom 25. November bis 15. Dezember 1947 in London und behandelte wieder hauptsächlich die Deutschlandfrage. Zu Österreich gaben die Sonderbeauftragten der vier Regierungen am 3. Dezember 1947 einen recht positiven Bericht ab. Tags darauf betonte der französische Außenminister Bidault, daß Frankreich sein Möglichstes für ein konziliantes Verhandeln und eine Kompromißfindung getan habe und bedauerte die neuerlich spürbare Verhärtung. Der sowjetische Außenminister Molotow zeigte sich dem Cherrière-Plan nun gar nicht geneigt, und in Bidaults abschließender Stellungnahme dominierten vorwurfsvolle Enttäuschung und größtes Bedauern. Man brach die Gespräche angesichts der unüberwindbaren Gegensätze in der Deutschlandfrage ab, der Außenministerrat vertagte sich, ohne einen neuen Termin zu vereinbaren.

Genau betrachtet war der Stand der Dinge im Hinblick auf Österreich nicht ganz so negativ. Um die Jahreswende 1947/48 setzte die Sowjetunion ein neues Zeichen und gab zu erkennen, daß sie nun bereit sein würde, den französischen Vorschlag vom Herbst aufzugreifen und Gegenvorschläge zu präsentieren. Das war Ende Jänner 1948 der Fall. Moskau stimmte damals einer Ablösesumme für

»Deutsches Eigentum« in Ostösterreich in der Höhe von 150 Millionen US-Dollar zu und machte weitere Konzessionen in Detailfragen. Das ließ erkennen, daß man nun russischerseits an einer Konfliktlösung interessiert war. Allerdings folgte diesem hoffnungsvollen Jahresbeginn nach dem politischen Umsturz in der Tschechoslowakei ein enttäuschender Abbruch der Verhandlungen.

Die zaghaften Versuche eines Weiterverhandelns im Jahr 1948 blieben angesichts dieser gespannten Lage von vornherein aussichtslos. Eigentlich war man noch im Sommer 1949, wo es in Paris zur vorläufig letzten Außenministerratsbesprechung kam, in den Hauptfragen beim selben Stand wie im Herbst 1947.[14]

Jetzt war Frankreich jedoch insgesamt schon viel näher an die Politik der Vereinigten Staaten herangerückt und stimmte letztlich sogar einer Verschmelzung seiner Österreichpläne mit denen der Briten und Amerikaner zu. Das lag vor allem an einer grundlegenden Änderung seiner Deutschlandpolitik. Die früher daran hängenden Sicherheitsklauseln im Österreichvertrag brauchten nun nicht mehr aufrechterhalten zu werden. – Paris zog daher 1949 die Reste seiner bereits zwei Jahre zuvor reduzierten Präventivmaßnahmen gegenüber Deutschland, also die Artikel betreffend die Wirtschafts- und Technologiebeschränkungen und die Patentgesetzgebung aus dem Forderungskatalog zum Österreichvertrag, zurück.

Angesichts der von Frankreich immer angestrebten und lange Zeit auch durchgehaltenen Rolle des Vermittlers zwischen Ost und West in der Österreichfrage stellt dieser Kurswechsel tatsächlich einen Einschnitt dar. Seine große Leistung in den Staatsvertragsverhandlungen erbrachte der Quai d'Orsay in der Frühphase des Jahres 1947 durch Ausdauer und diplomatische Nutzung seiner Position zwischen den Kontrahenten. 1949, vor Abbruch der Gespräche, konnte die vielleicht wichtigste Sachfrage, die Lösung des Artikels 35 über das »Deutsche Eigentum« auf dieser Grundlage herbeigeführt werden.

Anmerkungen

[1] Zu der im Kommentar Georges Castellans hergestellten Bezugnahme zum Titel dieses Beitrags sei angemerkt, daß darin die Tatsache zum Ausdruck kommen soll, daß es gerade die führenden Beamten des fran-

zösischen Außenamtes waren, die während der Vierten Republik trotz der innenpolitischen Bewegtheit eine im Rückblick immerhin einheitlich erscheinende Österreichpolitik der sich abwechselnden französischen Regierungen gewährleistet haben.

[2] Kabinettsrat-Sitzungsprotokoll (= KR) 29, 5. 9. 1945, Österreichisches Staatsarchiv, Allgemeines Verwaltungsarchiv.

[3] Provisorisch wurde das Außenamt gleich nach dem Ende der Kampfhandlungen wieder auf dem Ballhausplatz installiert. Bis zu einem halbwegs funktionierenden Dienst war es aber noch ein weiter Weg, der erst nach der Anerkennung der provisorischen Regierung durch die Westmächte offiziell beschritten werden konnte. Nach und nach kamen auch die österreichischen Diplomaten wieder nach Wien zurück. Im Spätherbst 1945 wurde – oft in der zumindest teilweise beheizten Wohnung des politischen Direktors statt in den noch kärglich ausgestatteten Amtsräumen – an der künftigen Außenpolitik bereits intensiv gearbeitet. Konvolut: Wien 1945, Privatbestand Norbert Bischoff. Aber erst nach der Entsendung politischer Vertreter Anfang 1946 in die Hauptstädte der vier Besatzungsmächte war die Voraussetzung für ein effizienteres außenpolitisches Handeln gegeben. Was die Südtirol-Frage betraf, schufen die Bemühungen Norbert Bischoffs in Paris beste Voraussetzungen für ein günstiges Verhandlungsklima mit Italien am Rande der Pariser Konferenz. Für eine Revision der Südtirolentscheidung der alliierten Außenminister war damals aber keine Chance mehr offen.

[4] Die Ablösung der US-Truppen durch die Franzosen erfolgte nach dem 9. Juli 1945 als Konsequenz des Ersten Kontroll- und Zonenabkommens. Siehe dazu Dokumente auf S. 61 in diesem Buch.

[5] La Question du Tyrol du Sud, Dir. Politique (31. 5. 1945), Fonds des Archives du Ministère des Affaires Etrangères à Paris – Ambassade Vienne (= FA MAE, VIE)

[6] Oliver Rathkolb (Hrsg.), Gesellschaft und Politik am Beginn der 2. Republik. Vertrauliche Berichte der US-Militäradministration aus Österreich 1945 in englischer Originalfassung (Wien-Köln-Graz 1985) S. 407: XL 32.409 vom 9. 10. 1945 NA, RG 226

[7] Telegramm 716/POL, J 138, Ministère des Affaires Etrangères (= MAE) an Béthouart und Monicault, Paris 8. 12. 1945 FA MAE, VIE

[8] Elie (= franz. Konsul in Venedig) an MAE 5. 10. 1945 und 7. 10. 1945 FA MAE, VIE. Zur Südtirolpolitik Frankreichs bis zum Pariser Abkommen jetzt auch: Margit Sandner, Frankreich und die »Südtiroler Frage« 1945/46, in: *Österreich in Geschichte und Literatur* 2 (1988), S. 69–81.

[9] Der in G. Castellans Kommentar betonte Zusammenhang zwischen der Zugehörigkeit De Gasperis und Bidaults zum jeweiligen bürgerlichen Lager ihrer Länder, die ein persönliches Nahverhältnis der beiden Politiker bedeutete, und der französischen Südtirolpolitik war gewiß ein Teilaspekt. Er mag zwar die außenpolitische Entscheidung beeinflußt

haben, aber wohl nur sekundär. Am Rande sei angemerkt, daß ja auch der östereichische Außenminister Gruber diesem politischen Lager angehörte und De Gaspari persönlich kannte. Nationale staatspolitische Erwägungen standen über persönlichen Symathien.

10 Margit Sandner, Die französisch-österreichischen Beziehungen während der Besatzungszeit von 1947 bis 1955, Wien ²1985. S. 88–98 Exkurs.

11 Manfried Rauchensteiner: Österreich nach 1945. Der Weg zum Staatsvertrag, in: Österreich und die Sieger, hrsg. v. Anton Pelinka und Rolf Steininger (Wien 1986) S. 154.

12 CTA = Commission de Traité Autrichien. Die Kommission tagte in Wien vom 12. 5. bis 12. 10. 1947. Sandner, Französisch-österreichische Beziehungen, S. 128–171.

13 Ebd. S. 163 ff. Der Bericht datiert vom 15. Oktober 1947.

14 Vgl. Tabelle ebd. S. 173.

Günter Bischof

»Prag liegt westlich von Wien« Internationale Krisen im Jahre 1948 und ihr Einfluß auf Österreich*

I.

1948 war ein Jahr bitterer internationaler Auseinandersetzungen zwischen dem sowjetischen Kommunismus und den führenden westlichen Demokratien. In diesem Krisenjahr erreichte der Kalte Krieg seine ersten Höhepunkte in den ost-westlichen Spannungen. Der Westen zeigte sich in einer Reihe von sowjetischen Herausforderungen hart und unnachgiebig.

Im Februar 1948 wurden in Prag die demokratischen Elemente durch einen kommunistischen Putsch ausgeschaltet. Im April desselben Jahres spitzte sich die Lage in Berlin zu und im Juni blockierten die Sowjets die Zufahrtswege auf dem Land zur alten deutschen Hauptstadt. Das Kriegsende lag noch kaum drei Jahre zurück und trotzdem wäre es zwischen den Partnern der siegreichen Allianz des Zweiten Weltkrieges beinahe zum Krieg um Berlin gekommen. Im Juni kamen Moskaus heftige Auseinandersetzungen mit dem aufmüpfigen Jugoslawien Titos ans Licht der erstaunten Weltöffentlichkeit. An der jugoslawischen Ost-Grenze kam es zu sowjetischen Truppenbewegungen. Griechenland, seit Jahren in einen Bürgerkrieg mit kommunistischen Freischärlern verstrickt, kam nicht zur Ruhe. In Italien, wo im April gewählt wurde, und in Frankreich fürchtete man die starken kommunistischen Parteien und eine mögliche legale Machtübernahme durch sie. Kommunistisch geführte Gewerkschaften konnten mit Streiks nach Belieben Unruhe stiften. Im Februar/ März erschreckten Pressionen Stalins auf die finnische und norwegische Regierung die politischen Beobachter in den westlichen Hauptstädten. Der Iran und die Türkei waren weiterhin vom Kommunismus bedroht. Zudem kam es in China, Indien, Palästina, Indonesien, Malaysia und Burma zu gewaltsamen Auseinandersetzungen.[1] Im März 1948 warnte General Lucius Clay, der amerikanische Militärgouverneur in Deutschland, das Pentagon, ein Krieg könne mit »dramatischer Plötzlichkeit« ausbrechen. George Kennan, der Chef des Politischen Planungsstabes im Washingtoner State Department, meinte, in der amerikanischen Hauptstadt sei in der Folge der Prager Ereignisse eine »wirkliche Kriegspanik« ausgebrochen.[2]

Alle diese internationalen Krisensituationen hatten unmittelbare Auswirkungen auch auf Österreich, ein Land, das selbst eines der Krisengebiete des Kalten Krieges war. Österreich befand sich in einer geographisch exponierten Lage am soeben niedergehenden »Eisernen Vorhang« – manche empfanden die Zonentrennung so, als ob dieser Vorhang durch das Land selbst ging –, in der die Gefahr einer kommunistischen Machtübernahme besonders nach den Prager Ereignissen nicht unerheblich erschien. Wie Deutschland war auch Österreich in vier Zonen aufgeteilt und hatte Besatzungstruppen im Land. Allerdings gab es in Wien eine demokratisch gewählte Regierung, in der die Kommunisten 1948 keinen Einfluß mehr hatten. In Berlin und Wien, den beiden vier-geteilten Städten, spürte man die internationalen Querelen hautnaher als sonstwo. In Wien registrierten Bevölkerung und Politiker alle Ost-West-Konflikte mit größter psychologischer Intensität. Die Donaumetropole durchlief mehrere Stimmungswechsel vom hoffnungsvollen Hoch zu tiefster Depression, je nachdem wie die Chancen für den Abschluß eines Staatsvertrages standen. Ein Erfolg war immer von der internationalen Großwetterlage abhängig. Seit der Moskauer Außenministerkonferenz (März/April 1947) machte man sich in Wien Hoffnungen auf die Unterzeichnung eines Vertrages, der der drückenden Besatzung des »befreiten Landes« ein Ende machen sollte.

Die Sowjets und der Westen zeigten sich aber keineswegs bereit, ihre Besatzungstruppen aus diesem strategisch wichtigen Land abzuziehen. Die Sowjets hatten wirtschaftliche Interessen in Österreich und gaben überdies kein von der Roten Armee im Zweiten Weltkrieg erobertes Land freiwillig auf. Man dürfte kaum fehl gehen in der Annahme, daß sie sich, ebenso wie in den Ländern ihrer osteuropäischen Interessensphäre, möglichst viele Mittel und Wege zur politischen Beeinflussung auch in der Alpenrepublik schaffen und

erhalten wollten. Solange man aber im Westen berechtigte Sorgen
hegte, in Wien könnte das gleiche geschehen wie in Prag, waren besonders die Militärs entschlossen, die wertvolle strategische Basis
Österreich nicht der Gefahr einer kommunistischen Machtübernahme auszusetzen. Den Franzosen fiel ein Putschplan der Kommunistischen Partei Österreichs in die Hände; auch sonst kamen den
westlichen Geheimdiensten wiederholt Putschgerüchte zu Ohren.[3]
Deshalb entschlossen sich die Regierungen in den westlichen Hauptstädten, die Besatzungstruppen in Österreich zu belassen, bis das
Land selbst ausreichende Sicherheitskräfte aufgestellt hatte, die kommunistischen Putschversuchen Paroli bieten könnten. Auch dies
stellte eine Art »Bevormundung« Österreichs durch die westlichen
Besatzungsmächte dar, allerdings ganz im Sinne der österreichischen
Politik.

Wie ernst die Lage von den westlichen Regierungen veranschlagt
wurde, ist daran zu sehen, daß Österreich in der Folge des Prager
Coups mehr Aufmerksamkeit auf höchster Regierungsebene erhielt
als zu fast allen anderen Zeiten der zehnjährigen Besatzung (mit
Ausnahme vom Frühjahr 1947, Herbst 1949 und Frühjahr 1955, als
es jeweils um den Staatsvertrag ging).

Das State Department in Washington, das Londoner Foreign Office und der Pariser Quai d'Orsay beschäftigten sich alle mit grundsätzlichen Entscheidungen über Österreich. Handschriftliche Anmerkungen des britischen Außenministers Ernest Bevin sind regelmäßig
in den Akten zur österreichischen Politik zu finden. Im »Summary
of Telegrams«, einer Zusammenfassung der Tagesereignisse aus aller
Welt, die das State Department dem US-Präsidenten täglich ins Wei-
ße Haus schickte, befanden sich besonders im März 1948 wiederholt
Hinweise auf »Austria«. Dies ist ein guter Anhaltspunkt darauf, wie
»hoch im Kurs« Österreich zu dieser Zeit in der Prioritätenliste des
amerikanischen Außenministeriums stand. Im Jahre 1948 war
Österreich in der Sicht des Westens einer der meistgefährdeten
»trouble spots« des Kalten Krieges.[4]

II.

Der kommunistische *coup d'etat* in der Tschechoslowakei Ende Februar 1948 stellte einen Wendepunkt im Kalten Krieg dar. Die effiziente, »elegante« und nach außen hin legale Machtergreifung der

tschechischen Kommunisten ohne Kampfhandlungen erhöhte im Westen das Bewußtsein im Bezug auf das Potential hausgemachter kommunistischer Subversion in Westeuropa. Die Kommunisten waren in der Tschechoslowakei mit 38 Prozent die stärkste Partei im Prager Parlament. Am 20. Februar 1948 gaben zwölf Minister der gemäßigten Parteien ihren Rücktritt aus der Regierung der »nationalen Front« bekannt. Die Kommunisten riefen aber keine Neuwahlen aus, sondern übten mit Hilfe der kollaborierenden Sozialdemokraten Zdenek Fierlingers Druck auf Präsident Eduard Beneš aus, den Rücktritt der Minister zu akzeptieren. Klement Gottwald führte die neue kommunistische Regierung an, die nach dem Umsturz an die Macht kam. Bevin meinte zu dieser Tatsache: »Sogar der nach außen hin sich so bourgeois gebende Herr Gottwald hat sich als ein Wolf im Schafspelz entpuppt.«[5]

Aus der Sicht des Westens sah der Prager Coup ganz nach dem erprobten Muster kommunistischer Machtübernahmen aus, trotz der Tatsache, daß keine sowjetischen Truppen direkt beteiligt waren. Prag schien in den Fußstapfen von Budapest zu wandeln, das ein halbes Jahr zuvor dem Kommunismus anheim gefallen war. In den USA meinte man, »fifth column aggression on the Czech model« könnte sich auch in Italien und Frankreich unheilvoll auswirken. Präsident Harry S. Truman malte vor dem Kongreß ein düsteres Bild: »Der tragische Tod der tschechischen Republik hat Schockwellen durch die gesamte zivilisierte Welt gesandt«.[6] John D. Hickerson, der Direktor für europäische Angelegenheiten im State Department, warnte davor, daß der leichte Erfolg der Kommunisten in der Tschechoslowakei und die finnische Krise »widespread fear and bandwagon psychology, particularly in the non-communist left« erzeugten. Er fügte hinzu: »Italien mit seinen bevorstehenden Wahlen ist im Moment der kritische Punkt, aber die Stabilität Frankreichs ist auch nicht sicher und das Land befindet sich im Moment in einem Stadium höchster Nervosität. Dasselbe kann von Österreich gesagt werden«.[7] Und der französische Außenminister Georges Bidault sah auch schon wie Hickerson die Gefahr der fallenden Dominos, als er die USA warnte, daß jüngste Vorkommnisse, wie sie sich in Zentral- und Osteuropa zugetragen hätten, auf jeden Fall in »Österreich, Italien und sonstwo« vermieden werden müßten.[8] Die Gefährdung Österreichs in der Folge von Prag tritt in diesen Bemerkungen klar zu Tage.

Auch der österreichische Außenminister Karl Gruber war sich

über die Folgen dieser Entwicklungen im klaren, wenn er meinte:
»Zum ersten Male seit dem Zusammenbruch Hitler-Deutschlands
wurde in den Staaten des Westens das Signal ›Gefahr‹ hochgezo-
gen.«[9] Der unnachgiebige Antikommunist Bevin alarmierte seine
Kollegen im britischen Kabinett mit einem düsteren Kommentar zur
Weltlage. Er meinte, die Sowjets seien nicht dazu bereit, mit antikommunistischen Regierungen zusammenzuarbeiten. Noch schlim-
mer, sie steckten aktiv in der Vorbereitung, ihren Griff über das
restliche Kontinentaleuropa auszuweiten, danach in den Mittleren
Osten und zweifelsohne auch in den Großteil des Fernen Ostens vor-
zudringen. Bevin meinte, der Kreml habe es darauf abgesehen, die
Kontrolle über das »whole World Island« zu erlangen. In der Kette
der antikommunistischen Staaten sah er Italien als das schwächste
Glied.[10]

Die Briten sorgten sich zur selben Zeit auch um eine unmittelbare
Bedrohung Finnlands. Stalin setzte am 22. Februar, also auf dem
Höhepunkt der tschechischen Krise, die Finnen unter starken
Druck, mit der Sowjetunion einen Freundschaftsvertrag zu unter-
zeichnen, der große Ähnlichkeit mit jenen Verträgen hatte, die von
den sowjetischen Satelliten in Osteuropa unterzeichnet worden wa-
ren. Und ob es der Drohgebärden noch nicht genug gegeben hätte,
tauchten am 8. März im Foreign Office auch noch Gerüchte auf,
Stalin könnte auch von Norwegen die Unterzeichnung eines solchen
Paktes verlangen.[11] Maurice Peterson, der britische Botschafter in
Moskau, sah in all diesen sowjetischen Aktivitäten kein gutes Omen
für Wien: »Es schaut mir ganz danach aus, als ob nach Finnland
Österreich (zusammen mit Italien) die nächste Stelle darstellt, worauf die Sowjets ihre Anstrengungen konzentrieren werden.«[12]

Auch die westlichen Diplomaten in Wien zeigten sich alarmiert.
Geoffrey Keyes, der US-Hochkommissar in Österreich, meinte am
5. März, die spürbarste Folge des Prager Coups in Wien sei eine
»first class attack of jitters«.[13] Karl Gruber hielt sich Ende Februar
zu Staatsvertragsverhandlungen in London auf. Gegenüber James
Marjoribanks, dem Stellvertreter des britischen Außenministers für
die österreichischen Verhandlungen, meinte Gruber in einem mar-
kanten Satz: Prag liege »west of Vienna and there was much appre-
hension in the air«.[14] Gruber schilderte seinen Kollegen im Ministerrat in Wien, wie der Prager Coup in den westlichen Hauptstädten
aufgenommen wurde. Manche Leute im Westen sprachen bereits
von militärischen Vorbereitungen. Gruber meinte weiter: »Für

Österreich raten die Westmächte beim Österreich-Vertrag zur größten Vorsicht. Bevor nicht Italien erledigt ist [Wahlen am 18. April], wird im Westen nichts geschehen. Man sagt allerdings, solange die Besatzung in Österreich ist, wird es zu keinen Vorfällen kommen.« Der Umsturz in Prag sei »keine Überraschung«, meinte er weiters; es sei aber an der Zeit, sich um die innere Sicherheit nach dem Ende der Besatzung Gedanken zu machen.[15]

Der tschechische Umsturz hatte auch bald negative Auswirkungen auf die Staatsvertragsverhandlungen. Am 20. Februar 1948, dem Tag des Rücktritts der zwölf Minister in Prag, begannen die Deputierten für den österreichischen Staatsvertrag in London mit der Wiederaufnahme ihrer Verhandlungen. In Österreich hegte man große Hoffnungen auf diese Runde der Gespräche, hatten die Sowjets doch Ende 1947 prinzipiell dem »Cherrière-Plan« zugestimmt, nämlich einer Geldablöse für das sogenannte »Deutsche Eigentum« – dem schwierigsten Punkt des Vertragswerkes.[16] In den Wochen danach stritten sich die Experten um die Höhe des Dollarbetrages dieser Ablöse. Michael Cullis, der für Österreich verantwortliche Diplomat im Foreign Office und einer der aufmerksamsten britischen Beobachter der täglichen Entwicklungen in allen Fragen, die mit Österreich zu tun hatten, charakterisierte die Verhandlungen als unergiebig (»futile«, »fruitless«, »deadlocked«).[17] Für die österreichische Öffentlichkeit mochte es wohl so erscheinen, als ob die Ablöse für das »Deutsche Eigentum« die Hauptfrage war. Hinter den Kulissen zeigten sich die Westmächte aber hauptsächlich um die militärische Sicherheit des Landes besorgt, also um jenen Aspekt, den auch Gruber zur selben Zeit vor dem Ministerrat so hervorgehoben hatte. Sollte in London eine Einigung über den Vertrag zustande kommen, so hätten die Besatzungstruppen das Land drei Monate nach Ratifizierung des Vertrages durch die Mächte zu verlassen. Die Hauptfrage, die sich dann aber stellte, war entscheidend: War Österreich gegen einheimische kommunistische Subversion und gegen mögliche Umsturzversuche – von außen oder innen dirigiert – militärisch gewappnet?

Der sozialistische Vizekanzler Adolf Schärf war in einem Gespräch mit einem Angehörigen der amerikanischen Besatzungmacht optimistisch und meinte, für Österreich bestünde keine Gefahr. Schärf konnte sich darauf verlassen, daß die große Mehrheit seiner Partei stark antikommunistisch eingestellt war. Bei den Wahlen im November 1945 hatte die SPÖ 45 Prozent der Stimmen erhalten; die Kommunisten hatten es nur auf knapp fünf Prozent gebracht. Die

KPÖ hatte ca. 150000 bis 170000 Mitglieder. Die Beteiligung der Kommunisten an der Koalitionsregierung hatte im November 1947 mit dem Rücktritt ihres einzigen Ministers Karl Altmann (Minister für Elektrifizierung und Energiewirtschaft) geendet. Zudem war es Innenminister Oskar Helmer gelungen, den Einfluß der Kommunisten in den Polizeikräften entscheidend zurückzudrängen, was zur Verschlechterung der österreichischen Beziehungen mit dem sowjetischen Besatzungselement führte. Anton Pelinka dürfte mit seiner Analyse recht haben, wenn er meint, daß die zwei Koalitionsparteien ihre Beziehungen zur KPÖ immer im Lichte einer pontentiellen internationalen Krise sehen mußten, da die Ziele der KPÖ mit denen des Kremls identisch waren.[18]

Die SPÖ kontrollierte auch die Gewerkschaften. Schärf hatte recht, darauf hinzuweisen, wie wenig Rückhalt die Kommunisten in der österreichischen Bevölkerung hatten. Er war aber nicht ganz aufrichtig, wenn er behauptete, die SPÖ hätte »keinen Fierlinger«. Der Führer des linken Flügels der SPÖ, Erwin Scharf, hatte es in der Tat auf die Zusammenarbeit mit der KPÖ abgesehen, was daraus zu ersehen ist, daß er bei den 1949er Wahlen offen mit den Kommunisten zusammenarbeitete; wenn auch erst, nachdem er im November 1948 aus der SPÖ ausgeschlossen worden war. Die SPÖ hielt also klare Distanz zum linken Flügel der Partei.[19] Ein amerikanischer Beobachter meinte, der linke Flügel der SPÖ sei so schwach, daß er es nicht wage, sich zu organisieren.[20]

Schärf und führende Sozialisten (Deutsch, Pollak) zweifelten nicht im geringsten an der Stärke und der demokratischen Gesinnung des gemäßigten Flügels der SPÖ. Die Sozialisten versuchten, die Amerikaner nach dem Prager Putsch zu beruhigen, indem sie ihr »vollstes Vertrauen« in die Fähigkeit der österreichischen Regierung ausdrückten »to *prevent or suppress any attempted Communist coup after withdrawal of occupation forces. They [SPÖ] base this confidence on extrem weakness and unpopularity of Communists and on non-Communist control of police and trade unions.*« [Betonung Erhardt] Schärf betonte, daß eine sowjetische Invasion in Österreich einen Krieg auslösen würde; Grenzzwischenfällen mit den Tschechen und Jugoslawen könne man selbst parieren. Er schlug allerdings eine rasche Wiederbewaffnung Österreichs vor, da die Sowjets versuchen könnten, in der Alpenrepublik »nach dem griechischen Muster vorzugehen«. Der Vizekanzler sah die Gefahr darin, daß ohne einen Vertrag und der Unabhängigkeit des Landes – also der anhaltenden

Bevormundung –, die Bevölkerung in »zunehmende Apathie« sinken könnte.[21]

Dem war allerdings nicht ganz so. Einige niederösterreichische Bauernfunktionäre, die von den Amerikanern Anfang März befragt wurden, zeigten sich über den Mangel an Sicherheitskräften besorgt und meinten, ihre Enttäuschung, keinen Vertrag zu bekommen, sei »bedeutend geringer als vor zwei Wochen«, also vor dem tschechischen Umsturz. Die amerikanischen Beobachter konstatierten »an immediate dampening of enthusiasm for [the] treaty«.[22]

Wie schon wiederholt angedeutet, führten die Prager Ereignisse auch bei Gruber zu einer veränderten Einstellung gegenüber den Sowjets. Vor dem Umsturz in Prag zeigte er sich bei den Vertragsverhandlungen ihnen gegenüber in einer konzessionsbereiten Stimmung. Nach dem 20. Februar in Prag wurde der Tiroler aber zum unnachgiebigen Advokaten einer Aufstellung von ausreichenden österreichischen Sicherheitskräften vor der Unterzeichnung eines Vertrages. Am selbigen 20. Februar fühlte er bei den Briten sogar vor, ob Österreich der in London in Planung begriffenen »Western Union« – der Vorläuferorganisation der NATO – beitreten könnte. Gruber, dessen Sicht vom Deputierten Marjoribanks geteilt wurde, gab den Briten zu bedenken, daß Österreich nicht als unabhängiger »buffer state« existieren könne. Österreich würde sein Los lieber mit dem Westen teilen. Bevin aber war dagegen. Österreich wäre keine atlantische Macht und militärisch oder politisch nicht in der Lage, »reciprocal obligations« auf sich zu nehmen. Bevin sprach sich auch gegen den früheren Gruber-Vorschlag einer britischen Garantie für Österreichs Sicherheit aus.[23] Grubers Optimismus für eine frühe Vertragsunterzeichnung war verflogen. Nach dem Prager Umsturz bestand er darauf, daß »Österreich in einer Position sein müsse, sich gegen interne und externe Aggressionsakte, die noch keine Kriegshandlungen darstellten, zu verteidigen, bevor die Besatzungstruppen abgezogen würden«.[24]

Im Pentagon hatte der Prager Coup klare Folgen für Österreich. Das »Joint Strategic Survey Committee« glaubte, die österreichische Polizei – deren Bewaffnung lediglich aus Gummiknüppeln bestand! – sei nicht stark genug, sich gegen einheimische Subversion verteidigen zu können. Man sollte daher Österreich erlauben, sich bewaffnete Kräfte anzuschaffen, »egal was in den Vertragsverhandlungen passiert«. Das Pentagon-Komitee verwies auf die strategische Bedeutung Österreichs angesichts seiner geographischen Lage und betonte , das

Land sei ein bedeutender Eckstein in der amerikanischen Verteidigungslinie in Europa:

»Our position in Austria is an important part of that [demarcation] line [from Italy to the Baltic] ... in light of the present situation in Europe and particularly the recent developments in Czechoslovakia; to undertake such a withdrawal [of occupation troops after conclusion of the treaty] without first providing reasonable means of maintaining at least the present line of demarcation between the USSR and the Western Powers would be militarily unsound.«[25]

Die französischen Militärs waren geteilter Meinung, lehnten aber am Ende auch einen Rückzug der Besatzungstruppen aus Österreich ab, bevor das Land nicht genügend eigene Sicherheitskräfte hatte. Der französische Deputierte in London, General Paul Cherrière, machte sich für einen Vertragsabschluß stark. Er meinte, die Westmächte setzten den Verlust von Wien aufs Spiel *(»joueraient perdant à Vienne«),* sollten sie Entscheidungen in der österreichischen Frage weiter hinauszögern. Seiner Meinung nach sollte man das Risiko eingehen, »den Apfel wurmstichig zu belassen« *(»laisser le ver dans le fruit«).* Der Westen sollte seine Truppen aus Österreich abziehen, dem Land aber eine Sicherheitsgarantie geben.[26] Der französische Hochkommissar in Österreich, Emile Béthouart, kein Freund der Kommunisten, war genau entgegengesetzter Meinung. Er war überzeugt davon, daß die Sowjets Österreich in ihre Einflußsphäre ziehen würden, wenn die Besatzungstruppen einmal nicht mehr da wären, da das Land militärisch nicht gerüstet sei. Eine Evakuierung zum gegenwärtigen Zeitpunkt würde einem »neuen München« gleichkommen, mit all den bekannten Folgen für Mitteleuropa. Dies waren starke Worte! Béthouart hatte offenbar das überzeugendere Argument. Mitte April 1948 erhielt Cherrière Instruktionen von Außenminister Bidault, daß »eine Fortsetzung der Okkupation einer Evakuierung, mit all den daraus folgenden Risiken, vorzuziehen sei«.[27] Gleich den Amerikanern gingen die Franzosen auf Nummer sicher.

Ende März 1948 neigten die Westmächte zu einer Vertagung der Staatsvertragsverhandlungen, die seit Februar in London schleppend geführt worden waren. Der amerikanische Deputierte Samuel Reber kannte die Bedenken der Militärs und wollte daher die Verhandlungen verlangsamen und die italienischen Wahlen abwarten. Er dachte an Vertagung und »the best tactical grounds on which to base it«.[28] Die Franzosen sprachen sich im April ebenfalls für eine Vertagung aus. Die Briten waren die einzige westliche Macht, die zu diesem Zeitpunkt *für* den Abschluß des Staatsvertrages war. Sie wollten nicht, daß die Gespräche »drag on inconclusively«, da sie einen engen Konnex »Vertragsverhandlungen – Moral der österreichischen Öffentlichkeit« sahen.

Und kein Fortschritt bei den Verhandlungen bedeutete meist eine Verunsicherung der Österreicher. Bevin war sich auch im klaren darüber, welche Rückwirkungen die österreichischen Vertragsverhandlungen auf die Abschlußberatungen des amerikanischen Kongresses über den Marshall-Plan haben konnten. Er wollte das Votum im US-Kongreß, das Anfang April anstand, nicht durch eine Vertagung der Verhandlungen gefährden:

»Can you hold it [adjournement] until the vote is through Congress and then adjourn?«[29]

Trotz einschneidender sowjetischer Konzessionen in der Höhe der Ablösesumme für das »Deutsche Eigentum« und bei den Militärklauseln des Vertrages, kam es im Mai 1948 zum Abbruch der Verhandlungen der Deputierten. Der Westen fand in der sowjetischen Unterstützung der jugoslawischen Grenzforderungen gegenüber Österreich den gewünschten Vorwand, die Verhandlungen zu vertagen. Gruber stimmte mit dieser westlichen Taktik überein.[30] In der Öffentlichkeit schob man den Sowjets die Schuld in die Schuhe; in Wirklichkeit ging der Abbruch der Verhandlungen auf das Konto des Westens, da man keinen Vertrag wollte, solange Österreich keine ausreichenden Sicherheitskräfte hatte, um kommunistischen Putschversuchen widerstehen zu können. Dies waren die direkten Folgen des Prager Umsturzes auf die Alpenrepublik.

III.

1948 schienen die Sowjets in ihrer Außenpolitik betont in die Offensive zu gehen.[31] Ende März saß den westlichen Führungsmächten noch immer der Schrecken der tschechischen und finnischen Ereignisse in den Gliedern. Man zeigte sich zudem überaus nervös über einen möglichen kommunistischen Erfolg bei den italienischen Wahlen, die Mitte April stattfinden sollten. Die österreichischen Vertragsverhandlungen kamen zur selben Zeit ins Stocken. In der Deutschen Frage klafften die Meinungsverschiedenheiten immer

weiter auseinander. Es kam zur Krise, als der sowjetische Militär-
gouverneur am 20. März 1948 aus der Sitzung des Kontrollrates in
Berlin auszog und Anfang April der Zugang nach Berlin auf dem
Landweg erheblich erschwert wurde.[32]

Der Ausbruch der Berlin-Krise von 1948 ist von der Forschung
ausgiebig untersucht worden. Für die Rückwirkungen von Berlin auf
Wien ist es für die Analyse hilfreich, zwischen zwei Krisen zu unterscheiden: die sowjetische Teilblockade Berlins im April nach dem
demonstrativen Auszug der Sowjets aus dem Kontrollrat; und *die*
(Zweite) Berlin-Krise Ende Juni, als nach der Währungsreform in
den Westzonen die Landzufahrtswege nach Berlin aus dem Westen
abgeschnitten wurden. Es ist weniger bekannt, daß es im Laufe der
Ersten Berlin-Krise auch in Wien Krisenstimmung gab, als die Sowjets den Zugang zur österreichischen Hauptstadt erheblich behinderten. Es gab auch dort Restriktionen im Straßen- und Bahnverkehr.
Im Alliierten Rat in Wien versuchten die Sowjets herauszufinden,
ob der Westen auf seinen Rechten bei den Luftkorridoren nach Wien
beharren würde. Es gab partielle Blockaden auf den Zufahrtsstraßen
von und nach Tulln/Langenlebarn und Schwechat, den beiden westlichen Flughäfen, die bekanntlich in der sowjetischen Zone außerhalb Wiens lagen. Den Briten gegenüber war man unverschämter
und härter als gegenüber den Amerikanern. John Cheetham, ein hoher britischer Diplomat in Wien, meinte: »During all of those days
the Russians were keeping up a sort of cat-and-mouse surveillance
about travel to Schwechat and Vienna. Sometimes they would hold
up cars for hours, causing a great deal of bother without creating a
complete scandal.« Westliches Militärpersonal hatte zusätzlich zu
den gewohnten »grey passes« in dieser Zeit auch Lichtbildausweise
beim Zonenübertritt vorzuweisen.[33]

Es sah so aus, als ob die Sowjets in Wien – ähnlich wie in Berlin –
den Zugang zur Stadt zunehmend schwieriger machen wollten. Die
Westmächte legten im Wiener Alliierten Rat – der im Gegensatz
zum Berliner Kontrollrat während der gesamten Krise seine regelmäßigen Sitzungen fortsetzte – schärfsten Protest gegen diese Restriktionen ein. Als rechtliche Handhabe diente das Erste Kontrollabkommen, das die »European Advisory Commission« im Juli 1945
unterzeichnet hatte und in dem alle Land-, Bahn- und Luftkorridore
nach Wien schriftlich festgelegt worden waren.

Für Berlin gab es keine solchen schriftlichen Abkommen! Dies
schien die Sowjets vorsichtiger zu machen; die angekündigten Reise-

beschränkungen wurden im Falle Wiens nie rigide angewendet. Die
Amerikaner waren aber so aufgeschreckt, daß sie bis in den Mai hinein tägliche »Situationsberichte« von Wien nach Washington schick-
ten.[34]

Die westlichen Beobachter konnten über die möglichen Gründe
für die sowjetischen Restriktionen und deren Abklingen im Mai nur
spekulieren. Möglicherweise wollte man die Londoner Staatsvertragsverhandlungen – bei denen sich die Sowjets ja konzessionsbereit
gaben – nicht durch allzu rigorose Reisebeschränkungen in Mitleidenschaft ziehen. Es bestand für die Sowjets ja auch die Gefahr, den
Zusammenbruch der beständigen Kooperation im Alliierten Rat und
eine mögliche Teilung des Landes heraufzubeschwören.[35] Keyes spekulierte: »Die Direktiven, unter denen die Russen nun in Deutschland operieren, wurden von irgendwelchen sowjetischen Behörden
auch auf Österreich in gleicher Weise angewendet, wobei man die
unterschiedlichen Verhältnisse, die den zwei Ländern eigen sind,
übersah.«[36] Die offizielle sowjetische Version schob den Amerikanern die Schuld zu, da sie angeblich den Spielraum für eine sowjetische Repatriierungskommission in die DP-Lager der amerikanischen
Zone einschränkten. Als aber der Empfang für diese Kommission im
Mai freundlicher wurde, sahen die Sowjets keinen Grund mehr, die
Reisebeschränkungen nach Wien aufrechtzuerhalten. Bis Mitte Mai
war der Zugang nach Wien wieder so gut wie normal möglich.[37] Es
könnte aber auch sein, daß die Repatriierungskommission den Sowjets einen willkommenen Vorwand lieferte, von einem Konfrontationskurs abzuweichen, von dem sich der Westen in Wien ohnedies
nicht beeindrucken ließ. Vielleicht wollten die Sowjets aber auch
nur die Entschiedenheit des Westens in Österreich testen. Auf jeden
Fall muß festgestellt werden, daß die Krisensituation in Wien im
Laufe der Ersten Berlin-Krise im April/Mai 1948 gefährlicher aussah, als es im Zuge der Zweiten Berlin-Krise – die landläufig als *die*
Berlin-Krise gesehen wird – der Fall war.

Die Spannungen zwischen den Alliierten setzten sich im Juni
1948 in Wien auf anderen Ebenen fort. Gruber protestierte dagegen
bei den Besatzungsmächten mit, so der britische Beobachter John
Cheetham, »amateurhaft entworfenen« Noten.[38] Einige österreichische Politiker ließen sich in dieser Krisenzeit zu kritischen antisowjetischen Reden hinreißen.[39] Cheetham meinte, Gruber »seems
rather to have lost his head and is bent on working up an agitation
against the Allied powers as such«. Der britische Hochkommissar in

Österreich, Generalleutnant Sir Alexander Galloway, erhielt Instruktionen aus London, Gruber zur Vorsicht zu mahnen. Er solle seine Vorwürfe durch die Kanäle der Kontrollmaschinerie leiten, anstatt die Sowjets in öffentlichen Attacken zu provozieren. Das Foreign Office schob Gruber die Schuld für alle öffentlichen Angriffe zu, in denen die Sowjets von österreichischen Politikern an den Pranger gestellt wurden.[40] Auch US-Außenminister George C. Marshall wies seine Legation in Wien an, die Österreicher zur Vorsicht zu mahnen. Selbst der sowjetische Hochkommissar Wladimir Kurassow zeigte in einem Treffen mit seinem amerikanischen Kollegen Keyes seinen guten Willen, Vorfälle zu vermeiden, die »eine Verschlechterung der Beziehungen« hervorrufen könnten.[41]

Neben dem Stillstand in den Staatsvertragsverhandlungen und der daraus resultierenden fortdauernd bedrückenden finanziellen Last durch die Besatzungskosten gab es einen weiteren guten Grund für die Österreicher, über die Behandlung durch die Sowjets aufgebracht zu sein. Im Laufe des Jahres 1948 entführten oder kidnappten die Sowjets beinahe 300 Personen in Österreich. Es kann nicht mit Sicherheit festgestellt werden, ob diese Entführungen ein Teil des Wiener Geheimdienstalltages waren – Wien war zu der Zeit aber eine der Spionage-Hauptstädte des Kalten Krieges (Graham Greens »Dritter Mann« hat diesen Aspekt der Grenzstadt Wien ausreichend bekannt gemacht). Andererseits mögen diese Entführungen auch nur ein Aspekt einer sowjetischen Einschüchterungsstrategie gewesen sein.[42]

Der bekannteste Fall war die Verhaftung des Wiener Kriminaloberinspektors Anton Marek. Marek hatte in Helmers Innenministerium eine schlagkräftige Abteilung aufgestellt, die subversiven kommunistischen Aktivitäten nachspürte. Man wird annehmen können, daß Marek mehr über kommunistische Absichten (Putschpläne etc.) wußte, als den Sowjets lieb war. Im Gegensatz zu ihren sonstigen stillen Methoden, Leute verschwinden zu lassen, wurde Marek öffentlich anti-sowjetischer Spionage beschuldigt. Er wurde bis 1955 in der Sowjetunion gefangengehalten und kam als gebrochener und todkranker Mann zurück.[43] Die Amerikaner legten diese Entführung als Versuch der Sowjets aus, das verläßlich antikommunistische Innenministerium einzuschüchtern. Die starken westlichen Proteste im Alliierten Rat waren zwar den Sowjets unangenehm, halfen aber wenig.[44] Die Entführten gelangten meist, gleich Alexander Solschenizyns Romanfigur Iwan Denissowitsch, in die bedrückende Welt sowjetischer Arbeitslager.

Die aufsehenerregende Marek-Affäre fiel mitten in die dramatischste aller Krisen des Jahres 1948 (und wahrscheinlich des gesamten Kalten Krieges). Am 24. Juni 1948 brach die Zweite Berlinkrise offen aus, als die Sowjets ihre »Belagerung« der westlichen Sektoren der Stadt begannen, indem diese total von der Landzufuhr abgeschnitten wurden. Die westliche Diplomatie reagierte zuerst mit scharfen Protestnoten. In Washington und London überlegte man zwei Alternativen, mit denen die sowjetischen Absichten geprüft werden sollten: Sollte man auf Konfrontationskurs gehen und mit einem bewaffneten Panzerkonvoy nach Berlin stoßen? Oder sollte man versuchen, die Stadt vorerst einmal aus der Luft zu versorgen und damit Zeit für weitere Handlungen zu gewinnen? Auf Anraten Londons entschied sich der amerikanische Präsident Truman für den letzteren, weniger gefährlichen Kurs.[45] Ende Juni legte General Clay dem Nationalen Sicherheitsrat dar, worum es in Berlin für den Westen ging: »Eine Aufgabe von Berlin würde katastrophale Folgen für unsere Pläne in Westdeutschland haben. Es würde auch den europäischen Wiederaufbau verlangsamen ...«.[46]

In den Gedankengängen einiger bedeutender US-Entscheidungsträger gab es einen klaren Zusammenhang Berlin–Wien. Als Clay im späten Juni vor schweren Entscheidungen über Berlin stand, hatte er wahrscheinlich noch die Warnung von General Omar Bradley, des Chefs des Generalstabes der US-Armee, im Kopf, der im April, während der Ersten Berlin-Krise, gemeint hatte: »Hier herüben [in Washington] zweifeln wir daran, ob unser Volk bereit ist, einen Krieg vom Zaune zu brechen, um unsere Positionen in Berlin und Wien zu halten.«[47] Im September, als die Krise um Berlin schon einige Monate andauerte, nahm der angesehene General Walter Bedell Smith, der US-Botschafter in Moskau, an einer Sitzung des »Policy Planning Staff« in Washington teil, die von George Kennan geleitet wurde. Smith legte dar, welche Folgen eine Evakuierung von Berlin auf Wien und Europa hätte: »To leave Berlin would indeed, as I am told, throw apall [sic] over Western European hopes for security, and be an ill omen to the people of Vienna which might be next on the list.«[48] Nachdem der Kreml in einer langen Note zur Berlin-Krise am 14. Juli die Fragen Berlin und Wien in einem Zusammenhang erwähnte, zeigte sich Washington sehr besorgt und wollte von seiner Wiener Legation wissen, ob es auch mögliche sowjetische Gründe für eine Blockade Wiens geben könnte.[49]

John Erhardt, der erfahrene amerikanische Gesandte in Wien, ließ

sich zu keiner Panik hinreißen und argumentierte kühl: Die Wiener
und Berliner Situation wären grundverschieden; wenn die Sowjets in
Wien eine Blockade anlegten, so hätten sie mit der Zeit auch die administrative Kontrolle über ihre Zone zu übernehmen; das Land
würde geteilt werden und das wäre ein schwerwiegender Bruch internationaler Übereinkünfte, die älter als Potsdam seien; die Sowjets
hätten offensichtlich primäres Interesse an der deutschen Frage und
hätten zum gegebenen Zeitpunkt wohl wenig Interesse daran, Österreich zu teilen, da sie dann ja gerade dieselbe Aktion setzten, wofür
sie den Westen in Deutschland beschuldigten. Eine Teilung Österreichs würde nicht nur jegliche Einigung über Österreich unmöglich
machen, sondern auch die Absichten, ein deutsches Gesamtabkom-
men zu erreichen, unterbinden; ja, eine Teilung Österreichs wäre gerade der Beweis dafür, daß die Sowjets nicht nur keine deutsche Einheit wünschten, sondern Europa endgültig teilen wollten. Erhardt
schloß damit, daß man in Wien »das beinahe vollständige Ausblei-
ben örtlicher Hinweise« auf eine Blockade Wiens signifikant finde.
Gerade sowjetische und kommunistische Zeitungen zögen keine Pa-
rallelen Berlin–Wien in ihrer Berichterstattung.[50] Außer einem läh-
menden Gefühl großer Ungewißheit machte sich die Zweite Berlin-
Krise in Wien wenig bemerkbar, machten die Sowjets doch keine
Anstalten, die Zufahrt zur Stadt zu behindern.

Keyes mahnte Washington trotzdem zur Vorsicht. Hinweise auf
Wien könnten Warnungen an den Westen sein, daß in Wien ähnli-
che Maßnahmen wie in Berlin ohne vorherige Ankündigung in der
Zukunft unternommen werden könnten. Die Zusammenarbeit im
Alliierten Rat klappe, meinte Keyes, und einen rechtlichen Vor-
wand wie eine Währungsreform (die der unmittelbare Anlaß der
Berliner Blockade gewesen war), gebe es nicht, da einer solchen in
Österreich die Sowjets zugestimmt hätten. Keyes kam zum Schluß:
»Wir denken, daß die Wahrscheinlichkeit einer möglichst frühen
Wiederaufnahme der österreichischen Staatsvertragsverhandlungen
der beste Weg sei, eine Ausdehnung der Blockade auf Wien abzu-
wenden«. Hier könnte man die wirklichen sowjetischen Absichten
auf die Probe stellen.[51]

Die Wiener Bevölkerung machte wieder einmal alle psychologi-
schen Tiefen mit, die aus ihrer exponierten Zentrallage auf dem
aktiven Vulkan des Kalten Krieges stammten. Die sowjetische Ber-
lin-Note vom 14. Juli erzeugte ein »feeling of near panic«.[52] Die
nervliche Belastung der Wiener in diesen Wochen »war in manchen

Augenblicken so groß, daß man sie kaum ertragen konnte«. Ein amerikanischer Bericht bietet eine gute Zusammenfassung der öffentlichen Meinung:

»Austrians ... alternate between hope and discouragement in a state of almost constant uneasiness, and they are especially suspectible to rumors, suggestions, or intimations that serious new diffculties are in store for them because they are convinced of the continuing intention of the Soviet Union to neglect no opportunity of extending Communist control in Europe.«[53]

Es gab aber auch Leute, die sich an solche Krisen bereits gewöhnt hatten. Cheetham deutet dies an, als er beobachtete: »Viennese continue to treat the Berlin crisis calmly.«[54] Und als ob Berlin noch nicht genug Aufregung bereitete, brach im Juni auch der Kampf Titos mit Stalin offen aus, in dem die Doktrin des monolithischen Kommunismus plötzlich in Frage gestellt wurde. Die Österreicher schauten mit »intense curiosity« über die Grenze.[55]

Wie oben angedeutet, zeigten die amerikanischen Stabschefs wenig Interesse daran, für Wien in den Krieg zu ziehen. Die vorsichtigen britischen Stabschef teilten diese Meinung. Ihr Rat an das Kabinett war: »Austria, much less Vienna, is not strategically vital.«[56] Dies ist wohl so zu verstehen, daß sich die niedergehende Weltmacht Großbritannien, die wegen fehlender Truppen und Mittel eine Position nach der anderen aufgeben mußte, für Österreich nicht *militärisch* engagieren konnte. Österreich war aber sehr wohl *politisch* wichtig für die Briten.[57]

Die Amerikaner in Wien machten sich unterdessen auf das Schlimmste gefaßt. Im State Department bereitete man einen geheimen »Strategischen Kontrollplan« vor. Schon im April urgierte man beim Administrator der »European Cooperation Administration«, die die Marshall-Plan-Gelder in Europa verwaltete, in Österreich eine 90-Tage Reserve von wichtigen Gütern anzulegen, und zwar über die zugesagten ECA-Appropriationen hinaus. Solch kritisch wichtige Grundstoffe wie Rohöl und Kohle sollten das Funktionieren der österreichischen Wirtschaft gewährleisten, selbst wenn die Sowjets das Anlaufen des Marshall-Planes in ihrer Zone sabotieren sollten. Da die Sowjets bekanntlich die österreichischen Erdölgebiete unter ihrer Kontrolle hatten, hätten sie mit einem Boykott der Erdölzufuhr in die westlichen Zonen die österreichische Wirtschaft in arge Schwierigkeiten bringen können.[58]

Im August hielt Robert Lovett, der Unterstaatssekretär im Außen-

ministerium, den ECA-Administrator Paul Hoffman an, schnell eine
solche Reserve aufzubauen, um sich gegen sowjetische Erpressungen
zu wappnen.[59] »Wie ich höre, legen die Amerikaner eine ausgiebige
Lebensmittelreserve in Wien an«, notierte Cheetham in sein Tagebuch; »die Absicht dahinter ist, genug auf der Seite zu haben, um die
Stadt ernähren zu können, sollten die Russen eine Blockade wie in
Berlin errichten.«[60] Während Berlin aus der Luft versorgt wurde, legte man in Wien auf dem Landweg eine Reserve an. Die Sowjets
ließen sich aber auf keinen Wirtschaftskrieg in Österreich ein, obwohl sie Anfang August, als der Marshall-Plan anzulaufen begann,
heftig gegen diesen »amerikanischen Wirtschaftsimperialismus« pro-
testierten.[61]

Zu den Lebensmittelreserven kamen in Wien noch weitere Maßnahmen während der Berlin-Krisen. Man lernte von Berlin und
wollte für alle Eventualitäten gerüstet sein. Die Amerikaner arbeiteten konkrete Pläne aus, im 19. Bezirk in Wien ein Flugfeld anzulegen, um die Stadt aus der Luft versorgen zu können.[62] In Wien wurde über eine mögliche Evakuierung der gesamten Regierung nach
Salzburg gemunkelt.[63] Die Westmächte fingen auch mit den Vorbereitungen an, eine schlagkräftige österreichische Armee aufzustellen.
In einem amerikanischen Bericht wurde vermerkt, was sich seit den
März-Direktiven des Pentagon diesbezüglich tat: »Steps are being
undertaken in the three western zones of Austria to train and equip
the Austrian police, and to provide preliminary organisation and
training for army. Out of these trained and armed *gendarmerie* units
in the western zones, the future army would emerge.«[64] Der Westen
wollte offensichtlich nicht unvorbereitet wie in Berlin in eine Krise
hineinstolpern.

Die westlichen Diplomaten hatten zwar recht, wenn sie feststell-
ten, daß die Gegebenheiten in Berlin und Wien sehr unterschiedlicher Natur waren. Trotzdem war Österreich einmal mehr eng mit
der deutschen Frage verquickt. Dies war klar ersichtlich, als es darum ging, zu überdenken, ob es an der Zeit sei, die österreichischen
Staatsvertragsverhandlungen wieder aufzunehmen. Im August meinte
Bevin, die internationale Atmosphäre sei ungünstig für eine Wiederaufnahme der Verhandlungen. Anfang September war Bevins Haltung dazu: »Await the present approach in Berlin and see the result.«[65] Und Anfang Oktober hieß es bei den Westmächten immer
noch, die Verhandlungen würden im erstbesten Moment wiederauf-
genommen werden, doch müsse sich die Berliner Situation klären,

bevor im Bezug auf Österreich irgendwas unternommen werde.[66] Als
sich die westlichen Außenminister anfangs Oktober trafen, meinte
Bevin, er sei zu keinem Tauschhandel bereit, in dem die westliche
Position in Berlin für einen österreichischen Staatsvertrag aufs Spiel
gesetzt würde. Marshalls Hauptsorge war nach wie vor die militäri-
sche Sicherheit Österreichs. Wenn die Truppen erst einmal aus dem
Land wären, gäbe es kaum Chancen, sie wieder zurückzubringen.[67]
Die Lösung der österreichischen Frage war abermals im Sumpf des
Kalten Krieges steckengeblieben. Und die Stimmung in der öster-
reichischen Bevölkerung ließ sich eher mit »Unbehagen« als mit
»Krise« kennzeichnen.[68]

Trotz zahlreicher westlicher diplomatischer Initiativen schien sich
kein Ende in der verfahrenen Berlin-Krise abzuzeichnen. Und so gab
es denn auch Leute, die sich für eine Abkoppelung der Österreich-
Diplomatie von der Berlin-Krise aussprachen. Es sei an der Zeit, die
Österreich-Frage auf »ihre eigenen Vorteile hin« zu beurteilen.
Michael Cullis, der Österreich-Experte im Foreign Office, hielt seinen Vorgesetzten vor, »it would be a pity to let this [progress on the
Austrian treaty] be prejudiced by waiting indefinitely for a ›clarifica-
tion‹ [of Berlin] which may never materialise.« Das Argument von
Cullis schien Bevin schlußendlich zu überzeugen. Bevin legte darauf
den Amerikanern nahe, die Staatsvertragsverhandlungen wieder in
die Wege zu leiten.[69] Im November teilten die Westmächte dem
österreichischen Außenministerium, das schon seit Monaten auf
eine Wiederaufnahme der Verhandlungen drängte, mit, man solle
identische Noten mit der Aufforderung zur Wiederaufnahme an alle
vier Mächte richten. Anfang Dezember wurden die Noten aus Wien
abgeschickt. Die Mächte reagierten positiv und kamen überein, im
Februar 1949 die Deputiertenverhandlungen in London wiederauf-
zunehmen.[70] Der österreichische Staatsvertrag – wohl einer der wenigen Punkte zwischen Ost und West in diesem Krisenjahr, in dem
noch Chancen auf Erfolg bestanden – wurde damit von der Berlin-
Diplomatie getrennt, wo es seit Monaten nur gegenseitige Vorwürfe
hagelte. Die Versorgung der Stadt durch die Luft, die niemand auf
längere Zeit möglich gehalten hatte, durchkreuzte die Strategie des
Kremls, der in dieser schweren diplomatischen Niederlage vor allem
durch Sturheit glänzte. Die Wiener hatten wieder einmal Grund, zu
hoffen.

IV.

Es gab also im Jahre 1948 mit Prag und Berlin zwei Krisen in der unmittelbaren Nachbarschaft, die die österreichische Position zwischen Ost und West prekärer machte, als sie seit 1945 ohnehin schon war. In einer Umkehr von Grubers Satz vom März lag »Wien östlich von Prag«. Da fragten sich österreichische und westliche Staatsmänner mit Berechtigung, ob Wien nach Budapest und Prag die nächste mitteleuropäische Hauptstadt sei, in der die Kommunisten eine Machtübernahme vorbereiteten. Wie hoch wurde die Möglichkeit eines internen kommunistischen Umsturzes in der österreichischen Donaumetropole eingeschätzt? Mit einem direkten sowjetischen Eingriff war nach dem Fiasko von Berlin – wo der Westen unerwartet Widerstandskräfte mobilisiert hatte – wohl kaum zu rechnen, denn dies hätte eine Teilung des Landes zur Folge gehabt, oder gar Krieg bedeutet.

Über kommunistische Machtübernahme-Pläne zu schreiben, bedeutet für den Historiker, sich in das ungewohnte Territorium der Spekulationen zu begeben, da konspirative Tätigkeit keine breite Spuren gesicherter Dokumentation hinterläßt – das liegt in der Natur der Sache. Andererseits darf man es sich aber nicht so leicht machen und das, was nicht gewesen ist, damit abzutun, daß es nicht hätte stattfinden können. Wir können angesichts des Faktums kommunistischer Umstürze in den Nachbarländern annehmen, daß es wahrscheinlich solche Pläne auch für Österreich gegeben hat.

Man wird mit den vom amerikanischen Historiker Thomas Hammond in seinem Buch »Anatomie der kommunistischen Machtübernahmen« angestellten Überlegungen davon ausgehen können, daß es einen Generalplan für kommunistische Machtübernahmen gegeben hat, wenn »man damit einen generellen taktischen Plan meint, den anzuwenden und lokalen Gegebenheiten anzupassen. Stalin von jedem kommunistischen Führungsfunktionär erwartete«. Hier sind die österreichischen Kommunisten kaum auszunehmen. Hammond fährt fort: »Die meisten Machübernahmen der 1940er Jahre wurden von Kommunisten dirigiert, die die Kriegsjahre in Rußland verbracht hatten, in ihre Heimatländer mit im Voraus sorgfältig ausgearbeiteten Machtübernahme-Plänen zurückkehrten, und aus Moskau und von vor Ort anwesenden sowjetischen Funktionären regelmäßig Instruktionen erhielten.«[71] Dieses Szenario trifft wohl auch auf Österreich zu, hatten sich doch die kommunistischen Führungskräfte

Ernst Fischer und Johann Koplenig während des Krieges ebenfalls in Moskau aufgehalten.[72] Zudem haben die westlichen Geheimdienste genug Hinweise in die Hände bekommen, die darauf hindeuteten, daß es kommunistische Pläne für einen Umsturz in Österreich gab.[73]

Auf den tschechoslowakischen Coup hin kochte es jedenfalls in der Gerüchteküche der Putschpläne in Wien über. Nachdem schon im Mai 1947 in Wien Hungerdemonstrationen stattgefunden hatten, und es Anfang März 1948 – also direkt auf die Prager Ereignisse hin – Arbeiterdemonstrationen und Arbeitsniederlegungen gab, die die Kommunisten versuchten, für ihre Zwecke auszunützen, existierten gute Gründe für solche Gerüchte.[74] Die westlichen Beobachter sahen im kommunistisch dominierten Werkschutz die größte Gefahr. Im Gegensatz zur österreichischen Polizei war der Werkschutz – Moskaus »verlängerter Arm« – gut bewaffnet und motorisiert.[75] Man nahm an, daß der Werkschutz, dem nach außen hin die Aufgabe zukam, die sowjetisch besetzten und verwalteten Erdölanlagen in Niederösterreich zu bewachen, um die 1 700 Mann stark war. Martin Herz, der österreichstämmige Analytiker in der amerikanischen Legation, meinte: »Solange der Werkschutz existiert, ist das subversive Potential der österreichischen Kommunistischen Partei viel größer als es sonst der Fall wäre.«[76] Mit dem Werkschutz hatte die KPÖ eine schlagkräftige Elite-Organisation.

Im Laufe des Frühjahrs 1948 tauchten in den Lageberichten der westlichen Geheimdienste wiederholt Gerüchte über Putschpläne auf. Bei den Amerikanern hieß es, die Kommunisten wollten nach den italienischen Wahlen ihre subversive Tätigkeit in Österreich ausbauen. Sie versuchten, auf dem Land »Aktionskomitees« aufzustellen (die bei den Prager Ereignissen eine wichtige Rolle gespielt hatten). Es war ihr Ziel, die Arbeiter auseinanderzudividieren und »die Sozialisten als Verräter an der Sache der Arbeiter darzustellen».[77] Bei den Franzosen wurde vermerkt, daß im grenznahen Ungarn und in der Tschechoslowakei Trainingscamps für Kader eingerichtet würden. Die KPÖ sei angeblich aus Moskau gerügt worden, nicht genügend zu agitieren. Putschgerüchte machten weiterhin die Runde.[78] Die Briten vermerkten, daß sie von ihren geheimen Quellen Hinweise erhielten, die auf einen Ausbau der sowjetischen Position in Österreich deuteten, und zwar

»by covert means, e. g. the stationing of a fully armed and motorized detachment of ›factory guards‹ in the oilfields near Vienna, the training of Ger-

man-speaking Communist agents in Czechoslovakia, and the directives given
to the Austrian Communist party to prepare for a putsch«.

Die Briten sahen eine reelle Gefahr in diesen Aktivitäten.[79] Nach
dem, was im Februar in Prag passiert war, konnte man im Westen
solche Gerüchte keineswegs auf die leichte Schulter nehmen.

Die Putschgerüchte setzten sich bis in den Herbst hinein fort, also
in einer Zeit, in der die Berlin-Krise andauerte. Im Mai hörten die
Amerikaner von einem konkreteren Putschplan der Kommunisten.
Darin hieß es, es sei eine Machtergreifung vorgesehen; danach werde es eine Wirtschaftsblockade geben, damit im Falle einer Teilung
keine Güter in die westlichen Zonen geschafft werden könnten; in
einer dritten Stufe würden die feindlichen Elemente »neutralisiert«
werden. Man war sich aber im klaren, daß der Plan auch nur ein
»plant« sein könne.[80] Im September hieß es dann, die KPÖ hätte
vom neugegründeten Kominform die Order erhalten, »in Österreich
eine Volksrepublik zu errichten«. Agitationen für höhere Löhne in
den Industriebezirken der Obersteiermark sollten zu einem Putsch
führen. Im Oktober sprach man davon, daß die Kommunisten »pa-
ramilitärische Organisationen« organisierten.[81] Ob diese Gerüchte
dem Westen bewußt in die Hände gespielt wurden oder auch nicht,
man war sich auf jeden Fall über die Gefahren, die für Österreich bestanden, im klaren.

Anfang November rührten die Affäre um Erwin Scharf und die
Entführung von Margarethe Ottillinger durch die Sowjets die österreichische Innenpolitik gehörig auf. Der linke Sozialist Scharf wurde
von der SPÖ als »kommunistischer Agent« gescholten und aus der
Partei ausgeschlossen.[82] Wollte man sich vor »Fierlingers« absi-
chern? Im November 1948 zerrten sowjetische Soldaten bei einer
Wagenkontrolle an der Zonengrenze bei Enns Margarethe Ottillinger, eine junge Beamtin der Planungssektion im Wirtschaftspla-
nungsministerium und zuständig für den Marshall-Plan, aus dem
Wagen und verhafteten sie. Sie wurde der Spionage angeklagt und
wanderte für sieben Jahre in sowjetische Gefängnisse.[83] Minister
Krauland vom Ministerium für Vermögenssicherung und Wirtschaftsplanung, für den Ottillinger gearbeitet hatte, beklagte sich bei
den Amerikanern, daß seine Beamten eingeschüchtert seien; einige
wollten aus dem Amt scheiden; andere wollten nicht länger für
wichtige ECA-Projekte arbeiten; niemand hatte ein großes Interesse,
Ottillinger in ihrem Arbeitsbereich nachzufolgen. Krauland fürchte-

te, daß seine Leute unter solchem Druck früher oder später zusammenbrechen mußten.[84]

Wie im Fall Marek fruchteten auch im Fall Ottillinger alle westlichen Proteste nichts. Diese beiden Kidnappings wurden als schokkierend empfunden, weil die Sowjets nie zuvor so hohe Beamte entführt und ihnen zudem öffentlich Spionagetätigkeit vorgeworfen hatten. Die kommunistische Verunsicherungskampagne spielte sich also im Jahre 1948 in Österreich auf verschiedene Ebenen ab: die Ausstrahlungen der internationalen Krisen von Prag und Berlin, Titos Herausforderung an Stalin, der Druck auf Finnland und die Unsicherheit um die italienischen Wahlen ließen Auswirkungen auf die Alpenrepublik befürchten; mit der Entführung hoher Beamter hoffte man die Regierung bei ihrer wirtschaftlichen Aufbauarbeit und in ihrer inneren Sicherheit zu schwächen; zudem machten die Gerüchte von kommunistischen Putschplänen die tägliche Politik zum nervösen Hochseilakt, die Koalition zusammenzuhalten.

Die Gerüchte werden sich zumindest bei den Franzosen zu konkretisieren begonnen haben, als ihnen ein »Aktionsplan« der KPÖ, datiert mit 15. November 1948, in die Hände fiel.[85] Auf 40 Seiten ist eine kommunistische Machtübernahme in Wien bis ins kleinste Detail vorausgeplant. 17 000 Aktivisten sollten dabei beteiligt sein. Eine »Generaleinsatzstelle« sollte die Aktivitäten in zehn verschiedenen Abschnitten leiten. Im »Einsatzplan« wurde dann festgelegt, welche öffentlichen Gebäude besetzt und welche wichtigen Personen festgenommen werden sollten. Für besonders wichtige Leute wie Bundeskanzler Figl und Vizekanzler Schärf, die Minister Helmer und Gruber oder kommunistische Intimfeinde wie Franz Olah[86] gab es »Sonderaufträge« zur Festnahme. Die Putschisten hatten Parteihauptquartiere und Gewerkschaftsgebäude, Gendarmeriekommandos und Banken, Elektrizitäts- und Wasserwerke sowie alle Magistratischen Bezirksämter zu besetzen. Aktenmaterial und Parteikarteien waren zu sichern, Telefonzentralen zu besetzen. Lediglich in der SPÖ-Parteizentrale und in SPÖ-Bezirksleitungen wurde mit bewaffnetem Widerstand gerechnet.

In einer allgemeinen »Einführung« hieß es, das Zentralkomitee der KPÖ habe beschlossen, »alle Maßnahmen vorzubereiten, die notwendig sind, um im gegebenen Falle alle reaktionären und dem westlichen Kapitalismus hörigen, arbeiterfeindlichen Elemente schlagartig auszuschalten«. Es bleibt aber rätselhaft, wie mit einem solchen Coup »eine volksnahe Führung«, »das Vertrauen aller Besatzungstruppen« und »ein baldiger Abschluß eines Staatsvertrages« hätten erreicht werden können. Ebenso unrealistisch war die Ermahnung der KPÖ an die Aktivisten, »Zwischenfälle mit den alliierten Dienststellen und Besatzungsangehörigen ... unbedingt zu vermeiden«. Im Hinblick auf Österreichs internationale Randlage und die wachsame Anteilnahme der westlichen Alliierten an den kleinsten politischen Veränderungen im Lande ist es auch schwer vorstellbar, wie »der rein innenpolitische Charakter der Aktion« – nach dem Wunsch der KPÖ – zu wahren war. Bei einem Coup in Wien wären Komplikationen mit den Besatzungsmächten und damit eine internationale Krise wohl kaum zu vermeiden gewesen.

In den westlichen Hauptstädten registrierte man also vielfältige Gerüchte (»rumours«, »bruits«) über Vorbereitungen für eine mögliche kommunistische Machtübernahme in Wien. Es war natürlich auch möglich, daß solche Pläne den Westmächten zu ihrer eigenen Verunsicherung in Österreich in die Hände gespielt wurden. Wenn aber vierzigseitige KPÖ-»Aktionspläne« kursierten – die einem westlichen Geheimdienst in die Hände fielen –, durfte man die Gerüchte kaum auf die leichte Schulter nehmen! Die Existenz eines solchen »Aktionsplanes« darf diese »Gerüchte« nicht als »irrationale Furcht« erscheinen lassen, sie sollten auch nicht als »Tataren-Nachrichten« abgetan werden. Manfried Rauchensteiner konstatiert zwar, es habe 1948 in Österreich eine »entsetzliche Unsicherheit« gegeben, am Ende habe aber immer die Zusammenarbeit zwischen Ost und West die Oberhand behalten – dies am Höhepunkt des Kalten Krieges. Er kommt zum Schluß: »Kein Kalter Krieg in Kakanien«.[87]

1948 war Österreich keine Insel der Seligen, öfters eine Halbinsel der Trübseligen, die in den Halbkontinent der sowjetischen Satelliten hineinragte. Der Kalte Krieg ließ Österreich keineswegs unverschont. Vielleicht stellte Österreich 1955 einen »Spezialfall« dar, als es die Besatzungstruppen los wurde. 1948 aber war Wien so gefährdet wie Prag und Berlin. Die Beben in diesen Städten, und die Spannungen in Italien, Finnland, Norwegen und Jugoslawien wurden alle in Wien und den westlichen Hauptstädten mit großer Sorge beobachtet. Wien lag tatsächlich *östlich* von Prag. Die Sowjets machten von ihrem gesamten Arsenal Gebrauch, Druck auf die österreichische Regierung und die Westmächte auszuüben, um zu testen, wie weit man kommunistischen Beeinflussungen die Stirn bieten würde. Hannes Adomeit hat gezeigt, wie im Laufe der Berlin-Krise »in der [sowjetischen] Außenpolitik eine positive Korrelation zwischen radikalen ideologischen Positionen und einer Bereitschaft, hohe Risiken auf sich zu nehmen« bestand. Der Westen lernte schnell, daß aggressivem sowjetischen Verhalten von allem Anfang an starker Widerstand geboten werden mußte, wollte man eine Eskalation verhindern.[88]

Eine engagierte westliche Reaktion auf sowjetische Würgegriffe machte sich auch in Österreich bezahlt, wie die Ereignisse um die Teilblockade von Wien im April 1948 zeigten. Auch die Entführungen, die Propaganda und die wirtschaftlichen Restriktionen der Sowjets in Österreich nahm man nicht unwidersprochen hin. Es gab immer wieder scharfe Proteste der westlichen Besatzungsmächte im Alliierten Rat in Wien. Hier konnte man in den westlichen politischen Entscheidungszentren in Österreich Erfahrungen mit den Sowjets für künftige Krisen im Kalten Krieg sammeln. Neben Berlin, Italien, Frankreich und Finnland war Österreich einer der Hauptschauplätze des Kalten Krieges. Wenn es den Kommunisten in Wien, Berlin, Rom, Paris und Helsinki auch nicht gelang, ihre Pläne in die Tat umzusetzen, sollte man daraus nicht schließen, daß sie es nicht versucht haben.

Anmerkungen

* Der Autor ist dem »Center for European Studies« an der Harvard-Universität, das mit einem Stipendium der Krupp-Stiftung die Archivforschungen in Europa ermöglicht hat, und dem »Truman Library Institute« für einen Reise- und Aufenthaltskostenbeitrag an die Truman Library Independence, Missouri, zu Dank verpflichtet. Ernest R. May, Thomas Schwartz, John T. Trumpbour und der »Diplomatic History Workshop« an der Harvard-Universität haben hilfreiche Anregungen zu einer frühen Version dieses Beitrages gegeben; Stephen E. Ambrose und Michael Cullis steuerten wertvolle Vorschläge zu weiteren Verbesserungen bei.

[1] Marshall D. Shulman, Stalin's Foreign Policy Reappraised, Cambridge (MA) 1963, S. 18; weiters Vojtech Mastny, Stalin and the Militarization of the Cold War, *International Security,* 9 (1984/85), Heft 3, S. 109–29.

[2] Clays berühmtes Telegramm vom 5. März 1948 ist abgedruckt in: Walter Millis (ed.), The Forrestal Diaries, New York 1951, S. 387; siehe auch: George F. Kennan, Memoirs 1925–1950, Boston 1967, S. 400.

[3] »Aktionsplan« [40 Seiten], Kommunistische Partei Österreichs, Landesleitung Wien, 15. 11. 1948, Le Fonds des Archives du Ministére de la

Défense – Service Historique de l'Armée de Terre á Vincennes [MD/Vincennes], Box 1 U 16, Dossier 2: »Mai 1945–Janvier 1955«; für eine einführende Diskussion des »Aktionsplans« mit Stellungnahmen vgl. Günter Bischof in: *Die Furche,* 19. Juni 1987. Titelseite in Faksimile im Dokumententeil dieses Buches auf S. 72.

4 Zu Bevin vgl. FO 371/70395 und 70396; im britischen Kabinett gab es eine Diskussion zum Staatsvertrag am 8. April, CM 27 (48), Minute 4, CAB 128/12; »Summary of Telegrams«, Harry S. Truman Library, Independence, Missouri, Truman Papers, Naval Aide File, Box 21, Mappe: January–April 1948.

5 Pavel Tigrid, The Prague Coup 1948: The Elegant Takeover, in: The Anatomy of Communist Takeovers, Thomas T. Hammond (ed.), New Haven–London 1975, S. 399–432; weiters Karel Kaplan, Der kurze Marsch. Kommunistische Machtübernahme in der Tschechoslowakei 1945–1948, München–Wien 1981; Bevin am 3. März 1948, C. P. (48) 71, CAB 129/25.

6 US-Außenminister George C. Marshall verwendete die Phrase von der »fifth column aggression«, zitiert in Geir Lundestad, America, Scandinavia, and the Cold War, 1945–1949, New York 1980, S. 176; Charles L. Mee Jr. zitiert Truman in: The Marshall Plan. The Launching of the Pax Americana, New York 1984, S. 245.

7 Hickerson an Secretary of State, 8. März 1948, Foreign Relations of the United States (FRUS) 1948, vol. III, Washington D. C. 1974, S. 40.

8 »Editorial Note« in FRUS, 1948, vol. III, S. 38.

9 Karl Gruber, Zwischen Befreiung und Freiheit. Der Sonderfall Österreich, Wien 1953, S. 195.

10 Bevins Kabinettspapier »The Threat to Western Civilisation« in C. P. (48) 72, CAB 129/25; weiters Alan Bullock, Ernest Bevin. Foreign Secretary, Oxford–New York, 1985, S. 526 ff.

11 Zu Finnland vgl. FRUS, 1948, vol. IV, S. 759–78; weiters Pertti Hynynen, Popular Front in Finland, *New Left Review,* 57 (1969), S. 3–20. Zu Norwegen vgl. FRUS, 1948, vol. III, S. 40–46; weiters Geir Lundestad, America, Scandinavia, and the Cold War, 1945–1949, New York 1980, S. 178 ff.

12 Peterson an Foreign Office, 2. März 1948, Public Record Office, Kew, Großbritannien (PRO), FO 371/70395/C 1878.

13 Keyes an Secretary of State, 5. März 1948, FRUS, 1948, vol. II, S. 1384.

14 Marjoribanks Aktenvermerk, 11. März 1948, PRO, FO 371/70396/C 2356.

15 Gruber im Ministerrat, 4. März 1948, Allgemeines Verwaltungsarchiv, Wien, Ministerratsprotokolle 102a, zitiert in Robert Knight, British Policy towards Austria 1945–1950, ph. D. thesis, London 1986; ich bin Robert Knight für eine Kopie seiner Dissertation zur Einsichtnahme zu größtem Dank verpflichtet.

16 Gerald Stourzh, Geschichte des Staatsvertrages 1945–1955. Österreichs Weg zur Neutralität, Studienausgabe, Graz–Wien–Köln ³1985, S. 45–53.

17 Aus den März- und April-Eintragungen im privaten Cullis-Tagebuch; ich bin Mr. Cullis für die freundliche Gewährung zur Einsichtnahme in sein Tagebuch zu größtem Dank verpflichtet; der Autor hat ein Kurzporträt zur Rolle von Cullis vorgelegt, in: *Die Furche,* 8. Mai 1987.

18 Anton Pelinka, Auseinandersetzung mit dem Kommunismus, in: Österreich. Die Zweite Republik, Band 1, hrsg. v. Erika Weinzierl und Kurt Skalnik, Graz–Wien–Köln 1972, S. 191; ein gutes Profil der KPÖ ist in »Background Papers to Current Austrian Situation«, Erhardt an Secretary of State, 14. Oktober 1948, National Archives of the United States Washington, D. C., USA (NA), Record Group (RG) 59, 863.00/10-1448; weiters William Lloyd Stearman, The Soviet Union and the Occupation of Austria. An Analysis of Soviet Policy in Austria, 1945–1955, Bonn–Wien–Zürich 1962, S. 57–61, und William Bader, Austria Between East and West, 1945–1955, Stanford 1966, S. 77–109.

19 »Keinen Fierlinger« in Adolf Schärf, Österreichs Erneuerung, Wien 1955, S. 179 f.; zu Schärf *ibid.,* S. 174 ff.; Profil der SPÖ in »Background Papers«, Erhardt an Secretary of State, 14. Oktober 1948, NA, RG 59, 863.00/10-1448; weiters Karl Stadler, Adolf Schärf. Mensch, Politiker, Staatsmann, Wien–München–Zürich 1982, S. 309–18, und Fritz Weber, Die österreichische Sozialdemokratie zu Beginn des Kalten Krieges, in: Der Marshall-Plan und die europäische Linke, hrsg. v. Othmar Nikola Haberl und Lutz Niethammer, Frankfurt am Main 1986, S. 169–93.

20 Martin Herz' Depesche No. 273 »The Left Wing of the Austrian Socialist Party«, Erhardt an Secretary of State, 10. Juni 1948, NA, RG 59, 863.00/ 6-1048.

21 Erhardt an Secretary of State, 1. März 1948, NA, RG 59, 863.00/3-148; Stadler hat kurioserweise in seiner Schärf-Biographie nichts zur Reaktion des Vizekanzlers auf den Prager Putsch und dessen Folgen auf Österreich zu sagen.

22 Erhardt an Secretary of State, 4. März 1948, NA, RG 59, 863.00/3-448; »dampening« in: Keyes an Secretary of State, 13. März 1948, NA, RG 59, 863.00/3-1248.

23 Marjoribanks, Strang und Bevin: Aktenvermerke vom 20. Februar 1948, PRO, FO 371/70395/C 1485; Bevins Kommentar in Knight, British Policy, S. 210; weiters Bullock, Bevin, S. 528 ff.

24 Erhardt an Secretary of State, 3. März 1948, NA, RG 59, 863.00/3-348. Gruber geht in seinen Memoiren (Zwischen Befreiung und Freiheit, S. 189 bis 197) nicht auf seine Doppelstrategie ein, nämlich die Öffentlichkeit mit Staatsvertragsverhandlungen zu beruhigen, in Wirklichkeit aber nicht auf einer Vertragsunterzeichnung zu bestehen, solange nicht österreichische Truppen aufgestellt und ausgebildet waren, die die Sicherheit des Landes gewährleisten konnten. Eine Vertragsunterzeich-

nung hätte nämlich den Abzug aller Besatzungstruppen bedeutet, somit auch der westlichen, die im Kalten Krieg für Österreichs innere und äußere Sicherheit einen Garantiefaktor darstellten.

[25] »Report by the Joint Strategic Survey Committee to JCS [Joint Chiefs of Staff]«, 5. März 1948, NA, RG 330, Box 26, CD 6-2-30; dieser Report wurde am 10. März von Außenminister George C. Marshall an den US-Deputierten Samuel Reber in London weitergeleitet (»Eyes Only«), FRUS, 1948, vol. II, S. 1474; weiters Audrey Kurth Cronin, Great Power Politics and the Struggle over Austria, 1945–1955, Ithaca–New York 1986, S. 154 f.

[26] Cherrière an die Direction d'Europe, 3. März 1948, Le Fonds des Archives du Ministére Etrangéres à Paris [AAE], série Z Europe, sous-série Autriche 1944–1949, vol. [»tome«] 112, S. 176–9; »laisser le ver« in Cherrière an Ministre des Affaires Etrangéres, 6. März 1948, vol. 112, S. 191–7.

[27] Béthouarts Ansichten »de Vienne pour Général Cherrière« wurden von der Pariser »Direction d'Europe« an London weitergeleitet, 21. März 1948, Vol. 112, S. 261–3; »Fortsetzung der Okkupation« in Marjoribanks' Aktenvermerk, 15. April 1948, PRO, FO 371/70409/C 3347; weiters Emile Béthouart, Le Bataille pour l'Autriche, Paris 1966, S. 160 ff.

[28] »Warten auf Wahlen« in Marjoribanks' Aktenvermerk, 13. April 1948, PRO, FO 371/70433/C 2941; »Vertagung« in Marjoribanks' Aktenvermerk, 30. März 1948, PRO, FO 371/70396/C 2682.

[29] »Drag on« in Marjoribanks' Aktenvermerk, und Bevins Kommentar »hold it«, 22. März 1948, PRO, FO 371/70396/C 2426; das britische Kabinett sprach sich grundsätzlich für einen Abschluß des Vertrages und den Abzug der Truppen in seiner Sitzung am 8. April 1948 aus, CM (48), CAB 128/12.

[30] Bei den Amerikanern spekulierte man, daß die Sowjets wahrscheinlich einem Vertragsabschluß zustimmen würden, Erhardt an Secretary of State, 21. April 1948, FRUS, 1948, vol. II, S. 1499; Manfried Rauchensteiner, Der Sonderfall. Die Besatzungszeit in Österreich 1945 bis 1955, Graz–Wien–Köln 1979, S. 230, schiebt dem Westen die Schuld zu; Gruber gab den Sowjets und ihrer Unterstützung der jugoslawischen Gebietsforderungen die Schuld, Gruber, Zwischen Befreiung und Freiheit, S. 196 f.; eine Analyse zu Grubers Taktik ist zu finden in Knight, British Policy, S. 182 f.; weiters Robert Knight, Die Kärntner Grenzfrage und der Kalte Krieg. *Carinthia,* 175 (1985), Heft 1, S. 323–40.

[31] J. M. Mackintosh. Strategy and Tactics of Soviet Foreign Policy, London–New York 1963, S. 22.

[32] Michael Bell, Die Berliner Blockade – Konfrontation der Alliierten in Deutschland, in: Kalter Krieg und Deutsche Frage, hrsg. v. Josef Foschepoth, Göttingen–Zürich 1985, S. 217–39; weiters zur sowjetischen Aussenpolitik und »decision making« in dieser Zeit: Hannes Adomeit. Die

Sowjetmacht in internationalen Krisen und Konflikten. Verhaltensmuster, Handlungsprinzipien, Bestimmungsfaktoren, Baden-Baden 1983, S. 1–226.

[33] Yost an Secretary of State, 9. April 1948, NA, RG 59, 740.00119 Control (Austria)/4-948; Yost an Secretary of State, 8. April 1948, NA, RG 59, 740.00119 Control (Austria)/4-848; Keyes an JCS, 22. April 1948, FRUS, 1948, vol. II, S. 1419; John Cheetham Tagebuch, 16. April 1948, ich bin Sir John Cheetham für ausgewählte Teile aus seinem Tagebuch zu größtem Dank verpflichtet, die er mir in einer Reihe von persönlichen Interviews in London im März 1986 für eine Einsichtnahme zur Verfügung stellte; weiters Bader, Austria between East and West, S. 102 f.; Rauchensteiner, Der Sonderfall, S. 231 f. und Hugo Portisch/Sepp Riff, Österreich II. Der lange Weg zur Freiheit, Wien 1986, S. 338–42.

[34] Keyes an Clay, 10. April 1948, FRUS, 1948, vol. II, S. 1415 f.; die täglichen »Situations-Reporte« sind bei den April/Mai-Akten NA, RG 59, 740.00119 Control (Austria)/–.

[35] Yost an Secretary of State, 14. April 1948, FRUS, 1948, vol. II, S. 1417.

[36] Keyes an JCS, 16. April 1948, NA, RG 59, 740.00119 Control (Austria)/54-1648; Adomeit hat nachgewiesen, wie die auf Stalin zugeschnittene überzentralisierte russische Führung in der Berlinkrise mit ihrer Schwerfälligkeit große taktische Fehler machte, Adomeit, Sowjetmacht, S. 207–11.

[37] Vienna an Secretary of State, 16. Mai 1948, NA, RG 59, 740.00119 Control (Austria)/5-1648; Erhardt an Secretary of State, 15. Mai 1948, NA, RG 59, 740.00119 Control (Austria)/5-1548.

[38] John Cheetham Tagebuch, 2. Juni 1948.

[39] Keyes an Secretary of State, 18. Juni 1948, NA, RG 59, 740.00119 Control (Austria)/6-1848; weiters Rauchensteiner, Der Sonderfall, S. 233 f.

[40] Cheetham Tagebuch, 2. Juni 1948; die »stop provoking Soviets«-Mahnung ist erwähnt in Erhardt an Secretary of State, 17. Juni 1948, NA, RG 59, 740.00119 Control (Austria)/6-1748.

[41] Marshall an Legation, 25. Juni 1948, FRUS, 1948, vol. II, S. 1426; Keyes-Kurassow Treffen in Keyes an JCS, 19. Juni 1948, NA, RG 59, 740.00119 Control (Austria)/6-1948.

[42] Martin Herz, der brillante Beobachter österreichischer Herkunft in der US-Botschaft, meinte, es sei mehr Teil der Geheimdienstaktivitäten als eine Terrorkampagne, vgl. seine lange Depesche »An Analysis of Soviet Kidnappings in Austria«, Erhardt an Secretary of State, 4. Juni 1948, NA, RG 59, 740.00119 Control (Austria)/6-448; dazu auch Rauchensteiner, Der Sonderfall, S. 241, und Stearman, Soviet Union and Austria, S. 61 bis 68; Keyes meinte, der Verlust Österreichs würde den Westen »eines ausgezeichneten Beobachtungspostens sowjetischer Operationen im Balkan berauben«, Keyes an Secretary of State, 1. November 1948, FRUS, 1948, vol. II, S. 795 ff.

[43] Mareks Arrest in Erhardt an Secretary of State, 21. Juni 1948, NA, RG 59, 740.00119 Control (Austria)/6-2148; Protest Bundeskanzler Figls in Erhardt an Secretary of State, 22. Juni 1948, NA, RG 59, 740.00119 Control (Austria)/6-2248; weiters Portisch, Österreich II, S. 359, und zur Rückkehr, *ibid.,* S. 501, 504.

[44] Keyes an Secretary of State, 25. Juni 1948, NA, RG 59, 740.00119 Control (Austria)/6-2548; Marshall wies die Wiener Legation an, scharf zu protestieren, 25. Juni 1948, FRUS, 1948, vol. II, S. 1425; Keyes Protest im Alliierten Rat in Keyes an JCS, 26. Juni 1948, NA, RG 59, 740.00119 Control (Austria)/6-2648; weiters Bader, Austria between East and West, S. 91 f.

[45] Wilfried Loth, Die Teilung der Welt 1941–1955, München 1980, S. 224 bis 227; Bullock, Bevin, S. 571–80.

[46] NSC-Sitzung vom 23. Juli 1948, HSTL, Truman Papers, President's Secretary's File, NSC-Discussions, Box 220, Memos 1948.

[47] Report einer Bradley-Clay-Telephonkonferenz vom 10. April 1948, Jean Edward Smith, ed., The Papers of General Lucius D. Clay. Germany 1945–1949, vol. 2, Bloomington/London 1974, S. 622; auch zitiert in: Bullock, Bevin, S. 572.

[48] PPS, 286. Sitzung, 29. September 1948, NA, RG 59, Papers of the Policy Planning Staff, Box 15, Mappe »Germany 1947–1948«.

[49] Aleksandr Panjuschkin [sowjetischer Botschafter in Washington] an Secretary of State, 14. Juli 1948, FRUS, 1948, vol. II, S. 960–4; Secretary of State an Legation in Austria, 17. Juli 1948, *ibid.,* S. 1427 f.

[50] Erhardt an Secretary of State, 20. Juli 1948, FRUS, 1948, vol. II, S. 1428 f.

[51] Keyes an Secretary of State, 20. Juli 1948, FRUS 1948, vol. II, S. 1429 ff.

[52] Erhardt an Secretary of State, 26. Juli 1948, NA, RG 59, 863.00/7-2648.

[53] Erhardt an Secretary of State, 26. Juli 1948, NA, RG 59, 863.00/7-2548; weiters Bader, Austria between East and West, S. 105; Rauchensteiner verniedlicht solche Ereignisse zu »Schimären des Kalten Krieges« (also Einbildungen der Staatsmänner?), vgl. Rauchensteiner, Der Sonderfall, S. 221–48.

[54] Cheetham Tagebuch, 20. Juli 1948.

[55] Keyes an Secretary of State, 15. Juli 1948, NA, RG 59, 740.00119 Control (Austria)/7-1548.

[56] Knight, British Policy, S. 212.

[57] Brief von Michael Cullis an Autor, 26. August 1987.

[58] Der »strategic control plan« ist erwähnt in Erhardt an Secretary of State, 9. Juli 1948, FRUS, 1948, vol. II, S. 1407; für die 90-Tage Reserve vgl. Keyes an Secretary of State, 28. April 1948, *ibid.,* S. 1393 f.

[59] Lovett an Hoffman, 23. August 1948, *ibid.,* S. 1408.

[60] Cheetham Tagebuch, 7. August 1948.

[61] Keyes an Secretary of State, 21. August 1948, NA, RG 59, 863.00/8-2148. Die Amerikaner hatten Ende 1947 aber ihre eigenen Pläne ausgeheckt, die Sowjets in ihrer Zone durch »Neutralisierung« zu erpressen, vgl. Arno Einwitschläger, Amerikanische Wirtschaftspolitik in Österreich 1945–1949, Wien 1986, S. 61–75.

[62] Persönliches Interview mit Halvor Ekern, 28. März 1987, Washington, D. C.; bei Rauchensteiner, Der Sonderfall, S. 232, und Portisch, Österreich II, Der lange Weg, S. 340–42, erwähnt.

[63] Erhardt an Secretary of State, 9. August 1948, NA, RG 59, 863.00/8-948; weiters: Portisch, Österreich II, S. 342–48.

[64] PPS 41, 24. November 1948, NA, RG 59, Papers of the Policy Planning Staff, Box 13, Mappe »Austria 1948–1951«; weiters Bader, Austria between East and West, S. 105–9.

[65] Marjoribanks' Aktenvermerk, 4. August 1948, PRO, FO 371/70398/C 6504; Bevins Aktenvermerk, 8. September 1948, PRO, FO 371/70398/C 7478.

[66] Lovett an Wien, 2. Oktober 1948, FRUS, 1948, vol. II, S. 1508.

[67] Bevin-Schuman Treffen, 2. Oktober 1948, Dreiertreffen, 4. Oktober 1948, beide in PRO, FO 371/70398/C 8239.

[68] Martin Herz' »Review of Conditions in Austria«, in Erhardt an Secretary of State, 16. September 1948, NA, RG 59, 863.00/9-1648.

[69] Cullis' Aktenvermerk, 21. Oktober 1948, und Foreign Office an Washington, 30. Oktober 1948, PRO, FO 371/70399/C 8580.

[70] Die intensive diplomatische Aktivität dieser Wochen kann in dem Akt PRO, FO 371/70399 nachvollzogen werden.

[71] Thomas T. Hammond, The History of Communist Takeovers, in: The Anatomy of Communist Takeovers, Thomas T. Hammond, ed., New Haven–London 1975, S. 21.

[72] Erika Weinzierl, Vor- und Frühgeschichte der Zweiten Republik, in: Österreich und die Sieger, hrsg. v. Anton Pelinka und Rolf Steininger, Wien 1986, S. 119; weiters Ernst Fischer, Erinnerungen und Reflexionen, Reinbeck bei Hamburg 1969, S. 291–470.

[73] Pelinka, Auseinandersetzung mit dem Kommunismus, in: Weinzierl – Skalnik (Hrsg.), Bd. 1, S. 194–201.

[74] Schärf meinte, der Mai 1947 sei ein »Putschversuch« gewesen, Schärf, Österreichs Erneuerung, S. 161–63; Stearman hingegen glaubt, es waren »Hungerdemonstrationen«, Stearman, Soviet Union and Austria, S. 109. Zu den kommunistischen Demonstrationen im März 1948 Keyes an Secretary of State, 5. März 1948, FRUS, 1948, vol. II, S. 1384 ff.

[75] Keyes an Secretary of State, 24. April 1948, NA, RG 59, 740.00119 Control (Austria)/4-2348; Pelinka, Auseinandersetzung, in: Weinzierl – Skalnik (Hrsg.), Bd. 1, S. 183, 186.

[76] Martin Herz »Werkschutz« in »Background Papers«, NA, RG 59, 863.00/ 10-1448.

[77] Keyes an Secretary of State, 23. April 1948, NA, RG 59, 740.00119 Control (Austria)/4-2348.

[78] »Politique Russe«, MD/Vincennes, Box 1 U 16, Mappe »März 15–April 15, 1948«.

[79] Marjoribanks' Memorandum für den Foreign Secretary, 15. April 1948, PRO, FO 371/70409/C 3347.

[80] (Nicht gezeichnet) an Secretary of State, 21. Mai 1948, NA, RG 59, 740.00119 Control (Austria)/5-2148.

[81] Die Putschgerüchte in der Steiermark wurden von der steirischen sozialistischen Zeitung *»Neue Zeit«* lanciert, vgl. Keyes an Secretary of State, 16. Oktober 1948, NA, RG 59, 863.00/10-1548; Keyes an Secretary of State, 23. Oktober 1948, NA, RG 59, 863.00/10-2348; weiters Erhardt an Secretary of State, 21. September 1948, NA, RG 59, 863.00/9-2148; Fritz Weber meint, die Kominform-Direktive sei eine »Erfindung« der Sozialisten gewesen, vgl. Weber, Österreichische Sozialdemokratie, in: Haberl/Niethammer (Hrsg.), S. 186.

[82] Erhardt an Secretary of State, 1. November 1948, NA, RG 59, 863.00/11-148.

[83] Yost an Army, 6. November 1948, NA, RG 59, 863.00/11-648; Erhardt an Secretary of State, 6. Dezember 1948, NA, RG 59, 863.00/12-548; persönliches Interview mit Ottillinger, 22. Juni 1983, Wien; weiters Catarina Carsten, Der Fall Ottillinger. Eine Frau im Netz politischer Intrigen, Wien 1983; Portisch, Österreich II, Der lange Weg, S. 324–27.

[84] Keyes an JCS, 15. Dezember 1948, NA, RG 59, 863.00/12-1548.

[85] Vgl. Fußnote 3 oben.

[86] In einer Rede im Mai 1948, gehalten vor dem Österreichischen Gewerkschaftskongreß, attackierte Olah die sowjetischen Eingriffe in die österreichische Wirtschaft scharf und nannte den KPÖ-Funktionär Franz Honner »Söldling« und »ausländischer Agent«; die Olah-Rede ist abgedruckt im ÖGB-Bericht 1945/47; persönliches Interview mit Franz Olah, Wien, 23. Juni 1987.

[87] »Irrational« bei Weber, Österreichische Sozialdemokratie, in: Haberl/Niethammer (Hrsg.), S. 186; »Tatarennachrichten« und Kalter Krieg in Rauchensteiner, Der Sonderfall, S. 233, 238, 248.

[88] Adomeit, Sowjetmacht in internationalen Krisen, S. 238, 227.

Audrey Kurth Cronin

Eine verpaßte Chance?
Die Großmächte und die Verhandlungen
über den Staatsvertrag im Jahre 1949*

Abgesehen vom Jahr 1955, in dem der österreichische Staatsvertrag tatsächlich abgeschlossen wurde, war das Jahr 1949 die wichtigste Periode in den Verhandlungen der Großmächte über Österreichs Schicksal. Nachdem zwei Jahre lang – seit Jänner 1947 – keine Übereinkunft zwischen den vier Besatzungsmächten erzielt worden war, weil die Verhandlungen hauptsächlich durch die Unnachgiebigkeit der Sowjetunion blockiert wurden, erfolgte in besagtem Jahr eine Änderung, die eine neue Phase einleitete: Auf der Pariser Außenministerkonferenz im Juni 1949 schien die sowjetische Politik eine noch nie dagewesene Möglichkeit für den Abschluß eines Vertrages mit Österreich zu eröffnen, wenn auch unter wirtschaftlichen Bedingungen, die nur für die UdSSR günstig waren. Die Antworten des Westens auf die sowjetische Initiative waren während der nächsten fünf Monate unzusammenhängend, chaotisch und gekennzeichnet durch Konflikte zwischen den drei Westmächten, vor allem aber innerhalb der Truman-Administration. Die Aussicht auf einen unmittelbar bevorstehenden Rückzug der Alliierten aus Österreich war Gegenstand einer heftigen Debatte, besonders zwischen den Briten, die für einen Vertrag unter praktisch jeder Bedingung plädierten, und den Amerikanern, deren Politik wiederum bestimmt war vom Auf und Ab einer bürokratischen Auseinandersetzung zwischen dem State Department, das für, und dem Verteidigungsministerium, das gegen einen Vertragsabschluß war. Ironischerweise veränderte sich die sowjetische Politik bezüglich der Verhandlungen, als die Ameri-

kaner Ende Oktober 1949 schließlich doch zur Überzeugung gelangt
waren, daß ein Vertrag sogar zu den sowjetischen Bedingungen annehmbar sei. Mitte November waren alle Gelegenheiten für einen
Vertrag vertan, ungeachtet der enormen wirtschaftlichen Zugeständnisse, die die Westmächte anboten. Bis zur sowjetischen Demarche,
die 1955 schließlich zur Unterzeichnung des Vertrages führte, bewegte sich nichts mehr in Sachen Österreich.[1]

Im folgenden Beitrag wird die Taktik der vier Großmächte zwischen Juni und November 1949 untersucht, wobei es auch zu beurteilen gilt, ob die sowjetische Initiative eine verpaßte Chance für die
drei Westmächte – wie auch für Österreich – war. Insbesondere geht
es um vier Fragen:

Ist im Juni 1949 eine Änderung in der sowjetischen Politik festzustellen gewesen? Warum haben die Westmächte nicht sofort auf die
sowjetische Initiative reagiert? Gab es eine echte Chance für ein Abkommen und wäre es in jedem Fall wünschenswert gewesen, 1949
einen österreichischen Staatsvertrag abzuschließen? Die Prüfung dieser Fragen gibt auch Aufschluß über die Motive der Sowjetunion, die
Beziehungen zwischen den Westmächten in den Nachkriegsverhand-
lungen um Österreich und über die frühen Jahre des Kalten Krieges.

1. Der Wechsel in der sowjetischen Politik

Um den Wechsel der sowjetischen Politik zu erklären, ist es notwendig, sich kurz das sowjetische Verhalten in den ersten zwei Jahren
der Vier-Mächte-Verhandlungen um Österreich vor Augen zu führen. 1947 und 1948 hatte es kaum Fortschritte bei den Gesprächen
gegeben. Während des Jahres 1947 wollte die Sowjetunion nur einen
Vertrag unterzeichnen, der Österreich solch drakonische wirtschaftliche Maßnahmen auferlegt hätte, daß die Westmächte darüber nicht
verhandeln wollten. Im Jahr darauf, 1948, als ein Kompromiß möglich schien, griffen die sowjetischen Vertreter jugoslawische Forderungen gegenüber Österreich auf, um die Gespräche zu unterbre-
chen. Jedesmal, wenn die Verhandlungen Fortschritte zu machen
schienen, verhinderten ihn die Sowjets, indem sie nicht dazugehö-
rende Themen in die Diskussion einwarfen. Für die westlichen Vertreter gab es kaum Zweifel daran, daß der Kreml an einem Rückzug
der Truppen aus Österreich nicht interessiert war, besonders zu einer
Zeit, wo sich Stalins Politik auf die Konsolidierung seines Reiches in

Osteuropa konzentrierte. Die Westmächte hatten – trotz lautstarker öffentlicher Erklärungen, die das Gegenteil behaupteten – allen Grund, über die sowjetische Haltung 1947 und 1948 erleichtert zu sein. Ein entwaffnetes und wirtschaftlich am Boden liegendes Österreich, ohne den stabilisierenden Einfluß einer Vier-Mächte-Besatzung, schien ein ideales Ziel für einen im Land selbst organisierten oder von Moskau aus gelenkten kommunistischen Putsch zu sein. Mit der Zeit und durch die Gewährung von Wirtschaftshilfe konnte jedoch Österreichs Stabilität im Inneren gestärkt werden, bevor ein Rückzug stattfand. Und obwohl die österreichische Regierung in der Öffentlichkeit einen Vertrag forderte, fürchtete sie insgeheim, ein Vertrag könnte zu schnell und zu ungünstigen Wirtschaftsbedingungen abgeschlossen werden. Als die Nachbarländer im Osten unter kommunistische Herrschaft gerieten und im Februar 1948 in Prag tatsächlich ein kommunistischer Putsch stattfand, gaben Mitglieder der österreichischen Regierung im privaten Kreis zu, daß sie über die Anwesenheit westlicher Truppen höchst erfreut seien.[2]

Nach dem offenen Bruch zwischen Stalin und Tito und dem Anlaufen einer groß bekanntgegebenen sowjetischen »Friedensinitiative« kamen die Westmächte Anfang 1949 zu dem Schluß, daß nun eine Unterzeichnung des österreichischen Vertrages erneut ernsthaft angegangen werden sollte. Man hoffte, daß das Zerwürfnis zwischen Stalin und Tito zur Aufgabe der sowjetischen Unterstützung für Jugoslawien führen würde, eine Hoffnung, die sich nur langsam erfüllen sollte. Im Feburar 1949 trafen sich die vier für Österreich zuständigen stellvertretenden Außenminister erstmals wieder in London. Drei Monate wurde ergebnislos verhandelt, bis man sich darauf einigte, das Problem von den Aussenministern selbst behandeln zu lassen.

Zutiefst ernüchtert informierte der amerikanische Delegierte Samuel Reber das State Department, daß er überzeugt sei, die sowjetische Delegation benütze wieder einmal bewußt die jugoslawischen Forderungen, um den Abschluß eines Vertrages zu verhindern.[3]

Nach zwei Jahren erfolgloser Verhandlungen, die vor allem durch die Sowjetunion hintertrieben worden waren, schienen die Aussichten für einen Fortschritt in der österreichischen Frage auf der Pariser Außenministerkonferenz eher düster. Es gab Gründe, warum Stalin das Frühjahr 1949 als einen ungünstigen Zeitpunkt für den Abschluß eines Vertrages betrachtet haben mag. Erstens war durch die Unterzeichnung des Nordatlantikpaktes am 4. April 1949 die westliche Verhandlungsposition entscheidend gestärkt worden. Weiters hatte man in den westlichen Besatzungszonen begonnen, Pläne zur Ausrüstung einer österreichischen Streitmacht in die Tat umzusetzen.[4] Mit Zustimmung der Franzosen und der Briten hatten die Vereinigten Staaten mit der Lagerung leichter militärischer Geräte in Österreich begonnen,[5] um damit eine österreichische Armee auszurüsten, deren Hauptquartier in der amerikanischen Zone liegen sollte.[6] Die Sowjetunion kannte diese geheimen Aktivitäten in den westlichen Zonen. Ab März erschienen in der sowjetischen Presse Berichte über eine militärische Aufrüstung in Österreich,[7] und im April beschuldigte die Sowjetunion die Westmächte, sie verzögerten die Verhandlungen, um die westlichen Zonen in eine Militärbasis zu verwandeln.[8]

In Moskau selbst gab es wichtige Entwicklungen, die die sowjetische Position gegenüber Österreich veränderten. Anscheinend als Reaktion auf das Fehlschlagen der Berlin-Blockade und den Zusammenbruch der sowjetischen Politik gegenüber Jugoslawien beschloß Stalin, das Politbüro umzubesetzen. Der altgediente Außenminister Wjatscheslaw Molotow verlor im März 1949 seine Stellung und blieb nur noch Mitglied im Politbüro und im Ministerrat – eher symbolische Posten. Die Westmächte hofften, daß der neue Außenminister, Andrej Wyschinski, auch neue Anweisungen aus dem Kreml erhalten und einen neuen Schwung in die sowjetische Verhandlungsposition bringen würde. Sie sollten nicht enttäuscht werden.

Die Außenministerkonferenz in Paris begann am 23. Mai 1949. Zentrales Thema war Deutschland; die österreichische Frage stand weit unten auf der Tagesordnung und wurde erst am 12. Juni angeschnitten. Die Westmächte wollten erneut die Stärke der sowjetischen Loyalität den Jugoslawen gegenüber testen und boten in den ersten Tagen der Verhandlungen einen Kompromiß an: Keine weitere Unterstützung der jugoslawischen Forderungen, dafür Zustimmung des Westens zu sowjetischen Wirtschaftsforderungen in Österreich.[9]

Die Sowjets gingen auf den Handel ein: Wyschinski stimmte dem westlichen Angebot zu und gab die jugoslawischen Forderungen ohne weiteres auf. Dafür willigten die Westmächte ein, daß Österreich eine Pauschalzahlung von 150 Millionen US-Dollar für das »Deutsche Eigentum« in Österreich zu leisten hätte, sie akzeptierten ferner die sowjetischen Forderungen nach 60 % der österreichischen

Ölfelder und die Übergabe des gesamten ehemaligen Besitzes der DDSG in Ostösterreich an die Sowjetunion.[10] Plötzlich war die Streitfrage, die die Gespräche für Monate blockiert hatte, gelöst.[11] Als die Konferenz acht Tage später zu Ende ging, wurden im Kommuniqué die großen Linien des Kompromisses angedeutet, die stellvertretenden Außenminister wurden angewiesen, die Details auszuarbeiten und bis zum 1. September 1949 einen unterschriftsreifen Vertrag fertigzustellen.

Der auf der Konferenz erreichte Kompromiß war ein beispielloses Zeichen für die nunmehrige sowjetische Bereitschaft, einen Österreich-Vertrag abzuschließen, sofern die wirtschaftlichen Bedingungen verlockend genug waren. Es schien so, als ob Stalin zustimmen würde, wenn der Preis richtig wäre.

Die Aktivitäten der Sowjets in ihrer Zone in Österreich ließen ebenfalls die Ansicht zu, daß Vorbereitungen zu einer baldigen Beendigung der sowjetischen Besatzung getroffen wurden. Im Juni untersagte der sowjetische Hochkommissar für Österreich, Wladimir Swiridow, der sowjetischen Bank in Wien die Gewährung neuer Kredite und wies die den Sowjets unterstehenden Fabriken an, keine Aufträge mehr anzunehmen, deren Ausführung mehr als ein paar Monate benötigen würden.[12] Bei solch vielversprechenden Zeichen für eine Änderung der sowjetischen Politik war in Österreich die Hoffnung groß, daß ein baldiger Vertragsabschluß bevorstand, als am 1. Juli 1949 die stellvertretenden Außenminister mit ihren Beratungen in London begannen.

2. Probleme in der Politik der Westmächte

Die westliche Antwort auf die sowjetische Initiative war eher zurückhaltend, dies vor allem aufgrund von Verzögerungen durch die Vereinigten Staaten. In den ersten Besatzungsjahren hatten die USA nach außen hin immer die Bemühungen unterstützt, zu einem Vertrag zu kommen. Innerhalb der amerikanischen Administration gab es jedoch nicht wenige, die von der Aussicht, die westlichen Truppen nach Vertragsabschluß überstürzt aus Österreich zurückziehen zu müssen, nicht begeistert waren. Diese Befürchtungen verstärkten sich noch, als sich herausstellte, daß die Bedingungen, die die sowjetischen Diplomaten anboten, große Verpflichtungen Österreichs gegenüber der Sowjetunion beinhalteten. Während des Jahres 1949 brach innerhalb der US-Administration ein Kampf aus zwischen denen, die die Unterzeichnung eines Vertrages unterstützten und darin das Hauptziel auf dem Weg zu einem lebensfähigen österreichischen Staat sahen (hauptsächlich Beamte des Außenministeriums), und jenen, die in der Fortdauer der westlichen Besatzung das wirksamste Mittel erblickten, ein stabiles, unabhängiges Österreich zu garantieren (hauptsächlich Beamte des Verteidigungsministeriums).

Ende 1948 hatte das State Department einen Bericht mit dem Titel »Der österreichische Vertrag im Außenministerrat« erstellt, um die amerikanische Politik zu klären und um den Auftrag zu bekräftigen, daß ein Vertrag angestrebt werden sollte. Darin wurde erklärt, das Hauptziel der amerikanischen Politik sei ein stabiles, von »fremder Herrschaft« freies Österreich. Aus der Feststellung, die sowjetische Besatzung stelle die schwerste wirtschaftliche Belastung für Österreich dar, wurde in dieser Vorlage geschlossen, das beste Mittel, einen wirtschaftlich lebensfähigen Staat herzustellen, bestehe darin, einen Vertrag anzustreben, der so schnell wie möglich einen sowjetischen Rückzug vorsehe. Dieser Bericht wurde als Report NSC 38 am 8. Dezember 1948 dem Nationalen Sicherheitsrat zur Überprüfung vorgelegt.[13]

Die Schlußfolgerungen dieses Berichts des State Department wurden von Beamten des Verteidigungsministeriums allerdings negativ aufgenommen, besonders als der Abschluß eines Vertrages unmittelbar bevorzustehen schien. Am 16. Juni 1949, als Außenminister Dean Acheson mitten in den Verhandlungen auf der Pariser Konferenz stand, legte daher Verteidigungsminister Louis Johnson dem Nationalen Sicherheitsrat einen entsprechenden »Gegenbericht« (NSC 38/1) vor. Das Verteidigungsministerium drängte das State Department, die militärische Situation stärker zu berücksichtigen und wies insbesondere auf Österreichs absolut unzulängliche Sicherheitskräfte sowie auf die Zeitspanne hin, die man benötigen würde, um diese auf die Verteidigung Österreichs vorzubereiten. In einem persönlichen Brief Johnsons an Acheson hieß es dazu:

»Sollte beim laufenden Treffen des Außenministerrates ein Vertrag zustandekommen, so ist klar, daß für Österreich die Aufstellung einigermaßen adäquater Sicherheitskräfte vor dem Rückzug aller Besatzungsarmeen innerhalb von 90 Tagen nach Inkrafttreten des Vertrages – wie das der jetzige Vertragsentwurf vorsieht – unmöglich sein wird. Wir erkennen an, daß politische und wirtschaftliche Erwägungen für den Abschluß eines Vertrages für Österreich zum jetzigen Zeitpunkt sprechen; strategische Überlegungen sprechen dagegen: der Rückzug der Besatzungsmächte, bevor Österreich einigermaßen hinreichende Sicherheitskräfte organisieren, schulen und ausrüsten kann, wird ein militärisches Vakuum in Mitteleuropa schaffen, in dem die Kommunisten nach ihrer üblichen Praxis wohl die Macht übernehmen und das Land beherrschen würden, und damit würde den Sowjets in der Ost-West-Linie ein Einbruch ermöglicht ... Unabhängig von der anzuwendenden Methode sind die amerikanischen Militärs der Ansicht, daß der Friedensvertrag für Österreich nur dann in Kraft treten sollte, wenn die Vereinigten Staaten überzeugt sind, daß die österreichischen Streitkräfte allen Aufgaben, die der Vertrag vorsieht, einigermaßen gewachsen sind.«[14]

Acheson war enttäuscht und reagierte entsprechend. In seinem Antwortschreiben versicherte er den Militärs, es gebe genügend Zeit, österreichische Sicherheitskräfte vorzubereiten. Der früheste Zeitpunkt für die Unterzeichnung des Vertrages sei September oder Oktober 1949 und daran anschließend sei eine Ratifizierung durch alle vier Regierungen notwendig. Wenn dieser langwierige Prozeß erfolgreich abgeschlossen sei, bleibe immer noch die 90-Tage-Frist für den Rückzug der Besatzungstruppen.[15] Doch das US-Verteidigungsministerium ließ sich nicht überzeugen und beharrte auf seiner Ablehnung der Politik des State Department. Acheson versuchte nach seiner Rückkehr nach Washington, NSC 38/1 von der Tagesordnung des Nationalen Sicherheitsrates streichen zu lassen. In einem Brief an den Sekretär des Nationalen Sicherheitsrates führte er an, der einzige Unterschied zwischen der Ansicht des State Department und der des Verteidigungsministeriums bestehe in der Durchführung eines vereinbarten Programms.[16] Er hatte keinen Erfolg. Da das Verteidigungsministerium einmal seine Bedenken über die Österreichpolitik der Vereinigten Staaten formell angemeldet hatte, sah der bürokratische Prozeß vor, daß sich der Nationale Sicherheitsrat damit beschäftigte. Achesons Brief wurde ordnungsgemäß als NSC 38/2 eingeordnet und zusammen mit NSC 38/1 auf die Tagesordnung der 43. Sitzung des Nationalen Sicherheitsrates am 7. Juli 1949 gesetzt.

In dieser Sitzung wiesen die Militärs darauf hin, daß die bisher getroffenen Maßnahmen zur Ausrüstung einer österreichischen Armee unzureichend seien. Genügend Material gebe es nur für *ein* österreichisches Gendarmerieregiment, und die eigentliche Schulung dieses Regimentes habe gerade erst begonnen. Diese Verspätung sei teilweise das Ergebnis des Zögerns der österreichischen Regierung, formell um die Ausgabe des Gerätes an die Österreicher anzusuchen, ein Zögern, das offensichtlich durch Befürchtungen über die sowjetischen Reaktionen bedingt war.[17] Aber noch andere Probleme trügen zur Schwierigkeit bei, schnell eine österreichische Armee aufzustellen. Der wichtigste Grund sei, daß es keine Vier-Mächte-Vereinbarung über österreichische Sicherheitskräfte gebe, und lediglich Vorbereitungen in den drei westlichen Zonen könnten die Sowjetunion dazu bewegen, in ihrer Zone eigene militärische Maßnahmen zu setzen; das aber könnte zur Teilung Österreichs führen.[18] Auf einer mehr praktischen Ebene würde nach Unterzeichnung des Vertrages zudem nicht genügend Zeit bleiben, die Schulung und die logistischen Vorbereitungen für die Armee abzuschließen, da im Pentagon keine endgültigen Pläne für die Schulung eines kompletten österreichischen Heeres nach Rückzug der Alliierten vorbereitet worden seien.[19] Schließlich betonte Johnson, die für die Ausrüstung einer kompletten österreichischen Armee nötigen Mittel seien schlicht nicht aufzutreiben. Die ursprünglichen Zuteilungen für diesen Zweck (aus dem amerikanischen Militärhilfsprogramm) waren vom Weißen Haus zu einem Zeitpunkt gekürzt worden, als der Abschluß eines Vertrages unwahrscheinlich schien.[20] Kurz, die Experten des Verteidigungsministeriums argumentierten, das State Department habe entscheidende strategische, logistische, politische und finanzielle Aspekte, die ein militärischer Rückzug der USA aus Österreich mit sich bringen würde, nicht berücksichtigt.

Nachdem die Positionen des Verteidigungs- wie des Außenministeriums untersucht worden waren, endete die Sitzung des Nationalen Sicherheitsrates ergebnislos. Die Frage der amerikanischen Politik in bezug auf Österreich wurde an den Stab des Nationalen Sicherheitsrates zur Ausarbeitung einer Studie weiterverwiesen.[21] Eine Woche nach Beginn des Treffens der stellvertretenden Außenminister in London befand sich die US-Politik somit in einem Zustand der Lähmung.

Das Londoner Treffen hatte relativ gut begonnen, es gab schnelle Übereinstimmung bezüglich mehrerer strittiger Artikel des Staatsvertrages. Bei der Frage, welche Vermögenswerte nun genau die Russen erhalten sollten, blieben die Gespräche dann aber stecken. Die Sowjetunion bestand darauf, dem exakten Wortlaut des Pariser Kommuniqués zu folgen, während die Westmächte, besonders die Vereinigten Staaten, mit der sowjetischen Interpretation der Vereinbarung nicht einverstanden waren. Wie so oft in der Vergangenheit verzögerten anscheinend Wirtschaftsfragen, im besonderen das Problem der Kompensation für das »Deutsche Eigentum« in Österreich, den Abschluß des Vertrages; aber in diesem Stadium wurde auch deutlich, daß es unter den westlichen Verbündeten selbst erhebliche Meinungsunterschiede gab.

Im August 1949 – zum selben Zeitpunkt, als die Amerikaner unentschlossen waren, ob ein Vertrag wünschenswert sei oder nicht – begannen die Briten, ein größeres Zugeständnis des Westens an die Russen in der Frage »Deutsches Eigentum« (Artikel 35) zu empfehlen. Nach privaten Gesprächen mit dem russischen Vertreter kam der britische stellvertretende Außenminister William Mallet zum Schluß, daß ein vollständiges Nachgeben gegenüber den russischen Forderungen bezüglich Artikel 35 den Abschluß des Vertrages bewirken würde.[22] Mit der Unterstützung des britischen politischen Vertreters in Wien[23] und der Unterstützung der militärischen Stabschefs, die einen Rückzug aus Österreich befürworteten,[24] ersuchte Mallet Außenminister Ernest Bevin, die britische Politik in dieser Angelegenheit festzulegen. Bevin meinte, er persönlich sei *für* die Unterzeichnung eines Vertrages zu den von den Russen vorgeschlagenen Bedingungen bis zum 1. September; sollten aber die Amerikaner den Abschluß eines Vertrages nicht wünschen, so würde er ihrem Beispiel folgen, solange die Verantwortung für die Verzögerung vollständig den Amerikanern angelastet werde.[25] Zu einem Zeitpunkt, da die Unterstützung des amerikanischen Außenministers Acheson für einen Vertrag schwand, kam also nunmehr der britische Außenminister Bevin zur Überzeugung, der Abschluß eines Vertrages sollte noch intensiver angestrebt werden.

Ende August sprach Bevin mit dem amerikanischen Botschafter in London, William Douglas, um Druck auf die Amerikaner auszuüben, damit sie den westlichen Zugeständnissen in den Verhandlungen und einer raschen Unterzeichnung des Vertrages zustimmten. Bevin erwähnte, daß der österreichische Außenminister Karl Gruber bei einer privaten Begegnung auf den Abschluß des Vertrages gedrängt und Bevin versichert hätte, Österreich könne die wirtschaftlichen Lasten tragen, die die Sowjetunion verlangte.[26] Bevin argumentierte darüber hinaus, die weiteren politischen Folgen eines Vertragsabschlusses seien nützlich, da Marschall Tito durch den Abzug sowjetischer Truppen von der Nordgrenze Jugoslawiens in seiner Haltung ermutigt werde, die Westmächte Österreich in den Europarat und andere internationale Organisationen hineinbringen könnten, und dies auch auf Westdeutschland eine günstige Wirkung haben werde. Die positiven Auswirkungen auf das internationale Klima seien den kleinen Preis wert, die wirtschaftlichen Forderungen der Sowjets in Österreich zu erfüllen.[27]

US-Botschafter Douglas antwortete, die Erfüllung der sowjetischen Forderungen gebe der UdSSR die wirtschaftliche Macht, Österreich zur Gänze so wirkungsvoll zu beherrschen, wie sie gegenwärtig die russische Zone beherrsche. Der US-Senat würde einen Vertrag der solche Zugeständnisse enthalte, nie ratifizieren. Außerdem seien die österreichischen Behauptungen, daß sie die Kosten eines solchen Übereinkommens bezahlen könnten, nicht einleuchtend; langfristig wäre es die US-Regierung, die das Geld aufzubringen hätte, um die Sowjetunion auszubezahlen. Vor diesem Hintergrund sei es für die Briten ein leichtes, auf wirtschaftliche Zugeständnisse durch den Westen zu drängen, da Großbritannien das Abkommen letztlich nicht finanzieren würde.[28]

Bevin, der sich von der Antwort des Botschafters nicht abschrekken ließ, wandte sich daraufhin direkt an Acheson. In dem entsprechenden Telegramm betonte er, er sei fest davon überzeugt, daß die Westmächte die notwendigen Zugeständnisse machen sollten, um den Abschluß des Vertrages zu erreichen.[29]

Ob sich Acheson Bevins Haltung anschließen wollte oder nicht – es war ihm nicht möglich, irgendeine Veränderung in der amerikanischen Politik vorzunehmen. Der Nationale Sicherheitsrat hatte immer noch nicht entschieden, ob die Unterzeichnung eines österreichischen Vertrages 1949 wünschenswert sei; und die sowjetische Weigerung, die wirtschaftlichen Forderungen herunterzuschrauben, machte die Aufgabe, innerhalb der amerikanischen Bürokratie einen Konsens herzustellen, im Grunde genommen unmöglich. Mit dieser unentschlossenen US-Politik blieben die Gespräche festgefahren, die stellvertretenden Außenminister konnten den vorgegebenen Termin für einen Vertragsabschluß (1. September) nicht einhalten. Die Londoner Gespräche wurden vertagt und ihre Wiederaufnahme in New York vorläufig mit 22. September 1949 festgelegt.

Während der folgenden Verhandlungspause wurden die Briten mehr und mehr durch die amerikanische Haltung, die sie für Sturheit hielten, verärgert. Die britische Annahme, die Sowjets seien nahe daran, einen Vertrag zu unterzeichnen, wenn der Westen den sowjetischen Wirtschaftsforderungen vollkommen nachgab, schien sowohl bei offiziellen als auch bei inoffiziellen Treffen mit sowjetischen Vertretern bestätigt zu werden.[30] Der Versuch der Westmäch-

te, eine gemeinsame Erklärung herauszugeben, durch die die Sowjetunion zu einer Rückkehr an den Verhandlungstisch ermutigt werden
sollte, zeigte jedoch, daß sich die USA sogar noch weiter von der
versöhnlichen Haltung, wie sie die Briten unterstützten, wegbeweg-
ten. »Das [amerikanische Konzept für das] Ersuchen an die sowjetische Regierung, den New Yorker Vorschlägen zuzustimmen, wird
nicht mehr in klarer und objektiver Weise ausgedrückt, sondern verliert sich in einem Durcheinander von Anschuldigungen«, klagte ein
Beamter des Foreign Office. »Und die Darstellung des Standpunktes
ist so anklagend und unnachgiebig gehalten, daß das Gegenteil von
dem, was wir und die Franzosen (auf alle Fälle) damit bezweckten,
erreicht werden wird.«[31]

Auch die Österreicher drückten den Briten gegenüber ihre Enttäuschung über die amerikanische Halsstarrigkeit aus, obwohl sie unter
diesen Umständen nicht vorhatten, die Vereinigten Staaten zu drängen. Der österreichische Vizekanzler Adolf Schärf teilte den Briten
Anfang September vertraulich mit, die Österreicher könnten Washington zwingen, sich einem Vertragsabschluß zu fügen, indem sie
Österreichs Ungeduld mit der amerikanischen Unbeugsamkeit in
den Gesprächen bekanntmachten. Aber, so fügte der Vizekanzler
hinzu, so etwas komme nicht in Frage, um nicht amerikanische Hilfe aufs Spiel zu setzen.[32]

Dennoch unterdrückten österreichische Regierungsmitglieder, die
über die Auswirkungen des Stillstandes in den Verhandlungen auf
die herannahenden österreichischen Wahlen besorgt waren, in privaten Gesprächen anscheinend alle Vorbehalte, die sie gegenüber einem Vertragsabschluß hatten. Außenminister Gruber, der seinen
Standpunkt aus dem Jahr 1948 bezüglich eines Vertrages umkehrte,
erklärte den Briten, daß die amerikanische Weigerung, die »notwendigen Zugeständnisse« zu machen, die Ausbreitung pangermanischer
Ideen in Österreich ermutige – ein Ergebnis der Enttäuschung über
die festgefahrenen Gespräche.[33]

Die Situation in Washington bewegte sich, wenn überhaupt, weiter von einer Zustimmung für einen Vertrag weg. Acheson konnte,
da ein Vertrag durch den Senat ratifiziert werden mußte, ohne die
Zusicherung der Unterstützung durch den Kongreß keine Zugeständnisse in den Verhandlungen machen. Die täglichen Berichte über
kommunistische Siege in China ließen jedoch im Herbst 1949 nichts
Gutes erwarten für jene, die auf Aussöhnung mit der Sowjetunion
drängten. Der US-Senat, in dem sich die Stimmung im Land wider-

spiegelte, war gegen Kommunismus, welcher Art auch immer. Die Nachricht vom September 1949, daß die Sowjetunion ihre erste Atombombe gezündet hatte, verschlechterte die Lage weiter. Die Briten betonten nach wie vor die Notwendigkeit, die Sowjets zu einem Rückzug aus Österreich zu bewegen und der öffentlichen Meinung in Österreich entgegenzukommen, aber nicht nur im US-Kongreß nahm die Meinung zu, in einer Zeit solch erhöhter Gefahr für den Westen sollten amerikanische Truppen nicht von der Ost-West-Demarkationslinie zurückgezogen werden.[34]

Auch die amerikanischen Militärs waren nun mehr denn je gegen einen Österreich-Vertrag. General Geoffrey Keyes, der amerikanische Hochkommissar in Wien, gab unmißverständlich zu verstehen, daß die österreichischen Sicherheitseinrichtungen äußerst unzureichend seien und die österreichische Wirtschaft zu labil sei, um die zum Vertragsentwurf festgesetzten zusätzlichen finanziellen Lasten – nämlich die Zahlungen an die Sowjetunion – zu übernehmen. Verteidigungsminister Johnson, der mit General Keyes' Einschätzung übereinstimmte, brachte seinen Einspruch gegen jeden vom Außenministerium ausgehandelten Vertrag vor, solange der Kongreß nicht 88 Millionen US-Dollar zum Ankauf von Waffen und Munition für Österreich zur Verfügung stellte. Außerdem machte er klar, daß es eine Reduzierung der Truppen anstelle eines Vertrages ohne seine Zustimmung nicht geben werde.[35] Der kampfbereite Acheson war, wie das einer seiner Untergebenen ausdrückte, »über das ganze Verfahren ziemlich wütend und hatte den Militärs ziemlich deutlich seine Meinung gesagt«.[36]

Während die amerikanische Politik noch immer unklar war und die Briten und Franzosen in privaten Gesprächen festhielten, daß sie es sich in keinem Fall länger leisten könnten, weiter Besatzungstruppen in Österreich zu halten,[37] trafen sich die stellvertretenden Außenminister der drei Westmächte mit ihrem sowjetischen Amtskollegen am 22. September in New York. Während der Tagung der Stellvertreter kamen auch die vier Außenminister dreimal inoffiziell zusammen, um zu versuchen, den toten Punkt in den Gesprächen zu überwinden. Acheson versuchte verzweifelt, den sowjetischen Außenminister Wyschinski zu überreden, die sowjetischen Wirtschaftsforderungen abzuschwächen. Auch das bescheidenste sowjetische Zugeständnis hätte Achesons Standpunkt im Nationalen Sicherheitsrat zugunsten eines Vertrags stärken können; aber Wyschinski weigerte sich, nachzugeben.[38]

Die Vertreter der drei Westmächte trafen sich am Rande der New Yorker Konferenz häufig außerhalb der offiziellen Sitzungen, um zu einer gemeinsamen Verhandlungsstrategie zu kommen. Anfang Oktober führte in Frankreich eine Wirtschaftskrise zum Rücktritt des Kabinetts, was den französischen Außenminister Robert Schuman und seinen Stellvertreter Marcel Berthelot in die mißliche Lage brachte, ohne eine Regierung weiter verhandeln zu müssen. Folglich schlossen sich die Franzosen meistens den Briten an.[39] Acheson war es noch immer nicht gelungen, einen Konsens zugunsten eines Vertrages herbeizuführen, so vertrat er eine starre Position. Der einzige westliche Minister, der etwas flexibel verhandeln konnte, war Bevin, und er drängte in den Treffen der Westmächte weiterhin auf einen Vertragsabschluß zu den sowjetischen Bedingungen.

Bevin, der auf die Unterstützung seiner Regierung zählen konnte, entwickelte eine Reihe neuer Argumente, um Acheson von den Vorteilen eines Vertragsabschlusses zu überzeugen. Sie reichten von der Befürchtung, die Österreicher könnten sonst einen Separatfrieden mit der Sowjetunion abschließen, bis zum persönlichen Appell, daß sein eigener innenpolitischer Rückhalt in Großbritannien von einem Fortschritt in den Verhandlungen abhänge.[40] Bevin war davon überzeugt, daß die sowjetische Führung einen Österreich-Vertrag wünschte und daß dies eine einmalige Chance für die Westmächte war, die man nicht verpassen durfte. Ein privates Treffen mit Wyschinski bestärkte ihn in seiner Haltung. In einem Brief an Acheson teilte er am 1. Oktober 1949 seine Eindrücke mir: »Ich bin zu dem Schluß gekommen, daß die Russen einen Vertrag wünschen. Ich kann den Grund dafür nicht erkennen, aber mir scheint klar zu sein, daß Stalin angeordnet hat, vernünftige Anstrengungen zu unternehmen, um diese Angelegenheit zu bereinigen.«[41] Die Westmächte erhielten danach sogar noch positivere Signale der sowjetischen Absichten: laut späterer Aussagen von Acheson teilte Wyschinski den drei westlichen Ministern in inoffiziellen Gesprächen mit, daß die restlichen Artikel keine Schwierigkeit darstellen würden, wenn die Westmächte der sowjetischen Version für Artikel 35 zustimmten.[42] Mitte Oktober 1949 schien es also, als gäbe es ein echtes Interesse Moskaus an einem Österreich-Vertrag, der die sowjetischen Wirtschaftsforderungen erfüllte, und als ob das einzige Hindernis für die Unterzeichnung eines Vertrages die Amerikaner seien.

Überzeugt von der Notwendigkeit, eine amerikanische Zustimmung zum Vertrag herbeizuführen, kehrte Acheson nach Washington zurück. Am 20. Oktober 1949 trat der Nationale Sicherheitsrat abermals zusammen, und es kam erneut zum Zusammenstoß zwischen Außen- und Verteidigungsminister in der Frage, welche Politik die Vereinigten Staaten bezüglich Österreich einschlagen sollten. Acheson wies 1. auf die Gefahr einer Teilung Österreichs hin, wenn nicht bald ein Vertrag geschlossen würde, 2. auf die Möglichkeit, daß sich die Österreicher entweder dem Pangermanismus oder dem Kommunismus zuwenden würden, sollte ihre Hoffnung auf einen Vertrag erneut enttäuscht werden, und 3. auf die nachteilige Wirkung auf Amerikas internationales Ansehen, sollten die Vereinigten Staaten als diejenigen angesehen werden, die einen Vertrag verhinderten.[43] Johnson hob hervor, war für ihn die größere Gefahr war: sich aus Österreich zurückzuziehen, bevor ausreichende Vorbereitungen für die österreichische Sicherheit getroffen seien. Er räumte ein, daß ein Vertrag schmackhafter gemacht werden könnte, falls der Nationale Sicherheitsrat schnell Sondermittel für das österreichische Heer auftreiben und der Zeitraum für den Rückzug der Truppen ausgedehnt würde. Aber selbst unter diesen Umständen könne das Verteidigungsministerium keinesfalls den Schritten des Außenministeriums in Richtung auf einen Vertrag zu sowjetischen Bedingungen beipflichten.[44]

Der Standpunkt des Verteidigungsministeriums wurde durch eine Botschaft General Keyes' gestützt, die einen Tag vor der Sitzung des Nationalen Sicherheitsrates eingegangen war. Vertreter des Verteidigungsministeriums bezogen sich in der Sitzung wiederholt auf die pessimistische Einschätzung ihres militärischen Vertreters vor Ort:

»Wenn wir davon ausgehen, daß alle Zugeständnisse annehmbar sind und daß die vier Mächte und Österreich den Vertrag unterzeichnen [,] ratifizieren und hinterlegen, so sind wir der Meinung, daß Österreich sich sowjetischer Beherrschung genausowenig widersetzen kann wie seine Nachbarn Tschechoslowakei und Ungarn, die die kommunistischen Überfälle nicht abwehren konnten. Österreich kann die Kosten des vorliegenden Vertrages nicht tragen. Sowjetische Penetration auf wirtschaftlicher Ebene wird durch die in Artikel 35 vereinbarten Zugeständnisse gefördert. Diese können und werden zur politischen Krise führen und die politische Penetration fördern. Ohne Vorbereitungen für ausreichende, zum Zeitpunkt der Vertragsratifizierung existierende Sicherheitskräfte wird Österreichs Willen, sich einer bevorstehenden Einbeziehung in die sowjetische Einflußsphäre zu widersetzen, geschwächt. Nach meiner Einschätzung der Lage vor Ort meine ich, daß der Vertrag, wenn er so wie jetzt vorgeschlagen und durch die in Ihrem [Telegramm] vorgeschlagenen Zugeständnisse weiter modifiziert und dann abgeschlossen wird, nur als ein sowjetischer Sieg angesehen werden kann. Ein Sieg, errungen mit den typischen Methoden Starrsinn und Kompromißlosigkeit; errungen, indem man exorbitante Forderungen erhebt und seinen Zweck erreicht, indem man kleinere und relativ unerhebliche Zugeständnisse macht.«[45]

Da der grundlegende Widerspruch zwischen den beiden Hauptvertretern amerikanischer Politik nicht geklärt werden konnte, endete die Sitzung des Nationalen Sicherheitsrates erneut ohne Ergebnis.

An diesem toten Punkt verwiesen Acheson und Johnson die Frage an Truman, dessen berühmter Leitspruch ja lautete: »The Buck stops Here«. Ein Mitarbeiter im Außenministerium meinte in einem persönlichen Brief, das bringe den Präsidenten »in eine ziemlich schwierige Lage, und wenn er nicht besonders freundlich wäre, glaube ich, würde er auf seinen Außenminister und seinen Verteidigungsmimister wegen schlechter Stabsarbeit ziemlich sauer werden und von ihnen verlangen, zurück in den Nationalen Sicherheitsrat zu gehen und eine gemeinsame Empfehlung auszuarbeiten«.[46] Aber als Acheson und Johnson am 26. Oktober 1949 mit dem Präsidenten zusammenkamen, hatte Truman tatsächlich die endgültige Entscheidung getroffen: »Der Präsident stellte fest, daß er das Problem sorgfältig studiert hatte, und daß er fraglos der Überzeugung war, der Vertrag sollte abgeschlossen werden, um den Rückzug der sowjetischen Streitkräfte aus Österreich zu erreichen und um die allgemeinen politischen Vorteile zu bekommen, die von einer solchen Handlung herrühren. Er war der Meinung, daß das Außenministerium vor dem Rückzug der Besatzungstruppen Schritte unternehmen könne und solle, um ausreichende österreichische Sicherheitskräfte einzurichten.«[47] Nach vier Monaten Auseinandersetzungen zwischen den Ministerien hatten die Vereinigten Staaten endlich eine klare politische Linie!

Trumans Entscheidung war der Wendepunkt für die westliche Verhandlungsposition. Mit der Einwilligung der USA beschlossen die Westmächte, die von ihnen für notwendig gehaltenen wirtschaftlichen Zugeständnisse zu machen, um einen Vertrag zu erreichen. Zwei Tage nach der Entscheidung Trumans bot der stellvertretende US-Außenminister der Sowjetunion in den Vierergesprächen ein Paket an: die drei Westmächte würden praktisch allen sowjetischen Forderungen nach Artikel 35 zustimmen, wenn die Sowjetunion dafür die westliche Version für die fünf noch unentschiedenen Artikel akzeptierte. Der sowjetische Delegierte lehnte eine quid pro quo-Vereinbarung glatt ab und bestand darauf, daß zuerst Artikel 35 geklärt werde.[48] Einige Wochen darauf, am 18. November 1949, unterzeichnete Truman das Dokument NSC 38/4, das die amerikanischen Unterhändler offiziell anwies, einen Vertrag »unter den bestmöglichen Bedingungen« anzustreben.[49] Am selben Tag, stimmten die drei Westmächte den sowjetischen Bedingungen für Artikel 35 zu, in der Hoffnung und im Glauben, daß dies zu einem Vertragsabschluß führen würde. Da sie aber über die öffentliche Aufnahme ihrer Handlung besorgt waren, beschlossen sie, dies geheim zu halten: »Die drei westlichen stellvertretenden Außenminister stimmten darin überein, die Veröffentlichung unseres Nachgebens bezüglich Aritkel 35 so lange zu vermeiden, bis auch bei den anderen Artikeln Fortschritte erzielt worden seien. Wir vereinbarten, lediglich mitzuteilen, daß in der Diskussion über Artikel 35 in Verbindung mit anderen Artikeln Fortschritte erzielt worden waren.«[50] Endlich hatten die Westmächte den entscheidenden Schritt gemeinsam getan, den die Briten schon seit Monaten gefordert hatten: ein Österreich-Vertrag schien in Reichweite.

Aber jetzt spielte die Sowjetunion nicht mehr mit. Mitte November 1949 hatte Stalin offensichtlich entschieden, daß er keinen Vertrag mehr wollte, denn als die Westmächte nachgaben, nahm der sowjetische Unterhändler deren wirtschaftliche Zugeständnisse einfach an und bot keine »Gegenleistung« dafür. Als sich die Verhandlungen den übrigen Artikeln zuwandten, fiel der stellvertretende sowjetische Außenminister Georgij Zarubin in die alte Taktik zurück, nicht zum Vertrag gehörende Themen aufzugreifen, um die Verhandlungen zu blockieren – in diesem Fall die Bezahlung für sowjetische Hilfeleistungen in der unmittelbaren Nachkriegszeit durch Österreich. Damit setzte deutlich wieder jene sowjetische Obstruktionspolitik ein, die bis zur Pariser Außenministerkonferenz so bezeichnend gewesen war. Ernstgemeinte Versuche der Österreicher, in den nächsten Monaten die offenen Forderungen zu erfüllen, blieben ohne Erfolg.[51] Die sowjetischen Vertreter zeigten nach dem November 1949 offenbar an der Unterzeichnung eines Österreich-Vertrages, selbst mit reizvollen finanziellen Bedingungen, kein Interesse mehr. Der Impuls, der von den Pariser Vereinbarungen ausgegangen war, verpuffte plötzlich. Obwohl die vier Mächte weiterhin mit Unterbrechungen zusammentrafen, kam dieser Schwung nicht mehr auf, bis erst mehr als fünf Jahre danach der österreichische Staatsvertrag endlich unterzeichnet wurde.

3. Eine echte Chance?

Es gibt keine Zweifel darüber, daß Ineffizienz und interne Widersprüche innerhalb der Truman-Administration 1949 die Entwicklung einer gemeinsamen westlichen Verhandlungsposition verzögert haben. Hätte das amerikanische Verteidigungsministerium einen Vertragsabschluß sofort unterstützt, so hätten die Westmächte den sowjetischen Wirtschaftsforderungen rascher nachgeben können. Das wirft die Frage auf, ob die sowjetische Initiative auf der Pariser Konferenz eine echte Chance für einen Vertrag zu sowjetischen Bedingungen gewesen ist. Hätte die Sowjetunion einen Vertrag unterschrieben und 1949 ihre Truppen zurückgezogen, wenn die amerikanische Bürokratie die sowjetischen Forderungen akzeptiert hätte? Oder war das sowjetische Verhalten in den Verhandlungen während dieser fünf entscheidenden Monate des Jahres 1949 ein kunstvoller Trick gewesen, der einfach dazu dienen sollte, den Westmächten Zugeständnisse abzuringen?

Obwohl es auf diese Fragen ohne Zugang zu den sowjetischen Akten keine endgültige Antwort geben kann, deuten alle Anzeichen darauf hin, daß die Sowjetunion tatsächlich einen Vertrag unterzeichnen wollte. Die sowjetischen Aktionen in Österreich unterstützen deutlich die Annahme, daß Stalin ein baldiges Ende der Besetzung ins Auge gefaßt hatte. Wenn die sowjetische Politik nicht auf den Abschluß eines Vertrages gezielt hätte, ist es darüberhinaus unwahrscheinlich, daß die sowjetischen Unterhändler so hart in den Wirtschaftsfragen verhandelt hätten. Die sowjetischen Vertreter mußten wissen, daß 1949 gewonnene wirtschaftliche Erfolge verloren gehen könnten, wenn die Vertragsunterzeichnung nicht rasch erfolgte. Tatsächlich nahmen die Westmächte nach dem Scheitern der Pariser Initiative ihre Zustimmung zum Artikel 35 zurück. Die wirtschaftlichen Klauseln, die schließlich 1955 im Staatsvertrag festgelegt wurden, waren für die Sowjetunion bei weitem nicht so verlockend wie jene, die Frankreich, Großbritannien und die USA der Sowjetunion im November 1949 zugestehen wollten.

Die Unterzeichnung eines Vertrages im Jahr 1949 hätte der Sowjetunion aus mehreren Gründen genützt. Die vereinbarten Wirtschaftsklauseln hätten ihr einen Einfluß auf die österreichische Regierung eingeräumt, der größer gewesen wäre als jener, den sie unter der Vier-Mächte-Kontrolle besaß. Trotz gegenteiliger regierungsamtlicher Beteuerungen war sich das österreichische Parlament nicht

einmal sicher, allein die erste Rate der Schulden, die der Sowjetunion als Vertragsbedingung zukam, bezahlen zu können.[52] Wie
Acheson bei einer der zahlreichen Zusammenkünfte mit Bevin betonte, hätte die Tatsache, daß Österreich einer seiner Zahlungsverpflichtungen nicht nachkommen könnte, der Sowjetunion einen
Grund dafür liefern können, die Truppen in Österreich zu belassen
oder sie nach einem erfolgten Rückzug wieder dorthinzubeordern.[53]
Wenn die Westmächte unter diesen Umständen ebenfalls ihre militärische Präsenz in Österreich aufrechterhielten, um ein Gegengewicht
zu den sowjetischen Truppen zu bilden, hätte dieses Land sowohl
die Nachteile einer militärischen Besetzung als auch die rechtlichen
Erschwernisse durch einen belastenden Vertrag zu tragen. In jedem
Fall hätte der Vertrag die Sowjetunion gegenüber Österreich in eine
außerordentlich starke Position gebracht.

Eine stärkere Wirtschaftskontrolle über Österreich und der Rückzug der westlichen Besatzung hätte 1949 auch weiteren sowjetischen
Interessen in Europa dienen können. Zu einer Zeit, als die Sowjets
ihre Position in Osteuropa konsolidiert und Großbritannien wie
Frankreich große wirtschaftliche Schwierigkeiten hatten, wäre die
Unterzeichnung eines Österreich-Vertrages, der den Rückzug aller
vier Mächte vorsah, ein Weg gewesen, die stabilisierende Präsenz der
Vereinigten Staaten in Europa zu vermindern. Wirtschaftliche Instabilität in Europa hätte der Sache des internationalen Kommunismus
dienen können. Die Dollars der US-Hilfe für Österreich hätten zudem durch die österreichischen Zahlungen für das »Deutsche Eigentum« in die Sowjetunion umgelenkt werden können – eine Aussicht,
die amerikanische Kongreßabgeordnete besonders beunruhigte. In
einem Moment, wo sich die Sowjetwirtschaft noch von den Zerstörungen des Krieges erholte, wirtschaftlichen Beistand zu erhalten,
der gleichzeitig den politischen Einfluß der USA verringern würde,
das waren attraktive Aussichten für die Sowjetunion. Als die sowjetischen Vertreter bei den Staatsvertragsverhandlungen im Juni 1949
ihre bis dahin einen Fortschritt verhindernden Forderungen aufgaben und dafür wirtschaftliche Zugeständnisse anstrebten, schienen
sie ernsthaft einen Vier-Mächte-Vertrag mit den vorteilhaftesten
Wirtschaftsklauseln für die Sowjetunion aushandeln zu wollen. Warum änderte sich dann jedoch das Verhalten der Sowjets bei den Verhandlungen fünf Monate später? Um diese Frage zu beantworten,
muß man die Entscheidung, den Vertrag nicht abzuschließen, und
sich nicht aus Österreich zurückzuziehen, im Kontext einer umfas

senden Veränderung der sowjetischen Außenpolitik im Herbst 1949
sehen.

Die wichtigste Überlegung, die diesen Wandel in der sowjetischen
Außenpolitik auslöste, war die Situation in Deutschland. Stalin hoffte auch noch nach der Ankündigung der Gründung der Bundesrepublik durch die Westmächte am 23. Mai 1949, daß sich die tatsächliche Konstituierung des westdeutschen Staates verhindern ließ. Der
sowjetische Außenminister Wyschinski hatte auf der Pariser Konferenz vergeblich versucht, die Rückkehr zur Vier-Mächte-Kontrolle
in Deutschland auszuhandeln. Mit dem Zusammentreten des westdeutschen Bundestages und der bevorstehenden Staatsgründung der
Deutschen Demokratischen Republik schienen die Aussichten auf
eine Ost-West-Verständigung über Deutschland im September 1949
düster. Deshalb war Österreich im Herbst 1949 die einzige mögliche
Quelle sowjetischen Einflusses neben der sich verschlechternden Situation in Deutschland. Ironischerweise bestätigten die wirtschaftlichen Zugeständnisse in den Verhandlungen um einen Österreich-Vertrag nur den Wert, den ein solcher Vertrag für die Westmächte hatte.
Obwohl Vermögenswerte aus Österreich für die Sowjetunion reizvoll
waren, wurde die Bedeutung dieses kleinen Landes noch zusätzlich
gesteigert, wenn man es im Zusammenhang mit Deutschland sah.
Die Sowjetunion betrachtete nach 1949 einen Österreich-Vertrag im
wesentlichen als Pfand für die Entwicklung in Westdeutschland. Erst
als die westdeutsche Wiederbewaffnung eine Tatsache war, an der
nicht mehr zu rütteln war, führte die Sowjetunion jene Entwicklung
herbei, die für Österreich schließlich 1955 zu einem Vertragsabschluß führte.

Der zweite Grund für eine wesentliche Veränderung in der sowjetischen Außenpolitik wurde damals von politischen Fachleuten sogar noch viel öfter angeführt: die Zündung der ersten sowjetischen
Atombombe Ende August 1949.[54] Die Fähigkeit, Atomwaffen herzustellen steigerte ohne Zweifel das sowjetische Selbstbewußtsein und
gab der wachsenden Konfrontation zwischen den Vereinigten Staaten und der Sowjetunion auf dem Rüstungssektor klare Formen.
Aber die Entwicklung eines nuklearen Potentials war nur ein Teil einer großangelegten nationalen Anstrengung der Sowjetunion, die
Streitkräfte zu moderniesieren und zu verbessern. Inmitten einer militärischen Aufrüstung in der zweiten Jahreshälfte 1949 war die sowjetische Politik nicht darauf abgestellt, Verträge zu unterzeichnen,
Truppen zurückzunehmen und Territorien aufzugeben.[55]

Die anti-titoistischen Hexenjagden, die in Osteuropa ausgelöst wurden, sind ein drittes großes Bestimmungselement der sowjetischen Außenpolitik im zweiten Halbjahr 1949. Stalin kündigte den Freundschaftsvertrag mit Jugoslawien am 27. September 1949 und benützte die Anschuldigung des »Titoismus«, um in den neuen Satellitenstaaten eine Welle von Säuberungen und Terror auszulösen. In Rumänien, Albanien, Ungarn, Polen und der Tschechoslowakei, überall gab es von Mitte 1949 bis 1951 politische Säuberungen. Wahrscheinlich war Ende 1949 für Stalin kein günstiger Zeitpunkt, die Truppen aus Österreich zurückzuziehen und so westlichen Einfluß an den Grenzen Ungarns und der Tschechoslowakei zu riskieren.[56] Es ist auch möglich, daß die neuen kommunistischen Regimes in Osteuropa selbst gegen einen Rückzug der Sowjets aus Ostösterreich waren, solange sie im Inneren noch nicht gefestigt waren.

Schließlich war der Wandel der Politik in den Verhandlungen über Österreich lediglich ein kleines Element in einer großen Veränderung der sowjetischen Außenpolitik, die sich nach der Machtergreifung Mao-Tse-Tungs und der Gründung der Volksrepublik China am 1. Oktober 1949 stärker auf Asien und weniger auf Europa konzentrierte. Die Teilungslinien in Europa waren – mit Ausnahme Österreichs – 1949 klar geworden; deshalb richtete Stalin seinen Blick nach Osten, auf eine Region, die für die Sowjetunion viel größere Möglichkeiten zu eröffnen schien.[57]

Aus all diesen Gründen waren die sowjetischen Unterhändler nicht länger an einem Vertrag mit Österreich interessiert, als die Westmächte sich schließlich dazu entschlossen hatten, einen anzustreben. Es ist schwierig zu sagen, was aus Österreich geworden wäre, wenn es 1949 einen Staatsvertrag gegeben hätte. Zweifelsohne wäre das Ende der Vier-Mächte-Besatzung früher als 1955 gekommen, aber es ist unwahrscheinlich, daß es Österreich langfristig mit einem Vertrag 1949 besser gegangen wäre als mit dem Staatsvertrag des Jahres 1955.

Anmerkungen

* Die Herausgeber danken Herrn Univ.-Ass. Mag. Klaus Eisterer für die Übersetzung des vorliegenden Beitrages aus dem Englischen.
[1] Dieser Aufsatz beruht auf Forschungen der Verfasserin zu einer umfangreicheren Arbeit zum selben Thema. Vgl. Audrey Kurth Cronin, Great

Power Politics and the Struggle Over Austria, 1945–1955. Ithaca, N. Y.–
London 1986.

[2] So drückte zum Beispiel der österreichische Außenminister Karl Gruber
in privaten Gesprächen mit britischen Vertretern in Wien seine Genug-
tuung über den Zusammenbruch der Verhandlungen aus und unterstrich
die Gefahr der kommunistischen Bedrohung. Vgl. Aufzeichnungen von
P. A. Wilkinson (britische Gesandtschaft) über ein Gespräch vom 7. Juni
1949 mit Gruber, 8. 6. 1949. FO 371/70411/C 4648; Telegramm B. Jerram (Wien) an Foreign Office, 1. 6. 1949. FO 371/70460 A/C 4869. Alle
Akten des Foreign Office (FO) befinden sich im Public Record Office,
Kew.

[3] Memorandum Rebers, 11. 5. 1949, abgedruckt in: Foreign Relations of
the United States (= FRUS), 1949, vol. III, Washington 1974, S. 1094.

[4] Bericht des Department of State an den Nationalen Sicherheitsrat, NSC
38, »The Austrian Treaty in the Council of Foreign Ministers«, 8. Dezember 1948, S. 4. President's Secretary File, Harry S. Truman Library,
Independence, Missouri.

[5] Bericht des Verteidigungsministers Louis Johnson an den Nationalen Sicherheitsrat, NSC 38/1, »Future Course of U. S. Action with respect to
Austria«, 16. 6. 1949, S. 7. President's Secretary File, Truman Library.

[6] Aufzeichnung Mallets für Bevin, 14. 6. 1949. FO 371/76470/C 5303/G.

[7] Vgl. folgende *Prawda*-Artikel: »Militärische Rüstung in Österreich«,
24. 3. 1949, S. 3: »Militärische Rüstung in der Amerikanischen Besatzungszone in Österreich«, 14. 5. 1949, S. 4; »Gründung eines geheimen
»Militärkomitees« in Österreich«, 29. 6. 1949, S. 3; »Amerikanische
Fachleute bilden die Kader einer zukünftigen österreichischen Armee
aus«, 25. Juli 1949, S. 4.

[8] »Is This Not the Reason for Delay?«, *New Times* 16, 13. 4. 1949, S. 17.
Vgl. auch A. Schatilow und und Y. Borisow, »Militarization of Austria«,
New Times 50, 12. 12. 1951, S. 27–29.

[9] Hintergrundinformation zu den westlichen Vorschlägen findet sich in einem Memorandum Bevins ans Kabinett, 11. 4. 1950. C. P. (50)66, Cabinet Office Papers 129/39, Public Record Office.

[10] Vgl. ebd. und State Department, Bureau of Public Affairs, in: FRUS,
1949, vol. III, S. 1097.

[11] In privaten Gesprächen mit den Briten zeichneten die Jugoslawen ein anderes Bild dieses »plötzlichen« Entzuges sowjetischer Unterstützung:
Schon während der Moskauer Außenministerkonferenz 1947 waren die
Jugoslawen in den Kreml gerufen und dort darüber informiert worden,
daß die sowjetische Führung ihre Forderungen sofort zurückweisen würde; sie bekamen 48 Stunden Zeit, um eine neue Position auszuarbeiten.
Zwei Tage später übergaben die Jugoslawen dem Kreml einen hastig entworfenen Kompromißstandpunkt. Die sowjetische Führung hielt sich an
den Kompromiß mit den Jugoslawen, legte diesen allerdings erst zwei

Jahre, nachdem die Belgrader Regierung ihre Forderungen zu modifizieren gezwungen war, auf den Tisch, um ein Maximum an wirtschaftlichen Vorteilen zu erlangen. Vgl. »Austrian Treaty: Soviet Policy in 1947«, Aufzeichnung M. F. Cullis (FO, German Department), 16. 8. 1950. FO 371/84907/C 5213; diese Aufzeichnung betrifft eine Darstellung, die M. Milutinovic, der Erste Sekretär der jugoslawischen Botschaft in London, M. Cullis über die sowjetische Politik bezüglich des Österreichvertrages im allgemeinen und im besonderen über die jugoslawischen Forderungen an Österreich auf der Moskauer Außenministerkonferenz im April 1947 gegeben hatte.

12 »Austrian Hopes Fade«, *Scotsman*, 7. 2. 1950.

13 Bericht des Department of State an den Nationalen Sicherheitsrat, NSC 38, »The Austrian Treaty in the Council of Foreign Ministers«, 8. Dezember 1948. President's Secretary File, Truman Library.

14 Johnson an Acheson,14. 6. 1949, Anlage B von NSC 38/1: »A Report to the National Security Council by the Secretary of Defense on Future Course of Action with Respect to Austria«, 16. 6. 1949. President's Secretary File, Truman Library.

15 Acheson (Paris) an State Department, Telegramm DELSEC 1916, 19. 6. 1949, Anlage A von NSC 38/2: »A Report to the National Security Council by the Secretary of State on Future Course of U. S. Action with Respect to Austria«, 1. 7. 1949. President's Secretary File, Truman Library.

16 Acheson an Admiral Sidney W. Sours, 1. 7. 1949, Teil von NSC 38/2. Ebd.

17 Johnson an Acheson, 14. 6. 1949, Anlage B von NSC 38/1 Ebd.

18 »Notes on the Security Council Meeting Relative to Austrian Peace Treaty«, S. 2, 20. 10. 1949. National Archives, Washington (NA), Record Group (RG) 330, Records of the Office of the Secretary of Defense.

19 Memorandum [Achesons über das Gespräch bei der Sitzung des Nationalen Sicherheitsrates am 7. Juli 1949], »Training of Austrian Army«, 7. 7. 1949. Papers of Dean Acheson, Truman Library.

20 Johnson an Acheson, 14. 6. 1949, Anlage B von NSC 38/1: »A Report to the National Security Council by the Secretary of Defense on Future Course of Action with Respect to Austria«, 16. 6. 1949. President's Secretary File, Truman Library.

21 Protokoll der 43. Sitzung des Nationalen Sicherheitsrates, 7. 7. 1949. President's Secretary File, Truman Library.

22 Telegramm Foreign Office nach Wien, 6. 8. 1949. FO 371/76446/C 6274.

23 Telegramm B. Jerram (Wien) an Foreign Office, 13. 8. 1949. FO 371/ 76446/C 6417.

24 Chiefs of Staff Committee an Foreign Office, 13. 12. 1947. FO 371/ 70388/C 199/G; Chiefs of Staff Comittee, Joint Planning Staff, »With-

drawal of Allied Forces from Austria; Report by the Joint Planning Staff«, 5. 12. 1947. FO 371/70388/C 199/G.

[25] Aufzeichnung Cullis [über ein Gespräch zwischen Mallet und Bevin], 19. 8. 1949. FO 371/76447/C 6548.

[26] Gespräch zwischen Bevin und Gruber, 25. 8. 1949. FO 371/76496/C 8543; Telegramm Foreign Office [Bevin] nach Wien, 25. 8. 1949. FO 371/76447/C 6771.

[27] »Conversation between the Secretary of State and the United States Ambassador: Austrian Treaty Negotiations«, 26. 8. 1949. FO 371/76496/C 8543.

[28] Ebd.

[29] Telegramm Foreign Office [Bevin] nach Washington, 26. 8. 1949. FO 371/76447/C 176/3.

[30] Vgl., z. B. Bericht über das Treffen zwischen dem sowjetischen Botschafter und dem britischen Außenminister, Telegramm Foreign Office nach Wien, 25. 8. 1949. FO 371/76447/C 6771.

[31] Aufzeichnung Cullis' für I. Kirkpatrick, 9. 9. 1949. FO 371/76448/C 7901.

[32] Aufzeichnung über das Gespräch zwischen Generalmajor Winterton und Adolf Schärf, 1. 9. 1949. FO 371/76448/C 7067/G.

[33] Telegramm B. Jerram (Wien) an Foreign Office, 7. 9. 1949. FO 371/76448/C 7043.

[34] Telegramm Foreign Office an Washington, 14. 9. 1949. FO 371/76449/C 7024; Memorandum Bevins für das Kabinett, 11. 4. 1949. C. P. (50) 66, Cabinet Office 129/39, Public Record Office, London.

[35] Williamson an Erhardt, 4. 10. 1949. FRUS 1949, vol. III, S. 1172.

[36] Ebd., S. 1171.

[37] Aufzeichnung über Besprechung, »Tripartite Position on Austrian Treaty«, 15. 9. 1949. U. S. State Department Papers of Dean Acheson. Truman Library.

[38] Williamson an Erhardt, 4. 10. 1949; FRUS 1949, vol. III, s. 1171 f.

[39] »Was die Franzosen betrifft, so können Sie sich vorstellen, daß Berthelot ohne Regierung kein besonders konstruktiver Kollege ist ...« Mallet (New York) an I. Kirkpatrick, 24. 10. 1949. FO 371/76451/C 8274.

[40] Britische Aufzeichnung über ein Treffen der drei westlichen Außenminister, bei der der österreichische Vertrag besprochen wurde; Waldorf Astoria Hotel, 16 Uhr, 29. 9. 1949. FO 371/76451/C 7755.

[41] Bevin an Acheson, 1. 10. 1949. FO 371/76451/C 7962.

[42] »Continuing Soviet Tactics to Block Austrian Treaty Negotiations«, Stellungnahme Achesons. In: *The Department of State Bulletin* 22 (6. 3. 1950); U. S. Department of State, The Austrian State Treaty, S. 17.

[43] »Notes on the Security Council Meeting Relative to Austrian Peace Treaty«, 20. 10. 1949. NA, RG 330.

[44] Memorandum T. S. Voorhees', (stv. Verteidigungsminister, für die be-

setzten Gebiete zuständig) für den Verteidigungsminister, 20. 10. 1949, betrifft: »Austrian Treaty Negotiations – NSC 38, 38/1 and 38/2«. NA, RG 330. Über die Reaktion im Außenministerium vgl. Williamson an Erhardt, 24. 10. 1949; FRUS 1949, vol. III, S. 1184 f.

45 Stellungnahme Keyes' enthalten im Memorandum Voorhees' an Johnson (wie Anm. 44). Über die Reaktionen im Außenministerium vgl. FRUS 1949, vol. III, S. 1184 f.

46 Williamson an Erhardt, 24. 10. 1949; FRUS 1949, vol. III, S. 1184.

47 Memorandum über das Gespräch zwischen Acheson, Johnson und Truman. »Austrian Treaty«, 26. 10. 1949. Papers of Dean Acheson. Truman Library.

48 Aufzeichnung A. G. Gilchrist, 26. 11. 1949. FO 371/76453/C 9155.

49 Bericht des Nationalen Sicherheitsrates an den Präsidenten, »Future Courses of U. S. Action with Respect to Austria«, NSC 38/4, 17. November 1949; am 18. 11. 1949 vom Präsidenten genehmigt. President's Secretary File, Truman Library.

50 Telegramm A. Cadogan (New York) an Foreign Office, 19. 11. 1949. FO 371/76542/C 8871.

51 Aufzeichnung Kirkpatricks für Bevin, 12. 12. 1949. FO 371/76457/C 9642; Memorandum Bevins für das Kabinett, 11. 4. 1950, C. O. (50) 66, Cabinet Office Papers 129/39, Public Record Office.

52 Britische Aufzeichnung über ein Treffen der drei westlichen Außenminister, bei dem der österreichische Vertrag besprochen wurde; Waldorf Astoria Hotel, 16 Uhr, 29. 9. 1949. FO 371/76451/C 7755.

53 Vgl. ebd.

54 Vgl. z. B. Joseph Alsop, »Matter of Fact«, *The New York Herald Tribune,* 10. 4. 1950. Es scheint eine Auseinandersetzung darüber zu geben, ob die sowjetische Atomexplosion Ende August 1949 oder im September 1949 stattgefunden hat. Thomas W. Wolfe behauptet, der erste bekannte sowjetische Atomwaffentest habe am 29. 8. 1949 stattgefunden; vgl. Wolfe, Soviet Power and Europe 1945–1970, Baltimore 1970, S. 36, Anm. 9.

55 Wolfe, S. 38–49.

56 William B. Bader, Austria between East and West, 1945–1955. Stanford 1966, S. 198 f.

57 The Foreign Policy of the Soviet Union, hrsg. v. Alvin Z. Rubinstein. New York 1960, S. 247, 249.

Oliver Rathkolb

Von der Besatzung zur Neutralität

Österreich in den außenpolitischen Strategien des Nationalen Sicherheitsrates unter Truman und Eisenhower

1. Vorbemerkung

Der vorliegende Beitrag geht über den von der Konferenz vorgegebenen Zeitraum 1945–1949 weit hinaus und reicht bis ins Jahr 1959 hinein. Der Verfasser ist allerdings nicht der Meinung, daß damit etwa schon das Thema verfehlt worden ist. Im Gegenteil: er will anhand eines konkreten Beispiels demonstrieren, daß die Geschichtsforschung über die österreichische Geschichte nach 1945 die »Grenze« 1949, aber auch 1955, überspringen muß, will sie langfristige Entwicklungen analysieren und interpretieren. Erst dann wird es möglich sein, der Zeitgeschichte »Gegenwartsrelevanz« zu verschaffen – im konkreten Fall als Hintergrundmaterial zur Interpretation der internationalen Beziehungen zwischen den Vereinigten Staaten von Amerika und Österreich. Österreichische »Decision Makers« scheinen häufig zu vergessen, daß die USA als Großmacht eine Fülle von außen-, aber auch innenpolitischen Interessen gegenüber dem Kleinstaat Österreich durchzusetzen vermag. Diese Interessen sind nicht plötzlich entstanden, sondern haben in der Nachkriegsentwicklung bestimmte Änderungen und Gewichtungen erfahren – im Grunde bestehen sie jedoch meist bereits seit 1945.

Zur Struktur der Arbeit sei festgehalten, daß darin versucht wird, die extensive Faktengeschichtsschreibung – überdies durch eine Fül-

le von ausländischem Aktenmaterial extrem schwierig zu selektio-
nieren – durch politische Strukturhistoriographie zu Momentaufnahmen österreichischer Nachkriegsgeschichte zu ersetzen. Das heißt,
daß der Verfasser bewußt von der Chronologie abweichen möchte,
um sich auf punktuelle Interessenkonstellationen hinsichtlich mehrerer Ebenen der Österreich-Frage – durchaus unterschiedlicher Va-
lenz – zu beschränken. Auf diese Weise sollte es möglich sein, die
Interessenkonstellation zumindest ansatzweise zu skizzieren.

Im vorliegenden Beitrag wird es aus Platzgründen nur eine »Auswahl« der Positionen der zentralsten US-Entscheidungsträger und
ihrer Institutionen geben können: US-Präsident, Weißes Haus, Secretary of State (Außenministerium) Secretary of Defense (Verteidigungsministerium), Militärisches Establishment (Joint Chiefs of
Staff). Auf den Einfluß von Privatwirtschaft, Kongreß, Medien,
öffentlicher Meinung, politischen Parteien, Gewerkschaften, Reli-
gionsgemeinschaften etc. soll aus Gründen der Arbeitsökonomie nur
vereinzelt Bezug genommen werden. Der Meinungsbildungs- bzw.
-arti-kulierungsprozeß kann nach Ansicht des Verfassers am prä-
gnantesten auf der Ebene des Nationalen Sicherheitsrates analysiert
werden, da Detailprobleme auf grundsätzliche und für die Entscheidung letztlich relevante Informationen bzw. Interpretationen reduziert werden.[1] Inwieweit die Grundlagenarbeit untergeordneter Stellen der US-Administration einfließt, bleibt ebenfalls künftigen
Veröffentlichungen vorbehalten. Sehr wohl von gegenwärtigem
Interesse ist jedoch die Beeinflussung von US-Politik durch österreichische Stellen bzw. Einzelpersonen, denn gerade in dieser Frage
wird der Grad der Beeinflussung sehr häufig überschätzt und überdies nur austrozentriert reflektiert.

Ein Aspekt sollte jedoch nicht vergessen werden – die Quellenlage.
Auf Grund der bis März 1988 gültigen Archivsperre (40 Jahre glei-
tend), verschärft durch Daten- und Personenschutzbestimmungen,
waren dem Verfasser die Aktenbestände des österreichischen Außenministeriums nur bis 1946 respektive in Einzelfällen bis 1947 zugänglich.[2] Ein Ansuchen um Benützung der Protokolle des gemeinsamen Ministerrates (Kabinettsrates) – das Pendant zum National
Security Council – wird seit September 1985 ohne Ergebnis bearbei-
tet; seit Jänner 1987 »sogar« auf Ebene des Bundeskanzleramtes. Daher stützt sich die vorliegende Arbeit primär und fast ausschließlich
auf US-Akten, die dem Verfasser im Bereich des Nationalen Sicherheitsrates bis 1959 zugänglich gewesen sind – wenngleich vereinzelte

Passagen von »Zensoren« im Rahmen eines Freedom of Information Act Request gestrichen wurden, da sie angeblich auch heute noch Sicherheitsinteressen der USA tangieren. Trotzdem ist eine umfassende Interpretation durchführbar, jedoch sollte die Problematik der »einseitigen« Quellenlage nicht verschwiegen werden – trotz entsprechender Kontroll- und Korrekturmechanismen.

2. Das System des National Security Council

1947 wurde der Nationale Sicherheitsrat eingerichtet. Er wird immer vom jeweiligen US-Präsidenten geleitet, es sei denn, er delegiert sein Vorsitzendenmandat.[3] Auf dieser Ebene sollten die Spitzen der Bürokratien im Bereich des Außen-, aber auch des Verteidigungsministeriums bzw. des Geheimdienstes und der mit wirtschaftlichen Fragen befaßten Zentralinstitutionen ihre jeweiligen Positionen miteinander diskutieren und dem Präsidenten eine Grundsatzentscheidung vorschlagen, die dieser jedoch keineswegs akzeptieren muß.

Zwar hatte bereits ein »Vorgänger«, das State-War-Navy-Coordinating Committee, am 24. Oktober 1946 »Österreich-Deklarationen« verabschiedet, doch dieser Meinungsbildungsprozeß hatte – abgesehen von allgemeinen Erklärungen – keinerlei realpolitische Folgen:

»In accordance with the United States Policy, based on the Moscow Declaration of Nov. 1, 1943, of regarding Austria as a liberated country and promoting the reestablishment of a free and independent democratic Austrian state, it is the aim of the United States Government to foster the speedy restoration of normal cultural relations with Austria.«[4]

Dem Verfasser ist bewußt, daß die Maschinerie des Nationalen Sicherheitsrates eher die Funktion hatte, Richtlinien für die Bürokratie in konkreten Fragen »nationalen Interesses« auszuarbeiten – »spreading the word« –, und daß häufig die pre-NSC-Conferences, ähnlich den Ministerratsvorbesprechungen der jüngsten Zeit in Österreich, wesentlich deutlicher die politischen Interessenslagen manifestierten. Trotzdem erscheint dieses »Kommunikationsmodell« geeignet, die Hintergrundanalyse zu stützen – unter bewußter Bedachtnahme, daß es nicht um ein generalstabsmäßiges Nachvollziehen der Sitzungsabläufe geht, sondern um die Inhalte, die den unterschiedlichen Positionspapieren zu Grunde liegen. Gerade in der Ära Truman, aber auch in den ersten Jahren Eisenhowers traf die Kritik der Senatoren Henry Jackson und John F. Kennedy aus dem Jahre 1960nicht zu:

»The NSC meetings and administrative machinery [...] being an unimaginative bureaucratic setting in which routine presentation of turgid position papers occured.«[5]

In diesem Zusammenhang kann darauf hingewiesen werden, daß die Kritik aus dem Senat keineswegs ohne Legitimation, sozusagen von außen, um des politischen Vorteils willen erfolgte, da eine der wesentlichsten bürokratischen Neuerungen der Post-Roosevelt-Präsidentschaft, die Gründung des Nationalen Sicherheitsrates, im US-Kongreß in die gesetzlich legitimierte Form gebracht worden war.[6] Übrigens ein Indiz dafür, daß der NSC auch Kontrollfunktionen einnehmen bzw. die Ministerverantwortlichkeit dokumentieren sollte.

3. Österreich zwischen Truman-Doktrin und Marshall-Plan:

Obwohl der Anlaß für die Erklärung Präsident Trumans vom 12. März 1947, anderen »freien« Staaten bei Bedrohung ihrer Freiheit von außen oder innen »materielle« Hilfe zu leisten, die Kostenbewilligung zur Unterstützung Griechenlands und Türkei durch den Kongreß war,[7] hatte diese politische Grundlage des Kalten Krieges auch für Österreich direkte Folgen, da auf der Ebene des US-Hochkommissars (General Mark W. Clark) bereits seit Anfang 1946 die kompromißlose Konfrontation mit der Sowjetunion forciert wurde.[8]

Seine Haltung entsprach auch den politischen Konzepten von wichtigen Mitarbeitern Trumans im Weißen Haus wie Clark Clifford und George Elsey, die die Forderung aufstellten,

»that Soviet incorporation of any parts of Western Europe, the Middle East, China or Japan into a Communist orbit was incompatible with American national security«.[9]

Parallel dazu machten sich bereits 1946 führende Repräsentanten des »militärischen Komplexes« wie Henry Stimson, Robert Patterson, John McCloy und James Forrestal für eine langfristige Wirtschaftspolitik stark, die offene Märkte, ungehinderten Zugang zu den Rohstofflagerstätten und den ökonomischen Wiederaufbau »Eurasiens« nach »liberal-kapitalistischen« Grundsätzen voraussetzte, um einen US-amerikanischen Wirtschaftsaufschwung zu ermöglichen.[10] Mehrere Monate vor Kennans berühmten »Long Telegram« vom Februar 1946 verstärkten sich die antisowjetischen Stimmen im Bereich der Militärs, obwohl parallel dazu militärische Geheimdienstinstitutionen eine Reihe von sowjetischen Abrüstungs- und Rückzugsmanövern in verschiedenen Gegenden der Welt nach Washington meldeten – so aus dem nördlichen Norwegen, der Mandschurei, Bornholm und dem Iran –, sowie eine gemäßigtere Rhetorik im Nahen Osten, aber auch im Hinblick auf die Unterstützung der Kommunisten in China konstatierten.[11] Melvyn P. Leffler kam daher in einer umfassenden Studie über die US-Konzepte nationaler Sicherheitsplanung 1945–1948 zu dem mit einer Vielzahl von Quellen belegten Schluß,

»that Soviet behavior [...] hardly justified the inflammatory rhetoric Acheson and Truman used to secure congressional support for aid to Greece and Turkey«.[12]

Diese »strategische« Position wurde von Clark mit ähnlicher Rigidität vertreten, wie er 1945 die verschiedenen Übergriffe sowjetischer Soldaten vom Tisch gewischt hatte, da die militärische Allianz Vorrang vor den Interessen der österreichischen Zivilbevölkerung einnahm.[13] Zur gleichen Zeit, als Truman diese Erklärung abgab, die das definitive Ende von Monroe-Doktrin und Isolationismus signalisierte, tagte in Moskau der Rat der Außenminister – auch über die Österreich-Frage. Clark konnte den damaligen US-Außenminister und ehemaligen General, George C. Marshall, überzeugen, daß seiner Ansicht nach die sowjetischen Ablöseforderungen bezüglich des »Deutschen Eigentums« zu hoch wären und Österreich den Sowjets ausliefern würden. Marshall war erst kurz im Amt und ließ sich von den Argumenten des militärischen Establishments beeinflussen, obwohl die Spitzen der Diplomatie und der republikanische Delegierte John Foster Dulles zu konkreten Verhandlungen bereit waren.[14]

Marshall selbst hatte noch zu Beginn der Moskauer Konferenz eine Lösung zum Abschluß eines »österreichischen Vertrags« für denkbar und möglich gehalten, wohingegen nach den ersten Verhandlungen über Deutschland ein Vertragsabschluß mit Österreich unwahrscheinlich erschien. Der neue Außenminister hatte sicherlich eine durchaus realistische Vorstellung über die geringen sowjetischen militärischen Kapazitäten, doch befürchtete er kommunistische Revolutionen von innen, sodaß er für eine wirtschaftliche Hilfe in »gefährdete« Gebiete eintrat.[15] Während er sich auch mit der wirtschaftlichen Exploitationspolitik der sowjetischen Besatzungsmacht in Österreich auseinandersetzte, gibt es keinerlei Indizien dafür, daß er versuchte, die Gründe für diese massive und permanente Reparationspolitik zu sehen, um die »Wurzeln« dieser Politik zu beseitigen: Während die Sowjetunion zwanzig Millionen Menschen und rund ein Viertel ihrer Industrie- und Wirtschaftskomplexe verloren hatte, beliefen sich die Verluste der USA auf 200 000 tote Soldaten, bei einem Wirtschaftsaufschwung im Industriebereich von der Indexziffer 100 auf 196, was sich in einer Steigerung des Bruttonationalprodukts von 91 Milliarden US-Dollar vor Kriegsbeginn auf 166 Milliarden US-Dollar nach Kriegsende ausdrückte.[16]

Daß Österreich durch den Marshall-Plan entsprechende Mittel erhielt, um eine moderne Wirtschaftsinfrastruktur aufbauen zu können, ist eine direkte Folge der Entscheidung, Österreich eine strategisch wichtige Funktion im Ost-West-Konflikt zuzuteilen.[17] Die Spitzenkoordinationsstelle des militärischen Establishments, die Joint Chiefs of Staff, wiesen den Nachfolger Clarks, Geoffrey Keyes, auf die Bedeutung Österreichs für US-Europaplanungen deutlich hin:

»This government continues to regard Austria as of the greatest political and strategic interest. We cannot afford to let this key area fall under exclusive influence of the Soviet Union, for if this should happen it would only consolidate Soviet domination of Danubian and Balkan areas but would also weaken our position in Italy, Germany, and Czechoslovakia. This government will therefore continue to support in every feasible way, any government in Austria that preserves an independent or neutral orientation«.[18]

Es war kein Zufall, daß der Rest des Telegramms Problemen der Wirtschafts- und Kredithilfe gewidmet blieb, ebenso wie der Marshall-Plan primär eine geostrategische Funktion hatte, aber auch einen sekundären Effekt zur Stärkung des US-Exports, da US-Technologie und amerikanische Waren gekauft werden mußten – abgesehen von Lebensmitteln, Medikamenten u. a.[19]

Daß die US-Militärs im gleichen Atemzug durch die ERP-Kredite »die Verstaatlichung der Grundstoffindustrie erst materialisierten«, wie Fritz Weber nachweisen konnte,[20] und damit gegen die amerikanische Doktrin vom »Privatkapitalismus um jeden Preis« verstießen, beweist die Wertigkeit strategischer Interessen, denen in der formalen Außenwirkung wirtschaftliche punktuell untergeordnet wurden.

In diesem Zusammenhang möchte der Verfasser anhand einiger Beispiele die These der Dominanz geostrategischer Interessen bei Interessenskonflikten mit wirtschaftlichen Belangen – unter bewußter Ausklammerung langfristiger Auswirkungen – untermauern.

4. Wirtschaftspolitik als Teil der Geostrategie im Kalten Krieg
Am Beispiel der Spekulation mit Marshall-Plan-Geldern sowie des Technologie- und Wissenschaftlertransfers

Es gehört zu den Kuriositäten der vielschichtigen Publikationen über die Rekonstruktionsperiode der österreichischen Wirtschaft nach 1945 im allgemeinen und der Marshall-Plan-Literatur im speziellen, daß meist ein Problem höchster politischer Brisanz in den Beziehungen zwischen Österreich und den USA zwischen 1949 und 1953 ausgeklammert wird:

a. Dollar Diversion

Die österreichische Beamtentradition bezeichnete diese Spekulationen mit ERP-Geldern und Devisen meist mit dem neutralen Begriff »Dollargeschäfte«, wobei aber auch der treffendere Terminus »Devisenunterschlagungen« Verwendung fand. Zur Vorgeschichte: Bereits im Frühjahr 1949 stellte ein »Watchdog Committee« des US-Kongresses Unregelmäßigkeiten bei Dollargeschäften fest.[21] 1953 forderten amerikanische Behörden die Refundierung von insgesamt 1,1 Millionen US-Dollar. Trotz parlamentarischer Untersuchungskommission, Rechnunghofberichten und trotz eines Untersuchungsberichts einer US-Buchprüfungsfirma, Andersen & Co., blieben die österreichischen Beamten, Banker und auch der österreichische Bundeskanzler Figl »standhaft«.[22] Erst nach zeitweiser Suspendierung der Marshall-Plan-Mittel im Mai 1952 und 1953 wurde etwas mehr Licht in diese Affäre gebracht, die gegenüber dem US-Kongreß eher vom State Department heruntergespielt wurde, obwohl einige US-Senatoren öffentlich Aufklärung über diese Spekulationen forderten.[23] Den Hintergrund für diese überaus »regierungsfreundliche« Position amerikanischer Diplomaten – trotz der Anwendung dosierter Druckmittel – gab der österreichische Außenminister Karl Gruber in einem persönlichen Brief: Auswirkungen auf die sowjetische Politik gegenüber Österreich.[24] Nur so ist zu erklären, daß die amerikanische Diplomatie versuchte, österreichische Spekulationsgewinne aus Marshall-Plan-Geldern vor dem eigenen Kongreß zu rechtfertigen, wenn nicht sogar ansatzweise zu verschleiern.

Erst am 5. Juni 1953 erklärte sich die österreichische Bundesregierung durch ihren neuen Bundeskanzler Julius Raab bereit, die Summe von 1.150910,73 US-Dollar auf ein Konto des ERP-Büros in Washington zu überweisen. [25] Während der frühere Finanzminister Eugen Margarétha und vor allem der von den Beschuldigungen direkt betroffene Generaldirektor der Creditanstalt-Bankverein, Josef Joham, wenig Kooperationsbereitschaft zur Aufklärung dieser Affäre gezeigt hatten, erwiesen sich die Bankbeamten der österreichischen Länderbank bzw. des Credit-Instituts als zugänglicher. Der Konflikt innerhalb der Koalitionsregierung war im Juni 1952 so weit eskaliert, daß die Regierungskrise nur dadurch bereinigt wurde, daß Figl gemeinsam mit den sozialistischen Ministern gegen eigene Parteifreunde für die Intensivierung der Untersuchung stimmte.[26]

Trotz politischen und ökonomischen Drucks dosierte das State Department den Einsatz seiner Mittel, damit die österreichische Innenpolitik nicht instabil werde. Überdies wurde von den Diplomaten versucht, andere Regierungsstellen herauszuhalten. Da die Wirtschaftspolitik nur zu einem geringen Teil in das Entscheidungssystem des Nationalen Sicherheitsrates eingebunden war, blieben die Kontakte in dieser Frage immer auf Ebene des State Departments und des US-Kongresses.

b. Marshall-Plan für die »Ostzone« Österreichs

Ein zweites heikles Kapitel amerikanischer Wirtschaftspolitik gegenüber Österreich im Rahmen der Marshall-Plan-Lieferungen war die Frage, inwieweit die vom US-Kongreß bewilligten Gelder in »kommunistische« Betriebe investiert werden durften. Für einzelne Senatoren und Abgeordnete reichte es bereits aus, die »Disqualifikation« »kommunistisch« auszusprechen, wenn die ERP-Empfänger in der sowjetischen Besatzungszone Österreichs lokalisiert waren – von USIA-Betrieben ganz zu schweigen.[27] Arno Einwitschläger konnte schlüssig beweisen, daß

»das wirtschaftspolitische Kalkül der USA wiederum zwischen dem erklärten Ziel lag, Österreich als politische und wirtschaftliche Einheit zu betrachten bzw. entsprechend zu behandeln und der Tatsache, daß Lieferungen von Gütern in die sowjetische Zone im Endeffekt ›indirect deliveries to the Soviet Bloc‹ darstellten«.[23]

Trotz dieser Interessenabwägung, die in den Vereinigten Staaten nicht verstanden wurde und zu Zeitungsschlagzeilen bzw. antikommunistischen Reden einzelner Politiker führte, wurden die »westlichen« Gebiete Österreichs vor allem im Bereich der Hochtechnologie mit ERP-Investitionen bevorzugt behandelt.[29] So hätte das 1952 diskutierte »Kem-Amendment« zur Folge gehabt, daß alle Hilfslieferungen nach Österreich eingestellt würden, da »unweigerlich« strategische Güter in die sowjetische Besatzungszone oder an USIA-Firmen geliefert würden. In dieser Frage, auch Berlin oder Jugoslawien betraf, setzten sich die lokalen strategischen Interessen gegenüber innerpolitisch-amerikanischen Interessen durch, die Truman 1947 mit der Truman-Doktrin und dem Marshall-Plan angesprochen hatte (als erfahrener Senator wußte er, daß die Geldmittel für diese Programme nur unter der Voraussetzung bewilligt würden, wenn es ihm gelang seine Kritiker zu übertrumpfen, »through an oftentimes alarmist, hyperbolic, anticommunist rhetoric«).[30] Inneradministrativ wurde jedoch von der US-Gesandtschaft in Wien dafür gesorgt, daß die Pläne der ökonomischen Kriegsführung gegen die Sowjetunion durch ein strategische Güter betreffendes Embargo unterstützt wurden.

c. Technologietransfer:

Bereits 1948 war unter der Leitung des East-West Trade Advisors der ECA-Mission in Wien ein Komitee gegründet worden, das die Vergabe von Export-Lizenzen überwachen sollte und die Lieferung von »strategischen« Gütern an kommunistische Staaten untersagte.[31] Obwohl Österreich offiziell nicht dem 1949 etablierten Coordinating Committee (COCOM) beitrat, gab es doch einen informellen Zusammenhang mit amerikanischen Behörden in dieser Frage:

»Through informal [U. S.] representation in the Coordinating Committee in Paris, Austria cooperates in the work of the Committee by furnishing information on her trade and trade problems with Eastern Europe.«[32]

Das österreichische Außenministerium stimmte mit den US-Behörden die Erteilung von Exportlizenzen nach Osteuropa ab und erklärte sich auch bereit, Inhaltsübersichten mitgeplanter Wirtschaftsabkommen mit osteuropäischen Ländern vorzulegen.[33] Welchen wirtschaftlichen Schaden diese Bestimmungen für Österreich bedeuteten, das traditionellerweise zwischen 1922 und 1937 50 % bzw. mehr als 30 % seiner Exporte in die Nachfolgestaaten der Monarchie geliefert hatte, kann nur punktuell ermessen werden.[34] Die Liste der abgelehnten Geschäfte betraf jedoch keineswegs nur militärische Güter oder Rohstoffe wie z. B. Panzerplatten der VOEST, sondern auch Traktorenlieferungen der Steyr-Werke in die Sowjetunion u. a.[35] Die Frage des Technologietransfers ist bis heute nicht gelöst und hat erst vor kurzem zu einer Änderung des österreichischen Außenhandelsgesetzes im Zusammenhang mit US-Hochtechnologie-Lizenzen geführt – ähnlich den Vorbildern aus der Besatzungszeit.[36]

d. Wissenschaftlertransfer

Diese Frage, die ebenfalls höchste Aktualität besitzt, lief in der Diskussion auf Ebene der Joint Chiefs of Staff unter drei Code Namen: »Project Paperclip, Project 63 und National Interest Cases«.[37]

Bereits im März 1946 etablierte das State-War-Navy-Coordinating Committee den formalen Namen dieses Projekts, das bis dahin unter dem Namen »Project Overseas« gelaufen war und durch das 350 Raketenfachleute in die USA gebracht werden sollten – unter ihnen auch einige »Österreicher« wie der Hubschrauberkonstrukteur Fritz Doblhoff und Franz Anselm, der Chef der ehemaligen Forschungs- und Entwicklungsabteilung in den Junkers-Werken in Dessau.[38] Ziel all dieser Unternehmungen war es,

»to procure specific German and Austrian scientists and technicians desired by the Departments of Army, Navy and Air Force for specific assignments in their research and development programs«.[39]

In diesem Zusammenhang wurden jedoch bewußt amerikanische Einwanderungsbestimmungen betreffend die frühere Mitgliedschaft bei der NSDAP umgangen. Es würde zu weit führen, die Österreich betreffenden Rekrutierungen näher zu analysieren, obwohl es reichlich Material über die nach West-Österreich verlagerte Rüstungsindustrie – vor allem im Flugzeug- und Raketenbereich – gibt.[40] Tatsache bleibt, daß amerikanische, aber auch sowjetische und britische Stellen alles daran setzten, um möglichst rasch und exklusiv in den Besitz von Informationen über die deutsche Rüstungstechnologie zu kommen.

Mit Beginn des Kalten Krieges wurde dieser »Exklusivitäts«- bzw. Ausschließlichkeitsanspruch noch verstärkt – durch »Project 63«:

»This project is designed to secure employment in the United States for certain German and Austrian scientists whose denial to potential enemy nations is considered essential by the military departments.«[41]

Hinter dieser Direktive der Joint Chiefs of Staff steckte eine größere Portion Machtpolitik, als es den Anschein hat. Im April 1949 diskutierten die Joint Chiefs of Staff die Frage »Employment of German and Austrian Nuclear Scientists«.[42] Noch war nicht bekannt, daß in wenigen Monaten die Sowjetunion im Besitz des Geheimnisses der Atombombe sein würde. Am 23. Dezember 1949, also nachdem US-Entscheidungsträger wußten, daß die Sowjetunion in der Lage war, Atombomben zu bauen,[43] entschieden die Joint Chiefs of Staff:

»Enclosed is a list of Austrian specialists who, because of their pre-eminence in their fields, would constitute a serious security threat to the United States should they fall into the hands of potential enemies. This list is known as the Austrian Critical List.
2. In the event of emergency, it is planned to direct you to evacuate all specialists on this list to the United States in high priority or otherwise to deny them to the USSR, its satellites and allies, preferably by evacuation to secure friendly territory. In the case of unwilling evacuees, their capture and forcible removal will be directed in accordance with the ›Rules of Land Warfare‹ with authority to treat them as prisoners of war.«[44]

86 österreichische Wissenschaftler(innen) wären von dieser Präventivmaßnahme bei einer Blockade Wiens oder einer Teilung Österreichs betroffen gewesen – unter ihnen sogar engagierte Kommunisten wie Engelbert Broda oder prononcierte Friedenskämpfer wie Hans Thirring.[45]

Die Privatindustrie meldete ebenfalls ihre Ansprüche auf »europäischen Geist« an, und daher erschien es den Joint Chiefs of Staff notwendig zu sein, zivile Institutionen in das erstgenannte Programm einzubauen. Der Wirtschaftsaufbau der USA sollte nicht nur durch die Aufhebung von Grenz- und Zollbarrieren und die Erschließung neuer Märkte forciert werden, sondern auch einen intellektuellen Innovationsschub erhalten – dazu wurden diese »National

Interest Cases« zur Erleichterung der Immigration – trotz Einwande-
rungshindernissen – geschaffen. In den letzten Jahren haben sich
diese Intentionen – nach Erfüllung der geforderten Aufgaben – innerhalb der US-Administration diametral geändert wie die Fälle
Wernher von Braun und Arthur Rudolph zeigen.

5. Österreich – ein westlicher Vorposten im Kalten Krieg:

Nun zur Wirtschaftspolitik, die, abgesehen von grundsätzlichen Planungen über das zitierte »Kem Amendment« bzw. über »US policies
and programs in the economic field which might affect the war potential of the Soviet bloc«,[46] auf der Agenda des National Security
Councils meist ausgespart blieb.

Die Planungsarbeit des Nationalen Sicherheitsrates, die auf die
weitere Entwicklung und Koordination außenpolitischer und militärischer Handlungsvarianten ausgerichtet war, konzentrierte sich
1948 auf den Mittelmeerraum. Das erste Planungspapier, NSC 1,
war Italien gewidmet – »Provision of U. S. Equipment to the Italian
Armed Forces«; Planungspapier Nummer 5 galt der Situation in
Griechenland und der strategischen Situation in Italien, in der Türkei und im Iran.[47] Erst am 8. Dezember 1948 legte das Department
of State einen Report über »The Austrian Treaty in the Council of
Foreign Ministers« vor (NSC 38) vor, wobei als Haupthindernis für
einen Vertragsabschluß die Frage der sowjetischen Ablöseforderungen für das Deutsche Eigentum genannt wurde:

»No settlement, therefore, should be accepted at this time which leaves the
USSR in a position either to intervene in Austrian affairs [...] or to retard
the present rate of recovery by preventing resources from being used to meet
Austria's own requirements.«[48]

Die sowjetischen Ansprüche an sich wurden anerkannt, nur über die
Höhe und deren wirtschaftspolitische Auswirkungen gab es Meinungsunterschiede aus der Sicht des State Department.

Der zweite Einwand war von den Joint Chiefs of Staff im März
1948 erhoben worden, daß nämlich

»from the military point of view it was not desirable to conclude at that time
a treaty involving the withdrawal of the occupation forces; if overriding political and economic considerations require, however, that a treaty be conclu-

ded, the occupation forces should not be withdrawn until such time that the Austrians have organized, equipped and trained a security force reasonably adequate to perform the tasks envisaged in the treaty.«[49]

Alle übrigen ungelösten Vertragspunkte hatten aus amerikanischer Sicht kaum mehr eine entscheidende Bedeutung. Der Bericht war im Office of European Affairs erarbeitet und im Policy Planning Staff unter der Leitung George F. Kennans ergänzt und an die Mitglieder des NSC weitergeleitet worden. Bereits an der Reihung der Vorbehalte gegenüber einem Vertragsabschluß war klar geworden, daß die Gruppe um Kennan sich zwar offen zur Containment-Politik bekannte, jedoch unter bewußter Ausnützung aller politischen und wirtschaftlichen Lösungsmöglichkeiten,[50] wobei eine Finanzierung der sowjetischen Ablöseforderungen durch US-Steuermittel undenkbar war, weil es dafür keine Mehrheit im Kongreß geben würde. Zum Unterschied dazu »geisterten« in den Planspielen amerikanischer Militärs noch immer Ideen herum, die eine Einbeziehung Österreichs in die NATO zur Diskussion stellten – so General Omar Bradley in einem Morandum als Chairman der Joint Chiefs of Staff an den Secretary of State 1950, wie Lawrence Kaplan schreibt:

»The JCS reaffirmed their view that military cooperation between Spain and the members of NATO was in the security interests of the United States, while Germany and Austria should be included in NATO when and if they were granted the authority to rearm. They also urged encouragement of Yugoslavia in the form of military assistance so that its resistance to Soviet pressure might be an example for other satellites.«[51]

Truman beschreibt in seinen Erinnerungen eine Sitzung des Nationalen Sicherheitsrates vom 20. Mai 1948, in der der Secretary of the Army, Kenneth C. Royall, schon im Zusammenhang mit der militärischen Planung zur Gründung der NATO vorschlug, den Beitrittspakt so flexibel zu gestalten, daß Spanien, Deutschland und Österreich später beitreten könnten; überdies wurde auch die Möglichkeit geprüft, nur die westlichen Zonen Deutschlands und Österreichs miteinzubeziehen.[52]

A la longue wurde jedoch den Militärs die Beeinflussungsmöglichkeit in dieser Frage genommen, obwohl nicht verschwiegen werden sollte, daß »selbstverständlich« die westlichen Besatzungszonen bis 1955 im logistischen Sinne zur NATO gehörten, da der Nachschub über österreichisches Gebiet in der Nord-Süd-Richtung geführt wurde. Eine Tatsache, die dem österreichischen Außenministerium große Sorgen bereitete. Deutlich formuliert wurde die US-Position in dieser Frage 1951 bei einer Besprechung zwischen dem NATO-Oberbefehlshaber General Dwight D. Eisenhower und dem US-Botschafter in Wien, Walter J. Donnelly, der erläuterte, warum »Austria could not come directly under the NATO organization or undertake armament production«.[53]Eisenhower verzichtete überdies auf den Oberbefehl für die westlichen Besatzungstruppen, die in Österreich stationiert waren, unter der Voraussetzung »that he should have them when and if he needed them«.[54] Nicht entschieden war jedoch die Frage der Verteidigung Österreichs. Die verbliebenen amerikanischen Militärs im Lande selbst versuchten, Eisenhower davon zu überzeugen, daß im Falle einer massiven militärischen Konfrontation Österreich nicht aufgegeben und die Verteidigungslinie nicht nach Italien verlegt werden sollte.[55]

Die inneradministrative Diskussion zwischen State Department und Department of the Army spitzte sich im Laufe des Jahres 1949 immer mehr zu, da die Verhandlungen mit der Sowjetunion einem offensichtlich für Österreich günstigen Ende entgegenzugehen schienen. Im Juni 1949 verstärkten jedoch die Joint Chiefs of Staff ihre Vorbehalte und forderten als conditio sine qua non die Schaffung einer österreichischen Streitmacht, da ihrer Interpretation nach

»a withdrawal of occupation forces [...] would create a military vacuum in central Europe in which the communists, following their common practice, may be expected to seize power and dominate the country, thus creating a Soviet salient in the East-West line«.[56]

Acheson selbst stimmte im Prinzip diesen Überlegungen des »Military Establishment« zu, doch stellte er einer möglichen Verhandlungslösung Priorität aus. General Joseph T. McNarney schilderte die militärische Situation nach dem Abzug der Besatzungstruppen mit drastischen Ausführungen:

»Danger of the overthrow of the Government by a Communist revolution [...] organizations capable of doing this [...] would have been created by the Soviet commander in his zone prior to the evacuation. At present we were proceeding to train one gendarmerie regiment [...] this force would not be sufficient.«[57]

Trotz der teilweise vehement vorgebrachten Vorbehalte des militärischen und zivilen Hochkommissars, General Geoffrey Keyes, entschied Präsident Truman am 26. Oktober 1949

»that the Treaty should be concluded in order to obtain the withdrawal of Soviet military forces from Austria and to gain the general political advantages [...] and [...] to establish an adequate Austrian security force«.[58]

Diese Entscheidung, die auf der Linie des State Department lag, ist insoferne nicht überraschend, da sie durchaus unter geostrategischen Gesichtspunkten einen »Erfolg« für die USA hätten bedeuten können. Die Durchbrechung des amerikanischen Atomwaffen-Monopols hatte eine Änderung auch der Militärstrategie nach sich gezogen. Nach der für die meisten politischen Beobachter überraschenden Wiederwahl Trumans 1948 ersetzte dieser die Minister Forrestal und Marshall durch Louis Johnson und Dean Acheson. Acheson forcierte die Verteidigung globaler Interessen durch die USA und bediente sich durchaus aggressiv-militärischer Planspiele. Bereits im April 1949 kam es im State Department zum offenen Bruch mit Kennan, der ein Papier der militärischen Berater des National Security Councils – »Measures Required To Achieve U. S. Objectives With Respect to the U. S. S. R.« – heftigst kritisierte:

»[...] the Military, because of the nature of its own planning, seems to be unable to realize that in a field of foreign policy specific planning cannot be undertaken as they propose ... he criticized the paper because of its assumption that a war with Russia is necessary, whereas the Department has shown that some *modus vivendi* was possible.«[59]

Diese Aussage charakterisiert den inneradministrativen Konflikt ab Mitte 1949, der schließlich durch das berühmte NSC-Papier 68 von Paul Nitze seinen »Höhepunkt« fand, wobei die Akzentverschiebung wiederum deutlich wurde:

»Resort to war is not only a last resort for a free society, but it is also an act which cannot definitively end the fundamental conflict in the realm of ideas ... Victory in such a war would have brought us little if at all closer to victory in the fundamental ideological conflict.«[60]

Während auf einigen »Nebenkriegsschauplätzen« wie in der Österreich-Frage durchaus noch Verhandlungbereitschaft signalisiert wurde, darf die Gesamtstrategie nicht außer acht gelassen werden – für den Fall eines Staatsvertragsabschlusses war die Errichtung einer prowestlichen österreichischen Armee mit amerikanischem Know-how, US-Finanzhilfe und amerikanischer Ausrüstung vorgesehen. Vom Blickpunkt Washingtons aus hätte ein Vertrag zu den Konditionen 1949, d. h. ohne eine Neutralitätserklärung und unter massiver Aufrüstung (Anfangsmannschaftsstand binnen 9 bis 12 Monaten 28 000 Mann mit US-Fahrzeugen, leichten Panzern, Artillerie etc., das wären Kosten in der Höhe von 82 000 000 US-Dollar), große strategische Vorteile, da sich die Sowjets aus Österreich zurückziehen müßten und daher auch der Bestand sowjetischer Einheiten in Ungarn aus logistischen Gründen nicht mehr zu rechtfertigen gewesen wäre.[61] Überdies würde ein Vertragsabschluß nach dem erfolgreichen Atombombenversuch der Sowjetunion doch eher als ein Zeichen von Schwäche in den Kriterien des Kalten Krieges interpretiert werden – eine Position, die vice versa die Sowjetunion ab Mitte November 1949 mit einiger Verzögerung in die Verhandlungen einbrachte und diese dadurch wieder blockierte.[62] In diesem Zusammenhang sollte nicht vergessen werden, daß die westlichen Alliierten, insbesondere die Briten, bereits seit 1948 Druck auf die Amerikaner ausübten, einem Vertrag zuzustimmen.[63] Auch die österreichischen Regierungsvertreter versuchten im Rahmen ihrer bescheidenen Möglichkeiten, die Notwendigkeit eines Vertragsabschlusses zu signalisieren.

Unter diesen Prämissen erscheint die Entscheidung Trumans in einem anderen Licht und erklärt überdies, daß die Verhandlungen in der Österreich-Frage durchaus in den eingangs erwähnten Übergang von – durch Kennan am signifikantesten artikuliert – »Containment« zur »Liberation«, am deutlichsten formuliert in NSC 68 durch Paul Nitze, passen. Auch Acheson erklärte, daß ein Friedensvertrag mit Deutschland oder Österreich die USA in eine bei weitem günstigere militärische Position bringen würde. Zusätzlich zu dem sowjetischen Rückzug würde sich auch die Truppenstärke in Österreich auf »westlicher« Seite erhöhen, da die geplante österreichische Armee 53 000 Soldaten im Endausbau umfassen sollte – das wäre wesentlich mehr als der Stand aller westlichen Besatzungstruppen in Österreich zusammengerechnet, die gemeinsam nur rund die Hälfte des sowjetischen Mannschaftsstands ausmachten.[64]

Auch in den Planungen über Österreich trat ein inhaltlicher Wandel ein, obwohl Kennan noch im Jänner dafür plädiert hatte,

»to handle this situation tactfully and to give Austrians all due support in their difficult situation. Austria is a key country politically in Central Europe.«[65]

Kennans Nachfolger als Direktor des Policy Planning Staff im Department of State, Paul Nitze, legte bereits andere Schwerpunkte –

»U. S. Policy in the event of a blockade of Vienna«,[66] ein schlecht geschriebener »Schnellschuß«, der jedoch in die neue politische Zielrichtung der NSC 68 paßte, obwohl im Juni 1950, während der Korea-Krise, der Direktor der CIA feststellte, daß die Sowjetunion Truppen aus Österreich abzog, wie überhaupt alle Geheimdienstberichte 1950 eine Truppenreduzierung auf Seiten der Sowjetunion in Österreich signalisierten.[67] Nitze formulierte dies drastischer – ein Angriff auf amerikanische Truppen auch in Österreich würde automatisch Krieg bedeuten, wobei einschränkend festgehalten wurde, daß es derzeit weder in Deutschland noch in Österreich noch in Japan derartige Absichten zu erkennen gäbe.[68]

Nach Ausbruch des Korea-Krieges und den inneradministrativen Erfolgen der »Falken« um Nitze sowie auf Grund der Änderung der Verhandlungsstrategie der Sowjetunion bei den Staatsvertragsverhandlungen seit Mitte November 1949 erschienen Verhandlungen von vornherein zum Scheitern verurteilt. Während das Department of State zumindest versuchte, diplomatische Gespräche fortzusetzen, um die sowjetische Obstruktionspolitik vor der öffentlichen Meinung in Österreich, aber auch in den USA propagandistisch umzusetzen – ohne die eigenen strategischen Absichten im Rahmen einer möglichen Verhandlungslösung preiszugeben –, verschärfte sich der Ton um die Ziele militärischer Planspiele auch auf Ebene des Policy Planning Staff: Anfang August 1950 schrieben der Secretary of the Army (Pace), der Secretary of the Navy (Matthews) und der Secretary of the Air Force (Finletter) in einem Memorandum an den Secretary of Defense, Johnson:

»4. Furthermore, North Korean successes or any additional moves as mentioned above increase the possibilities of internal Communistic *coup d'etats* particularly in the following areas: Burma, Formosa, Thailand, Indo-China, Indonesia, Afghanistan, Iran, Iraq, Saudi Arabia, Yugoslavia, Trieste, Malaya, Philippines, Berlin, India, Pakistan, Italy, France, Austria, Iceland.«[69]

Im Nationalen Sicherheitsrat wurden unter »Non-Military Moves by the USSR« auch eine Blockade Wiens diskutiert[70] und eine Favorisierung Österreichs im Rahmen ökonomischer Hilfsmaßnahmen gefordert, da Österreich wie Griechenland oder Korea eine Ausnahmesituation darstellte – »whose independent survival may depend upon support from us«.[71]

Trotz der Blockierung der NSC-Tagesordnung durch grundsätzliche Auseinandersetzungen mit den geopolitischen Plänen der Sow-

jetunion und dem Korea-Krieg – so auch am 7. September 1950 –
zeigte sich Truman selbst von der Idee begeistert, eine starke österreichische Armee – verglichen mit dem aktuellen Truppenstand der
westlichen Alliierten – auszubilden, und er wandte sich gegen einen
Vorschlag Johnsons, die Aufrüstung weiter vor sich herzuschieben.[72]

Die Frage, ob ein sowjetischer Angriff auf Westösterreich oder US-
Einheiten in Wien einer Kriegserklärung gleichkäme oder einen Ver-
geltungsschlag mit der Atombombe nach sich ziehen könnte, ließen
die militärischen Planer offen. Zu den konkreten Verhandlungen in
den Jahren 1951/1952 gab es außer dem Wunsch der Joint Chiefs of
Staff, eine möglichst starke österreichische Sicherheitsstreitmacht zu
etablieren, und der Furcht vor sowjetischem Einfluß durch zu hohe
Ablöseforderungen bzw. sowjetische Behörden in Österreich kaum
konkrete Ideen oder Aktivitäten auf dieser Ebene. Der »Kurzvertrag« bzw. die Diskussion der Österreich-Frage vor der UNO wurde
auf Ebene des State Departments entwickelt und diskutiert. Schon
auf Grund der Tatsache, welche Entscheidungsträger mit diesen Fragen befaßt waren, kann man erkennen, daß ein Vertragsabschluß
nicht ernsthaft in Betracht gezogen wurde.[73]

Die Position des Department of State hatte sich – verglichen mit
den Forderungen des Jahres 1949 – in strategischer Hinsicht noch insoweit verschärft, als die westlichen Alliierten zusätzlich zu der
28000 Mann starken Sicherheitstruppe eine Garantieerklärung für
die österreichische Unabhängigkeit abgeben sollten:

»The defense of Austria should have, following the treaty, become a NATO
matter, and since the defense of Austria did not become a member of NATO
it would be militarily desirable to conclude suitable agreements which would
foster Austria's continued orientation to the West.«[74]

Es ist bemerkenswert, daß Truman selbst versuchte, die primitive
Aggressionstheorie der neuen Planungselite im Nationalen Sicherheitsrat punktuell zu entschärfen, vor allem als diese versuchte, die
bisherige »Containment-Theorie« als erfolglos bei der Eindämmung
der »kommunistischen Weltrevolution« zu diminuieren. Ein entsprechendes Planungspapier verwarf Truman, wobei er handschriftlich festhielt, daß er noch nie solchen »Unsinn« gelesen habe – gerade in der Frage Jugoslawiens, Österreichs, der Tschechoslowakei
(sic!), Italiens, Griechenlands, des Irans etc. war es gelungen, den
sowjetischen Einfluß zurückzudrängen.[75] Dies erklärt auch sein
Interesse, zumindest die Prä-Vertrags-Abschlußplanungen zur mili-

tärischen Sicherung Österreichs gegen den Willen seines Verteidigungsministers voranzutreiben. So konnte W. Averell Harriman bereits am 18. Jänner 1952 an Truman berichten:

»In accordance with NSC 38/4, approximately $ 75 000 000 of Mutual Defense Assistance funds have been utilized to procure, and to stockpile in Europe the equipment which would be necessary during the sixty days ... to convert the Austrian Gendarmerie into a military force capable of maintaining internal security.«[76]

Truman stimmte am 29. Jänner zu und autorisierte überdies, daß davon Ausrüstung im Wert von 10 000 000 US-Dollar an die »Gendarmerie« verliehen werden konnte,

»since Austria is a country of direct importance to the defense of the North Atlantic area and whose increased ability to defend itself is important to the preservation of the peace and security of the North Atlantic area and to the security of the United States«.[77]

Während in der anglo-amerikanischen Literatur – so zuletzt bei Audrey Kurth Cronin[78] – immer wieder Fehleinschätzungen der sowjetischen Absichten bezüglich Österreichs in den fünfziger Jahren getroffen werden, nahm das Department of State, aber auch Truman, eine realpolitische Haltung ein, die sich beispielsweise in der Interpretation der Ereignisse während des Septembers und Oktobers 1950 zeigte. Acheson sprach in einem Briefing Paper für Truman von »Recent Communist Riots« und erklärte, daß die USA nur dann eingreifen würden, wenn die österreichischen Sicherheitskräfte die Lage nicht unter Kontrolle hätten.[79] Dies stimmt auch mit den Forschungen Rauchensteiners[80] überein und wird durch die leider bis heute nicht publizierten Materialien von Gerhard Jagschitz bestätigt: Einen »kommunistischen Putschversuch« hat es 1950 in Österreich nicht gegeben. Nach den dem Verfasser zugänglichen Dokumenten scheinen die Amerikaner in Wien die politische Tragweite der Unruhen gegen das Vierte Lohn- und Preisabkommen wesentlich realistischer eingeschätzt zu haben als beispielsweise der österreichische Außenminister, der bereits Mitte August 1950 in vertraulichen Gesprächen das Szenario eines möglichen Krieges entworfen hatte:

»Dr. Gruber stated that [...] from September through October, was the most critical for peace that had been faced since 1945 [...] the very fact of all being quiet on the Danube convinced him the more that the Soviets had something up their sleeve [...] everything that could be done to strengthen the survival potentialities of the mountain provinces, food stocks, communications, ammunition and weapons for resistance – would be for the better. The Government was of the opinion that Austria must fight in the next war, or go down fighting. Morally and politically, for the future, it is better to make the best show of resistance that one can – that is a lesson that had been learned from the Nazi invasion. There would probably be some sort of Government in exile and an underground organization in the mountains.«[81]

Dementsprechend aufgeregt war auch sein – eigentümlicherweise in französischer Sprache verfaßtes – Telegramm vom 5. Oktober 1950, in welchem er Acheson um Unterstützung bat, den Alliierten Rat zu einem aktiven Eingreifen zu bewegen.[82] Die Antwort des State Department war zwar zustimmend gehalten, jedoch ohne eine konkrete Interventionsabsicht.[83] Sicherlich hatten aber diese und die folgenden Interventionen Grubers zur verstärkten Aufrüstung Österreichs im Sinne der US-Österreichpolitik zusätzlichen Motivationscharakter.

6. Eisenhowers »The Chance for Peace« und die Neutralität Österreichs

Nicht nur österreichische Spitzenpolitiker beurteilten die internationale Situation zu Beginn der fünfziger Jahre eher »kriegerisch« – so auch einer der US-Spitzenjournalisten, C. D. Jackson, der zwischen 1952 und 1954 als Special Assistant to the President for International Affairs im Weißen Haus für Dwight D. Eisenhower arbeiten sollte:

»Ever since the Russians and their sinister assortment of playmates indicated [...] that they have a dynamic of conquest, some kind of showdown was inevitable. My personal timetable says sometime before September 1951. I am in the minority [...] almost everyone talks in terms of '52 or '53 [...]. You, dear boy, are in a lousy spot whenever it comes.«[84]

Auf einer anderen Argumentationsebene, aber ebenso pessimistisch, verfaßte der deutsche Emigrant und spätere prominente US-Politikwissenschaftler Hans J. Morgenthau 1951 – noch von Kennan inspiriert – eine Österreich-Studie für den Policy Planning Staff, in der er wenig Chancen für eine Lösung sah, da er in den strategischen Dimensionen Achesons und Trumans dachte:

»... the assent of the Soviet Union to a State Treaty seems to be possible only either as part of a general European settlement or as a quid pro quo for concessions elsewhere«.[85]

Der österreichische Staatsvertrag laufe – so Morgenthau damals – den nationalen Interessen der Sowjetunion zuwider, da die Grenze des Westens nach Osten vorgeschoben werden würde. Da aber auch die USA ein nationales Interesse an Österreich anmelden »müsse«, schien ein Vertrags-Abschluß nicht möglich zu sein. Österreich war ein untrennbarer Bestandteil der geostrategischen Planungen der Großmächte geworden:

»Today, however, the principle of non-intervention has become obsolete. We are interested in the political, social, and economic stability of Austria, or for that matter of Greece or Indonesia ... because the lack of such stability affects the vital interests of the United States ... affected by such instability is the opening it offers to Communist subversion and, through it, to the expansion of Russian power.«[86]

Wie konnte es aber trotzdem – unter bewußter Vernachlässigung der innersowjetischen Position, die nach dem Tode Stalins und dem Abebben der verdeckten Diadochenkämpfe und dem »Sieg« Chruschtschows auf punktuelle Koexistenzmaßnahmen ausgerichtet war – in nur zwei Jahren zu einem Vertragsabschluß kommen?

In seiner berühmten Rede »The Chance for Peace« vom 16. April 1953 hatte der neue US-Präsident und ehemalige General Dwight D. Eisenhower nicht nur vorsichtig Möglichkeiten von Détente nach dem Tode Stalins in den Raum gestellt, sondern erstmals seit 1950 eine wichtige Kurskorrektur in der US-amerikanischen Außenpolitik vorgenommen.[87] So hatte sich sein Außenminister John Forster Dulles massiv gegen eine derartige »konziliante« Rede ausgesprochen, da seiner Ansicht nach Konzessionen von der Sowjetunion nur durch ständigen politischen, wirtschaftlichen oder militärischen Druck zu erzielen waren.[88] Trotzdem sollte diese Rede nur als Versuchsballon interpretiert werden, was überdies auch den Passus betrifft, daß die sowjetische Unterschrift unter einen »österreichischen Vertrag« ein Zeichen für Verhandlungsbereitschaft wäre.

Insgesamt gesehen entspricht jedoch bereits dieses »overruling« von Dulles der »Hidden-Hand Presidency« Eisenhowers, der Dulles zwar die außenpolitische Publizität nicht streitig machte, aber im Hintergrund doch sehr von Dulles divergierende Grundsatzentscheidungen durchsetzen konnte.[89]

Im Rahmen des National Security Council wurde überdies das Abgehen der US-Verhandlungsdelegationen vom sogenannten Kurzvertrag sanktioniert und außerdem fixiert,

»On balance, the advantage of ending Soviet occupation of its zone in Austria and the withdrawal of Soviet forces from Austria, outweighed the disadvantages of continued control of certain segments of Austrian industry as provided in Article 35.«[90]

In dieser Sitzung wurden mehrere »Verhandlungshindernisse« innerhalb der Eisenhower-Administration beseitigt und die Vorbehalte der Joint Chiefs of Staff großteils verworfen – abgesehen von einer breit gehaltenen Definition der Verlängerung des Truppenabzugs nach Vertragsabschluß zur Errichtung einer österreichischen Armee. Es sollte jedoch nicht vergessen werden, daß primär strategische Argumente überwogen, die zu diesem Zeitpunkt für die Sowjetunion nicht tragbar waren. Dies wurde erst deutlich formuliert, nachdem ein neues NSC-Papier, Nummer 164, ausgearbeitet worden war, das sich, zwar mit den Attributen der Terminologie des Kalten Krieges versehen, dennoch sehr wohl von den bisherigen Planungen unterschied:

»Objectives

13. To sustain Austria's resistance to Communism and foster Austria's further orientation to the West, and in any event to prevent the incorporation of Austria into the Soviet bloc.

14. To re-establish Austria's full political and economic independence by conclusion of an equitable fourpower treaty and to increase Austrian political, social, and economic stability and authority both before and after a treaty.

15. To obtain the maximum Austrian contribution to its own defense and Austrian cooperation with the West against aggression by the Soviet bloc.

Courses of Action

16. The United States position on the Austrian Treaty should be based on the following:

a. Continue efforts to conclude a four-power treaty providing for the re-establishment of Austria's freedom and independence.
b. Seize upon continued Soviet unwillingness to discuss an Austrian treaty in conference or refusal in a conference to accept Western minimum terms as a basis for propaganda that makes clear to world opinion the insincerety of the Soviet peace offensive.
c. In concert with the British and French, seek to discourage the Austrian Government from carrying on such bilateral negotiations with the Soviets as might unfavorably effect the Treaty or Austria's relations with Western Europe.

d. Vigorously resist the neutralization of Austria as contrary to the U. S. interest, particularly as a possible precedent for a German settlement. However, should the Austrians, British and French press strongly for accepting some degree of neutralization, the United States may be required to make some concession to avoid the onus of unilaterally blocking a Treaty. Nevertheless the United States should refuse to sign a treaty which would preclude Austria's association with the economic communitiy of Western Europe or which would prejudice Austria's capacity to preserve internal order. [Die folgenden sechs Zeilen ›deleted under the regulations of the Freedom of Information Request Act‹; Anm. O. R.]
e. Seek to obtain a treaty on terms less onerous than those contained in the long draft, particularly in Article 35 under which the Soviets would retain control over properties held or claimed by them as German assets. Only as a last resort and only if no more favorable basis of settlement seems possible, should the long draft treaty, including the Soviet versions of the five unagreed articles and Article 35 as agreed by the Deputies in 1949, be accepted.«[91]

Die neuen Reports des NSC Planning Board waren trotz der missionarischen Sprachregelung wesentlich konkreter und umfassender als die vorhergehenden Berichte, so daß zu diesem Zeitpunkt feststand, daß ein Vertrag abgeschlossen werden könnte, wenn eine aus US-Sicht günstige internationale Lage vorliege. Überdies wurde erstmals ein Punkt angesprochen, der bisher immer aus den Diskussionen auf höchster Ebene ausgeklammert worden war: die Neutralisierung Österreichs.

Dies stellte insoferne ein völlig neues und vor allem aus der Sicht der Sowjetunion her gesehen zentrales Verhandlungsargument dar, weil bisher die amerikanische Seite immer mit dem strategischen Gewinn eines Rückzugs der Sowjets argumentiert hatte, dem eigentlich nur die Ablöseforderungen als kurzfristiger »Gewinn« entgegengestellt werden konnten. Trotzdem muß aus der Formulierung her geschlossen werden, daß die Idee der »Neutralisierung« eher von außen an die Amerikaner herangetragen wurde und sie wiederum mit allen Mitteln versuchten, diese Idee aus der endgültigen Vertragslösung herauszuhalten.

Sowohl das Department of State als auch die Joint Chiefs of Staff überboten einander in Argumenten gegen die Neutralisierung. Eisenhower hingegen stellte bei einem Frühstück mit Dulles am 20. Jänner 1954, kurz vor Beginn der Berliner Außenministerkonferenz, fest, daß

»he could see no objection to the neutralization of Austria if this did not carry with it the demilitarization. If Austria could achieve a status somewhat comparable to Switzerland, this would be quite satisfactory from a military standpoint.«[92]

Eisenhower, dessen Sohn in Österreich in den vierziger Jahren stationiert gewesen war,[93] stellte sich mit dieser Ansicht in einer gewissen Beziehung nicht nur gegen Dulles, sondern gegen das übrige militärische Establishment. Sein eigener Nachfolger bei der NATO, General Alfred Gruenther (1945 stellvertretender US-Hochkommissar) sprach sich in einem anderen Zusammenhang gegen den Abzug britischer und französischer Besatzungstruppen aus Österreich aus:

»The proposed withdrawals have a considerable impact on the entire defense concept for Central and Southern Europe in that they expose the southern flank of Central European Forces as well as the North-Western flank of Southern European Forces.«[94]

Die Joint Chiefs of Staff brachten noch stärkere Vorbehalte gegen eine Neutralisierung Österreichs in die Diskussion auf Ebene des National Security Council ein:

»4. The Joint Chiefs of Staff consider that regardless of the provisions of any Austrian peace Treaty which the Soviets might sign, the ultimate Soviet objective in Austria will continue to be the incorporation of Austria into the Soviet bloc. Acceptance of the Soviet versions of the long draft treaty, combined with a severe neutralization of Austria would create conditions which would facilitate the achievement of Soviet ultimate objectives through subversion, and thereby greatly increase the risk of the eventual loss of Austria to the communist orbit.«[95]

Dulles seinerseits hatte sich immer noch nicht mit der Neutralitätsidee abgefunden, aber er versuchte, die Österreich-Lösung als Gegengewicht zur Deutschen Frage aufzubauen. Damit wollte er sowjetischen Versuchen einer Auseinandersetzung zu diesem Thema zuvorkommen und die Verhandlungen auf die Österreich-Frage reduzieren. Dies bedeutete aber, die Verhandlungen über Österreich von den Verhandlungen über Deutschland zu trennen.

Es ist bis heute noch nicht geklärt, wer die Erklärung Dulles' auf der Berliner Konferenz vom 13. Februar 1954 verfaßt hat – möglicherweise wurde dieser Entwurf von einem Speechwriter Eisenhowers, James C. Hagerty, bereits in den USA entworfen oder aber vom Assistant Secretary of State for Public Affairs, Carl W. McCardle, der selbst in Berlin dabei war:

»A second major and related change in the treaty is proposed by the Soviet Union in terms of subjecting Austria to ›neutralization‹. A neutral status is an honorable status if it is voluntarily chosen by a nation. Switzerland has chosen to be neutral, and as a neutral she has achieved an honorable place in the family of nations. Under the Austrian State Treaty as heretofore drafted, Austria would be free to choose for itself to be a neutral state like Switzerland.«[96a]

Jüngst argumentierte Günter Bischof, daß diese Stelle doch von Dulles selbst stamme, da sie dem Dulles'schen Draft Statement 13 Zeilen entspräche. Dies ist *ein* Indiz, aber sicherlich ein zu formales und widerspricht seinen inhaltlichen Vorstellungen.[96b] Die Vorbehalte von Dulles blieben jedoch dem Prinzip nach bestehen, sodaß er den folgenden Satz selbst strich: »Indications are not lacking that Austria would make this choice.«[97]

Es würde zu weit führen, die amerikanischen Überlegungen zu Fragen der Neutralisierung, Neutralität, Blockfreiheit, Non-Allianz etc. im einzelnen zu diskutieren.[98] Bereits 1948, als sozialistische Spitzenfunktionäre wie Schärf, Deutsch und Waldbrunner unter Hinweis auf das schwedische Beispiel eine der schwedischen ähnlichen Haltung im Ost-West-Konflikt diskutierten, ohne den ideologischen Standpunkt der eigenen Partei und den vehementen Antikommunismus zu vergessen, zeigte sich die US-Gesandtschaft in Wien etwas beunruhigt.[99] Die prowestlich-realistische Haltung Grubers in diesen Jahren bot Gewähr dafür, daß derartige Ideen nicht außenpolitische Konsequenzen zeitigen würden. Nach dem Beginn der kommunistisch dominierten Friedensoffensiven und Neutralitätskampagnen in den späten vierziger und frühen fünfziger Jahren änderte Gruber – möglicherweise unter dem Einfluß des neuen Bundeskanzlers Julius Raab seine Ansichten, nachdem er bereits 1952 angekündigt hatte, daß sich Österreich keinem aggressiven Militärblock anschließen sollte.[100] Während er sich jedoch noch im Februar 1952 gegen eine von den Kommunisten geforderte »Finnlandisierung« Österreichs ausgesprochen hatte, deuteten seine neuen Aussagen im Jahre 1953 auf eine Lösung hin, bei der Österreich die Essentialia der völkerrechtlichen Verpflichtungen aus dem Neutralitätsstatus inhaltlich akzeptieren würde; in diese Richtung gingen auch Raabs Kontakte mit dem indischen Ministerpräsidenten Nehru und da-

durch indirekt mit Molotow.[101] Raab selbst formulierte im Laufe des
Jahres 1953 immer eindringlicher einzelne Elemente von »Neutrali-
tät«, erklärte aber gegenüber dem amerikanischen Botschafter
Llewellyn Thompson, es sei

»important to first get Russians out, then examine position of Austria. Gruber repeated he had in mind only Austrian statement non-membership in
military pacts not (repeat not) neutralization.«[102]

Erstmals seit den österreichischen Initiativen im Gefolge des Cher-
rière-Plans anno 1947 gelang es der österreichischen Bundesregierung, in den Verhandlungen um den österreichischen Staatsvertrag
der US-Administration ein Verhandlungselement aufzuzwingen.[103]
Trotzdem konnte Dulles noch auf der Berliner Konferenz die Österreicher mit sanftem Druck dazu bringen, jenen Passus aus Figls Eröffnungsrede zu streichen, der sich auf den Nichtbeitritt zu Militär-
bündnissen bezog, da Beispielswirkungen für Deutschland befürchtet
wurden.[104] Im folgenden soll die weitere Entwicklung der Österreich
Frage innerhalb des National Security Council unter Eisenhower
nurmehr resümierend betrachtet werden.
   Es erscheint dem Verfasser für das Verständnis der US-Einstellung
gegenüber Österreich essentiell zu sein, auch die inneramerikanische
Situation in Rechnung zu stellen. Der »Spirit of Geneva« 1955, der
einen relativ friktionsfreien Vertragsabschluß von amerikanischer
Seite brachte – obwohl das State Department die Reise einer österreichischen Regierungsdelegation nach Moskau im April 1955 mit
großer Sorge (Sondervertrag!) betrachtete[105] – ist kein isolationisti-
sches Ereignis, sondern bedingt durch den Sieg der Demokraten bei
den Kongreß-Wahlen in den USA im Jahre 1955.[106] Die neue Führung im Repräsentantenhaus und im Senat forderte ein Gipfeltreffen
zwischen den Großmächten. Eine Conditio sine qua non für ein der-
artiges Treffen war jedoch ein Zeichen der Verhandlungsbereitschaft,
als dessen kleinster gemeinsamer Nenner sich der österreichische
Staatsvertrag anbot.
   Dulles interpretierte den Vertragsabschluß bewußt als Zeichen eines Erfolges seiner »harten Politik« und rechtfertigte mit diesem Argument auch den Staatsvertrag vor dem Kongreß, wobei er klarstell-
te, daß der Staatsvertrag keine »Abrüstung« Österreichs bedeuten
würde. Aus seiner Sicht und aus der Sicht des State Department und
des Kongresses bedeutete die Neutralität Österreichs auch im militä-

rischen Sinne keine Aufgabe ideologischer Positionen.[107] Dies zeigte sich an den wichtigsten Aufgaben der Post-Besatzungs-Periode, in denen der Nationale Sicherheitsrat die österreichische Aufrüstung forcierte: »The U. S. turned over two-thirds of military stockpile valued at \$ 60 million (the remaining third will follow).«[108]

Ein weiteres Element der »Neutralisierung« der »Neutralität Österreichs« war die einzige Bedingung, die im Nationalen Sicherheitsrat an die Blankovollmacht zu den Staatsvertragsverhandlungen gebunden worden war: Es müßte dafür gesorgt werden, daß sich Österreich in irgendeiner Form wirtschaftlich mit Westeuropa assoziieren könne; nur so könnte die innere Sicherheit gewährleistet werden und US-Finanzhilfe zur Wiederaufrüstung gezahlt werden.[109] Weitere Beschränkungen der »Neutralität Österreichs« lagen im Bereich des Technologietransfers und des Ost-West-Handels, die beide durch die indirekte Kooperation österreichischer Stellen im Sinne von US-Kontrolle des »strategischen Warenverkehrs« gelöst wurden – wohingegen US-Firmen begannen, den Export nach Osteuropa zusehends auszuweiten.[110]

In den bilateralen Wirtschaftsbeziehungen wurde die Situation insofern verschärft, als privatkapitalistische Interessen der Erdölfirmen wieder virulent wurden und das Argument der sowjetischen Besatzung, die eine Lösung dieser Ansprüche verhindere, weggefallen war. Während in der Besatzungszeit derartige Interessen häufig vor dem Hintergrund des Kalten Krieges zurückgedrängt wurden, begannen die im Wiener Memorandum 1955 festgelegten Ablöseforderungen von US-Erdölfirmen das österreichisch-amerikanische Verhältnis zusehends zu belasten. Dies führte Ende der fünfziger Jahre dazu, daß 1958 die Freigabe von Schilling-Erlösen aus den ehemaligen ERP-Mitteln gesperrt wurde,[111] um die Forderung nach Erfüllung der Ansprüche der Erdölmultis – die aufgrund der komplizierten Transaktionen amerikanischer Firmen nach dem »Anschluß« 1938 keineswegs eindeutig rechtlich abgesichert waren – zu unterstützen:

»Negotiations between the Austrian Government and the oil companies (Socony-Mobil and Shell) continue to drag on, even though the Austrians undertook in the Vienna Memorandum of May 1955 to settle the claims by April 1957. The U. S. Government in an effort to accelerate settlement (a) still withholds an annual counterpart release of \$ 7 million and an overall counterpart settlement of \$ 418,4 million as well as the disbursement of \$ 11,2 million in PL 480 Title I sales proceeds, and (b) has not submitted the Austrian Assets Treaty to the Senate.«[112]

Während im ökonomischen Bereich die österreichische Wirtschaft durchaus politischem Druck ausgesetzt blieb, wurde dennoch in der Periode 1955–1959 militärische Ausrüstung im Werte von 80 Millionen US-Dollar geliefert – von denen Anfang Juli 1959 noch 20 Millionen US-Dollar offen waren.[113]

Der berühmte Satz von Dulles aus dem Jahre 1956, »the principle of neutrality [...] has [...] become an obsolete conception and, except under very exceptional circumstances, it is an immoral and shortsighted conception«,[114] hat dem Inhalt nach die Beziehungen zwischen den USA und Österreich bis weit hinein in die sechziger und unter anderen Vorzeichen sogar bis in die siebziger Jahre – wenngleich in abgeschwächter Form – bestimmt. So wurden im Nationalen Sicherheitsrat ein sowjetisches Kreditangebot und die mögliche Aufnahme diplomatischer Beziehungen mit der Volksrepublik China als antiamerikanische Maßnahme qualifiziert,[115] hingegen die Unterbringung von rund 170 000 ungarischen Flüchtlingen und die Ausweisung des Sekretariats des kommunistisch dominierten Weltfriedensrates als prowestliche Maßnahme begrüßt.[116]

Die späte Eisenhower-Administration hatte jedoch in ihren geostrategischen Planungen keinen Platz für ein Österreich, wie es sich heute präsentiert. Die Doktrin, Österreich sollte die Brücke zwischen Ost und West werden, wurde Ende der fünfziger Jahre im State Department bestritten, da dieser kosmopolitische Anspruch seiner geographischen Lage und Größe angeblich nicht entsprach.[117]

Derartige Gesichtspunkte ließen sich noch fortsetzen – so in den Bereichen der UNO, wo Österreich bis 1959 eine deutliche pro-amerikanische Haltung vertrat – als einziges europäisches Nicht-NATO-Land und deutlicher als die NATO-Mitglieder Norwegen und Dänemark –,[118] oder in der Frage der direkten Mitgliedschaft bei der EWG, die vor allem von den Kennedy- und Johnson-Administrationen vergeblich forciert wurde.[119]

Diese Beispiele beweisen, daß mit dem Abschluß des Staatsvertrages und der Anerkennung der Neutralität – auch durch die USA – die künftige selbständige und neutrale Außenpolitik der Republik Österreich nicht in toto gewährleistet war. Die Restriktionen der Besatzung wurden zwar formal aufgehoben, doch durch andere Mittel, politischen und wirtschaftlichen Einfluß auf Österreich ausüben, ersetzt. Es erscheint dem Verfasser von besonderer Bedeutung zu sein, die Ereignisse der Besatzungszeit auch vom Standpunkt der US-Interessenskonstellationen nach 1955 zu sehen, da die US-Politik und administrative Interpretation unseres völkerrechtlichen Status im Jahre 1955 eine doch wesentlich restriktivere und einseitig prowestliche war, als sie in Österreich selbst in den sechziger und siebziger Jahren entwickelt wurde. »Österreich – die bevormundete Nation« ist als Umschreibung unserer internationalen Position in einzelnen Fragenkomplexen auch auf die Zeit nach 1955 durchaus anwendbar.

Anmerkungen

[1] Dem Verfasser ist durchaus bewußt, daß Präsident Truman dem National Security Council einen anderen Stellenwert einräumte als Präsident Eisenhower und wesentlich mehr realpolitischen Entscheidungsspielraum seinen Außenministern George C. Marshall und Dean Acheson einräumte. Trotzdem galt auch bereits für Truman jene quellenkritisch relevante Beschreibung des Special Assistant to the President for National Security Affairs unter Eisenhower, Robert Cutler: »As President you see only the end-product ... the text of the paper ... But far greater value inheres in the tremendous interagency intellectual effort that goes into preparation of the integrated text.« I. M. Destler, The Presidency and National Security Organization, in: The National Security. Its Theory and Practice, 1945–1960, ed. by Norman A. Graebner, New York 1986, S. 231; vgl. dazu auch Alfred D. Sander, Truman and the National Security Council, 1945–1947, in: *Journal of American History* 59 (1972–1973), S. 66–92.

[2] Zur Zeit der Recherchen für diesen Beitrag war die derzeit gültige 30-Jahr-Sperre noch nicht in Kraft. Inwieweit diese liberalen Bestimmungen auch in der Praxis wirksam werden, bleibt abzuwarten.

[3] Sander, Truman, S. 66 ff.

[4] Decision No. 269/8, State-War-Navy Coordinating Committee, 24. Oktober 1946. National Archives (NA), Record Group (RG) 260, ACA Austria, Box 889.

[5] Fred I. Greenstein, Eisenhower as an Activist President: A Look at New Evidence, in: *Political Science Quarterly* 94 (Winter 1979–1980), S. 580.

[6] Zur Initiative des Secretary of the Navy, James Forrestal, siehe Robert J. Donovan, Conflict and Crisis. The Presidency of Harry S. Truman, 1945–1948, New York 1977, S. 139 f.

[7] Vgl. dazu auch Thomas G. Paterson, Presidential Foreign Policy, Public Opinion, and Congress: The Truman Years, in: *Diplomatic History* (1979), S. 3 ff.

[8] Vgl. dazu Zitate aus der Privatkorrespondenz Clarks, publiziert von Günter Bischof, Mark W. Clark und die Aprilkrise 1946: Das erste Jahr

des amerikanischen Hochkommissars in Österreich, in: *Zeitgeschichte*
13 (April 1986), S. 236 f. Zur publizistischen Ost-West-Konfrontation
vgl. Oliver Rathkolb, Politische Propaganda der amerikanischen Besatzungsmacht in Österreich 1945 bis 1950. Ein Beitrag zur Geschichte des
Kalten Krieges in der Presse-, Kultur- und Rundfunkpolitik, phil. Diss.
Wien 1981, S. 124 ff.

9 Melvyn P. Leffler, The American Conception of National Security and
the Beginnings of the Cold War, 1945–48, in: *The American Historical
Review* 89 (April 1984), S. 357.

10 Ebd., S. 356 und 358 f.

11 Ebd., S. 368.

12 Ebd.

13 Martin F. Herz, The View from Vienna, in: Witnesses to the Origins of
the Cold War, ed. by Thomas T. Hammond, Seattle 1982, S. 184.

14 U. S. Occupation in Europe after World War II. Papers and Reminiscen-
ces from the April 23–24, 1976 Conference held at the George C. Marshall Research Foundation, ed. by Hans A. Schmitt, Lexington 1976,
S. 149.

15 Vgl. dazu zum Beispiel Daniel Yergin, Shattered Peace. The Origins of
the Cold War and the National Security State, Boston 1977, S. 308 ff.
Vgl. auch Michael Wala, Die innenpolitische Durchsetzung des Marshall-Planes, in: *Zeitgeschichte* 15 (Dezember 1987), S. 112–132.

16 Leffler, American Conception of National Security, S. 380.

17 Vgl. dazu den Beitrag von Wilfried Mähr in diesem Band, sowie die dort
zitierte Literatur; außerdem ders., Der Marshall-Plan in Österreich, in:
Zeitgeschichte 15 (Dezember 1987), S. 91–111. Vgl. auch Arno Einwitschläger, Amerikanische Wirtschaftspolitik in Österreich 1945–1949,
Wien 1986, S. 110–132.

18 Telegramm, Joint Chiefs of Staff an Keyes, 24. Mai 1947, S. 1 ff. George
C. Marshall Library, Xerox 2029, Leahy File, Folder 31.

19 Vgl. dazu verschiedene Beiträge in dem Sammelband: Der Marshall-Plan
und die europäische Linke, hrsg. v. Othmar Nikolas Haberl und Lutz
Niethammer, Frankfurt/Main 1986, S. 99 ff.

20 Fritz Weber, Österreichs Wirtschaft in der Rekonstruktionsperiode nach
1945, in: *Zeitgeschichte* 14 (April 1987), S. 287 sowie ders., Die österreichische Sozialdemokratie zu Beginn des Kalten Krieges, in: Marshall-
Plan und europäische Linke, hrsg. v. Haberl/Niethammer, S. 169–193.

21 Foreign Service Despatch, Embassy Vienna an Department of State
No. 321, Thompson, 26. 8. 1953. NA, RG 59, 763.5 MSP/8-2653.

22 Ebd. Vgl. dazu den Parlamentarischen Untersuchungsbericht, 545 der
Beilagen zu den stenographischen Protokollen des Nationalrates, VI.GP,
April 1952.

23 Memo of Conversation, 18. 6. 1953. NA, RG 59, 863.00/6-1853.

24 Francis T. Williamson an Walter J. Donelly, 31. 7. 1951. NA, RG 59,

863.131/73151; vgl. auch James C. Bonbright an Llewellyn Thompson, 2. 2. 1953. NA, RG 59, 863.00/2-253.

25 Foreign Service Despatch, Embassy Vienna an Department of State, No. 321, Thompson, 26. 8. 1953. NA, RG 59, 763.5 MSP/8-2653.

26 Chronology of Dollar Investigation, 20. 5. 1953. NA, RG 59, 863.00/5-2053.

27 *The New York Times,* 11. Juni 1951, S. 4; vgl. Congressional Record, Appendix 1949, A 1840 f. sowie Congressional Record, Senate, April 1949, S. 3742; Congressional Record – Senate, 1950, S. 823 ff. (mit Statistiken) sowie Report on Austria, Yugoslavia, Italy, Spain by the Special Study Mission to Germany and Certain Other Countries, hrsg. v. Clement J. Zablocki, Edna F. Kelly und Chester E. Merrow, Washington, D. C. 1952.

28 Einwitschläger, Amerikanische Wirtschaftspolitik, S. 126.

29 Vgl. dazu die Literaturhinweise und Beispiele in der Broschüre von Hans Mayr und Karl Seitlinger, Das zweigeteilte Österreich, Wien 1984, S. 28 ff. Zum »frühen« Technologietransfers siehe vor allem Gunnar Adler-Karlsson, Western Economic Warfare 1947–1967. A Case Study in Foreign Economic Policy, Stockholm 1968.

30 Paterson, Presidential Foreign Policy, S. 3 f.

31 Despatch No. 82, Walter Dowling an Secretary of State, 2. 3. 1950. NA, RG 84, Vienna Post Files, Box 322.3

32 Memo G. Huber an The Minister, 24. 10. 1950. NA, RG 84, Vienna Post Files, Box 510, East-West-Trade.

33 Despatch Ben H. Thibodeaux an Department of State, 2. 4. 1052. Ebd.

34 Gerhard Rosegger, East-West-Trade: The Austrian Example, 1945–1958, in: *Journal of Central European Affairs* 1962, S. 62 f.

35 Vgl. dazu Einwitschläger, Amerikanische Wirtschaftspolitik, S. 76 ff. bzw. entsprechende Hinweise aus den Indizes des Bundeskanzleramtes, Auswärtige Angelegenheiten.

36 Gerald Braun und Herbert Denk, Technologietransfer durch Österreich. Zur Geschichte und Hintergründe einer Gesetzesnovelle, in: *Internatio-nal* 2/1986, S. 24 ff.

37 John Gimbel, US Policy and German Scientists: The Early Cold War, in: *Political Science Quarterly* 101 (1986), No. 3, S. 444 sowie Linda Hunt, US Coverup of Nazi Scientists, in: *Bulletin of the Atomic Scientists,* April 1985, S. 16 ff.

38 *Newsweek,* 9. Dezember 1946, S. 31, *Time,* 9. Dezember 1946, S. 28.

39 Vgl. dazu Hunt, US Coverup of Nazi Scientists, S. 16.

40 Vgl. z. B. Special Report No. 7, E. A. Bartlett: Scientific Organizations and Personalities of Air Interest in Austria, 10. 3. 1946. NA, RG 226, XL 48.612.

41 JCS 1363/75 vom 11. März 1957, publiziert in: The Declassified Documents, Bethesda, Maryland 1980, S. 44 A.

[42] Memo Ray T. Maddocks, Memo for the Chief of Staff, 26. 4. 1949. NA, RG 319, P & O 370.05 TS (Sect. I), case 23.
[43] Gregg Herken, The Winning Weapon. The Atomic Bomb in the Cold War 1945–1950, New York 1980, S. 281 ff.
[44] Decision on Joint Chiefs of Staff 1363/57, 23. 12. 1949, Enc. A. NA, RG 319, P & O 370.05 TS (Sect. I), case 23.
[45] Ebd.
[46] Foreign Relations of the United States (= FRUS) 1951, Washington D. C., 1984, vol. I, S. 1026 ff.
[47] FRUS 1948, vol. III, S. 724 ff. FRUS 1948, vol. IV, S. 2 ff.
[48] FRUS 1948, vol. II, S. 1512.
[49] Ebd., S. 1474.
[50] Vgl. dazu George F. Kennan, The View from Russia, in: Witnesses to the Cold War, ed. by Hammond, S. 27 ff. sowie John Lewis Gaddis, Strategies of Containment. A Critical Appraisal of Postwar American National Security Policy, New York 1982, S. 25 ff.
[51] Lawrence S. Kaplan, A Community of Interest: NATO and the Military Assistance Program 1948–1951, Washington, D. C. 1980, S. 24.
[52] Harry S. Truman, Years of Trial and Hope, 1946–1953, New York 1956, S. 260 f.
[53] FRUS 1951, vol. IV, Part 2, S. 1033.
[54] Ebd., S. 1053.
[55] Walter J. Donelly an Francis T. Williamson, 3. 10. 1951. NA, RG 59, 763.5 MAP/10-351.
[56] Joint Chiefs of Staff Decision 1685/13, 8. 6. 1949. Für den Verfasser deklassifizierte Kopie S. 99.
[57] Memo: Training of Austrian Army, 7. 7. 1949. Harry S. Truman Library, Dean Acheson Papers, Box 64.
[58] FRUS 1949, vol. III, S. 1186 f. Vgl. dazu auch Gerald Stourzh, Geschichte des Staatsvertrages 1945–1955. Österreichs Weg zur Neutralität. Studienausgabe, Graz 1985, S. 64 f, und Manfried Rauchensteiner, Der Sonderfall. Die Besatzungszeit in Österreich 1945 bis 1955, Wien 1979, S. 269 ff.
[59] FRUS 1949, vol. I, S. 283.
[60] FRUS 1950, vol. I, S. 237 ff. Vgl. auch John Van Oudenaren, US Leadership Perceptions of the Soviet Problem Since 1945, Santa Monica 1982, S. 23 ff.
[61] Siehe dazu die vertraulichen Statements von Dean Acheson während der Hearings des Committee on Foreign Relations, US Senate – in: Reviews of the World Situation: 1949–1950, Hearings …, hrsg. v. Committee on Foreign Relations, Washington, D. C. 1974, S. 34 ff. und S. 71 ff. Vgl. FRUS 1949, vol. III, S. 1193.
[62] Stourzh, Staatsvertrag, S. 71 ff.
[63] Ebd., S. 62 ff. Vgl. dazu auch Diplomatie zwischen Parteiproporz und

Weltpolitik. Briefe, Dokumente und Memoranden aus dem Nachlaß Walter Wodaks 1945–1950, hrsg. von Reinhold Wagnleitner, Salzburg 1980, S. 973.

⁶⁴ Vgl. dazu Rauchensteiner, Sonderfall, S. 232 u. S. 317.

⁶⁵ FRUS 1950, vol. I, S. 129.

⁶⁶ Foreign Relations of the United States, 1950, vol. IV, Washington, D. C. 1980, S. 372 f.

⁶⁷ FRUS 1950, vol. I, S. 326.

⁶⁸ Ebd., S. 337 f.

⁶⁹ Ebd., S.354.

⁷⁰ Ebd., S. 383.

⁷¹ Ebd., S. 839.

⁷² National Security Council Meeting, 7. 9. 1950. Harry S. Truman Library, Dean Acheson Papers, Box 65.

⁷³ Vgl. dazu Stourzh, Staatsvertrag, S. 76 ff. und Rauchensteiner, Sonderfall, S. 311 ff.

⁷⁴ Memo for the Files, Collins (undatiert), 1952. Für den Verfasser deklassifizierte Kopie aus den National Archives.

⁷⁵ FRUS 1950, vol. I, S. 22.

⁷⁶ Memo Harriman an The President, 18. 1. 1952. NA, RG 59, 763.56/1-1852.

⁷⁷ Ebd.

⁷⁸ Audrey Kurth Cronin, Great Power Politics and the Struggle over Austria, 1945–1955, Ithaca, N. Y.–London 1986, S. 108 ff. Vgl. dazu auch den Beitrag von Cronin in diesem Band.

⁷⁹ Memo Acheson an The President, 11. 10. 1950. Harry S. Truman Library, President's Secretary File.

⁸⁰ Rauchensteiner, Sonderfall, S. 288 ff.

⁸¹ Memo Coburn Kidd an Walter Dowling, 18. 8. 1950. NA, RG 84, Vienna Post Files, Signatur 350 Austria.

⁸² Telegramm Gruber an Acheson, 5. 10. 1950. NA, RG 59, 611.63/10-550.

⁸³ Memo of Conversation, George W. Perkins, 10. 10. 1950. NA, RG 59, 663.001/10-1050.

⁸⁴ C. D. Jackson an Arthur McChrystal, Jänner 1951. Eisenhower Library, C. D. Jackson Papers, Box 60.

⁸⁵ Report Hans J. Morgenthau an Department of State, 1. 10. 1951. Für den Verfasser deklassifizierte Kopie aus dem Privatbesitz Morgenthaus.

⁸⁶ Ebd.

⁸⁷ Ernest John Hughes, The Ordeal of Power. A Political Memoir of the Eisenhower Years, New York 1963, S. 113 ff.

⁸⁸ Memo, 19. 3. 1953. Eisenhower Library, C. D. Jackson Papers, Box 85 (handschriftliche Korrekturen Dulles' auf einem der Rede-Entwürfe).

⁸⁹ Fred I. Greenstein, The Hidden-Hand Presidency: Eisenhower as Leader,

New York 1982 sowie Stephen E. Ambrose, Eisenhower, vol. 2. The President, New York 1984.

[90] The Declassified Documents 1985, S. 1194, NSC-Meeting April 30, 1953.

[91] Report Executive Secretary an National Security Council NSC 164/1, 14. 10. 1953. NA, RG 273, NSC 164, Sec. I.

[92] Acheson, Memo of Breakfast Conference with the President, 20. 1. 1954, Eisenhower Library, John Foster Dulles Papers, White House Memoranda Series, Box 1; dieses Dokument wurde für den Verfasser deklassifiziert – publiziert bei Stourzh, Staatsvertrag, S. 322.

[93] John S. D. Eisenhower, Strictly Personal, New York 1974, S. 116 ff.

[94] Memo for the Secretary of Defense, the Joint Chiefs of Staff, 9. 12. 1953. NA, RG 273, NSC 164. Sec. 2, S. 2.

[95] Ebd.

[96a] Speech Draft, 13. 2. 1954, S. 5. Princeton University Library, John Foster Dulles Papers.

[96b] Günter Bischof stellte mir freundlicherweise sein Manuskript »John Foster Dulles and Austrian Neutrality«, das in den Proceedings of the Dulles Centennial Conference publiziert werden wird, zur Verfügung.

[97] Speech Draft, 13. 2. 1954

[98] Vgl. dazu auch die exakten Differenzierungen von Gerald Stourzh, in: 25 Jahre Staatsvertrag. Protokolle des wissenschaftlichen Symposions, 16. und 17. Mai 1980, hrsg. vo m Bundesministerium für Wissenschaft und Forschung gemeinsam mit dem Institut für Zeitgeschichte der Universität Wien, Wien 1980, S. 125 ff.

[99] FRUS 1948, vol. II, S. 1400.

[100] Despatch Llewellyn E. Thomson an Department of State, 8. 10. 1953. NA, RG 59, 663.001/10-853.

[101] Stourzh, 25 Jahre Staatsvertrag, S. 126 ff.

[102] FRUS 1952–1954, vol. III, S. 1878.

[103] Vgl. dazu FRUS 1952–1954, S. 790.

[104] Ebd., S. 1013, S. 1015, S. 1036.; vgl. zur Position von Dulles und der Eisenhower-Administration Deborah Welch Larson, Crisis Prevention and the Austrian State Treaty, in: *International Organization* (41), Winter 1987, S. 27 ff.

[105] Telegram Thompson an Secretary of State No. 2278, 8. 4. 1955. NA, RG 59, 663.001/4-855 sowie Telegram Thomson an Secretary of State No. 2388, 20. 4. 1955. NA, RG 59, 663.001/4-2055; beide Telegramme wurden für den Verfasser deklassifiziert.

[106] Anna Kasten Nelson, John Foster Dulles and the Bipartisan Congress, in: *Political Science Quarterly* (102), Spring 1987, S. 45 ff.

[107] Vgl. dazu das Dulles-Statement in: Hearings before the Committee an Foreign Affairs, House of Representatives, Mutual Security Act of 1955,

Washington, D. C. 1955, S. 1 ff. sowie Bipartisan Legislative Leadership Meeting, 3. 5. 1955, S. 1. NA, RG 273.

[109] Memo for the Secretary of State, 30. 4. 1955. Ebd.

[110] Vgl. dazu George D. Holliday, Technology Transfer to the USSR 1928–1937 and 1966–1975. The Role of Western Technology in Soviet Economic Development, Boulder 1979, S. 46 ff.

[111] Operations Coordinating Board, Report on Austria, 25. 11. 1959. S. 2. NA, RG 273, OCB, Austria, No. 2.

[112] Ebd.

[113] Ebd., S. 3.

[114] Facts on File, New York 1956, S. 189.

[115] NSC Progress Report No. 5603, 17. 10. 1956, S. 3. NA, RG 273.

[116] Telephone Conversation, 6. 12. 1956. Eisenhower Library, John Foster Dulles Papers.

[117] Bureau of Intelligence and Research, Intelligence Report No. 8141, 17. 12. 1959, S. 18. NA, Diplomatic Branch.

[118] Operations Coordinanting Board, Report NSC 5603, 22. 10. 1958, S. 6. NA, RG 227, OCB, Austria.

[119] Briefing Material, Gorbach Visit, 1. 5. 1962, S. 2 ff. Lyndon B. Johnson Library, Austria.

Teil IV

In- und ausländische Quellen
zur Besatzungszeit in Österreich

Kurt Peball

Die Benützungsbestimmungen des Österreichischen Staatsarchives*

Gemäß der österreichischen Verfassung ist zwar die Angelegenheit der österreichischen Archive eine Bundessache. Für die Benützung der Archive gibt es aber keine bundeseinheitliche Regelung. In Österreich gibt es kein Archivgesetz, welches die Rechtsfragen im Zusammenhang mit den Aufgaben eines Archivs, dessen Verwaltung und dessen Benützung regeln würde. Jedes österreichische Bundesland hat eigene Archivvorschriften, die in der jeweiligen Landesverfassung abgestützt sind. Darüber hinaus gibt es in Österreich kein Recht zur Benützung von Archiven, auch nicht des Österreichischen Staatsarchives.

Das Österreichische Staatsarchiv in seiner heutigen Form wurde im Jahr 1945 gegründet. Seine Organisation ist im Behördenüberleitungsgesetz vom 21. Juli 1945 verankert (StGBL. 94/1945). Seine Benützung wird seit damals nicht durch Gesetz, sondern durch Richtlinien des Bundeskanzleramtes geregelt, dem das Österreichische Staatsarchiv als Dienststelle untersteht.

Diese grundsätzliche Feststellung bezieht sich auf alle Abteilungen oder Teilarchive des Staatsarchivs. Diese Teilarchive sind, dem Alter ihrer Entstehung nach:

– Das 1711 von Prinz Eugen gegründete Kriegsarchiv,
– das 1749 gegründete Haus-, Hof- und Staatsarchiv,
– das Hofkammer- und Finanzarchiv, das schon 1578 zum ersten Mal als alte Kammerregistratur erwähnt wurde,

---

* Dieser Beitrag ist die überarbeitete Fassung eines Referates mit gleichem Titel, das Herr Generaldirektor Peball am 12. Juni 1987 im Rahmen einer Diskussion zum Thema: »Archivzugang als Forscherschicksal?« gehalten hat.

- das Allgemeine Verwaltungsarchiv, das um 1820 organisiert wurde,
- das Archiv für Verkehrswesen, das 1897 als Archiv des k. k. Eisenbahnministeriums gegründet wurde und
- als jüngstes Teilarchiv das 1984 eingerichtete Archiv der Republik, das die Aktenbestände der beiden Republiken Österreich, seit 1918 und seit April 1945, verwahrt und betreut.

Verwaltet, beaufsichtigt und kontrolliert werden diese Teilarchive durch die Generaldirektion, die auch den etatmäßigen Haushalt führt und für die Verwaltungsgebarung der einzelnen Teilarchive des Staatsarchivs dem Bundeskanzler bzw. den von ihm bestellten Organen, das ist die Präsidialabteilung des Bundeskanzleramtes, verantwortlich ist.

Eines der Rechte der Generaldirektion ist es, dem Bundeskanzleramt Vorschläge für erweiterte Benützungsbewilligungen zu machen und zwar im Rahmen von Richtlinien des Bundeskanzleramtes.

Diese Richtlinien regeln die Benützung des Staatsarchivs, ohne vorläufig noch schriftlich fixiert zu sein. Sie kennen folgende Kriterien:

1. Die Zuständigkeit des Bundeskanzleramtes und der Generaldirektion des Staatsarchivs zur Erteilung von Benützungsbewilligungen erstreckt sich auf die im Ressortbereich des Bundeskanzleramtes entstandenen und auch auf die von anderen Ressorts dem Staatsarchiv zur Verwahrung übergebenen Archivalien.

2. Die Benützung dieser Archivalien ist nicht durch Gesetz, sondern durch Richtlinien des Bundeskanzleramtes geregelt, deren letzte Fassung vom 12. September 1974 stammt.

3. Diese Richtlinen unterscheiden drei Gruppen von Archivalien, und zwar:

3.1. Archivalien, seit deren Entstehen mindestens 40 Jahre vergangen sind; diese sind zur allgemeinen Benützung freigegeben.

3.2. Archivalien, seit deren Entstehen mindestens 20 Jahre vergangen sind; für diese kann das Bundeskanzleramt über Ansuchen eine Benützungsbewilligung erteilen, wenn das Österreichische Staatsarchiv und das Bundesministerium, in dessen Bereich die Archivalie entstanden ist, zugestimmt haben und der Benützungsbewerber Universitätsprofessor, ein wissenschaftliches Institut oder ein von einem solchen Beauftragter und eine hinsichtlich ihrer Befähigung und ihrer Vertrauenswürdigkeit legitimierte Person oder ein Sonderbeauftragter eines Bundesministeriums oder ein Archivbeauftragter ist.

3.3. Archivalien, seit deren Entstehen noch keine 20 Jahre vergangen sind; diese sind von der Benützung ausgeschlossen.

4. Im allgemeinen gelten die genannten Bedingungen für die österreichischen Staatsbürger. Bei Ausländern gibt es Einschränkungen über die genannten Bedingungen für österreichische Staatsbürger hinaus und zwar:

4.1. Es muß eine materielle Reziprozität bestehen, das heißt, der Heimstaat des Ausländers muß einem dort forschenden Österreicher die gleiche Erlaubnis geben. Ist das nicht der Fall, gilt eine sechzigjährige Archivsperre.

4.2. Das Forschungsthema eines Ausländers soll auch im Interesse des österreichischen Staates liegen.

5. Von allen diesen Regelungen ausgenommen sind die sogenannten »Ministerratsprotokolle« der Zweiten Republik Österreich, also die Verhandlungsbeschlüsse der Kabinettssitzungen der Bundesregierung seit 1945. Wird eine Einsicht in diese Protokolle gewünscht, so muß:

5.1. die wissenschaftliche Qualifikation des Benützungsbewerbers,

5.2. das genaue Arbeitsthema festgestellt bzw. angegeben und

5.3. die Zustimmung der Bundesregierung zur Erteilung der Benützungsbewilligung eingeholt werden.

6. Von wesentlicher Bedeutung für die Einsichtnahme in das Staatsarchiv ist das österreichische Datenschutzgesetz, das 1978 geschaffen wurde und mit 1. Jänner 1981 in Kraft getreten ist (BGBl. Nr. 565/1978). Dieses verlangt die Einhaltung von Beurteilungsregeln, die sich auf alle Personalakten, aber auch auf sogenannte »personenbezogenen Daten« beziehen, das sind Informationen oder Daten, die einen konkreten Bezug auf bestimmte natürliche Personen haben.

6.1. Diese Regeln müssen laut allerjüngster Vorschriften des Verfassungsdienstes und der Datenschutzkommission im Bundeskanzleramt folgendermaßen gehandhabt werden:

6.1.1. Eine Einsichtnahme ist dann zulässig, wenn der Betroffene oder ein Nachkomme desselben dazu seine Zustimmung erklärt.

6.1.2. Liegt keine solche Zustimmung vor, so kann eine Einsicht trotzdem gewährt werden, wenn folgende Überlegungen zutreffen:

6.2. § 1 Absatz 2 des Datenschutzgesetzes läßt die Datenübermittlung zur Wahrung berechtigter Interessen eines anderen zu. Daher wird bei jedem Einsichtbewerber geprüft, ob eine solche Berechtigung vorliegt. Diese Berechtigung liegt dann vor, wenn

6.2.1. ein Wissenschaftler mit einer Bestätigung eines Universitätsinstituts oder einer anerkannten privaten Forschungseinrichtung auftritt.

6.2.2. Bei sogenannten »Privatgelehrten« wird verlangt, daß der Einsichtwerber einen Nachweis seiner Eigenschaft als Wissenschaftler erbringt. Kann er keine Bestätigung eines Universitätsinstituts oder einer anerkannten wissenschaftlichen Einrichtung hinsichtlich der Notwendigkeit der Einsichtnahme etwa für die Anfertigung einer Dissertation oder ähnliches vorlegen und kann er auch keine einschlägigen Publikationen vorlegen, die ihn als Wissenschaftler ausweisen, dann muß sein Anliegen durch das Einholen von Stellungnahmen wissenschaftlicher Einrichtungen geprüft werden.

7. Sind alle diese Bedingungen erfüllt, müssen zusätzlich noch die schutzwürdigen Geheimhaltungsinteressen der Betroffenen gegenüber den berechtigten Interessen des Wissenschaftlers abgewogen werden.

8. Um dabei beurteilen zu können, ob das berechtigte Interesse des Wissenschaftlers das Datenschutzinteresse des Betroffenen überwiegt, wird zunächst ein konkreter Nachweis vom Wissenschaftler zu verlangen sein, für

welche wissenschaftliche Untersuchung welche Daten benötigt werden und um welchen Betroffenenkreis es sich handelt. Eine Erlaubnis zur Einsichtnahme kann damit auch nur hinsichtlich jener Daten gewährt werden, die im Antrag um Einsichtbewilligung genau umschrieben sind.

9. In Entsprechung des letzten Satzes des § 1, Absatz 2 DSG ist vom Einsichtbewerber eine Erklärung zu verlangen, daß er die in Rede stehenden Daten sicher und vor Zugriffen Unbefugter geschützt aufbewahren, nicht mehr benötigte personenbezogene Daten anonymisieren oder vernichten und bei Publikationen möglichst nur anonymisierte Daten publizieren wird.

10. Die datenschutzrechtlichen Kriterien zusammenfassend ist also festzuhalten:

10.1. Hat ein Einsichtswerber zusätzlich zum Nachweis seiner wissenschaftlichen Tätigkeit seinen Antrag ausreichend präzisiert und hat er die erforderlichen Verpflichtungserklärungen abgegeben, so wird der Schluß gezogen, daß sein Einsichtsinteresse die Geheimhaltungsinteressen Betroffener dann überwiegt, wenn nicht besondere Umstände vorliegen, aus denen auf eine besonders intensive Beeinträchtigung von Interessen Betroffener geschlossen werden muß.

10.2. Solche Interessen könnten in der besonderen Sensibilität der Daten, zum Beispiel Gesundheitsdaten, liegen.

10.3. Ein solches besonderes Geheimhaltungsinteresse ist auch überall dort anzunehmen, wo in Gesetzen besondere Verschwiegenheits- und Geheimhaltungspflichten normiert sind. Das ist beispeilsweise im Bereich des Strafregisters, im Bereich medizinischer Informationen, im Bereich des Steuer- und Bankgeheimnisses und in Bereichen beruflicher Verschwiegenheitspflichten der Fall.

10.4. Hinsichtlich des Vorliegens eines schutzwürdigen Interesses des Bundes und anderer Gebietskörperschaften gelten etwa Artikel 20 Absatz 3 B-VG und § 46 Beamtendienstrechsgesetz. Hinsichtlich der Akten und Aktenteile, die im Zuge eines Verwaltungsverfahrens angefertigt wurden, ist generell auf § 128 Beamtendienstrechtsgesetz zu verweisen. Auch die in den § 7 ff Mediengesetz, § 77 Urheberrechtsgesetz sowie die in den §§ 111–117 Strafgesetzbuch ausgesprochenen Grundsätze sind zu beachten.

11. Ich kann hier nicht die Bedeutung des Datenschutzgesetzes zur Gänze abhandeln. Nur soviel möchte ich dazu sagen, um keine Mißverständnisse aufkommen zu lassen:

Ich bejahe die Notwendigkeit des Datenschutzgesetzes eindeutig, weil es Handhaben zur Regelung computermanipulativer Daten der menschlichen Intimspähre bietet. Das kann in absehbarer Zeit auch für die Archiverwaltung von Bedeutung sein, weil die computerunterstützte Archivarbeit zunehmen wird. Für die geschichtswissenschaftliche Forschung in der Archivbenützung sehe ich allerdings im Zusammenhang mit dem Datenschutzgesetz Probleme, die noch lange nicht zufriedenstellend gelöst sind wenn sie überhaupt lösbar sind.

Ich habe, und ich fasse zusammen, über die Benützungsbedingungen des österreichischen Staatsarchivs informiert. Die einzelnen Kirterien dieser Bedingungen, insbesondere die datenschutzrechtlichen, wurden im Frühjahr 1987 auf eine parlamentarische Anfrage hin im Parlament mitgeteilt. Die weitere wissenschaftliche Forschung im Staatsarchiv wird wohl in diesem Sinne erfolgen müssen.

Nachwort

Mit 10. März 1988 sind vom Bundeskanzleramt neue Richtlinien zur Benützung der Archivalien des österreichischen Staatsarchivs erlassen worden, siehe dazu die *Wiener Zeitung*, 16. März 1988, S. 5.

Robert Wolfe

Records of U.S. Occupation Forces in Austria, 1945–55

Generally speaking, records deposited in the United States National Archives and Records Administration relating to the American occupation of Austria from 1945 to 1949 are largely open to research, as are those form 1950 through 1954. As for 1955, a crucial year in Austrian history, pertinent US diplomatic records for the years 1955–59 are being screened for release by the end of 1988, while military records well into the 1960's are substantially open to researcher access.

To give this exposition a semblance of order, United States diplomatic and consular records relating to Austria will be described first, then those of US or international agencies providing emergency relief or reconstruction aid. Next, pertinent records of Washington military headquarters will be discussed, followed by overseas Allied and US military and military government commands.

1. State Department General Records

First the diplomatic records: the Decimal File of the General Records of the Department of State, National Archives Record Group (NARG) 59, for the period 1945–49 have been substantially open for a dozen years, and those for 1950–54 since 1984. The Decimal File for 1955–59 will have been screened for declassification by the end of 1988. No diplomatic records dated after 1944, however, are as yet available on National Archives microfilm.

The most precise and direct access to the State Department Decimal File is through pertinent documents published in the appropriate annual volumes of the *Foreign Relations of the United States* (FRUS) series, which are annotated with the Decimal or Lot File numbers from which the printed individual documents were selected. Ideally, a researcher should approach the De-cimal File with a copy of the contemporary file system (known as the »class-ification manual«) in hand. For the researcher lacking either a pertinent FRUS volume or classification manual, a brief explication of the main prin-ciples may be useful here.

At the outset, it must be stressed that for the General Records Decimal File of the period 1945–55 we are dealing with *two different* decimal classifi-cation schemes, the earlier one valid only through December 31, 1949, and the latter in effect since January 1, 1950 (through 1963). Both schemes assign a distinguishing two-digit number to each country; for the pre-1950 scheme, the U. S. country number is »11«, Austria is designated »63« and Germany »62.« The country number will sometimes precede the decimal point and sometimes follow it; in either case the decimal begins with a single-digit prefix denoting a particular class of activity. For example, after 1950, Class »5« was entitled »International Informational and Educational Relations, Cultural Affairs, and Psychological Warfare.« Accordingly, be-tween 1950 and 1963 decimal »511.63« was the file number of records of U. S. cultural activities in Austria, and »563.11« applied to records of Au-strian cultural activities in the United States.

Under each class are suffixes of one or more digits representing specified activities. For example, after 1950 »511.633« denoted »Exchange of Stu-dents and Professors« between the United States and Austria. In files contai-ning documentation of reciprocal activity between two countries, the lower country number is placed before the decimal point and the higher number after it. Where, however, records of such activity of each country toward or in the other has been filed separately, the country numbers will precede or follow the decimal point, as in this example: »511.635,« the last »5« deno-ting »motion pictures,« means U. S. motion pictures in Austria, while, in re-verse sequence, »563.115« refers to Austrian motion pictures in the United States.

In Class 6 of the 1950–63 classification scheme, »International Political and Other Relations, Bilateral Treaties,« the lower country number precedes the decimal point unless it is specifically stated otherwise. Accordingly, re-cords of German political relations with Austria involving »Peace, Friend-ship, Alliance, Non-aggression« were filed under »662.631,« whereas re-cords of »War, Hostilities,« between Austria and Italy (country number »65«) were filed under »663.652.« Subjects such as »1« (Peace, etc.) »2« (War, Hostilities), or »9« (Bilateral Treaties), could be elaborated by two or more digits for more specific sub-headings; for example, »611.6391« covers extradition treaties between the United States and Austria.

Under Class 7, »Internal Political and National Defense Affairs,« the re-cords are filed under the number of the country whose internal affairs are the subject; records pertaining to the Austrian Cabinet would be »763.13,« and the proceedings in Austrian courts would be »763.32.«

Class 8, »Internal Economic, Industrial, and Social Affairs,« follows the same principle as Class 7, so that »863.06« would refer to »food conditions, rationing, black markets«, and »863.06« to »labor conditions« in Austria. The sub-headings in Classes 6 through 8 are so numerous and so variegated as to require researchers to consult the State Department Decimal File Classification Manual, a copy of which is always available in the Diplomatic Branch of the National Archives.

As of January 1, 1950, some country numbers were reassigned to conform to postwar realignments; Austria remained »63,« but Germany's previous »62« was subdivided into »62a« and »62b« corresponding to the Federal Republic of (West) Germany and the (East) German Democratic Republic, respectively.

Far more confusing has been the rearrangement, also as of January 1, 1950, of classification numbers and titles: the former Class 5, »International Conferences, League of Nations, United Nations, Multilateral Treaties,« was redesignated Class 3, bearing the same title minus the defunct League of Nations. (The former Class 3, »Protection of Interests,« was renumbered »Class 2,« subsuming thereunder the former Class 2, »Extradition,« and Class 4, »Claims.«) The pre-1950 Class 6, »Commercial Relations,« became Class 4, »International Commerce.« The former Class 7, »Political Relations of States,« was redesignated Class 6 and renamed »International Political Relations, Other International Relations, Bilateral Treaties.« The previous Class 8, »Internal Affairs of States,« was dispersed among Class 5, »Informational and Educational Relations« (full Class title already given above); Class 7, »Internal Political and National Defense Affairs«; Class 8, »Internal Economic, Industrial, and Social Affairs«; and Class 9, »Other Internal Affairs, Communications, Transportation, Science.«

In the State Department General Records Decimal File for the years 1945 through 1949, there are 559 archives boxes containing records relating more or less directly to Austria. (Each box measures 40x13x27 cm; three boxes are roughly equivalent to 1 cubic foot.) Notable among these are: 12 boxes bearing the Decimal File number »740.00119, Control (Austria),« dealing with Allied Control Council, Austria; 61 boxes labelled »740.00119 EW« concerning US postwar political relations with Europe, some of which relates to Austria; 26 boxes numbered 863.00–863.918, relating to Austrian Internal Affairs; 6 boxes, 865.014, South Tyrolian internal affairs (note the use of the Italian country number »65«); 28 boxes, 462.00R–462.11EW, Austro-German Reparations; 51 boxes, 740.00116EW, Inhuman Warfare and Nuremberg Trials; 83 boxes, 800.515, postwar monetary systems; 61 boxes, 840.50 Recovery, mainly about the Marshall Plan, some of which deals with Austria; 39 boxes, 840.50 UNRRA, postwar reconstruction, some of which pertains to Austria.

For the 1950–54 period General Records Decimal File, there are five archives boxes containing material dealing with US-Austrian informational, educational and cultural relations (511.63); one box on political relations (611.63); 17 boxes on Austrian internal political affairs (763.xx); 24 boxes on economic, industrial, and social conditions (863.xx); five boxes on communications, transportation, and science (963.xx).

2. State Department Special Files

Other than the Decimal File, pertinent source materials in the General Records of the State Department (RG 59) are some of the Special Files – the so called Lot Files (these files have been in large part catalogued in Gerald K. Haines, *A Reference Guide to United States Special Files,* Greenwood Press, Westport, Conn. – London. . Lot Files for the years 1947 to 1959 have been or will be accessioned primarily into NARG 59, and will be screened for declassification within the next 2 to 4 years.

First and foremost among these Special Files are 96 cubic feet (nearly 300 boxes) of Lot File (LF)62F9, Records Relating to the Allied Commission for Austria (ACA), consisting of transcripts of proceedings, signed minutes, and agenda of the Commission, public opinion surveys, general correspondence, copies of laws of the Austrian government, and material on economic conditions and reparations. Duplicates of many of these ACA records may also be found in the State Department Library and the Library of Congress, as well as among the 200 boxes containing US Element, Allied Commission for Austria files included in the records of diplomatic and consular missions (RG 84), as well as among the substantial amount of US Allied Command, Austrian Section (USACA) records incorporated in USFA military records. As described below, both of the latter bodies of material are deposited in the National Archives annex housed in the Washington National Records Center in nearby Suitland, Maryland.

Much smaller, consisting of just 3 cubic feet, but also of prime research value, are the records of the Bureau of European Affairs of 1945–50 pertaining to Austria (LF54D331). They cover all aspects of US policy toward Austria prior to the October 1950 transfer of occupation functions from the Department of the Army to the Department of State, with the change from a Military Governor to a Civilian High Commissioner. The records of the Austrian Desk Officer, Arthur Compton (LF56D294,4 cubic feet) are a continuation of the previous Bureau of European Affairs files through 1953.

Of value among the State Department Special Files for the study of the overall history of the occupation of Austria, although ostensibly geographically narrower in scope, is LF56M6, 18 cubic feet of Records of the US Element of the Vienna Inter-Allied Command (VIAC). Created by the US Army Element of the Inter-Allied Government Authority from 1945 to

1950, these records were turned over as part of the 1950 transfer to the US Vienna Embassy, which continued to file records therein until 1955.

Among the Special Files of the Washington headquarters of the State Departement are those of the Office of the Assistant Secretary of State for Occupied Areas, 1946–49 (LF55D370), which throw light on the perhaps mistaken and generally unsuccessful attempts to coordinate occupation policy toward Germany, Austria, Japan and Korea. Other State Department Special Files which may be worth examining are the records of the European Advisory Commission, 1943–46 (LF52M64); of the Office of Assistant Secretary of State for European Affairs, 1945–57 (LF59D233); of the Office of European Regional Affairs' Public Affairs Adviser, 1948–55 (LF57D703); the Danube Flood Relief Program, 1954–55 (LF56D509); also of the Executive Secretariat's Ad Hoc Committee on Austrian Transfer (LF54D5,60D240); the Central European Division, 1944–53 (LF55D374); the Officer in Charge of Italian-Austrian Affairs, 1949–53 (LF54D543).

Among the Lot Files (60D224,122) are the Records of Harley A. Notter on Post-War Planning, which, among other matters, reflect State Department wartime considerations of the pros and cons of treating Austria as a liberated country.

There are also wartime and postwar planning documents relating to Austria among the records of the State-War-Navy Coordinating Committee (SWNCC), 1944–47, and its successor State-Army-Navy-Air Coordinating Committee (SANACC), 1947–49 (LF52M45); and in LF54D195, numbered papers of the postwar Policy Planning Staff of the State Department, 1947–49 (a few papers extending to 1953), notably PPS/41, »The Austrian Treaty in the Council of Foreign Ministers,« November 1948.

The Lot Files also contain published numbered documents of the National Security Council (NSC), nearly a dozen of which deal specifically with US policy toward Austria under such headings as: »The Austrian Treaty in the Council of Foreign Minister,« December 1948 (No. 38); »Future Course of U. S. Action with Respect to Austria«, 1949 (Nos. 38/1–38/4), and 1950 (Nos. 38/5–6); »U. S. Objectives and Policies with respect to Austria,« 1953 (Nos. 164 and 164/1).

3. State Department Post Records

Turning now to records of US diplomatic and consular missions abroad deposited in RG 84, Records of the Foreign Service Posts of the Department of State: declassification screening for those records from the years 1945–1954 has been completed; screening of those form 1955 to 1963 is regrettably more than four years away. The Decimal File scheme for Post Records prior to 1948 was adapted from the pre-1950 eight-class system applied to the Decimal File of the General Records. From 1949 to 1963 Post Records were filed under a simplified six-class system separating political, military, economic, social, and cultural records into Classes 3 to 6, respectively.

By far, the most voluminous and most significant of the Post Records relating to Austria are over 200 boxes of the US Element of the Allied Commission for Austria, 1945–55, of which 52 boxes consist of General Records, 1945–51, 53 boxes of the proceedings of the Executive Committee, and 10 boxes of the papers of that committee, 1945–55. Add to these, 45 boxes containing proceedings, papers, and minutes of the Allied Council itself, 1945–55, 1 box of Vienna Inter-Allied Command (VIAC), 1952–55, and 7 boxes of the High Commissioner's papers. Copies of many documents from all three series are found in the 96 cubic feet of the Special File of the Allied Commission for Austria (LF62F9) in RG 59 referred to earlier. (The ACA international four-power archives was administered by French and British personnel.)

Among the odds and ends of US foreign mission holdings pertaining to Austria are two archives boxes dated January, 1947-October, 1950, containing correspondence between the Chancellor of Austria, Leopold Figl, and the US Forces in Austria (USFA), two boxes of correspondence between various Austrian ministers and USFA, 1947–50, six boxes of letters from the Austrian Chancellor to the Allied Council, April 1946-July 1955, and 1 box to the US High Commissioner, 1951–55. There are also four boxes of correspondence between USFA and the other Allied occupation forces in Austria, respectively, 1946–55.

Further, there are over 225 boxes of records of the US Political Advisor (POLAD), and the High Commissioner for Austria (USCOA), combined, 1945–55. So far there has been only a driblet of consular records accessioned by the National Archives: the US Vienna Legation and Consulate General, 1935–41, 87 boxes, and 1 box of the Salzburg Consulate, 1950–55.

4. U. S. Foreign Economic Assistance Records

To the extent researchers are familiar with the Agency for International Development (AID) and its predecessor agencies, the records of which were once designated Record Group 286, they will have to make an adjustment. The records of all US foreign economic assistance agencies from 1945 to 1961 have been redesignated RG 469, while those of AID proper, postdating its establishment in 1961, will be accessioned into RG 286. The records of overseas missions of those agencies from 1945 through 1954 have already been screened and substantially declassified. Washington headquarters records from 1945–61 and overseas mission records from 1955–61 will be screened for declassification during the next two years.

Records of the US Foreign Relief Mission to Austria consist of 150 archives boxes, 1947–55. Among them are files bearing such titles as: »British

Aid to Austria,« »Canadian Relief Program,« »Care,« »European Recovery Program,« »Gallup Poll,« »Polish-Austro Contacts,« »United Nations Relief and Rehabilitation Administration,« »International Refugee Organization,« »Austrian Dollar Resources,« »Austrian Price Schedules,« »Ration Correspondence,« »Correspondence with Austrian Ministries,« »Military Defense Assistance Program,« »Veitergasse-Reaction.«

5. Military Records of Washington Headquarters

Of the *military* records relating to postwar Austria, those of the Washington headquarters agencies and commands are found among the geographic files of the following agencies:

Office of the Secretary of Defense, 1947–54;
Office of the Joint Chiefs of Staff, 1945–62;
War Department General Staff prior to 1947 and
Department of the Army thereafter as follows:
Office of the Secretary of the Army, 1945–54;
Plans and Operations Division, 1945–1955;
Army Adjutant General, 1945–54;
U. S. Air Force, 1945–55;

and last but not least for our purposes:

Army Civil Affairs Division, 1945–49, of which those pertaining to Austria comprise an as yet undetermined percentage of some 300 feet.

Matters, however, become more complicated when we analyze RG 407, Records of the Adjutant General's Office, 1917-ff. That gigantic accumulation of over 20 000 cubic feet includes operation reports for the 1945–54 period of which perhaps four cubic feet of headquarters records and dozens of feet of unit records deal with Austria. These records are also split between the military branch in the main National Archives building in downtown Washington and the military branch housed in the nearby Suitland annex. They include a report on US military government in Austria prepared by the U. S. Element, Allied Commission for Austria, 1945–46; Quarterly Histories, 1946–48; a historical report of USACA Section, 1950; operations and command reports with staff sections and unit reports, 1949–50; and a British 8th Army intelligence report, 1945.

6. European Theater Military Records

In turning to the overseas European Theater military records of the American occupation of Austria, it is at first useful to retreat in time to wartime and to that important genesis period – Austria's *Stunde Null* – the last weeks of war and the first weeks of occupation. At the highest level, these sources include the records of the Supreme Headquarters, Allied Expeditionary Force (SHAEF) and Allied Force Headquarters, Mediterranean Theater of Operations (AFHQ), the former because its troops invaded and occupied – conquered is too strong a word – western Austria; the latter because its troops coming up from northern Italy were supposed to pacify Austria, and eventually, under Mark Clark, were assigned to occupy Austria. For the first half of 1945, the records of the US 6th Army Group, its Seventh Army, parts of the 12th Army Group's Third Army and some of its subordinate units, and AFHQ's Fifth Army and some of its subordinate units including the Mediterranean Allied Air Forces (MAAF), and especially their civil affairs staffs and military government teams, are a relatively untapped source for the study of American planning for and initial occupation of Austria.

Also requiring cumbersome, intensive research, but very worthwhile for the entire period 1945–49, are the records of the Counterintelligence Corps (CIC), specifically the 430th CIC Detachment, awkwardly dispersed among National Archives Record Groups 319, 338, and 407. For air warfare over Austria, MAAF records in RG 331, and RG 18 combat mission reports for 1944–45 of bomber, fighter, and reconnaissance units of both strategic and tactical air commands might be productive, as might be pertinent records of the US Strategic Bombing Survey (RG 243) for industrial and social conditions in Austria consequent to Allied aerial bombardment.

Also useful for research on Austria, at least through 1945, is RG 226, Records of the Office of Strategic Services (OSS), not only the Research and Analysis Branch (R & A) reports and background documentation already available for nearly twenty years, but the voluminous OSS operational records the National Archives has been accessioning in recent years. OSS Bern and Caserta field offices records contain most of the material on Austria. A few examples: E97, Political and Military Conditions in Austria, the »Red Bird« mission's contacts with the underground network, and plans for intelligence penetration called Operations »Quail« and »Stork«; E110: Operation »Sunrise/Crossword,« the Dupont Mission to Vienna, and the report on Mauthausen; Operation »Freeborn,« plans for invasion of Austria from the south.

7. ACA, USFA, and USACA

Before turning to the paramount military records of the American occupation of Austria, it may be useful to review the structure of the Allied Commission for Austria and its component organizations which created those records (The following three-paragraph disquisition on organization and functions of ACA and USFA are derived from: Office of the United States High Commissioner for Austria, Reports Staff, *Allied Commision for Austria: A Handbook,* 1949, 43pp.; various USFA histories, 1945–49 in NA RG 260). The Commission's supreme body, composed of the four Allied High Commissioners, was the Allied Council. The four Deputy High Commissioners composed the Executive Committee, which carried out the decisions of the Council; thereunder, the quadripartite Allied Secretariat conducted the paperwork. The functional or technical tasks were performed by the Directorates, and it was at this level that direct contact with the corresponding Austrian ministries or departments were most frequent. The Vienna Inter-Allied Command (VIAC) was composed of the four commanders of troops in Vienna, and their sub- committees performed the same functions within that city that the Directorates did for all of Austria.

Confusingly intertwined with ACA, because, at least until October 1950, the US High Commisioner was also the US Commanding General, were the US Forces in Austria (USFA). USFA was divided into two main parts: Hqs. USFA and its major subordinate command, Zone Command, Austria. Serving as the housekeeping unit for Hqs. USFA was Hqs. Command USFA, the commanding general of which also represented the US Element on the Vienna Inter-Allied Command. US Zone Command, Austria consisted of Land Salzburg Area Command and Land Upper Austria Area Command, which supervised civil affairs and maintained security in those two provinces of the American Zone.

Thus far, this seems a fairly straight forward distinction between a US element on the inter-Allied level and US military government on a Zone level. But as the dual role of the commanding general of Hq. Cd. USFA and VIAC shows, arrangements were much more complex. The US Element of the Allied Commission for Austria was assigned the responsibility for conduct and supervision of the American share of civil affairs in Austria. In order to provide the required organizational linkage and support for this mission, this Element was established as the Civil Affairs Section of Hqs. USFA, to observe, advise and assist the Austrian central government and to implement Allied Council decisions in the US Zone of Austria through its division chiefs dealing with their counterparts in the Austrian Government. Within USFA, as of 1946 this Civil Affairs section was renamed the »USACA Section.« It is therefore not surprising, but nerverthless confusing, that the »USACA« acronym has been loosely applied to separate bodies of diplomatic and military records of what was the same joint activity, particularly since the Vienna Mission of the State Department took over the USACA function in 1950.

For the researcher, however, knowledge of this overlapping organizational structure of the US occupation forces in Austria is less crucial than knowledge of how American archivists have allocated the records of such intertwined, dual and overlapping military (and after 1949, civilian) agencies.

ACA, including POLAD, records were incorporated as Lot or Special Files into the Central File of the State Department, while the USACA files created by the US diplomatic missions in Vienna and elsewhere in Austria were allocated to the Vienna Post Records in RG 84 of the State Department. The USFA records, including USACA Section records, were allocated to RG 260 (Records of US Occupation Headquarters, World War II), along with Office of Military Government in Germany (OMGUS), and other occupation records.

8. USFA and USACA Section

Clearly, the most direct, ground level research source for the history of the American occupation of Austria is the nearly 2000 cubic feet of records of the provenance US Forces in Austria (USFA) and its US Allied Command, Austrian Section (USACA) deposited among the Records of US Occupation Headquarters in World War II, NA RG 260, housed in the Archives annex in Suitland. To provide a sample of some of the USFA source materials, here are random titles from the 281 folders constituting the USFA historical files: Draft history of US group, Control Council Austria, Jan-. Feb., 1945; Mediterranean Theater of Operations, Directives for Austria, May 10–30, 1945; USFA Operations Reports, including staff section reports, July 1945-June 1949; USFA Histories, including staff section histories from which these were derived, July 1945 to March 1949; Zone Command histories, July 1946 to June 1949; Headquarters Vienna Area Command, Reports of Operations, Sept. 30, 1945-June 30, 1949; Land Upper Austria and Land Salzburg Area Commands, Operational Reports, 1947–48; USACA, History of the US Element, Allied Command Austria, 1944 to end of 1945; USACA Section, USFA, historical and other reports, 1946–49. As can be seen, the historical files contains everything you ever wanted to know about the US Forces in Austria, and more – as seen from the vantage point of USFA's own historians.

Some records of the Reparations and Restitution Branch of USACA Section, USFA, incorporating seized wartime records dating back to 1941 from the several Gaue of the Ostmark, deal with art and other property confiscated by the Nazis, and with attempts to restitute such property up to 1950. A separate series in the Office of Military Government for Germany, US (OMGUS) records, the Ardelia Hall Collection, includes lists of art objects stolen in Austria and from Austrian citizens by officials of the Nazi regime. Judging by the few hitherto available lists of unaccessioned records still in the Washington National Records Center, USACA Section records from the Linz and Salzburg Field Offices may be useful for some aspects of regional and local history. A major problem with the already accessioned USACA Section records (to say nothing of still unaccessioned military government records) is that, unlike the diplomatic records, they are not archivally arranged. They do have an identifiable arrangement, in that they are now shelved as they were shipped across the Atlantic, and the shipping lists which accompanied them are still available.

One other untapped source of uncertain value needs mention: the records of purely military units other than military government commands stationed in Austria. How much light they may throw on everyday life in the American Zone of Austria should, at least eventually, be explored.

9. Access

Also of crucial importance to researchers are the conditions of access to these records. In principle, most records of US Federal agencies, civil and military, must be offered to the National Archives by the time they are thirty years old. Archivists must decide, then or earlier, whether such records are of sufficient historical or documentational value to justify their permanent retention, not an easy task because it requires anticipation of what records will be of research interest twenty, fifty, to one hundred years in the future. On the average, only about two percent of Federal records are permanently retained, but wartime, overseas, and foreign relations records require a much higher retention level, perhaps twenty to fifty percent.

Records designated as permanent, however, are not always turned over to the National Archives by the end of thirty years, and even those that are, are not necessarily open to public research. Federal agencies may withhold records beyond thirty years on several grounds, the most significant being that release might endanger national security, damage foreign relations, interfere with an ongoing investigation, or constitute an unwarranted invasion of the privacy of an individual. Even when the records are already in the custody of the National Archives, the originating agency or other agencies may assert these exemptions from release of such records. But, generally, agencies merely supply guidelines to be applied by National Archives personnel in determining what records can be released and which must be withheld.

The US Freedom of Information Act provides any researcher – not just American citizens – with a procedure for appealing the withholding of records. The decision will normally be made by the National Archives if the records in question are more than thirty years old, but in cases of intelligence or foreign-source records, the originating agency will usually be consulted.

The determination wether release of a record would constitute an unwarranted invasion of privacy devolves almost entirely on the National Archives. The principle applied balances the need of the public in an open society for timely information as to what its government is doing, against the equally important right in a free and just society for the individual right of personal privacy to be protected. In borderline cases, archivists may differ whether public interests override private rights; the balance favors the rights of the private citizen, but less so of public officials and other persons prominent in public life. The pressure on archivists in such decisions is strongest when the researcher is an investigative reporter or journalist, seeking records relevant to a current media story or political controversy.

Unlike most European archives, including those of Austria, the United States National Archives is not subject to the US Privacy Act, which is roughly equivalent to Austria's *Datenschutzgesetz*. Because errors in archival records are »historical errors,« so to speak, it is imprudent to alter or destroy permanently valuable documents whenever an alert researcher discovers therein erroneous, derogatory information, even about individuals, dead or alive. After all, it would be falsification of the historical record were government documents to be purged of all erroneous information, inadvertent or deliberate. (The privilege of altering the historical record is reserved to totalitarian states or George Orwell's *1984.)*

The US Privacy Act specifically exempts the National Archives from its provisions, but requires the Archives to issue and disseminate its own privacy restrictions. These published restrictions conform in essence to the principle of balancing the right of privacy against the public need to know. That right of individual privacy, incidentally, applies equally to all living persons, not just Americans, about whom information by name happens to appear in US Federal records.

The Austrian public has the right and the need to know about the formative years of its Second Republic. Since circumstances are that a significant part of that history is documented in American diplomatic and military records, the United States Government and its National Archives intends to do everything feasible to make those records available as soon as possible to Austria and other researchers.

[The information provided above was up-to-date as of January 1988. The author, while accepting sole responsibility for its accuracy, is grateful to the following of his colleagues in the National Archives who furnished, or commented on, much of the data herein contained: John P. Butler, George C. Chalou, Richard T. Gould, J. Dane Hartgrove, Francis J. Heppner, Robert W. Krauskopf, David A. Langbart, Lawrence McDonald, Wilbert B. Mahoney, Sally B. Marks, David A. Pfeiffer, Edward J. Reese, Ronald E. Swerczek, John E. Taylor, Jo Ann Williamson, Marc A. Wolfe.]

Robert Knight

The Main Records of the Public Record Office for Post-War Austria

1. Summary of relevant regulations

(a) Access to Public Records

Public records selected for permanent preservation are normally opened to public inspection in the Public Record Office in the January after they become 30 years old. The date of opening is calculated by adding 31 to the calendar year in which the most recent record in a file or other assembly was created. However, there are a number of variations from this normal practice. Documents may be retained in departments; may be opened before 30 years have elapsed; may be closed for longer periods; or may be held in places of deposit outside the Public Record Office. Each of these courses of action requires the approval of the Lord Chancellor. In addition, some government records are subject to statutory prohibitions on public access (»statute-barred« records).

(b) Records retained in Departments

Subject to the approval of the Lord Chancellor, records more than 30 years old may be retained in departments under section 3 (4) of the Public Records Act 1958. This is because the records contain highly sensitive information relating to national security or to the safety of individuals which cannot be released to the Public Record Office; or because they are required for the day-to-day conduct of public business; or for other special reasons, such as the review *en bloc* of the records of a defunct body. The approval given by the Lord Chancellor takes one of two forms. It may refer to records of a clearly defined subject or subjects wherever they occur within government (the so-called »blanket« approvals); or it may refer to classes of records or individual pieces held by particular departments.

»Blanket« approvals: Three are at present in force:

For records created before November 1967 concerned with intelligence and security matters; the approval was given in 1967 and is to be reviewed in 1992.

For records created between 1946 and 1955 concerned with civil and home defence planning; the approval was given in 1979 and is to be reviewed in 1992.

For records created between 1946 and 1955 concerned with the work of Cabinet Committees, Official Committees and Sub-Committees dealing with atomic energy and overseas defence planning; the approval was given in 1979 and is currently being reviewed.

In future such approvals will relate to records created within a period not exceeding 10 years; and they will be subject to review not more than 20 years after the date of the approval.

Other records retained on security grounds: Department and other bodies have permission to retain records with a high security content which must be protected even after the lapse of 30 years. The approval of the Lord Chancellor is conditional upon arrangements being made for a periodic review of these records to ensure declassification and transfer to the PRO at the earliest possible date. Approvals of this nature have predominantly been given for records in the central departments, in particular the Cabinet Office; in the Ministry of Defence; and in the United Kingdom Atomic Energy Authority.

Records retained on administrative or other special grounds: Some departments have permission to retain on administrative or other special grounds the records specified for the period there stated. Since 1982 the Lord Chancellor, in considering applications for approval for administrative retention, has expected to be informed of the arrangement, if any, being made by departments for members of the public to have access to the records, and has given his approval subject to review after a specified period (normally 5 years).

(c) Extended Closure

With the approval of the Lord Chancellor, certain records transferred to the Public Record Office may be withheld from public inspection after 30 years have elapsed under section 5 (1) of the Public Records Act 1958, as amended by the Public Records Act 1967. Before the Lord Chancellor gives his approval, he requires departments to satisfy him that the grounds for such extended closure conform to certain criteria. These are:

exceptionally sensitive papers, the disclosure of which would be contrary to the public interest whether on security or other grounds (including the need to safeguard the Revenue);

documents containing information supplied in confidence, the disclosure of which would or might constitute a breach of good faith;

documents containing information about individuals, the disclosure of which would cause distress to or endanger living persons or their immediate descendants.

The Lord Chancellor signifies his approval to variations of the normal closure period by signing an Instrument to which a schedule of the records concerned is annexed. Copies of the Instruments and schedules are available for public inspection in the reading rooms of the Public Record Office.

(d) Access to retained or closed records

The class lists in the reading rooms of the Public Record Office indicate which records falling within classes otherwise transferred there have been retained by departments, or are subject to extended closure. Where whole classes have been retained or are subject to extended closure, this is noted in the class description in the *Current Guide*. Access to any retained or closed records, otherwise than under the »undertakings« procedures described in paragraph 8 above, is at the discretion of the department or other body concerned. Readers seeking to obtain access should apply to the appropriate Departmental Record Officer, stating their topics of inquiry and, where possible, clearly identifying the records which they wish to consult. Access will not normally be given to any record retained under the »blanket« approvals, or to other papers that remain classified.

(e) Early opening

Early opening by Lord Chancellor's Instrument is used in two ways: to release simultaneously records relating to events spanning a number of years, e. g. the opening in 1972 of records of the later years of the Second World War; and to open on transfer to the Public Record Office records which departments or other bodies subject to the Public Records Act can make available for public inspection before they are 30 years old, e. g. international treaties already in the public domain, evidence submitted to temporary Royal Commissions and similar bodies. Records to which members of the public had access before their transfer to the Public Record Office remain open on transfer there, irrespective of their date.

(f) Address and Opening Hours

Public Record Office, Chancery Lane, London WC2A 1LR, Great Britain.
Tel: (01) 876 3444
Public Record Office, Ruskin Avenue, Kew, Richmond, Surrey, TW9 4DU.
Tel: (01) 876 3444

Opening hours: 9.30 am–5.00 pm, Monday to Friday. Closed on public holidays and for annual stocktaking (normally the first two full weeks in October).

2. Records on Austria

The most important groups of the Public Record Office dealing with Austria are (a) FO 371 (General Political Correspondence of the Foreign Office) (b) FO 936-945, FO 1007, Control Office for Germany and Austria (COGA) (c) FO 1020, British Military Government, Civil Affairs and the Allied Commission for Austria (British Element).

(a) The General Political Correspondence (FO 371) covers the whole range of subjects dealt with by the Foreign Office including inter-allied relations, the diplomacy of the State Treaty, assessments of Soviet intentions, Austrian politics and economics. Up to 1951 there is a good index.

File Numbers are:

(Austrian Section of the German Department)

1945	46593-46691
1946	55102-55342
1947	63944-64153 (German Political)
	64650-64686 (German Internal Affairs)
	64935-64992 (German Economic)
1948	70370-70473
1949	76404-76496
1950	84895-84975
1951	93591-93649 (Central Department)
1952	98038-98122
1953	103738-103797
1954	109344-109389
	112991-113018 (Western Department)
1955	117776-117859 (Southern Department)
1956	124080-124123
1957	130273-130321

(b) Control Office for Germany and Austria.

The Control Office was formed in October 1945 under the Minister for Germany and Austria (John Hynd) to be responsible primarily for internal German and Austrian Affairs. In May 1947 it was absorbed into the Foreign Office. Its files form a ramshackle un-indexed collection. German and Austrian files are mixed together with the former in a large majority. (The following cover both)

935	Intelligence Objectives Sub-Committee (192 files)
936	Establishments (1430 files)
937	Legal (186 files)
938	Private Office Papers (396 files)
939	Prisoners Of War (469 files)
940	Travel (208 files)
941	German Secretariat (27 files)
942	Economic and Industrial Planning Staff (550 files)
943	Economic (933 files)
944	Financial (1162 files)
945	General Department (960 files)
946	Information Services (95 files)
1007	Library (251 files)

(c) The most important hitherto largely untapped source for internal Austrian affairs is the group of documents, FO 1020. The files are divided into the following sections:

Commander-in-Chief's Office 1945-6 Series, 1-58
Commissioner's Office Planning: (Co-ordination) Section, 59–86
Commissioner's Office: Joint Military Mission, 87–9
Deputy Commissioner's Office, 90–132
Chief of Staff's Office 133–157
Deputy Chief of Staff's Office 158
Commissioners Office (Miscellaneous) 159–214
Secretariat Papers, Office Library, 215–559
Secretariat, Deputy Commissioner's Conference, 560–571
Information Services Branch 572–640
Office of Civil Affairs (CAO) 641–673
Administration Branch 674–752
Naval Division 753–763
Military Division 764–918
Air Division 919–967
Political Division 968–1242
Intelligence Organisation 1243–1283
Economic Division 1284–1615
Finance Division 1616–1717

Transport Division 1718–1863
Legal Division 1864–2083
Internal Affairs Division 2084–2377
Prisoners of War and Displaced Persons Division 2378–2544
Reparations Deliveries and Restitution Division 2545–2576
Education Division, 2577–2630
Health and Welfare Branch 2631–2681
Social Administration 2682–2758
Ministry of Labour Mission 2759–2761
Monuments Fine Arts and Archives Branch 2762–2802
Carinthia Zonal Records 2803–2906
Vienna Area Command etc. 2907–3143
Styria 3144–3449
Top Secret Series 3450–3499

Klaus Eisterer

Die französischen Archivalien zur Nachkriegsgeschichte Österreichs (1945–1955)

Als eine der vier ehemaligen Besatzungsmächte verfügt Frankreich über reichhaltige Bestände zur österreichischen Nachkriegsgeschichte, die – im Unterschied zu denen in der Sowjetunion, aber auch zu den meisten Quellen in österreichischen Archiven – für die Forschung im wesentlichen freigegeben sind.

Seit 1979 ist in Frankreich das prinzipielle Recht auf Einsichtnahme in die Archivalien verbrieft, die Ausnahmen sind gesetzlich genau festgelegt.[1] Für die Dokumente in öffentlichen Archiven gilt eine 30-Jahre-Sperrfrist; alle, die nicht in diesen Zeitraum fallen, sind – von einigen Ausnahmen abgesehen – grundsätzlich »ohne irgendwelche Einschränkungen [...] jeder Person zugänglich, die darum ansucht«.[2]

Die Ausnahmen, die unter »Datenschutz« fallen (Sperren von 60–150 Jahren), beziehen sich vor allem auf Dokumente, in denen »Auskünfte medizinischer Art« enthalten sind; Personalakten; Gerichts-, Notariats- und Standesamtsunterlagen; und »Dokumente, die individuelle Auskünfte beinhalten, welche sich auf das Privat- und Familienleben und allgemein auf private Angelegenheiten und Verhaltensweisen beziehen, die im Rahmen statistischer Ermittlungen des öffentlichen Dienstes gesammelt wurden«.[3]

Diese Einschränkungen betreffen hauptsächlich wohl in erster Linie Forscher, die etwa die Sozialgeschichte Frankreichs zu untersuchen bemüht sind, die meisten österreichspezifischen Ansätze sind mit dem zugänglichen Material jedoch ohne weiteres abzudecken – allerdings können mit Bezug auf diese Gesetzesbestimmung auch sämtliche Dokumente über Entnazifizierung und Sicherheitsprobleme in Österreich oder Personalakten, die die Besatzungsbehörden (auch über österreichische Politiker!) angelegt haben, unter Verschluß gehalten werden. Schließlich sind auch Dokumente gesperrt, die »Informationen beinhalten, welche das Privatleben in Frage stellen oder die Sicherheit des Staates oder der nationalen Verteidigung betreffen«, deren Auflistung jedoch im Staatsrat besonders vorgenommen werden muß![4] Darunter fallen ganz wesentliche Quellen, nämlich alle Kabinettspapiere – für sie gilt eine Sperre von 60 Jahren. Für besonders ausgewiesene Forschungsprojekte kann jedoch die Archivverwaltung Sondergenehmigungen erteilen und die Einsicht in Dokumente vor Ablauf der vorgesehenen Frist erlauben.[5]

Das bedeutet, daß das Gros der französischen Staatsdokumente der Forschung bis einschließlich 1957 frei zugänglich ist, sodaß neben den Unterlagen über die Zeit des Zweiten Weltkrieges auch die Dokumente für das erste Jahrzehnt der Zweiten Republik und die ersten Jahre nach Beendigung der alliierten Besatzung zugänglich sind. Damit fügt sich auch Frankreich in die Reihe der westlichen Demokratien ein, die die Archive ihren Bürgern und der Forschung prinzipiell geöffnet haben (USA, BRD; Großbritannien 1967; Frankreich 1979) und ihnen dieses Recht auch gesetzlich zusichern; Österreich hängt dieser Entwicklung nach – was zweifelsohne eine Erschwernis der zeitgeschichtlichen Forschung bedeutet.

Die wesentlichsten Quellen zur österreichischen Nachkriegsgeschichte in Frankreich verteilen sich auf drei große Bestände: Einmal jene Dokumente, die von den Besatzungs*truppen,* ihrem Oberkommando und ihren Gliederungen angefertigt worden sind. Sie sind im SERVICE HISTORIQUE DE L'ARMEE DE TERRE, Vincennes verwahrt. Die Akten der Besatzungs*verwaltung* (Militär- bzw. Hochkommissariat, französische Unterlagen zum Alliierten Rat, Exekutivkomitee und seinen Abteilungen, Militärregierungen, später Kontrollmissionen sowie ihrer Dienste) befinden sich in den ARCHIVES DE L'OCCUPATION FRANÇAISE EN ALLEMAGNE ET EN AUTRICHE in Colmar. Die Akten des französischen Außenamtes und des diplomatischen Dienstes in Österreich finden sich in den ARCHIVES DIPLOMATIQUES des MINISTERE DES AFFAIRES ETRANGERES in Paris.

Da sich in der Praxis oft militärische und Besatzungsbereiche überschnitten haben und auch die Grenzen zwischen Besatzungspolitik und Österreichpolitik/Diplomatie sehr fließend waren (in der ersten Zeit vereinigte der französische Militär- und Hochkommissar Béthouart die Funktionen des Oberkommandierenden, des Chefs der Besatzungsverwaltung *und* des obersten französischen Repräsentanten in Österreich in einer Person), sind auch die Bestände nicht immer klar nach den oben angegebenen Bereichen getrennt worden. So gibt es manchmal Parallelüberlieferungen (Dokumente zum Alliierten Rat etwa finden sich in Paris, in Vincennes und in Colmar), die oft dasselbe Material beinhalten, sich jedoch vielfach ideal ergänzen. Deshalb wird es in den meisten Fällen nötig sein, alle drei angegebenen Archive zu benützen, um so wirklich alle vorhandenen Dokumente zu erfassen.

1. Service historique de l'Armée de terre, Vincennes[6]

Im Service historique, das Heeresmuseum und -archiv umfaßt, befindet sich –
was Österreich betrifft – zunächst der private Nachlaß des Generals Béthouart (Oberkommandierender und Hochkommissar 1945–1950): »Béthouart,
[Signatur] 1 K 227/1–3« (drei Schachteln). Dieser Bestand ist nicht nur dem
Umfang nach sehr gering, auch sein Inhalt ist nicht von überragendem Wert.
Wesentlich aufschlußreicher sind die Bestände des französischen Oberkommandos in Österreich. Diese beziehen sich oft auf rein militärische Operationen (Dislozierungen von Truppen, Manöverberichte etc.), haben aber nicht
selten Bezug auf militärische Planungen in Österreich, die für den Fall angestellt wurden, daß der Kalte Krieg sich in einen heißen verwandeln sollte;
interalliierte Absprachen, der Aufbau einer österreichischen Streitmacht, Berichte über die sowjetische und angelsächsische Politik in Österreich gehören
zu den faszinierendsten Dossiers in diesem Bestand, dessen Inventar unten
vollständig wiedergegeben wird; die drei Schachteln Béthouart und die 31
Schachteln aus dem »Fonds Commandement en Chef des Forces françaises
en Autriche« können relativ rasch durchgearbeitet werden, da jeweils nach
Rückgabe eines Kartons der nächste ausgefolgt wird. Zwei Kopiergeräte im
Lesesaal erleichtern die Arbeit ungemein; alle Dokumente (aus diesen Beständen) sind frei zugänglich – unterliegen also nicht der Archivsperre – und
alle Papiere, die ausgegeben werden, dürfen auch kopiert werden.

Commandement en Chef des Forces françaises en Autriche

Côte	Contenu	Dates extrêmes
1U1–1U6	Comptes rendus sommaires d'activité du Comité Exécutif[7]	II/46–II/50
1U7–1U9	Rapports d'activité du Comité Exécutif	XI/45–IV/48
1U10	Gazette de la Commission Alliée pour l'Autriche	XII/45–XII/48
1U11	Bulletins officiels du Haut Commissariat français en Autriche	1945–1947
1U12,d.[8]1	État-major du commandement des troupes françaises en Autriche: Journal des marches et opérations	V/45–IX/55[9]
d.2	Comptes rendus de réunions des chefs d'état-major des régions et des chefs du 3ème bureau de l'EMA	XII/51–I/53
1U13,d.1–4	Ordres du jour du général Béthouart; organisation du commandement; stationnement des troupes françaises et angloaméricaines en Autriche; organisation et effectifs; évacuation	VI/45 ff.

1U29,d.1	Commandement du train: organisation et effectifs	IX/45–XII/53
d.2	Commandement des transmissions: organisation et fonctionnement	1946–1953
d.3	Direction du matériel: journal des marches et opérations	XI/45–XII/53
1U30	Direction de l'intendance: fonctionnement; sommaire d'activité;	VIII/47
	questions juridiques (application en Autriche du droit administratif français); organisation du ravitaillement, notamment accords franco-italiens;	1945–1949
	journal de mobilisation	IV/53
1U31,d.1	Direction du service de santé: journal des marches et opérations	VII/45–XII/43
d.2	Tribunal militaire du détachement des troupes françaises en Autriche: journal des marches et opérations	I/54–VI/55
1U32	Europäische Rundschau, No.1–19	IX/46–1948

2. Archives de l'Occupation française en Allemagne et en Autriche, Colmar[10]

Dieses Archiv, das dem französischen Außenministerium unterstellt ist, umfaßt die Bestände der Besatzungsverwaltungen in Deutschland und Österreich. Die Dokumentenbestände dieses Depots ergeben eine Länge von 6,8 km.[11] Der kleinere Teil davon – nicht ganz 1 km – betrifft Österreich, aber auch diese Menge ist enorm. Das Inventar für die »Archives du Haut Commissariat français en Autriche« umfaßt drei sehr umfangreiche Ordner.

Die Bestände sind nach den Dienststellen, bei denen sie anfielen, geordnet; so ist den Dokumenten auf allen Ebenen der Besatzungsverwaltung nachzuspüren. Da jedoch die Kompetenzaufteilung vielfach undeutlich ist und sich zum Teil überschneidet – nicht nur österreichische Politiker klagten darüber, daß die »Abgrenzung der Befugnisse [bei französischen Dienststellen] völlig unerklärlich war«,[12] sondern selbst der Chef der französischen Zonenverwaltung kritisierte diese Zustände in der Verwaltung –,[13] so ist es auch für den Forscher mitunter nicht ganz einfach, sich hier zurechtzufinden. Dazu kommt, daß auch die Angaben in den Findbüchern nicht immer sehr präzise sind.

So wird es im einzelnen Fall notwendig sein, nicht nur anhand des Inventars vorzugehen, sondern stichprobenartig in einzelne Dossiers der jeweiligen Dienststellen Einsicht zu nehmen, um sich über die großen Linien klarzuwerden. Diese Methode ist jetzt möglich und sinnvoll geworden, da 1986 am Ort des Archives, in Colmar, ein Lesesaal eingerichtet wurde. (Bis vor kurzem mußten die Kartons im Lesesaal des Außenministeriums in Paris [!] eingesehen werden und wurden jeweils per Post von Colmar in die Hauptstadt gesandt ...) Nach dem nun geltenden Reglement sind die gewünschten Schachteln jeweils 48 Stunden vorher in Colmar zu bestellen, sie werden dort im Lesesaal einzeln ausgefolgt. Das Fotokopieren von Dokumenten ist möglich.

Gerade bei den Beständen in diesem Archiv greifen auch die Bestimmungen der Archivsperre. So sind die personenbezogenen Akten zur Entnazifizierung, aber auch solche Aktengruppen wie »Sûreté« und »Service Judiciare« gesperrt.

Trotz aller oben angeführter Vorbehalte sei im folgenden ein kurzer Überblick über die drei Dossiers des Findbuches zu Österreich gegeben, da daraus doch ein erster Eindruck gewonnen werden kann.

Archives du Haut Commissariat français en Autriche

Dossier 1: Services implantés à Vienne

1. Bureau des Affaires Intérieures
2. Bureau des Archives
3. Bureau du Matériel
4. Bureau du Personnel
5. Bureau des Personnes Déplacées
6. Cabinet Militaire – Affaires Militaires
7. Commission des Traités avec l'Autriche
8. Directoire Politique
9. Division Air
10. Division Economie
11. Division Finances
12. Division Justice Judiciaire
13. Division Justice – Service de la Législation Autrichienne
14. Division Justice – Service Judiciaire et Conseiller Juridique
15. Division Réparations, Restitutions et Contrôle des Biens
16. Division Santé

Dossier 2: Services implantés en zône

1. Secrétariat Allié
2. Secrétariat Général Administratif
3. Secrétariat Général – Cabinet
4. Secrétariat Particulier de l'Ambassadeur
5. Section Culturelle

   6. Section française du Vienna Allied Command
   7. Service du Budget, de la Comptabilité et des Prestations
   8. Service de Presse et d'Information
   9. Service Social
 10. Service des Transmissions et des Transports
 11. Sûreté

Dossier 3: Mission française pour les provinces du Tyrol et du Vorarlberg

   1. Bureau Administratif
   2. Bureau de Liaison et de Liquidation des Détachements
   3. Bureau du Logement et des Requisitions mobilières
   4. Bureau des Requisitions et des Travaux d'Entretien
   5. Détachement de Schwaz
   6. Détachement du Tyrol
   7. Direction Economie et Finances
   8. Direction Générale
   9. Section Education
 10. Affaires Militaires
 11. Section des Personnes Déplacées et Rapatriement
 12. Section Sûreté
 13. Service du Contentieux
 14. Service Judiciare
 15. Cercle d'Imst
 16. Cercle de Kitzbühel
 17. Cercle de Kufstein
 18. Cercle de Landeck
 19. Cercle de Reutte
 20. Liaison française de Linz
 21. Détachement du Vorarlberg

3. Ministère des Affaires Etrangères, Archives Diplomatiques, Paris[14]

Hier befinden sich die Akten des Außenministeriums und des französischen diplomatischen Dienstes.

   Die Österreich betreffenden Dokumente lassen sich in mehreren Serien finden. Es gibt österreichspezifische »Sous-séries« in der Serie »Europe«, aber auch die »Série Internationale« (Signatur »Y«) weist interessante Bestände auf, da hier vor allem Akten und Unterlagen zu alliierten und internationalen Konferenzen gefunden werden können, die auch Österreich angehen.

   Ausschließlich Österreich gewidmet ist die »Sous-série Autriche« der »Série Europe« (Signatur »Z« für 1945–1949 und »EU« für 1949–1955), die für

1945–1955 371 Schachteln aufweist. Die genannten Serien (Y, Z und EU) sind frei zugänglich (keine Archivsperre).

Das Fotokopieren von Akten, die nicht schon gebunden wurden, ist gestattet; für eine Reproduktion – besonders von Broschüren und gebundenen Faszikeln – kann ein Antrag auf Mikroverfilmung gestellt werden. Die Arbeit erfolgt (nach Genehmigung der Archivverwaltung) durch eine private Firma, mit der dieses Geschäft dann abzuwickeln ist. Wenn ein ganzer Faszikel verfilmt werden soll, so muß dem Archiv eine Kopie des Mikrofilms überlassen werden.

Die Bestände der Serien Z und EU sind relativ geschlossen und nach den für Länderserien üblichen Kategorien geordnet.

Série Z, Europe 1944–1949
Sous-série Autriche

Volume Numéro	Contenu	Dates Extrêmes
	Corps Diplomatique et Consulaire	
1	Représentation de la France en Autriche: Représentation politique et Haut-Commissariat	IV/45–VI/49
2	Représentation autrichienne á l'étranger	VI/45–II/49
3	Représentation autrichienne en France	III/45–IV/49
	Presse	
4/5	Presse	– – –
6	Armée	XII/44–II/49
7	Prisonniers de guerre autrichiens	V/45–II/49
	Occupation de l' Autriche	
8–25	Occupation générale de l'Autriche[15]	XI/44–V/49
26–47	Conseil Allié: Dossier général	X/45–VI/49
48	Conseil Allié: Commission française	IX/45–VI/48
49	Missions étrangères auprès du Conseil Allié	X/45–V/48
50–91	Comité Exécutif. Documents; Dossier général	X/45–V/49
	Politique Interieure	
92–103	Dossier général	IX/44–VI/49

104	Questions religieuses	IV/45–II/49

Politique Extérieure

105–107	Dossier général	VII/44–V/49
108–116	Traité d'État	VIII/45–VI/49
117/118	Relations bilatérales: France-Autriche. Dossier général	VI/45–V/49
119	Relations bilatérales: Italie-Autriche. Dossier général	I/46–VI/49
120	Relations bilatérales: CSR-Autriche. Dossier général	II/46–V/49
121	Relations bilatérales: URSS-Autriche. Dossier général	II/46–VI/49
122	Frontières: enclave de Berchtesgaden	I/45–III/49

Economie et societé

123–125	Situation économique. Dossier général	III/45–VI/49
126	Communications	I/46–VI/49
127	Oevres françaises en Autriche [= Aspect cultùrel]	VIII/45–VI/49
128	Croix rouge autrichienne	XI/44–XII/47
129	Biens et intérêts français en Autriche	XI/44–VI/49
130	Biens et intérêts autrichiens à l'étranger	I/44–VI/49
131–133	Réparations de guerre	VIII/45 ff.
134	Passeports et Visas	– – –

Documentation

135–147	Commandement en Chef Français: Comptes rendus Sommaires Comité Exécutif	III/46–III/49
148/149	Haut Commissariat: Rapport d' activité du Comité Exécutif	– – –
150/151	Rapport mensuel	1947/1948
152	Bulletin d'activité du Haut Commissariat et du Commandement en Chef	II/46–XI/47
153	Gouvernement Militaire de la Zône d'Occupation. Direction Sûreté. Service de Renseignements: Synthèse de Renseignements No. 4–6	VI–VIII/46
154	Haut Commissariat, Mission de Contrôle: Bulletin d'information et de Documentation No. 16–24	XI/46–II/49

155	Documentation diverse	VI/46–XII/48
156–164	Commandement en Chef et Haut Commissariat Français: Bulletin de Renseignements du Cabinet Militaire du Secrétariat Général No. 10 ff.	X/45 ff.
165/166	Gouvernement Militaire de la Zône d'Occupation: Bulletin d'Information et de Documentation du Cabinet No. 2–14	1945/46
167	Gazette de la Commission Alliée pour l'Autriche No. 1 ff.	1945–1948
168–176	Haut Commissariat, Mission de Contrôle – Section Sécurité: Synthèse de Reseignements No. 8 ff.	VIII/46 ff.

Série EU, Europe 1949–1955[16]
Sous-série Autriche

Volume Numéro	Contenu	Dates Extrêmes
	Corps Diplomatique et Consulaire	
1/2	Légation de France	VIII/49–XII/55
3	Corps diplomatique et consulaire autrichien en France et à l'étranger	XI/49–XII/55
	Presse	
4	Correspondants et renseignements sur la presse autrichienne	III/50–IV/55
5–28	Analyses générales de la presse	V/49–VI/54
29–34	Revue de presse autrichienne	VII/49–IX/54
35	Presse concernant la France	VII/49–XI/55
36	Radiodiffusion	VIII/49–VI/55
37–40	Défense nationale	VII/49–XII/55
41	Défense nationale: prisonniers de guerre	VII/49–XII/55
42	Documentation générale	VII/49–II/54
	Politique Interieure	
43–49	Politique intérieure	VII/49–XII/55
50	Composition du gouvernement et personnalités politiques	VII/49–III/55

Anmerkungen

[1] Vgl. Lydia Braumann, Das Archiv des französischen Außenministeriums und seine Dokumente zur österreichischen Geschichte von 1914–1950,

in: *Scrinium.* Zeitschrift des Verbandes österreichischer Archivare 29 (1983), S. 388–409. Dieser sehr informative Beitrag beschränkt sich auf die Bestände der »Archives diplomatiques« des französischen Außenministeriums, beschreibt die historische Entwicklung dieses Archives und seiner Bestände und hat seinen Schwerpunkt bei der Darstellung der Dokumente zur Zwischenkriegszeit.

² Artikel 6 des Archivgesetzes vom 3. 1. 1979. Zit. in Braumann, Archiv, S. 388, die sich auf Nouveaux textes relatifs aux archives, hrsg. v. d. Direction des Archives de France, Paris 1980, stützt.

³ Art. 7 (1), (2), (3), (4); zit. in Braumann, Archiv, S. 388 f.

⁴ Art. 7 (5), ebd.

⁵ Vgl. Art. 8, ebd.

⁶ Service historique de l'Armée de terre, Château de Vincennes [bei Paris], F-94304 Vincennes Cedex. Tel.: 43 74 11 55. Métro: Château de Vincennes. Arbeitszeiten: Mo–Fr 9–17 Uhr (kann Änderungen unterliegen).

⁷ Bestände, die sich auf mehrere Kartons oder Dossiers verteilen, sind chronologisch geordnet.

⁸ »dossier«.

⁹ Einige Bestände fehlen.

¹⁰ Ministère des Affaires Etrangères, Bureau des archives de l'Occupation française en Allemangne et en Autriche, Cité administrative – Bâtiment J; 3, rue Fleischhauer, F-68026 Colmar Cedex. Tel.: 89 41 43 69. Arbeitszeiten: Di und Do 8.15–11.45 und 14.00–17.30 Uhr, Mi 8.15–17.30 Uhr. Die Benützungsbedingungen können im einzelnen entnommen werden den: Archivnachrichten. Eröffnung eines Benützersaales in Colmar, Elsaß, in: *Österreich in Geschichte und Literatur* 32 (1988), Heft 2, S. 82 f.

¹¹ Ministère des Relations extérieures (Hrsg.), Les archives du ministère des Rélations extérieures depuis les origines. Histoire et guide, 2 Bde., Paris 1984/85, Bd. 2, S. 137.

¹² Karl Gruber, Zwischen Befreiung und Freiheit. Der Sonderfall Österreich, Wien ²1953, S. 26.

¹³ Dies ist in meinem Beitrag »Frankreich und das Zweite Kontrollabkommen vom 28. Juni 1946« (s.o. S. 187–215) ausführlich dargestellt; vgl. besonders S. 190.

¹⁴ Ministère des Affaires Etrangères, Archives et Documentation, 37, Quai d'Orsay, F-75007 Paris. Tel. 47 53 53 53. Arbeitszeiten: Mo–Fr 13.30–18.30 Uhr, Mi 9.30–18.30 Uhr (kann Änderungen unterliegen).

¹⁵ Wenn ein Bestand auf mehrere Schachteln aufgeteilt ist, sind die Dokumente in der Regel chronologisch geordnet; auf die Angabe der Eckdaten der einzelnen Schachteln wird hier aus Platzgründen verzichtet.

¹⁶ Frau Mag. Martina Maschke, Wien, die als Erste in die Sous-série EU-Autriche Einblick hatte, sei an dieser Stelle für die Überlassung ihrer Aufzeichnungen zum Inventar sehr herzlich gedankt.

Anhang

Verzeichnis der Abkürzungen

ACA/BE	Allied Commission for Austria, British Element
AFHQ	Allied Forces Headquarters
AID	Agency for International Development
ALCO	Allied Council of the Allied Commission for Austria
ASO	Area Security Office
AVA	Allgemeines Verwaltungsarchiv, Wien
AZ	Arbeiter-Zeitung
BAR	Bundesarchiv Bern
Bd.	Band
BGBl.	Bundesgesetzblatt
BKA-AA	Bundeskanzleramt – Auswärtige Angelegenheiten
BMAA	Bundesministerium für auswärtige Angelegenheiten
BMfI	Bundesministerium für Inneres
BTA	British Troops in Austria
Capt.	Captain
CFM	Council of Foreign Minsters
CG	Commanding General
CGT	Confédération Générale du Travail
CIA	Central Intelligence Agency
CIC	Counter Intelligence Corps
CM	Cabinet Meeting
CMP	Corps Military Police
CP	Cabinet Proceedings
COGA	Control Office for Germany and Austria
Col.	Colonel
COCOM	Coordinating Committe (for East-West Trade)
CTA	Commission de Traité Autrichien
DDSG	Donau-Dampfschiffahrtsgesellschaft
DP	Displaced Person
DPX	Displaced Persons Executive
DSG	Datenschutzgesetz
EAC	European Advisory Commission
ECA	Economic Cooperation Administration

EMA	Etat-Majeur d'Autriche
ERP	European Recovery Program
EWG	Europäische Wirtschaftsgemeinschaft
EXCO	Executive Committee of the Allied Commission for Austria
f./ff.	folgend/e
FAMAE	Fonds des Archives du Ministère des Affaires Etrangères, Paris
FO	Foreign Office
FOI(A)	Freedom of Information (Act)
FPÖ	Freiheitliche Partei Österreichs
FRUS	Foreign Relations of the United States
FSS	Field Security Section
FWD	Forward to War Department
GARIOA	Government and Relief in Occupied Areas
GR	Gemeinderat
GZ	Geschäftszahl
HHStA	Haus-, Hof- und Staatsarchiv, Wien
HQ	Headquarters
Hrsg.	Herausgeber
HSTL	Harry S. Truman-Library, Independence, Missouri
IRO	International Refugee Organization
ISB	Information Services Branch
Jb.	Jahrbuch
JCS	Joint Chiefs of Staff
Jg.	Jahrgang
KOMINFORM	Kommunistisches Informationsbüro
KPÖ	Kommunistische Partei Österreichs
KPR	Kabinettsratsprotokoll
KZ	Konzentrationslager
LF	Lot File(s)
LR	Landesrat
MAAF	Mediterranean Allied Air Forces
MAE	Ministère des Affaires Etrangères
MD/Vincennes	Le Fonds des Archives du Ministère de la Défense, Vincennes
MGO	Military Government Organization/Officer
MRP (dt.)	Ministerratsprotokoll
MRP (frz.)	Mouvement Républicain Populaire
NA	National Archives of the United States, Washington, D. C.
NARG	National Archives Record Group
NATO	North Atlantic Treaty Organization
NME	National Military Establishment

NR	Nationalrat
NS	Nationalsozialismus/nationalsozialistisch
NSC	National Security Council
NSDAP	Nationalsozialistische Deutsche Arbeiterpartei
NSFK	Nationalsozialistisches Flieger-Korps
NSKK	Nationalsozialistisches Kraftfahr-Korps
OCB	Operations Coordinating Board
OEEC	Organization for Economic European Cooperation
OIT	Office of International Trade, Department of Commerce
OMGUS	Office of Military Government Germany, United States
OSS	Office of Strategic Services
ÖBB	Österreichische Bundesbahnen
ÖGB	Österreichischer Gewerkschaftsbund
ÖVP	Österreichische Volkspartei
P. C. (F.)	Parti Communiste (Français)
PL	Public Law
P & O	Plans and Operations (Division)
PPS	Policy Planning Staff
PRO	Public Record Office, London
PSB	Public Safety Branch
PWB	Psychological Warfare Branch
R & A	Research and Analysis
RG	Record Group
RM	Reichsmark
SA	Sturm-Abteilung
SANACC	State-Army-Navy-Airforce Coordinating Committee
SHAEF	Supreme Headquarters Allied Expeditionary Forces
SHAPE	Supreme Headquarters Allied Powers in Europe
SHAT	Service Historique d l'Armée de Terre, Vincennes
SMGO	Senior Military Government Officer
SMV	Sowjetische Mineralölverwaltung
SOE	Special Operations Executive
SPÖ	Sozialistische Partei Österreichs
SS	Schutzstaffel
SSU	Strategic Services Unit
STATE DEPT.	State Department
StGBl.	Staatsgesetzblatt
SWNCC	State-War-Navy-Coordinating Committee
UdSSR	Union der Sozialistischen Sowjetrepubliken
UNO	United Nations Organization
UNRRA	United Nations Relief and Rehabilitation Administration
USA	United States of America
USACA	United States Element of the Allied Council (Austria)
USFA	United States Forces in Austria

USGCAA/A	United States Group of the Control Council for Austria
USIA	Uprawlenje Sowjetskim Imuschestom w Awstrii (Verwaltung des sowjetischen Vermögens in Österreich)
VdU	Verband der Unabhängigen
VIAC	Vienna Inter-Allied Command
VLA	Vorarlberger Landesarchiv, Bregenz
VOEST	Vereinigte Österreichische Eisen- und Stahlwerke, Linz
WHR	Wirklicher Hofrat
Zl.	Zahl

Verzeichnis der Archivalien

1. Public Record Office, Kew (London) [PRO]

FO 371	Foreign Office, General Correspondence
FO 800	General Records of the British Foreign Office (Ernest Bevin Papers)
FO 945	Control Office for Germany and Austria, General Department
FO 1007	Control Office for Germany and Austria, Library
FO 1020	Allied Commission Austria
CAB 128	Cabinet Minutes
CAB 129	Cabinet Papers
WO 170	War Office, War Diaries (8th Army, British Troups Austria)

2. National Archives of the United States, Washington, D. C. [NA]

RG 59	General Records of the Department of State: Decimal Files, Records of the Policy Planning Staff, Records of Charles E. Bohlen
RG 84	Records of the Foreign Service Posts of the Department of State (Vienna Legation Files)
RG 226	Office of Strategic Services
RG 260	Records of US Occupation Headquarters, World War II
RG 273	National Security Council Records
RG 286	Records of the Agency for International Development
RG 319	Records of the Army Staff
RG 330	Records of the Office of the Secretary of Defense

3. Ministère des Affaires Etrangères à Paris (Quai d'Orsay, Paris) [MAE]

Le Fonds des Archives du Ministère des Affaires Etrangères à Paris, Archives Diplomatique, Série Z Europe 1945–1949, Sous-Série Autriche [MAE/Z]
Archives du Haut Commissariat de la République Française en Autriche à Colmar [MAE/C]

4. Service Historique de l'Armée de Terre à Vincennes (Chateau de Vincennes, Paris)

Le Fonds des Archives du Ministère de la Défense: Service Historique de l'Armee de Terre [SHAT]

5. Österreichisches Staatsarchiv (Wien)

Haus-, Hof- und Staatsarchiv [HHSTA], Bundeskanzleramt, Staatsamt (später Bundesministerium) für auswärtige Angelegenheiten [BKA-AA]: Abteilung Politik [Pol] und Völkerrecht [VR]
Allgemeines Verwaltungsarchiv [AVA]: Kabinettsprotokolle der Regierung Renner [KPR], Ministerratsprotokolle der Regierung Figl I, Figl II [MRP]

6. Truman Library, Independence, Mo.

Harry S. Truman Papers
Dean Acheson Papers

7. Eisenhower Library, Abilene, Ks.

Ann Whitman Files [Dwight D. Eisenhower Papers]
White House Memoranda Series

8. Princeton University, Princeton, N. J.

John Foster Dulles Papers

Verzeichnis der Literatur

(Auswahl)

A. Gedruckte Sammlungen von Primärquellen:

CSÁKY, Eva Marie (Hrsg.), Der Weg zu Freiheit und Neutralität. Dokumentation zur österreichischen Außenpolitik 1945–1955. (Schriftenreihe der Österreichischen Gesellschaft für Außenpolitik und Internationale Beziehungen, Band 10), Wien 1980.

DEPARTMENT OF STATE (Hrsg.), Foreign Relations of the United States, 1945–1954, Washington, D. C. 1960–1986.

GAZETTE of the Allied Commission for Austria, Wien 1945 ff.

MINISTERIUM FÜR AUSWÄRTIGE ANGELEGENHEITEN DER UdSSR (Hrsg.), Dokumente und Materialien, Moskau 1980.

ÖSTERREICH und der MARSHALL-PLAN. Eine Zusammenstellung der wichtigsten Dokumente des europäischen Wiederaufbauprogramms mit einer Gesamtdarstellung der Marshall-Plan-Hilfe in Österreich, Wien 1950.

RATHKOLB, Oliver (Hrsg.), Gesellschaft und Politik am Beginn der Zweiten Republik. Vertrauliche Berichte der US-Militäradministration 1945 in englischer Originalfassung, Graz–Wien–Köln 1985.

SCHILCHER, Alfons (Hrsg.), Österreich und die Großmächte. Dokumente zur österreichischen Außenpolitik 1945–1955 (Materialien zur Zeitgeschichte, Bd. 2), Wien–Salzburg 1980.

VEROSTA, Stephan, Die internationale Stellung Österreichs 1938 bis 1947. Eine Sammlung von Erklärungen und Verträgen aus den Jahren 1938 bis 1947, Wien 1947.

WAGNLEITNER, Reinhold (Hrsg.), Diplomatie zwischen Parteiproporz und Weltkonflikt. Briefe, Dokumente und Memoranden aus dem Nachlaß Walter Wodaks 1945–1950 (Quellen zur Geschichte des 19. und 20. Jahrhunderts, Bd. 3), Salzburg 1980.

WAGNLEITNER, Reinhold (Hrsg.), Understanding Austria. The Political Reports and Analyses of Martin F. Herz, Political Officer of the U. S. Legation in Vienna 1945–1948 (Quellen zur Geschichte des 19. und 20. Jahrhunderts, Bd. 4), Salzburg 1984.

B. Sekundärliteratur:

ALBRICH, Thomas, Der Exodus durch Österreich. Die jüdischen Flüchtlinge 1945–1948 (Innsbrucker Forschungen zur Zeitgeschichte, Bd. 1), Innsbruck 1987.

AICHINGER, Wilfried, Sowjetische Österreichpolitik 1943–1945 (Materialien zur Zeitgeschichte, Bd. 1), Wien 1977.

AMBROSE, Stephen E., Rise To Globalism. American Foreign Policy Since 1938, Harmondsworth 1985.

BADER, William B., Austria Between East and West 1945–1955, Stanford 1966.

BAUER, Robert (Hrsg.), The Austrian Solution. International Conflict and Cooperation, Charlottesville, Va. 1982.

BÉTHOUART, Emile, Die Schlacht um Österreich, Wien 1967.

BRUSATTI, Alois/Heindl, Gottfried (Hrsg.), Julius Raab. Eine Biographie in Einzeldarstellungen, Linz 1987.

BULLOCK, Alan, Ernest Bevin. Foreign Secretary, 1945–1951, Oxford–New York 1985.

CLUTE, Robert E., The International Legal Status of Austria 1938–1955, Den Haag 1962.

CRONIN, Audrey Kurth, Great Power Politics and the Struggle over Austria, 1945–1955, Ithaca–London 1986.

DONOVAN, Robert J., Conflicts and Crisis. The Presidency of Harry S. Truman, 1945–1948, New York 1977.

DULLES, Eleanor L., »Hier ist Eleanor«. Meine Karriere als Wirtschaftsexpertin und Diplomatin, Freiburg i. B. 1982.

EINWITSCHLÄGER, Arno, Amerikanische Wirtschaftspolitik in Österreich 1945–1949, Wien–Köln–Graz 1986.

FOSCHEPOTH, Josef (Hrsg.), Kalter Krieg und Deutsche Frage, Göttingen–Zürich 1985.

GADDIS, John Lewis, The Long Peace. Inquiries into the History of the Cold War, New York–Oxford 1987.

GRAYSON, Cary Travers Jr., Austria's International Position 1938–1953 (Etudes d'Historique Economique, Politique et Sociale V), Genf 1953.

GROSSER, Alfred, Frankreich und seine Außenpolitik 1944 bis heute, München–Wien 1986.

GRUBER, Karl, Zwischen Befreiung und Freiheit. Der Sonderfall Österreich, Wien 1953.

HAMMOND, Thomas T. (Hrsg.), The Anatomy of Communist Takeovers, New Heaven–London 1975.

HARBUTT, Fraser J., The Iron Curtain. Churchill, America, and the Origins of the Cold War, New York–Oxford 1986.

HERZ, Martin F., The Beginnings of the Cold War, Bloomington, Ind. 1966.

HINDINGER, Gabriele, Das Kriegsende und der Wiederaufbau demokratischer Verhältnisse in Oberösterreich im Jahre 1945, Wien 1968.

HISCOCKS, Richard, Österreichs Wiedergeburt, Wien 1954.

KEYSERLINGK, Robert H., Austria in World War II. An Anglo-American Dilemma, Montreal–Kingston 1988.

KNIGHT, Robert, »Ich bin dafür, die Sache in die Länge zu ziehen.« Die Wortprotokolle der österreichischen Bundesregierung 1945–1952 über die Entschädigung der Juden, Frankfurt a. M. 1988.

KRAUS, Herbert, »Untragbare Objektivität«. Politische Erinnerungen 1917–1987, Wien–München 1988.

KRIEGER, Wolfgang, General Lucius D. Clay und die amerikanische Deutschlandpolitik 1945–1949, Stuttgart 1987.

LÖFFLER-BOLKA, Dietlinde, Vorarlberg 1945. Das Kriegsende und der Wiederaufbau demokratischer Verhältnisse im Jahre 1945, Bregenz 1975.

LOTH, Wilfried, Die Teilung der Welt. Die Geschichte des Kalten Krieges 1941–1955, München 1980.

MACKINTOSH, J. M., Strategy and Tactics of Soviet Foreign Policy, London–New York 1963.

MAIER, Charles S., In Search of Stability. Explorations in Historical Political Economy, Cambridge–New York 1987.

MEISSL, Sebastian/Mulley, Klaus-Dieter/Rathkolb, Oliver (Hrsg.), Verdrängte Schuld, verfehlte Sühne. Entnazifizierung in Österreich 1945–1955, Wien 1986.

NEMSCHAK, Franz, Ten Years of Austrian Economic Development, 1945–1955, Wien 1955.

MILWARD, Alan S., The Reconstruction of Western Europe 1945–1951, Berkeley–Los Angeles 1984.

PELINKA, Anton/Steininger, Rolf (Hrsg.), Österreich und die Sieger, Wien 1986.

PELINKA, Anton/Weinzierl, Erika (Hrsg.), Das große Tabu. Österreichs Umgang mit seiner Vergangenheit, Wien 1987.

PORTISCH, Hugo/Riff, Sepp, Österreich II. Die Wiedergeburt unseres Staates, Wien 1985.

PORTISCH, Hugo/Riff, Sepp, Österreich II. Der lange Weg zur Freiheit, Wien 1986.

RAUCHENSTEINER, Manfried, Der Sonderfall. Die Besatzungszeit in Österreich 1945 bis 1955, Graz–Wien–Köln 1979.

RAUCHENSTEINER, Manfried, Die Zwei. Die Große Koalition in Österreich, Wien 1987.

RIOUX, Jean-Pierre, La France de la Quatrième République. L'ardeur et la nécessitè, 1944–1952 (Bd. 1), Paris 1980.

ROTHWELL, Victor, Britain and the Cold War 1941–1947, London 1982.

SANDNER, Margit, Die französisch-österreichischen Beziehungen während der Besatzungszeit von 1947 bis 1955 (Dissertationen der Universität Wien, Bd. 162), Wien 1983.

SCHÄRF, Adolf, Österreichs Erneuerung 1945–1955. Das erste Jahrzehnt der Zweiten Republik, Wien 1955.

SENSENIG, Gene R., Österreichisch-amerikanische Gewerkschaftsbeziehungen 1945 bis 1950, Köln 1987.

SHEPERD, Gordon, Die österreichische Odysee, Wien 1958.

SHULMAN, Marshall D., Stalin's Foreign Policy Reappraised, Cambridge, Ma. 1963.

STADLER, Karl, Adolf Schärf. Mensch – Politiker – Staatsmann, Wien–München–Zürich 1982.

STEARMAN, William Lloyd, Die Sowjetunion und Österreich 1945–1955. Ein Beispiel für die Sowjetpolitik gegenüber dem Westen, Bonn–Wien–Zürich 1962.

STEININGER, Rolf, Deutsche Geschichte 1945–1961. Darstellungen und Dokumente in zwei Bänden, Frankfurt a. M. 1983.

STEININGER, Rolf, Los von Rom? Die Südtirolfrage 1945/46 und das Gruber-DeGasperi-Abkommen (Innsbrucker Forschungen zur Zeitgeschichte, Bd. 2), Innsbruck 1987.

STIEFEL, Dieter, Entnazifizierung in Österreich, Wien 1981.

STOURZH, Gerald, Geschichte des Staatsvertrages 1945–1955. Österreichs Weg zur Neutralität, Graz–Wien–Köln ³1985.

TAGEBUCH DER STRASSE. Geschichte in Plakaten. Hrsg. von der Wiener Stadt- und Landesbibliothek. Redaktion: Bernhard Denscher, Wien ²1981.

THALBERG, Hans J., Von der Kunst, Österreicher zu sein. Erinnerungen und Tagebuchnotizen, Wien–Köln–Graz 1984.

TROST, Ernst, Figl von Österreich, Wien–München–Zürich 1972.

WADL, Wilhelm, Das Jahr 1945 in Kärnten. Ein Überblick, Klagenfurt 1985.

WAGNER, Georg (Hrsg.), Österreich. Von der Staatsidee zum Nationalbewußtsein. Studien und Ansprachen mit einem Bildteil zur Geschichte Österreichs, Wien 1982.

WEINZIERL, Erika/Skalnik, Kurt (Hrsg.), Österreich – Die Zweite Republik, 2 Bände, Graz–Wien–Köln 1972.

WHITNAH, Donald R./Erickson, Edgar L., The American Occupation of Austria. Planning and Early Years, Westport, Ct.–London, 1985.

YERGIN, Daniel, Shattered Peace. The Origins of the Cold War and the National Security State, Boston 1978.

C. Wichtige Dissertationen:

EGGLESTON, Patricia Blyth, The Marshall Plan in Austria. A Study in American Containment of the Soviet Union in the Cold War, ph. D. Thesis, University of Alabama 1980.

KLAMBAUER, Otto, Die USIA-Betriebe, phil. Diss., Wien 1978.

KNIGHT, Robert Graham, British Policy towards Austria 1945–1950, ph. D. Thesis, London 1986.

LEIDENFROST, Josef, Die amerikanische Besatzungsmacht und der Wiederbeginn des politischen Lebens in Österreich 1944–1947, phil. Diss., Wien 1986.

LETTNER, Lydia, Die französische Österreichpolitik von 1943 bis 1946, phil. Diss., Salzburg 1980.

MÄHR, Wilfried, Von der UNRRA zum Marshallplan. Die amerikanische Finanz- und Wirtschaftshilfe an Österreich in den Jahren 1945–1950, phil. Diss., Wien 1985.

RATHKOLB, Oliver, Politische Propaganda der amerikanischen Besatzungsmacht in Österreich 1945 bis 1950. Ein Beitrag zur Geschichte des Kalten Krieges in der Presse-, Kultur- und Rundfunkpolitik, phil. Diss., Wien 1981.

SCHILCHER, Alfons, Die Politik der Provisorischen Regierung und der Alliierten Großmächte bei der Wiedererrichtung der Republik Österreich, phil. Diss., Wien 1985.

WAGNLEITNER, Reinhold, Großbritannien und die Wiedererrichtung der Republik Österreich, phil. Diss., Salzburg 1975.

WEBER, Friedrich, Die linken Sozialisten 1945–1948. Parteiopposition im beginnenden Kalten Krieg, phil. Diss., Salzburg 1977.

Bildnachweis

Bilder 43, 54, 57: Archiv der Landeshauptstadt Bregenz; Bild 77: Archiv der Polizeidirektion Wien; Bild 40: Basch-Pressedienst, Wien; Bilder 70, 72, 73: Der österreichische Bauernbündler, Wien; Bild 80: Oberst Gerald Ebermayer, Hall in Tirol; Bild 74: Michael Forcher, Innsbruck; Bilder 3, 7, 45: Imperial War Museum, London; Bilder 39, 76: Institut für Zeitgeschichte, Innsbruck; Bilder 6, 53: Kärntner Landesarchiv, Klagenfurt; Bilder 8, 28, 63, 75, 79: Josef Leidenfrost, Wien; Bild 71: James Marjoribanks, Edinburgh; Bilder 2, 5, 12, 13, 14, 15, 16, 17, 18, 19, 20, 21, 24, 26, 27, 31, 36, 37, 38, 41, 50, 52, 55, 58, 62, 65, 66, 68, 94: National Archives, Washington, D. C.; Bild 10: Oberösterreichisches Landesarchiv, Linz; Bild 4: ORF-Historisches Archiv, Wien; Bild 51: Franz Oroszi, Wien; Bilder 9, 11, 22, 23, 25, 32, 44, 56, 61, 67, 81, 85, 87, 91: Österreichische Nationalbibliothek – Bildarchiv, Wien; Foto des Einbandes: Österreichisches Institut für Zeitgeschichte, Wien; Bild 82: Parlamentsbibliothek Wien; Bild 29: Presseagentur Nowosti, Wien; Bilder 30, 59: Oliver Rathkolb; Bild 69: Truman-Library, Independence, Missouri; Bild 83: Votava Pressefoto, Wien; Bilder 1, 33, 34, 35, 42, 46, 47, 48, 49, 60, 78, 84, 86, 88, 89, 90, 92, 93, 95: Wiener Stadt- und Landesbibliothek, Plakatsammlung.

Personenregister

Verzeichnis der Mitarbeiter

AICHINGER, Wilfried, Dr. phil., geb. 1949; Mitarbeiter in der Zentraldokumentation am Institut für strategische Grundlagenforschung der Landesverteidigungsakademie in Wien; Hauptarbeitsgebiete: Sowjetische Österreichpolitik, internationale Beziehungen.

ALBRICH, Thomas, Mag. phil., Dr. phil., geb. 1956; Univ.-Ass. am Institut für Zeitgeschichte der Universität Innsbruck; Hauptarbeitsgebiete: Zweiter Weltkrieg, alliierte Besatzungspolitik in Österreich, Geschichte der Juden und des Zionismus.

BEER, Siegfried, Mag. phil., Dr. phil., geb. 1948; Univ.-Ass. am Institut für Geschichte der Universität Graz; Hauptarbeitsgebiete: Österreichische und anglo-amerikanische Geschichte des 20. Jahrhunderts.

BISCHOF, Günter, Mag. phil., M. A., M. A., geb. 1953; Teaching Fellow am Department of History der Harvard University, Cambridge, Mass., USA; Hauptarbeitsgebiete: Internationale Beziehungen des 19. und 20. Jahrhunderts, US-Außenpolitik, amerikanische und österreichische Geschichte nach 1945.

BOLLMUS, Reinhard, Dr. phil., geb. 1933; wissenschaftlicher Mitarbeiter mit Lehrauftrag an der Universität Trier, BRD; Hauptarbeitsgebiete: Nationalsozialismus, deutsche und österreichische Geschichte nach 1945.

BRIX, Emil, Mag. phil., Dr. phil., geb. 1956; Leiter des Büros des Bundesministers für Wissenschaft und Forschung; Hauptarbeitsgebiete: Geschichte der Habsburgermonarchie, Nationalitäten- und Minderheitenfragen, Probleme der österreichischen Identität.

CASTELLAN, Georges, Agrégé d'histoire, Docteur des lettres, geb. 1920; o. Univ.-Prof. am Institut für polnische, mitteleuropäische und Balkangeschichte der Universität Paris III, Frankreich; Hauptarbeitsgebiete: Französische Militärgeschichte, Geschichte der Weimarer Republik, Geschichte der Balkanländer.

CRONIN, Audrey Kurth, B. A., M. Phil., D. Phil., geb. 1958; Assistant Professor, Woodrow Wilson Department of Government and Foreign Affairs, University of Virginia, Charlottesville, Va., USA; Hauptarbeitsgebiete: Amerikanische Außen- und Sicherheitspolitik, Theorie der internationalen Beziehungen, Ost-West-Beziehungen.

EISTERER, Klaus, Mag. phil., geb. 1956; Univ.-Ass. am Institut für Zeitgeschichte der Universität Innsbruck; Hauptarbeitsgebiete: Französische Österreichpolitik, alliierte Besatzungspolitik in Österreich, spanische und lateinamerikanische Geschichte.

KNIGHT, Robert Graham, B. A., Ph. D., geb. 1952; freischaffender Historiker in Großbritannien und Österreich; Hauptarbeitsgebiete: Britische Österreichpolitik, Österreich im Kalten Krieg.

LEIDENFROST, Josef, Dr. phil., geb. 1957; (1982–1988 Mitarbeiter bei den TV-Dokumentationen »Österreich II« und »Österreich I«), Sekretär des Bundesministers für Wissenschaft und Forschung; Hauptarbeitsgebiete: Amerikanische Österreichpolitik nach 1945, Österreich nach 1918.

MÄHR, Wilfried, Dr. phil., geb. 1957, gestorben am 24. Februar 1988; seine Dissertation wird zur Veröffentlichung in Buchform vorbereitet.

PEBALL, Kurt, Dr. phil., geb. 1928; Generaldirektor des Österreichischen Staatsarchivs und Leiter des Archivamtes; Hauptarbeitsgebiete: Österreichische und europäische Militär- und allgemeine Geschichte des 19. und 20. Jahrhunderts.

PORTISCH, Hugo, Dr. phil., geb. 1927; Journalist und Sachbuchautor, Chefkommentator des ORF; Autor der TV-Dokumentationen »Österreich II« (24 Folgen) und »Österreich I« (12 Folgen).

RATHKOLB, Oliver, Dr. jur., Dr. phil., geb. 1955; Mitarbeiter des Ludwig-Boltzmann-Institutes für Geschichte der Gesellschaftswissenschaften, Wien, wissenschaftlicher Leiter des Bruno Kreisky-Archivs, Wien; Hauptarbeitsgebiete: Besatzungspolitik in Österreich und internationale Beziehungen nach 1945, österreichische Kulturpolitik nach 1918.

SANDNER, Margit, Dr. phil., geb. 1957; Bibliothekarin an der Universitätsbibliothek Wien; Hauptarbeitsgebiete: Französische Österreichpolitik, französische Außenpolitik nach 1945.

STOURZH, Gerald, Dr. phil., geb. 1929; o. Univ.-Prof. am Institut für Geschichte der Universität Wien, korrespondierendes Mitglied der Österreichischen Akademie der Wissenschaften, Wien; Hauptarbeitsgebiete: Amerikanische Verfassungs- und politische Ideengeschichte, amerikanische Außenpolitik, Verfassungs- und Nationalitätengeschichte der Habsburgermonarchie, österreichische Republikgeschichte nach 1918, Geschichte der österreichischen Außenpolitik nach 1945, vor allem des österreichischen Staatsvertrages.

WOLFE, Robert, B. A., M. A., geb. 1921; stellvertretender Leiter der Militärabteilung am Nationalarchiv, Washington, D. C., USA und Experte für »Captured Records«; Hauptarbeitsgebiete: deutsche Geschichte nach 1918, Zweiter Weltkrieg, amerikanische Besatzungsgeschichte in Deutschland und Österreich nach 1945.

Innsbrucker Forschungen zur Zeitgeschichte

Aus ersten Besprechungen

Band 1: Thomas Albrich, Exodus durch Österreich. Die jüdischen Flüchtlinge 1945–1948, 1987, 268 Seiten, 52 Abbildungen, S 285,–, DM 44,–

Ein vorzügliches Geschichtswerk, das eine breite Leserschaft verdient.
Europäische Rundschau

a pioneering study.
Times Literary Supplement

Die Studie ist ein später, notwendiger Neubeginn.
Israelische Nachrichten, Tel Aviv.

Ein unbekanntes Kapitel der Zeitgeschichtsschreibung – für Besatzungsmächte und Österreich kein Ruhmesblatt.
Die Furche

Eine bedeutende Bereicherung ebenso für die Literatur zum Judentum wie auch zur österreichischen Zeitgeschichte.
Zentrum. Zeitung der Allgemeinen Zionisten in Österreich.

Vorzüglich dokumentierte Studie, die ein dunkles und bisweilen verborgenes Kapitel der unmittelbaren Nachkriegsgeschichte beleuchtet.
Neue Zürcher Zeitung

*

Band 2: Rolf Steininger, Los von Rom? Die Südtirolfrage 1945/46 und das Gruber-DeGasperi-Abkommen, 1987, 408 Seiten, 32 Abbildungen, S 285,–, DM 44,–

Spannende Lektüre – das Buch räumt mit allzu simplen Gedankengängen gehörig auf.
Frankfurter Allgemeine Zeitung

Minutiös und auf der breiten Basis zahlloser neuer Quellen ... ein Lehrstück in internationaler Politik.
Süddeutsche Zeitung

Steininger zeigt eindringlich und präzis (und insoweit die bisherige Forschung modifizierend), in welchem Ausmaß die britische Außenpolitik die Weichen hin zu diesem Abkommen gestellt hat.
Informationen für den Geschichts- und Gemeinschaftskundelehrer (BRD)

I was duly impressed. His account, while told from an Austrian viewpoint, is a fair one.
Michael Cullis (1945–1955 Österreich-Referent im Foreign Office) in den *International Affairs*

*

Band 3: Albrich/Eisterer/Steininger: Tirol und der Anschluß. Voraussetzungen, Entwicklungen, Rahmenbedingungen 1918–1938, 1988, 592 Seiten, 115 Abbildungen, S 385,–, DM 62,–

Eine der wichtigsten und fundiertesten Publikationen im österreichischen »Gedenkjahr« 1988.
Süddeutsche Zeitung